해방전후사의 인식
3

해방전후사의 인식
3

박현채 여현덕 양동주 김남식 안 진 이완범 김태승 박혜숙 황남준 임헌영 한준상

한길사

당시 민주주의혁명을 통하여 이룩되어야 할 자주적
민주국가의 건설은 우리 사회의 구체성 속에서
창조되어야 할 보편적 이념의 구현인 것이다.

해방전후사의 인식 3

| 박현채 | **해방 후 정치·사회 운동을 보는 시각** |

1. 머리말 …………………………………………………… 13
2. 역사에서 8·15와 이것의 정치·사회 운동에 대한 규정 ……… 14
3. 제2차 세계대전 후 정치·사회 운동에 대한 인식틀 …………… 19
4. 맺음말 …………………………………………………… 24

1

| 여현덕 | **8·15 직후 민주주의 논쟁** |

1. 머리말 …………………………………………………… 27
2. 8·15 직후 과제설정과 정세 …………………………… 31
3. 8·15 직후 혁명단계론과 '민주주의' 논쟁 ……………… 41
4. 논쟁의 귀결 ……………………………………………… 60
5. 맺음말 …………………………………………………… 70

양동주 | **해방 후 좌익운동과 민주주의민족전선**

1. 머리말 …………………………………………………… 85
2. 해방 직후의 좌익활동 ………………………………… 87
3. 민주주의민족전선의 결성과 활동 …………………… 104
4. 민주주의민족전선과 좌우합작운동 ………………… 119
5. 민주주의민족전선과 단정단선반대투쟁 …………… 133
6. 맺음말 …………………………………………………… 149

김남식 | **조선공산당과 3당합당**

1. 머리말 …………………………………………………… 157
2. 인민당의 합당제의 …………………………………… 160
3. 합당을 둘러싼 당의 분열 ……………………………… 162
4. 3당합당(남로당)의 결정과 반대파의 반발 ………… 171
5. 사회노동당의 결성 …………………………………… 175
6. 남로당의 결당 ………………………………………… 183
7. 사로당의 해체 ………………………………………… 188
8. 근로인민당의 창건 …………………………………… 192
9. 맺음말 …………………………………………………… 196

안진 | **미군정기 국가기구의 형성과 성격**

1. 머리말―미군정과 분단국가의 형성 ………………… 207
2. 군(조선경비대)의 창설과 성격 ……………………… 208
3. 경찰기구의 재편·강화 ……………………………… 222
4. 맺음말 …………………………………………………… 232

이완범 | **한반도 신탁통치문제 1943~46**

1. 머리말 ··· 239
2. 한반도 신탁통치안의 국제정치적 조명 ························· 243
3. 신탁통치안에 대한 국내정치세력의 대응 1945~46 ······· 262
4. 맺음말 ··· 297

2

김태승 | **미군정기 노동운동과 전평의 운동노선**

1. 머리말—해방의 과제와 미군정의 성격 ······················· 341
2. 조선노동조합전국평의회의 성립과 정치노선 ·············· 345
3. 노동운동의 전개과정 ··· 360
4. 맺음말 ··· 382

박혜숙 | **미군정기 농민운동과 전농의 운동노선**

1. 머리말 ··· 391
2. 해방 전후 농민운동의 주체적 조건 ···························· 393
3. 해방정국과 농민운동의 출현 ······································· 403
4. 미군정의 농업·농민 정책 ·· 411
5. 전농의 결성과 농민운동의 전국적 조직화 ················· 417
6. 10월항쟁과 농민운동 ··· 432
7. 분단의 구축과 농민운동의 전환 ·································· 445
8. 맺음말 ··· 448

| 황남준 | 전남지방정치와 여순사건 |

1. 머리말 ·· 457
2. 분단국가의 출범 ·· 459
3. 해방 후 전남지방정치 ······································· 474
4. 여순사건의 전개과정과 특성 ···························· 493
5. 탈환 후의 여순지역 ··· 519
6. 맺음말 ·· 526

3

| 임헌영 | 미군정기의 좌우익 문학논쟁 |

1. 다루고자 하는 입장 ··· 549
2. 문학단체의 역사적 성격 ···································· 551
3. 좌익단체의 소멸과정 ··· 559
4. 초기 논쟁―정치와 문학 ···································· 565
5. 민족문학론의 대립과 순수논쟁 ························ 573
6. 구국문학론과 정치주의 비판 ···························· 579
7. 맺는 말 ··· 586

한준상 | **미국의 문화침투와 한국교육**

1. 군정교육과 문화적 제국주의 간의 상관성 ·················· 599
2. 문화적 제국주의의 전략과 기제 ························· 601
3. 교육패권세력의 사회·정치적 동맹관계 ···················· 611
4. 미군정 학무국의 교육활동과 관련된 정치적 일정 ············ 616
5. 라카드와 그의 지지세력 — 교육주도세력의 형성과정 ········· 619
6. 학무국 기구개편과 교육주도세력들의 패권경쟁 ············· 623
7. 학교교육에 관한 미군정 훈령의 내용 ····················· 628
8. 조선교육위원회의 활동과 사회·정치적 성격 ················ 634
9. 조선교육심의회의 패권투쟁활동 ························· 637
10. 미국교육원조추진심의회의 활동과 문화적 성격 ············ 642
11. 미군정민주주의 교육정책의 문화침투주의적 지향성 ········ 646
12. 해방정국 교육에 대한 신교육사적 연구전망 ··············· 661

해방 후 정치·사회 운동을 보는 시각

박현채

1. 머리말

　제2차 세계대전 후 한국에서 전후사는 우리 역사에서 획기적인 전환기로 역사에서 중요한 의미를 지닌다. 이 시기 정치·사회 운동은 그 시기 한국사회의 사회적 성격에 규정되면서 민족해방·민주주의라는 민족적 과제의 실현 요구와 서로 긴밀히 얽혀 있었다. 그리고 이런 것들은 군사분할점령으로 주어진 분단상황의 고정화에 따라 또 다른 통일이라는 과제를 덧붙이게 되었다. 이 시기 우리 역사의 이해에서 중요한 것은 우리 문제가 단순한 내부적 문제로서 존재하는 것이 아니라 지극히 강한 외부적 규정성을 지니고 있다는 것이다.
　한 사회에서 일정한 정치·사회 운동은 그것이 한 사회에서 모순 관계 위에 서는 계급·계층 관계의 주어진 계기에 의한 발현이고 이들 계급·계층의 자기 요구를 실현하기 위한 사회적 실천이다. 그러나 이런 것들은 모든 현상이 그러하듯 단순명료하게 눈에 보이는 인과관계에 의해 주어지는 것은 아니다. 거기에는 모순관계의 차원 다른 얽힘이 서로 다른 현상을 복합적으로 구체화하도록 되어 있고 이런 것들은 서로 다른 쪽에서 자체의 발전논리가 독자적인 자기 발전에 의해 다른 것이 덧붙여짐으로써 현상을 좀더 복잡한 것으로 만들도록 되어 있다.

　제2차 세계대전 후의 역사에서 정치·사회 운동을 규정한 것은 이 시기 민족 사회의 사회구성체적 규정과 이 시기 주요 모순에 대응하는 것으로서 한 사회의 성격이다. 그러나 이런 것들은 8·15라는 일본제국주의의 패전에 따른 식민지지배체계의 전면적 붕괴라는 역사적 계기에 의해 매개지워지고 있다. 8·15라는 역사적 계기는 제2차 세계대전 후의 상황에서 우리 사회가 간직하고 있던 모순들을 일제히 현상화한 중요한 매개고리다.

　8·15에서 우리 민족사회의 모순들은 정치·사회 운동이라는 이해당사자의 사회적 실천으로 노정된다. 이런 과정에서 사회운동이 인간 간의 상호관계 위에 더 나은 삶의 실현을 위한 요구 위에 서는 것이었다면, 정치운동은 그것 위에 서서 사회적 모순관계를 집약적으로 표현하는 것이다. 그리고 정치운동이 갖는 집약적 성격은 이 시기 모든 사회운동을 그 밑에 종속시키는 것으로 된다.

　제2차 세계대전 후 우리 역사에서 정치·사회 운동은 다원적이고도 격렬한 것으로 될 수밖에 없었다. 그것은 8·15가 갖는 민족해방·민주주의 실현의 계기로서의 성격 때문이다. 여기에 우리는 제2차 세계대전 후 우리 사회의 정치·사회 운동 전개에 대한 인식의 문제에 대하여 약간의 방향을 제시하고자 한다.

2. 역사에서 8·15와 이것의 정치·사회 운동에 대한 규정

　식민지통치하 한국의 사회구성체적 성격은 자본주의 사회구성체이고 주요 모순에 대응하는 것으로서의 사회성격은 식민지반(半)봉건사회다. 따라서 그것을 기초지우는 경제제도 또는 생산양식은 식민지자본주의와 반봉건적인 지주·소작 관계 위에 서는 소농민경영이 주된 것으로 되면서 그밖의 부차적인 것을 갖는다. 그리고 이와 같은 생산양식 또는 경제제도에서 계급적·계층적 관계로부터 모든 사회·정치 운동의 기초는 주어지도록 되어 있었다. 그뿐 아니라 일본제국주의 통치하 한국사회에서는 전 사회의 유제로서 신분적 관계의 잔존물인 천민(賤民)의 문제가 있었다.

일제식민지하에서 정치·사회 운동은 그 경제적 기초에 규정되면서 민족문제와 결합되어 제기될 수밖에 없었다. 그것은 민족문제가 전체적인 정치·사회 운동을 규정하는 것으로서 식민지통치하 주요 모순으로 되기 때문이다. 따라서 식민지통치하 정치·사회 운동은 민족문제와의 관련 속에서 민족주의운동으로서 제기된다. 필자는 식민지종속형의 자본주의 발전을 이룩한 나라들의 민족운동에 대하여 다음과 같이 쓴 바 있다.

민족운동은 초기에는 민족적 종속의 위기 앞에 지배계급의 전근대적 민족주의에 의해 주로 담당되고 이것에 부차적으로 민중의 민족주의가 대응했으나 식민지로의 전락이 확정된 후에는 구지배계급의 민족주의는 크게 퇴조하고 다른 계급·계층이 새로운 민족운동의 담당자로 대두하기에 이른다. 한 사회의 경제적 상황에 따라 달라지지만 일반적으로 식민지종속형의 나라들의 민족운동을 보면 초기에는 프롤레타리아트가 미성숙상태에 있고 양적으로 소수이며 부르주아지가 약체인 데다가 많은 경우 매판자본이므로 소부르주아 집단이나 소부르주아 지식인이 민족운동의 지도적 세력이 되었다. 많은 나라들의 경우 자본주의 발전의 길에 들어서고 자본주의 세계시장에 참여한다는 조건하에서 이와 같은 지식계층(시민 또는 군인)이나 직능집단 또는 중간층이라 불리는 층에서 관료부르주아지라는 특수한 부르주아적 중간층이 형성되었다. ……
초기에 소부르주아지나 중간층에 의해서 대표되었던 이들 나라의 민족주의는 자본제화의 진전에 따르는 부분적인 민족부르주아지의 생성, 그리고 그것에 상응하는 노동자계급의 광범한 생성으로 민족주의 운동의 계급적 분화를 낳는다. 이런 과정에서 민족주의운동을 장악하게 되는 지주나 자본가계급은 농민 그밖의 노동자의 민족적 감정이나 종교적 감정에 호소하여 그들을 외국제국주의자와의 대립에서 자기편에 끌어넣고 종교적 민족적 감정으로 계급적 대립을 은폐하고자 한다. 그러나 식민지시대의 장기화는 지주계급과 민족자본의 매판화를 최종적으로 귀결시키는 데서 부르주아지는 민족주의운동의 담당주체로서의 자기 위치를 상실하고 식민지·반식민지 상황이 노동자·농민(이들은 대개의 경우 반봉건적인 지주·소작 관계하의 소작농이 주축이 된다)을 생활과의 관련에서 보다 민족적인 것으로 만듦으로써 이들 민중범주를 보다 민족적인 민족주의운동의 담당주체로 등장시키게 된다. 식민지종속국에 있어서 사회현상으로서의 민족주의에는 봉건적 부르주아적 소부르주아적 그리고 민중적 민족주의가 있다. 이와 같은 민족주의에는 보수적 반동적 개량주의적 급진적 폭동적 혁명적 민주주의적 제요소를 낳는 일정한 계급·계층의 이익이 표현되고 있다. 그리고 이 경우 역사적인 시대적 상황의 변화는 이들 계급·계층적 이해 가운데 하나를 민족주의의 보다 주요한 내용으로 하여 두드러진 것으로 만들면서 한 역사적 시대를 대표하게 되는 것이다.(박현채,「한국 민족주의운동의 주체문제」, 이영희·강만길 편, 『한국의 민족주의운동과 민중』, 두레, 1986, pp. 43~44.)

이런 것들은 식민지통치하 한국 민족주의의 전개에서도 관철된다. 한국의 민족주의운동은 크게는 민족적 저항기와 민족해방투쟁기로 되고 민족해방투쟁기는 다시 다음 4단계로 나뉜다. 제1단계(1905~19년)는 한국 민족주의운동의 추상적인 민족적 요구에 대한 수렴기이고, 제2단계(1919~27년)는 민족주의운동의 계급적 분화기이며, 제3단계(1927~31년)는 민족주의운동의 통합기, 제4단계(1931~45년)는 민족주의운동의 고양과 비합법기다. 시기마다 민족주의운동은 경제적 상황에 의해 기초지워지면서 정치적으로 상대적 독자성을 지닌 발전논리에 따라 여러 갈래 그리고 흐름으로 되면서 전개된다.
　민족적 저항기의 민족주의운동은 초기에는 위로부터의 지주적 민족주의운동인 위정척사운동과 밑으로부터의 민중적 민족주의운동으로서의 농민운동·도시빈민운동으로서 주어지고, 후기에는 위정척사파의 지주적 민족주의와 농민운동의 결합에서 주어지는 의병운동으로 전개된다. 개화파 운동은 중요한 갈래이나, 친일파로 전락되고 독립협회와 만민공동회운동은 새로운 갈래이지만 큰 것은 아니었다.

민족해방투쟁기 민족주의운동의 갈래들은 우선, 식민지통치 초기 자본의 본원적 축적기에서 주요 모순으로서의 경제외적인 총독부권력과 전체 조선인 간의 모순의 첨예화에 따라 추상적인 민족주의적 요구에 수렴되나 이것은 동시에 민족주의운동의 사회경제적 기초의 변화에 따른 계급적 분화로 된다. 그리고 이것은 식민지자본주의의 전개를 반영하는 것이었다.

민족해방투쟁기의 제2단계에서 민족주의운동의 주된 흐름 또는 갈래는 먼저 지주적 민족주의다. 오랜 역사적 경과를 갖는 이 흐름은 3·1운동 이후 해외에서의 임시정부운동과 그것의 무장운동으로서 독립군운동으로 된다. 그러나 이것은 국내 지주세력의 투항에 따른 민족주의운동에서의 이탈, 만주이민층의 계급분화에 따른 광범한 소작농민층의 사회주의적 농민운동으로의 이행에 따라 현실적인 세력기반을 상실한다. 소시민적 민족주의운동은 초기에는 민족지식인의 운동으로서 제기되나 뒤에는 1917년의 러시아혁명이 낳은 역사변혁의 세계사적 흐름을 받아들여 노동자·농민 운동과 같은 민중적 민족주의를 매개할 뿐 아니라 일제식민지하 산업화과정에서 생성된 민족적 중소공업·중소상인·자영업자와 같은 민족자본을 경제적 기초로 하는 민족주의 좌파로 된다. 이 단계에서 형성되는 민족주의운동의 또 하나의 흐름은 민족주의 우파다. 조선회사령의 철폐와 식민지자본주의의 전개에 따라 지주자본이 산업자본으로 전화되고 그 가운데서 매판적인 거대자본이 형성되는바 이들은 종래의 개화파와 연결되면서 독립협회운동, 애국계몽운동 등에서 탈락한 그룹과의 결합으로 민족주의 우파가 된다. 민족주의 우파는 그것이 지니는 자본으로서의 이중적 요구와 지주자본에서 전승한 기생적 성격 때문에 민족적이기보다는 매판적인 것으로 되어 1924년이라는 민족주의운동에서 무장투쟁의 고양기에 자치운동을 제기함으로써 민족주의운동에서 사실상 탈락한다. 그러나 이 시기에 민족주의운동에서 노동자·농민 운동으로서의 민중적 민족주의운동이 역사에서 큰 흐름으로 제기된다. 이 시기에 민중적 민족주의운동은 소시민적인 민족주의 좌파의 영향에서 크게 벗어난 것은 아니었다. 그리고 이와 같은 민중적 민족주의의 경제적 근거가 된 것은 식민지 자본제화에 따른 노동자·농민의 빈곤과 이들의 계급적 이해와 민족적 이해의 합치다. 따라서 이들은 이 시기에 민족주의운동의 주류는 아니었으나 이미 그 단초에서부터 식민지하 한국 민족주의운동에서 큰 흐름의 주도세력이 될 수밖에 없는 논리를 간직하고 있다.

민족해방투쟁기의 제3단계 민족주의운동은 그 특징이 민족문제에 대한 위기의식의 고양에 의해 민족주의운동의 통합이 주어졌다는 데 있다. 민족주의운동은 1924년 이래 민족주의 우파의 민족주의운동 이탈로 위기에 처해 있었다. 여기에 민족주의 좌파와 노농운동으로 대표되는 민중적 민족주의운동은 전(前)단계 민족주의운동의 분화를 좀더 발전시키는 것으로서 통합의 길에 들어선다. 이것이 민족통일전선으로서의 신간회운동이다. 이 시기에 한국의 민족주의운동은 민족주의 좌파와 민중적 민족주의운동의 결합에 의해 고양되기에 이른다. 그것은 민중적 민족주의와 소시민적 민족주의의 결합의 소산이지만 그 기저를 이루는 것은 노동자·농민 운동이었다. 따라서 이 시기에 이미 한국의 민족주의운동은 소시민적 기반에서 벗어나 노동자·농민 운동으로 자기 기반을 옮기게 된 것이다.

민족주의운동에서 신간회에 의한 민족전선적 통합이 오래 갈 수는 없었다. 그것은 기본적으로 민족주의운동을 둘러싼 소시민적 민족주의의 합법에의 의존과 기회주의적 성격에 대한 민중적 민족주의의 거부에 기본동인을 가지면서 민족주의운동을 둘러싼 이 시기의 상황에 따라 규정받게 된다. 그것은 일제의 민중적 민족주의에 대한 탄압 강화, 대공황 이후 모순의 격화에 따른 민중적 요구의 급진화와 집단 간 대응 양식에서 괴리, 그리고 민족주의운동에서 탈락한 민족주의 우파의 파괴공작에 따른 것이다. 그리하여 한국의 민족주의운동은 그 일제하 마지막 단계를 민중적 민족주의로 대표하게 되는바 그것은 민족적 지식인을 주축으로 한 민족주의 좌파가 비합법에 적응할 수 없었고 이들의 경제적 기반이 전시통제에 의해 전면적으로 붕괴되었기 때문이다. 곧 한국의 민족주의운동은 이와 같은 과정을 거쳐 다른 흐름 및 갈래의 민족주의운동에서의 탈락, 상징화·영향력의 상실 등에 의해 기본적으로 자기 생활에서 구체적인 민족적 요구를 지니는 민중적 민족주의에 의해 식민지 말기를 대표하게 된다.

개괄적인 민족주의운동에 대한 정리를 할 때 이것이 갖는 의미는 일제식민지통치하 정치·사회 운동의 표출로 되는 전체 민족주의운동에서의 흐름, 갈래 그리고 전술적 대응이, 8·15라는 역사적 계기에 의해 기본적으로 사회경제적 상황에 따라 규정되면서 역사에서 사회적 실천상의 맥락에 따라 제2차 세계대전 후의 정치·사회 운동을 일시적으로 규정하는 주요한 규정요인으로 되었다는 데 있다. 8·15는 우리 역사에서 중요한 확산의 계기였다. 일제식민지통치하에서 잠재되었던 요구와 역사적으로 생성된 맥락은 8·15라는 역사적 계기에 의해 크게 자기를 노출하면서 전개된다. 그리고 그런 것들은 단순히 재생산되는 것만이 아니라 대전 후 외세의 민족문제 개입에서 주어진 상황 전개에 따라 이데올로기, 민족문제에 대한 인식, 사회적 실천상의 방법을 둘러싼 전술문제 등이 개입하여 정치·사회 운동을 둘러싼 서로의 얽힘을 더욱 복잡한 것으로 하게 했다. 8·15가 역사에서 갖는 계기는 민중적 민족주의의 외세개입에 의한 지도성의 제약으로 일제식민지 동조세력의 우리 문제 개입 등을 낳아 더욱 복잡한 것으로 되게 한다.

민족주의운동의 그간의 역사적 전개에 상응하지 않는 제2차 세계대전 후 정치·사회 운동의 전개는 민족적 과제의 사회적 실천에 의한 실현이라는 요구에 비추어 8·15가 갖는 의미를 그것이 지니는 확산의 계기로만이 아니라 외세의 개입에 의한 왜곡된 전개에서도 강조하게 하는 것이다.

3. 제2차 세계대전 후 정치·사회 운동에 대한 인식틀

제2차 세계대전 후 한국에서 정치·사회 운동의 전개는 그것이 식민지시대 민족주의운동에 의해 역사적으로 규정되면서 8·15에 의해 계기지워지는 것으로 된다. 그런 의미에서 그것은 역사적 전개에서 규정되면서 한 사회의 사회경제적 상황의 소산으로 되고 8·15의 계기로서의 성격에 의해 관철된다는 것이다. 8·15는 민족해방으로서의 가능성을 갖는 것이었으나 그것은 실현된 것은 아니었고 외세의 개입으로 민족분단을 안겨주면서 진정한 민족해방의 가능성을 일제식민지 동조세력의 온존과 정권장악이라는 쪽으로 구체화시킨 계기였다. 그런 의미에서 내부적 문제와 결합된 외부적 규정성이 크게 강조되어야 할 역사적 시기로서 8·15 이후는 인식되어야 한다는 것이다. 그러나 정치·사회 운동은 그것이 기본적으로 한 사회에서 내부적 모순의 발현이고 이것 위에 서는 사회적 실천이라는 인식 위에 서서 정치·사회 운동의 연구방향을 본다면 다음과 같은 것이 제시될 수 있다.

먼저 그것은 기본적으로 역사적 인식 위에 서서 다음과 같은 데서 제시될 것이다.

1) 정치·사회 운동과 사회경제적 상황분석

한 사회에서 정치·사회 운동의 사회경제적 기초를 밝히는 것은 한 사회에서 모순관계의 구조를 밝히는 것이다. 모순관계는 먼저 정태적으로 밝혀져야 하는바 그것은 한 사회의 사회구성체적 성격, 그것을 구성하는 경제제도적 구성(양·질), 그리고 그것 위에 서는 정치·사회·경제적 상황을 보는 것이어야 한다. 오늘 제2차 세계대전 후에 정치·사회 운동이 문제로 되는 사회구성체는 자본주의 사회구성체다. 자본주의 사회구성체는 자본주의적 생산양식만으로 된 사회는 아니다. 거기에는 복수 이상의 부차적인 경제제도적 구성이 있을 수 있다. 여기에 한 사회의 사회구성체적 규정과 함께 한 사회의 성격문제가 중요한 의미를 지니고 제기되기에 이른다. 일제하 한국사회가 사회구성체적 규정에서 자본주의사회로 되면서도 그 사회적 성격에서 그것이 갖는 경제제도적 구성 때문에 식민지반봉건사회로 되는 것은 그런 것 때문이다.

상이한 경제제도적 구성의 양적 구성과 그것들이 갖는 한 사회에서의 위치와 역할은 서로 얽혀 한 사회의 성격을 규정하는 중요한 요인으로 된다. 그리고 이것 위에 서는 정치·경제·사회적 상황 또한 중요한 의미를 지닌다. 한 사회구성 속에서 정치·경제·사회적 상황은 종국에 하나로 되는 것이지만 이들은 각기 다른 발전논리를 갖고 서로 얽혀 있다. 이들의 서로 얽힘은 한 사회의 모순구조, 모순의 차원적·평면적 복합관계로 된다. 따라서 이런 것들에 대한 인식 없이 한 사회에서 사회집단의 사회적 실천으로서 사회운동 또한 정치운동에 대한 정확한 인식이 주어지는 것은 아니다.

다음으로 이와 같은 모순관계는 동태적으로 파악되어야 한다. 그것은 정치·사회 운동을 역사에서 발전동인(모순과 계기)에 기초지워진 흐름으로서 인식하는 것을 의미한다. 이것은 운동의 생성과 전개를 자율적인 동인과 타율적인 조건으로 밝힌다는 것이다.

이것은 일정한 정치·경제·사회적 상황에서 주어진 모순구조가 주어진 계기에 의해 어떠한 발전구조로 되는지를 밝히는 것이다. 이런 경우 계기는 중요한 의미를 지닌다. 8·15라는 역사에서 큰 계기만이 아니라 작은 계기 또한 인간의 사회적 실천을 매개지우는 데 큰 의미를 지닌다는 것이다. 역사에서 주요 계기는 한 시대의 역사적 상황에서 주어지는 주·객관적 조건을 배경으로 주어진다. 그리고 이런 경우 계기는 주어진 주·객관적 조건 속에서 일정한 사회에서 모순이 획기적인 계기를 맞거나 또는 첨예화되었을 때 주어지는 기회의 문제다. 따라서 계기는 동시에 일정한 사회적 상황에서 일정한 사회주체에 의한 기회의 문제로 되면서 동시에 한 사회가 갖는 모순관계 위에 선 가능성의 문제로 된다는 것이다. 정치·사회 운동에 대한 연구나 인식은 이런 관련 위에서 모순의 발전구조에 의거, 사회집단의 사회적 실천을 밝히는 것이다. 그리고 이 경우 운동은 그와 같은 모순구조와 계기 속에서 주어진 객관적 필연성을 현실적인 것으로 전화시키는 힘이다.

우리나라 정치·사회 운동의 역사적 인식에서 일제식민지통치하 한국

사회의 사회구성체적 규정, 식민지반봉건사회로서의 성격, 거기에서 주어지는 기본모순으로서 계급모순과 경제제도적 구성에 따른 차원 다른 모순의 얽힘, 민족모순과의 얽힘에서 오는 민족적 과제로서의 민족해방 문제와 민주주의의 문제에서의 각기 사회운동의 역할과 위치 문제는 바로 이와 같은 한 사회에서 모순구조와 관련된 것들이다.

2) 민족적 모순과 정치·사회 운동과의 관련

한 사회를 구성하는 제계급·제계층은 자기에게 고유한 민족적 요구를 갖고 있다. 그런 의미에서 민족적 요구로서의 민족주의는 계급적인 것의 민족적 프리즘을 통한 표현으로 된다. 식민지종속하 민족경제의 상황에 따라 한 사회에서 민족구성의 제계급·제계층의 민족문제를 둘러싼 대응 양식은 달라질 수밖에 없다. 그것은 모순관계에 기초하고 있다.

정치·사회 운동에 대한 인식은 각기 운동의 민족적 모순과의 관계를 밝히는 것이어야 한다. 그것은 민족해방운동의 전개에 따른 각기 사회운동의 대응은 어떠한 것이었으며, 민족해방운동에서 각기 사회운동이 차지하는 위치와 역할이 어떠한 것이었는지를 밝히는, 각기 사회운동의 실체를 밝히는 빼놓을 수 없는 고리다. 우리의 경우 제2차 세계대전 후 정치·사회 운동에 대한 인식은 각기 운동이 갖는 민족주의운동과의 관련에 대한 인식 없이는 제대로 밝혀지는 것이 아니다.

3) 한 사회의 역사적 과제와 각기 정치·사회 운동의 역할과 위치

한 사회에서 역사적 상황은 그것에 따른 역사적 과제를 제기하도록 되어 있다. 그리고 이런 것들은 한 사회구성 속에서 각기 계급·계층에 다른 반영으로 된다. 한 민족의 식민지종속하 상황은 민족모순을 한 사회에서 주요 모순으로 제기하게 하여 민족주의를 전술한 것과 같이 계급적인 것의 민족적 프리즘을 통한 것으로 하게 하면서도 민족적 과제를 보다 정면에 제기하게 하는 것으로 된다.

한 사회에서 역사적 과제는 추상적으로 역사의 진보, 주체, 그리고 과제의 실현을 위한 동맹관계에서 다른 것으로 되고 운동담당 계급 또는 계층의 사회적 위치에 따라 규정된다. 말하자면 사회운동의 담당 계급 또는 계층의 주체적 영량, 객관적 위치, 그리고 과제 실현을 위한 전략·전술에 따라 각기 운동주체의 위치와 역할이 달라진다는 것이다. 식민지종속하 우리 사회에서 역사적 과제로 된 민족해방·민주주의변혁에서 각기 위치와 역할의 설정, 그리고 오늘 통일·민주주의·민족자주를 위한 길에서 각기 운동의 평가는 이들 운동을 인식하기 위한 빼놓을 수 없는 것들이다.

4) 운동에서 자연발생적인 것과 조직의 집단논리 간의 분류

운동은 그것이 자연발생적인 것에서 조직적인 것에 이르는 진폭을 가짐에도 불구하고 그것의 기본적인 동력은 보다 나은 삶을 위한 자연발생적인 요구 위에 기초하고 있다. 그리고 거기서는 비록 낮은 차원의 것이라 할지라도 의도된 조직활동 없이는 성취되는 것은 아니다. 운동은 그것이 비록 삶을 위한 원초적 요구 위에 서 있다 할지라도 민족문제와 그밖의 다른 문제와의 얽힘 속에서 자기 발전의 논리를 지니고 있다. 사회운동이 경제투쟁에서 정치투쟁에 이르는 광범한 영역을 지니면서 자연발생적 요구를 좀더 높은 차원의 것으로 발전시키나 거기에는 반드시 조응관계만이 주어지지 않는다는 것은 그것을 말해준다. 따라서 사회운동에 대한 인식에 자연발생적인 요구와 조직의 집단논리를 담당주체의 주체적 성숙과 관련지워 밝힘으로써 운동에서 조직집단의 전략·전술에 대한 정확한 평가를 해야 한다는 것이다.

이밖에도 우리는 제2차 세계대전 후 한국사회의 정치·사회 운동의 인식에서 기술적으로 ① 주어진 자료에의 매몰과 이의 역사인식에 기초한 재해석의 결여에 대한 경계, ② 제2차 세계대전 후 상황의 사회경제적인 역사적 규정성에도 불구하고 주어지는 정치 우위적 상황, ③ 제2차 세계대전 후 상황에서 민족의 남북분단과 이데올로기적 제약에서 오는 우리 문제에 대한 강도 높은 외부적 규정성을 고려해야 한다고 생각한다.

4. 맺음말

정치·사회 운동에 대한 인식은 한 사회에서 이해를 달리하는 집단 간의 생활상의 요구를 둘러싼 모순관계에 대한 인식에서 비롯되어야 한다. 그러나 정치적이건 사회적이건 인간의 사회적 실천은 그것을 위한 노력 속에서 자기 발전의 논리를 지닌다. 그런 의미에서 어떤 운동의 이해에서 조응관계에 대한 인식은 중요한 것으로 된다. 그뿐 아니라 일정한 역사적 시기에서는 내부적 요인에 외부적 요인이 크게 규정적인 것으로 되는 경우도 있다. 역사에서 일정한 계기가 강력한 것으로 밖에서 주어질 때가 그런 경우다. 우리 사회에서 제2차 세계대전 후의 상황은 그런 것들이다.

그러나 어떤 운동에 대한 인식에서 중요한 것은 그것에 대한 인식에서 역사에서 진보의 기준 위에 선 평가다. 역사는 자기 전개에서 진보를 관철하도록 되어 있다는 데서 덧붙이는 것이 불필요한 것일는지는 모르나 역사에서 진보의 기준은 모든 정치·사회 운동의 인식에서 빼놓을 수 없는 것이다. 그리고 이런 경우 진보는 추상적인 것만이 아니라 인간 간의 상호관계에서 민족 간·계급 간의 관계에서 더 구체적으로 제시된다는 것이다.

1

8·15 직후 민주주의 논쟁	여현덕
해방 후 좌익운동과 민주주의민족전선	양동주
조선공산당과 3당합당	김남식
미군정기 국가기구의 형성과 성격	안 진
한반도 신탁통치문제 1943~46	이완범

8·15 직후 민주주의 논쟁

여현덕

1. 머리말

  8·15 직후 우리 사회에서 '민주주의'를 요구하거나 내세움은 좌우파 가릴 것 없이 모두 일치했다. 그러나 민주주의를 주장하는 용어나 내용, 방식에서는 각각 일정한 차이점이 있었다. 8·15 직후 당시 우리 사회의 기본적인 해결과제는 자주적 민족독립국가의 건설, 철저한 토지개혁을 중심으로 한 반봉건적 제관계의 타파, 식민지적 통치기구의 해체 등 이른바 반제·반봉건의 과제로 요약된다.

  이러한 과제의 실현을 '민주주의적 통일국가'의 형성 또는 '민주주의 조선건설'이라는 견지에서 각 정파가 사용하는 용어는 매우 다양했다. '진보적 민주주의'(조공), '부르주아민주주의',[1] '신민주주의'(안재홍·엄우룡), '연합성 신민주주의'(백남운), '자본민주주의'(이석보·조허림), '일민주의'(이승만), '신형민주주의'(배성룡), '진정민주주의'(안지홍), '프롤레타리아민주주의' 등등 민주주의라는 말 앞에는 실로 갖가지 수사(修辭)가 다 동원되었다. 이러한 주의주장에는 아직 정치이론으로 승화되지 않은 심경고백적 주장들도 상당수 있지만 이들 용어는 현상적인 대립이나 차별성뿐만 아니라 본질적으로 계급적 토대의 차이를 반영하는 이념적 대립을 의미했다. 가령 당시 국민당의 정치적 입장을 대변한 안재홍은 "조선사람은 누구나 피압박(被壓迫)의 처지에 있었으니 다 같이 해방된 오날 다 같이 힘을 합하여 민족통합국가를 창립하여야 할 것"[2]이라고 하여 초당적·초계급적 '신민주주의' 또는 '신민족주의'론을 주장했다.[3] 또한 배성룡은 '신형민주주의'를 제기했는데, 그는 당시의 단계가 프롤레타리아가 아직 혁명의식화된 단계가 아니고, 그렇다고 자본가 중심의 민주주의는 할 수 없으며, 게다가 강대국에 의하여 민족주체성이 위협받고 있기 때문에 우선 단계적으로 소자산계급이 당분간 과도기를 담당한다고 보아, 이를 '신형'이라고 규정했다.[4] 이와 비슷한 주장으로 안지홍(安知鴻)은 당시 상황에서 자산계급은 세력화 단계의 입구에 와 있기에 아직 혁명역량이 없으며, 노동계급 역시 계급의식이 유년기에 처해 있는 정도이며 농민과의 연대도 안 되고 새 조선 건설의 중핵계급이 되기 어렵다고 분석하면서 과거 혁명운동의 주역이며 과도기 좌우익 이념을 비판적으로 수용할 수 있는 소자산계급이 진정한 민주주의(그의 용어로 '진정민주주의')의 담당세력이라고 주장했다.[5]

또한 청우당(靑友黨)이 이석보는 "현단계의 조선은 역사적 과정에 있어서 자본민주주의의 혁명기"[6]라고 규정하면서, 민중운동을 통하여 봉건적 구제도를 청산하지 못한 것은 토착자본의 발달이 미약했고 민주주의적 교양과 훈련을 하지 않은 까닭에 아직도 봉건잔재를 청산하지 못하고 있다고 말했다.

한편 이승만은 일민주의(一民主義)에 기초하여, 세계일민주의와 민족일민주의가 결합하는 가운데 서로 도와 삼천만이 한마음 한뜻이 되어 남북통일과 완전한 자주독립을 이루자고 주장했다.[7] 그러나 이승만은 그보다 먼저 미국인 관리들에게 미국과 소련 간의 마찰을 피하기 위해서 "세계의 모든 지역에 공산주의적이 아닌 민주주의적 토대를 구축하는 일"이 필요하다고 말하고 또 그러한 생각에 따라 임시정부의 승인을 촉구하기도 했다.[8] 이러한 주장은 '민주주의=반공'이라는 등식으로 연결되는데, 당시 건국준비위원회에서 탈퇴하고 한민당에 입당한 김준연은 한민당의 이데올로기에 따라 다음과 같이 단적으로 규정한다.

민주주의에는 두 가지 의미가 있어 좌익계열에서는 공산주의적 독재를 의미하게 된다. 그러나 우리는 민주주의를 세계에서 널리 쓰이는 의미로 해석하고 사용하는 것이 정당하다고 생각되는데 그는 자유를 기초로 하는 것이다.[9]

이와 같이 당시 논의가 무성하던 중도통합론적 민주주의와 함께 '반공=민주주의'라는 극우적 논리가 대두하게 되었는데, 8·15 직후 미군진주까지 20여 일간의 정치적 힘의 진공상태가 끝나고 미군정에 의한 새로운 갈등의 지형(地形)이 조성되면서 그 조짐을 드러내기 시작한 것이다. 그러한 대립은 1945년 10월 10일의 인공(人共)부인 성명, 12월 29일의 신탁통치안 발표 등의 외적(外的) 계기가 계급적 이해와 세계관이 다른 두 진영에 투영됨으로써 시간이 갈수록 더욱 뚜렷해졌다. 그것은 1946년 이후 우익 측의 '비상국민회의'와 좌익 측의 '민주주의민족전선'으로의 분립 속에서 확연히 나타났다.

이러한 대립의 한 측면으로 좌익 측은 우익 측이 주장한 민주주의를 자본가독재로 귀결되는 자본주의파 민주주의 또는 낡은 민주주의라고 비판하면서 노동자와 농민 및 일반대중의 이익이 보전되는 '진보적 민주주의' 또는 어느 정도의 혁명성을 간직한 자본가와 지주까지 참여하는 '인민전선적 민주주의'[10]를 내세웠다. 원래 '진보적 민주주의'라는 좌익진영의 혁명단계론이 당시의 국제노선(미·소타협노선)과 관련되어 광범위하게 주장되었다. 그러나 1946년 민전과 민주의원이 대립되어 국내정치의 움직임이 단정으로 치닫고 있던 시기에는 이러한 계급적 대립이 좌익진영에 의하여 '민주주의와 반민주주의'로 분명히 정식화됨을 볼 수 있다.

이 두 계급의 세계관·사회관이 근본적으로 다른 데에 기인하는 것으로 민주주의에 대한 해석에 있어서도 계급적 입장을 달리하는 데 따라

서 정반대의 방향에서 …… 해석하는 것이다.[11]

즉 "민주주의가 자본가계급의 이해를 대변하는 반혁명적인 정치권력의 지도이념이 되는 이때에" 중요한 것은 "혁명적 민주주의냐 반동적 민주주의냐 하는 문제가 결정"되는 것으로 보았다.[12] 때때로 좌익 측에서 주장하는 민주주의＝진보적 민주주의라는 규정은 공산주의자들이 주장하는 주의주장과 동일시되고 있기도 하지만 그렇다고 해서 진보적 민주주의가 곧 공산주의를 말하는 것은 아니다.[13]

즉 당시 민주주의에 대한 많은 논란 속에서 정작 '민족진영' 측에서는 '반공'에만 열을 올렸지 진정으로 8·15 해방 당시 우리 민족에게 주어진 과제와의 이론 대결은 매우 부족했다.[14] 이러한 실정에서 8·15 직후 당시 좌익진영의 민주주의를 단순히 공산주의의 위장이나 전술적 범주로만 축소해서 보는 심정적 또는 비과학적인 주장의 한계에서 벗어나 아주 객관적인 입장에서 진지하게 검토해볼 필요성이 충분히 있다고 보인다. 특히 8·15 직후 한반도는 새로운 민족국가건설을 둘러싸고 지주·매판부르주아적 길과 민중적 길 간의 가능성과 갈등을 동시에 내포한 상황이었기에 더욱 그러하다.

당시의 논쟁을 단순히 좌우익이라는 이데올로기적 대립의 차원에서만 바라볼 때, 당시 사회경제적 모순을 지양하기 위한 실천적 차원에서의 출발점은 무시되고, 이러한 단순 이분법적 좌우익의 구분은 현상적 대립 속에 감추어져 있는 대립의 본질적인 이유를 간과할 위험이 있다. 문제는 당시 우리 민족 앞에 가로놓인 '자주적 민주국가'의 건설이라는 과제를 놓고 그 민중적 기반으로서의 물질 토대를 어떻게 마련해갈 수 있을 것인가에 대한 실천의 근거와 이론적 틀의 해명에 초점이 맞추어져야 할 것이다.

이렇게 볼 때 여기에서 진행되는 논쟁은 다음의 세 가지 문제로 설정될 수 있을 것이다. 첫째, 당시 새로운 민족통일국가를 건설할 때 국제관계(국제노선)를 어떻게 해석하고 대응해갔는가? 둘째, 국내 사회질서의 변혁과 재편을 위하여 그 계급적 역관계(力關係)를 어떻게 보았으며 그것의 변혁역량을 어떻게 평가했는가? 셋째, 당시 변혁이론적 틀을 가지고 등장한 정치노선들이 앞의 두 가지 주·객관적 사정을 감안하여 변혁의 '현단계'를 어떻게 설정하고, 그것을 이후 조직노선이나 개혁 부문에 어떻게 반영시켰으며, 그 이념은 무엇인가? 그리고 그 이념과 실천의 괴리의 원인은 어디에서 찾을 수 있는가? 또한 여기에서 제기된 민주주의는 제2차 세계대전 이후 민주주의의 세계사적 발전과정에서 어떤 이론적 위치와 내용을 지니는가?

2. 8·15 직후 과제설정과 정세

1) 국제정세와 민족문제

일제하에 우리 민족해방운동세력이 당면했던 민족문제는 일견 명쾌한 것이었다. 당시 한국은 일본이라는 단일한 제국주의 국가에 의해 고전적인 식민지지배를 받았다. 따라서 민족문제는 바로 반(反)제국주의 민족해방의 문제였으며, 그 안에서 민족해방의 주체, 방법론, 계급문제와의 결합관계 등이 문제되었을 뿐이다.

그러나 1945년 8월의 '해방'은 우리 민족으로 하여금 복합적이며 당황스럽기까지 한 민족문제를 안겨주었다. 그것은 첫째, 해방 자체가 외국의 힘에 의존한 해방이었다는 점에 연유한다. 타도대상이었던 일제가 분명히 물러났음에도 불구하고 민족의 자주성은 획득되지 않았으며 해방자인 외국의 군대가 진주하는 특수한 상황이 벌어졌다. 이러한 상황에서 민족문제는 다음 두 가지로 정리해볼 수 있다. 주둔군을 해방자, 즉 반파쇼 연합국으로 보고 이들이 주둔한 이유를 식민지였던 한국에 반파쇼 민주주의의 실현을 완수하고자 한 것으로 상황평가를 하는 경우다. 이 경우 민족해방의 과제는 주둔군의 민주주의 정책에 의존하여 남은 민족문제인 '일제잔재를 청산'하는 것으로 축소해 설정하게 된다. 반면 연합국의 해방자로서의 측면은 인정하면서도 진정한 민족자주성의 획득은 민족 스스로의 투쟁과정을 통해서만 실현될 수 있다는 원칙론을 설정할 경우, '외세'로서 연합국의 주둔정책을 자주적으로 극복하는 것이 '민족해방'의 과제로 설정된다.

민족문제를 복잡하게 만든 두 번째 이유는 체제를 달리하는 두 강대국에 의해 해방되었다는 점에 있다. 미·소 두 나라에 의해 각각 남북한 지역이 분할 점령됨으로써 민족자주화 문제는 '민족통일'의 과제까지를 짊어졌다. 이 '민족통일'의 과제를 어떻게 인식하고 풀어나갈 것인가에 따라 다양한 민족해방운동론이 제기된다. 현재 관점에서 재조명해볼 때 설정될 수 있는 대안들(이념형)은 다음이 있을 것이다. ① 미·소 두 체제의 차이에 따른 분단화의 필연성을 인식하고, 이에 미·소 모두를 외세로 규정, 반(反)미·소 통일운동의 방향,[15] ② 미·소의 체제 차이를 인식하면서도 제2차 세계대전을 통해 형성된 반파쇼 민주주의 연합이 전후에도 상당 기간 존속할 것으로 낙관하여, 체제 간·계급 간의 갈등을 억제하면서 미·소 타협 아래 민족통일정권을 수립하려는 타협적 통일운동의 방향,[16] ③ 미·소 두 국가를 소련=해방자, 미국=제국주의자로 명확히 구분하여 인식하고 민족분단화의 추세를 반파쇼 국제역량(사회주의 체제, 식민지 민족해방운동 세력, 제국주의 안의 민중)과의 연대, 국내 민족통일전선의 강화에 의한 투쟁을 고양하기 위해 극복하려는, 즉 미국과 직접 대결하는 방향이 그것이다. 더욱이 ③의 경우, 그 내부에서도 반미자주화투쟁을 국제역량, 특히 소련의 국제노선에 충실히 따르는 한계 안에서 수행하려는 의존적 입장[17]과 소련 역시 해방자이면서도 외세로서 한계를 지니고 있음을 인식, 국내 역량을 중심으로 한 자주적 투쟁을 통해 반제민족해방을 넘어서 미·소 강대국의 논리 체제를 극복, 제3세계적 자주성의 완성을 지향하는 입장으로 구분될 수 있을 것이다.[18] 또한 그 자주화투쟁의 차원을 미국에 대한 전면 무력투쟁에 두는 입장과 미국으로 하여금 반파시즘의 과제를 더욱 철저히 수행하도록 밀어붙이는 입장이 구분될 수 있다.[19]

물론 이러한 대안들은 하나의 이념형에 불과하며, 실제 해방 후의 민족해방운동론이 어떻게 전개되었는지는 다음 장에서 살펴보기로 한다. 다만 여기에서는 그 배경을 이해하고 현재적 관점에서 평가의 준거틀을 마련하기 위해 해방 전후의 국제정세를 몇 가지 살펴보자.

해방 후 국제정세를 규정한 것은 바로 해방을 낳게 한 제2차 세계대전의 성격이다. 그것은 제2차 세계대전을 통해 전후 세계를 지도할 반파쇼민주주의 역량이 형성되었으며, 전후 국제관계의 재편성 방침이 승전국인 이들에 의해 협약되었기 때문이다. 제2차 세계대전은 레닌이 제1차 세계대전을 규정했을 때와 같은 단순한 제국주의 간의 모순의 소산이 아니라, 제국주의 간의 모순 외에 체제 간의 모순, 제국주의와 식민지 민족해방운동 간의 모순, 제국주의 내부의 노·자 모순이라는 세계사의 4대 기본모순이 함께 어우러져 촉발된 것이었다. 1930년의 대공황 이후 자본주의의 전반적 위기하에서 선진 자본주의 국가의 위협, 국내 민중의 혁명역량의 고양, 식민지 민족해방운동의 강화, 소련의 사회주의 건설에 직면하여 혁명 상황에 처한 후진 자본주의 국가들(독일·이탈리아·일본)은 예방혁명을 위한 파시즘 체제를 수립했으며 전 세계에 대항하여 전쟁을 준비했다. 이에 대응하여 제국주의하에서의 민중, 식민지 민족해방운동세력, 사회주의 체제는 1935년 코민테른 제7회 대회의 '반파쇼인민전선' 전술의 확인을 전후하여 반파쇼민주주의통일전선을 전 세계적으로 결성해갔다. 더욱이 이들의 압력과 자체의 국가이익 때문에 미, 영 등의 선진 자본주의국가들도 제국주의의 본질을 잠시 접어두고 반파쇼민주주의연합에 참여했다. 제2차 세계대전은 이 반파쇼민주주의연합과 파시즘과의 투쟁이었던 것이다. 그리고 전후 연합국들의 합의에 의해 성립한 얄타체제는 파시즘 타도, 추축국(樞軸國)의 비군사화, 민주주의 옹호, 세계평화 확립을 위한 연합국(미·영·소)의 일치 원칙, 즉 반파쇼민주주의를 그 원칙으로 했다.[20] 전후 세계혁명의 과제는 이 반파쇼민주주의동맹의 강화를 통해 얄타체제의 원칙이 지니는 내용성을 확보하여 세계혁명을 수세에서 공세로 전화하기 위한 토대를 구축하는 데 있었다. 그것은 아직 세계혁명역량이 미숙하여 반파쇼투쟁을 넘어서서 반자본주의(제국주의)투쟁으로 전면 전화할 수 없는 주체적 조건 때문이었다. 따라서 선진자본주의국에 대결하기보다는 자본주의 국내 대중과 국제여론의 압력, 그리고 상호타협을 통해 선진자본주의국을 반파쇼 민주주의의 국제적 협약 아래 묶어두는 것이 주요 과제였던 것이다. 국제적 협의사항이었던 신탁통치안의 관철을 위해 사회주의 운동세력이 전력을 기울였던 것은 이러한 맥락에서 이해된다.

그러나 이러한 얄타체제는 두 가지의 주요한 한계를 안고 있었다. 첫째는 체제를 달리하는 미·소 강대국 간의 갈등이 전쟁 중에 노정되고 있었다는 점이다. 미국의 반(反)소전략은 1947년의 트루먼 독트린 이전에 이미 추진되고 있었다. 미국의 국방성과 국무성의 지도층은 소련군이 파시즘 독일에 승리하기 위해 결정적인 공헌을 해야 한다는 것을 잊지 않았으나, 바로 그 소련이 미국의 계속 투쟁해야 할 공산주의적 위협을 이루고 있다는 사실도 잊지 않았다. 독일이 소련을 침략했던 1941년에도 트루먼은 "독일이 전쟁에서 승리하는 것을 보는 경우 우리는 소련을 도와야 하고 소련이 승리하는 경우 우리는 독일을 도와야 한다. 이러한 방법으로 독일인을 가장 많이 죽일 수 있다"[21]고 말했다. 1942년에 처칠도 "전후에 공산주의적 야만국에 대한 장벽을 구축할 것"을 요구했다.[22] 이러한 냉전의 조기 현상은 한반도에서도 마찬가지다. 스스로 해방군으로서가 아니라 점령군으로 자처하고 진주한 미군의 장군 크리스트(Christ)는 1945년 10월 14일에 미군정의 기본과제 중 하나는 "공산주의에 대한 장벽을 쌓는 일"[23]이라고 밝힌 바 있다. 전후 세계혁명의 주요한 과제가 반파쇼민주주의 국제협약의 내용성을 확보하는 것이었다면, 한반도 민족해방운동의 주요한 과제의 하나는 제국주의적 본질을 올바로 인식하는 한편 국제역량과의 연대, 국내 반파쇼(반제)민족통일전선의 강화를 통해 미국으로 하여금 민주주의의 실현을 거부하지 못하도록 자주적으로 대처하는 것이었다고 할 수 있다. 미국이 반파쇼 연합국의 일원이며 동시에 제국주의의 본질을 지닌다는 이중성은 반파쇼민주주의의 투쟁을 통한 반제국주의의 실현이라는 민족해방의 과제를 제기하는 것이다.

얄타체제의 두 번째 한계는 그 자체 전 세계 민주주의 역량의 요구를 반영하는 것이면서도 다른 한편으로는 미·영·소 강대국의 논리가 개입되어 있었다는 점이다. 3대국은 얄타체제의 성립과정에서 자국(自國)의 세력권 확장을 추구하여 상호 이해의 조정 아래 협정을 체결했다. 영국은 유럽을 영·소 양국으로 분할한다는 생각에서 동유럽국가들에 대한 소련의 주도권을 용인하는 한편, 그리스를 자국의 세력권 내에 확보하고자 노력했다. 미국은 영, 프 등을 후원하여 소련의 진출 및 유럽 각지의 대중운동의 진전을 저지하고, 특히 원조를 축으로 유럽 자본주의권을 재건함으로써 소련과 대결하는 정책을 추진했다. 소련은 전후의 참혹한 피해, 핵무기의 위협 등 때문에 세계혁명에 소극적인 자세를 보이면서, 주로 유럽과 아시아에 안전보장지대를 구축하는 데 노력했다. 1945년 8월, 소련과 중국국민정부 간에 체결된 중·소우호동맹조약은 공산당과 해방구의 대중운동을 연합국의 합의 아래 봉쇄한다는 미국의 아시아정책에 타협하는 것이었다. 또한 동유럽의 민주개혁운동에서는 소련군의 존재가 유리한 조건이 되었으나, 그 반면 영·소 간의 비밀협정은 그리스의 혁명운동에 억제 조건이 되었다.[24)] 한반도에 대해서도 소련의 정책은 민족해방·민족통일 운동의 적극적인 지지 입장보다는 미국과의 타협 아래 최소한 반쪽만의 안전보장지대나마 확보하고자 하는 입장이었음을 부인할 수 없다.

소련의 방어적인 '현상 고정화의 논리', 거시적인 세계혁명전략 수행상 일부 약소국의 희생은 불가피할 수도 있다는 '강대국의 논리'는 차원은 다르지만 미국의 '제국주의의 논리'와 함께 외세극복의 과제를 제기하는 것이다.

2) 사회구조와 민주주의혁명

8·15 직후 정치적 역관계는 기본적으로 식민지하의 계급구성과 그 정치적 역량으로부터 도출되는 것이지만, 한반도에서는 소련과 미국이라는 두 개의 외세가 개입함으로써 모순의 양상과 성격이 좀더 복합적인 것으로 되었다. 즉 그것은 8·15가 엄밀한 의미에서 보면 식민지하 한국 사회의 기본성격인 식민지반봉건사회(植民地半封建社會)라는 기본규정으로부터의 해방을 의미하는 것이 아니었다는 점이다.

따라서 8·15해방이 제공한 '형식적인 해방공간'은 민족모순과 계급모순을 매우 중첩적으로 작용케 했고, 특히 민족모순의 완전한 해소를 목표로 하는 민족해방·민주주의운동의 성격을 띠게 했다. 그렇다면 우선 당시의 객관적인 사회구조를 이해하기 위하여 계급구성을 간략하게 정리해보기로 한다.

(1) 식민지반봉건사회구조

8·15해방을 전후한 사회상황은 일제에 의해 왜곡 재편성된 식민지반봉건적 사회제도가 온존됨으로써[25] 이에 의해 강하게 규정되고 있었다. 주지하다시피 일제는 그들의 식민지 통치를 효율적으로 수행하기 위하여 지주·소작 관계에 바탕을 둔 봉건적 생산구조와 사회관계를 유지 확대해 식민지 사회구조의 모순을 심화했다. 먼저 봉건적 제관계의 모순을 강하게 반영하고 있는 농촌의 계급구성을 살펴보자. 표 1에서 보는 바와 같이 1940년 당시 총유업자(總有業者) 중 74.8퍼센트를 차지하고 있는 농업인구에서 농업문제의 기본은 소수의 지주(전농가 호수의 약 3퍼센트)가 전(全)경작지의 57.8퍼센트를 점유하고 다수인 직접경작자 자작농의 소유지는 불과 42.2퍼센트로서 그것이 대척적 계급관계를 이루고 있다는 점이다. 또한 전토지소유자의 72.1퍼센트가 1정보 미만의 영세농가이나, 2정보 이하의 농경자도 분해과정에 있고 반(半)프롤레타리아로 전화하고 있음을 감안할 때, 모두 83퍼센트가 영세농이라는 것이다.[26] 이들 소작농은 5할 내지 7, 8할에 달하는 고율소작료를 지불해야 하는 실정에 있었으며, '세계에서 유례를 찾아볼 수 없는'[27] 가혹한 소작체제 속에서 극도의 빈곤을 견디어내지 않으면 안 되었다. 이것은 8·15해방 직후의 농촌 계급구성에도 그대로 나타나, 1945년 말 당시 전인구의 80퍼센트 이상을 차지하고 있던 농민들 중에서 1정보도 안 되는 토지를 소유한 영세농민들이 70퍼센트를 넘는다는 점을 감안할 때, 해방 이후 농민문제가 식민지 사회관계의 청산에 최대 과제가 된 이유를 알게 된다.

다음으로 한국에서의 노동계급 형성은 일제치하에서 10년도 채 안 되는

표 1 　　　　　　조선인 산업별 인구구성(1940년) 　　　(단위: 인, %)

총수	32,547,465	100.0
유업자총수	8,913,641	37.8
농업	6,670,560	74.8
수산업	129,408	1.5
광업	165,825	1.9
공업	425,397	4.8
상업	536,602	6.0
교통업	109,141	1.2
공무자유업	170,665	1.9
가사업	168,520	1.9
기타산업	557,823	6.0
무업	14,633,624	62.2

자료: 노동상, 「조선 노동자계급과 노동문제(二)」, 『학병』 제3권 제1호(1948. 1)에서 재구성한 것임.

기간에 압축적으로 전개되었다. 합방 당시 한국의 직업분포는 84퍼센트가 농민이었고 0.81퍼센트만이 광산업과 제조업에 종사하고 있었으나, 1930년대부터 일제가 대륙침략을 감행함과 동시에 독점자본을 진출시켜 군수공업을 중심으로 한 공업화를 급격히 추진했다. 1936년에는 중공업이 총산업생산의 28퍼센트를 차지했으며 50만 명 이상이 공업부문에 고용되어 있었다. 1943년에는 143만이 노동자로 되었고, 일반 징용에 의한 수십만 명의 노동자(만주와 일본 등)를 가산하면 식민통치 말기에는 약 200만에 이르게 되고 1945년 직후에는 조선노동자 수는 약 212만 명을 초과하고 있었다. 이들은 가혹한 식민지적 노동조건하에서 일본인 노동자의 반액에도 못 미치는 저노임으로 장시간의 노동을 강요받아왔던 것이다.[28]

산업별 노동자 구성을 구체적으로 살펴보면(표 2 참조) 이들 구성 중 농림업에 종사하는 노동자는 엄밀한 의미에서 근대적 임노동자에 속하기보다는 반봉건적 영세경작의 생산양식에 기인하는 빈농층이 대부분이었다.

표 2　　　　　　　　　　　산업별 노동자 구성　　　　　　　(단위: 인, %)

산업별	노동자 수	비율	자료
공장(공업)	591,494	27.9	1945년 1월 총독부조사 지도과
토목건축업	437,752	20.6	
육상운수	179,544	8.5	1944년 10월 현재 총독부조사
임업	205,911	9.7	
수산업	211,520	10.0	
광산	273,863	12.9	1944년 9월 현재 조선광산연맹 조사
탄광	72,561	3.4	1944년 9월 현재 조선총독부연료과조사
농업	130,377	6.1	1943년 말 현재 지주 및 농업피용자조사
해상운수	19,352	0.9	1943년 말 현재 총독부조사
합계	2,122,374	100.0	

자료: 조선은행 조사부, 『조선경제통계요람』(1949년판), p. 134. 원자료는 『산업노동시보』 제1권 제2호에 의한 것임.

노동자 구성 중에서 중요한 것은 60만에 달하는 공장노동자(27.9퍼센트)와 약 35만에 달하는 광산노동자(19퍼센트), 그리고 거의 18만에 이르는 육상운수노동자(8.5퍼센트) 등 조직적이며 집중적인 직장노동자가 총노동자 수의 과반수인 55.4퍼센트를 차지하고 있다는 것이다. 여기에서 근대적 임노동자를 대표하고 있는 자본제경제의 기초인 공업=공장노동자계급의 구성은 곧 그 사회의 전노동자계급 구성상의 제특징을 결정짓는 요소이기 때문에 매우 중요하다.[29]

그러나 식민지하 공업노동자의 출현이 곧 프롤레타리아혁명의 동력인 새로운 프롤레타리아가 형성되었다는 것을 의미하지는 않았다.

마지막으로 조선의 중산계급(中産階級)의 범주를 (비록 그렇게 정밀한 수치는 아니지만) 간단히 살펴보면, 조선의 중산계급은 2,300여 개 회사로 표현되는 중소자본가와 개인경영의 상공업자 약 50만 명, 중농이 약 50만 호, 그리고 중산계급 출신의 지식인이 약 20만 명으로 구성되어 있다.[30] 중소자본의 대부분은 영세하고 일본제국주의에 대항하여 민족자본의 구성요건을 갖추지 못하거나 매판적 성격을 지니는 것이었다. 특히 당시 민족자본은 조선경제에 축적된 전자본액의 겨우 1퍼센트에 해당하는 미미한 존재로 남아 있었다.[31]

(2) 정치적 역관계와 민주주의혁명

8·15는 외세의 진주로 말미암아 반봉건 반제혁명과제의 실현에서 전민족적 역량의 결집을 절실히 요구했고 또 그러한 역량결집의 계기가 되고 있었다. 그러나 앞서 설명한 계급구성이 곧바로 정치적 역관계와 혁명의 방향을 결정짓는 것은 아니었다. 문제는 기본적 계급관계를 기초로 하여, 피압박계급의 주체적 인식과 민족운동의 지도력을 좀더 정확하게 확보하는 것이었다. 특히 이후 혁명단계론을 중심으로 한 민주주의논쟁의 전개는 주체적 역량인식의 방향에 따라 노선상 큰 차이를 드러냈다는 점은 다음 장에서 중점적으로 다룰 것이다.

8·15 직후 부르주아민주주의혁명의 경제적 기초를 해명하려고 했던 이론가들이 꽤 많지만, 여기에서는 권태섭·인정식·박문규의 논의를 짧게 언급하는 것으로 그치고자 한다.

우선 권태섭은 조선사회경제를 "농촌에서 반예농적(半隸農的) 농업관계를 그 기저로 하고 일본제국주의가 독점자본을 침입시켜서 조선사회 경제구조를 반봉건적 식민지(半封建的 植民地)의 구조로 생성 발전시켰다"[32]고 파악한다. 그러므로 조선 농촌계급의 본질적 대립관계는 반봉건적 토지소유관계에서 귀결되는 반봉건적 소작관계와 반봉건적 영세농업생산에 내재하는 것이지 결코 자본제 농업경영에서 볼 수 있는 농업부르주아지와 농촌프롤레타리아의 대립·대항 관계는 아니라고 설명했다. 또한 인정식도 당면 조선사회의 과제가 부르주아민주주의혁명의 충실한 수행을 의미한다고 규정하면서 다만 그 지도력은 세력이 미약한 부르주아계급이 아니라 성숙한 노동자계급이라고 주장한다.[33]

한편 박문규는 당시의 기생지주층과 반(半)농노적 영세경작농민이 대립하고 있음을 인정하면서도, 여기에 자본주의적 중압(重壓)의 농촌침입이 반봉건적 중압과 결합되어 반농노적 경작농민이 동시에 반프롤레타리아가 되는 이중적 성격으로 나타난다고 했다. 그러므로 경작농민의 반농노적 성격이 장래 혁명에서 토지분할에 대한 전망을 부여하고, 경작농민의 반프롤레타리아적 성격이 장래 혁명의 가능성을 부여하고, 이 가능성이 일정한 연결을 갖고 현실성으로 전화하는 것이 프롤레타리아라고 설명한다.[34]

이와 같이 당시에 계급구성이나 사회성격으로 보아 혁명의 방향이 어디에 있는지는 분명하지만, 혁명의 동력으로서 프롤레타리아와 빈농이 독자적으로 혁명을 주도할 역량이 없었을 뿐만 아니라 민족모순이 의연히 주요하게 남아 있는 상황에서 자주적 민족국가의 건설은 편협한 계급적 해결이나 극좌적 해결을 요구하지는 않았다고 볼 수 있다. 그러므로 중소민족자본이 과연 어느 진영에 가담하고 있느냐의 문제는 혁명에서 매우 중요한 문제가 되었다. 그들은 일제치하에서 소유계급으로서의 본능적 욕구와 중간계급으로서의 몰락 위기에서 항상 동요해왔다. 따라서 중산계급이 프롤레타리아와 빈농 편에 가담하면 인민전선의 대상이 되고, 민족부르주아지와 대토지 소유자 편에 가담하면 반동적인 세력의 정권담당의 보조군이 된다고 보았다.[35] 그러나 당시의 현하정세는 제국주의 침략이 허용되어서는 민족해방을 성취하지 못하므로 민주주의적 입장에서 중소자본으로 하여금 자본가적 활동을 할 길을 광범하게 열어주어야 한다는 주장이 대두되고 있었다.

> 소위 인민적 민주주의체제하에서 자본가적 활동을 할 길은 광범히 있는 것으로 거기서 자기의 지위를 발견할 수 있는 것이다. …… 민족을 팔아먹고 반(半)식민지화의 길을 맹진하는 대자본의 행동을 우리는 묵시할 수 없을 따름이지 중소자본의 활동을 무시하지는 않으며 그들의 자본주의적 발전의 길을 일러주는 것이다.[36]

이렇게 보아 당시의 제국주의적 모순이 봉건적 모순을 강하게 긴박하고 있는 상황에서 가장 바람직한 동력편성은 "민주주의 자본과 프롤레타리아와 농민 3자가 민주주의혁명 단계에서 완전히 민주주의원칙하에 통일"되는 민주주의혁명운동으로 수렴되었던 것이다. 또한 식민통치 말기의 전쟁은 계급분화를 더욱 철저하게 진행시켰고 모순을 심화했기 때문에 노동자·농민은 물론이고 중간적 제층, 지식인, 학생, 중소상공업자, 관공리(官公吏)의 다수를 포함하여 극소수의 민족반역자를 제외한 모든 민중으로 하여금 반제적 성격을 가지게 했고, 8·15 이후 많은 부분은 진보적 동향을 보여주었다.[37]

바로 이러한 상황에서 당시 사회적 제모순을 혁명적으로 해결하려는 변혁운동노선이 등장하고 모순의 반제적인 것과 반봉건적인 것의 해결 방식, 동력편성 등의 상위(相違)에 따라 변혁노선의 설정과 '민주주의'의 이념적 접근과 방향도 달라지는 것이다.

3. 8·15 직후 혁명단계론과 '민주주의' 논쟁

1) 변혁운동노선의 등장과 대립

8·15 직후 한국사회에서 혁명이론적 틀을 가지고 나타났던 운동노선으로는, 크게 보아 프롤레타리아혁명론(장안파), 부르주아민주주의혁명론(재건파), 연합성 신민주주의론(백남운), 반제반봉건민주주의혁명론(북한) 등으로 대변할 수 있다.

이 중에서 제일 먼저 당조직을 서두른 인물들은 이미 1930년대 후반의 운동 퇴조기에 운동선상에서 이탈해 있던 분파들을 중심으로 한 이른바 장안파공산당이었다.[38] 그러나 박헌영을 중심으로 한 재건파(경성콤그룹과 화요계)[39]는 1928년에 해체된 조선공산당을 재건한다는 명분과 일제가 끝날 때까지 지하에서 반제반식민지운동을 전개했다는 유리한 입지에서 8월 20일 조선공산당재건준비위원회를 구성했다. 그리고 박헌영이 작성한 「현정세와 우리의 임무」라는 테제를 잠정적인 정치노선으로 제기했

다. 이것이 이른바 「8월테제」로서 재건파의 활동지침서라고 할 수 있다.[40]

　당재건준비위원회가 발족되고 「8월테제」가 발표되자 이에 한 발 앞서 공산당을 결성했던 장안파는 크게 충격을 받고 동요, 당의 진로를 모색하게 되었다. 그리하여 9월 8일 장안파의 중심인물들이 주체가 되어 재건파의 박헌영과 함께 열성자대회를 개최하고 재건준비위에 합세할 것을 결정했다. 이렇게 하여 재건파는 장안파를 흡수하게 되고, 9월 15일 "운동의 분열을 청산하고 통일을 위한"[41] 필요성으로 조선공산당 재건을 선포하게 되었다. 통합된 공산당의 출현은 형식적으로는 재건파가 장안파를 흡수하여 통일된 조직을 구성하는 것으로 되었으나 실질적으로는 박헌영이 자기 중심의 당을 만들고 말았다는 비판을 받기도 했다.[42] 조선공산당 지도부 구성에서 총비서는 박헌영이었고 정치국, 조직국, 서기국 모두 박헌영계의 콤그룹과 화요계의 인물들이 장악했으며, 장안파의 중심인물이었던 이영, 정백, 최익한, 이정윤 등은 당지도부에서 제외되었다. 이처럼 장안파를 비롯한 여러 파벌의 흡수과정에서 그들을 모두 합세시켜 만들겠다는 당초 약속과 달리, 조선공산당은 박헌영계 일색으로 구성되었기 때문에, 내부적으로는 당 주도권 장악이라는 권력투쟁의 요소를 안고 출발한 셈이었다.[43]

　장안파의 이론가들은 재건파의 「8월테제」를 이론적으로 극복하기 위해 9월 15일 「현단계의 정세와 우리의 임무」라는 책자를 발간하여 앞서 그들이 발표했던 「조선의 독립과 공산주의자의 긴급임무」라는 테제의 내용을 되풀이 주장하면서 박헌영의 정치노선을 비판했다.[44] 여기에서 장안파는 조선혁명의 현단계가 프롤레타리아혁명 단계라고 주장하며 부르주아민주주의혁명론을 비판했다. 이것이 부르주아민주주의혁명론에 대한 첫 번째 도전이라 할 수 있다.

　이처럼 장안파가 박헌영의 노선을 비판하면서 독자적인 행동에 나서자, 재건파는 앞서(8월 20일) 발표한 「8월테제」에다가 그 이후의 정치 상황, 특히 장안파의 주장과 움직임 등을 반영하여 9월 20일, 「현정세와 우리의 임무」라는 제목으로 다시 발표했다. 여기에서 조선공산당 중앙위원회는 장안파의 노선을 "극좌적 파벌주의자들의 종파적 경향"이라고 비판하면서 8·15 직후 '조선혁명의 현단계'를 부르주아민주주의혁명 단계라고 규정하고 이에 입각하여 각종 정책과 행동방침을 수립했다.[45]

재건파의 부르주아민주주의혁명론이 점차 좌익진영의 공식적인 노선으로 정착되어감에 따라 재건파와 장안파 사이의 노선투쟁은 일단 재건파의 승리로 일단락지어지는 듯했다. 그러나 그해 10월 장안파의 두 거두인 이영과 최익한이 평양을 다녀오면서 10월 12일에는 수정될 결정문(「정권수립과 민족통일전선에 관한 결정」)을 새로이 발표했다.[46]

10월 결정문은 자신들이 ① 프티부르주아적 심성의 반영인 극좌주의적 편향에 얽매여 있음과, ② 미국과 소련의 '역사적 기여', ③ 현단계의 혁명은 부르주아민주주의혁명이라는 것을 대담하게 인정했다.[47] 이에 덧붙여 이들은 민족부르주아지의 반동적 성격을 공공연히 강조함으로써 그들을 적의 진영으로 밀어넣어서는 안 되고 가령 토지문제 등과 같은 어떤 문제에서는 협조해야 한다고 제시했다. 그들은 민족전선의 수립에서 단지 민족반역자만이 배제되고 그외의 모든 사람이 망라되어야 한다는 것을 주장했다.[48]

그러나 이 결정문은 이영·최익한을 비롯한 장안파의 입장을 강화해주지 못했다. 한편 장안파에 대한 비판은 10월 13일 북조선 5도당원 및 열성자 연합대회에서도 제기되었다.[49]

부르주아민주주의혁명론에 대한 두 번째 도전은 당시 사회경제사학자로서 정계에 투신, 남조선신민당의 위원장이 된 백남운(白南雲)이 주창한 '연합성 신민주주의론'인데 이를 통해서 좌익진영은 또 한번 노선상의 투쟁과 논쟁에 휩싸이게 되었다.[50]

백남운은 『조선민족의 진로』에서 조선 내의 민족주의자와 공산주의자라는 입장의 차이를 넘어서서 민족의 해방, 민주정치, 민주경제라는 기본 목표를 공유해야 한다고 주장했다. 따라서 부르주아민주주의혁명론은 유물사관의 기계론적 도입으로서, 국제노선의 무비판적 적용이라고 비판하면서 현단계는 부르주아, 프롤레타리아트의 연합인 '연합성 신민주주의'

를 형성해야 한다고 역설했다.

이에 노선상의 도전에 직면한 공산당은 즉각적인 반격에 나섰고, 신민당도 이에 반론을 전개했다.[51] 후일 이 논쟁은 역사기술에서의 보편성과 특수성의 문제와 관련되어 다른 분야로까지 확대되기도 했다.[52]

세 번째로 살펴보아야 할 논쟁은 북한의 김일성파와 남한 공산당 간의 노선투쟁으로 이 투쟁이 정확히 언제 시작되었는지는 확실치 않으나,[53] 대체로 1945년 10월 중순(10월 10일~10월 13일)의 조선공산당 서북 5도 책임자 및 열성자대회에서 북조선분국이 구성됨으로써 이후 남북한 좌익진영 사이에서 역학관계의 커다란 변화를 예고했던 것이다.[54] 여기에서 박헌영은 조선공산당의 수뇌로서 공식적인 인정을 받았고, 서울이 당의 본부로서 받아들여졌음에도 불구하고 장차 공산주의 운동의 주축은 시일이 경과함에 따라 서울이 아닌 평양으로 옮겨지고 있었다.[55] 그렇다면 당시 남북한 운동노선의 차이는 무엇이었으며, 조건의 차이는 도대체 무엇이었던가 살펴볼 필요가 있다.

2) 프롤레타리아혁명론

프롤레타리아혁명론은 장안파의 초기 문건[56]에서 분명하게 주장되었고, 또한 일본에서 귀국한 공산주의자들에 의한 「조선혁명의 프롤레타리아독재적 성격에 대하여」 「조선혁명의 단계, 방향 및 전망: 프롤레타리아의 궁극적 승리를 위하여」(통칭 '産勞테제')[57] 등의 문건에 드러나 있다.

먼저 혁명단계론부터 살펴보면, 장안파는 혁명은 부르주아민주주의혁명에서 프롤레타리아혁명으로 단계적으로 나아가는 것이 아니라 두 개의 혁명이 동시적으로 수행될 수 있다고 주장했다.

> 조선에 있어서 혁명은 부르주아민주주의혁명으로부터 프롤레타리아민주주의혁명에로 단계적 서열적으로 나가는 것이 아니라 두 개의 혁명이 동시에 수행되면서 특히 전자가 후자의 일부분으로서 그중에 포함된 형태에서 전개되어나가야 할 제조건을 갖추고 있다.[58]

이와 같이 2중혁명론 또는 동시혁명론을 주장한 장안파는 "이 혁명이 부르주아민주주의혁명으로부터 프롤레타리아민주주의혁명에로 점진적이 아니고 비약적으로 진전될 수 있는 것"[59]이라고 전망하면서 제1단계에는 일본제국주의(혁명 대상)의 타도를 위하여, 자유주의적 토착부르주아 지주 및 부농을 견제·고립·마비시키고, 프롤레타리아트는 절대 다수인 중소농민과 동맹, 도시 중소상공층과 청년학생 지식계급의 다수를 연결하는 것(세력배치)이었으나, 금일에는 정세 일변함에 따라서 ① 투쟁대상은 자유주의적 민족부르주아지(의 반동적 저항 진압), ② 고립대상은 농촌의 중농·도시의 중소상공층(의 동요를 견인 혹은 중립화), ③ 동력으로는 프롤레타리아트와 그 영도 아래 농업 프롤레타리아트와 전인구의 압도적 다수인 빈농, 즉 반프롤레타리아트(의 혁명적 동맹), 농촌 및 도시 소부르주아지(와의 일정한 통일적 전선체제)라고 주장했다.[60]

이것은 일제식민지 아래서의 투쟁대상(일제)과 고립대상(자유주의적 부르주아 지주 및 부농)이 일제패망으로 인하여 변화했고 따라서 8·15 이후인 현재는 혁명의 대상이 자유주의적 민족부르주아지이고 고립 대상은 중농, 도시의 중소상공층이라는 주장으로, 프롤레타리아혁명에서의 세력배치임이 틀림없는 것이다.[61]

한편 이들은 국제관계의 인식에서도 제2차 세계대전을 민주주의 국가가 연합한 반파쇼전쟁으로 보지 않고 "사회주의국가가 현존해 있기에 …… 사회주의혁명전쟁이라고 규정하고 조선에 있어서도 계급전쟁"으로 간주한다. 따라서 그들은 자신들이 발간한 신문 『대중』(大衆)에서 계급전쟁을 부르짖고 앞으로 소련과 영·미 사이에 전쟁이 반드시 있어야 할 것이라고 주장한다.[62]

그러나 재건파가 당권을 장악하고, 부르주아민주주의혁명론이 점차 당내외에서 '옳은 정치노선'으로 인정되자, 장안파는 평양을 다녀온 10월을 계기로 상당한 정도로 그들의 노선을 수정한다. 그들은 「정권수립과 민족통일에 관한 결정」[63]에서 '부르주아민주주의혁명 과정'을 받아들이면서도 "그러나 거기에 그치는 것도 아니요 기계적으로 구분할 수 있는 단계를 거치는 것도 아니다"라는 단서를 붙임으로써 혁명의 단계론을 부인하고 동시혁명론을 그대로 견지한다. 또한 「10월 결정문」에서는 제2차 세계대전에서 "연합국의 진보적 민주주의 임무"를 인정하며 "소·미 양국에 대하여 그 세계사적 공헌(동방에서 민주주의 방위에 진보적·주도적 역할을 책임 있게 수행한)을 정당하게 평가"해야 한다고 설명한다. 또 1945년 10월 31일에 발표된 「민족통일전선에 대하야」[64]라는 발표문에서는 "제2차 세계대전은 그 내부에 독일, 이탈리아의 영국, 미국에 대한 제국주의 전쟁과 중국의 일본에 대한 민족해방과, 소련의 독일에 대한 계급전쟁 등의 세 가지 중요한 요소를 내포하면서 기본적 특질에서는 강도적인 파시즘과 군국주의에 대한 진보적 민주주의의 전쟁"으로서 "소련, 미국, 영국, 중국 등 민주주의 세력의 승리"라고 성격을 규정지었다.

한편 '프롤레타리아 헤게모니하의 동시진행 혁명론'을 주장한 「산오테제」[65]는 첫째, 조선의 해방은 연합국의 승리에 의해 실현되었으나 이 해방이 민족의 완전독립으로 될 수는 없다. 그러므로 식민지에서 부르주아혁명은 "프롤레타리아 헤게모니하에 노동자·농민의 혁명적 동맹에 의해서만 수행되는" 부르주아민족혁명의 형태를 가진다. 이 혁명의 주요 내용은 프롤레타리아의 정치적 자유획득과 농민의 해방이다.[66] 둘째, 부르주아민주주의혁명에서 프롤레타리아트의 근본임무는 제2단계 사회주의혁명에의 급속한 전화(轉化)조건을 확보하는 것이다. 이것은 ① 정치적 영역에서 완전한 정치적 자유(프롤레타리아의 최소강령, 농민에게는 최대강령)를 요구해야 한다. 이를 위해서는 미군정으로부터의 완전한 독립이 필요하다. ② 경제적 영역에서 프롤레타리아는 프롤레타리아 자신의 요구는 물론이고 농민의 기본적 요구도 제출해야 한다.[67] ③ 조직적 영역에서 노동조합을 통한 공장위원회의 획득과 농민조합을 통한 농민위원회의 획득 등 구체적인 조직기반을 획득해야 한다. 셋째, 당면한 투쟁목표와 전략전술은 ① 투쟁목표로서 노동자계급의 정치적 자유획득과 토지혁명의 철저한 추진을 통하여 부르주아, 소부르주아 제세력이 미군정당국에 접근하고 있는 현재 프롤레타리아는 진보적 제세력 및 좌익의 민주주의 세력의 블록을 결성해야 한다. ② 전술상의 긴급과제는 민족통일전선의 구체적 수립이며, 이 전선을 통해 부르주아민주주의혁명 후 인민공화국을 수립하며, 최종적으로는 소비에트 형태를 수립해야 한다는 것이다.

3) 부르주아민주주의혁명론

8·15 이후 '조선의 현단계'를 부르주아민주주의혁명의 단계로 파악한 정치노선은 재건파 외에도 여운형 등이 있었다. 그러나 여운형은 이러한 규정에 걸맞은 체계화된 논리를 표명하고 있지는 않다.[68]

앞서 밝힌 바와 같이 '부르주아민주주의혁명론'은 조선재건파의 공식적인 정치노선이었기 때문에, 여기에서 그 내용이 매우 압축적으로 드러나 있는 「8월테제」부터 살펴보기로 한다.

「8월테제」는 크게 두 가지 내용이 핵심을 이루고 있다. 그 첫째는 8·15를 전후한 시기의 국내외 정세에 대한 분석이고, 둘째는 정세분석에 기초한 조선혁명 단계설정과 그 성격에 대한 전망이다.

(1) 국내외 정세에 관하여

조선의 해방은 제2차 세계대전의 결과, 국제파시즘에 대항한 진보적 민주주의국가(소·영·미·중), 즉 연합국세력에 의해 실현되었다. 국제적 혁명정세는 조선의 해방이 평화적으로 해결될 만한 유리한 조건을 만들어냈다. 그러나 국내정세는 주관적 요소인 혁명세력이 미약하고 혁명의 전위가 아직 약한 사정에서 민중운동은 자연발생성을 완전히 극복하지 못하고 있다. 이러한 국내외적 정세로부터 "진보적 민주주의 사회이냐? 반동적 민주주의 국가의 건설이냐?"가 문제로 되고 있다고 본다. 노동자, 농민, 도시소시민, 인텔리겐차 등 근로계급은 전자를 주장하고 있으나 지주, 고리대금업자와 반동적 민족부르주아지 등 친일파들은 자본가와 지주 독재정권인 반동적 민주주의 국가 건설을 요망하고 있다.

(2) '조선혁명의 현단계'에 관하여

"금일 조선은 부르주아민주주의혁명의 계단을 걸어가고 있나니 민족적 완전독립과 토지문제의 혁명적 해결이 가장 중요하고 중심되는 과업"[69]이라고 규정하고 있다. 「8월테제」는 부르주아민주주의혁명의 기본과업으로 '민족적 완전독립'과 '토지문제의 혁명적 해결'을 내세웠는데, '민족적 완전독립'이란 일본세력을 완전히 구축하는 동시에 모든 외래자본에 의한 세력권 결정과 식민지화 정책을 반대하고 근로인민의 이익을 옹호하는 혁명적 민주주의정권을 내세우는 문제였다. '토지문제의 혁명적 해결'이란 토지소유관계에서 봉건적 잔재를 일소한다는 것으로, 일본인 및 민족반역자 대지주의 토지를 몰수하여 이를 농민에게 분배하며 전토지를 국유화하고, 국유화 이전에는 농민위원회·인민위원회가 관리한다는 것을 의미했다.

그밖에 언론·출판·집회·결사·가두행진·파업의 자유, 8시간 노동제, 대중생활의 급진적 개선, 일본인 소유의 모든 생산수단의 몰수와 국유화, 국가부담에 의한 의무교육, 여성지위 향상, 단일누진세 실시, 국민의 용병제 실시, 18세 이상의 남녀평등 선거·피선거권 부여 등의 민주주의적 과업의 실시와 더불어 진보적 새 조선은 건설된다고 주장한다.

(3) 혁명의 동력과 대상에 관하여

"노동자, 농민, 도시 소시민과 인텔리겐차가 현단계 조선혁명의 동력이 되는 것이다. 그리고 이 과정에서 토지문제를 혁명적으로 해결함으로써 광범한 농민계급을 자기의 동맹자로 쟁취하는 계급만이 혁명의 영도권을 잡을 수 있다. 그것은 곧 조선에서 가장 혁명적인 조선 프롤레타리아트만이 이 혁명의 영도자가 되는 것"이다. 여기에서 주목을 끄는 것은 "반파시스트, 반일전쟁 과정에서 …… 지주와 민족부르주아지들이 전체로 …… 일본제국주의의 침략적 전쟁을 지지"했다고 함으로써 부일협력의 책임을 민족부르주아지 전체에 묻고 있음을 볼 수 있다.[70] 「8월테제」에서는 '동력'에 대해서만 지적했을 뿐 '대상'에 대한 명백한 규정은 찾아볼 수가 없다.[71]

(4) 정권의 지향

"해방 후의 새 조선은 혁명적 민주주의 조선이 되어야 한다. 기본적 민주주의적 여러 가지 요구를 내세우고 이것을 철저히 실천할 수 있는 인민정부를 수립하여야 한다. …… '인민정부'에는 노동자 농민이 중심이 되고 또한 도시 소시민과 인텔리겐차의 대표와 기타 모든 진보적 요소는 정견과 신교와 계급과 단체 여하를 물론(勿論)하고 모두 참가하여야 하나니, 즉 민족통일전선을 형성하여야 한다."[72] 이렇게 하여 「8월테제」는 '민족통일전선'을 통한 '인민정권'을 지향하고 있음을 분명히 했고 장차 프롤레타리아 독재정권으로의 발전을 전제로 하고 있다.

(5) 혁명의 단계

"조선의 객관적 정세(경제·정치·사회적)는 …… 부르주아민주주의혁명의 제과업의 수행을 강력히 요구하고 있는 것이요, …… 앞으로 그 발전에 따라 혁명의 제2단계인 사회주의혁명으로 전환되어야 한다"[73]고 하여 1단계 부르주아민주주의혁명이 2단계 사회주의혁명으로 전환된다고 생각했다. 그것은 역사의 필연성이며 주관적 요소인 혁명세력이 이를 촉진한다. 아울러 그 전제조건으로서 반제·반봉건 투쟁에 의한 노동자·농민의 민주주의 확보와 민족적 통일전선의 실현을 강조하고 있다.

(6) 조선공산당의 제국주의 인식

「8월테제」에서의 미국을 비롯한 자본주의 국가에 대한 긍정적인 의미부여와 달리, 1945년 10월 30일 박헌영이 공식발표한 「조선민족통일전선 결성에 대해」[74]라는 문건에서 미·영에 대한 명백한 우려가 표출되었고, 제1차 미소공위가 열리고 있던 시기에 발표된 박헌영의 「보고연설」[75]에서는 "세계 반민주주의적 반동세력은 아직 강한 제국주의 세력을 만들고 있고, 이는 신종속이론과 전쟁을 위한 군사동맹을 운운"하고 있다고 영국과 미국을 지적하고 제국주의 식민정책을 그 예로 들고 있다. 즉 조공세력이, 한편으로는 영·미의 대자본가를 중심으로 하는 국제독점금융자본이 국내적·국제적으로 반(反)민주주의 방면으로 이끌어간다고 주장하면서도, 「8월테제」에서 미·영·중을 진보적 민주주의 국가로 규정한 것은 제2차 세계대전 중 반파쇼국제동맹에 의한 국제관계가 상당히 지속될 것으로 보았던 데에 기인하는 것이었다. 8·15 이후 미·소협조에 따른 대미타협노선으로 민주정부를 수립할 가능성이 있다고 믿었으나 그것이 미소공위의 결렬로 좌절되고 '반동진영'의 공세가 강화되자 1946년 7월 이른바 '신전술'[76]을 채택하고 '정당방위를 위한 역공세'로 전환했던 것이다.

4) 연합성 신민주주의론

남조선신민당 위원장 백남운은 지금까지 정계의 움직임을 볼 때 대체로 "신경적 모략전이나 전단전으로 일관하고 있을 뿐이고 인민 앞에서 정강 정견으로써 당당한 정전(政戰)을 해온 일은 없었다"[77]라고 하면서 논쟁에 참여했다. 그는 지금까지의 '부르주아민주주의단계론'과 '프롤레타리아민주주의단계론'을 비판하면서[78] '연합성 신민주주의론'을 주창했다.

(1) 국제노선의 비판

"소위 '국제노선'을 유일한 공식으로 삼아 정치적 자주성을 망각한다면 민중과 분리될 위험성을 초래할 것이다. …… 단적으로 말하면 국제노선을 규정하는 정치적 척도는 조선 사회경제의 발전적 현단계 그것이고 국제노선이라는 것은 세계사적 견지에서 지침은 될지언정 척도는 아니다"[79]라고 하여 그는 그 척도를 외부가 아니라 내부의 사회경제의 성격에서 구해야 한다고 주장한다.

(2) 조선 경제의 현단계

「조선 경제 현단계의 재론」이라는 소제목에서 그는 부르주아민주주의 단계를 부정하면서 첫째, 프랑스혁명 당시의 역사적 단계와 둘째, 러시아혁명 당시의 단계를 비교하고 있다.

우선 프랑스와의 차이에 대해서는 "우리 사회경제의 구조부면을 본다면 토지자본이 민족자본을 대표한 것인 동시에 봉건잔존세력의 물적 기초가 되는 것이며 조선의 자본가의 부류 중에는 지주도 포함되는 것이다. 그러므로 봉건세력의 대표자인 지주와 시민대표자인 자본가가 불란서와 같이 대립적이 아니고 동맹적인 까닭에 조선의 지주 및 자본가의 역사적 성격은 불란서의 부르주아지가 담당하였던 역사적 혁명성을 갖지 못하였고 혁명의 대상도 없는 것이다. 그 점에 있어서 현상유지의 보수적 성격은 그 속성으로 볼 수밖에 없다"는 점을 지적하고 있다. 다만 한 가지 간과하여서는 안 될 점은 "어느 역사적 기간 내에서는 조선의 지주 및 자본가도 또한 어느 정도의 혁명세력이었던 것이다"[80]라고 하여 민족자본가의 보수성과 혁명성을 동시에 지적하고 있다.

둘째, 러시아와의 차이에 대해서는 백남운은 20세기 초두의 러시아와 금일 조선은 토지의 봉건성을 고려할지라도 사회발전단계도 다르고 혁명역량도 다르다고 했다. "노국(露國)은 약체나마 봉건성 제국주의 국가이었던만큼 그 부르주아지는 혁명성을 갖지 못한 침략자로서 국내의 무산계급과 완전대립이었던 것이나 금일의 조선은 과거 일제의 식민지이었던만큼 일부의 유산자와 전무산자는 '민족혁명'이라는 공통의 혁명적 목표를 가졌던 것이고 따라서 민족독립을 위한 동맹군을 결성할 가능성을 내포했던 것이다."[81]

따라서 그는 "아직 완전독립이 실현되지 못한 정치적 단계에는 일부의 자산가가 그 혁명성을 내포하고 있다"는 점을 충분히 이해하여 '민족해방'의 단계에서 일부의 자산가(즉 혁명성을 지닌 자본가와 지주)가 무산계급과 연합하는 연합성 신민주주의론을 주장했다.

(3) 연합성 신민주주의의 역사성

"식민지 내지 반식민지국가는 그 사회의 혁명세력이 '민족해방'을 위한 연합성을 띠게 되는 것이며 '사회해방'은 주로 그 무산대중이 담당하는 것이 역사적 법칙인 것이다. 조선은 과거 일제의 식민지였던만큼 자본주의 독립국가들과 달리 이중의 혁명대상을 가졌던 것이다"[82]라고 하면서도 연합국과 의해 군사적인 '민족혁명'의 대상이 해소되었지만 정치적인 민족해방의 과제가 그대로 남아 있다고 했다.

  …… 민족혁명이 대행된 금일에 있어서도 '민족해방'과 '사회해방'과의 이중적인 정치적 과제는 의연히 조선 민족에게 부과되어 있다.[83]

요컨대 백남운이 주장하는 '연합성 신민주주의'는 "조선사회의 혁명적 세력의 역사성에 의거한 좌우익의 정치적 연합의 가능성을 규정한 것이다. 그리하여 유산계급 독재의 자유민주주의를 거부하는 동시에 무산계급 독재의 프로민주주의와도 구별되는 민족적 민주주의를 말한 것이며 조선정치의 역사적 순간성으로 보아서 계급적 민주주의보다는 과도형태로서 민족적인 연합성 민주주의만이 민주적 통일과 자주독립을 수행할 수 있을 것이며 민주정치와 민주경제 문제의 동시해결을 국책화할 수 있는 것이다."[84] 또한 그는 연합성 민주정권의 역사성을 강조하면서 "'연합성 신민주주의'의 정치형태로서 아직도 혁명적인 유산자는 자금을, 인텔리는 지식을, 과학자는 기술을, 무산자는 노동력을 제공함으로써 건국을 위한 연합활동을 하자고 제창하는 동시에 민주경제를 수립할 만한 연합민주정권을 구성할 것"[85]을 주장했다.

5) 반제반봉건민주주의혁명론

1945년 10월 10일부터 13일까지 평양에서 개최된 '조선공산당 북조선분국' 창설회의에서 채택한 정치노선을 살펴보면 다음과 같다.

(1) 8·15 해방과 국제관계에 대하여

  사회주의연방 소비에트동맹과 자본주의 국가 영·미는 전 세계 평화와 인류해방을 위하여 전쟁한 것이다. …… 조선민족은 해방되었다. 그러나 해방은 자체의 힘에 의한 해방이 아니고 외래의 압력에 의한 해방이다. 이것이 조선혁명의 첫째 특수성이다. 또 외래의 힘은 한 힘이 아니라 즉 사회주의 국가인 적위군의 힘과 자본주의 국가인 영·미의 힘으로 해방되었다. 이것이 둘째의 특수성이다.[86]

조선의 현재 형편상의 첫 임무는 반파쇼전선을 굳게 한다는 것이나 조선에서는 사회주의 국가 소련과 자본주의 국가 미국이 함께 들어와 조선을 해방해주었다.[87]

이와 같이 「8월테제」가 소·영·미·중을 모두 '진보적 민주주의 국가'로 규정한 데 반해 북한에서는 영·미를 '자본주의 국가'로 규정하고 있으며 중국은 포함시키지 않았다.[88] 그리고 그러한 인식에 따라 '반파쇼전선을 굳게 하는 것'이 '현재의 형편상의 첫째의 임무'라고 했다. 이후 이들의 초기정세 인식은 반파쇼(통일전선)를 강조하고 '반제' 문제로 일제잔재의 척결을 주장하다가 이후 미국에 대한 공격으로 전환시키고 있다.[89]

(2) 현단계 규정

조선이 역사적 사명을 하는 데 있어서 내본적(內本的) 조건으로 보면 노동자 단결이 없고 반동 부르주아지는 청산되지 않았다. 우리가 할 역할은 전힘을 다하야 민족통일정권을 수립해야 한다. 이곳에서는 자본가도 참가한다. …… 이 정권에는 노동자나 자본가나 모두 들어가야 하고 현단계에 있어서는 자본민주주의 정권을 세워야 한다.[90]

이 당시 북한에서 말하는 자본민주주의란 과제상으로 '부르주아민주주의혁명'의 과제를 지닌 민족통일정권의 수립을 의미하는 것으로 파악된다.[91]

(3) 반제반봉건민주주의혁명

용어사용에서 1945년 직후 처음에는 '민주개혁'이니 '민주주의국가건설'이니 하는 용어를 사용하다가, 이후 권력이 강화됨에 따라 '반제반봉건민주주의혁명'으로 바꾸어 쓰고, 다시 뒤에는 '인민민주주의'라는 용어로 바꾸어 사용했다.[92]

그러나 실제로 북한에서는 1946년 2월 8일 소집된 '북조선임시인민위원회'가 활동을 개시하여 제반 사회개혁 조치(1946년 3월 5일 토지개혁법령, 6월 20일 선거법령 및 노동법령, 7월 30일 남녀평등권에 관한 법령, 8월 10일 중요산업 국유화에 관한 법령)를 실시했다. 이러한 제반 개혁조치(이른바 '민주개혁')[93]에 따라 시기구분을 해보면 8·15 직후부터 1946년 말까지는 대체로 '반제반봉건민주주의혁명' 시기에 해당된다[94]고 보인다.

'반제·반봉건'의 내용을 보면,[95] 처음에는 일제의 패망이라는 조건에서 '반제'는 일제의 잔재에 대한 투쟁으로 해석되었다. 그리하여 '친일파'와 '민족반역자'의 숙청은 절실한 민족적 과제로 제기되었고 일제가 소유했던 산업시설과 그밖의 국유화(중요산업국유화법령)가 실시되고 있었다. 그리고 이후에 '반제' 개념은 곧 확대되어 남한을 '강점'하고 있는 '미제국주의자들'에 대한 투쟁으로 그 강조점이 바뀌어갔다.

또 북한의 '민주개혁'에서 '반봉건'의 측면은 경제적으로는 봉건적·반봉건적 토지소유제, 즉 농촌의 소작제 철폐를 목표로 하고 있었다.[96] 그리고 사회·정치적 측면에서는 장구한 봉건적 인습과 신분차별에 시달려온 여성들은 이 모든 질곡에서 해방하는 것이었다. 전자는 1946년 3월의 토지개혁 실시에, 후자는 1946년 7월의 남녀평등권 선포에서 표현되었다. 봉건사회의 유물을 청산한다는 것은 제2차 세계대전 후 민주주의를 지향하고 있던 동구와 아시아의 많은 나라가 당면한 공통적 과제였다.

(4) 조선식 민주주의의 주장

북한에서의 이른바 '민주개혁'의 실시는 사실상 '부르주아민주주의혁명'을 완수하기 위한 것이었다. 그러나 이 개혁들은 '부르주아민주주의혁명'과 '사회주의혁명'이라는 서로 다른 두 단계 사이의 구분을 완전히 모호하게 하고 사실상 공산주의자들에 의해 움직여지는 모택동식의 '신민주주의'(新民主主義) 노선을 따르고 있었다고 한다. 따라서 이 노선은 '일국사회주의론'이 '영구혁명론'(永久革命論)과 결합되고 있으며, 이론적으로나 실천적으로 식민지사회에서 전통적이고 단순한 2단계 혁명론은 크게 수정되고 있는 것이다.[97]

그러나 북한의 김일성은 그것이 "자본주의 국가의 낡은 국회식 민주주의가 아니라 새 조선의 진정한 민주주의, 진보적 민주주의를 위한 투쟁"[98]이라고 하면서 다음과 같이 설명하고 있다.

 오늘의 조선에는 미국이나 영국식 '민주주의'가 맞지 않습니다. 서구라파의 '민주주의'는 이미 뒤떨어졌을 뿐만 아니라 만일 우리가 그것을 채용한다면 나라의 독립을 달성하려는 우리의 목적을 실현하지 못하고 다시 외래 제국주의의 식민지로 떨어지고 말 것입니다. 그러므로 조선에는 조선 실정에 부합되는 새로운 진보적인 민주주의제도를 세워야 합니다.[99]

이와 비슷한 주장이 1946년 2월 2일에 간행된 한 신문[100]에서도 나타나는데, 그것에 따르면, "조선은 당장 '부르주아민주주의'나 소련처럼 '프롤레타리아민주주의' 중 그 어느 것도 수립할 수는 없다. 조선은 조선 자체의 특성에서 도출되고 조선 사람들에 의해 수행되는 '조선 자체의 혁명'이 되어야 한다"고 하여 소련식 체제도 반대하고 있다.

6) 노선투쟁과 논쟁의 전개

노선투쟁 과정에서 각 논쟁의 이념이 어떻게 변화해나가고 또 조직 결성 및 각 정치세력 간의 역관계(力關係)는 어떻게 변화해갔는지를 살펴보기 위하여 논쟁을 다음의 3단계로 나누어 시계열(時系列)적으로 살펴보고자 한다.

첫째, 장안파와 재건파의 등장에서 장안파가 해체되는 논쟁의 제1단계 시기(1946. 8. 15~11. 23), 둘째, 백남운이 논쟁에 참여해서 조공 측의 비판이 제기되고 신민당 측의 1단계 반론이 끝나는 논쟁의 제2단계 시기(1946. 4. 1~5. 29), 셋째, 북한에서 '북조선분국'이 설치되고 각 정파의 대립이 민주주의민족전선으로 통일되는 논쟁의 제3단계 시기(1945. 10. 13~46. 7. 22)다.

(1) 논쟁의 제1단계

8·15 직후 장안파가 사회주의혁명의 전화조건을 마련하는 것이 현단계의 과제라고 하면서, 부르주아민주주의혁명과 프롤레타리아혁명의 동시적 수행론을 발표하자 즉각 반격에 나선 재건파는 이들을 '좌경기회주의자' '트로츠키주의자' '멘셰비키' 등으로 비판했고,[101] 백남운은 "과학성의 혁명사업이라기보다는 차라리 무책임한 허영의 발작으로 볼 수밖에 없으며 정치기술의 정도로 보아서 기계적 공식주의의 포로가 아니면 블랑키주의를 면치 못할 것"[102]이라고 비판했다. 또한 이들은 토지개혁에 대해서도 그 중요성은 인정하나, 토지개혁의 대상이 "거의 전부 반동적인 일본인 대회사나 대지주라는 점에서 우리 민족 내부의 분열과 항거를 초래할 위험은 극히 적으며 부분적으로 민족반역자의 토지나 재산의 몰수는 진보적 민족자본가의 요구와도 일치된다"[103]고 매우 낙관적으로 보았다. 이러한 분석으로 인해 이들은 혁명이 급속히 동시적으로 진행될 수 있다고 본 것이었으나, 이는 당시의 토지소유 현황을 정확하게 파악한 것이 아니었다.[104]

그뿐만 아니라 이들은 당시 일제잔재의 청산을 위해 민족 전체의 역량을 모아 통일전선을 경성해야 할 시기에 민족부르주아지와의 투쟁을 전개한다고 했다. 이들은 아무런 대중적인 조직기반을 갖지 못한 실정에서 모험주의적인 노선을 취했던 것이다. 그것은 일종의 계급모순환원론이었다. 따라서 재건파는, 당시 조선은 일본제국주의의 독점시장으로서 공업발달이 정체되었고, 반(半)봉건적 사회관계가 잔존하여 프롤레타리아의 독자적 혁명 수행이 불가능한데다가 국내의 취약한 혁명역량을 '소비에트'동맹이 지원하고 있는 동구와는 근본적으로 다른 상황에서[105] 국제민주주의노선을 무시하고 프롤레타리아혁명론을 주장함은 "관념적인 기계주의적 오류"[106]로서 극복해야 한다고 주장했다. 이렇게 주장하면서 재건파는 "조선의 완전독립 진보적 민주주의 획득을 위하여 우선 단계적으로 '무조건하고 부르주아민주주의혁명'을 요청한다". 또 "민족적 반역자와 친일파를 제외한 민족통일전선을 급속히 결정하지 아니하면 안 될 것"[107]이라고 역설했다.

한편 1945년 10월 평양에서도 서울 장안파를 공격하여 "공허한 혁명적 언변"을 쓰면서 광범한 대중을 동원하는 데 실패한 극좌주의의 한 형태로서 트로츠키주의라고 맹렬히 비난했다. 이후 장안파는 급속히 우익 측으로 기울다가[108] 서울과 평양 양측으로부터 엄청난 압력이 가해지자 11월 23일 공산당의 통일이라는 명분을 내세워 장안당의 해체를 발표했다.[109]

(2) 논쟁의 제2단계

부르주아민주주의혁명론과 연합성 신민주주의론은 일제하 조선사회가 식민지반봉건사회였기 때문에 당시 변혁운동의 과제가 반봉건성을 타파하고 민주주의 실현 및 민족의 독립을 완성해야 한다는 데에는 대략 일치하고 있다고 보인다. 그러나 이들 양자 간에는 혁명의 현단계 규정, 민족문제와 계급문제의 강조점 차이, 변혁의 주체 및 민족통일전선의 범위와 방식, 정권의 형태 등에서 일정한 차이를 보이고 있다.

혁명의 단계규정에서 백남운은 부르주아혁명 단계라는 논리는 민족문제에 대한 잘못된 규정으로 보고, '민족혁명'과 '민족해방'을 구분하여 설명한다. 즉 일제식민지시대에 일부의 유산자와 무산자는 '민족혁명'이라는 공통의 목표를 가졌었고, 따라서 그것을 위해 동맹을 결성할 가능성이 있었다. 그리고 현재 연합군에 의하여 군사적인 '민족혁명'의 대상이 제거되었으나 정치적인 '민족해방'의 과제가 실현되지 못했기 때문에 양심적인 일부 유산계급과 무산계급이 연합하는 '연합성 신민주주의' 혁명단계라는 것이다.[110] 이에 대하여 조선과학자동맹의 이기수(李基洙)와 당시 좌익작가로서 공청(공산주의청년동맹) 위원장을 지냈던 김남천(金南天) 등 조공 측이 반론을 제기했다.

먼저 이기수는 당시는 '민족해방'의 단계가 아니라 '민주주의 건국'의 시기라고 규정했다. 그리고 "조선은 지금 인민혁명의 과정에서 …… 노동자, 농민, 도시소상공업자, 소자본가, 진보적 인텔리 등의 연합세력이 혁명적 투쟁"[111]을 전개하여 민족통일전선을 결성해야 할 시기에 있다. "오늘날 식민지 및 반식민지에 있어서 토지자본가계급의 '혁명성'은 오직 그중의 소자본가층만이 보유하고 있는 것"[112]이고 대자본가는 제국주의 진영에 포섭되고 지주계급, 즉 봉건세력은 본질적으로 반동세력이라고 하여 백남운이 주장하는 '자산계급의 일부분'의 범위가 모호하다고 통박한다. 따라서 연합성 신민주주의에서 나타나고 있는 좌우익의 연합은 이승만의 '덮어놓고 뭉치자'와 다를 바가 없다고 반박했다.[113]

김남천은 조선의 혁명이 '국제노선'과는 다른 특수성을 띤다는 백남운의 주장에 대해 "원칙적인 것과 특수적인 것을 기계적으로 분리하는 데서 생겨나는 끊임없는 혼란"[114]이라고 단언했다. 아무리 조선 사회경제의 특수성이 있다고 할지라도 국제노선은 "단순한 지침이 아니라 실천과정에 들어간 구체적인 과업"[115]이라는 것이다.

그뿐만 아니라 이 과업을 실천하고 있는 각국의 민주주의 전선은 폴란드의 '민족해방위원회', 루마니아의 '민족민주전선'이나 헝가리의 '독립민족전선', 조선의 '민주주의민족전선' 등은 모두 "민족성원의 절대다수인 인민의 이익을 기초로 하는 부르주아민주주의혁명과 프롤레타리아민주주의혁명의 두 계단 사이에서 '조건과 도정',[116] 즉 인민적인 민주주의의 과정을 실현하고 있다.

그럼에도 불구하고 이러한 인민적 민주주의와 구별되는 백남운의 연합성 신민주주의란 "절충주의적 기회주의적 과신과 지나친 진보성의 기계주의적 인정(認定)에서 유래된 것이라 언명한다.[117] 또한 백남운의 민주경제

수립은 '공업생산체의 민주적 편성' '토지문제의 민주적 재편성' 등 애매한 규정을 하고 있으나, 좌우익의 진정한 연합원칙은 '토지개혁'이라고 단언한다. 다만 중요한 것은 북한에서 실시한 것과 같은 토지개혁을 "실행할 역량이 있으며 또 과감히 실천할 만한 성격을 가지고 있느냐 하는 점"[118]이라는 것이다.

결론적으로 말해서 백남운의 '연합성 신민주주의'는 이승만과 모리배를 위한 '덮어놓고 뭉치자'라는 구호의 이론적 의상(衣裳)일 뿐이라고 공격하면서 "민주주의민족전선을 위한 것이냐 반민주세력을 위할 것이냐"를 묻고 있다.[119]

한편 조공 측의 비판에 대해 신민당의 허윤구(許允九)가 '재비판'을 폈다. 그는 "조선혁명이라는 특수적 구체적 실천이 세계사적인 관련하에서 전개"[120]되기는 하나 유럽적 혁명과정의 일반화, 특수성을 떠난 일반성은 의미가 없는 것이라고 전제하고, 민족혁명의 대상이 해소되었다는 이유만으로 일부 유산계급의 혁명성을 무시·경시하는 것은 부당하다고 주장했다. 따라서 연합성 신민주주의론에 대한 조공 측 비판은 "그 자신이 가진 이론적 빈곤에서 결과지워진 것"[121]이라고 반박했다.

(3) 논쟁의 제3단계

1945년 10월 10일부터 13일까지 개최된 조선공산당 서북 5도 책임자 및 열성자대회를 통해 북조선분국이 구성되면서 남·북한 간 공산당의 역학관계는 그 변화의 조짐을 보이고 있었다. 처음 북한지역의 국내파 공산주의자들은 '1국 1당 원칙'을 내세워 분국 조직을 극력반대하고 나섰다.[122] 그러나 북한 측은 북한 독자의 정치·행정을 지도하고 '민주기지' 혹은 '민주혁명기지'를 튼튼히 다지기 위해 필요하다고 주장했다.[123] 이 대회에서 '북조선분국'은 서울의 중앙으로부터 승인을 받는 형식을 취하고 '조선혁명'의 성격도 박헌영의 「8월테제」와 같은 '자본민주혁명'(資本民主革命)이라고 규정했다. 그리고 여기에서 자신들의 좌우경적 과오[124]를 비판하면서, 대회의 끝으로 「좌경적 경향과 그 분파행동에 대한 비판」

을 발표, 서울 장안파를 공박했다.[125]

그리고 12월 17일 북조선분국 제3차 확대중앙위원회가 평양에서 개최되고 여기에서 김일성, 김책 등 '소련파'는 분국을 북조선공산당으로 개편할 것을 제의했다. 이에 '국내파'의 오기섭, 정달헌 등은 '해당주의적'(解黨主義的)이라고 맹렬히 반대했지만, 결국 김일성 등의 제의가 가결되어, 김일성이 김용범(분국의 책임비서 대리)을 대신하여 북조선 공산당의 책임비서가 되고 제2비서에는 오기섭과 무정이 선출되었다.[126] 한편 1945년 말경에는 연안파의 지도자들이 '조선독립동맹'이라는 명칭을 사용하면서 남북한에 걸쳐 지방지부를 확대해나가자, 한국 공산주의운동 내에는 소련-갑산파, 국내파, 연안파 간의 삼각(三角)전이 벌어지기 시작했다.[127] 이후 그들은 제반 사회개혁조치를 취해서 광범위한 대중을 동원하고 이 열기를 몰아 1946년 여름, 좌익분파들을 통합하고 중간파들을 끌어들이기 위한 일련의 정치적 조치에 착수했다.[128] 이러한 사회개혁 조치들은 김일성과의 정치적 세력구축의 토대가 되었고, 1946년 7월 22일에는 '북조선민주주의민족통일전선위원회'의 결성을 발표하고, 북조선공산당, 조선신민당, 조선민주당, 북조선천도교청우당 등 19개 단체 600만여 명의 대중조직을 포용하는 정치적 기반으로 북조선민주주의민족전선을 결성했다. 그리고 8월 2일(~30일)에는 신민당과의 합당으로[129] '북조선노동당'을 창당함으로써 사실상의 남북분립을 완성하게 된다.

북한에서의 양당합동으로 노동당이 출현한 데 대해서는, 남북한 좌익진영 사이의 역학관계라는 측면에서 볼 때 북한이 남한보다 우위를 점하게 되는 직접적인 계기가 되었다.[130]

4. 논쟁의 귀결

이상으로 8·15 직후 '민주주의조선의 건설' 또는 '자주적 민족국가의 수립'이라는 과제가 각 운동분파의 노선투쟁 및 '현단계' 설정과 관련하여 어떻게 진행되었는지를 살펴보았다.

1단계 논쟁에서 재건파의 노선이 이론에서나 정치적 역관계에서 승리를 거두었다고 할 수 있다. 장안파의 노선은 조직적 힘을 실세(實勢)로 뒷받침하지 못했기 때문에 대중 속에 뿌리를 내리지 못했다. 2단계 논쟁은 이후 남한에서 3당합당이 실패함으로써 완전한 역관계의 통일을 이루지는 못했지만, '민족의 해방'이라는 대업을 위해 매우 광범위한 통일전선을 상정했던 백남운의 노선과 통일전선에서 일정한 원칙(토지개혁)을 제기했던 조공의 노선은 민족해방과 봉건잔재의 타파를 당면 운동의 과제로 설정했던 8·15 직후 당시 민주주의이념에 매우 풍성한 이론적 밑거름이 되었다. 한편 논쟁의 3단계는 조직노선(통일전선)이 실제적인 개혁조치를 통해 정치적 역관계의 결정적인 변화를 가져옴으로써, 정권수립(정치조직)은 민중의 변혁열기와 결합될 때에만 좀더 확고할 수 있다는 사실을 보여주었다. 이상의 논쟁은 결국 8·15 직후 당시 국제노선 내부에 제국주의적 이해와 미·소타협에 의한 민주주의정부수립 지원의 가능성을 동시에 내포한 상황에서 국내의 변혁주체세력이 그들의 역량과 관련지어 대중노선과 조직노선을 어떻게 사고하고 실천해나갔는가 하는 데 초점이 맞춰진다. 우선 국제노선 자체에 대하여 장안파의 경우 처음에는 현단계를 "사회주의 국가의 혁명전쟁, 조선에 있어서는 계급전쟁"으로 본 극좌적인 편향으로 이에 대한 비판이 드세어지자 이후(10월의 노선수정을 계기로) 국제노선의 세계사적 의미를 인정하게 되었다. 백남운은 "국제노선은 지침은 될지언정 척도는 아님"을 강조하여 "정치적 자주성"과 "조선사회경제의 현단계"를 매우 중요시했다. 따라서 이것을 무시하면 민중과 분리될 위험성이 있다고 지적함으로써 국제노선 자체는 인정하나 결국 민족문제의 해결은 광범위한 민족통일전선에 의한 '연합민주정권'의 수립에 두었다.

한편 논쟁과 노선투쟁에 1단계의 주도권을 장악했던 재건파(또는 조공)는 미·소양국의 국제협조에 의한 민주주의국제노선을 "동요되기에는 너무도 공고한 것"[131)]으로 보아 민주주의조선의 건설은 시종 민주주의 연합국에 의해 실현될 것으로 전망했으며, 북한 측에서는 국제노선에 따른 자본민주주의적 과제의 해결을 대체로 따르면서도 그 특수성(외래의 힘에 의한 해방, 사회주의 국가와 자본주의 영·미의 힘—복수의 힘—에 의한 해방)을 지적함으로써 그 극복방책은 민족통일정권의 수립에서 찾으려고 했다.

이와 같이 이들 각 노선이 국제노선과 국내변혁역량을 결합하는 데 일정한 차이를 보여주고 있음에도 불구하고 각 노선은 다음과 같은 공통적인 결론을 제기하고 있음을 볼 수 있다.

그것은 첫째, 민족의 완전독립은 민족통일전선을 통한 자주적 민족국가 수립에서 구하고 있다. 둘째, 민족의 완전독립과 민주주의건설을 분리할 수 없는 것으로 보고, 건국은 민주주의의 경제건설에 기초를 둘 때에만 완전할 수 있다고 보고 있다.[132] 이것을 위하여 토지개혁을 비롯한 제반 민주주의적 과업의 실시를 통한 봉건잔재의 청산을 공통적으로 제시하고 있다. 이제 논쟁의 귀결로서 조직노선과 대중노선의 양측면을 정치적 과업인 민족통일전선과 경제적 과업인 민주개혁을 통하여 살펴보고자 한다.

1) 민족통일전선과 민주주의론

노동계급을 중심으로 우리 민족의 완전독립(동시에 토지문제 해결)을 전취(戰取)하기 위하여 전민족의 각계각층이 한데 뭉쳐 진격하는 공동전선이 곧 우리의 건국운동이며 민족통일이요, 이 통일과정을 밟고 있는 참된 통일형태가 곧 민주주의민족전선이다. …… 현단계에 있어서 통일이 곧 공격이기 때문이다.[133]

…… 민주주의적 자주독립을 전취하기 위하여 더욱 강력한 단결과 조직을 가질 것이며 이리함에서 민주주의의 승리를 반드시 이 땅에 가져오고야 말 것이다.

그러나 이것을 하루바삐 가져올 것인가 또는 지연될 것인가는 오직 …… 민주주의민족전선의 깃발 밑에서 하루속히 굳게 단결하느냐 않느

냐에 달려 있는 것이다.[134]

　남한의 좌익들은 조공 측의 주도로 민족통일전선을 통한 인민정권의 수립을 목표로 '인공'을 수립했었고 이 목표를 위하여 모스크바삼상회의 결성 후에는 민주주의민족전선을 결성하는 등 지속적으로 민족통일전선을 시도해왔다.[135]
　민주주의민족전선은 전후 세계문제의 민주주의적 해결을 결정한 노선(모스크바삼상회의)의 진보성을 따라서 주체적인 역량에 의해 획득하지 못한 해방의 국제적 규정성을 객관적으로 인정하고 민족통일전선을 강화·완성함으로써 주체적 역량을 갖추려는 취지에서 결성되었다. 또한 이 통일은 원칙 없는 야합이 아니라 민주주의노선을 통한 원칙적인 결합이 되어야 한다[136]고 주장되었다. 따라서 좌익 측은 민주주의적 요소만이 민족통일을 성취할 수 있다는 결론을 얻어 1946년 2월 15일에 정식 발족했다.[137]
　민전이 결성되던 시기의 국내정치는 우익 측이 비상국민회의, 남조선국민대표의원 등으로 결집되고 또 북한에서는 '북조선분국' 설치 이후 주도권 장악을 위한 세(勢) 변화를 매우 치열하게 진행하고 있던 때였다.
　이렇게 볼 때 민전이 결성되던 시기는 좌우익 간의 이데올로기적 양분과 남북분단이 획책되어가던 시기였다. 그러므로 8·15 직후 혁명단계론 논쟁과 관련하여 제기된 과제와 주의주장이 이 시기의 각 운동노선들에 의해 '민전'의 이념 속으로 어떻게 흡수되고 또 이러한 관점에서 민주주의론은 어떻게 발전되었는지를 살펴보는 것은 매우 중요하다.
　먼저 조공의 주도권을 장악한 박헌영의 재건파는 민족해방투쟁선상에서 탈락하고 휴식했던 장안파의 프롤레타리아혁명론을 비판하면서 부르주아민주주의혁명의 최고단계를 민족통일전선의 결성을 통한 인민정권의 수립에 두었다.[138] 그러나 '전후 세계문제의 민주주의적 해결'을 위한 국제노선과 타협으로 '진보적 민주주의'라는 원칙을 내걸고 조선의 독립을 성취하려고 했다. 이러한 '진보적 민주주의'에 기반을 둔 통일전선체로서 민전은 민주주의 사상의 이해에 대한 한층 높은 발전이 요망되었던

것이다.[139)]

　민전의 사무국장 이강국은 제2차 세계대전의 성격을 규명하면서 "전후의 세계적 방향은 전체적으로 보아 민주주의적 발전을 위한 유리한 조건을 성숙시키고 있다." 그러나 "영·미의 대자본가를 중심으로 한 국제독점자본은 국내의 민주주의에 반대할 뿐만 아니라 국제적으로 파쇼의 잔존세력과 제휴하여 세계를 다시 반민주주의적 방향으로 이끌어가고 있다"[140)]고 주의를 환기하고 있다.

　즉 8·15 직후와는 달리 민전은 연합국을 기본적으로 '조선을 해방시켜준 외래의 세력 혹은 세계민주주의의 대표'라고 파악하면서도 그 내용에서는 '조선 인민대중 전체의 이익을 옹호하는 민주주의세력(소련을 지칭)'과 '언행이 일치 안 되는 반동세력을 조장하는 민주주의세력(미·영 등의 자본주의 국가)'으로 구분하고 있다.

　이렇게 하여 실천에서의 타협적 태도에도 불구하고 인식에서 본질적인 측면과 현상적(국면적)인 측면을 구분하여 이해하고 있다. 따라서 민전은 전후 민주주의의 발전을 "절대 다수의 제국에 있어서 그 민족의 극소수 이익을 대표하는 제당(諸黨)이 주권을 장악하는 것이 아니라 인민의 절대적 다수를 대표해 인민의 이익을 진정으로 옹호하는 당이 주권을 장악하게 된 것이 오늘의 세계정세"[141)]라고 파악하면서 세계의 민주주의 발전을 다음의 세 등급으로 나누고 있다. 즉 영·미에서의 부르주아민주주의, 동구 각국에서 발달한 민주주의의 특별형태인 인민적 민주주의, 소련의 프롤레타리아민주주의로 나누고서 '민전'은 두 번째, 즉 '인민적 민주주의'의 방향으로 나아가야 한다고 주장했다. 또한 모택동의 신민주주의론의 영향을 받은 백남운은 민전의 의장단에 참가했지만 그의 연합성 신민주주의론은 다소 독자적인 이해를 보였다. 그는 프롤레타리아민주주의론과 부르주아민주주의혁명론을 동시에 비판하면서 "해방 이후의 조선정치의 역사적 방향은 민주정치인 것이니 인민이 정치의 주체로서 인민의 복리를 위해 인민의 의사와 요구를 수행하는 민주정치"[142)]라고 하여 조선의 자주독립의 과제를 연합성 신민주주의론으로 제시해 사실상 인민민주주의를 주장했다고 보인다.[143] 백남운의 연합성 신민주주의론이 지주 및 우익정당까지 연합하여 민족문제(그의 용어로 '민족해방')를 해결하는 데 초점을 두고, 통일전선의 범위를 매우 포용력 있게 설정(정권형태에서 무산자와 일부 자산가 및 지주를 포함하는 '연합민주정권'을 상정)했으나, 그 방식에서 각 계급·계층의 이해를 파악하고 그에 근거하여 공통의 정치적 강령을 제시하지는 못했다고 보인다. 또한 연합성 신민주주의론이 더 이상 뿌리를 내리지 못한 것은 민족모순이 국제노선에 대한 민중의 기대와 미군의 진주로 어느 정도 희석되었던 점에도 기인하는 것이다.

한편 민전의 중앙상임위원의 한 명이었던 김계림(金桂林)은 "해방 조선이 요구하는 민주주의는 모든 인민이, 단어나 형식에서뿐만 아니라 진정한 자유와 평등을 향유할 수 있는 인민적 민주주의가 아니면 안 된다"[144]고 했다. 이렇게 하여 "오늘 우리 조선에 있어서는 영국, 미국의 민주주의도 아니고 소련의 프롤레타리아 민주주의도 아닌 동유럽제국에서 발전하고 있는 민주주의 역사의 새로운 형태인 인민적 민주주의의 방향으로 나아가야 한다"[145]라고 하는 주장이 생겨났다. 이러한 '민주주의론'은 아직 무르익지는 않았으나 조선의 실정에 뿌리를 내린 인민민주주의의 방향으로 나아가고 있음을 보여준다.

한편 북한에서는 1946년 1월 2일 북한의 모든 정당과 사회단체가 '모스크바삼상회의의 결정'을 지지하는 공동성명을 발표하면서부터 민주주의민족통일전선을 결성하려는 움직임이 나타났다. 북한 측에서의 통일전선운동은 '인민민주주의' 양상을 특징지운 경제적 개혁과 상응하는 정치적 조치였다.[146] 1946년 7월 22일 '북조선민주주의민족통일전선위원회'의 결성을 발표하고, 신민당 등 각 당 각 단체를 참여시켜 '북조선민전'을 결성했다. 남한은 먼저 '위로부터의 통일전선'을 성립시키고 북한은 민주개혁이라고 불리는 제반개혁조치들을 통하여 '아래로부터의 통일전선'을 성립시킴으로써 그 이념에서는 남북한 양측이 심화되지는 않았지만 '인민민주주의'라는 기본적 틀의 근접(近接)을 보았다고 할 수 있다. 그렇지만 앞에서도 지적했듯이 민족해방이 완수되지 못한 나라(식민지종속국)에서의 민주주의혁명의 동력은 프롤레타리아와 농민(그것을 대표하는 정당)은 물론이고 민족자본(또는 그 정당)이 민주주의 원칙(최소강령)하에서 통일되는 것이 일반적이었다. 그러나 조공 측은 김구의 중경임시정부세력을 비롯한 비타협적 민족주의세력은 물론이고 좌익진영 자체도 통일하지 못했다. 따라서 그와 같은 이념상의 근접점이 존재했음에도 불구하고 이 시기는 이미 남북분립이 분단을 향해서 걷잡을 수 없는 균열로 치닫고 있는 상황이었다.

2) 민주개혁의 기본방향

8·15 직후 한반도의 '민주주의 조선건설'이라는 과제는 민족의 자주권을 쟁취함으로써 자주적 국민국가를 형성하는 것임과 동시에 제반 민주주의적 개혁을 실시함으로써 각계각층 대중들의 경제적 억압요소를 타파하고 자립적 민족경제의 기초를 마련하는 것이었다.[147] 따라서 8·15 직후 당시 각종 혁명단계론 논쟁을 통해 검출될 수 있는 '민주주의의 이념'은 민주개혁의 이론과 실천을 통하여 매우 명확하게 드러난다. 8·15 직후 "민주개혁은 조선이 피할 수 없는 역사적 현실적 요청"이었으며 또한 "조선 인민 전체의 요청"[148]이었던 것이다. 그뿐만 아니라 당시의 민주개혁은 남북통일을 바라보는 데도 매우 중시해야 할 요소였다. 왜냐하면 북한은 1946년 3월부터 급속도로 민주개혁을 추진하여 정권수립의 '아래로부터'의 기초를 마련해갔고, 이렇게 재구성한 사회구조는 "어떠한 사건보다도 남북을 구별하는 요인으로 작용"[149]했기 때문이다.

그렇다면 당시 한반도에서 주장되었던 민주개혁의 일반적인 과제는 무엇이었으며, 그 기본방향은 어떤 것이었는가? 김오성은 당시 '역사적 과제인 민주개혁'을 다음과 같이 정리한다.

첫째, 민주개혁이 봉건유제를 청산하는 것이다. 그 당시의 봉건유제는 봉건적 토지관계, 남녀평등권의 실시, 장유(長幼) 차별의 철폐 등을 들고 있다. 둘째, 조선의 민주개혁은 일본적 잔재의 숙청(肅淸) 없이 실현되지 못한다. 즉 그것은 일본적 지배·통치기구의 철폐, 조선인민을 착취하여온 산업기구의 청산과 국영화, 일제의 지배기구의 책임자 및 부일협력(附日協力)을 적극적으로 한 친일파의 제거 등이다. 셋째, 민주개혁에 있어 일반·평등·직접·비밀의 방법으로써 민주선거를 실시해야 한다. 넷째, 이러한 민주개혁을 통해서만 조선의 인민은 언론, 출판, 집회, 결사, 시위 등의 기본적 권리와 자유를 획득하게 될 것이다.[150]

당시 경제이론가로서 『과학전선』의 편집인이었던 박극채는 민주개혁의 기본방향을 '자립적 국민경제의 확립'에서 구하고 있는데 그 내용과 방식은 "토지문제의 평민적 해결로써 농업생산력 발전의 기본조건을 달성하고 국가자본의 주도와 민족자본의 발전을 통하여 공업생산력을 발전시키고 이렇게 하여서 농업생산력의 발전과 공업생산력의 발전을 서로 관련된 일반과정으로서 해결한다면 이 방향은 농업과 공업의 시장문제를 우리 국내에서 해결하는 길"[151]이라고 설명하고 있다.

또한 민주개혁에 대하여 박문규는 그의 「민주주의와 경제」에서 다음과 같이 설명하고 있다.

> 진보적 민주주의의 중요한 경제적 내용은 국유화문제와 토지개혁이다. 토지개혁은 반봉건적 특권계급·지주계급의 경제적 토대를 제거함으로써 농민의 이익을 옹호하는 것이요, 국유화문제는 독점자본의 경제적 토대를 제거함으로써 자본의 전제를 배제하고 노동자의 이익을 옹호하는 것이다.[152]

이상의 설명에서 볼 때 민주개혁의 기본방향이 앞에서 설명한 프롤레타리아혁명의 과제와 동떨어짐은 물론이고, 부르주아민주주의혁명론과는 달리 과제설정에서 중요산업의 국유화까지 범위를 넓히고 있고, 동력에서는 민족부르주아지(민족자본)를 추가하고 있음을 볼 수 있다. 여기에서 우리는 혁명단계론이 민주개혁에서 단절되는 원인으로 혁명단계론의 과제와 동력의 불일치를 지적할 수 있다. 즉 그것은 "당시의 사회경제적 상황으로 보아 부르주아민주주의혁명보다는 인민민주주의혁명(일명 반제반봉건민주주의혁명)으로 설정하는 것이 보다 타당한 규정이 아니었나 한다."[153] 실제로 동구의 경험을 볼 때 인민민주주의혁명은 "노동자계급뿐만 아니라 농민, 도시 소부르주아, 모든 근로자, 어떤 경우에는 중위의 민족부르주아까지도 제국주의의 억압을 받았기 때문에" 동력으로 인정되는 "전인민적 성격을 띠었다."[154]

다시 말해서 조공 측은 혁명단계에서는 부르주아민주주의혁명 단계를 규정하면서도 당시의 모순(민족모순과 계급모순)이 단지 노자(勞資) 간의 모순이나 농민·지주 간의 모순이 아니라 지주와 대자본가로 구성되어 있는 국내 파시즘세력 대 농민, 노동자, 도시소시민, 민족자본가 등으로 구성된 민중과의 모순으로 인식함으로써 모순의 극복 방향성도 토지문제의 평민적 해결과 중요산업 국유화, 민족자본의 육성·발전 등을 동시적으로 수행하는 자립적 민족경제의 형성에 두었던 것이다.[155]

이와 같이 당시 조공이 제시했던 부르주아민주주의혁명단계론과 민주개혁론이 일정한 차이를 지니게 된 이유는 당시의 반제반봉건민주주의혁명의 과제를 창조적으로 사고하지 못하고 교조적인 2단계 혁명론으로 또는 자연적인 성장전화론으로 인식했던 데서도 그 원인을 찾아볼 수 있을 것이다. 오히려 혁명의 발전은 그 단계가 명확히 구분되거나 자연적으로 성장 전화하는 것이 아니라 그것을 추진하는 주체와 동맹세력, 즉 동력의 형태와 내적 헤게모니의 강화에 의해서 이루어지는 것이라고 할 수 있다.

한편 북한에서는 북조선인민위원회가 출범한 후 미국과 소련이 제1차 미소공동위원회를 개최하자 북한사회를 재편성하는 근본적인 개혁, 즉 민주개혁이 추진되었는데 이 조치는 1946년 이후 남북한의 사회를 이질화해나갔다. 토지개혁은 각급 인민위원회의 지도하에서 9만여 명의 고농·빈농으로 구성된 1만 2천여 개 농촌위원회에 의해서 집행되었으며, 이른바 '노동계급의 지원, 노농동맹' 사상에 입각하여 노동자, 사무원, 조직인, 직업동맹단체원들 1만여 명을 농촌에 파견하여 토지개혁사업에 협조케 했다. 토지개혁은 그야말로 전격적으로 수행되어 불과 20여 일 만에 끝났다.[156] 몰수토지의 총량은 북한 총경지면적의 52퍼센트에 해당하는 것으로 지주의 소유토지는 80퍼센트 이상이 몰수 분배되었다. 또한 부농에 대해서는 그 자신이 일하게 하고 상시적인 고용농을 절대로 두지 못하게 함으로써 이후에 농촌경리를 협동화하는 데 유리한 조건을 만들었다. 즉 이러한 억제조치로 농업협동화를 할 때는 부농이 농가구성에서 겨우 0.6퍼센트에 불과했으므로 그들을 청산한 것이 아니라 평화적 방법으로 개조할 수 있었던 것이다.[157]

1946년 8월 10일 북한은 산업·철도·운수·체신·은행의 '국유화법령'을 공포했다. 이것은 식민통치가 낳은 경제구조상[158] 필연적으로 제기된 것으로서, 국유화의 범위는 일본인의 소유를 넘어서 이른바 친일파, 민족반역자들의 소유까지 포함시켜 총 1,034개소가 되었다. 중요산업 국유화의 결과 북한 전체 산업의 90퍼센트가 국가소유로 되었으나, 사실상 이것은 1946년 2월 8일 북조선임시인민위원회가 조직되자 소련군정이 자기들이 관리하고 있었던 산업시설들을 인민위원회에 넘겨주었는데, 국유화는 이것을 다만 '법적'으로 고착한 데 지나지 않았다.[159]

이와 같이 토지개혁과 국유화의 결과 북한의 농촌에서는 종래의 계급 관계가 근본적으로 변혁되었고, 친일파·민족반역자의 경제적 지반을 박탈한 것으로 된다.[160] 그렇지만 북한은 산업국유화 과정에서 자본주의적 소유 일반을 청산한 것이 아니라 「개인소유권을 보호하고 산업 및 상업활동에 있어서의 개인의 창의성을 발휘시키기 위한 대책에 관한 결정서」(1946년 10월 4일)를 공포하여 개인상업 및 사기업은 계속 허용 장려했다. 이것은 개인상업 및 사기업이 당시 조선 공장총수 6,298개의 39.8퍼센트인 2,504개라는 많은 공장을 차지하고 있었으나, 그 내용을 보면 고용인 5명 이상 50명 미만의 소공장이 절대 다수를 차지했고, 일제의 조선 민족자본가 억압책으로 인하여 반일감정을 가지고 있었으므로 반제반봉건 민주주의혁명의 동력이 될 수 있다는 '인민민주주의적' 사고방식의 결과였다.[161]

그렇다면 이제 민주개혁이 한반도 전체에서 실시된 것이 아니라 북한

지역에서만 실시된 결과로 남북관계는 어떻게 변화했는가? 커밍스에 따르면, "1946년부터 남북의 갈등은 계급갈등이 되었으며, 이 계급갈등을 중심으로 정치, 민족주의, 종교, 세대 등 기존의 갈등도 나타났다"는 것이다. 이로써 "한반도의 통일은 오직 두 가지 방식으로만—남한에서도 비슷한 개혁을 실시함으로써 혹은 통일과 계급지배를 달성하기 위한 전쟁, 즉 혁명이나 반혁명을 통해—이룩될 수 있었다."162)

이와 비슷한 논조로 김오성은 다음과 같이 묻고 있다.

> 이러한 남북의 차이는 앞으로 통일정부의 수립에 있어 중대한 난점이 아닐 수 없는 것이다. …… 그런데 여기서 우리들에게 가장 관심의 초점이 되어 있는 것은 앞으로 수립될 임시정부는 이 남북의 차이를 어떻게 해결하겠느냐인 것이다.
> 여기에 대한 세인의 추측은 참으로 구구한 듯싶다. 남쪽이 북쪽과 같이 되느냐! 북쪽이 남쪽과 같이 되느냐? 그렇지 않으면 남북이 절충하여서 중간정책을 취하게 되느냐?163)

5. 맺음말

한국사회는 8·15까지 일본제국주의에 의한 식민지반봉건사회였으며 8·15 직후에도 반식민지반봉건(半植民地半封建)사회의 형태를 벗어나지 못하고 있었다. 따라서 우리 사회의 당면과제도 다음과 같이 설정되었던 것이다.

그래서 우리의 운동은 반제반봉건민족혁명(反帝反封建民族革命)인 것이고 우리의 정치노선도 노동대중, 소시민, 지식분자, 진보적인 민족 부르주아들을 무산계급 영도 밑에 결집해서 민주주의민족전선을 구성해서 일제잔재 반동파쇼분자와 봉건잔재를 숙청하고 민주정치를 실시

하는 데 있다.[164]

　이상에서 살펴본 바와 같이 8·15 직후 시종 요구 주장되어오던 반제반봉건 민족민주혁명의 과제는 토지개혁을 비롯한 봉건잔재의 청산, 민주개혁을 통한 민주경제의 수립, 민족통일전선을 통한 진정한 민족독립정권의 창출로 모아졌던 것이다. 그렇다면 이러한 과제를 중심으로 한 "민주주의는 '보통' 또는 '세상일반'의 민주주의로서 설명될 것이 아니고 구체적으로 역사상의 민주주의를 검토함으로써 비로소 각각 그 본질이 해석되는 것"으로 "근대적 민주주의도 아니며 소비에트적 민주주의도 아니라는 것"[165]이다.
　그것은 세계사적으로는 제2차 세계대전 이후 "역사상 새로운 세계문제로 제기된 민주주의, 이것은 인민전선, 민족전선 혹은 민주주의연합국전선 등의 형태로서 나타나고 있다. 이 새로운 형태의 민주주의는 그 본질에 있어서 잊혀진 부르주아민주주의의 회복이면서 그러나 단순한 회복에만 그치는 것이 아니라 보다 발전되고 진보된 민주주의인 것이다"[166]라고 하여 "민주주의적 독립국가건설을 과업으로 하는 현단계의 우리에게 있어서 구체적으로 제기된 이른바 '인민적 민주주의' 또는 '신민주주의'"[167]라고 인식하고 있음을 볼 수 있다.
　바로 이와 같은 새로운 형태의 민주주의론의 획득은 초기의 주도적인 흐름이었던 부르주아민주주의혁명론에 대해 논쟁 과정에서 제기된 기계적인 단계론의 적용, 과제와 동력의 혼란 등이라는 비판적인 문제제기를 그 배경으로 했던 것이다.
　요컨대, 8·15 직후 혁명단계론을 중심으로 한 노선투쟁이 결국 '민주주의' 논쟁과 관련을 맺고 있었던 것은 당시 자주적 민족민주국가 건설에서 민중적 근거를 모색해가고 그 에너르기를 새로운 국가건설에 모아간다는 기본과업에서 변혁의 과정이 곧 건국의 과정일 수밖에 없었던 저간의 사정을 반영하는 것이었다.
　그러므로 당시의 민족통일전선의 강화는 토지문제의 해결과 완전독립이라는 반제반봉건혁명의 과정이자 건국운동의 중심과업이었음은 새삼 강조할 필요가 없는 것이다.

즉 "민주주의노선으로 조선을 건설하여 완전한 자주독립을 성취하며, 토지문제를 평민적으로 해결하여 …… 농민이 자유로운 경작을 하게 함은 우리 민족 앞에 놓인 두 가지 중대과업이다. 이 두 과업은 서로 떼려야 뗄 수 없는 불가분의 관계를 가졌다. 민주주의적 자주독립은 봉건적 유제의 청산이 없이는 불가능하며 봉건유제의 철저한 청산은 또한 자주독립이 없이는 수행되지 못하는 것이다."[168)]

이러한 인식에 기초할 때 적어도 한반도의 반쪽은 반제반봉건민주주의혁명노선을 따라서 '민주개혁'을 민족통일전선 속으로 흡수하고 또 민주개혁이 민족통일전선을 통하여 수행됨으로써 정권수립에 성공할 수 있었다.

그렇지만 여기에서 말하는 성공이란 엄밀한 의미에서 성공을 의미하는 것이 아니었다. 다시 말해서 그것은 남북의 완전한 분립을 의미하는 것이었다. 남북한이라는 두 주체가 8·15 직후 혁명단계론 논쟁의 과정에서 보였던 차별성을 극복하고 1946년 2월에서 7월까지는 이념의 근접을 이루었음에도 불구하고 이미 남북분단을 향한 분열의 길에 들어섰던 것이다. 즉 ① 남북한의 군정의 성격과 조건, ② 민족통일전선의 결성방식, ③ 민주개혁의 실시라는 세 가지 면에서 ①에 대한 (우호적 또는 적대적) 관계설정, ②와 ③의 결합방식에 따라 차이를 노정한 것이다.

즉 북한에서는 이른바 '민주적 제개혁'과 '민주주의통일전선'의 결합방식에 대하여 "토지개혁이 민주주의통일전선의 잘 구성된 기초 위에서 실시"[169)]되었고 "노동법령은 견실한 민주주의통일전선 사상의 기초 위에서 제정"됨으로써 "민주주의통일전선을 확대 강화하는 조건이 되는 것"[170)]이라고 주장되고 있는 것이다.

그러나 그러한 주장이 가능했던 내면에는 소군정의 '후견'이라는 유리한 조건이 작용했기 때문에 커밍스의 표현을 빌려서 말한다면, "이 지도부는 한국 민중 대다수가 요구하는 중요한 개혁들을 수행"하고서도 "그들이 성취하지 못한 한 가지는 바로 외세의 점령을 종결짓지 못한 것이었다."[171]

한편 남한에서는 민족의 완전한 해방과 민주주의의 과제를 8·15 직후에는 국제노선을 추종하면서 2단계혁명론의 한 단계와 기계적으로 결합시키다가 1946년 이후에는 소련에 대한 무원칙한 선호경향과 북한의 '민주개혁' 등 이른바 '북풍'을 무조건적으로 흡수하려는 경향마저 생겨나게 되었던 것이다.

결국 8·15 직후 한반도에서 제기된 반제민족해방과 반봉건민주주의라는 해결과제는 국제노선이나 소비에트 협력이라는 외적 변수에 더 크게 의존하게 되었던 것이다. 그렇지만 그러한 외적 변수가 끝내 "미·소 양국이 다 같이 승인할 수 있는 형태의 정권"[172]을 보증할 수 없음은 당연한 것이었다. 민주주의의 가장 원론적인 의미가 절실했던 시기였다. 그것은 매우 평범한 결론으로 유도된다. 8·15 직후 한국사회에 뿌리를 내려야 할 민주주의는 당시의 국제정세를 고려하되 민중의 변혁열기를 자주적 방식으로 이룩하는 것이었다. 그러할 때 8·15 직후 새로운 민족국가건설의 두 가지 가능성(민중적 길과 비민중적 길)을 놓고서 어느 길이 민주주의적 길인가를 더 이상 물을 필요는 없을 것이다. 다만 당시 민주주의혁명을 통하여 이룩되어야 할 자주적 민주국가의 건설은 우리 사회의 구체성 속에서 창조되어야 할 보편적 이념의 구현인 것이다. 이제 이 글은 미흡하나마 8·15 직후, 분단 40년간의 단절된 민주주의논쟁의 조그만 출발점인 것이다.

주

1) 용어 사용에서 정치적 지배형태로서 '부르주아민주주의'라는 개념은 변혁단계로서 '부르주아민주주의혁명'이라는 말과 구분된다.
2) 고백심, 「各黨各派의 人物記」, 『民心』 제1권 1호(1945. 11), p. 40.
3) 안재홍은 자신이 밝힌 글에서 '신민주주의'는 "선진 구미의 민주주의도 아니요 손문의 三民主義와 모택동의 신민주주의도 아니"라고 했다.(安在鴻, 「新民主主義의 理念」, 『혁명』, 1946. 1, p. 714.)
4) 배성룡, 『자주조선의 지향』(광문사, 1949), pp. 202~08.
5) 안지홍, 『진정민주주의론: 자주민주통일독립의 이론』(일한도서출판, 1949), pp. 162~94.
6) 이석보, 「청우당의 잠정적 정치도정」, 『개벽』, 1946. 4. p. 87.
7) 우남전기 편찬위원회, 『우남노선: 리승만박사투쟁노선』(동아출판사, 1958), pp. 91~92.
8) B. Cumings, *The Origins of the Korean War*, 김주환 옮김, 『한국전쟁의 기원』 上(청사, 1986), pp. 304~05.
9) 김준연, 「合作에 대한 나의 고찰」, 『독립노선』(재발간, 돌베개, 1984), p. 51.
10) 김오성, 「민주주의와 인민전선」, 『개벽』, 1946. 4, pp. 108~15.
11) 윤형식, 「민주주의와 반민주주의」, 『춘추』 속간 1호, 제5권 1호(1946. 2), pp. 15~16.
12) 같은 글, p. 16.
13) 김광식 「해방 직후 여운형의 정치활동과 '건준' '인공'의 형성과정」, 최장집 편, 『한국현대사 I』(열음사, 1985), p. 213.
14) 이에 관하여 임헌영은 "당시 우익 측에서 이런(좌익 측) 민주주의론에 대하여 시종 공산주의의 위장으로 공격했을 뿐 민주주의 이념의 토착화를 위하여 폭넓게 수용하지 못한 것은 우리 역사를 위하여 안타까운 일"이라고 말하고 있다.(임헌영, 「해방 직후 지식인의 민족현실 인식」, 『해방전후사의 인식 2』, 한길사, 1985, p. 419.)
15) 김구의 민족통일론이 여기에 속한다고 볼 수 있다.
16) 조선공산당 재건파, 여운형의 운동론이 이에 가깝다.
17) 남로당의 운동노선이 이와 같은 의존적·도식적 입장에 있었던 것으로 보는 것이

최근의 연구경향이다.
18) 북로당의 경우가 이에 가장 가깝다고 보인다. 단 북로당은 현실을 크게 고려하는 가운데, 제1단계에서 소련의 힘을 이용, 북한에 민주기지를 건설하고, 제2단계에 비로소 자주적 민족해방에 의한 민족문제의 해결을 지향한 것으로 보인다.
19) 남로당의 신전술은 미국에 대한 전면 무력투쟁의 입장에 가깝다. 이는 당시 소련의 타협적인 국제혁명노선에서도 벗어난 것으로 보인다.
20) 歷史學硏究會, 『アジア現代史 Ⅳ』(靑木, 1980), p. 21.
21) *New York Times*, 1941년 7월 24일자. 윤근식, 「냉전체제와 민족분단」, 『현대정치의 정치경제학적 분석』(법문사, 1980), p. 182에서 재인용.
22) 윤근식, 「앞의 글」, p. 183.
23) E. Grant Meade, *American Military Government in Korea*(New York: King's Crown Press, 1952), p.52.
24) 歷史學硏究會, 앞의 책, pp. 22~23.
25) 박극채, 「조선 경제건설의 기본방향」, 『신천지』 1권 5호(1946. 6), pp. 37~38 참조.
26) 권태섭, 「조선농촌의 계급구성」, 『조선경제』 1권 2호(1946. 6), pp. 37~40.
27) B. 커밍스, 앞의 책 上, p. 96.
28) 박현채, 「해방 전후 민족경제의 성격」, 『한국사회연구』 1(한길사, 1983), p. 390.
29) 노동상, 앞의 글, p. 13.
30) 김한주, 「8·15 이후의 국내 정치정세」, 『과학전선』, 1946. 2, p. 22.
31) 최호진, 「조선 민족자본의 구조」, 『조선경제』 1권 1호(1946. 4), pp. 4~6.
32) 권태섭, 앞의 글, p. 37.
33) 인정식, 『조선의 토지문제』(청수사, 1946), pp. 133~34.
34) 박문규, 『조선토지문제론고』(신한인쇄공사, 1946), pp. 89~90.
35) 김한주, 앞의 글, p. 22.
36) 「朝鮮革命의 性格: 조선현단계에 관한 토의」, 『학병』 1권 2호(1946. 3), p. 23.
37) 姜炳度, 「민주주의와 파시즘」, 『민주주의 12강』, 김남식 편, 『남로당연구자료집』 제2권(고려대학교 아세아문제연구소, 1974), pp. 316~17.
38) 김남식, 『남로당연구』(돌베개, 1984), pp. 16~18. 장안파의 명단은 다음과 같다. 洪南杓, 崔元澤, 崔益翰, 李英, 鄭栢, 이승엽, 趙元, 李廷允, 權五稷, 趙東祐, 洪德裕.(심지연, 『조선혁명론연구: 해방정국논쟁사 2』, 실천문학사, 1987, p. 42.)

39) 張福成,『朝鮮共産黨派爭史』(大陸出版社, 1949, 복간, 돌베개, 1983), pp. 30~37. 1939년에 조직된 콤그룹의 명단은 다음과 같다. 朴憲永, 金三龍, 張奎景, 李觀述, 金順龍, 김태준, 鄭泰植, 李鉉相, 李南來, 金漢聲, 李鍾甲, 조재옥, 金順元, 金榮瀋, 金德淵, 高又道, 金載丙, 金東喆, 金應彬, 이주상, 趙重山, 李福基, 李仁同, 김섬, 張順明, 權又成, 鄭載喆, 이기호. 화요회의 명단은 다음과 같다. 金丹冶, 趙斗元, 權五稷, 高明子, 趙今龍, 安秉珍, 高成昌, 朱靑松, 朴容善, 李永祚, 朴長松, 金鼎夏, 尹時榮, 金衡寬, 金應基.

40) 김남식, 앞의 책, p. 21.
41) 『해방일보』, 1945년 9월 19일자와 25일자.
42) 김남식·심지연,『박헌영노선비판』(세계, 1986), pp. 29~30.
43) 심지연,『조선혁명론연구: 해방정국논쟁사 2』, p. 43.
44) 장안파의 「조선독립과 공산주의자의 긴급임무」라는 팸플릿의 원문은 남아 있지 않다 다만 박헌영의 「현정세와 우리의 임무」 속에 일부가 인용되어 있을 뿐이다.
45) 당시 부르주아민주주의혁명론을 주장했던 문건은 매우 많다. 그중 몇 가지만 들면, 金東煥,「朝鮮革命의 現段階: 부르주아民主主義革命에 關한 一考」,『民心』, 제2권 2호(1946년 3월); 朴秋民,「朝鮮革命의 現段階와 勤勞大衆의 任務」,『新建設』제1권 2호(1945년 12월); 鄭在民,「朝鮮革命의 現段階」,『新文藝』창간호(1945년 12월). 이상의 글은 심지연, 앞의 책, pp. 119~39 참조.「朝鮮革命의 性格」,『학병』, 1946. 3; 趙虛林,「해방의 現段階와 資本民主主義」,『신세대』, 1946년 5월 등등이 있다.
46) 「戰線」, 1945년 10월 13일자에 10월 9일부로 발표되었다.
47) 스칼라피노·이정식, 한홍구 역,『한국공산주의운동사』II(돌베개, 1986), p. 328 참조.
48) 「정권수립과 민족통일전선에 관한 결정」,『戰線』1945년 10월 13일, 심지연, 앞의 책, pp. 140~44 참조.
49) 스칼라피노·이정식, 앞의 책, pp. 330~35.
50) 『서울신문』, 1946년 4월 1일~13일자. 또 白南雲,『朝鮮民族의 進路』(新建社, 1946). 이후 그는『서울신문』에 연재하다 중단한 글을『독립신보』(1947년 5월 8일~21일까지)에 「조선민족의 진로 재론」이라는 제목으로 발표했다.
51) '연합성 신민주주의'를 반박한 대표적인 글로는, 李基洙,「白南雲氏의 聯合性 新民主主義를 駁함」,『新天地』1권 5호(1946. 6); 金南天,「白南雲氏 朝鮮民族의

進路 批判」 ①~⑥,『朝鮮人民報』(1946. 5. 9~5. 14)가 있다.

한편 '연합성 신민주주의'를 옹호한 글로는 許允九,「'朝鮮民族進路'에 대한 '비판'의 '再批判'」을 참조할 것.

52) 해방 후 정치상황을 분석하는 데 특수성을 강조했음에도 불구하고 백남운은 역사인식에서 지나치게 일반성만을 추구한다는 비판이 제기되었다.(전석담,『조선경제사』, 박문출판사, 1949, pp. 15~19; 심지연, 앞의 책, p. 46. 주 23 참조.)

53) 스칼라피노·이정식. 앞의 책, p. 416.

54) 같은 책, p. 329.

55) 하성수 엮음,『남로당사』(세계, 1986), p. 80.

56) 장안파의 입장은 프롤레타리아혁명론을 보이고 있다고 말해지는 문건으로「조선의 독립과 공산주의자의 긴급임무」「현단계의 정세와 우리의 임무」가 있고, 10월 이후 입장의 수정을 보이고 있는 문건으로는「정권수립과 민족통일전선에 관한 결의」(10. 13),「민족통일전선에 대하야」(10. 31) 등 민족통일전선을 강조하고 있는 글들이 있다.(심지연, 앞의 책, pp. 140~57 참조.)

57) 이 가운데「조선혁명의 프롤레타리아독재적 성격에 대하여」(임길봉 혹은 임해)는 현재 발견되지 않고 있으며,「조선혁명의 단계, 방향 및 전망」은 조선산업노동조사소(조공 중앙위원회 직속 조사연구기관),『산업노동시보』창간호(1946. 1)에 수록되어 있다(高峻石 편,『朝鮮革命テゼ—歷史的 文と解說』, 東京: 柘植書房, 1979, pp. 227~315.)

58)「조선의 독립과 공산주의자의 긴급임무」, 김남식,『남로당연구』, p. 38에서 재인용.

59) 김남식, 앞의 책, p. 526.

60) 같은 책, p. 526.

61) 김남식,「박헌영과 8월테제」,『해방전후사의 인식 2』, p. 130.

62) 조선산업노동조사소 편,『옳은 路線』(서울: 1945, 동경: 민중신문사, 1946). 스칼라피노·이정식, 앞의 책, p. 422 재인용.

63)『戰線』제2호(1945. 10. 13).

64)『戰線』제4호(1945. 10. 31).

65) 高峻石 편, 앞의 책, pp. 227~315.

66) 같은 책, pp. 264~67.

67) 여기에서 프롤레타리아 자신의 요구는 8시간 노동제, 최저임금제 등이고, 농민의

기본적 요구는 토지혁명의 요구, 토지국유화를 말한다.(고준석 편, 같은 책, pp. 285~29.)

68) 김광식, 「8·15 직후 정치지도자들의 노선비교」, 『해방전후사의 인식 2』, p. 41.
69) 「현정세와 우리의 임무」, 김점곤, 『한국전쟁과 노동당전략』(박영사, 1983), pp. 285~86.
70) 김남식, 「박헌영과 8월테제」, 『해방전후사의 인식 2』, pp. 117~18.
71) 김남식, 같은 논문, p. 119.
72) 김점곤, 앞의 책, p. 296.
73) 같은 책, p. 297.
74) 『해방일보』, 1945년 11월 5일자.
75) 『해방일보』, 1946년 4월 27일, 「박헌영보고연설 ④」.
76) 박일원, 『남로당의 조직과 전술』(복간, 세계, 1984), p. 31. '신전술'은 8·15 이후 줄곧 고수해오던 미·소협조합작노선을 근본적으로 재고한 것으로, "미제국주의 정책의 구체적 내용을 해부하여 폭로하고 공위 휴회의 원인도 국내반동진영에만 돌리지 않고 미국 측 대표의 국제적 모략과 반동성을 …… 민중에게 폭로하고 …… 대중의 강력한 투쟁을 전개할 것"을 분명히 했다.
77) 백남운, 『조선민족의 진로』, p. 2.
78) 같은 책, pp. 9~10.
79) 같은 책, pp. 5~6.
80) 같은 책, p. 7.
81) 같은 책, p. 9.
82) 같은 책, p. 12.
83) 같은 책, p. 13.
84) 백남운은 민주정치와 민주경제의 관계에 대하여, "조선의 민주경제 수립은 토지재분배로 시작되는 것이며 토지재분배의 정치적 기술은 좌우 정당의 정치적 성격의 시금석"이라고 주장하여 토지재분배를 좌우합작에 관련시키고 있다.(백남운, 같은 책, pp. 16~17.)
85) 백남운, 같은 책, p. 18.
86) 『옳은 노선』, p. 50. 김남식·심지연, 앞의 책, p. 32.
87) 이것은 대회의 마지막 날 있었던 연설문의 일부분으로 1963년판 『김일성선집』에 실린 「새 조선 건설과 민족통일전선에 대하여」와 동일한 내용으로 보고 있다.

(스칼라피노·이정식,『앞의 책』, p. 423, 주 35 참조.) 한편, 김남식은 당시 북조선분국의 책임비서를 맡고 있던 김용범의 연설문으로 추정한다.

88) 김남식·심지연, 앞의 책, p. 32.

89) 양호민,「자본주의로부터 사회주의에로의 과도기론」, 양호민 외,『북한 사회의 재인식 1』(한울, 1987), p. 104.

90) 9월 27일 평양에 진주한 소련군사령부는 ① 일제 통치기구들을 철폐할 것임, ② 한국의 실정에 맞게끔 소비에트의 정부체제는 강요하지 않을 것임, ③ '부르주아민주혁명'을 인정할 것임, ④ 일본인이나 친일파들이 소유하고 있던 토지는 몰수할 것임, ⑤ 소작료는 3·7제로 고정할 것이라는 등 7개항목의 포고문을 발표했다.(스칼라피노·이정식, 앞의 책, p. 424 참조.) 이것은 8·15 직후 당시 소련이 북한에서 일단 '부르주아민주주의혁명'의 과제를 해결하도록 지원했음을 의미한다.

91) 스칼라피노·이정식, 앞의 책, p. 440.

92) 당시 북한은 '부르주아민주주의'라는 용어를 가급적 피하고 후진적 북한에서 과도적으로 추구하는 민주주의에 '반제·반봉건적'이라는 이데올로기적 수식어를 붙여 그 특색을 표시했다고 한다.(양호민,『북한사회의 재인식 1』, p. 103.)

93) 양호민,『북한의 이데올로기와 정치 Ⅱ』(고려대학교 아세아문제연구소, 1972), pp. 5~6. '민주개혁' 이론의 기초는 1946년 3월 23일 '북조선임시인민위원회'의 '20개정강'에서 구체화되었다고 한다. 대략의 내용은 다음과 같다. ① 일제잔재 숙청, ② 반동분자와 반민주분자에 대한 무자비한 투쟁, ③ 언론·출판·집회·신앙의 자유, ④ 인민위원회의 선거를 통한 구성, ⑤ 공민의 평등권, ⑥ 인격·주택·재산의 보호, ⑦ 공민의 법률상 동등권, ⑧ 복리향상·산업발전, ⑨ 중요산업 국유화, ⑩ 개인의 수공업과 상업의 자유, ⑪ 무상몰수·무상분배에 의한 토지개혁, ⑫ 투기업자 및 고리대금업자와의 투쟁, ⑬ 세제개혁, ⑭ 8시간 노동제와 최저임금규정, ⑮ 보험을 비롯한 노동보호, ⑯ 인민의무교육제, ⑰ 민족문화·과학 및 기술발전, ⑱ 기술교육, ⑲ 학자·예술가의 대우개선, ⑳ 보건사업의 확대 등이다.

94) 김남식,「북한의 공산화과정과 계급노선」, 공산권연구실 편,『북한의 공산화과정 연구』(고려대 아세아문제연구소, 1973), p. 95. 여기에서 김남식은 ① 8·15부터 1946년 말까지를 반제반봉건민주주의혁명시기, ② 1947년 초부터는 사회주의 과도기, ③ 1960년 말까지는 사회주의 건설기로 구분한다.

95) 양호민,『북한사회의 재인식 1』, p. 104.
96) 토지개혁 이전에 북한에서는 전인구의 6.8퍼센트에 불과한 지주들이 전경지의 58.8퍼센트를 소유하고 있었으며, 전인구의 70퍼센트가 자기 땅을 하나도 갖지 못한 소작인이거나 약간의 땅을 가진 자소작농인데 이들이 전경지의 불과 20퍼센트를 소유하고 있는 것으로 나타나 있다.(스칼라피노·이정식, 앞의 책, p. 438, 주 57 참조.)
97) 같은 책, pp. 437~38.
98) 양호민,「'자본주의로부터 사회주의에로의 과도기'론」, 앞의 책, p. 102.
99) 양호민, 같은 책, p. 102.
100)『평북신보』, 1946년 2월 2일자; 커밍스, 앞의 책 下, pp. 286~87.
101) 하성수 엮음, 앞의 책, p. 54.
102) 백남운, 앞의 책, p. 10.
103)「정권수립과 민족통일전선에 관한 결정」,『戰線』, 1945년 10월 13일자.
104) 심지연, 앞의 책, p. 49.
105) 박추민,「조선혁명의 현단계와 근로대중의 임무」,『新建設』제1권 2호(1945년 12월), p. 9.
106) 정재민,「조선혁명의 현단계」,『新文藝』창간호(1945년 12월), p. 14.
107) 김동환,「조선혁명의 현단계: '부르주아민주주의혁명'에 관한 一考」,『民心』제2권 2호(1946년 3월), p. 81.
108) 1945년 10월 24일 장안파 대표 5인은 두 보수정당인 송진우의 한민당, 안재홍의 국민당 대표들과 함께 중경임시정부 지지를 서약하고 임시정부의 조속한 환국을 추구한다는 공동성명을 발표했다. 또한 우익 측의 國民大會準備會에도 참가했다.(스칼라피노·이정식, 앞의 책, p. 333.)
109) 김남식,『남로당연구』, p. 160; 스칼라피노·이정식, 앞의 책, p. 335.
110) 백남운, 앞의 책, pp. 9~13.
111) 이기수,「백남운씨의 연합성 신민주주의를 駁함」, 앞의 책, p. 53.
112) 이기수, 같은 글, p. 47. 이기수는 금일의 조선혁명과 18세기의 프랑스혁명은 다음의 세 가지 점에서 구별된다고 했다. ① 프랑스혁명은 자본가계급 지도하에서 수행되었다는 점, ② 프랑스혁명은 자본가계급의 무제한 독재의 길을 열었음에 비하여, 금일의 조선혁명은 노동자·농민·소자본가를 연합한 인민정권을 만들어낼 것이라는 점, ③ 프랑스혁명은 자본주의적 세계혁명의 일부분이었

지만 금일의 조선혁명은 프롤레타리아 세계혁명의 일부분이라는 점이다.
113) 이기수, 앞의 글, p. 52.
114) 김남천, 「백남운씨 조선민족의 진로 비판」, 『조선인민보』, 1946년 5월 10일자.
115) 김남천, 같은 글, 『조선인민보』, 1946년 5월 12일자. 여기에서 김남천은 조선과 중국의 주체적 조건의 차이를 다음과 같이 들고 있다. "첫째, 1927년 국공분열 이래 장개석 정당은 주권을 잡고 있으며 국민당정부는 연합 5대국의 일원임과 동시에 국제적 승인을 얻고 있으며, 조선의 우익은 조각조각 부서진 '대한임정'의 笑止千萬의 법통 간판과 그를 지지하는 친일재벌, 악덕지주, 친파쇼정객과 반인민적 모리배의 오합이다. 둘째, 모택동의 '연합정부론'은 그러한 주객관적 정세하에서도 국공합작의 과정에서 '부동의 원칙'을 가지고 최저강령의 기본요구(즉, '토지 문제에 대한 孫선생의 경자유기전'과 중요 대기업의 국영관리문제)를 제시했다. 그러면 백교수의 좌우연합의 민주경제 원칙은 무엇이며 구체적인 남북조선의 정세와 '민의' '민전' '좌' '우'는 어떠한 사태에 있는가."
116) 『조선인민보』, 1946년 5월 12일자.
117) 위와 같음.
118) 『조선인민보』, 1946년 5월 13일자.
119) 『조선인민보』, 1946년 5월 14일자.
120) 『獨立新報』, 1946년 5월 29일자.
121) 『獨立新報』, 1946년 5월 25일자.
122) 김남식, 『남로당연구』, p. 54.
123) 하성수 엮음, 앞의 책, p. 54; 스칼라피노·이정식, 앞의 책, p. 430.
124) 김남식, 앞의 책, p. 57.
125) 같은 책, p. 58.
126) 하성수, 앞의 책, p. 75.
127) 스칼라피노·이정식, 앞의 책, p. 428.
128) B. 커밍스, 앞의 책, pp. 268~302.
129) 농민·노동자가 다수였던 북조선공산당과 지식인·프티부르주아가 대부분이었던 신민당과의 합당은 북한에서 당시 '인민'으로 정의하고 있던 모든 계급을 포함시킴을 의미했다.(B. 커밍스, 앞의 책, 下, p. 303.)
130) 심지연, 앞의 책, p. 76.
131) 이강국, 「민주주의와 국제노선」, 『민주주의 12강』, 김남식 편, 『남로당연구자료

집』제2권, p. 234.
132) 溫樂中,「민주주의와 노동자」,『민주주의 12강』, 김남식 편, 같은 책, p. 277.
133) 조허림,「해방의 현단계와 자본민주주의」,『新世代』1권 2호(1946. 5), p. 31.
134) 溫樂中, 앞의 글, p. 282.
135) 인공과 민전과의 관계에 대해서는 ① 인공이 미군정의 적극적인 제재로 사실상 소멸의 길을 밟고 있는 상황에서 민전은 인공의 후신이라고 보거나(송남헌,『해방 3년사』1, 성문각, 1976, p. 297) 또한 ② 중간파의 여러 요소와 선별된 소수의 우익을 포함하는 통일전선을 결성하는 데 정력을 쏟는 동안 인공이 시들어 없어짐을 용인하는 '발전적 해소'(이정식·스칼라피노, 앞의 책, p. 352) 전술로 보아 인공과 민전을 대체물로 평가하는 견해가 대부분이다. 그러나 ③ 민전은 조공이 목표로 하는 '인민정권'의 수립을 보조하는 '위로부터의 통일전선'이라고 평가되기도 한다.(서울대학교 인문대학 한국현대사연구회,『해방정국과 민족통일전선』, 세계, 1987, pp. 196~99.) 민주주의민족전선에 관해서는 양동주,「민주주의민족전선 연구」(고려대학교 정치외교학과 석사학위논문, 1986) 참조.
136)「민주주의민족전선 선언」, 민전사무국 엮음,『조선해방연보』(문우인서관, 1946), pp. 94~96.
137)「민전의사록」, 김남식 편,『남로당연구자료집』제2집(고려대 아세아문제연구소, 1974), pp. 253~54 참조.
138) 서울대 인문대 한국현대사연구회, 앞의 책, p. 204.
139) 林哲,「第二次大戰後の朝鮮における民主主義民族戰線」,『國際關係學研究』, no. 9(1982).
140) 이강국,「민주주의와 국제노선」,『민주주의 12강』, 김남식 편, 앞의 책, p. 233.
141)「내외정세보고(1~8)」, 김남식·심지연 편, 앞의 책, pp. 289~94.
142) 백남운, 앞의 책, p. 2.
143) 林哲, 앞의 글, p. 89.
144) 김계림,「'민주주의 12강'을 내면서」,『민주주의 12강』, 김남식 편, 앞의 책, p. 231.
145) 민주주의민족전선 편,『조선해방 1년사』(문우인서관, 1946), p. 61.
146) 스칼라피노·이정식, 앞의 책, p. 446.
147) 김익한,「분단전후기의 민족·계급 문제」, 서강대학교 교지편집위원회,『西江』제17호(1987), p. 260.

148) 김오성,「民主改革과 南北統一」,『개벽』(1947, 8) 제75호, p. 19.
149) B. 커밍스, 앞의 책 下, p. 295.
150) 김오성, 앞의 글, pp. 12~20.
151) 박극채,「조선경제건설의 기본방향」,『신천지』1권 5호(1946. 6), p. 42.
152) 박문규,「민주주의와 경제」,『민주주의 12강』, 앞의 책, p. 247.
153) 김남식,「박헌영과 8월테제」,『해방전후사의 인식 2』, p. 117.
154) 김창진·여현덕 편역,『민주주의혁명론』(한울, 1987), p. 261.
155) 김익한, 앞의 글, pp. 261~64.
156) 양호민,「북한의 계급정책」, 양호민 외,『북한사회의 재인식 1』, p. 236.
157) 미국 측의 공식자료에 의해서도 북한의 토지개혁은 중국이나 북베트남에 비하여 덜 난폭하게 수행되었다는 점이 인정되었다고 한다. 즉 "유혈 없이 구정치세력이 제거되었다"고 기록되어 있다.("G-2 Weekly Report," 제27호, 1946년 3월 10~17일; *North Korea: A Case Study*, p. 57.)
　이와 같이 비교적 평화적인 방법에 의하여 북한의 토지개혁이 달성되었다는 데 대해, 커밍스는 당시 북한정세의 다음과 같은 특징을 들고 있다. ① 토지개혁이 실시되기 이전에 이미 많은 수의 지주들이 남으로 피난했으며, ② 북한에서는 단지 2개도(황해도, 평안남도)만이 남한과 같이 고율의 소작체제를 갖고 있어 남한보다 계급갈등이 약했고, ③ 중국처럼 곧바로 상호협동조를 만들어 집단화하지 않고 토지의 사적소유(비록 매매는 금지했지만)를 허용했으며, ④ 북한사람들이 쉽게 38선을 넘을 수 있었고 남한의 지주제가 더 강했다는 점을 들고 있다.(B. 커밍스, 앞의 책 下, pp. 298~99.) 그러나 북한에서 남한으로 월남해온 수많은 지주·소시민·농민들은 남한의 반공기지를 크게 강화하는 결과를 초래했다. 이밖에 토지개혁에서 농민의 자발적인 의식을 저해하는 '施惠主義' 및 당원 동원방식에 대한 비판은 B. 커밍스, 앞의 책, pp. 299~300; 하성수 엮음, 앞의 책, p. 84 참조.
158) 양호민, 앞의 책, p. 240. 해방전(1941년도 말) 한국의 산업구성은 다음과 같았다. ① 총산업의 62.49퍼센트가 일본인 소유, ② 불입자본의 91.2퍼센트가 일본인 자본, ③ 산업자본의 투자액 가운데 일본인 소유 기업소가 95~97퍼센트, 한국인 소유 기업소는 3~5퍼센트.
159) 양호민, 앞의 책, p. 240.
160) 같은 책, pp. 238~40.

161) 조민,「북한에서의 '민주개혁'과 통일전선」, 연세대학교 교지편집위원회,『연세』25집(1985 여름), p. 174.
162) B. 커밍스, 앞의 책 下, pp. 295~96.
163) 김오성, 앞의 글, p. 18.
164) 김태준,「민주주의와 文化」,『민주주의 12강』, 김남식 편, 앞의 책, p. 254.
165) 李泰鎭,「민주주의와 정치」,『민주주의 12강』, 김남식 편, 앞의 책, pp. 244~45.
166) 姜炳度,「민주주의와 파시즘」,『민주주의 12강』, 김남식 편, 앞의 책, p. 309.
167) 이태진, 앞의 글, p. 245.
168) 鄭泰植,「민주주의와 북조선」,『민주주의 12강』, 김남식 편, 앞의 책, pp. 321~22.
169) 김준엽·김창순 외,『북한연구자료집』제1권(고려대학교 아세아문제연구소, 1974), pp. 60~61.
170) 같은 책, p. 101.
171) B. 커밍스, 앞의 책 下, pp. 13~314.
172) 김한주,「8·15 이후의 정치정세」, 앞의 책, p. 37.

해방 후 좌익운동과 민주주의민족전선

양동주

1. 머리말

해방 3년사 좀더 정확히 말한다면 일제로부터 우리 민족이 해방된 1945년 8월 15일부터 한국전쟁이 일단락지어지는 1953년까지 만 8년간의 시기에 대하여 관심을 가져본 사람이라면 누구나 이 기간의 역사를 연구한다는 것이 대단히 어려운 일이라는 것을 느끼게 된다. 해방 8년사에 대한 연구작업을 어렵게 하는 장애물은 우선 이 시기가 한국사에서 유례를 찾아볼 수 없는 극명한 계급갈등의 성격을 띠고 있어 연구자가 역사기술의 객관성을 유지한다는 것이 애당초 불가능하다는 점이다. 더욱이 한국전쟁이 종결된 이후 현재까지 한반도의 정치·경제·사회·문화의 기본구도가 바로 해방 8년사의 결과로 산출되었다는 외면할 수 없는 진실에 부딪히고 보면 연구자가 어떠한 형태로든 정치적인 혹은 이념적인 제한을 받지 않고 자기 나름의 사실에 대한 객관성을 담보해내기는 지극히 어려운 일이라는 것을 인정하지 않을 수 없다. 이러한 정치적인 혹은 이념적인 장애와 더불어 연구작업을 어렵게 하는 더 큰 제약은 인적·물적 연구자료의 부족이다.

해방 8년사를 연구하면서 부딪치는 이러한 제약들이 가장 극심하게 나타나는 부분은 말할 필요도 없이 좌익진영에 대한 연구라고 할 수 있을 것이다. 조금 과장해서 말한다면 이 부분에 대한 역사는 묻힌 역사라고 해도 좋을 정도다. 따라서 이 시기의 좌익운동사에 대한 어느 정도의 정확한 연구성과가 나오려면 무엇보다도 상당한 시간이 필요하다.

이러한 사정을 감안하면서도 이 논문은, 이 분야에 대한 기존의 연구물에서 나타나는 좌익운동사에 대한 평가, 특히 노선문제에 대한 인식이나 평가가 필자로서는 받아들이기 어려운 점이 있었기 때문에 1945년 해방 직후부터 1948년 남한 단정이 수립되는 시기까지 좌익진영의 노선을 새롭게 정리해볼 필요가 있다고 생각되어 쓰게 되었다.

이 논문에서는 당시 좌익진영의 집결체라고 할 수 있는 민주주의민족전선을 중심으로 하여 좌익진영의 운동노선, 특히 대미인식과 지주 및 자본가계급에 대한 인식문제를 살펴보려 한다. 그러나 이 논문을 쓰게 된 동기가 다분히 그간의 논의에 대한 비판에서 출발한 것이었음에도 불구하고 상대방의 논리를 반박하고 자신의 논지를 명확히 하는 방식을 채택하지는 못했다. 왜냐하면 작금의 여러 논쟁의 결과가 득보다는 실이 컸다고 생각되는 상황에서 불필요한 또 다른 논쟁거리를 만들 필요가 없다고 판단되었기 때문이다. 더욱이 우리가 아직 사실(史實)조차 제대로 파악하지 못하고 있는 상황에서 어떤 결론을 도출해낸다는 것은 무모한 일이라고 생각되기 때문이다.

그럼에도 불구하고 사회운동사를 연구하고 운동을 평가하는 작업은 정확한 사실의 확인과 아울러 다양한 제수준의 사실들을 관통하는 본질을 파악해낼 수 있는 사회과학적 상상력에 의해 뒷받침될 때만 구체적 유용성을 갖게 된다는 점을 지적하지 않을 수 없다. 부분적인 사실들만을 모아 특정 당파의 견해를 합리화해주는 편의적인 연구방식에 의해 우리가 얻을 수 있는 것은 아무것도 없기 때문이다.

2. 해방 직후의 좌익활동

1) 조선공산당의 재건과 「8월테제」

조선공산당 재건작업이 해방의 날을 맞아 숨가쁘게 진행되기 시작했다. 이 작업은 처음에는 여러 가지 갈래에서 독자적으로 진행되어 혼선을 빚고 있었다.

서울계의 이영, 정백, 경성대학 그룹의 최용달, 화요회계의 이승엽, 조동우, 상해파의 서중석 등의 인물들이 8월 15일 저녁에 서울 종로의 장안빌딩에 모여, 다음 날 이른 아침 조선공산당 결성을 마쳤다. 이를 세칭 장안파공산당이라 한다.

장안파공산당이 급조되던 바로 그날 밤, 또 한쪽에서는 엠엘(ML)계의 최익한, 이우적, 하필원 등이 서울 동대문에서 공산당을 조직하기로 하고 공산당 서울시 당부라는 간판을 내걸었다. 장안파에서 독립하여 이니셔티브를 장악하기 위하여 서울시 당부를 조직했던 이들은 콤그룹에 대항하기 위하여 장안파와 공동전선을 취하지 않을 수 없게 되어, 장안당의 하부조직인 서울시 당부로 곧 흡수되었다. 이외에도 경인지구에서 ML계의 이정윤 등이 주변인물만을 모아 공산주의협의회를 소집하고 공산당 조직문제를 해결해야 한다고 주장하고 있었다. 그러나 이러한 움직임들을 주도한 사람들은 거의가 일제의 탄압이 가혹해지던 일제 말기에 전향을 하거나, 운동을 포기하고 생활에 안주하고 있었던 청산분자, 혹은 휴식분자들이었다.

끝까지 조공의 재건작업을 해오던 경성콤그룹의 움직임은 이들보다는 신중하고 치밀하게 이루어졌다. 해방 직후 상경한 콤그룹의 지도자 박헌영은 명륜동 김해균의 집에서 콤그룹 동지들과 만나 앞으로 계획을 논의하고 구상한 다음, 8월 20일 조선공산당재건준비회를 결성하고 이 자리에서 자기가 작성한 「현정세와 우리의 임무」라는 세칭 「8월테제」를 정식으로 제기, 잠정적인 정치노선으로 통과시켰다.

콤그룹의 조공재건위가 발족되고 「8월테제」가 발표되자, 당이 통일되어야 한다는 대세에 몰려 장안파공산당은 크게 흔들리기 시작했다. 결국, 8월 24일 장안파공산당은 중앙집행위를 소집, 당의 해체를 결의하는 한편 사후대책을 협의하기 위해 열성자대회를 소집했다. 장안파가 소집한 9월 8일의 열성자대회에 참석한 박헌영은 당의 통일을 역설했다.

결국 이 대회에서 장안파들은 완전 해소되고 당재건의 모든 전권을 박헌영에게 일임하는 데 합의했다. 9월 11일 콤그룹의 재건준비위원회를 발전적으로 해체하고 조선공산당은 재건되었다.[1)]

9월 25일 「8월테제」는 약간의 수정을 거쳐 조선공산당 중앙위원회에서 정식으로 잠정노선으로 확정되었기 때문에, 우리는 「8월테제」를 분석해봄으로써 조공의 노선을 파악할 수 있다.

「8월테제」 내의 현정세 분석 속에는 앞으로 조선공산당을 비롯한 남한의 좌익이 2차 미소공위마저 좌절되고, 미국이 남한 단정수립정책을 강행하기 전까지 취한 움직임의 배경에 깔린, 정세판단의 주요 골자 대부분이 집약되어 있다고 할 수 있다. 즉 조공은 자력에 의해 해방을 쟁취하지 못하고 일본의 패전과 연합국의 전후문제처리의 산물로 해방을 맞이한 조선민족의 완전독립국가의 실현문제는 결정적으로 외세의 영향을 받지 않을 수 없는데, 제2차 세계대전으로 형성된 연합국의 협조관계 특히 미·소의 협조관계가 상당기간 지속될 것이 확실시되기 때문에 조선 민족의 완전독립국가 실현은 평화적으로 이루어질 수 있다고 판단하고 있었다. 더구나 이러한 평화적인 문제해결은 소련의 국제적 지위의 상승과 세계 도처에서 뻗어나오고 있는 민주주의 세력의 급속한 신장이라는 세계적 혁명정세에 의해 더욱 용이하게 이루어질 수 있는 것으로 보고 있다. 대략 이와 같은 판단은 좌익이론가들의 논문, 팸플릿이나 각종 대회의 결의문·선언문 등에서 계속 반복되고 있을 뿐만 아니라 미·소 간의 협조를 바탕으로 한 '모스크바삼상회의의 후견제안'을 관철시켜 평화적으로 통일임시정부를 수립하려는 좌익 기본노선의 이론적 배경이 되고 있다.

다음으로 테제는 조선혁명의 현단계를 규정하고 있는데 현재의 혁명단계를 부르주아민주주의로 규정하는 한편, 여기에서 논의되고 있는 부르주아혁명이 의회민주주의를 골간으로 하는 영·미식 부르주아민주주의를 의미하는 것이 아니라 혁명적 민주주의혁명임을 분명히 하고 있다. 오히려 "이와 동시에 옳은 역사적 정치노선과 배치되는 경향과 투쟁하는 문제이다. 그것은 지주와 대자본가들이 주장하는 노선이나 이것은 혁명적 노선과 대립되고 있다. 그것은 형식적 민주주의 국가의 건설로서 그들 지주와 대자본가의 독재하에 그들의 이익을 옹호하는 정권수립의 기도이다. 이것은 해외망명정부와 결탁하여 가지고 저 미국식의 데모크라시적 사회제도 건설을 최고 이상으로 삼는다"고 밝혀 영·미식 부르주아민주주의를 타도의 대상으로 규정하고 있다. 그런데 조공이 왜 부르주아민주주의라는 표현을 썼는가에 대한 대답은 김남천의 「백남운씨 『조선민족의 진로』[2] 비판」이라는 글 속에서 설명되고 있다. 김남천은 "특히 백교수가 지칭하는 바 소위 공산계 일부 논자가 부르주아민주주의혁명 단계라 하는 것은 원칙이요 일반적인 것을 말하는 용어의 예로써 사용된 것이요 특수적으로는 혁명의 구체적 내용과 과제와 영도성과 더 나아가서는 정치형태에 따라서 규정되는 것이니 진보적 민주주의니 인민적 민주주의니 인민정권이니 모택동씨의 신민주주의니 하는 것이 곧 그것이다"라고 하여 부르주아민주주의라는 용어의 사용이 민주주의를 프롤레타리아민주주의와 부르주아민주주의 두 가지로 분류하는 레닌식의 원칙적인 분류방법에 의거하고 있음을 밝히고 있다.

이러한 혁명적 민주주의 전략, 즉 계급 간 세력배치는 노동자계급이 주체가 되어 가장 광범한 계급인 농민을 동맹자로 하고 도시 소시민과 인텔리겐차로 구성된 통일전선으로 구성된다. 이 통일전선에서 지주와 친일적 매판자본가는 물론이고 민족자본마저도 배제되고 있다. 조공은 양심적 혹은 진보적 민족부르주아지 범주가 조선에는 존재하지 않는다고 보았다. 이러한 민족부르주아지의 문제에 대한 인식은 일제하 민족해방운동 과정에서 민족부르주아지[3]가 해방운동의 선상에서 이탈, 민족을 배신하여 친일 매판적 성격을 띠고 있다는 판단에 근거한다. 따라서 지주·자본가를 제외한 통일전선을 결성하여 혁명적 민주주의를 실천할 수 있는 인민정부를 수립해야 하고 인민정부는 "일반 근로인민의 이익을 대표하는 기관"이 되어야 함과 동시에 "점차로 노동자·농민의 민주주의적 독재정권으로 발전해서 혁명의 높은 정도로의 발전을 보장하는 전제조건"을 만들어나가야 한다고 주장한다. 즉 인민정권은 프롤레타리아 독재정권과 부르주아민주주의 정권과의 과도기적 정권으로서 제반 사회개혁을 실시함으로써 사회주의 체제로 이행하기 위한 물적 토대를 형성해나가는 것이고 이를 위한 제반 사회개혁의 내용은 가장 중심적 문제인 무상몰수 무상분배를 골자로 하는 철저한 토지개혁을 실시하여야 한다는 것이다.

우리는 「8월테제」를 세밀히 검토하는 과정에서 테제에서 말하는 혁명적 민주주의 노선이 바로 당시 동구에서 나타났던 인민민주주의(PDR) 노선임을 알 수 있다. 박헌영을 비롯한 조공이 자신들의 노선을 인민민주주의로 명명하기 시작한 것이 정확히 언제부터인지는 알 수 없으나 박헌영은 1946년 4월 20일 시천교당에서 개최된 민전 중앙위원회에서 행한 내외정세보고 연설 속에서 이를 천명했다.[4]

각국의 역사적 사회적 조건에 의해서 민주주의 발전에는 다소 간의 차이가 있다. 첫째, 영국과 미국에서 발전하는 부르주아민주주의, 즉 부르주아가 영도하는 민주주의, 둘째, 파쇼로부터 해방된 동구 각국에서 발전되고 있는 민주주의의 특별형태, 즉 인민민주주의로 인민의 다수를 차지하는 계급이 영도하는 민주주의, 셋째, 소련에서 발전하는 가장 진보적인 프롤레타리아민주주의, 즉 사회주의적 민주주의. 이 셋 중에서 물론 국민의 절대다수가 영도하는 둘째와 셋째 형식의 민주주의가 가장 진보적인 것으로 보아야 할 것이다. 금일 우리 조선에서는 둘째 형식의 인민민주주의 방향으로 나가야 한다. 즉 영·미식 민주주의도 아니요 그렇다고 소련식 프롤레타리아민주주의도 아니다. 독일 파시즘으로부터 해방된 동구라파 제국가에서 민주주의의 역사적 새 형태인 인민적 민주주의가 발전되고 있는 것처럼, 일본제국주의로부터 해방된 조선에서도 이 민주주의의 새 형태가 가장 적당하다고 본다.[5]

2) 조선인민당의 결성

미군은 서울에 진주하자마자 인민공화국을 부정하고 나서는 한편 미군정을 조직하면서 한민당과 친일부역경력의 관료기구에 전적으로 의존하여 좌익에 대한 반대의 입장을 뚜렷이 했는데, 이에 위기를 느낀 여운형은 건국동맹을 모체로 하여 고려국민동맹, 인민동지회 등 제단체를 습수하여 45년 11월 12일 조선인민당을 발족시켰다.[6] 조선인민당의 부서는 다음과 같다.

위원장 여운형, 부위원장 장건상, 서기장 이만규, 동차장 조한용, 사무국장 이임수, 정치국장 김세용, 선전국장 김오성.
중앙정치위원: 여운형, 장건상, 이만규, 이여성, 조한용, 이임수, 황진남, 김세용, 이상백, 송을수, 신철, 이석구, 이기석, 현우현, 김양하.

조선인민당의 선언문에는 당의 성격에 관하여, "조선인민당은 근로대중을 중심으로 한 전민족의 완전한 해방을 그 기본이념으로 하며 조선의 완전독립과 민주주의 국가의 실현을 그 현실적인 과제로 한다"고 되어 있다. 강령은 "첫째, 조선 민족의 총역량을 집결하여 진정한 민주주의 국가의 실현을 기함. 둘째, 계획경제제도를 확립하여 전민족의 완전한 해방을 기함. 셋째, 진보적 민족문화를 건설하여 인류문화 향상에 공헌을 기함" 등으로 포괄적으로 표현되어 있어 인민당의 노선을 명확히 알기 힘들게 되어 있다.

인민당의 선전국장 김오성은 『개벽』 1946년 1월호에 투고한 「조선인민당의 성격」이라는 논문에서 인민당의 노선을 보다 명확히 밝히고 있다.[7] 김오성은 당시의 한국사회구성체의 성격을 기형적인 반봉건적인 자본주의로 보고 있다.

우리가 완전독립을 통해서 성취해야 할 것은 부르주아민주주의혁명이다. 그것은 혁명의 주체적 세력인 근로계급의 계급적 미숙에서가 아니라 차라리 조선의 생산과정의 형성을 보지 못하고 외래자본에 의한 기형적 반봉건적인 자본주의가 형성되어왔을 뿐이다.

따라서 조선의 현단계는 사회주의 경제를 수립하기 위한 전단계로서 토지문제의 해결과 산업의 재편성을 주요 내용으로 하는 부르주아민주주의혁명을 필요로 하고 있고 그러한 부르주아민주주의혁명은 "근로대중을 중심으로 한 '전인민'이 부르주아를 대신해서 성취할 수밖에 없다. 그러므로 인민에 의한 부르주아민주혁명은 그 길에서 '생산양식이 부르주아적일 뿐' 생산기구는 계획경제적이 아닐 수 없게"된다.

김오성의 현단계 규정은 박헌영의 「8월테제」 내용과 상당히 흡사하면서도 주요한 차이점을 내포하고 있다. 박헌영이, 진보적 부르주아혁명을 완수하기 위한 주체세력을 자주 및 자본가계급 전체를 제외한 근로대중으로 설정한 반면에, 김오성은 일제에 정치·경제·군사적으로 협조한 민족반역자만을 제외한 전인민을 주체세력으로 봄으로써 친일부역의 경력이 없는 지주 및 자본가계급도 협력의 대상 혹은 인민당의 당원이 될 수 있음을 암시하고 있다. 더 나아가 김오성은, 민족의 당면과제는 '완전독립'을 실현하는 것이고 이를 위해서 인민당은 좌익정당과의 제휴뿐만 아니라 우익정당과도 공동전선을 취할 용의가 있는데, 그까닭은 '완전독립의 실현은 어느 1당의 전제하에서는 성취할 수 없고 오직 각 당, 각 파를 망라한 민족적 총역량을 집중하는 데서만 가능'한 것이기 때문이라고 하여, 인민당은 좌우합작을 끊임없이 적극적으로 추진할 것임을 시사하고 있다. 김오성은 인민당이 완전독립국가의 실현을 위하여 좌우의 통일전선형성을 추구한다고 해서 중도파 개량주의 정당이 아님을 분명히 밝히고 있다.

인민당이 중간정당이라고 해서 사회민주주의를 연상해서는 결코 안 된다. 사회민주주의는 사회개량을 목표로 한다. 그러나 조선의 현단계는 이러한 사회개량주의의 존립을 허용치 않는다. 우리의 민족적 당면과제인 완전독립은 우리의 해방이 연합군에 의한 무혈의 획득이라 하여서

혁명적 성격을 떠난 사회개량주의로써 획득될 것으로 보아서는 결코 안 된다. 인민당은 어디까지나 혁명적이며 투쟁적인 정당이다.

따라서 혁명적 정당인 인민당는 좌익정당, 즉 조선공산당과 '대립관계'에 있는 것이 아니라 '공동전선을 취할 우당'이며 조공과 인민당의 차이는 조공이 "계급으로 무장한 투사만을 구성요소로 하는 데 반하여 인민당은 그 혁명세력을 전인민층 속에서 집결"하려는 데 있는 것으로 보고 있다. 이러한 노선설정 때문에 정당으로서 인민당은 계급적 기반이 모호해지는 것을 인정하면서도, 김오성은 그것은 인민전선을 구축하는 세계적 조류의 일환이며 완전독립국가를 달성하기 위한 국면적인 특수성에 기인하고 있는 것임을 강조하고 있다.

인민당은 조공과는 달리 근본적으로 우익과의 협력을 모색하는 것을 당의 기본목표로 설정하고 있는 데다가 당의 계급적 기반도 민족반역자가 아닌 지주 및 자본가계급까지 포괄하는 것으로 설정했기 때문에, 당의 정강정책 속에서도 토지문제에 관하여 '농민을 본위로 한 농지의 재편성 및 경작제도의 수립'[8]이라는 상당히 불분명한 표현을 하고 있음을 알 수 있다. 그러나 그 이외의 정강정책은 조선 내의 일본재산 및 민족반역자의 재산몰수와 국유화, 8시간 노동제 및 최저임금의 확립, 교육의 누진세제 적용, 주요 기업의 국유화와 중소기업의 국가지도하의 자유경영, 언론·출판·집회·결사·신앙의 자유 등의 제조항들로 되어 있어 조공의 「8월테제」에서 보이는 인민민주주의적 정책방향과 다를 바가 없다.

3) 미국의 대조선정책

브루스 커밍스는 그의 역작인 『한국전쟁의 기원』에서 광범위한 미국 측 자료를 인용하여 제2차 세계대전 전후의 미국 혹은 미군정의 대조선 정책을 포괄적으로 분석해놓고 있다. 미국의 대한정책이 연구대상이 아닌 이 논문에서는 일단 그의 입장을 따르기로 한다.

제2차 세계대전 전 루스벨트는 식민지 국가에서 미국의 이익을 지키기 위한 방안으로 신탁통치안을 구상했다. 즉 루스벨트는 식민지상태에서 독립을 시켰을 경우, 좌익이 정권을 잡을 위험이 높은 지역에서는 신탁통치를 실시함으로써 신탁통치 기간 동안 자국에게 유리한 친미정원을 수립케 할 수 있는 기반을 조성하거나 '해방된' 식민지 상태로 계속 놓여 있게 하는 정책을 취했다. 그러나 보수적 민족주의 세력이 우세하여 그럴 위험이 없다고 판단되는 지역은 즉시 독립을 허용하는 입장을 취했다.[9)]

조선은 전자에 해당되는 지역이었다. 얄타회담에서 루스벨트는 20년 내지 30년간의 조선에 대한 신탁통치를 제안하여, 스탈린으로부터 "기간은 짧으면 짧을수록 좋다"는 단서가 붙은 구두동의를 얻어내는 데 성공했다. 1945년 4월 종전을 눈앞에 두고 미·소 간의 타협을 바탕으로 하여 전후 세계체제에서 미국의 패권을 구축하려고 했던 국제주의자 루스벨트가 죽고 트루먼이 대통령직을 계승하게 되자 미국 관료기구 내에서는 봉쇄주의적 논리로 기울어져가기 시작했다. 소련의 계속적 남하를 두려워한 미국은 최대한으로 서둘러 점령군을 조선에 진주시키려 했으나 군사기술적인 이유로 늦추어져서, 미군은 점령군으로서 1945년 9월 8일 오후 1시 인천에 상륙했다.

하지가 이끄는 미군정은 한반도에서 좌익을 제거하고 친미정권을 수립하려는 봉쇄정책을 신봉하고 이를 적극적으로 실천함으로써 국무성에 잔존해 있던 국제주의 논리를 가진 일부 관리의 동요에 쐐기를 박아가면서 미국의 이익을 본국 정부보다 항상 한 발 앞장서 관철해나갔다.

조선을 점령한 미군정의 제1의 임무는 좌익의 조직을 다른 것으로 대체하거나 그것에 대항할 수 있는 세력을 키우는 것이었다. 미국의 좌익제거 작업은 진주한 첫해인 1945년에는 결코 노골적인 것이 아니었다. 자신이 정부임을 주장하는 인민공화국의 존재를 부인했을 뿐, 모든 정당·사회단체·언론매체의 자유로운 활동은 보장되었다. 좌익에 대한 대항세력을 키우기 위해 무엇보다 먼저 미군정은 일제하의 친일적 식민지 관료기구와 관료들을 그대로 유지시키고 경찰과 같은 부서는 오히려 확장해나갔다.

두 번째 작업으로 미군정은 친일파와 지주 및 자본가로 이루어진 극우

정당인 한민당인사들을 미군정의 고위관리로 임명함으로써 한민당에 준 집권당과 같은 힘을 부여해주었다 한민당원인 조병옥과 장택상을 경무부장과 수도경찰청장으로 임명한 것을 비롯하여 군정의 중앙요직은 물론 지방행정기구의 장(長) 직위의 대부분을 한민당원들로 채워나갔다. 1946년 초기 전남의 21개 군 가운데 17개 군의 군수가 한민당원이었다.[10] 또한 미군정은 여운형이 빠져버려 전원 한민당원이나 그 비슷한 우익인사로 이루어진 고문회의를 설치하여 군정자문기관의 역할을 부여해주었다. 그러나 한민당원 대부분은 일반국민들로부터 친일파로 지탄받고 있었기 때문에 미군정은 이승만과 중경임시정부를 환국시켜 반좌익세력에 민족주의적 외피를 씌워줄 필요성을 느끼게 되어 이들을 환국시켜 구심점 역할을 맡기려 했다. 김구 일행을 귀국시키기 전 남한 내에서는, 미군이 임정에 정부를 맡기려 한다는 소문까지 퍼지고 있었다. 그러나 이승만은 처음부터 봉쇄정책을 펴나가던 미군정의 입장과 항상 궤를 같이하면서 잘 협조해주었지만, 중경임정일파는 미군정이 생각했던 것만큼 일반국민에게 인기가 있지도 않았고, 반탁운동 과정에서 미군정에 대한 쿠데타를 시도함으로써 미군정당국자들을 실망시켰다.

　미국정이 초기에 취한 정책 가운데 중요한 것의 하나는, 좌익의 자유로운 활동을 보장하면서도 그를 규제할 제반 법적 장치들을 마련하는 일이었다. 미군정은 1945년 11월 2일자 군정법령 제21호를 발표하여, 일제가 민족해방운동을 말살시키기 위해 만들어놓은 악법들, 예를 들면, 육군형법, 정치에 관한 범죄처벌의 건, 조선불온문서임시취제령, 치안유지법 등을 그대로 존속시키는 한편, 출판물을 검열하고 모든 정당의 등록을 의무화(군정법령 제55호와 72호 이른바 정당등록법)하여 좌익제거 준비를 위한 법망을 마련하여 한민당원과 친일부역경력을 가진 자들로 이루어진 사법부관리들에게 넘겨주었다.[11]

　무엇보다 중요한 것은 미군정이 신탁통치를 포기하고 단정을 수립할 것을 검토하기 시작한 것이었다. 군정의 체계가 잡혀나가고 현지 사정을 정확히 알게 된 미군정은 좌익의 우세 속에서 미·소의 타협에 의한 문제해결로는 조선에 친미정권을 수립하는 것이 불가능하다는 판단을 하기 시작했다.

> 해방된 한국에서 한 달간 관찰하고 난 후 …… 본인은 신탁통치를 현지의 현실적 조건에 맞출 수 없을뿐더러 …… 김구 그룹은 해방된 한국의 최초정부로서의 경쟁상대를 하나도 갖고 있지 않으며, 이는 모든 세력과 정당들이 이를 반합법적으로 인정하고 있기 때문입니다. …… 그러나 정책을 개괄하면, ① 미군정사령관은 김구에게 군정 내에 몇몇 정치그룹을 대표하는 협의체를 구성케 하여 한국의 정부형태를 연구하여 마련할 것과 정무위원회를 조직할 것을 지시한다 ……, ② 정무위원회를 군정과 통합시킨다 ……, ③ 정무위원회는 군정을 계승하여 과도정부로 되며 ……, ④ 나머지 관련 3대국에 대하여 미국인 대신에 동 정무위원회에 감독관과 고문의 일부를 파견해주도록 요청한다. ⑤ 정무위원회는 국가수반의 선거를 실시한다. ⑥ 선출된 수반은 새로이 정부를 재조직하여 …… 아마도 ④와 ⑤의 중간쯤에서 소련 측과 양군철수 및 정무위원회 권한의 '소련군지역까지의 확대에 관한 협정을 조인한다.' (1945년 11월 20일 국무성에서 파견된 미군정 정치고문 랭던이 국무장관에게 보낸 전문.)[12]

이 당시까지만 해도 미국은 한반도의 남쪽만이 아니라 한반도 전역을 미국의 체계 내로 흡수하려는 생각을 하고 있었으므로, 미군정의 단정수립안은 물론 1948년에 이루어진 바와 같이 분단을 의미하는 남한 단독정부수립을 계획하고 있는 것은 아니었다. 미군정이 검토하고 있었던 것은 남한 내에 중경임정을 내세운 친미 과도정부를 세우고 그것을 소련과의 타협을 통해 전조선적인 정권으로 발전시키려는 것이었다. 그러나 뒷날의 전개과정이 보여주듯이 원하는 바대로의 미·소 타협이 좌절되면 그것은 곧바로 남한만의 단정수립으로 귀결될 수밖에 없는 복안이었다.

여하튼 위에서도 언급한 바와 같이 미군정은 이런 복안을 가지고 중경임시정부를 환국시켜 이들을 환대했고 커밍스의 평가대로 랭던의 전문에 나타난 시나리오는 1946년 2월의 민주의원, 1947년의 남조선과도입법의원, 그리고 1948년의 단정수립으로 현실화되었고, 대체된 것은 김구 대신에 이승만이, 4국의 감독 대신에 UN을 통한 단정수립합법화뿐이었다.

4) 좌익의 통일공작

조선공산당과 인민당의 지주 및 자본가 계급에 대한 평가는 상이했지만 국제문제, 특히 미국에 대한 인식이라는 측면에서는 동일한 관점을 갖고 있었다. 우리가 앞의 분석에서도 살펴보았듯이 미소공위가 결렬되고 좌익에 대한 탄압이 본격화되기 전까지 좌익은, 조선문제는 미·소의 타협에 의해서만 해결될 수 있고, 미·소 간의 평화적 관계는 상당 기간 계속될 것이기 때문에 완전한 독립국가의 실현도 미·소의 타협에 의거하여 이루어져야 한다고 생각했다. 따라서 좌익은 미군정에 대하여 대단히 협조적이었다.

미군정은 서울에 입성한 첫날부터 인공을 부정하고 나섰지만, 좌익은 노골적으로 이에 반대하지 않았고, 공식적으로는 미국을 계속 진보적 연합국으로 찬양했다. 좌익의 미국이나 미군정에 대한 협조적 자세와 공식적 찬양은 이와 같은 국제정세에 대한 인식에 따른 전술적 판단에 의거하고 있었지만 미국 자체 혹은 미국이 주도하는 자본주의체제에 대한 잘못된 인식에도 기인하고 있었다. 핵심적인 좌익 경제이론가 중 한 사람인 박극채는 『과학전선』 1946년 2월호에 쓴 글 속에서 전전(戰前)에도 미국의 대외정책은 독·이·일과 같은 후발제국주의 국가에 비하면 상대적으로 약한 것이었지만, 기본적으로는 제국주의적이었다는 점을 간과하고 있다. 그는 전후의 영, 프 등 서유럽 제국주의 국가의 몰락으로 세계자본주의체제 내에서 미국의 패권이 확고해졌다는 것을 인지하고 있었을 뿐만 아니라, 미국이 자신의 패권 아래 세계자본주의 체제를 개편하기 위해서는 국제신용기구의 정비와 상업로의 부활, 대중구매력의 향상이 필요하며, 이를 위해서 미국은 타국에 거대한 원조를 하지 않을 수 없다는 점까지도 인식하고 있었음에도 불구하고 결론은 전혀 다르게 내리고 있다.

 부흥과 신규건설에 장기고정자본의 형태로 투자하는 길이 남아 있는 듯하나, 세계적 정치불안이 존속하는 한 이러한 모험을 한다는 것을 기대한다는 것은 망상이다. …… 이 길을 개척하는 수단을 종전의 체제와 동일한 세계시장기구의 재건에서 구하는 것이 절망적이라면, 각국의 자유발전과 보조를 맞추어 그 한도에서 개별적으로 유무를 상통함으로써 미국경제와 유기적 변화를 기대하는 것이 가장 타당한 관측이라고 할 수 있다.

박극채는 논리적으로 당연히 유추되어야 할 미국의 세계자본주의체제 개편과 신식민주의적 대외팽창에 관한 예견을 거부하고 있다. 따라서 결론은 "제국주의적 팽창욕구가 없는 미국과 사회주의 소련은" "전후 세계의 양대세력으로서 세계의 평화적 발전에 공동의 목표를 가지는 점에서 각국의 지지를 받는 것"으로 내려지고 있다.

 뒤에서도 살펴보겠지만 좌익의 대미인식에 관한 문제는 매우 미묘한 것이어서, 미군정이 명백하게 반좌익의 입장을 관철해나가고 1차 미소공위가 결렬된 이후에는 점차 다른 방식으로 나타나게 된다. 기본적으로는 상황판단에 따른 전술적 행동에 기인하는 것이었지만 해방 직후의 좌익이 부분적으로 미국의 제국주의적 본질이나 미국의 힘에 대해서 정확히 파악하지 못하고 있었다는 것은 부인할 수 없다. 더욱이 앞장에서 보았듯이 미군정은 진주한 지 얼마 되지 않아서부터 조선에 친미적 우익정권을 세우기 위한 제반조치와 복안을 마련하고 있었음을 생각할 때, 이러한 좌익 일부의 판단오류는 더욱 명확해진다.

 어쨌든 조공은 미·소의 타협에 근거하여 평화적으로 정권을 장악하려는 생각을 가지고 있었고, 인민당은 그 위에 노선 자체가 지주 및 자본가계급, 즉 우익과의 타협을 강조하고 있었기 때문에 좌익은 건준에서부터 인공에 이르기까지 좌우의 합작을 모색했다. 이러한 통일공작은 이승만과 중경임정이 환국하면서 더욱 활발히 추진되었다. 이승만이 귀국하자 좌익은 이승만과 합작을 시도하여 그의 주도하에 만들어진 독립촉성중앙협의회에 참가했다. 독촉의 중앙위원을 선거하는 전형위원의 선출은 이승만에게 일임되었는데, 이승만이 선임한 전형위원은 한국민주당 5인, 국민당 1인, 인민당 1인으로 구성되어 이승만의 편당성이 노골적으로 드러났다. 이에 전형위원회에 참석했던 인민당수 여운형이 "이박사는 이분들 5인이 모두 한국민주당 간부임을 아시지요?" 하고 물으니까 이승만은 당황한 기색으로 "아, 그렇더냐, 그렇다면 잘못되었다"고 허둥지둥 전형위원회를 유산시켜버렸다.[13] 이렇게 이승만이 한민당을 비롯한 우익편향적 태도를 보이고 "덮어놓고 뭉치자"고 하여 좌익 측의 친일분자와 민족반역자는 제외해야 한다는 주장을 묵살하자 좌익 측은 이승만을 중심으로 하는 통일공작을 포기했다. 다시 김구 등의 중경임시본부가 환국하자, 좌익 측은 중경임정일파와의 통일을 모색했다. 중경임정일파는 상해에서 "임정은 과도정권에 양보할 의사가 있다"는 선언을 발표한 것으로 알려져, 좌익 측은 임정과의 통일공작에 큰 기대를 걸었다. 그러나 미군정으로부터 (과도정부수립의 핵심적 역할을 맡기려고) 환대를 받고 있던 김구일파는 좌익과의 통일공작에 대하여 냉담하고 위압적인 태도로 일관했다.

김구 일행이 환국한 다음 날 (미군정은 김구를 비롯한 임정 내의 우익을 먼저 환국시키고, 김규식·김원봉과 같은 좌익인사들은 2차로 뒤에 귀국시켰다) 여운형은 김구 일행의 숙사인 죽첨정을 방문했으나 김구를 만나지도 못하고, 신체검사를 당하는 등의 냉대만 받고 물러나오고 말았다. 11월 27일 허헌은 인공대표 자격으로 김구 일행을 방문하고 인공에의 취임을 권했으나 김구·김규식 양씨는 이를 거부했다. 그 뒤에도 인공, 인민당, 조선공산당 등의 간부들과 임정요인과의 비공식 회담이 수삼차 있은 뒤에 조선공산당에서는 12월 13일 친일파 민족반역자를 제외하고 좌우 양익의 비율을 반수로 하자는 통일안을 제출했으나 중경임정은 이것도 거부했다. 중경임정은 합작이 아니라, 좌익이 임정으로 들어오면 현재의 국무위원 자리를 몇 개 더 만들어 좌익 측에 주겠다는 태도로 일관했던 것이다. 그러다가 12월 29일 신탁통치안이 발표되자 중경임정은 이를 적극 반대하고 나서는 한편, 반탁을 위한 행동통일을 꾀하고자 좌익과의 통일을 모색했다. 이후의 경과는 민전결성대회 이튿째에 인민당 대의원 김오성의 '민족통일공작의 경위' 보고연설을 통해 알아보자.

1월 1일 인공은 드디어 임정에 다음과 같은 제의를 하였다.
1. 양방에서 각 약간 명의 위원을 선출하여 교섭에 관한 일체의 전권을 위임하여 통일위원회를 형성할 것.
1. 핵위원회는 매일 긴밀하게 회합하여 통일정부수립에 관한 구체안을 토의할 것.
1. 위 임무의 달성은 미소위원회 개최 이전에 완수할 긴급임무로서 1월 5일까지 성안이 달성되도록 노력할 것.

그러나 임정에서는 "서식상 접수하기 어렵다"는 실로 방만무례한 거부의 회답을 하였다. 임정 측은 그 뒤에 무슨 심산이었는지 수차 인공에 교섭해왔으나 그 완고한 법통론으로 아무런 성과도 없었다. 임정과의 교섭이 결렬되자 우리는, 정당 간의 교섭을 꾀해보았다. 공산당의 발의로 1월 6일에 인민당·공산당·국민당·한민당의 대표가 비공식으로 만났고 7일에는 정식으로 4당 간담회가 개최, 의견의 일치를 보았다.

1. 막부 3상회의의 조선에 관한 결정에 대하여 조선의 자주독립을 보장하고 민주주의적 발전을 원조한다는 정신과 의도는 전면적으로 지지한다. '신탁'(국제헌장에 의하여 의구되는 신탁제도)은 새로 수립되는 정부가 자주독립의 정신에 기하여 해결케 함.

2. 전쟁의 수단으로 암살과 테러행동을 강행함은 민족단결을 파괴하며 국가독립을 방해하는 자멸행동이다. 건국의 통일을 위하여 싸우는 우국지사는 모든 이러한 반민족적 테러행위를 절대 반대하는 동시에 모든 비밀적 테러단체와 결사의 반성을 바라며 그들이 자발적으로 해산하고 각자 진정한 애국운동에 성심으로 참가하기 바란다.

이리하여, 4당 공동 코뮤니케를 발표하게 되었다. 그다음 날 한민당에서는 자당의 정식대표가 결정한 공동 코뮤니케를 거부하는 성명를 발표하였고, 국민당에서는 이른바 독자적 견해로서 삼상회의는 시인하나 신탁은 반대한다는 자기모순의 무성의한 태도를 표명, 1월 8일 신한민족당을 더한 5당 회의를 개최하려고 했으나 임정이 법통을 계승시키는 비상정치회준비회로 하려는 고집 때문에 성립되지 못하고 11일과 14일에 임정을 제외한 5당 회의가 개최되었으나 우리 측의 4당 공동코뮤니케의 정당성을 주장함에 반하여 그들은 완명하게 반탁운동의 계속을 주장할 뿐 아니라 의연히 임정의 법통을 주장하여 다시 진전할 수 없는 결렬을 보여주었다.[14]

이러한 경과를 거쳐, 결국 좌익은 우익과의 통일공작을 포기하고 미군정의 민주의원 설립과 미소공위에 대비하여 좌익만의 통일전선체를 모색하기에 이르렀다.

5) 남조선신민당의 결성

화북 등지에서 중국의 홍군과 같이 반일무장투쟁을 벌이던 독립동맹은 8·15를 맞이하여 귀국을 서둘렀다. 그러나 독립동맹은 귀로에 일본군의 진로방해를 받아 예정된 귀로를 변경하여 조속한 귀국을 할 수 없었던 데다가 신의주에 겨우 도착한 선발부대 1,500여 명이 소군정에 의하여 입국을 거부당하는 바람에 1945년 11월 말경에나 북조선에 입국할 수 있었다.

귀국한 독립동맹은 약 2개월 동안 사태를 관망하다가 1946년 1월 15일에 가서야 「조선동포에게 고함」이라는 귀국성명을 발표하고 평양에 독립동맹본부를 설치한 뒤 우선 북한지방에서만 조직사업에 착수했다. 그러다가 남한에서의 조직사업의 사명을 띠고 남하한 한빈 등이 1946년 2월 3일 '독립동맹 경성특별위원회'를 결성했다. 독립동맹 경성특별위원회는 민전 결성에 즈음하여 참가권유를 받고 이에 적극 참가했다. 이러저러한 연유로 조선신민당의 창당은 조선공산당이나 조선인민당의 그것보다 훨씬 늦게야 이루어졌다. 1946년 2월 16일에야 독립동맹은 조선신민당으로 개칭하고 3월 10일에 평양에서 열린 제1차 대표대회에서 경성특별위원회를 남조선신민당 중앙위원회로 개칭하기로 결정함에 따라 동년 7월 14일에 가서야 남조선신민당이 발족했다. 북조선신민당·남조선신민당의 부서와 간부의 명단은 다음과 같다.

　　북조선신민당: 주석 김두봉, 부주석 최창익, 한빈, 조직부장 이유민, 선전부장 김민산, 비서처장 변동윤, 총무처장 장철.
　　남조선신민당: 위원장 백남운, 부위원장 정노식, 조직부장 심운, 선전부장 고찬보, 비서처장 구재수.[15]

조선신민당은 선언문에서 당의 목표가 자산계급성 민주주의 발전단계에서 우리에게 부여된 임무는 민주정권 수립에 있다고 규정하고 이 임무를 완수하기 위하여 친일파, 반민주분자 등 일체 반동세력을 제외한 각계각층의 일체의 민주역량을 결집하여 민족통일전선을 결성해 '전조선민립정부수립'을 하는 데 있음을 밝히고 있다.

북조선신민당의 부주석 최창익은 『독립신보』에 게재된 「민주적 민족통일전선의 역사성에 대하여」라는 기고논문에서 신민당의 노선을 상세히 설명하고 있다.[16] 최창익은 일제치하에서 우리 민족의 당면과제는 반제반봉건민족민주혁명이었고 이를 실천하기 위해 친일분자를 제외한 일체의 반제요소를 총망라한 반일민족통일전선을 결성하여 민족해방운동을 수행해 왔다고 전제한 다음, 연합국의 힘에 의해 해방된 '조선 민족은 아직 완전한 자주독립을 쟁취하지 못했고 민족통일정부수립도 완수하지 못했기 때문에, 조선 민족은 자산계급성 민주혁명을 완수해야 하는 역사적 단계에 처해 있다고 규정하고 있다. 따라서 "금일 조선 민족 내부에서 계급적 대립모순이 증대하고 있는 것이 사실"이지만 조선에서는 아직도 계급 간의 모순이 민족모순을 초월할 수 없기 때문에 "친일적 파쇼적 봉건적인 '구조선'의 반동적 통일세력의 잔재를 소멸시키고" 진보적 민주주의 '신조선'을 건설하기 위하여 민주주의적 민족통일전선이 요청되고 있다고 보고 있다. 최창익은 이러한 역사적 단계에 처하여, "공산당은 무산계급의 토대 위에 건립된 계급적 정당이며 자본가적 생산관계를 변혁하고 공산주의를 최고 이념으로 하는 노동자계급의 전위적 정당이지만, 그러나 조선신민당은 현계급조선사회의 역사성에서 규정된 정당으로 그의 조직적 성원은 각 계급 각 계층을 막론하고 진보적 민주주의 사상을 가진 사람은 각자의 지원에 의하여 다 참가할 수 있는 정치결사"인 '민주주의적 민족통일전선 정당'이라고 규정하고 있다.

남조선신민당 위원장인 백남운도 1946년 7월 15일에 발간된 『조선민족의 진로』라는 글에서 최창익과 비슷한 맥락의 연합성 민주주의론을 내세우고 있다. 다만 이 글에서 백남운은 지주 및 자본가 계급 중에서 민족주의적 성향을 갖는 일부의 자산가 계급과 동맹할 것을 최창익의 논의에서 보다도 더 강력하게 주장하고 있다. 일제강점기의 지주 및 자본가 계급 전체가 반민족적이었다고 평가한 박헌영과 달리 백남운은 "3·1운동 이후의 유산계급은 일제의 의부(議富)정책으로 인하여 특권적으로 육성되는 반면에 유산층의 '소부분은 반일제적 성격을 내포하여왔고' 대부분은 일제와 결탁, 또는 동맹을 결성했던 것이다"라고 규정하여 일제강점기부터 자산계급 일부의 민족혁명적 성격을 인정하고 있다. 더욱이 자력에 의한 해방이 아니라 연합군의 전승에 의하여 해방을 맞아 아직 '정치적인 민족해방의 과제'를 완수하지 못한 금일의 단계에서는 "일부 유산계급이 민족해방을 위한 혁명세력이 될 수 있는 점을 무시하거나 경시하는 것은 부당한 일"이기 때문에 '좌익과 우익이 연합'해야만 한다는 것이다.

최창익과 백남운의 논의에서 볼 수 있듯이 신민당은 인민당의 노선처럼 좌익과 우익의 연합을 강조하고 있다. 이러한 조선공산당과 신민당, 인민당 등 세 정당 간의 지주 및 자본가계급에 대한 인식의 차이가 후일 좌우합작문제를 둘러싼 민전 내부 갈등의 원인이 되었던 것이다.

3. 민주주의민족전선의 결성과 활동

1) 민전의 결성

우익과의 민족통일 공작이 계속 실패하는 가운데 모스크바삼상안이 발표되고, 좌익과 우익이 찬탁과 반탁 진영으로 나뉘자, 우익은 1946년 2월 1일 중경임정 중심의 비상정치회의준비회와 이승만이 만들려고 하다가 중단된 독립촉성중앙협의회가 합작하여 '비상국민회의'로 결집됐다. 게다가 2월 초 미군정은 우익을 남조선 국민대표의원으로 통일시키는 데 성공하고 있었다.

또한 모스크바삼상안은 조선에 통일적 임시정부를 수립하기 위하여 미소공동위원회를 개설하고, 미소공동위원회는 임시정부 설립을 위하여 조선의 정당·사회단체와 협의하도록 되어 있었기 때문에, 좌익과 우익은 각자 자기 진영을 통합할 필요성을 느끼고 있었다. 좌익은 이에 조직적으로 대응할 필요성을 느끼게 되어, 민주주의민족전선을 결성하게 되었다.

민전은 남한의 모든 좌익적 요소가 모인 통일전선체였다. 좌익 내부에서는 지주 및 자본가 계급에 대한 인식에는 서로 간에 차이가 있었지만, 국내외 정세에 대한 상황판단과 앞으로 지향해나아가야 할 정권의 형태, 당면 목표인 반제반봉건혁명을 완수하기 위한 사회개혁의 내용에서는 거의 완전히 일치하고 있었기 때문에 좌익진영 내부의 통합은 대단히 순조로웠다. 먼저 좌익진영에서는 1946년 1월 19일 29개 정당 및 사회단체가 회합하여 민주주의민족전선발기준비위원회를 개최하고, 이 자리에서 일체의 준비공작을 공산당과 인민당에 일임했다.

이리하여 민전 결성식은 민주의원이 개설된 다음 날인 1946년 2월 15일 기독교청년회 강당에서 거행했다. 결성대회에서 행해진 각종 보고, 결정서, 결정사항, 선언문, 발언내용을 자세히 살펴보는 것은 민전의 성격과 앞으로의 행동 방향을 아는 데 매우 중요하므로 이를 자세히 살펴볼 필요가 있다.

사회자 이여성이 등단하여 개회를 선언한 다음 여러 가지 의례가 진행되

었다. 이어 홍남표가 등단하여 민전 성원 자격심사에 관한 보고를 했다.[17]

그 원칙으로는 ① 명실상부한 민주주의적 정당·단체를 심사하여 대표수는 비율제를 시행할 것, ② 친일파·민족반역자 및 파쇼잔재를 제외할 것, ③ 기성정당의 법통에 구의치 아니 할 것, ④ 정당단체 외에 무소속의 개인으로서 민중의 대표될 만한 인사를 초청할 것, ⑤ 각 지방의 대표를 초청할 것 등을 밝히고 한민당과 같은 친일파세력 및 이승만과 같은 파쇼세력, 법통을 고집하는 중경임정계를 제외한 모든 정치세력을 포괄하겠다는 의도를 보이고 있다.

이러한 원칙에 입각하여 초청대상 속에는 한민당계와 이승만의 독촉계만을 제외한 중경임시정부, 신한민족당, 여자국민당 등 각종 종교단체를 포괄하고 있으나 실제 참석한 정당과 사회단체들은 조선공산당과 독립동맹(신민당의 전신), 조선인민당 등의 3개 좌익정당과 그 외곽 대중단체와 지방을 대표한 전국인민위원회와 천도교 청우당이 참석했다.

참석한 정당단체와 소속 대의원은 다음과 같다.

1. 정당(76명)
① 조선공산당: 박헌영, 이관술, 이승엽, 이주하, 권오직, 김철수, 서중석, 이영, 문갑송, 이현상, 장적우, 김삼룡, 이순금, 김형선, 이정윤, 강진 외 30명.
② 조선인민당: 이여성, 이정구, 최근우, 한빈, 김세용, 김오성, 여운형 외 31명
③ 독립동맹: 고찬보, 성대경 외 15명.
2. 노동자단체―조선노동조합전국평의회: 허성택, 이인동, 박세영, 문은종, 한철, 현훈 외 30명.
3. 농민단체―전국농민조합총연맹: 백용희, 이구훈, 김기용, 박경수 외 30명.
4. 청년단체
① 청년총동맹: 김양준, 이재양, 문일민 외 20명.

② 공산청년동맹: 김객일 외 5명.

③ 청년독립동맹: 김승환 외 2명.

5. 부녀단체—부녀총동맹: 유영준, 정칠성, 서석전, 김명시, 김조이, 김홍사, 고명자 외 20명.

6. 문화단체

① 교육가: 도상록, 박극채, 함병업 외 13명.

② 문학예술—문학자동맹: 이태준, 임화, 김남천, 이원조, 김기림 외 7명, 연극동맹: 송석하, 음악동맹: 채동선 외 2명, 미술동맹: 김주경, 영화동맹: 안종화, 조선문화협회: 김태준 외 3명.

③ 과학기술단체—학술원: 김양하 외 2명, 과학기술연맹: 최성세, 조선의사회: 유석균 외 2명, 조선약학회: 심학진, 조선어학회: 이극로, 과학자동맹: 강성재, 사회과학연구소: 윤동직, 조선산업노동조사소: 강문석, 보건협회: 최현, 산업의학회: 최응석, 좌익서적출판협회: 이철, 조선약제사회: 차상철, 과학자회: 홍숙희.

④ 언론—조선신문기자회: 서강백 외 5명.

⑤ 법조—법학자동맹: 조평재 외 2명.

7. 재외동포단체—재일조선인연맹: 배철 외 10명.

8. 협동조합—협동조합전국연합회: 김달철 외 5명.

9. 구원회

① 반일운동자구원회: 신재휴 외 5명.

② 인민원호회: 김화철 외 3명.

10. 실업자—실업자동맹: 윤동명 외 2명.

11. 중앙인민위원회: 이문홍, 이기석, 허헌, 홍덕유, 최익한, 조동우, 최원택, 하필원, 정백, 김계림, 정태식, 김용암, 박문규, 박낙종, 성유경 외 30명.

12. 응징사동맹: 윤도순 외 5명.

13. 반팟쇼공동투쟁위원회: 차충 외 7명.

14. 지방대표

① 서울시: 김광수, 온낙중 외 11명.
② 경기도: 조봉암, 박형병 외 11명.
③ 충청북도: 김종우, 노서호 외 12명.
④ 충청남도: 문길환, 박세태, 박태을 외 11명.
⑤ 경상북도: 우신실, 이철락, 박명출 외 16명.
⑥ 전라남도: 김정수, 국순홍, 장재성 외 14명.
⑦ 전라북도: 조상묵, 황영권, 송주상 외 11명.
⑧ 경상남도: 윤일, 이병희, 김주학 외 15명.
⑨ 강원도: 김재호, 박경섭, 정윤시 외 13명.
15. 무소속: 홍증식, 정노식, 김해균, 윤행중, 권오경 외 43명.
16. 천도교 청우당: 정인관, 이석보 외 10명.

출석대의원의 명단발표가 끝나자, 사회자 이여성이 등단하여 김원봉, 장건상, 성주식, 김성숙 등이 지나치게 우익편향화되어가는 비상정치회의준비회에서 탈퇴하여 민전에 가입하기로 했음을 발표했다. 이때 네 명과 함께 김규식도 비상국무회의를 탈퇴했으나, 민전에는 참가하지 않았다.

이렇게 해서 좌우합작으로 구성된 중경임정파는 좌파·우파로 완전히 분열되어, 김구를 중심으로 하는 우익은 민주의원으로, 김원봉을 중심으로 하는 좌익은 민전으로 각각 갈라서게 되었다. 이때 민전에 참가하기로 한 네 명이 보내온 성명서에서 그들은 민전참가 동기를 다음과 같이 밝혔다.

우리는 비상정치회의준비회에서 탈퇴할 때, 좌우양익의 편향을 지적하고 단결합작을 주장하였다. 그러나 비상국민회의에서는 돌연히 비민주적 방식으로써 최고정무위원회를 선출한 후 그것을 남조선대한국민대표민주의원으로 변장하였다. 이것은 다수의 민주주의 단체를 포괄한 민주주의민족전선과의 통일을 완전히 거부한 것이다.

이어 허헌의 개회사, 이정구의 민전결성에 관한 그동안의 경과보고가 있은 다음 박헌영은, 민전은 국제민주주의 노선에 입각하여 모스크바삼상안을 관철시켜 통일임시정부를 수립해야 하는 과업을 지고 있다는 요지의 연설을 했다.

조선공산당을 대표하여 박헌영의 연설이 있은 다음, 독립동맹을 대표하여 등단한 한빈은 연설 가운데 "이 결성대회에 아직도 집결되지 않은 국내·국외의 민주주의 제요소를 집결해서 민전을 강화해야 합니다. 대립되는 제요소에 대하여 배척하는 태도를 취하지 말고, 민족의 통일을 위하여 관용을 가진 포용자가 되어야 합니다"라고 하여 우익과도 협력할 것을 강조했다. 이어 이태준이 「민주주의민족전선의 선언」을 낭독하는 가운데 민전 설립의 배경을 설명하면서 우익과의 합작은 반드시 원칙 있는 통일이 되어야 할 것이며 통일의 원칙은 민주주의 노선, 즉 민전의 노선과 같은 것이어야 한다는 것을 명백히 했다. 따라서 민전은 반민주주의적 부분의 전부 혹은 일부가 진실하게 그 반동성을 지양하고 여기에 참가할 의사를 표명할 때만이 민족의 통일이 가능한 것으로 선언하고 있다. 즉 독립동맹의 한빈이 우익과의 타협을 주장하는 데 반하여 조공의 이태준은 "원칙 없는 결합은 통일이 아니라 야합"이라고 함으로써 무원칙한 타협을 비판하고 "원칙 있는 통일", 즉 우익이 민전의 노선에 동조할 때만이 우익을 통일전선 속으로 포용할 수 있을 것이라는 비타협적인 입장을 견지하고 있다. 이와 같은 민전 결성식에서의 좌우합작 방법에 관한 견해 차이는, 민전결성 몇 개월 후부터 개시될 좌우합작운동을 둘러싼 좌익진영 내부의 노선투쟁을 이미 암시하고 있는 것이었다.

이어서 민전의 성격과 역할은 "첫째, 민주주의민족전선은 조선 인민의 총투표로써 선거될 인민대표대회가 구성될 때까지 과도적 임시국회의 역할을 장악할 것이며 임시적 민주주의 정부수립의 책임을 자부할 것을 선언한다. 둘째, 민주주의민족전선은 삼상회의 결정의 원칙에 기초한 '미소공동위원회의 조선임시민주주의 정부조직에 있어 조선 민족의 유일한 정식대표로서 발언권을' 확보하며 민주주의 연합국의 경제적 부흥에 대한 원조협력에 적극적으로 동의함을 선언한다" 등으로 규정하고 있다.

민전 선언이 발표된 다음 민전의 강령이 발표되었다. 강령은 식민지적 봉건잔재를 일소하고 부르주아민주주의혁명을 완수해야 할 현단계에서, 일제에 기생하여 명맥을 유지해온 지주 및 자본가 계급이 다시 반민주주의 진영으로 부상하여 민주진영의 과업수행을 방해하고 있으므로, 모스크바삼상회의안에서 표명된 올바른 국제민주주의 노선을 관철해서 민족의 완전독립을 실현해야 한다는 요지로 되어 있어, 이제까지 좌익의 입장이 재천명되고 있다. 강령을 끝으로 민전의 행동 슬로건은 건국의 방법과 건국 후 실시할 제개혁에 관한 행동 슬로건 38가지를 나열하고 있는데 이 역시 인민민주주의 노선과 일치한다.

다음으로 민전의 규약과 지역위원회 조직요강을 확정했는데 우리는 중요한 내용 몇 가지를 살펴봄으로써 민전의 조직체계에 관해 알 수 있다.

민주주의민족전선 규약(草案)
......
제10조 대회는 중앙위원을 선출하며,
제11조 중앙위원은 중앙위원회를 조직하고 의장 약간명, 부의장 약간명, 상임위원 약간을 선출함. 상임위원은 상임위원회를 조직하며, 사무국을 조직하고, 각종 전문위원을 선출함. 사무국에는 각 부서와 그 책임자를 둠.
......
제16조 각 지방위원회는 지방사정을 본부에 수시 보고할 의무가 있는 동시에 각각 그 지방의 모든 문제를 해결, 실천할 수 있음.
제17조 본민주주의민족전선의 대의원 또는 가입한 정당단체로서 본 조직의 선언, 강령규약 및 결의에 위반하는 때에는 징책 또는 제명할 수 있음.

민주주의민족전선 지역위원회 조직요강
1. 민주주의민족전선의 4대 원칙과 선언강령을 기준으로 하여 도·

시·군·읍·면에 민주주의민족전선 지역위원회를 설치함.

2. 지역위원회의 명칭은 민주주의민족전선 '하도'(河道), '하시'(何市), '하군'(何郡), '하읍면'(何邑面) 위원회라 칭함.

……

5. 민주주의민족전선 지역위원회는 각종 전문위원회를 설치함.

6. 도위원회는 중앙위원회와 긴밀히 연락하여 그 지시를 받으며 항시 보고하여 유기적 관계를 공고히 함. 시·군·읍·면 위원회와 도위원회와의 관계도 그에 준함.

이어서 서울시인민위원회 나동욱의 인민공화국과 민전과의 관계에 관한 질문이 있자, 정화준이 "민전은 의회와 정부를 준비하는 기관이다"라는 답변이 있었다. 인민위원회가 북한과 같이 행정권을 이양받기는커녕 미군정에 의해 분쇄되어가고 있는 상황에서 민전과 인민위원회와의 관계에 관한 질문은 당연히 제기될 수 있었다. 민전과 인민위원회와의 역할분담은 1946년 4월 23일 시천교당에서 열린 제2차 전국인민위원회 대표자대회에서 있은 허헌의 중앙보고 연설 속에서 명확히 규정되고 있다.

> 이 민전과 인민위원회의 관계는, 민전은 반민주주의 요소에 대한 연합투쟁기관이고 이로써 민주주의 정권이 수립될 수 있으며 또 반민주주의 세력을 배제할 수 있고 인민대중에게 민주주의적 교양을 시켜 유도할 수 있는 것이다. 이에 대하여 인민위원회는 본래 행정기관으로 출발한 것이며 또 이 인민위원회의 형태를 활용하여 그 본래의 사명을 수행할 수 있을 것이다. 그러므로 양자의 관계는 모순된 것이 아니고 민전이 강화됨에 따라서 인민위원회의 조직은 더욱 강화되는 것이다.[18]

이어서 이강국의 일반정세에 관한 보고가 있었다. 국제정세 보고 속에서 이강국은 미·소 양국의 협조는 공고하며 이러한 양국의 협조를 기반으로 국제민주주의 노선을 구현시킨 모스크바삼상안을 관철해서 통일임시정부를 수립하여야 한다고 역설하면서도 제국주의 재현을 경고하고 있다.

　독일과 일본의 파시즘이 군사적으로는 파괴되었으나 그 잔존세력이 아직도 완전히 근멸되었다고 볼 수 없는 것이 역력한 현상이며 국제독점자본이 그 세계군림을 실현하려고 노력하고 있는 것이 또한 기피할 수 없는 사실이다. '영·미의 대자본가를 중심으로 하는 국제독점자본·금융자본은 국내의 민주주의에 반대할 뿐 아니라, 국제적으로 파쇼의 잔존세력과 제휴'하여 세계를 다시 반민주주의 방면으로 이끌고 나아가 세계 지배의 몽상을 실현하려 하고 있다. 이 방면의 반소운동은 고사하고 서반아의 프랑코정권, 아르헨티나, 포르투갈 등 기타 제국의 파쇼세력, 중국의 반동정권, 일본의 현정부, '조선의 반동세력을 지지함으로써' 반인민정책을 조장하며 민주주의 국제노선의 진전을 저해하려는 것이 그 기도다.

　민전의 결성은 미군정이 9월에 한국에 진주하여 처음부터 일관되게 취하고 있던 반좌익정책에 대한 대응이었다. 미소공위를 성공시켜 통일임시정부를 수립하기 위하여 좌익은 직접적이고 공개적인 대미 비판이나 공격을 억제하고 있었던 것이지, 좌익이 미국의 제국주의적 욕구에 대하여 전혀 무지했다고는 할 수 없음을 우리는 이강국의 정세보고 속에서 알 수 있다.[19]
　다음 날 같은 장소에서 속개된 대회에서는 전날 이강국의 정세보고를 의식한듯, 회의에 들어가기에 앞서 민전대회의장 이여성이 "군정당국과의 무용한 마찰을 피하기 위하여 발언을 신중히 하여주시기 바란다"는 당부의 말을 함으로써 의도적으로 반미적 발언을 제약했다. 이는 아직은 미국과의 정면대결을 회피해야 한다는 좌익진영의 전술적 판단에 기인한 것으로 보인다. 전날 이강국의 일반정세보고에 이어 김오성의 통일공작에 관한 경과보고와 우익의 테러행위를 규탄하는 「테러배격 경고문」과 우익언론의 반좌익적인 사실왜곡에 항의하는 「허위보도에 관한 경고 결의문」을 채택하는 등의 의사진행이 있은 다음 독립동맹이 좌우합작을 촉구하는 내용의 제안낭독이 있었다. 독립동맹의「민족통일공작에 대한 제의」의 주요 내용은 아래와 같다.

    1. 민주주의민족전선의 기초를 7개 정당으로 확대하여 이것을 추진력으로 하고 민주주의적 원칙 아래 각 사회단체·문화학술단체·종교단체를 참가시켜 광범한 노선의 결성에 노력할 것.
    2. 자주·독립·부강의 신조선 건설의 구체적 방향과 당면한 문제를 해결하기 위한 공동투쟁을 통하여 이 전선의 확대·강화 발전을 도모할 것.

독립동맹에서 말하는 7개 정당은 인민당·조선공산당·신한민족당·한민당·국민당·조선민주당·독립동맹을 가리키는 것으로서 독립동맹은 한민당까지도 포함한 우익과는 합작할 것을 제안했던 것이다. 독립동맹의 거듭되는 우익과의 합작 촉구는 민전 내부의 우익에 대한 견해 차이를 드러내는 것이었다.
  독립동맹의 통일에 관한 제안이 있은 다음, 조선공산당의 강진(정진태 대독)이「민주주의 임시정부 수립에 관하여」라는 팸플릿을 발표했다. 강진의 팸플릿은 조선공산당의 인민민주주의적인 노선을 거듭 확인하면서[20] 앞으로 수립될 민주주의적 임시정부의 성격과, 임시정부와 민전의 관계에 대하여 다음과 같이 말하고 있다.

    ……
    3. 민주주의적 임시정부는 중산계급과 그들을 대표하는 모든 관계의 지지를 받아야 할 것이며, 그리하여 그들은 독점자본의 위기를 방지하여야 할 것이다. 반동적인 층을 제외한 모든 계급은 정부에 반영될 수도 있고, 타국 정부도 그들의 이익을 옹호한다.
    4. 여러 계급을 대표하는 단체의 대표로 정부는 구성된다. 그 단체의

총집단은 민주주의민족전선이다. 이 전선과 민주주의 정부의 최고 긴급한 임무는 사회적 혁명을 실현해야 하며, 완전한 민족해방을 확보하여야 한다.

    5. 민주주의적 임시정부 수립의 본질은, 지배민족 제국주의의 부르주아가 우리 민족을 문화적으로 비인간화하고 정치적으로 노예화하려는 데 대하여 철저하게 싸우는 데 있다.

강진도 앞서의 이강국의 정세보고 속에서 나타난 바 있는 반제적 인식을 기초로 하여 미소공위의 성공으로 수립될 통일임시정부는 반제국주의적 성격을 뚜렷이 하여야 한다는 것을 분명히 밝힘으로써 반제의 과제는 임시정부수립 후에 이루어져야 할 것으로 설정하고 있다.

이틀째에는 식량문제와 물가문제 해결에 관한 박문규의 긴급경제대책, 김계림의 친일파 민족반역자의 규정, 협동조합문제, 민전 결성에 소요된 예산보고, 선출된 305명의 중앙위원 명단 발표, 그리고 뒤늦게 참석한 의장 여운형의 인사말을 마지막으로 하여 결성 대회를 끝마쳤다. 결성대회가 끝난 뒤 중앙위원회 총회가 같은 장소에서 개최되었는데, 총회는 먼저 선출된 305명의 중앙위원에 대한 호명이 있은 다음 집행위원을 선출했다.

2) 민전과 1차 미소공동위원회

결성대회를 마친 후 민전은 먼저 하부조직에 착수했다. 1946년 3월 12일 대전시 민전을 결성한 것을 필두로 하여, 3월 13일 서울시 민전 결성준비위원회 결성, 3월 17일 경기도 민전결성준비위원회 조직, 충북 민전 결성, 3월 19일 전남 민전 결성, 4월 7일 서울시 민전 결성, 4월 9일 성동구 민전 등이 결성됨으로써 6월 21일 민전 중앙위원회에서 김원봉 의장은 약 2개월 만에 전국 방방곡곡에 조직을 갖추게 되었음을 보고할 수 있었다.

민전은 하부조직에 착수하는 동시에, 산하의 각 위원회에서 미군정에 대하여 정책 건의나 비판을 해나갔다. 이 기간 민전에서 가장 중요시했던 미군정의 정책은 미곡문제에 관한 것이었다. 민전은 수집된 쌀을 즉시 배급할 것, 매점매석을 일삼는 모리배들에게서 강제로 쌀을 수집할 것 등을 요구했다. 미군정의 미곡수집정책은 앞으로 남한에서 도시민에게나 농민에게나 가장 중요한 대중의 민생문제가 되어나갔다. 민전의 다른 위원회 예를 들면, 토지농업문제전문위원회, 행정기구연구위원회 등에서는 정부수립 후 실시할 제반 정부수립안에 대하여 협의하고 이를 발표하고 있었다.

드디어 1946년 3월 20일 덕수궁 석조전에서 1차 미소공위가 개막되었다. 미소공위가 개막되기 전, 미군정은 1945년 가을부터 지방인민위원회의 해체작업을 개시하여 1946년초부터는 지방에서의 좌익 탄압은 점점 일상적인 것으로 되어가고 있었다. 민주의원을 구성하여 우익을 집결하는 데 성공한 미군정은 미소공위가 열렸던 3월 20일 몇 주일 동안 워싱턴과 함께 기본적인 미국의 대한정책을 확립했다. 국무성 내의 빈센트와 같은 국제주의자는 영향력을 상실해가고 있었고 맥클로이, 해리만, 케난과 같은 영향력 있는 봉쇄주의자들은 소련과의 협력은 불가능하기 때문에 기꺼이 한국의 분단과 남한정부의 수립을 추구하려는 미군정을 지지하고 있었다.[21]

이러한 분위기에서 열린 미소공위는 협의대상 문제를 놓고 진통을 거듭하고 있었다. 1차 미소공위 기간 중 민전은 잔뜩 기대에 부풀어 각 전문위원회는 공위에 제출할 신정부설계를 연일 발표하고 있었다. 4월 7일의 국내일간지에는 현재 서울에서 개최 중인 미소공위에서 남북통일의 조선자치정부수립안이 잘 해결되지 아니하여 미군정은 남조선에 한하여 조선정부수립에 착수했다는 에이피(AP)통신의 보도가 기사화되었으나 러취 군정장관은 단정수립설을 전연 사실무근이라고 즉각 부인하고 나섰고 민전선전부와 여운형, 조선공산당선전부 등은 AP통신의 보도에 대하여 "일종의 모략" "오해일 것이다" "믿을 수 없다"는 등의 반응을 보였다.[22]

좌익은 민전중앙위원회와 인민위원회전국대표자대회를 열어 미소공위에 적극적으로 대처했다. 4월 19일 삼상회의 결정을 지지하는 정당단체만이 협의대상이 될 수 있다는 내용의 공위 제5차 성명이 발표된 다음 날인

4월 20일 시천교당에서 개최된 민전중앙위원회는 공위의 성공과 그에 대한 기대가 고조될 대로 고조된 분위기를 역력히 나타내고 있었다.

중위는 민전사무국장 이강국의 개회선언으로 시작되었다.[23] 먼저 김원봉 의장은 개회사에서 이번 중앙위원회 개최의 목적이 임시정부수립이 제안되어 있는 이때 정부의 수립방향과 그 정부가 설치할 정강을 토의하는 동시에, 그간의 투쟁경험을 재비판하며 현상황에 대응하기 위한 것임을 밝혔다. 이어서 최익한으로부터 2월 25일 민전 결성 이후 민전의 사명인 ① 민족을 민주주의 원칙에 통일, ② 조선 인민의 의사를 공위에 반영할 것, ③ 임정의 촉진 조성 등 3원칙에 입각하여 민전의 지방조직사업, 공동위원회에 민의 전달, 정부수립정책과 시책의 준비, 정당등록법에 대한 당국과의 교섭 등의 사업에서 다대한 성과를 거두고 있다는 간략한 경과보고가 있었다. 이어서 김오성의 긴급동의로 제5호 성명에 대한 감사문 채택과 지방 각지에서의 민주주의 단체 탄압중지 및 김성숙 씨 이하 현재 구금 중인 모든 민주주의 진영의 즉시 석방요구문 발송건이 제의되자 만장일치로 이를 가결하고 곧 민주주의 임시정부수립건에 들어가, 먼저 임시정부 조직원칙에 대한 성주식의 설명이 있었다. 성주식이 발표한 민전의 정부조직 원칙은 다음과 같다.

　1. 조선에 있어서 인민정권이라 함은 반민족적 반민주주의적 요소를 제외한 전민족의 각계각층을 총망라한 광범한 계급연합정권을 말함이며, 반민족적 요소란 친일파 민족반역자로 지목된 이들을 말하는 것으로 이들은 일본제국주의적 통치기구를 재편성하려고 할 것이며 이들의 재력과 간지는 민중을 기만하고 있다.
　　……
　3. 조선에 있어서는 봉건적 토지관계를 평민적으로 해결할 성의와 능력 있는 지도자만을 정권에 참가시켜야 할 것이다.
　　……
　5. 근로계급을 무시 내지 경시하는 곳에 민주주의 인민정권이 존재할

수 없다. 자본가·소시민·지식층과 같이 근로계급을 본질적으로 평등하게 정권에 참가시킬 임시정부에는 그 수의 비례에 의하여 근로계급의 진정한 대표가 참가해야 한다.

......

7. 민주주의민족전선을 부인하고 반대하는 분자를 임시정부에서 제외하지 않으면 조선정국을 출발시키지 못할 것이다.

그다음 이여성이 앞으로 수립될 정부의 임시헌장이 될 「정부 및 행정기구조직 요강」에 관해 발표했다. 그 내용을 요약하면 다음과 같다.

1. 만 18세에 달한 조선 인민은 선거권과 피선거권을 사유함.
1. 인민은 언론·출판·집회·결사·신앙·연구·행동의 자유가 보장됨.
1. 인민은 재산사유의 권리가 보장됨.
1. 정식 선거에 의하여 정식인민대표대회가 성립될 때까지 잠정인민대표대회를 소집하여 이것을 최고권력기관으로 함.
1. 잠정인민대표대회는 세계민주주의 노선에 입각하여 진정하게 민주주의를 실천하는 정당단체의 대표자(비례대표제에 의함), 지방 대표자 및 당해자 계층을 대표할 만한 무소속 개인으로서 구성함(약 600명).
1. 잠정인민대표대회는 국가 최고의사와 정책을 결정하며 대통령, 부대통령, 중앙인민위원(국무위원), 대법원장, 검찰총장, 군사위원, 회계검사원장 등을 선임 또는 파면함.
1. 잠정인민대표대회에서는 그 속에서 잠정인민의회의원(약 200명)을 선출하여 잠정인민국회를 구성시킴. 잠정인민의회는 입법기관으로서의 기능을 가지며 잠정인민대표대회 개회 중 그 임무의 일부를 대행함.
1. 잠정의회는 그 속에서 상설간부회 구성원을 선출함. 상설간부회는 잠정인민의회 개회 중 그 결의의 집행을 감사하며 잠정인민의회를 준비함.

1. 대통령은 중앙인민위원회(정무위원회)의 결의에 의하여 행정조직, 조약체결, 계엄, 특사, 행정부서의 임면 등에 관한 권한을 행사함.
1. 중앙인민위원회(정무위원회)는 중앙인민위원(정무위원) 잠정인민대표대회에서 선출되며, 각 행정부서 및 차장, 서기국장, 건설계획 위원회 대표 약간명, 군사위원회 대표 약간명, 과학원장, 학술원장 기타(약 40명)로 구성되며 의장을 선출함.

그다음 이강으로부터 수립될 정부가 시행할 중요정책에 대한 설명이 있었다. 그 내용은 민전의 강령과 거의 동일하다. 계속해서 민전의 남조선 지방사정조사단을 인솔했던 홍남표의 보고와 신민당 서울시위원회 위원장 백남운의 인사, 김오성의 공동코뮤니케 제5호 및 민주주의에 관한 설명이 있고 나서 재정문에 관한 토의가 있었다. 그다음 박헌영의 일반정세보고가 있은 뒤, 중앙위원회의 첫째 날 일정을 끝마쳤다.
이때 행한 일반정세보고에서 박헌영은 앞에서도 언급했듯이, 조선혁명의 현단계가 동구와 같은 인민민주주의 단계임을 분명히 하는 동시에 미국에 대하여 이중적인 보다 정확히 말한다면 상호모순적인 평가를 내리고 있다.

그러나 전후 현재에는 침략중립 혹은 고립이 외교정책의 지도원칙이 되는 것이 아니라 세계평화를 위하여 '친목과 상호협력이 세계 국제관계의 기본원칙'이 되었다. 이 협력은 파쇼위험과의 공동투쟁에서 생겼다. …… 미군정의 본의도 조선의 민주주의화에 반대하지 않으며, 민주독립을 원조함은 틀림없는 것이다. 다만 남부에서의 사정은 반동분자의 자유와 권리가 과도히 용인되어 이 세상이 이런 방향으로 나아가고 있는지를 염두에 두지 않고, 친일파 민족반역자, 친파쇼분자들은 제멋대로 벌떼들과 같이 날뛰고 있다. …… 아직 반민주주의적 반동세력이 남아 있으며 그들은 적지 않다. 우선 세계에는 파쇼세력이 아직 근절되지 않았다. …… 둘째로 세계 반민주주의적 반동세력을 아직 강한 제국주의세력이 만들고 있다. 이는 '신종속이론'과 전쟁을 위한 군사동맹을 운운하는 영국 보수당 수령 처칠과 그의 '영국과 미국에 있는 동배들이다. 이렇게 세계 반동세력은 청소되지 않은 파쇼세력과 제국주의세력으로 형성'되어 있다. '세계 반동세력의 목적은 세계민주주의 운동을 파괴하려는 것이며 새 전쟁을 일으키려는 것이다.

민전결성대회 때 이강국의 내외정세보고에서와 마찬가지로 박헌영도 제국주의세력과 파쇼 잔재세력이 연결되어 새로운 신종속체제(이 의미는 신식민주의와 동일한 의미일 것이다)를 만들어내고, 새로운 제국주의적 침략전쟁을 준비하고 있다고 경고하면서도, 미·소의 평화유지를 위한 협력관계는 튼튼하며 미군정은 조선의 민주화를 반대하지 않는데, 우익의 반동적 행위 때문에 조선의 민주주의(인민민주주의를 의미함)는 완성되지 못하고 있다고 언급하는 것이다.

이러한 이중적 발언의 배경은 민전결성대회 때의 정세보고와 동일한 맥락에서 이루어지고 있다. 더욱이 민전 중앙위원회가 열리고 있던 때는, 1차 미소공위가 개회 중이었고, 바로 전날에는 좌익의 승리로 평가되는 공위 5차 성명이 발표되어 삼상회의안의 관철, 즉 임시통일정부수립을 통한 정권장악이 목전에 다가왔다는 기대도 불러일으킬 수 있는 그러한 상황이었음을 우리는 유의해야 한다.

5월 7일에 공위가 결렬된 뒤에도 좌익의 전술은 변하지 않았다. 미소공위가 결렬된 다음 날인 5월 8일에 민전은, 민전주최로 연합국전승기념대회를 훈련원에서 성대하게 개최하는가 하면, 5월 16일에는 민전의장단이 친소·친미 운동을 전개하고 미소공위의 재개를 촉구하자는 성명을 발표했다.

또한 외신에 의해 미 외교위원장 코내리가 1차 미소공위의 실패를 극복하기 위하여 미·소양국의 외상회담이 재개될 것을 낙관한다는 보도가 전해지자 민전은 포레에게 감사한다는 담화를 발표하는 등, 이러한 사례는 수없이 많다.

4. 민주주의민족전선과 좌우합작운동

1) 공위 결렬 후의 미군정정책

미소공위가 결렬되자 미군정은 좌익에 대한 탄압을 본격화했다. 이미 지방에서 이루어지고 있던 좌익 제거작업은 더욱 활성화되었고, 서울에서도 이제 공공연히 좌익 제거작업을 개시했다. 정판사 위조지폐사건을 필두로 인민보 사장 구속, 미국방첩대(CIC)의 조공본부 수색, 『해방일보』 정간, 『조선인민보』 『중앙신문』 『자유신문』 3개 신문 피습 등 좌익 요인은 물론 좌익계 언론, 대중외곽단체(특히 조선노동조합전국평의회) 등에 대한 공격이 강화되었던 것이다.

미군정은 좌익 제거작업과 동시에 좌익을 분열시키고, 국민적 합의를 도출해내서 미군정에 대한 일반 국민의 비판을 감소시키기 위하여 과도입법의원의 설립과 좌우합작을 추진하기 시작했다.

이것은 미국이 잠시 조선 내의 상대역을 극우파에서 온건파로 바꾸는 것을 의미했다. 1946년 초 국무성은 '대한정책'(Policy for Korea)이라는 중요한 비망록을 미군정에 보내 랭던의 정책을 승인하면서 몇 가지 강조사항들을 첨부했다. 국무성은 이 전문에서 '광범위한 선거방법을 통하여 "현재의 남조선 대한민국 대표 민주의원은 임시정부가 수립될 때까지 미군사령관의 재량에 따라 정치적 사회적 및 경제적 개혁의 기초로 사용될 법령초안을 작성하여 이를 사령관에게 제시하는 임무를 띠게 될 입법자문기구를 창설"하라고 촉구했다. 또 이 전문의 부록인 '토의사항' 부분에서 국무성은 원로 망명한국인들(이승만이나 김구 같은 사람들)은 "대체로 미국의 목표에 도움을 주었다기보다는 해를 주었다"고 비난하고 그들을 잠시 정치무대에서 은퇴시킬 것을 시사했다. 그러나 이 정책 지침이 미군정에 도착하기 전에 하지는 이미 좌우합작 노력을 개시했다.[24]

미군정의 좌우합작 계획의 실무는 하버드 출신의 버취 중위가 맡았다. 미군정은 좌우합작의 대상으로 온건좌파로 지목되던 여운형과 온건우파로 여겨지던 김규식을 택했다. 그러나 김규식은 엄밀한 이데올로기 구분의 기준에서 볼 때 온건우파라기보다는 중도파에 해당한다고 할 수 있다. 아무튼 인민당이라는 실세가 뒷받침될 수 있었던 여운형과 아무런 조직적 기반이 없는 명망 있는 인사에 불과한 김규식과의 좌우합작을 성공시키기 위하여 미군정은 여운형을 좌익으로부터 분리해내려는 작업부터 시작했다.

버취 중위는 1946년 4월 여러 차례에 걸쳐 여운형과 만나 민주주의민족전선 및 조선공산당과 결별하라고 설득했다. 그러나 여운형은 거절했다. 이리하여 5월 초 버취 중위는 여운형을 인민당에서 탈퇴시키기 위해, 먼저 여운형의 추종자들을 탈퇴시켜 공산주의자들의 지배를 받지 않는 새로운 정치집단을 만들려고 했다. 버취의 이러한 공작은 주효하여 5월 8일, 자발적인 친일부역경력이 있으며 미국에 유학을 한 적이 있는, 여운형의 동생 여운홍(呂運弘)이 몇몇 비핵심 당원들과 함께 인민당을 떠나 친미적인 사회민주당을 결성했다. 5월 9일 여운홍은 "인민당은 공산주의자 집단에 의해 교란되고 오도되어 왔었다"고 주장했다.

여운형은 좌우합작운동에 참여했다. 그러나 여운형이 좌우합작에 참여한 것은 이러한 미군정의 공작이 주효한 탓도 있었지만 그보다는 우리가 앞에서 살펴보았듯이 여운형과 인민당, 그리고 백남운이 이끄는 남조선신민당은 지주 및 자본가 계급의 이익을 대변하는 우익과도 정부 수립을 위하여 협력해야 한다는 노선을 처음부터 견지해왔기 때문이다. 게다가 여운형은 상해에서 공산주의활동을 하다가도 동료들의 비난을 무릅쓰고 일본을 방문하여 일제의 고위 관리들과 만나 조선의 독립을 주장하는 등 적과도 항상 대화하는 자세를 견지하는 정치적 스타일을 가지고 있었다. 미군정도 여운형에게는 예외일 수 없었다. 좌우합작운동 이전부터 여운형은 해방 후 줄곧 좌익 진영의 대미(對美) 창구 역할을 하고 있었다.

아무튼 여운형의 좌익합작운동 참가와 그의 동생 여운홍의 친미정당 결성은 좌익진영의 중심세력인 조선공산당과 여운형 사이를 불편한 관계로 만들어놓았다. 6월 초까지 버취는 단지 비공식적 차원에서 여운형과 김규식을 만났다. 그러나 6월 14일 여운형이 허헌을 데려오고, 김규식이 원세훈을 데려옴으로써 버취의 노력은 확대되었다. 6월 30일 하지는 좌우합작을 지지하는 성명을 발표함으로써 공개적으로 이를 승인했다.

따라서 한국 언론들도 좌우합작에 대해 논평을 하기 시작했다. 7월 22일에는 좌우합작위원회 제1차 회의가 개최되었다. 이때 좌익 측에서는 여운형·허헌·김원봉·이강국·정노식이 그리고 우익 측에서는 김규식·원세훈·최동오·안재홍·김붕준이 참석했다.

2) 정당방위를 위한 역공세

그러나 미군정이 여운형과 김규식을 이용하여 좌우합작을 추진하고 있을 때 조선공산당 내부에서도 중요한 변화가 일고 있었다. 1차 미소공위는 결렬되었고 미군정의 좌익 제거작업이 본격화되고 있었음은 물론이고, 서울과 지방 곳곳에서는 매일같이 이승만이 이끄는 독립촉성중앙협의회 산하의 극우파 청년단체나 폭력단체들의 좌익에 대한 테러가 감행되었다. 이에 조선공산당은 '정당방위를 위한 역공세' 일명 신전술로 전환하기 시작했다. 신전술은 격화되는 미군정과 극우단체의 테러에 대응하여, 실력으로써 이를 저지하여 조직을 보호하고, 무엇보다도 전국적인 대중시위를 조직하여 이를 실천함으로써 미군정의 실정을 폭로하는 한편, 미소공위를 재개하라는 압력을 넣어 공위를 재개시킴으로써 삼상회의안을 관철해 민주주의적(인민민주주의) 통일임시정부를 수립하고자 하는 노선이었다. 그것은 한마디로 해방 직후 대중성·자발성을 극복하지 못하고, 전국적 조직역량을 확보하지 못한 상태에서, 전국적 조직망을 갖춘 당을 재건하고, 그 둘레에 조선노동조합전국평의회, 전국농민조합총연맹, 조선청년총동맹 등의 각 분야에 광범위한 대중 단체를 결성하는 데 성공하여 당 역량의 급격한 신장을 이룩한 조선공산당이 이제 '수세에서 공세로' 전환하는, 스탈린식 분류에 따른다면 수세기에서 대치기로 전환했음을 의미했다.

이러한 신전술은 철도노동자의 총파업으로 시작된 전국적인 9월 총파업과 10월항쟁으로 구체화되었다. 당의 노선에 관한 내부 논의를 우리는 정확히 확인할 수는 없지만 조공 내부의 노선변화에 관하여 1946년 10월

3일 이정(而丁)이라는 가명으로 출간된 「남조선의 현단계와 우리의 임무」라는 팸플릿에서 좀더 상세히 알 수 있다.[25] 이정의 팸플릿은 남조선 현정세에 관한 분석으로 시작되고 있다.

소미공동위원회가 분열된 이후 미군정은 기탄없이 친일파 중심의 제정책을 일층 강화할 뿐이다. 이에 경제적으로 보면 '식민지화 정책을 노골적으로' 실시하기 위하여 '좌익민주주의 진영에 대한 공세'로 그 반대투쟁을 봉쇄하려는 것이었다.
친일파를 중심으로 한, 군정을 연장하고 앞으로 삼상결정에 의하여 '임시정부가 성립하더라도 미군정의 기존 군정기구를 그대로 존속시키려는 복안'을 세우고 있는 것이다.

이 팸플릿에서는 미군정이 제국주의적 식민지화 정책을 지향하여 좌익을 탄압하고 친일파(우익)를 중심으로 하는 친미정권을 세우려는 의도를 갖고 있다고 보고, 그러한 미군정 정책으로 민생이 도탄에 빠지고 있음을 누누히 강조하고 있다.
그러나 아직 미국은 미·소의 협상을 통하여 전한반도에 친미정원을 세우려 한다고만 보고 있지, 미국과 소련의 협상이 불가능하여 분단을 초래할 가능성이 있음을 언급하고 있지는 않다.
이어서 미군정은 친미정권을 세우려는 정책의 일환으로 좌우합작운동을 배후에서 추진하고 있는데, "첫째, 혁명적 투쟁성이 약한 것, 둘째, 좌익진영 내의 일부 지도자 층에는 미군정의 박해하에서 평화주의적 환상이 강하고 투쟁보다 의타 외교적 방법으로 조선독립을 획득하려는 사조가 농후한 것, 셋째, 공산당 내의 소수 파벌분자의 존재와 그 파쟁의 적극화, 넷째, 미군정에 호의적으로 협력하는 종래 좌익의 정책관계로 좌익진영 내에는 친미분자가 없지 않은 것, 다섯째, 미군정의 강압과 회유의 양면정책으로 좌익진영 내에서 기회주의자를 매수하여 공산당을 고립화하고, 민주주의 민족전선을 분열시켜……" 등과 같은 이유로 좌익진영의 일부가 "조선문제는 미·소 양국의 타협으로 해결될 것이니 결국 좌우합작이 필요하다. 그러므로 좌우합작으로 공위 재개를 촉진할 것, 남조선은 북조선과 다른 특수성을 가지고 있으니 미군정과의 전면적 타협이 필요하다"는 등의 논리를 가지고 좌우합작운동에 참여하고 있으나 "이것은 미군정의 반동적 정책, 즉 식민지정책을 지지함을 의미함이니 절대 옳지 않다"라고 규정함으로써 과도입법기관 설립과 연결되어 친미정권수립을 지향하는 미군정정책을 합법화해주는 좌우합작운동에는 반대함을 명백히 하고 있다.

따라서 미군정과 우익이 탄압과 좌우합작이라는 양면전술로 좌익의 제거를 꾀하며 경제적 상황은 악화되고 미군정 기구에 그대로 남아 있는 친일부역경력을 가진 관리들에 대한 국민의 증오가 커져가는 가운데 "조선인민은 미군정에 대하여 반감을 가지고 있고, 노동자는 투쟁적이요, 농민은 진보적 토지개혁을 요구하고 있으며 인텔리는 급진화하고 있고" "좌익민주주의 진영은 인민의 지지를 받고 있다고 볼 수 있고, 민전으로 대표되는 좌익진영은 그 조직역량이 수백만을 헤아리고, 그 중심적 지도적 역할을 조선공산당이 맡고 있는" 상황에서 좌익은 "투항노선과의 투쟁과정에서 수세에서 공세로" 나아가 전국적인 9월총파업을 성공리에 진행시키고 있는데 이 총파업에 농민이 참가하게 되면 전인민적 반란의 성격을 띨 것이라고 예견하고 있다. "이러한 과감한 투쟁이 전개되게 된 것은, 좌익진영에 옳은 정치노선이 수립되어 있기 때문에 가능한 것이니 이것은 7월 하순경부터의 우리의 전술적 전환이 가장 정당한 것이라는 것을 실증하는 것이다"라고 적고 있다.

팸플릿에는 3당합당에 관한 문제도 언급하고 있는바, 3합당은 7월 3일에 북조선의 양개당(조선공산당 북조선분국과 북조선신민당) 합동결성의 방송을 듣고서부터 작업을 개시한 것이고 이러한 긴박한 정세 속에서, 좌익진영을 통일하여 조직역량을 더욱 강화하기 위해 필요한 것인데도 불구하고, 3당합당에 대한 미군정의 방해작업에 말려든 좌우합작을 지지하는 인민당 내의 원래부터 우익적 경향을 갖고 있던 소수파, 조선공산당 내의 종파적 분자의 집단인 대회파, 신민당 내의 백남운이 이끄는 반중앙파 등이 3당합당 사업을 지연시키고 있다고 주장하고 있다.

신노선은 이제까지의 대미 타협자세를 버리고 미국에 대한 실력행사를 통해 미소공위를 재개시키고 모스크바삼상안에서 결정된 통일임시정부를 달성시키려는 전술이었다. 실력행사의 구체적 형태는 총파업과 대중시위 운동이었다. 9월총파업과 10월항쟁은 양자가 전국적으로 연결된 형태였고, 이러한 운동은 1947년 3·22총파업을 비롯하여 대규모의 전국적인 운동 형태로 계속 시도되었다. 이러한 노선을 따라 전국 총파업은 전평이 주도했고 전국적 시위운동은 대개 민전 주최로 행해지게 되었다.

그러나 아직 공개적으로 미군정과 정면충돌을 시도한 것은 아니었다. 모든 정치적 운동과 언행에서 미군정에 대한 노골적인 반대는 2차 미소공위가 결렬되고, 미국이 공개적으로 남한 단독정부수립을 실천해나갈 때까지 철저히 억제되고 있었다. 예를 들면 6월 30일에도 민전은 시천교당에서 7월 4일 미국 독립기념일을 축하하는 기념식을 거행하고 있었다.[26]

3) 민전의 좌우합작 5원칙

신전술로의 전환은 1946년 7월 하순경부터 이루어졌지만 미소공위를 재개시켜 통일임시정부를 수립하기 위한 대중시위 운동은 6월 10일 민전 주최의 6·10만세기념시민대회로 시작되었다. 남산에서 거행된 6·10기념 시민대회는 15만 군중이 집결했다.[27] 대회에서 채택된 6·10기념공위촉진 시민대회의 결의문 요지는 다음과 같다.

1. 일본제국주의 잔존세력을 철저하게 숙청해야 한다.
1. 우리는 미소공동위원회의 속개를 요망 촉진하는 운동을 강력하게 전개하여 조선 민족의 염원을 반영시켜야 한다. 우리는 반연합국적 언동 및 반소 선전 전쟁도발적 선동을 절대로 배격하여야 한다.
1. 이승만 박사를 선두로 하고 친일파 민족반역자를 토대로 하는 남조선 단독정부 내지는 위조통일정부를 수립하려는 공공연한 음모를 우리는 민주주의 위력으로써 철두철미 분쇄하지 않으면 안 된다.

1. 신국가건설과 민주주의 발전을 방해하는 테러와 반동 언론기관의 도량을 인민의 힘으로 완전히 봉쇄하지 않으면 안 된다.

공위촉진시민대회는 서울뿐만 아니라 인천 민전 주최로 열린 1946년 6월 25일 인천 공위촉진대회를 비롯하여 시나 군을 단위로 하는 각 단위 민전 주최로 전국으로 퍼져나갔다.
　좌우합작과 3당합당문제를 놓고 민전 내부는 일시적으로 분열되었다. 커밍스는 지투(G2)정보문서에 의거해서 다음과 같이 기술하고 있다.[28]

　박헌영은 7월 22일 북한에서 서울로 돌아와 민전 회의에서 합작계획에 반대했다. 미국 측 설명에 따르면, 박헌영은 좌익이 합작위원회에 참여하지 말아야 한다고 주장했지만 다수결에 의해 그의 의견은 묵살되었다.
　7월 1일 하지 중장이 여운형과 김규식의 좌우합작운동을 지지한다는 성명을 발표한 다음 날, 민전중앙위원회 명의로 좌우합작을 지지한다는 성명이 발표되었다. 그러자 박헌영과 조공은 좌우합작 5원칙을 제시했고, 이것이 민전 내부에서 관철되어 7월 26일 민전은 합작 5원칙을 발표하였다. 5. 원칙의 내용은 다음과 같다.

　1. 삼상회의 결정을 전면적으로 지지함으로써 미소공동위원회 속개 촉진대회를 전개하여 남북통일의 민주주의 임시정부 수립에 매진하며 북조선 민주주의민족전선과 직접 회의하여 전국적 행동 통일을 기할 것.
　2. 토지개혁(무상몰수 무상분여), 중요산업 국유화, 민주주의적 노동법령 및 정치적 자유를 위시한 민주주의 제기본과업 수행에 매진할 것.
　3. 친일파 민족반역자, 친파쇼 반동거두들을 완전히 배제하고 테러를 철저히 멸하며 검거, 투옥 등의 민주주의 애국지사를 즉시 석방할 것.
　4. 남조선에 있어서도 정권을 인민위원회에 즉시 이양.

5. 군정고문기관 혹은 입법기관 창설에 반대할 것.

합작 5원칙의 발표는 일단 민전 내부의 의견이 통일되었음을 의미했다. 그러나 민전의 합작 5원칙은 민전의 노선에 동의하는 제세력만이 합작의 대상이 될 수 있다는 종래 조공의 '원칙 있는 통일'의 재현이었기 때문에 합작 방법을 둘러싼 좌익진영 내부의 이견을 해소한 것이라고는 볼 수 없었다. 5원칙의 발표는 좌익진영 내에서 실세를 장악하고 있었던 조공지도부의 방침이 실력으로써 관철되었음을 의미했기 때문에 분열의 불씨는 계속 남겨져 있었다. 합작 5원칙이 발표되자 우익은 이를 즉각 거부하고 7월 29일 합작 8원칙을 제시했다. 우익의 8원칙은 모스크바삼상안은 지지하지만 친일분자 및 민족반역자의 처결문제와 토지개혁문제 등의 제개혁은 임시정부 수립 후에 결정하자는 내용으로 되어 있었다.

같은 날 열린 좌우합작위원회에 여운형, 허헌, 김원봉, 이강국, 정노식 등의 좌익대표들은 참가하지 않았다. 좌익 측의 불참으로 좌우합작위원회는 중단되고 좌익진영은 3당합당작업을 개시했다.

1946년 8월 5일 인민당은 3당합당을 정식으로 제의했다. 8월 11일과 12일자의 『독립신보』에 여운형은 합당을 촉구하는 글을 발표했다. 여운형은 이 기고문에서 "금년 봄에 결성된 민전체계는 정당 내부 활동까지는 중앙집권적 일원화를 할 성격을 가지지 아니한 것이기로 이에 당면 정치강령의 공통한 정당이 통합하여야 할 필요를 여러 가지 각도에서 절감하게 되었을 뿐만 아니라, 공산당으로서는 그 1년의 실천이 대체로 역시 그 당면강령에 의하여 광범한 민주주의적 건설과업 수행에 있었음에도 불구하고 그 당명과 체제와 미리 제거한 무산계급적 기초강령 때문에 개개의 활동을 현단계를 뛰어넘는 무산계급 혁명투쟁인 것으로 무비판한 군중이 오인하기도 하고 또 반동진영이 의식적으로 그렇게 인식시키기에 노력하고 있기 때문에 그 활동에는 지장이 있어왔기로 공산당은 이러한 정세를 재인식하고 답래한 노선을 자체비판하여 당명과 강령 등 모든 전술을 현단계의 실정과 당면수행과업에 대중적으로 승화하면서 신민당·인민당으로 더불어 통합하는 데 동감을 갖게 된 것"이라고 하여 조공의 좌익편향성을 비판하고 3당합당의 필요성이 당의 대중적 지지기반의 확산에 있음을 역설하고 있다.

또한 여운형은 3당합당에는 찬성하지만 합당의 의의는, 신당이 대중 정당으로서 보다 광범위한 제계급을 결집하고 더 나가서, 좌우합작을 통하여 미·소 간의 타협을 가능하게 하고, 이에 근거하여 통일적 임시정부를 수립하고자 함에 있다고 보고 합당은 해도 좌우합작은 계속되어야 한다는 입장을 보여주었다.

민전 5원칙에 관한 합의로 일단 내부 논의의 통일은 이루었지만, 그것은 일시적인 것에 불과했다. 좌익진영의 좌우합작 문제에 관한 분열은 3당합당문제와 연결되어 나타났다. 물론 3당합당이 순조롭게 이루어지지 못한 것은 조선공산당 내의 주도권 쟁탈 싸움에도 일정한 영향을 받고 있었다.

미군정도 3당합당을 적극 지지하고 나섰다. 8월 7일과 8일 양일간에 걸쳐 미국 방첩대(CIC)는 김세용과 이강국의 집을 습격하고, 9월 7일에는 서울시를 비롯한 경기도 일원에 삼엄한 경계망을 펴는 가운데 좌익, 특히 민전과 조공 지도자들에 대한 대량검거에 나서는 한편, 미군정에서는 박헌영, 이강국 등 좌익 지도자들에 대한 체포령을 내렸다. 지방에서도 하의도와 광주, 나주 등지에서 시위군중에게 발포하여 수백 명의 사상자를 내고 수천 명을 피검했다.

한편 8월 15일 민전에서는 우익과 미군정 주최의 8·15해방 기념행사와 별도로 서울운동장에서 8·15해방 기념식을 수십만의 군중이 모인 가운데 개최했다. 이날 대회에서 채택된 결의문 내용의 요지는 다음과 같다.

1. 우리는 민주주의민족전선에서 제창한 좌우합작 5원칙을 지지할 뿐 아니라 즉시 실천에 옮길 것을 주장.

2. 군정은 반동이 조장되고 있다. 우리는 군정의 연장은 물론 그 확대강화에 반대.

3. 지주의 토지를 몰수하여 무상으로 토지 없는, 토지 적은 농민에게

분여하는 토지개혁, 중요산업 국유화 및 진보적 노동법령의 실시, 남녀 평등권을 위시하여 언론·집회·결사·시위·파업·신앙에 대한 모든 정치적 자유의 보장.
   4. 친일파 민족반역자, 친파쇼 반동 거두들은 완전히 배제.
   5. 인민의 자위대책 수립.
   6. 민주주의 애국자의 즉시 석방.
   7. 경찰의 민주주의화.[29]

위의 결의문 내용을 보면 격증하는 테러에 대한 대응책이 중요한 문제로 부각되고, 민전 측의 요구가 보다 적극적인 것으로 변하고 있음을 알 수 있다.

이러한 좌익진영의 태도 변화는 8월 6일, 박헌영이 정권을 인민위원회에 넘길 것을 요구하는 서한을 군정에 제출한 사실 속에서도 나타난다. 조선공산당의 신전술이 서서히 표면화되기 시작했던 것이다.

4) 남로당의 결성

미군정은 좌익에 대한 강경탄압정책으로써 남로당 결성을 저지하려 했고, 이에 대해 조선공산당은 신전술로 전환함으로써 공세적인 대응을 강구해나가는 가운데 좌우합작과 3당합당문제를 둘러싼 좌익진영 내부의 분열이 본격화되기 시작했다. 박헌영 체포령이 내리기 이틀 전인 1946년 9월 4일, 신민당 회의실에서는 합동준비위원회 연석회의가 개최되어 남조선노동당준비위원회를 구성하는 것에 합의하는 한편, 합동에 관한 결정서와 남로당 강령 초안을 채택했다. 피습사건 이후 서울 근교에서 요양 중이던 여운형은 "나는 9월 1일 서울을 떠나왔기 때문에 그런 사실을 전연 알지 못하며 그 결과도 알지 못한다"라는 부정적인 반응을 보였다. 여운형과 마찬가지로 인민당 부위원장 장건상과 신민당 위원장 백남운도 "알지 못했다" "책임질 수 없다"는 등의 부정적인 반응을 보였다.[30]

이러한 좌익진영 내부의 분열은 민전의장단회의에서도 나타났다. 좌익요인에 대한 미군정의 대량검거와 수배가 진행되는 가운데 민전의장단은 9월 15일부터 9월 21일까지 연일 긴급회의를 개최하여 좌익요인지명 체포령에 관한 대책문제, 좌우합작문제 입법기관에 관한 대책 등의 중요문제에 관해 토의했으나 아무런 결론을 내리지 못했던듯, 긴급사태에 관한 대책수립은커녕 성명서 하나 발표하지 못했다.

9월총파업과 10월항쟁의 서곡을 알리는 부산 철도관구 내 종업원들의 파업이 개시된 9월 24일, 남조선신민당은 당대회를 소집하고 좌우합작을 추진하는 백남운 위원장에 대한 절대 지지를 결정했다.

10월 1일 남조선총파업대구시투쟁위원회 주도하에 대구에서 있었던 총파업과 대중시위를 기점으로 해서 영남 각지로 대중봉기가 확산되면서 9월 총파업은 10월항쟁으로 전화해나가기 시작했는데 바로 그즈음에(10월 5일) 열린 좌우합작위원회 예비회담에서 좌우합작 7원칙이 발표되자, 좌익진영 내부의 분열은 최고조에 달했다. 발표된 좌우합작 7원칙은 다음과 같다.

1. 막부(모스크바) 삼상결정에 의한 남북통일의 임시정부를 속히 수립하기 위하여 노력할 것.
2. 미소공동위원회의 재개를 적극 추진시킬 것.
3. 토지는 무상 혹은 유상으로 몰수하여 농민에게 무상으로 분여할 것.
4. 친일파 민족반역자를 처단하되 합작위원회에서 이 안을 작성하여 입법기관에 회부 검토 시행할 것.
5. 남북을 통하여 피검된 애국정치가의 석방을 기도하는 동시에 일체의 테러를 근멸할 것.
6. 입법기관의 설치 및 운영방법을 좌우합작위원회에서 작성할 것.
7. 언론·출판·결사·집회의 자유를 보장할 것.

7원칙에서는 무상몰수 무상분배의 좌익 측 토지개혁 원칙을 무시하고 있고 무엇보다도 미군정이 의도되는 입법기관의 존재를 긍정하여 친일파 민족반역자 처리문제를 입법기관이 설치된 후에 거기에서 처리한다고 함으로써 입법기관 설립을 반대하여 즉각적인 친일파 민족반역자 문제의 해결을 주장하고 있는 조선공산당의 거센 반대에 부딪혔다.

민전사무국장 박문규도 기자회견에서, 7원칙에 대해서는 전연 알지 못하며 "여선생도 7일 회담에는 출석하지 않은 모양이오. 또 몇몇 개인이 자칭 대표로서 참여했다고 해서 그들이 과연 좌익을 대표할 수 있는지는 여러분의 상상에 맡긴다"고 하여 역시 7원칙과 입법기관 설치를 반대하고 나섰다.[31]

신민당도 담화를 발표하여 "7원칙에 대해서는 토지개혁과 입법기관 등 두 문제의 내용에 대해서는 다른 견해를 가지고 있다"고 함으로써 좌우합작에는 찬성하지만 7원칙에 대해서는 찬성할 수 없음을 분명히 했다.[32]

이에 반해 인민당은 9월 6일에 열린 중앙확대위원회에서 좌우합작문제에 관하여 여운형의 노선을 적극 지지하는 동시에 "탄력성이 결핍된 일부의 극좌주의적 경향을 타파청산"한다고 함으로써 좌우합작을 지지 확인하는 한편으로 "합당공작 진행 중에 우(友)당간의 신의를 몰각하고 비법적인 졸속강행으로 각 당내 분열을 조장시킨 원인을 추궁하고 그 책임을 규명한다"는 요지의 3당합당에 관한 결정서를 채택하여 남조선노동당준비위원회의 결성에 대해 정면으로 도전하고 나서는 한편 또다시 담화를 발표하여 민전사무국과 조선공산당을 비난했다.

담화에서 인민당은 "7일 조조(早朝) 비열무쌍한 모략적 방법으로 여당수가 유인 납치되어 합작위원회에 불가항력으로 참석지 못한 사실을 왜곡하여 여당수 불참석을 유일의 근거로 좌우합작과 여당수와는 아무런 연관도 없는 듯이 선전하는 민전사무국과 공산당(구간부파)의 진의가 어디에 있는지 의심하는 바이다. 이러한 것은 독선적 종족근성이며 소부르주아 영웅주의 이외의 아무것도 아니다"라고 하여 조선공산당에 대하여 거센 반발을 보였다.

좌우합작 7원칙은 좌익뿐만 아니라 우익 내부의 분열도 가져와 한민당의 합위 대표였던 원세훈 씨가 당내의 진보적 요소를 이끌고 탈당을 했다.

10월항쟁이 부산, 하동, 의령, 남해, 경주, 구룡포, 왜관, 진주, 영일, 마산, 창녕, 진양, 울산, 양산 등지로 퍼져나가는 가운데 10월 12일 여운형은 기자단과의 회견에서 유인 납치당한 일이 없다는 내용의 친서를 발표했고, 13일에는 민전의장단에서 회의결과 7원칙에 반대하며 작금의 소요사태 원인이 도탄에 빠진 민생문제에 있다는 내용의 성명서가 발표되는 등 좌익진영 내의 분열이 다소 누그러지는 듯도 했으나, 10월 16일에는 조공의 대회파, 신민당의 반간부파, 인민당의 3·1파가 모여 사회노동당을 결성하기로 하고 3당합당에 관한 결정서와 강령초안을 결의했다. 민전과 조공에서 사로당 결성에 대해 적극 비난하고 나선 것은 물론이다.

10월 22일 서울에서도 소요가 발생하여 미군이 주둔한 이래 최대 규모의 미육군과 공군이 작전에 참가하여 시위를 진압하여야 했고 10월항쟁은 영남을 휩쓸고 그 기세가 호남지방으로 번져가고 있었다. 이러한 10월항쟁의 전국적인 확산과 북조선노동당의 박헌영의 무조건 합당론에 기초한 3당합당의 조기실현 촉구는 사로당 창당의 정당성을 위협하고 있었다. 결국 북조선을 방문하고 돌아온 사로당 부위원장 백남운은 11월 9일, "후속부대인 사로당준비위원회는 선착부대인 남조선노동당준비위원회와 원칙적으로 무조건 항복하도록" 거듭 주장한다는 담화를 발표했다. 사로당과 남로당 양당의 결성준비위원회 위원장이었고 누구보다도 공산당의 박헌영파의 존재를 의식하여 좌익의 원만한 타협을 위해 노력했던 여운형도[33] 11월 12일 사로당을 해체하고 합동교섭위원회를 선출하여 남로당과의 합동을 재교섭할 것을 제안하기에 이르렀다.

16일 북로당 중앙위원회에서, 사로당을 좌익정당의 분열을 조장하여 민족반역자 진영을 이롭게 한 기회주의자로 단죄하면서 박헌영을 중심으로 한 남로당 창설사업만을 지지한다는 사로당에 관한 결정서를 발표하고 23일, 24일 양일간 시천교당에서 남로당 결당식이 정식으로 거행된 뒤로 사로당은 와해되기 시작했다. 마침내 12월 4일 여운형은 좌우합작을 단념하고 합당공작과정에서의 실수를 자인한다는 내용의 「좌우합당공작을 단념하면서」라는 자기비판의 글을 발표하면서 정계에서 은퇴할 것을 표방하고 백남운도 "입법의원 설치와 그것을 위한 소위 좌우합작은 절대 반대임으로 전연 하등의 연락이 없었으며 합당공작의 실패를 자인한다"는 은퇴성명을 발표했다.[34]

이후 수차례에 걸쳐 사로당 중앙위원회의 대량탈당과 무조건적인 남로당 가입이 잇따라서 마침내 1947년 2월 27일에 열린 사로당 제1회 전국대회에서는 사로당의 발전적 해체를 만장일치로 결의하여 좌우합작과 3당합당문제와 연결된 좌익진영 내부의 분열은 완전히 종식되었다. 이로써 남로당이 결성되어 민전을 뒷받침하던 세 개의 지주였던 조공, 인민당, 남조선신민당 등의 3개 정당이 하나의 정당으로 통합됨으로써 좌익진영 내에서 통일전선체로서 민전의 위치는 불확실해졌다. 통일전선의 제반 의미는 남로당 내에서 실현될 수 있었기 때문이다. 더욱이 남로당 창당 후 남로당 지도부가 당을 대중정당화하기 위해 당원 5배가운동을 전개하여 산하의 전평, 전농, 청총 등의 외곽단체 성원들을 대거 입당시킴으로써 민전의 중요성은 더욱 격하되었다. 이후 남로당계가 아닌 민전가입 정당·사회단체는 두세 개의 중도좌파 군소정당과 수삼의 사회단체뿐이었다. 따라서 남로당 결성 이후의 민전은 통일전선을 표방하고 전선을 유지하기 위하여 기능하는, 남로당의 외곽단체가 되어가고 있음을 부인하기는 어렵다.

좌우합작운동이 실패로 돌아갈 수밖에 없었던 최대의 원인은 9월총파업과 10월항쟁의 전국적 확산 때문이었다. 10월항쟁의 결과 그의 상대역인 미군정과의 대립은 너무나 확실한 것이 되어버렸다. 서로가 공식적으로는 상대방을 완전히 부정하지 않았지만, 양자는 이미 돌아올 수 없는 강을 건너버린 셈이었다.

좌익진영 내부의 좌우합작지지 운동은 3당합당 과정에서의 패배와 10월항쟁으로 이제 설 땅을 잃고 말았다. 이후의 전개과정은 남한의 단정수립을 둘러싼, 좌익과 이를 따르는 단정단선반대세력 대 미군정 및 이를 따르는 극우파와의 마지막 대결로 치닫게 되는 준비과정에 불과했다.

5. 민주주의민족전선과 단정단선반대투쟁

1) 민전의 모스크바삼상안 관철을 위한 대중시위투쟁

좌익은 내부의 분열을 종식한 다음, 자기 진영 내부의 체제를 정비 강화하여 모스크바삼상안을 관철함으로써 정권을 장악한다는 종래의 전술을 보다 적극적으로 추진하기 시작했다. 1946년 10월 31일 모스크바 방송은 소련 대표단이 공위의 급속한 재개를 희망하고 있다는 내용을 보도했고 이를 받아 하지 중장은 모스크바협정이 신성한 것이기 때문에 집단적인 방해조장은 불허한다는 특별담화를 발표했다. 이어서 12월 20일 모스크바 방송을 통해서 미소공위 재개에 관하여 양국 주둔 사령관이 서한을 교환했음을 확인하자, 좌익은 공위재개에 대배하여 자체 내의 정비강화에 노력하기 시작했다.

12월 29일 민전은 남산에서 15만 군중이 집결한 가운데 삼상결정 1주년 기념대회를 개최하여 공위의 속개를 촉구했다. 이 시민대회의 결정서는 이제 정권을 인민위원회에 넘길 것과 북한에서 실시된 것과 같은 제반 개혁을 실시할 것을 요구함으로써 좌익이 바야흐르 미군정에 대하여 정면으로 도전하고 나오고 있음을 알 수 있다. 이러한 미군정에 대한 도전은 이론적인 차원에서도 나타나는데, 협동조합위원장인 박경수는 체제의 몰락을 주장하는 최익한의 논리를 반박하면서 미국의 제국주의적 팽창에 대한 인식을 이전보다 공공연히 표방함으로써 미군정에 대한 좌익의 정면도전의 이론적 배경의 한 단면을 보여주고 있다.

그러나 독점자본의 모든 조건이 아직 그대로 유지되고 있는 이상, 아직도 상당한 기간 세계자본주의 경제체제는 존속될 것이며 독점금융자본을 배경으로 한 세계의 반민주세력은 '파쇼' 잔재와 제국주의적 반동과 상호연결하여 반동적 공격으로 나오고 있는 국제적 객관적 현실을 간과하거나 과소평가해서는 현하의 국제정세의 핵심은 파악될 수 없는 것이다……。

첫째로 독점자본·금융자본은 미·영을 중심으로 하고 국제적으로 일층 공고히 결합되어 있는 것.

둘째로 전후 자본주의의 중대한 위기를 각오한 독점자본과 특권지배층은 그들의 유일한 활로로써 파쇼형태의 세계적 체제의 재형성을 맹렬히 책동하고 있는 것……[35]

1947년 1월 29일 천도교기념관에서는 민전 중앙위원 229명과 각 도·시·군 대표를 망라한 민전 지방대표 218명 등 총 447명의 대의원이 출석한 가운데 모스크바 삼상결정의 전면적 지지 실천으로 민주임정을 수립해야 한다는 좌익진영의 당면임무에 관하여 당면투쟁 방침을 결정코자 민전의 확대중앙위원회가 개최되었다. 민전의 확대중앙위원회 첫날에는 천도교청우당과 기독교의 원로요, 3·1운동 당시 33인의 한 사람이었던 김창준 목사가 다수의 기독교도를 이끌고 민전에 참여했다. 이날 김목사는 민전 참여의 변을 다음과 같이 말했다.

나는 기독교인이다. 8·15 이후 국제교화협회라는 것을 만들어가지고 좌우합작에 노력하였으나 덮어놓고 좌우합작이라는 것은 있을 수 없다는 것을 깨달았다. 그러던 중에 '10월인민항쟁'을 보았다. 여기서 경제적 공평이 없는 곳에 정치적 평등과 세계평화는 없다는 것을 깨달았다.[36]

김창준 목사는 이후 2월 24일 기독교민주동맹을 정식으로 결성했고, 기독교민주동맹은 민전의 가입단체가 되었다.

민전의 확대중앙위원회 이틀째에는 먼저 민전사무국장 박문규로부터 임원 정비 강화에 관한 보고가 있었다. 이날 발표된 민전의 새 진용은 다음과 같다.

상임위원(51명) — 남로당: 허헌, 박헌영, 홍남표, 정노식, 이승엽, 박문규, 안기성, 김광수, 성유경, 홍덕유, 오광, 김오성, 홍중식, 민혁당: 김원봉, 윤징우, 한지성, 조성철, 청우당: 김기용, 나상신, 김현국, 기독교: 김창준, 노대욱, 반일(반일운동자구원회): 성주식, 정홍석, 전평: 허성택, 전농: 백용희, 부총(부녀총동맹): 유영준, 부녀계: 허하백, 문련(조선문화단체총연맹): 김태준, 민청: 조영희, 협조(협동조합연맹): 박경수, 재일조선인연맹: 윤구, 김정홍, 학자: 윤중, 백남운, 법조계: 조평재, 언론계: 이종모, 교육계: 최종환, 계도계: 이병남, 경제계: 이종만, 개인: 여운형, 장건상, 김성숙, 이만규, 조한용, 이여성, 강진, 서중석, 이영, 최익한, 최태용.

의장단(19명)―의장(6명): 허헌(남로), 박헌영(남로), 여운형(개인), 김원봉(민혁), 김기용(청우당), 김창준(기독교), 부의장(13명): 홍남표(남로), 유영준(부총), 정노식(남로), 허성택(전평), 배용희(전농), 성주식(반일), 조영희(민청), 장건상(개인), 박경수(협조), 김성숙(개인), 윤근(재일연맹), 이여성(개인), 김태준(문련).

대회는 또한 동사무국장 박문규로부터 민전에서 제정하여 이미 미군정에 그 실시를 요구했던 인민위원회 선거규칙에 대한 보고를 듣고는 긴급동의에 들어가 테러단체의 해체, 반탁운동자 행동금지, 미곡수집에 관한 방법시정, 애국투사의 사형선고와 지명수배 취소 등을 미군정 당국에 건의할 것과 단독정부수립을 반대할 것, 3·1절기념시민대회를 성대히 개최할 것 등을 결의하고 장문의 대회결정서를 만장의 박수로 채택했다.

민전 확대중앙위원회의 결정서요지는 대략 다음과 같다.

1. 제2차 세계대전 후 세계는 민주진영과 반동진영의 투쟁이 벌어졌으며 반동진영은 식민지 해방에 반대한다.
2. 현하 인민적 민주주의는 독점자본주의적 반동세력과 과감한 투쟁을 전개하고 있다.
3. 반동은 새로운 대전을 도발하고, 민주진영은 평화와 민주건설을 위하여 매진하고 있다.

......

  6. 국내정세도 삼상결정을 지지하는 민주진영과 반대하는 반동진영이 나뉘어 있다.

......

  10. 삼상결정을 같이 결정한 미군정은 이 결정을 지지하는 민전을 배격할 이유가 없다. 미군정이 삼상결정만 실천한다면 민전은 이것을 환영하고 적극 협력할 것이다.……

  민전의 동결정서를 보면, 제2차 세계대전 전후 미국의 제국주의적인 팽창에 대한 경계를 명확히 하고 있음과 동시에 모스크바삼상안의 관철을 위해서 군정과의 협조관계도 유지되어야 한다는 점을 강조하고 있다. 그러나 미군정과의 협조관계 유지는 미군정이 민전을 용인함과 동시에 민전이 요구하는 제반 개혁조치들을 수용할 때만 가능한 것이라는 점을 완곡하게 표현함으로써 군정에 대한 민전의 태도가 사뭇 도전적인 것으로 변화하고 있음을 보여주고 있다.

  전(前) 인민당 내의 여운형 지지세력들은 끝내 남로당에 가입하지 않고 1947년 2월 11일 인민당 재건위원회를 조직했다가 5월 24일, 25일 양일간 결당대회를 개최하여 근로인민당을 창당했다. 25일의 결당대회에서는 위원장에 여운형, 부위원장에 백남운, 이영, 장건상 등을 피선하고, 민전에 가입해서 그 산하단체로서 민전과 공동보조를 취할 것을 결의했다.

  근민당의 결성에 관해 인민당 재건위원회가 발족된 초기에는 남로당 위원장 허헌이 기자회견 석상에서 인민당의 재건은 옳지 못하다는 반응을 보였으나 4월 12일경, 여운형이 근민당 발족을 정식발표할 즈음에서 남로당 대변인이 기자회견 과정에서, "그것이 발족된다면 통일전선을 형성하여 남조선 반동을 쳐부수는 데 공동투쟁"[37]을 전개할 수 있을 것이라고 언명하는 것으로 보아 근민당 측과 남로당과는 상호이해의 교섭과정이 있었던 것으로 보인다.

  청우당, 기독교민주동맹, 근민당에 이어서 전국유교연맹이 민전에 새로

이 가입함으로써 민전의 세력강화와 정비는 일단락되었다. 4월 18일 전국 유교연맹은 다음과 같은 결의문을 발표하고 민전에 가입했다.

8·15 이후 우리 민족은 인민의 이익을 본위로 하는 민주정권 수립단계임에 불구하고 아직도 특권계급의 권력유지를 책략하는 민족적 반동도배가 있어 조국의 자주통일독립이 연기됨을 우리는 지적한다. 이에 본연맹은 현단계에 있어 오직 인민의 편이고 양심적 민족의 총집결체인 민주주의민족전선의 강령정책을 지지하며 동전선에 가입하여 우리 민족의 당면 최대과업인 인민정권 수립과 민주정책 수행을 위한 공동투쟁을 전개할 것을 결의한다.
위원장: 김응영, 부위원장: 유승우, 이승규, 정대무, 안훈, 사무국장: 이규호.

2월 들어 수도 서울은 국대안반대의 학원맹휴선풍에 휩싸였고, 미군정과 극우파 테러단체는 전평지도부를 비롯한 좌익인사에 대한 체포와 민전회관을 비롯한 각 좌익단체에 대한 테러를 강화해나가는 가운데, 민전은 서울과 지방을 막론하고 동(洞), 정(町)마다 3·1기념준비위원회를 조직하여 3·1기념시민대회를 전국적으로 대규모로 조직하는 데 주력했다.

3·1기념시민대회는 서울을 비롯한 전국 각지에서 동시에 거행되었다. 민전의 발표에 따르면, 서울 남산에서의 3·1기념시민대회에는 이제까지의 시민대회에서 볼 수 없었던 가장 많은 50만 명의 군중이 운집했다.[38] 인천에서 열린 3·1기념시민대회에도 10여 만의 군중이 참가했다.[39] 민전이 주최한 3·1기념시민대회에 대하여 미군정과 극우단체들은 전국 각지에 걸쳐 시위참가자에 대한 발포와 체포 그리고 테러로 이에 답했다. 서울 3·1기념시민대회의 경우, 군정경찰의 시위군중에 대한 발포는 없었으나 대회에 참가한 군중들이 대회를 마친 후 평화적인 가두시위를 벌이고 있을 때 트럭으로 돌멩이를 실어나르며 기다리고 있던 극우파 테러단체 소속 청년당원들이 시위군중에 돌멩이를 던져 다수의 부상자를 내는 한편,

계속해서 시가를 행진한 다음 민전본부와 출판노조회관을 습격 파괴했다. 이를 옆에서 지켜보던 군정경찰은 좌익 측 시위참가자 1천여 명가량을 검거했다. 이런 사례는 정읍, 부산, 밀양, 순천, 제주도 등 전국 각지에서 경찰의 시위군중에 대한 발포의 양상으로 나타났다. 지방에서는 이런 사례들이 항상적으로 속출했던 것이지만 수도인 서울에서 있었던 좌익 측의 시민대회에 대한 노골적인 민군정의 탄압은 처음 있는 일이었다. 이는 곧 악화일로를 걷고 있는 미군정과 좌익의 관계를 예시해주는 사건이었다.

좌익은 3·1기념시민대회의 개최에 이어 격증하는 미군정의 탄압과 극우파단체의 테러에 대항하는 한편으로 공위속개를 촉진하는 24시간 시한부의 3·22총파업을 단행했다. 3·22총파업이 전국의 공장과 광산, 학교뿐만 아니라 경성전기, 전남의 관공서, 저금관리국과 보험관리국 등과 같은 군정의 국가기구 내부에까지 확대되어나가자 미군정은 좌익에 대한 대량검거를 실시하여 전국 각지에서 2천여 명의 좌익활동가들이 체포되었다. 1946년 12월 말 현재 반 이상이 정치범으로 이루어진 기결수의 숫자만도 2만 명에 달하여 전국의 18개 형무소는 만원상태에 빠져 있었는데[40] 3·22총파업을 전후한 좌익활동가에 대한 대량검거로 인하여 정치범들은 기결수일지라도 형무소에 들어가지 못하고 경찰서의 유치장이나 극우파 단체들의 창고 등지에 수감되어야 하는 실정에 이르렀다. 이와 같은 좌익활동가들의 대량검거는 각급 수준의 민전관계자들에게도 해당되는 것이어서, 민전조직은 일시적으로 활동이 중단될 정도로 타격을 받게 되었다.

좌익진영은 5월 1일 다시 전국에 걸쳐 메이데이 기념대회를 개최하여 미군정의 공세에 대처했다. 남산공원에서 30만 군중이 참가한 가운데 열린 메이데이 기념대회에서는 결의문이 채택되었는데 삼상결정에 대한 적극적 지지와 각종 개혁의 실시를 요구하는 정도에 그쳐, 곧 개최될 제2차 미소공위와 미군정의 공세를 감안하여 이전까지의 미군정에 대한 정면도전을 다소 누그러뜨리는 측면을 보이고 있다.

2) 제2차 미소공위의 결렬

1차 미소공위가 결렬된 지 1년여 만인 1947년 5월 21일 오후 2시 덕수궁 석조전에서, 미국 측으로부터는 주한주둔사령관 하지 중장, 공위수석대표 브라운 소장, 웨커림 대장이 참석하고, 소련 측으로부터는 수석대표 스티코프 장군, 툰킨·레베제 소장 등이 참석한 가운데 제2차 미소공위가 재개되었다.

그러나 2차 미소공위가 속개되는 5월 21일이라는 역사적 시점은 독일·폴란드·그리스를 중심으로 한 유럽과 이란, 아프카니스탄 등의 중동지역 그리고 중국과 인도차이나지역에서의 미·소 대결로 인하여 이미 미·소간의 냉전은 악화될 대로 악화된 상황이었다. 양국은 모두 공위가 성공하리라고는 기대하지 않은 채 참여하고 있었다. 미국은 벌써부터 남한단정 수립 계획을 구체적으로 실천에 옮겨놓고 있었다. 1947년 3월 21일 발 워싱턴 AP합동통신의 보도를 보면, 현지의 미군정이 추진하고 있는 입법의원 선거와 조선인에 대한 군정권한의 대폭이양 그리고 미국정부의 2억달러가량의 대한경제원조안의 의회상정 등의 정책실행이 미국정부의 남한단독정부 수립을 위한 계획의 일환으로 추진되고 있는 것임을 미정부 대변인이 시인하고 있다.

당시의 국내외 정세로 보아 공위의 성공이 거의 불가능함에도 불구하고, 민전은 공위를 성공시키기 위해 마지막 노력을 경주했다. 공위가 속개된 다음 날 민전은 3월의 좌익요인 검거 때 피검된 박문규 대신에 새로이 민전사무국장으로 임명된 홍증식과 동외교부차장 최태룡을 미·소 양국 대표단에 파견하여 민전 휘하의 모든 정당·사회단체들은 미소공위에 적극 협력할 것이며 미소공위 협의에 참가시켜줄 것을 요망한다는 내용의 서한을 수교했다. 같은 날 북조선민전중앙위원회에서도 산하의 모든 정당·사회단체의 이름으로 미소공위 사업의 성공을 요망하며, 공위의 성공은 미·소 양국의 합의에 의해서만이 아니고 전조선인민의 노력과 투쟁으로써 얻어질 수 있는 것이며 "조선 인민의 절대다수의 의사와 요구에 반대하는 그러한 무리", 즉 우익의 새로운 국가기관 참여를 반대한다는 내용의 선언서를 발표했다. 여기에서 우리는 남쪽의 민전서한과 북조선민전의 선언서에서 미묘한 차이점을 발견할 수 있다. 즉 남쪽의 민전서한은 공위의 성공을 간절히 바라는 내용만을 담고 있는 데 반하여, 북조선민전은 공위성공을 위한 투쟁과 우익의 배제를 주장함으로써 공위의 성공에 별로 기대하고 있지 않은 듯한 인상을 주고 있다.

여하튼 민전은 공위의 성공을 위하여 공위속개 축하대회를 개최하려 했으나 미군정은 민전의 대회개최 발표가 있은 다음 날 남조선 전역에 걸쳐서 정치적 집회를 금지했다.

2차 미소공위도 속개된 지 얼마 안 돼서 1차 미소공위 때와 같이 협의대상 문제를 놓고 난항에 부딪히기 시작하자 공위성공을 위하여 민전의장단은 6월 4일 민전 측과 우익 측의 협의대상 인원비례를 5 대 5로 하자는 특별성명을 발표했다. 특별성명을 보면 인원비례를 5 대 5로 하자는 제안을 당시 민전 측에서는 커다란 양보로 생각하고 있었음을 알 수 있다. 특별성명의 주요 내용은 다음과 같다.

> 우리 민주주의민족전선에서는 미소공동위원회의 성공을 위하여 최대한의 협조와 최대한의 성의를 표하며 …… 민전주최 대 기타 단체 주최의 인원수가 우익 측 견해만으로는 7 대 1이라 한다. 그러나 우리에게 수집된 자료에 의하면 20 대 1이 틀림없다. …… 물론 이것은 북조선의 협의인원을 결정하는 문제와는 아주 별개로서 다만 남조선만을 취급한 것이며 또한 남조선 우익에 있어 그 협의대상에서 친일파의 집단과 적극적 반삼상결정의 집단을 제외하여야 한다.

공위가 초반부터 교착상태에 빠져들기 시작하자 이승만의 독촉계 극우파 단체들을 중심으로 한 테러가 전국에 걸쳐 극심해져갔다. 극우단체와 군정경찰의 테러는 전남북지방에서 특히 극심했는데 이를 조사하기 위해 민전에서 현지에 파견한 조사단도 전주역에 도착하자마자 군정경찰과 극우파테러 단체의 습격을 받는 지경이었다. 극우파단체의 테러에 병행하여 독촉계단체와 김구의 한독당은 서울을 필두로 춘천, 대전, 광주, 부평, 전주, 정읍, 이리, 군산, 임실, 진주 등지에서 대소의 반탁시위운동을 감행하여 경찰은 반탁시위운동의 사건책임자로 지목된 반탁위원 엄항섭과 김성항 양인을 체포했다.[41] 체포된 양인은 며칠 뒤에 무죄로 석방되었다. 극우파의 좌익진영에 대한 테러는 근로인민당 당수 여운형 피살에 이르러 최고조에 달했다. 여운형 피살에 당하여서도 좌익은 별다른 대책을 강구할 수 없었다. 단지 여운형 인민장 준비위원회에 참가한 민전산하의 정당, 산하단체 및 중간파 정당, 사회단체 등 40여 개 사회단체가 구국대책위원회를 구성하고, 테러단체와 그들 단체의 배후 정당을 즉시 해체하라는 요지의 공동성명을 발표하고 하지 중장에게 비슷한 내용의 요청서를 전달했을 뿐이었다. 여운형 피살 이후부터 미군정당국은 이전까지는 주로 극우파, 테러단체에 의존하고 있던 좌익제거 작업을 7월 27일 민전주최로 남산에서 개최된 '공위경축 민주주의임시정부수립촉진인민대회'를 계기로 직접 맡고 나서기 시작했다.

  27일의 '공위경축 민주주의임시정부수립촉진인민대회'는 하지 중장과 공위의 미국 측 수석대표 브라운 소장, 소련 측 수석대표 스티코프 대장이 참석한 가운데 열렸는데도 불구하고, 동대회에서 공위 성공지지 연설을 한 직업동맹 대표와 여성동맹 대표는 연설 후 곧 체포되었다. 이어서 미군정은 민전 측이 준비하고 있던 8·15기념시민대회를 금지하는 한편 좌익요인에 대한 대량검거와 아울러 민전, 남로당, 전평, 전농 등의 좌익정당단체의 사무소를 폐쇄했다. 좌익요인에 대한 대량검거는 민전 사무국장 홍증식, 동상임위원 김광수, 동조사부장 오영 3인에 대한 체포로 시작되어 각 지방 민전간부들과 남로당 부위원장 이기석을 비롯한 남로당 간부들, 전농, 여맹, 협조, 문학가동맹 등의 간부진 60여 명을 검거하고 남로당 위원장 허헌을 비롯한 미체포된 10여 명을 지명 수배했다. 한편 좌익계 언론을 공격하여 『독립신보』『노력인민』『국제일보』『우리신문』등의 경영진, 기자 등을 체포하고 『조선신문』『민보』등은 무기정간령을 내렸다.[42] 이때 전국에 걸쳐 체포된 좌익활동가의 수는 1천여 명에 달했다. 이후 미군정은 좌익정당 사회단체들을 형식적으로는 비합법화하지는 않았지만 좌익의 거의 모든 활동을 봉쇄 탄압함으로써 실질적으로는 비합법화해버렸다.

거듭되는 군정의 공격에도 불구하고 좌익진영은 별다른 공격적 대응을 취하지 않았다. 그것은 1948년 단정단선 반대를 위한 2·7구국투쟁으로부터 개시될 기나긴 내전의 폭풍을 예고하는 무거운 침묵이었다.

미군정은 좌익진영을 공격하는 한편으로 초반부터 교착상태에 들어가 성명전만 주고받던 2차 미소공위마저 결렬될 것이 확실시되자 오래전부터 계획해온 대로 한국문제의 유엔에 이관하여 남한단정수립정책을 전개하기 시작했다. 한국문제의 유엔이관에 대하여 당연히 소련과 좌익진영은 절대반대하고 나섰다. 민전도 "조선문제를 국제회의에 재상정하면 할수록 그 해결이 지연되고 그 복잡성이 증대되어 여하한 국제결정이라도 그 실현은 동일한 까닭"[43]에 미소공위의 성공만이 유일한 해결책이라는 이유로 이를 반대하고 나섰다.

그러나 결국 소련의 반대에도 불구하고 1947년 9월 23일의 유엔총회는 한국문제의 유엔상정을 가결함으로써 한국문제는 유엔으로 이관되었다. 이에 대응하여 소련 외상대리 비신스키는 양국군철퇴안을 미국 측에 제의했는데 미국은 당연히 이를 거부했고 민전을 비롯한 좌익진영은 물론이고 신진당, 민족자주연맹결성위원회, 민중동맹 등의 중간파 정당, 사회단체들도 양국군 동시철퇴안을 지지하고 나섰다. 남로당은 10월 24일 담화를 발표하여 한국문제의 유엔이관과 유엔임시위원국 감시하의 총선거에 반대하여 "미·소 양군 철퇴 후 우리의 통일정부 지도하에 외국의 간섭 없는 자유로운 자주적 총선거를 실시할 것을 주장"[44]했다.

이제 유엔한국임시위원단 감시하에 선거를 통해 남한 단정을 수립하려는 미국과 이를 지지하는 이승만의 독촉, 김성수의 한민당으로 이루어진 남한 내의 극우파를 한편으로 하고, 양군 동시 철퇴 후 남북한 총선거를 통한 통일정부를 수립하려는 남한의 민전산하 좌익정당 사회단체들과 김규식이 이끄는 중간파 사회단체 정당, 김구가 이끄는 우익, 그리고 북조선 민전 산하의 제정당·사회단체를 또 다른 한편으로 하는 양 세력의 사투가 시작되고 있었다.

3) 남북제정당사회단체대표자연석회의와 단정단선반대투쟁

1947년 10월 17일 미측 대표의 공위휴회 제안으로 초반부터 표류하던 제2차 미소공위가 마침내 완전히 결렬되고 10월 30일 소련의 반대에도 불구하고 미국이 제안한 대조선위원단파견안이 유엔총회 정치안전보장위원회에서 41 대 0으로 가결되자, 남한의 정국은 미국의 의도대로 유엔조선위원단감시하에 남한만이 단독선거를 실시하여 남한단정을 수립할 것인가의 문제를 놓고 찬반의 양 세력으로 재편되기 시작했다.

유엔총회의 결의가 있던 다음 날, 민전은 유엔조선위원단의 파견에 절대반대하며 오직 소련 측의 제안대로 미·소 양군이 즉시 철퇴한 후 총선거를 실시하여 조선 민족 자신에 의한 자주정부를 수립하여야 한다는 내용의 담화를 발표했다. 좌익진영뿐만 아니라 중도계의 정당, 사회단체들과 한독당과 같은 우익도 미국의 계획에 절대반대하고 나서서 반대 움직임을 조직화하기 시작했다.

11월 4일 한독당의 초청으로 한독당, 근로인민당, 민주독립당, 사회민주당, 인민공화국, 보국당, 청우당, 민주한독당, 민중동맹, 신진당, 조선공산당 등 11개 정당의 대표가 한독당 본부에 모여 양군철퇴 후 총선거로 통일정부수립안을 지지한다는 공동원칙을 발표했다.[45] 회합이 수삼차 진행되는 과정에서 독립노동당, 농민당, 노선노동당, 조선대중당, 조선신화당 등의 정당이 추가로 참가하여 각 정당협의회 발기회를 조직하고 11월 18일에 있은 5차 회합에서는 동발기회 명의로 유엔의 결의는 필연적으로 남북의 분열을 조장할 우려가 있기 때문에 이를 반대하고, "미·소 양군의 조속철퇴를 요구하며 그 대책으로 남북정당대표회의를 구성하여 국제적으로 우려된다는 이른바 진공상태를 해소하고 자주적 남북통일총선거를 시행하여 조국의 자주통일정부수립을 기한다"는 내용의 공동담화를 발표했다. 이에 대해 민전의장단 대변인은 7일의 기자회견에서 "토의내용은 상세히 알 수 없으나 철병촉진과 간섭없이 통일정부를 수립하고 단정단선반대를 목표로 해서 모인 회합이라면 그 취지만은 좋다고 본다"고 하여 이에 찬성을 표시했다. 남로당 대변인도 10일의 기자회견에서 11개 정당의 모임에 참가할 용의가 있다는 반응을 보였다.

민전은 11월 24일에 연 민전산하단체 회합에서 이러한 중간정당의 움직임에 다시 한번 찬성을 표하는 한편, "그러나 이러한 정당들은 그들 노선의 실현이 오직 남조선 반동의 폭압과 반인민적 죄악에 대하여 강경하고 계속적인 투쟁이 없이는 불가능한 것을 모르고 있다. 또한 현재와 같이 민족애국자에 대해서 허위, 모략으로 전면적 검거, 고문, 투옥이 감행되고 인민의 민주주의적 권리가 송두리째 유린되고 있는 상황에서 남북회담이 어떻게 가능할 것인가, 남북회담은 오직 자유로운 정치적 환경하에서만 가능하다"며 단정수립에 반대하는 전애국세력들은 투쟁에 참여할 것을 호소하는 내용의 장문의 성명서를 발표했다.46) 즉 중간정당과의 행동통일은 중간정당들도 투쟁에 동참할 때만이 가능하며 남북회담은 좌익진영에 대한 탄압의 중지와 정치범 석방 등의 정치적 자유가 보장되는 것이 선결조건임을 암시함으로써 일단 남북회담의 실현을 부정하고 있다.

이러한 민전 측의 의구심을 더욱 부추기듯 미국의 계획에 반대하고 나섰던 김구는 곧 태도를 돌변하여 각 정당협의회 결성추진 보류 및 유엔에 의한 남한 단독정치를 지지한다는 성명서를 수차 발표하고 당내 정협추진파 4명을 당에서 제명처분하기에 이르렀다. 미군정도 때를 맞추어 당내 정협추진파의 대표자로 알려진 한독당 부위원장 조소앙과 선전부장 엄항섭을 극비리에 체포했다. 중도파 정당, 사회단체들을 모아 민족자주연맹을 조직 중이던 김규식도 하루아침에 자신의 태도를 바꾸어 민족자주연맹 결성식에서 "남한 단선으로 수립된 정부라 할지라도 그것은 중앙정부라 할 수 있을 것"이라 하여 남한단정을 찬성하는 발언을 했다. 이로써 경협은 사실상 깨지고 중도계 세력은 남한단정에 적극 반대하는 근로인민당, 사회민주당, 신진당, 민중동맹, 청우당 등의 5당 당파, 홍명희와 이극로가 이끄는 민주독립당으로 이루어진 중도좌파, 남한당정에 찬성하는 김규식이 이끄는 민주자주연맹 계열의 중도우파로 일시 분열되게 되었다.

이러한 가운데 1948년 1월 15일 민전중앙위원회는, 전인민은 민전의 깃발 아래 집결하여 양군동시 철퇴 후 남북총선거를 실시하여 인민공화국을 수립하기 위해 과감히 투쟁하자는 내용의 성명서를 발표했다.[47] 동성명서에서 민전은 "2차대전 후 국제정세에 큰 변동이 일어났습니다. 제국주의적 반민주주의적 진영과 반제국주의적 민주진영이 엄연하게 대립투쟁하고 있습니다. 제국주의 진영은 각국의 파시스트 잔재, 반동적 군인, 지주, 대자본가 등 반동으로써 구성되어 자본주의의 강화와 새 전쟁의 준비, 민주주의운동과 민족해방운동의 탄압, 반민주주의운동의 지지 등이 그 목적이 되고 있는데 미국이 이 진영을 지도하고 있으며 영국, 불란서 등이 이에 가담하고 있습니다"라고 하여 공식적으로는 처음으로 미국을 제국주의 세력으로 규정하고 반제민족해방투쟁에 나설 것임을 선언하고 있다. 또한 김구·김규식의 태도돌변과 중도계정당들의 우유부단함에 대하여도 분노를 나타내고 있다. "이승만, 김구, 김규식 등은 이러한 제국주의자들의 식민지화 정책을 지지하는데 …… 투쟁치 아니하는 모든 소위 중간파들은 인민을 기만하는 위험한 존재들입니다."

이러한 민전중앙위원회의 성명서가 발표된 이후에 민전을 필두로 한 좌익진영은 1948년 2월 7일의 전국 총파업을 계기로 2·7구국투쟁을 개시했다.

1948년 2·7구국투쟁으로 전국의 도시에서는 노동자들의 총파업과 대중시위, 학생맹휴가 발생하고 농촌에서는 농민시위대가 미군정경찰기관들을 습격하는 민중봉기의 형태를 띠었다. 2월 7일부터 9일까지 동원된 군중의 수는 좌익의 발표에 따르면 3일간 150만 명이었다. 남로당 중앙위원회 기관지인 『노력인민』에서 집계한 3일간의 사건개황을 알려주는 통계표는 다음과 같다.

한편 2·7구국투쟁 이후로 남로당은 각 지방 당부별로 야산대를 조직하여 경찰기관, 극우단체 사무실과 극우인물 등을 습격하고, 1947년 3·22총 파업 1주년 기념총파업과 단정단선반대 봉화, 시위, 맹휴 등을 일으켜 단정단선반대투쟁을 산발적으로 계속 확산해나갔다. 이러한 가운데 3월 25

일 평양방송을 통해서 북조선민전은 남조선단독선거 실시를 반대하여 투쟁하는 남북조선의 모든 민주주의정당, 사회단체 연석회의를 금년 4월 14일 평양에서 개최할 것을 제의했다. 이에 대해 3월 29일 민전은 민전산하 대표자회의를 개최한 후 성명을 발표하여 이를 적극 지지하고 나섰다. 3월 26일 김구·김규식을 비롯한 우익과 중도계 정당들도 북의 제의를 적극 지지한다는 내용의 담화를 발표하고 평양에서 열린 남북정당사회단체대표자 연석회의에 참가할 것을 결정했다. 이러하여 4월 14일부터 민전산하 각 정당·사회단체들을 비롯해 중도계 정당대표들이 북행하기 시작했고 4월 19일에는 김구가, 4월 21일에는 김규식이 민족자주연맹 측근들의 권유로 각각 북행했다.

남북연석회의는 예정대로 4월 15일 평양 모란봉 극장에서 개최되었다. 첫날 회의는 주석단 선거, 대표자격심사위원회 선거, 서기부와 편찬위원회 선거, 축사, 축문, 축전 소개 등의 순서로 간단히 진행되었다. 남북연석회의 제2일은 21일 개최되었는데 심사위원회 위원장 주영하가 대표자격 심사결과를 보고했다. 남북연석회의에 참가한 남북의 정당, 사회단체는 56개로서 다음과 같다.

　　북조선 정당·사회단체: 북조선노동당, 북조선민주당, 북조선천도교청우당, 북조선직업총동맹, 북조선농민동맹, 북조선민주여성총동맹, 북조선민주청년동맹, 북조선공업기술연맹, 북조선보건연맹, 북조선애국투사후원회, 북조선문학예술총동맹, 북조선농림수산기술총동맹, 북조선적십자사, 북조선불교연합회, 북조선기독교도연맹.

　　남조선 정당·사회단체: 남조선노동당, 조선인민공산당, 신진당, 사회민주당, 민주한독당, 근로인민당, 조선농민당, 한국독립당, 남조선천도교청우당, 민주독립당, 조선노동조합전국평의회, 민중동맹, 민족자주연맹, 전국농민총연맹, 전국유교연맹, 재일본조선인연맹, 기독교민주동맹, 전국불교도총연맹, 불교청년당, 조선어연구회, 혁신복음당, 민중구락부, 조선민주학생총동맹, 반팟쇼공동투쟁위원회, 천도교학생회, 조선민족대

'國聯조선위원단' 항의구국투쟁 3일간 통계표(48.2.7~48.2.9)

종별 \ 도시별		서울	경기	충북	충남	전북	전남	경남	경북	강원	계
파업투쟁		21,897	5,455	140	740	2,557	5,375	28,932	14,425	950	80,471
맹휴투쟁		3,850명					26,952	9,550	13,005		53,357
군중투쟁	시위	39,780명	19,020	350	12,823	18,281	28,369	171,183	284,562	100	575,119
	집합	3,840명	12,940	1,100	5,450	13,445	269,938	189,083	235,611		729,407
	봉화	1,450명		850	7,974	1,100	500	2,134	6,580		29,588
	쌀투쟁				950		1,425	6,500	500		9,375
	소계	45,070명	51,960	2,500	27,197	32,826	500,032	398,531	325,253	100	1,343,289
총동원수		70,817명	37,415	2,440	27,927	35,385	332,399	417,055	552,683	1,050	1,477,117
선전투쟁	삐라	335,000매	122,280	52,660	516,750	248,291	1,090,256	647,673	777,500	3,000	3,793,190
	벽보 및 벽서	10,670			90,348	3,415		131,294	5,000		240,727
	계	345,670매	122,280	52,660	607,098	251,701	1,090,256	778,967	782,500	3,000	4,033,917
피해자수	사망					2		2	22	31	124	37
	중경상	20명				6		8	99	13	124	146
	피검	365명	194	243	332	1,272		1,621	2,199	4,304		10,854
	계	385명	194	243	340	1,272		1,631	2,320	4,548		2,057
비고						未着 있음			未着 있음		

자료: 『노력인민』, 1948년 3월 26일자.
주: 보고 未着분이 있어서 實數는 더 많음.

동회, 3·1동지회, 건민회, 민족문제연구소, 삼균주의청년동맹, 독립운동자동맹, 학병거부자동맹, 민족해방청년동맹, 청년애지회, 남조선신문기자회.[48]

이어서 회의는 정세보고에 들어가 김일성은 '북조선 정치정세'를, 박헌영과 백남운이 '남조선 정치정세'를 보고했다. 박헌영은 동보고에서 "미국군은 남조선을 자기 식민지화하는 방향을 취했습니다. 남조선에 있어서 미국인의 대책은 그 시초부터 반동적이었읍니다"라고 하여 미국의 제국주의적 대한정책을 강력히 비난하는 한편 미국의 식민지화 경제정책이 가져다준 남한의 경제적 피해상황을 상세히 분석한 다음 "우리 회의에 모인 모든 애국정당과 사회단체들의 당면한 과업은 선거 보이코트에 전인민운동을 위하여 그의 행동을 통일시킴으로써 전국적으로 애국투쟁을 광범히 조직함에 있음"을 역설했다.[49]

남북연석회의 제4일에는 남로당 위원장 허헌이 '남조선 단독선거와 단독정부수립에 대한 반대투쟁 대책'을 보고했는데, 동보고에서 허헌은 단독선거를 반대하는 조선의 모든 정당과 사회단체들의 행동통일을 강조하고 이러한 통일된 행동을 총지도하기 위하여 '남조선단독선거반대전국투쟁위원회'를 결성할 것을 제의했다.[50] 회의는 허헌의 제안을 받아들여 '단선반대전국투쟁위원회'를 결성할 것을 가결했다. 같은 날 회의는 이극로가 낭독한 '전조선 동포에 격함'이라는 대회의 격문을 발표했는데 격문은 남한단선에 반대하기 위하여 전민족의 과감한 구국투쟁을 개시할 것을 호소하는 내용으로 되어 있다.

남북연석회의가 끝나고 4월 30일 연석회의에 참가한 정당·사회단체 중에서 33개 남북 각 정당·사회단체에서 1명씩 대표가 모여 '남북조선제정당사회단체지도자협의회'를 개최하고 양군 즉시 동시철퇴와 양군철퇴 후 전조선정치회를 소집하여 각계각층을 대표하는 민주주의 임시정부를 즉각 수립할 것을 내용으로 하는 공동성명을 채택했다.[51] 민전은 인민민주주의(PDR) 노선에 입각하여 반제(이때의 반제는 일제잔재의 청산)반봉건적인 제개혁에 찬동하는 제정치세력을 결집한 통일전선체였음에도 불구하고 김구의 한독당과 김규식 등의 중도우파 세력을 끝내 민전에 참여시킬 수 없었지만 남북연석회의에 이르러서 단정수립에 반대하고 양군 동시철퇴 후 자주적인 통일정부수립이라는 동일한 목표 아래 우파와 중도우파까지 참여한 진정한 의미에서의 통일전선이 형성되었다. 이는 일제하 항일운동 때부터의 가장 중요한 민족적 과제였음에도 불구하고 끝내 성취하지 못했고 그로 말미암아 민족분단을 초래한 민족통일전선의 형성을 의미했지만 무엇보다도 그 형성 시기가 너무 늦었을 뿐만 아니라 통일전선으로서 갖추어야 할 공동강령과 공동행동지침, 필요한 통합을 달성하지 못한 느슨한 연합에 불과했기 때문에 민족분단을 저지할 수는 없었다. 또한 해방 3년간 지속적으로 악화되어오던 남한의 좌익진영과 미국과의 관계는 미국이 한국문제를 유엔에 이관하면서 본격적으로 남한단정수립을 추진하기 시작하자 남한의 좌익은 1948년 1월 민전성명서를 계기로 미국을 공식적으로 제국주의 세력으로 규정하고 반제투쟁을 개시할 것을 선언했음은 이미 서술한 바와 같고, 남북연석회의에서 좌익지도자들은 한결같이 미제국주의와의 투쟁을 중심과제로 설정하는 보고를 행함으로써 우리는 좌익이 초기의 식민지 잔재를 청산하고 반봉건적 제개혁을 실행함으로써 사회주의 이행의 토대를 건설하는 것을 목표로 하는 인민민주주의 노선에서, 연석회의를 기점으로 본격적으로 반제문제의 해결을 통해 민족통일국가를 수립하려는 민족해방인민민주주의(NLPDR) 노선으로 전환하고 있음을 알 수 있다.

남북연석회의에도 불구하고 이승만의 독촉계와 김성수의 한민당 등의 극우파만 참여한 5·1 단선은 결국 치러졌다. 좌익진영은 단선을 막기 위하여 5·10 단선 반대투쟁에 총력을 기울였다. 그러나 이미 제주도 4·3사건을 경과한 좌익의 단정단선반대투쟁은 도시와 평야의 민중봉기에서 실패하여 산악을 근거로 하는 게릴라 투쟁으로 전환해감으로써 이제 내전의 시대가 시작되고 있었다.

6. 맺음말

해방 후 좌익진영 내부에는 처음부터 지주 및 자본가 계급에 대한 인식 차이가 있었다. 좌익진영의 중심세력인 조선공산당은 일제하의 지주 및 자본가 계급이 민족해방투쟁에 참여하기는 고사하고 오히려 일제의 식민지 경영과 제국주의 전쟁에 협력하여 노동자·농민을 주축으로 한 민족해방투쟁을 탄압했다고 평가하고 있었기 때문에 그들을 협력 대상으로 보기보다는 적대세력으로 간주했다. 이에 반해 조선인민당과 남조선신민당은 지주 및 자본가 계급 일부의 민족해방적 성격을 이해하고 이들과의 협력을 강조했다.

한편 좌익진영의 미국에 대한 평가는 대체로 일치한다고 볼 수 있다. 해방 직후의 좌익은 미국을 크게 신임하지는 않았지만 배척하지도 않았다. 그것은 미국의 제국주의적 의도와 곧 다가올 냉전을 의식하지 못했던 까닭이었다. 좌익진영의 미국에 대한 협조적 태도는 좌익이 미국을 처음부터 우호세력으로 생각해서였다기보다는 제2차 세계대전 중에 파시즘에 대하여 공동으로 투쟁했던 미국과 소련의 협조관계가 전후에도 상당기간 지속되리라는 판단 때문이었다. 좌익은 미·소 타협하의 평화적인 민족국가의 수립이 가능하다고 생각했던 것이다.

그러나 이러한 판단은 1945년 말쯤 미군정이 남한 전체를 장악하고부터는 달라지지 않을 수 없었다. 미군정이 남한지역의 행정권을 장악하는 과정은 바로 좌익이 전국에 걸쳐 구축해놓았던 인민위원회를 분쇄해나가는 과정이었다. 그뿐만 아니라 조공이 적대시하고 있던 친일적 지주 및 자본가계급을 일제강점기와 마찬가지로 친미적 지배계급으로 재편하는 과정이었기 때문이었다.

이러한 미군정의 반좌익적 정책과 모스크바삼상회의의 결의는 좌익진영 전체의 단결을 요구하여 민주주의민족전선이 결성되었다. 민전은 친일분자 및 민족반역자를 제외한 모든 계급과 계층을 포괄하는 통일전선체임을 표방했으나 우익진영의 어떤 세력도 민전에 참여시킬 수는 없었다.

민전은 결성 초기에는 조공, 남조선신민당, 인민당 등의 좌익정당·사회단체들의 집결체였다고 할 수 있다. 그러다가 좌우합작과 3당합당을 둘러싸고 좌익과 우익 양진영 내에서 온건파들이 각자의 진영을 이탈하여 1947년부터는 중도파를 형성하게 되었다. 그러나 중도좌파 정당이라고 할 수 있는 근로인민당, 청우당 등은 여전히 민전에 가입하고 있었다. 여기에 기독교연맹, 유교연맹 등이 민전에 가입함으로써 후기의 민전은 이념적 구분으로 볼 때 좌파와 중도파를 포괄한 통일전선체였다고 할 수 있다.

　민전이 결성된 이후 좌익진영은 좌우합작문제와 3당합당의 방법을 둘러싸고 격렬한 내부분열을 경험하기도 했지만, 대체로 1946년부터 1947년 2차 미소공위가 결렬되기 전까지의 좌익진영은 민전산하에 결집하여 대중적 운동으로 미국에 압력을 가함으로써 미소공위를 성공시킨다는 전략을 취했다. 따라서 이 기간 동안 좌익은 실력행사를 통해 미군정과 투쟁하면서도 공식적으로는 미군정에 대한 노골적인 비판을 삼가고 끊임없이 협조적인 관계를 유지하려고 노력했다. 이러한 좌익진영의 미국에 대한 공식적인 협조와 반미투쟁의 억제는 전술적 판단에 따른 것이었다.

　해방 직후 좌익의 미국에 대한 태도는 분명히 반미적인 것이 아니었지만 날이 갈수록 악화될 수밖에 없는 것이었다. 미국은 2회에 걸친 미소공위를 전후하여 4차례에 걸쳐 좌익에 대한 공격을 감행했고 공격의 강도는 회를 거듭할수록 강화되어 1947년의 2차공위 결렬을 즈음한 마지막 공격으로 좌익을 사실상 불법화했다. 다른 한편으로 미군정은 음으로 양으로 키워놓은 각종 테러단체들을 통해 1차공위가 결렬된 이후부터는 좌익에 대한 테러를 전국적으로 일상화하고 있었다. 즉, 1947년 말까지 좌익과 미군정은 서로 간에 공식적으로 적대시하지는 않았지만 양자의 관계는 지속적으로 악화되고 있었던 것이다.

　이 논문에서 살펴보았듯이 이러한 미군정과 좌익의 대립 전개과정에서 중요한 획을 그은 것은 조공의 신전술과 이에 따라 실시된 9월총파업과 10월항쟁이었다. 10월항쟁 이후의 1947년은 해방 후의 3년사에서 비교적 가장 조용한 한 해였다고 할 수 있다. 그러나 표면상의 조용함은 1948년부터 개시될 내전으로 돌입하는 준비과정에 불과한 것이었다.

　2차공위가 결렬되고 미국이 한국문제를 유엔에 이관하여, 유엔한국위원단의 감시하에 총선거가 실시되어 남한단정이 수립되자 한반도는 6년간의 기나긴 내전으로 빠져들어가게 되었다. 내전 상황하에서는 민전과 같은 합법적 공식기구의 역할은 합법시기 때보다 크게 줄어들게 된 것은 당연한 일이었다.

1948년 단정수립 이후에도 민전은 비합법적으로 명맥을 유지하다가 1949년 남북의 민전이 조국통일전선이라는 하나의 통일전선체로 통합됨에 따라 해소되었다.

주 _____

1) 장복성, 『조선공산당파쟁사』, p. 54. 이날 발표된 조공의 주요 부서와 간부는 다음과 같다. 총비서: 박헌영, 정치국: 박헌영, 김일성, 이주하, 무정, 강진, 최창익, 이승엽, 권오설, 조직국: 박헌영, 이현상, 김삼룡, 김형선, 서기국: 이주하, 허성택, 김태준, 이구훈, 이순금, 강문석.
2) 『조선인민보』, 1946년 5월 11일자.
3) 이 용어 대신에 토착부르주아지라는 용어도 당시에는 구별하지 않고 동일한 개념으로 사용되고 있었다.
4) 『조선인민보』, 1946년 4월 21일자.
5) 『조선인민보』, 1946년 4월 26일자.
6) 민주주의민족전선 편, 『조선해방연보』(문우인서관, 1946), p. 137.
7) 김오성, 「인민당의 노선」, 신문화연구소출판부 편, 『조선인민당지』(1946년 4월), pp. 20~33.
8) 민주주의민족전선 편, 『조선해방연보』, p. 144.
9) 조이스 콜코와 가브리엘 콜코, 「미국과 한국의 해방」, 서대숙 외, 『한국현대사의 재조명』(서울: 돌베개, 1982), p. 28.
10) B. 커밍스, 김주환 역, 『한국전쟁의 기원』 上(서울: 청사, 1987), pp. 264~65.
11) B. 커밍스, 같은 책, pp. 270~71.
12) B. 커밍스, 같은 책, pp. 309~10에서 재인용.
13) 김오성, 「민족통일공작과 민전의 탄생」, 『民鼓』, 1945년 5월.
14) 민주주의민족전선 편, 「민주주의민족전선 결성대회의사록」, 『한국현대사자료총서』 12(서울: 돌베개, 1986), pp. 650~51.
15) 민전 편, 『조선해방연보』, p. 149.
16) 『독립신보』, 1946년 6월 19일~6월 23일까지 6회에 걸쳐 분할 게재됨.
17) 민전대회에 관한 사항은 민전 편, 「민주주의민족전선 결성대회의사록」(민전 선전부 간, 1946, 『한국현대사자료총서』 12, 돌베개, 1986)에 의거했다.
18) 『조선인민보』, 1946년 4월 24일자.
19) 특히나 이강국은 민전의 초대사무국장으로 내정되어 있었을 뿐 아니라 민전 2대 사무국장 박문규와 남한단정수립 이후 비합법기의 남로당 서울지도부의 이론책이었던 정태식 등과 더불어 조공과 남로당의 이론책이었음을 감안할 때 이러한

이강국의 반제국주의적 인식은 곧 조공지도부의 입장이라고 보아도 무방한 것이기 때문에 매우 주목할 만한 것이다.
20) 강진은 이 팸플릿에서 인민민주주의라는 개념을 사용하고 있지는 않으나 그 내용은 동일하다고 할 수 있다.
21) B. 커밍스, 김주환 역, 『한국전쟁의 기원』 下, p. 57.
22) 『조선인민보』, 1946년 4월 7일자. 이러한 좌익의 AP통신 보도에 대한 전적인 부정이 좌익진영의 대미인식의 부정확함 때문이라고 보기는 힘들다. 당시 우익은 미소공위에 반대하고 있었기 때문에 그러한 분위기 속에서 공위성공을 통한 임시정부수립을 최대의 당면과제로 설정하고 있던 좌익진영이 공위에 찬물을 끼얹는 AP보도를 공개적으로 시인할 리는 없었다고 보는 것이 정확할 것이다.
23) 『조선인민보』, 1946년 4월 21일자.
24) B. 커밍스, 김주환 역, 『한국전쟁의 기원』 下, p. 81.
25) 『한국현대사자료총서』 11(돌베개, 1986), pp. 422~52.
26) 『조선인민보』, 1946년 6월 30일자.
27) 『조선인민보』, 1946년 6월 21일자.
28) B. 커밍스, 『한국전쟁의 기원』 下, p. 86.
29) 『조선인민보』, 1946년 8월 16일자.
30) 『독립신보』, 1946년 9월 7일자.
31) 『독립신보』, 1946년 10월 9일자.
32) 『조선신보』, 1946년 10월 10일자.
33) 김남식, 『남로당연구』(서울: 돌베개, 1981), p. 262.
34) 『독립신보』, 1946년 12월 8일자.
35) 『독립신보』, 1947년 1월 8일자와 9일자.
36) 『독립신보』, 1947년 1월 30일자.
37) 『독립신보』, 1947년 4월 15일자.
38) 『독립신보』, 1947년 3월 4일자.
39) 『독립신보』, 1947년 3월 3일자.
40) 『독립신보』, 1947년 2월 2일자.
41) 조병옥 경무부장 발표문, 『독립신보』, 1947년 6월 26일자.
42) 장택상 수도경찰청장 談, 『독립신보』, 1947년 8월 14일자.
43) 민전 출입기자단과의 문답 중에서, 『독립신보』, 1947년 9월 12일자.

44) 『독립신보』, 1947년 10월 25일자.
45) 한독당이 원래 초청한 정당은 12개 정당으로 한민당도 포함되어 있었다. 그러나 그전의 준비회합에 참석한 한민당 대표는 "개인적으로는 찬성하지만 당의 입장과는 다르다"는 이유로 반대했다. 한민당은 다음부터 참석하지 않았다.(『독립신보』, 1947년 11월 6일자.)
46) 『노력인민』, 1947년 12월 6일자.
47) 『노력인민』, 1947년 12월 6일자.
48) 『전조선제정당사회단체대표자연석회의문헌집』(평양북조선 인민위원회선전국), pp. 70~71.
49) 같은 책, pp. 47~77.
50) 같은 책, pp. 137~46.
51) 김남식, 『남로당연구』, p. 324.

조선공산당과 3당합당

김남식

1. 머리말

　해방 후 조직된 좌익정당으로는 조선공산당(1945. 9. 11), 조선인민당(1945. 11. 12), 남조선신민당(1946. 2. 5) 등 3개 정당을 들 수 있는데 이들 정당들은 같은 좌익정당이면서도 전통과 이념, 그리고 혁명의 성격과 단계, 혁명 추진세력의 설정 등에서 각기 독자성을 띠고 그 차이점을 지니고 있었다.[1]

　그러나 당면 투쟁과제로서 삼상결정의 지지와 미소공동위원회를 통한 임시정부수립, 그리고 일제잔재의 청산과 중요산업의 국유화 및 토지개혁 실시 등 중요한 정책과 노선에는 공동 보조를 취했다. 그러므로 이들은 민주주의민족전선(1946. 2. 15)이라는 좌익의 통일전선체를 형성하고, 삼상결정의 실천을 위한 공동투쟁을 전개했다.[2]

　그러나 1946년 5월 미소공동위원회가 무기휴회로 중단됨으로써[3] 그에 기대를 걸고 지지해온 좌익정당에는 큰 실망을 안겨주었으며, 이와는 반대로 모스크바 삼상결정을 반대해오던 우익진영 입장에서는 자기들의 세력을 확대 조직화하는 계기를 마련해주었다. 심지어 미소공동위원회가 합의를 보지 못할 바에는 단독정부를 수립할 수밖에 없다는 이른바 이승만

의 정읍(井邑)발언까지 나오게 되었다.[4]

또한 좌익에 대한 탄압이 이 무렵부터 본격화되었는데 특히 위조지폐사건을 계기로 이관술(李觀述), 박낙종(朴洛鍾), 송언필(宋彥弼) 등 조선공산당의 간부들이 구금되고, 당 기관지인 『해방일보』가 폐간처분당했다.[5]

한편 미군정에서는 여운형, 김규식 등 중간좌우파 지도자들을 중심으로 좌우합작운동을 전개해[6] 극우·극좌를 배제한 중간세력을 새롭게 형성하려 했으며, 이들 세력을 기반으로 미군정의 하수기관으로서 입법의원(立法議院)을 만들게 하여 미군정의 정책을 합리화하려 했다.[7] 이러한 미소공동위원회 휴회에 따르는 여러 가지 상황변화는 좌익진영에는 매우 불리하게 작용했으며, 조공을 비롯한 좌익정당들과 외곽단체들은 각개격파를 당할 위험성마저 배제할 수 없게 됐다. 다시 말해서 우익세력이 정비 강화되고 좌우합작의 성공으로 인민당까지 포함한 중간세력이 형성되게 된다면, 이미 구축해놓은 좌익의 통일전선을 비롯한 모든 조직세력이 분열될 위험성을 가지게 되며, 따라서 조선공산당의 정치적 기반은 그만큼 손실을 당할 수밖에 없었다.

또한 앞으로의 미소공동위원회 재개를 비롯한 모스크바 삼상결정의 실천투쟁을 효율적으로 전개해나가자면, 무엇보다도 당의 조직강화와 좌익진영의 결속, 그리고 합법적인 정치활동을 위주로 하면서 반합법·비합법투쟁을 적절히 배합해나가는 전술이 요구되었다. 이러한 변화된 상황에 적절히 대처해나가자면, 노동계급의 전위당을 표방하는 '공산당'보다는 노동자, 농민, 도시소시민, 근로인텔리 등 근로대중의 이익을 대변하는 대중정당으로서의 성격전환이 필요했다. 다시 말해서 인민민주주의혁명과업을 수행해나가는 지도핵심세력으로서의 대중정당을 표방해야만 했다. 인민당·신민당의 경우에서도 좌익정당들이 별립(別立) 존재하면서 정치활동을 전개하는 것보다는 단일정상화하는 것을 바라는 입장이었다.

3개 정당은 구체적인 정책에서는 각기 다른 주장을 했으나 미소공동위원회를 통한 임시정부수립이라는 당면투쟁과업에 대해서, 그리고 당시의 국내외 정세관에서는 거의 일치된 견해를 가지고 있었기 때문에 3당합동가능성은 충분히 내포하고 있었다고 볼 수 있다.

한편 북한의 정치사정은 남한의 3당합동을 추진하게 하는 중요한 요인이 되었다. 북한에서는 해방 후 건당(建黨)·건국(建國)·건군(建軍)이라는 세 가지 정치방향을 설정하고 처음부터 '민주기지'(民主基地) 창설과업을 실천해나갔다.[8] 해방 후 소련군 진주와 더불어 자연발생적으로 조직된 인민위원회는 그를 통일적으로 지도하는 5도행정국을 결성(1945. 11. 19)하게 했고, 1946년 2월에는 '북조선임시인민위원회'라는 혁명정권을 수립하기에 이르렀다.[9]

이 정권은 북조선공산당을 위주로 각 정당·사회단체의 대표들로 구성이 되었는데 '반제반봉건민주주의혁명'과업을 실천하는 집행기관 역할을 수행했다. 그리하여 1946년 3월에는 무상몰수·무상분배에 의한 토지개혁을 실시했으며 노동 법령과 남녀평등권 법령을 발표하고 중요산업의 국유화를 실시했다. 그리고 1946년 7월 말 북조선공산당은 조선신민당과 합동하여 북조선노동당이라는 대중정당으로 개편할 것을 결정했는데, 이들 양당은 당면투쟁과업은 물론 당시 지도사상에서도 공통점을 지니고 있었다. 따라서 양당합당에는 아무런 무리가 있을 수 없었다. 이러한 형편에서 1946년 7월 29일 양당의 중앙위원회는 연석회의를 개최하고 북조선노동당으로 단일화할 것을 결정했는데, 이러한 북한의 공·신(共·新)합당 결정은 당시 남한의 좌익정당들에 직접적인 영향을 주어 3당합당공작을 전개케 했다.

그러나 남한의 3개 정당은 합당의 필요성에 대해서 정확한 인식이 부족했으며 특히 조선공산당의 경우는 뿌리깊은 파벌 간의 대립과 세력다툼이 3당합당을 계기로 더 노골화되었으며 합당의 방법문제를 가지고 크게 분열될 수밖에 없었다.

이러한 조선공산당 내의 대립투쟁은 인민당과 신민당에도 그 여파가 미치게 되었으며 결국은 남노선노동당(南朝鮮勞動黨)과 사회노동당(社會勞動黨)이라는 두 개의 대중정당으로 결성을 보게 되었는데, 이들 양당은 끝내 합동하지 못한 채 박헌영일파를 중심으로 한 남조선노동당만이 정식으로 결성을 보게 되었다. 그리고 사회노동당은 북조선노동당의 결정에 따라 해체되고 말았는데, 이들은 뒷날 근로인민당(勤勞人民黨)으로 재출발했다. 이처럼 3당합당은 국내 정치정세의 변화에 효율적으로 대처해나가기 위해 공산당 주도하에 추진되었으나, 당초 목적한 광범한 근로대중을 대표하는 대중정당으로 성격을 전환하는 데는 성공하지 못했다.

이 논문에서는 주로 3당합당의 추진과정을 역사적 사실에 입각하여 종합적으로 분석하고 3당합당이 실패한 중요요인이 무엇인가를 살펴보려 한다.

2. 인민당의 합당제의

앞에서 지적한 바와 같이 북한에서는 1945년 7월 29일에 개최된 북조선공산당과 조선신민당의 중앙위원회 확대연석회의에서 양당이 합당하여 북조선노동당이라는 대중정당으로 개편키로 결정을 보았다.[10]

이러한 북한에서의 합당결정에 대해 남한의 좌익 3개 정당에서는 적극적 지지를 표명함과 동시에, 북조선에서의 합당사업과 시기를 맞추는 방향에서 합당을 위한 정치활동이 전개되었다. 즉 1946년 8월 초부터 3당(공산·신민·인민)합당공작이 본격화되었는데, 먼저 인민당이 합당을 제안하는 형식을 취했다. 그리하여 인민당에서는 8월 1일, 2일 양일간 중앙정치위원회를 거쳐 8월 3일 하오 2시, 당본부사무실에서 부위원장인 장건상(張建相) 사회 아래 중앙집행위원회를 개최하고 합당을 제의하기로 결정했다. 합당 교섭위원으로 여운형(呂運亨), 장건상, 이만규(李萬珪), 이여성(李如星), 김오성(金午星), 송을수(宋乙秀), 신철(辛鐵), 도유호(都宥浩) 등 9명을 선출하고 이들로 하여금 합당 제의문안을 작성하여 조선공산당과 신민당에 보내도록 했다.[11]

이러한 중앙집행위원회 결정에 따라 합당교섭위원들은 즉시 합당제안문을 작성하여 이를 여운형 명의로 조선공산당책임비서 박헌영과 신민당

위원장 백남운에게 당일(3일)로 발송했는데 합당 제안문 요지는 다음과 같다.

현단계의 민족적 과업은 자주독립의 완수와 민주주의국가 건설에 있다. 이는 민주주의적 세력의 강대화에 의해서만 가능하다. …… 우리는 민주주의적 건설을 현단계의 과업으로 하고 있는 이상 그 세력을 분산시키고 때로는 무용의 마찰을 가져올 수 있는 정당의 별립은 무의미하다고 생각한다. 더우기 반동배들의 이간과 모략을 분쇄하는 의미에 있어서도 우리 민주정당은 별립할 것이 아니라 한 개의 거대한 정당으로 합동되어야 한다고 인정한다. 이러한 견지에서 인민당 중앙집행위원회는 3개 당을 일대정당으로 통일할 것을 제안한다. 회답요망.[12]

이 제안을 접수한 조선공산당에서도 당의 태도를 결정하기 위해 8월 4일 하오에 당중앙사무실에서 중앙위원회를 열고 이 문제를 토의했다. 이 회의에서는 이 제안에 대해 전적인 찬성을 결의하는 동시에 인민당 중앙위원회와의 합동교섭을 즉시 개시하기로 결정하고 5일 다음과 같은 내용의 회답을 인민당에 보냈다.

북조선에서는 토지개혁, 산업국유화 등 민주주의 개혁을 통해서 노동자, 농민, 인텔리 들의 동맹이 강화되어, 신민당과 공산당이 합동하게 된 기초가 이루어졌다. 따라서 북조선의 두 정당(공산·신민)의 합동을 우리는 정당하다고 평가한다. 남조선에서도 민주주의 개혁의 실시와 완전 자주독립의 완수를 목적으로 인민당, 공산당 및 신민당을 한 당으로 합동함이 필요하고 옳다는 결론을 갖게 한 것은 민주건국을 위하여 경하하는 바이다. 공산당중앙위원회는 3당 합당에 대해 귀당의 제의를 수락하며 접수하는 동시에 합동에 대한 교섭을 개시하기를 선언한다.[13]

한편 남조선신민당 측에서도 중앙위원회를 열고 인민당으로부터의 합당제의를 토의한 뒤 원칙적으로 3당 합동제의를 찬동한다는 결정을 보았다. 그리고 8월 7일자로 인민당수 여운형에게 "현하의 국제정정이 복잡미묘한 바 있거니와 남조선의 노동자, 농민, 소시민, 인텔리 등등의 근로대중의 권익을 대표하는 공산당·인민당·신민당은 합동함으로써 민주역량을 총집결할 수 있는 것이며 민주독립을 위한 해방정치의 기동성을 한층 더 발휘할 만한 구체적 조건을 구유(具有)하게 될 것이다. 금월 3일 귀당의 3당 합동에 관한 제안문을 접수한 후 4일에 개최한 본당중앙위원회에서 신중토의한 결과 원칙적으로 찬동의 의사를 표명하게 결정된 것이며, 차에 구체화하는 교섭의 용의가 있음을 선언하는 바이다"라는 합동수락선언을 보냈다.[14]

3. 합당을 둘러싼 당의 분열

1) 조선공산당의 경우

이처럼 좌익계의 3개 정당이 합당하여 단일한 대중정당으로 된다는 것은 당시 사정으로 보아 불가피한 것이었기 때문에 각 당의 수령과 중앙위원 대부분은 이를 지지했다.

그러나 공산당의 경우를 보면 당 중진급을 비롯한 상당수가 합당반대 또는 합당문제에서 그 방법론을 둘러싸고 심한 분열이 생겼다. 즉 당시까지 박헌영 중심(콤그룹)의 당지도체제에 대해 불만과 반대입장을 취해온 '반간부파'들은 "3당합당과 같은 중요한 문제는 당중앙의 몇몇으로서가 아니라 당대회를 개최하고 당원의 의사에 따라 민주적으로 결정해야 할 성질의 것이다"라고 당대회 소집을 요구하며 반기를 들었다.

조선공산당은 해방 후 박헌영 중심의 재건위원회에서 장안파공산당을 흡수하기도 했으나, 박헌영과 콤그룹파의 포용성 없는 편협한 독선주의와 장안파의 '종파성' 때문에 당내의 통일과 단결을 이루지 못하고 있었다.[15] 더욱이 당지도부가 당대회에서 정식으로 선출된 것이 아니고 박헌영의 심복들로만 꾸려졌기 때문에 많은 간부가 이에 불만을 가지고 있었다. 그러던 차에 이들은 3당합당 문제가 제기되자 이 기회를 놓칠세라 지금까지 한 번도 열지 못했던 당대회를 개최하고 합당문제를 토의한다는 명분을 내세워 박헌영 지도체제를 대폭 개편하려 했던 것이다.

공산당 안에서 박헌영파와 의견이 대립된 대표적 인물로는 공산당중앙위원 서중석(徐重錫), 김철수(金綴洙), 강진(姜進) 등을 들 수 있다. 이들은 「합당문제에 대하여 당내 동지들에게 고함」이라는 제목으로 자기들의 주장을 밝힌 전단을 만들어 각 지방당에 보내는 한편 좌익신문인 『청년해방일보』의 호외를 통해 박헌영일파에 정면으로 도전하고 나왔다.

다음은 그 호외내용의 요지다.

작금의 내외정세는 민주진영의 근본적 재검토를 요구한다. 이것은 민주주의 각 정당의 무조건적 합동에 의하여 달성될 것이다. 그러나 이 중대한 과제는 정당한 방법에 의하여서만 성취될 것이다. 그런데 우리 당의 지도부를 장악하고 있는 관료주의적 트로츠키적 경향은 우리 당의 발전을 저해하고 분열의 위기에 몰아넣었다. 그러다가 오늘날 민주진영이 비약적 발전단계에 도달한 이때, 그들 분파주의자들은 이런 중대한 순간을 오히려 그들의 관료적 지위를 강화하고 확대하려는 수단으로 이용하려는 것이 명백하게 표명되었다. 그러면 그들은 무엇을 하였던가? 당내 분파주의자의 대표적 인물이며 원산운동 혼란의 적임자 동지 이주하(李舟河), 영등포지구의 참담한 분열도 주저하지 않는 동지 김삼룡(金三龍), 소위 국제노선설을 날조하여 조선공산당을 마치 자기의 사유(私有)같이 주장하는 동지 이현상(李鉉相) 등은 금번 합당문제를 계기로 하여 다시 그들 일파에 우당을 흡수하려는 책략을 일삼고 있다. 이것은 어디서 표현되었는가? 첫째 합당문제를 우리 당중앙위원회에 부의(附議)하기 전에 그들 일파가 전횡적(專橫的)으로 우당에 대한 교섭을 개시하고 내외적으로 표명한 데서 보여주었고, 둘째 작 4일 중앙위원회에서 관료주의자 파벌주의자를 합당교섭 및 준비위원에 첨가하지 못한다는 우리의 제안을 완강히 거부한 데서 보여주었고, 셋째 동지 박헌영은 우리 파만으로 합당공작을 수행하지 않으면 안 된다고 명백하게 선언한 데서 보여주었다. 이리하여 도래할 합동당은 그들 일파에 진횡되려는 위기에 직면하였다. 우리들은 우리의 합동을 급속히 원만하게 수행하기 위하여 최후의 안으로 동지 이주하, 동지 김삼룡, 동지 이현상을 합동교섭 및 준비위원회에서 제외하자는 것을 제의하였다. 그러나 그것까지 일축되고 말았다. 동지제군은 소속기관에서 자숙적 토론을 전개하여 제군의 태도를 표명하라. 이리하여 이 위급한 사태에 파벌주의를 청산하고 우리 민주진영에 철통 같은 단결을 가져오기 위하여 제군은 제군의 의견을 대표에게 표시하라. 우리는 제군의 의사에 의하여서만 수행할 것이다.[16]

그러나 박헌영일파는 이러한 반대파의 도전에 대하여 어떤 타협점을 찾아 해결하는 것이 아니라 당중앙위원회를 열어 그들을 반당적 이적행위로 규정하고 제명 및 정권(停權)처분을 내렸다.

즉 박헌영파는 "3당합당공작 진행을 방해하는 어떤 의견이나 행동도 절대 배격한다. 합당문제는 현단계에 가장 중요한 정치적 의의를 가지는 문제이므로 신속히 해결되어야 한다. 반대파의 주장과 같이 당대회를 열고 합당이 옳으냐 그르냐를 거기서 결정한 뒤에 할 것이라고 주장하는 것은 결국 합당을 지연 내지 방지하기 위한 것이다. 그리고 반대파는 현중앙간부와 정치노선을 부인하는 반당행위를 감행하여 우익의 손에 놀고 있어 이적행위를 하고 있기 때문에 이러한 반당분자에 대해서는 단연히 처리하지 않으면 안 된다"고 결정지었다. 그래서 첫째, 이정윤(李廷允)을 당으로부터 제명할 것, 둘째, 김철수, 서중석, 강진, 김근(金槿), 문갑송(文甲松)에 대해서는 무기정권을 결정했다.[17]

그러나 제명 또는 무기정권처분을 당한 강진 등 6인은 합당의 원칙 및 필요성 등에 대한 정당한 인식과 1년간의 당활동 결산, 그리고 북조선 민주주의적 건설에 대한 재인식 및 당지도부의 파벌분자들의 독선적 경향과 일파전제주의를 극복하기 위해서 당대회의 소집을 제창했다.[18] 이러한 박헌영일파와 반대파의 대립은 그 여파가 중앙으로부터 지방당에까지 확대되어 당은 크게 두 갈래로 분열됐다. 그리하여 '대회파'(반간부파)라는 커다란 반박헌영 세력이 형성되었다. 이처럼 3당합당을 계기로 표면화된 공산당 안의 파쟁은 '반간부파' 6인에 대한 제명 및 정권처분으로 더욱 격화된 것이다. 박헌영파로부터 정권통고를 받은 강진, 이정윤 등 대회파(반간부파) 두령들은 다음 날(1946. 8. 9) 기자회견을 열고 이를 전면 거부하는 담화를 발표했다.

> 박헌영의 정권처분 발표는 당규약은 물론 외국당의 전례에도 없는 연극이다. 오직 그들의 보수주의적 일파중심주의를 완강히 고수하려는 데 불과하다. 소위 정권이란 희극은 콤그룹의 철쇄에서 해방된 데 불과하다. 금후 콤그룹은 전당 군중에서 완전히 고립될 것이다. 소위 콤그룹 및 친우들이 당 요직을 악용하여 협소한 종파주의와 보수주의로 유래된 당사업의 마비화, 분파성을 해소치 않고 조장하는 조직경향을 반대한다. …… 어떠한 자색(自色) 편파성도 대중의 위력으로 분쇄해야 한다. …… 이러한 배타적 종파성 청산을 위하여 당 군중의 최후적 해결책으로 당대회 혹은 대표자대회를 요구한다.[19]

이와 같이 박헌영일파의 정권처분을 '희극적 처사'라고 비꼬면서 그들 일파의 자색주의 종파주의적 편향은 전체 당원들로부터 고립을 면치 못한다는 것과 당대회 소집에 대한 자기들 주장이 정당하다는 것을 강조했다.

이러한 반간부파(대회파)의 주장은 지방당들에서 큰 호응을 받았으며, 특히 경인지구의 당원들은 열성자대회준비위원회를 개최하고 박헌영일파를 비난하는 결의를 채택했다. 즉 서울, 영등포, 소사, 부평 등지의 공산당 간부들 177명은 8월 9일 부평에서 열성자대회준비위원회를 개최하고, 반간부파 6명의 성명서를 토의하고 그를 지지하는 결의를 했다.[20] 이러한 공산당 안의 파쟁에서 북한공산당은 어느 편을 지지할 것인가가 당시 당내에서도 큰 주목거리가 되었다. 그러던 차에 평양에서는 박헌영일파를 옹호하는 입장을 취함으로써 '대회파'에는 결정적으로 불리하게 되었다. 평양에서의 박헌영 지지는 곧 소련의 지지와 연결되기 때문이다.

북한에서는 북조선공산당과 신민당이 1946년 8월 28일부터 30일까지 북조선노동당으로 합당하는 창립대회가 있었는데 대회 마지막날인 8월 30일에 남한에서 진행되고 있는 3당합당공작 현황을 심의하고 대회의 입장을 밝히는 결정서를 채택했다.[21]

이 합당대회에서는 신민당(전독립동맹) 부위원장이었던 최창익(崔昌益)이 서울대회에서의 3당합당 진행과정을 구체적으로 설명하는 한편, 공산당 안에서 대회파와 박헌영파의 분열과 그로 인한 대회파에 대한 정권 처분 경위를 소상히 밝혔다. 대회에서는 최창익의 보고에 이어 토론이 전개되었는데 결국 박헌영파의 주장이 옳다는 데 의견이 모아져 다음과 같은 내용의 결정서를 채택했다.

…… 남조선에 있어서 3당의 합동사업은 비상히 지연되고 있다는 것을 지적하지 않을 수 없다. 3당의 합동을 반대하여 반동적 역량을 강화하고 3당 안에 의식적으로 반대하는 분자가 존재하며 그들은 자기의 종파적 분열적 반당행위를 일으켜서 반동파를 원조하고 있다는 것은 유감된 일이다. …… 당내의 종파적 분열행위를 일으킨 반당분자를 중앙위원회에서 제명한 남조선중앙위원회 결정은 가장 정당하다고 인정한다. 인민당·신민당도 …… 반동분자를 숙청하는 그러한 결정적 대책을 완전히 실시할 것을 우리는 믿는다. 본대회는 합동을 지연시키려는 반당분자에 대한 결정적 대책을 세우고 3당합동사업을 신속히 진행시킬 것을 남조선 3당 당원에게 호소하며 근로대중의 역량을 약화시키려는 반당분자는 조선인민의 원수라는 것을 본대회는 지적한다.[22]

이처럼 평양 측이 대회파에 대해 강경한 입장을 취한 것은 3당합동을 하루라도 빨리 성사시키자는 데 그 목적이 있었던 것 같다. 대회파의 주장인 "당대회를 먼저 소집하여 당중앙을 민주적으로 개선한 뒤 그 중앙에서 대표를 선출하여 3당합당공작을 추진시켜야 한다"는 논리는 앞서 지적한 것과 같이 당시 지방당 특히 서울 영등포 공장지구, 전북, 경남, 부산 지구 등에서도 상당수가 지지하고 있었다. 그러나 북로당합당대회에서의 대회파에 대한 결정이 있은 뒤에는 그들을 지지하고 있던 당원들이 동요하기 시작했다.

북조선노동당 창립대회에서의 남조선 3당합당에 대한 결정서 전문은 8월 30일자 『해방통신』을 통해 서울에서는 처음으로 알게 되었는데, 이로써 박헌영일파는 크게 고무되었으며 그를 지지해온 문련(文聯, 조선문화단체총연맹), 전평(全評, 조선노동조합전국평의회), 부총(婦總, 부녀총동맹), 협동조합연맹, 반팟쇼공동투쟁위원회, 재일조선인연맹, 전농(全農, 전국농민총연맹), 민청(民靑, 민주청년동맹), 반일운동구원회 등 9대 전국적 대중단체로 구성된 3대정당합동촉진위원회에서는 9월 2일 북로당 창립대회가 채택한 결정은 매우 정당한 평가라고 하면서 "3당합동을 반대하는 개인이나 분파는 행동을 즉시 정지하고 그 분파를 즉시 해체할 것을 우리 단체의 이름으로 엄중히 경고한다"라는 내용의 성명을 발표했다.[23]

그러나 대회파의 주역들인 김철수, 이정윤, 강진, 서중석, 문갑송, 김근 등 6인은 이 결정을 정면으로 반대하지 않고 오히려 자기들에게 유리한 방향으로 해석하여 박헌영에 대한 공격 자료로 이용하려 했다. 이들은 9월 3일 성명을 발표해 자기들의 태도를 다음과 같이 밝혔다.

북조선노동당 창립대회결정서 중 우리 6인에 대한 비난의 견해가 언급되었다. 우리들은 대국적 견지에서 이 결정의 정치적 의의를 충분히 이해하고 남조선문제에 대한 성의와 고충에 대하여 경의와 사의를 드린다. 누구보다도 박헌영일파는 이 결정을 숙독완미(熟讀玩味)하고 대오각성하여 먼저 이주하, 이현상, 김삼룡, 홍남표(洪南杓), 최원택(崔元澤), 이승엽, 강문석(姜文錫) 등이 퍼뜨려놓은 허언(虛言), 중상, 이간, 불신 등의 추악한 이적행위를 당장 일소시켜야 한다. …… 만일 자색주의 및 그 지지자들이 이 결정을 부끄러운 태도로 정당하게 이해하지 못하고 도리어 이것을 자색주의를 위하여 이용한다면 이 결정을 모독하는 것이 되고 더욱 혼란해질 것이다.[24]

그리고 이 성명서에서는 합당 8원칙을 다음과 같이 박헌영일파에게 제시했다. ① 3당합동은 화급히 실현되어야 한다. ② 합당은 자색주의를 청산하고 평등한 입장에서 할 것. ③ 각 당 안의 그룹 간의 합당이 돼서는 안 된다. ④ 신당의 지도부에는 각 당의 총의가 반영되어야 한다. ⑤ 신당은 푸락치적 행동을 배격해야 한다. ⑥ 신당에는 과거·현재의 투사를 모두 결집시켜야 한다. ⑦ 신당은 분파를 허용치 않는다. ⑧ 합당공작은 위로부터의 합당지도와 아래로부터의 통일이 되어 올라가야 한다.

한편 대회파는 자기들의 본래 계획대로 당대회 소집준비를 서둘렀다.

2) 조선인민당과 신민당의 경우

이러한 당내의 분열은 공산당에서뿐 아니라 인민당과 신민당 안에서도 같은 현상으로 일어났다. 인민당의 여운형은 1946년 8월 3일 공산당과 신민당이 합동할 것을 제안한 후 합동의 방법 및 원칙 등을 밝힌 바 있는데, 그는 첫째, 합동의 구체적 추진은 각당 중앙의 최종적 합의에 의한다. 그러기 위해 일정한 준비기간을 두고 각 지방단위 조직에서부터 결의를 통해 전체대표대회에서 결당을 한다. 둘째, 인민적 민주주의의 건국과업을 수행하는 단계인만큼 극소수의 반동분자를 제외한 모든 민주주의자를 성의 있게 영입해야 한다. 셋째, 당내 민주주의가 발양되어야 하며 각 당 별립 시의 협애한 기류(氣流)가 단일당에 파급되어서는 안 된다 등 민주주의적이며 합법적인 방법으로 밑으로부터 합당하는 방법을 주장했다.[25]

그런데 인민당은 공산당과 신민당으로부터 원칙적인 찬성을 얻게 된 후 구체적인 추진대책을 협의했으나 좀처럼 합당의 방법문제에서 합의를 이루지 못했다. 본래 인민당 지도부는 좌우온건파로 구성되어 있었는데 이들은 합당문제를 계기로 크게 대립됐다. 좌파는 공산당과 '무조건' 합당을, 우파는 여운형의 합당노선을 들고 나왔다. 즉 8월 16일 하오 1시부터 중앙확대위원회를 개최하고 합당문제를 토의했는데 확대위원 125명 중 99명이 참석했다. 부위원장 장건상이 의장이 되어 진행된 이 회의에서는 주로 합당의 방법문제에서 서로 엇갈린 주장으로 격렬한 논쟁이 전개됐다.

결국 합의는 보지 못했으나 48 대 31이란 좌파가 약간 우세한 방향으로 당론이 기울어졌다.[26] 이때부터 48파(좌파)와 31파(우파)라는 이름으로 불렸는데 31파는 뒤에 공산당의 대회파와 손잡게 된다.

그 뒤 인민당은 다시 하나의 당론으로 모으기 위해 27일 하오 2시부터 동당 사무실에서 당수 여운형, 부위원장 장건상, 서기장 이만규, 동차장 조한용(趙漢用), 정치국장 이여성, 사무국장 이임수(李林洙), 감찰위원장 김진우(金振宇)와 도유호, 신철, 권영호, 현우현(玄友玄) 등 중앙위원 50여 명이 참집하여 여운형의 사회 아래 중앙확대위원회를 열었다. 여운형은 며칠 전 당의 분열에 책임을 지고 사표를 낸 바 있었으며 그는 이 회의 벽두에 그 동기와 근거를 다음과 같이 밝혔다.

나는 3당합동을 우당과의 관계로 적절히 조절하며 대중의 신뢰와 지지 밑에 원만히 해결하려 했는데 …… 모든 조건을 무시하고 시급히 합동만을 주장하는 동지가 생기게 되고 …… 당의 체면과 권위를 무시하고 합당문제를 자기들 단독으로 강행하려는 옳지 못한 견해를 가진 14인의 동지가 밀회를 거듭하여 합당공작에 지장을 가져오게 한 것은 나의 통솔능력이 없다는 것이 실증된 것이므로 사표를 제출한 것이다.

이에 이어서 부위원장 장건상으로부터 "우리 당내에서 분파행동자를 제거치 않는 한 합당과 당내문제는 절대로 해결되지 않을 것이다. 선결문제는 분파행동자의 처리문제다"라고 강조하자 한 중앙위원은 "당내 혼란상태는 전집행위원이 그 책임을 완수치 못한 데 기인된 것으로 여당수에게는 조금도 책임이 없다. 우리 진영을 강력하게 재편성하여 모든 문제를 원만히 해결하는 것이 타당"하다며 위원의 총사직을 제의했다. 이에 대해서 14명을 대표한 일부 간부 측에선 "집행위원이 인책 사임할 이유는 없다. 합당 및 당내문제 등 모든 것을 여당수에게 일임하여 해결하는 것이 좋다고 생각한다"는 의견으로 맞서 이 두 의견을 중심으로 갑론을박의 논쟁 끝에 하오 9시 반께 확대위원회는 폐회되었다.27)

다음 날인 28일 하오 2시에 다시 확대위원회가 속개되어 이날도 전날 회의에서 논의된 당내 분파문제로 격렬한 논쟁이 전개되었는데 간부 총사퇴 제안 측에서는 분파행위를 감행한 위원들의 책임을 맹렬히 추궁했다. 특히 중앙위원 이걸소(李傑笑)가 "건국동맹 당시부터 이를 조직한 것도 우리요, 인민당도 우리가 지도 운영하지 않으면 안 된다. 오히려 청당파(淸黨派)가 탈당 퇴진하는 것이 지당하다"고 발언하자 일시 장내는 소란해져 하오 4시께 일단 휴회로 들어가지 않을 수 없었다. 이 공기를 완화키 위해 부총원(婦總員)의 독창까지 있었다. 다시 열린 확대위원회는 쌍방의 의견 대립으로 타협을 보지 못했는데 중앙위원 이상백(李想伯)이 분파행동자 측의 책임을 추궁하는 이미 준비된 성명서를 낭독하자, 장내 분위기는 다시 악화되어 수습할 수 없는 혼란에 빠져 자연 폐회되고 말았다. 이리하여 인민당은 3당합당문제로 크게 두 파로 분열되었다.

48파: 합당추진파로서 이기석(李基錫), 김오성, 김용암(金龍岩), 윤경철(尹敬喆), 이천진(李天鎭), 성유경(成有慶), 정윤(鄭潤), 이석구(李錫玖), 신철, 김세용(金世鎔), 도유호, 김진우, 송을수, 현우현, 오처윤(吳處允), 한일(韓鎰), 염정권(廉廷權) 등.

31파: 합당의 신중론파로서 여운형, 이만규, 조한용, 이여성, 이임수, 이정구(李貞求), 이영선(李永善), 이상백, 장건상, 황진남(黃鎭南), 김양하(金良瑕), 김일출(金一出), 강명종(姜明鍾), 손길상(孫桔湘), 홍순엽(洪淳燁) 등.28)

신민당의 경우에도 인민당과 같이 적극추진파와 신중론파로 분열되었다. 특히 신민당은 본부가 평양에 있었기 때문에 그쪽과 사전협의를 하지 않으면 안 되었다. 신민당 위원장 백남운은 당초부터 공산당의 박헌영과는 제휴를 꺼렸다. 백남운은 3당합동을 원칙적으로는 동의했으나 합동방법에서는 매우 신중한 태도를 취했다.

즉 합동은 ① 다수당(공산당)이 소수당을 병합하는 것이 아니고, ② 일당이 타당에 흡수되는 것도 아닌, ③ 민주적 협동에 의해야 하며, ④ 평등적으로 되어야 한다는 원칙을 내세웠다. 그리고 공산당과 인민당 안의 3당 합동으로 말미암은 내부 혼란이 수습될 때까지 기다리며 평양의 본부와도 연락을 취하면서 합당교섭을 해야 한다는 것이었다.[29]

그러나 신민당 안의 중진급인 정노식(鄭魯湜, 부위원장), 심운(沈雲, 조직부장), 고찬보(高贊輔, 선전부장), 구재수(具在洙, 비서실장) 등은 위원장 백남운과는 달리 적극 추진을 들고 나왔다. 이 때문에 백남운을 지지하는 각 지구당에서는 중앙위원 불신임안을 제출하는 데까지 이르렀다.

이처럼 좌익정당들은 두 조류로 크게 분열되었다. 공산당은 추진파와 대회파, 인민당은 48파와 31파, 신민당은 중앙파와 반간부파 등으로 대립되었다. 결국 좌익정당은 3당 6개파로 갈라진 것이다.

이러한 6개파 중 공산당의 추진파와 인민당의 48파, 신민당의 중앙간부파가 합동하여 남조선노동당을, 공산당 안의 대회파와 인민당의 31파, 그리고 신민당의 반간부파가 사회노동당을 결성하게 됐다.

4. 3당합당(남로당)의 결정과 반대파의 반발

북한에서 북조선공산당과 신민당이 합동하여 북조선노동당이 발족하고 (위원장 김두봉), 특히 합동대회에서 박헌영파를 지지한다는 결정서를 채택한 것은 남한의 3당합동공작에서 박헌영파를 결정적으로 유리하게 만들었다. 북한의 지지를 받은(소련의 지지와도 같은) 조선공산당의 박헌영계는 인민당의 48파와 신민당의 중앙간부파와 연일 합의한 끝에 북조선처럼 남조선노동당을 결성키로 했다. 그리하여 1946년 9월 4일 하오 6시부터 신민당 회의실에서 3당합동준비위원회 연석회의를 열었다. 이 회의에서는 각 당 대표로부터 합당에 대한 최종적 결정보고가 있는 다음, 합당결정서를 정식으로 가결하고 기초위원이 제출한 선언 및 강령(초안)도 토의했다. 그리고 이미 조직된 3당합동준비위원으로 남조선노동당 준비위원회를 구성하고, 결당준비 공작을 적극 추진키로 합의했다. 이 연석회의에서 합의된 결정서는 다음과 같다.

조선인민당·조선공산당·남조선신민당의 3당합동준비위원회 연석회의는 각 당 대표의 합동 결정에 관한 보고를 듣고 그것을 전면적으로 찬성하는 동시에 3당이 다음과 같은 선언 및 강령(초안)을 기본으로 하여 남조선노동당으로 합동할 것을 결정한다.

강령(초안)은 ① 민주주의 자주독립국가 건설, ② 정권을 인민위원회에 넘기도록 투쟁, ③ 무상몰수 무상분배의 토지정책 실시, ④ 8시간 노동제와 사회보장제 실시, ⑤ 주요 산업 국유화, ⑥ 20세 이상의 국민에게 선거권과 피선거권 부여, ⑦ 언론·결사·출판·신앙의 자유, ⑧ 남녀평등권, ⑨ 초등 의무교육 실시, ⑩ 진보적 세금제 실시, ⑪ 민족군대 조직과 의무병제 실시, ⑫ 평화애호 국가와의 친선강화 등을 담고 있는데 이 내용은 북조선노동당 강령과 거의 같다.[30]

이러한 박헌영파의 3당합동위원연석회의 결정서가 발표되자 공산당대회파는 물론 인민당·신민당의 신중론파에서 큰 반응을 일으켰다. 신당의 당수설까지 나돈 인민당 당수 여운형은 당시 서울 근교에서 정양 중에 있었는데, 5일 하오 5시 방문한 기자들에게 다음과 같이 말했다.

합당 결정의 발표가 있었다는 것은 처음 듣는 말이다. 나는 9월 1일 서울을 떠나왔기 때문에 그런 사실은 전혀 알지도 못하며, 그 경과도 듣지 못하였다. 나도 누구에게 지지 않게 화급한 합당의 필요를 주장한 사

람이다. 이러한 결정과 발표에는 무어라고 말하기 딱한 것이 있다.[31]

즉 여운형은 성급하고 무원칙한 합당결정에 부정적인 입장을 취했던 것이다. 인민당 당수직을 대행하고 있던 부위원장 장건상은 다음과 같이 합당이 인민당의 의사가 아님을 강조했다.

  1. 3당합동결정서 및 남로당 강령발표에 대해서 인민당으로서는 위원장 이하 주요 간부들은 전혀 모르는 일이다.
  2. 인민당 안에서 합당문제로 대립이 생겨 위원장이 사표를 냈으므로 이 문제가 해결되기까지는 합당문제를 일방적으로 추진시키지 않고 당내 통일을 기하고자 노력해온 중인데 아무 양해도 없이 결정 발표한 것은 이해키 곤란하다.
  3. 위원장에게 보고하기 위해 연락원을 보냈으니 지시가 오는 대로 다시 발표하겠다.[32]

그리고 9월 7일에는 여운형의 의견에 따라 인민당 명의로 합당결정에 대한 태도를 밝히는 다음과 같은 결정서를 발표했다.

인민당 안의 공산당과 내통한 일부 종파분자들이 북조선노동당 결정서를 방패삼아 고압적 폭군의 태도로써, 인민당 안에서는 여당수 이하 주요 간부들은 알지도 못하는 합당결정서를 발표했다. 3당 합당은 서로 평등한 입장에서 우당적 신의와 전당원을 포섭하는 태세에서 결정되야 할 과업임에도 불구하고 신생할 동당의 지도권을 자기 일파에서 장악하려는 심산(心算)에서 모략적 합당중앙결정서를 발표한 것은, 신의와 정치적 양심을 몰각한 행위라고 생각하고 인민당으로서는 이 결정서를 비법적인 것이라고 규정한다.[33]

즉 박헌영일파의 결정을 부정하는 당의 입장을 명백히 한 것이다.

신민당 위원장 백남운도 5일 혜화동 자택에서 기자와의 인터뷰를 통해 합당결정을 발표한다는 기미는 알고 있었으나 구체적인 것은 신문을 보고 알게 됐다고 했다. 그리고 신민당의 합당추진책으로서 ① 합당의 필요성을 이해토록 해설에 노력할 것, ② 합당시기는 양우당의 내부 통일이 되었을 때 할 것, ③ 합당준비위원회에서 합당촉진을 위한 문서를 작성할 것, ④ 양당 내부의 대립관계를 되도록 거중조정할 것이라는 종래 주장을 되풀이했다. 백남운은 또한 "보다 더 합리적인 합당공작을 추진해야 할 것인데 부지중에 너무도 조급하게 발표된 점에 있어서, 우리의 합당촉진책과는 배치되므로 나로서는 책임을 질 수 없다"고 박헌영파의 합당공작을 전면 거부했다.[34]

한편 신민당은 반간부파를 중심으로 같은 날(9월 5일) 각 지구 긴급대표자대회를 개최하고 백남운의 합당정책을 끝까지 지지한다고 다음과 같은 결의문을 채택했다.

  1. 이미 각 지구 각구당부 및 지부가 당본부에 제출한 현중앙위원 불신임안을 절대견지.
  2. 백위원장의 합당노선을 전적으로 지지하며 위원장도 모르게 일부 종파주의자 및 푸락치 분자들의 모략으로 허위 기만하여 합당을 날조한데 대하여 그 진상을 전당원 및 대중 앞에 폭로할 것.
  3. 9월 5일 발표된 3당합동준비위원회에 신민당을 참칭(僭稱)하고 참가한 소수분자의 책임을 철저히 추궁하는 동시에 그에 대한 적극적 대책 수립.
  4. 위원장 백남운씨의 사표번복을 진언할 것.
  5. 위원장에게 당대회 혹은 대표자대회의 소집을 조속히 실행할 것을 제의함.
  6. 이상의 결의를 실천하기 위하여 실행위원을 설정할 것.
  7. 이들에게는 언제라도 본대회를 소집할 권한이 있음을 부대 결의함.
    실행위원: 이장하(李章夏)·김창련(金祀練)·송형태(宋亨泰)·신동일

(申東一)·최영유(崔永裕)·변중식(邊重植)·최윤엽·문중현(文仲賢).³⁵⁾

한편 조선공산당 안의 대회파는 본래의 자기들 주장대로 당대회 소집을 준비하면서 신당 조직을 서둘렀다.

5. 사회노동당의 결성

조선공산당 대회파는 1946년 8월 말 '조선공산당대회 준비위원회'를 구성하고 그 위원장으로 윤일(尹一)을 선출했다. 그리하여 이 위원회는 3당합동의 기본원칙을 결정한 다음 9월 2일 대표 2명을 신민당(반간부파)과 인민당(31파)에 파견하여 정식으로 합당교섭을 하게 했다.³⁶⁾

대회파의 합동원칙은 첫째, 합동은 3당 당원의 전체적인 합당이 되어야 한다. 둘째, 각 당과 각 당 내부의 자색주의와 분파를 청산, 셋째, 한 개의 당이 다른 당을 흡수하고 영도하는 것이 아니라 3당이 평등한 위치에서 공평하게 합동할 것 등으로 되어 있다.³⁷⁾ 이러한 원칙은 인민당(31파)과 신민당(반간부파)의 주장과도 일치되었다. 3당합동을 위한 각 당 준비위원들은 각기 9명으로 되어 있다.³⁸⁾

공산당(대회파): 김철수·강진·김대희(金大熙)·문갑송·이영·최익한·신표성(愼杓晟)·윤일·서중석.
인민당(31파): 여운형(후에 장건상)·이여성·이만규·조한용·함봉석(咸鳳石)·이임수·송을수·이상백·홍순엽.
신민당(반간부파): 고철우(高哲宇)·이명섭(李明燮)·최성환(崔星煥)·신동일·이장하·허윤구(許允九) 외 3명.

9월 5일 박헌영파의 '3당합동준비위원연석회의'에서 '남조선노동당'으로 합동한다는 결정이 발표되자 당대회 소집위원장인 윤일은 "작 5일에 발표할 합동이라는 것은 야당과 우당의 당수 및 당내 군중의 절대다수를 배제하고 각 당 내의 소부분만이 분열적 합당을 발표한 것이다. 이것은 어느 일파가 미리부터 준비해둔 그의 자파일색으로 합동당을 구성하려는 것이다. 이러한 일은 사실에 있어서는 당 전체를 분열하는 것이며 합당을 방해하는 것이다"라고 비난하면서 종래 방침대로 합당을 추진한다는 내용의 성명을 발표했다.[39]

그런데 3당합당을 위한 양파의 공작이 한창 진행되고 있던 9월 6일 공산당 간부 이주하가 경찰에 구속되었으며 9월 7일에는 박헌영에게도 체포령이 내렸다. 이러한 검거선풍이 일어난 것은 공산당의 투쟁이 폭력화됐기 때문이다. 1946년 7월 중순 조선공산당은 '신전술'이라 하여 '피는 피로써' '테러는 테러로' '정당방위의 역공세'라는 슬로건을 내세우고 산하 단체들의 폭력과 비폭력을 병행시키는 양면전술을 전개하도록 지시한 바 있었다.

1946년 8월 중순 박헌영파는 합당문제를 계기로 당내의 강진을 비롯한 반박헌영계가 간부 개편을 목적으로 대회소집을 들고 나오자 이를 저지하는 방법으로 10월에 계획했던 이른바 '총파업'을 9월로 앞당길 것을 지시했다.

가장 중요한 3당합동문제를 시급하게 해결하자면 총파업과 같은 격렬한 투쟁은 이미 계획됐다 하더라도 일단 중지했어야 했을 것이다. 그러나 이와는 반대로 무모한 파업투쟁을 서두르게 한 것은 박헌영파의 계략이 숨어 있었다고 볼 수 있다. 즉 9월총파업을 자행함으로써 3당의 합법적·전체적·민주주의적 방법에 의한 연합을 불가능하게 만들자는 데 있었다고도 볼 수 있다. 폭력을 겸한 파업투쟁을 전개하면 좌익간부들은 더욱 지하로 들어가게 되므로 대회파의 당대회 소집은 포기하지 않을 수 없게 된다.

이렇게 되면 박헌영파도 자기들 방법으로 당 합당을 추진해 인민당과 신민당을 쉽게 흡수할 수 있다고 계산한 것이다. 또한 전국적인 총파업으로 자기들의 세력을 과시함으로써 대회파, 인민당, 신민당에 '위압'을 주어 3당합동에서 박헌영파가 주도권을 잡자는 데도 그 목적이 있었던 것 같다. '9월총파업'은 '10·1항쟁'으로 확대되었고 대회파 주장인 당대회 소집을 통한 3당합당이란 거의 불가능한 상황에 빠졌다. 그렇기 때문에 대회파는 9월총파업을 반대했을 뿐만 아니라 자기들 영향하에 있는 지방당에도 파업을 거부하라는 지시를 했다. 그리고 강진을 중심으로 한 반박헌영파는 조선공산당 중앙위원회 서기국의 이름으로 "현하 남조선 정세에 있어 군중투쟁을 폭력으로 유도하거나 혹은 지도부대로서 테러를 감행하는 것은, 우리 진영의 파괴를 유치하고 전위를 대중으로부터 고립하게 하고 국제문제를 험악하게 하는 크나큰 죄악이라고 단언합니다"라고 '10·1항쟁'을 반대하는 성명을 발표했던 것이다.

"공산당은 투쟁을 통해서만 조직이 확대 강화된다"고 공산주의 수령들은 말하고 있으나 '9월총파업'과 '10·1항쟁'을 공산당 안의 파쟁과 연결해볼 때는 이는 당의 폭력전술에 의한 정치투쟁이라기보다는 3당합동문제와 관련하여 박헌영파가 대회파세력을 견제하기 위한 파쟁 수단으로도 이용됐다고 볼 수 있다.

그런데 인민당수인 여운형은 이러한 복잡하고 어수선한 환경 속에서 9월 23일부터 30일까지 돌연 평양을 방문하게 되었는데 그 방문 목적이 무엇인가에 대해서는 아직껏 밝혀진 바는 없으나 다시 상황으로 보아 3당합동과 좌우합작에 관한 문제가 주요 협의대상이 된 것으로 추측할 수 있다. 이는 그의 기자회견에서 이 두 가지 문제에 관한 자기소신을 명확히 밝힐 수 있었다는 데서도 찾아볼 수 있다.[40]

여운형이 돌아온 후 당시 중단상태에 있었던 좌우합작위원회의 활동이 활발해졌으며 합작 7원칙에 합의를 보게 되었고[41] 3당합당에서도 새로운 진전을 가져오게 되었다. 즉 여운형과 백남운 그리고 공산당 대회파 중심의 3당이 합당결정을 보게 된 것이다. 이는 박헌영파보다 40일이나 늦은 것이 된다.

그리하여 공산당(대회파), 인민당, 신민당의 합당교섭위원 27명은 10월 16일 상오 11시 서울대학병원 이내과 7호실(여운형 입원실)에 모여서 3당합당문제를 토의한 후 '사회노동당'을 결성키로 하고 같은 날 다음과 같은 결정서와 강령(초안)을 발표했다.

다음은 3당합동결정서의 요지다.

  1. 강화된 반동 공세를 분쇄하고 민주독립을 달성하기 위하여 근로인민대중은 단일한 체계와 통일된 지도 아래 단결해야 한다.

  2. 3당은 투쟁목표와 그 방법의 공통성을 이해한다.

  3. 3당의 분립은 지도체계의 혼란과 역량분산, 당파의식의 조장, 정력낭비를 가져온다.

  4. 반동진영의 공세에 대하여 거족적 단결과 투쟁을 요청한다. 3당합당은 광범한 민주적 통일의 기초가 된다.

  5. 3당은 애국자들의 집결체이다. 이러한 인적 구성의 전체가 신당으로 융합한 것을 엄숙히 선언한다.

  1946년 10월 15일 인민당 위원장 여운형, 남조선신민당 위원장 백남운, 조선공산당 책임비서 강진.[42]

이 결정서에 강진이 공산당의 책임비서로 되어 있는 것은 3당합동을 앞두고 대회파 중심인 약식 당대회를 비공식적으로 개최했는데 이때 강진을 임시 책임비서로 뽑았다는 설이 있다.

사회노동당 강령(초안)은 ① 조선민주공화국 건설을 과업으로 한다. ② 정권형태는 인민위원회, ③ 20세 이상 선거권 부여, ④ 언론·출판·신앙 등의 자유, ⑤ 반민주주의단체 해체, ⑥ 일제악법 철폐, ⑦ 누진제세 실시, ⑧ 무상몰수 무상분배의 토지개혁, ⑨ 중요산업의 국유화, ⑩ 무역의 국영, ⑪ 민족산업의 부흥과 근로자의 생활향상, ⑫ 8시간 노동제 실시, ⑬ 적산주택 국유화, ⑭ 남녀평등권법령 실시, ⑮ 민족문화 발전, ⑯ 의무교육실시, ⑰ 보건·후생의 국가관리, ⑱ 국방군 조직과 의용병제 실시, ⑲ 평화애호 국가와의 단결강화 등 모두 19개항으로 되어 있다.

이러한 사로당의 강령(초안)은 남로당의 그것과 같은 것으로서 전혀 차

이를 찾아볼 수가 없다. 차이가 있다면 강령 제1항인 투쟁과업 규정에서 남로당은 '조선민주주의인민공화국'인 데 반해 사로당은 '인민'을 뺀 '조선민주공화국'으로 규정한 점이다. 이렇게 하여 공산당의 대회파와 인민당의 31파, 그리고 신민당의 반간부파가 합동하여 사회노동당을 결성하게 되어 좌익진영은 남로계와 사로계로 크게 분열되었다.

사회노동당 출현에 대해 박헌영파에서 가만히 있을 리 없었다. 이들은 사로당 조직이 이적행위니 반역행위니 민중기만이니 현혹이니 하면서 공박하고 나섰다.[43]

남조선노동당 준비위원회: ① 사로당 창립결정은 인민당 안의 우경파인 31인 측과 신민당에서 제외당한 분자와 공산당 안의 반당분자 등 소수분자의 야합이며, 이는 적이 갈망하는 우리 민주진영의 파괴분열이고, 민주개혁에 대한 반역이다. ② 방금 전개되고 있는 인민의 투쟁(10·1항쟁)을 방관 압살하고 반동세력과 군정에 굴복하는 것과 같다. ③ 이들은 기회주의자로서 '합법적 활동'을 주장한 자들이다.

조선공산당 서기국(박헌영파): 사로당 결성을 발표한 것이야말로 근로인민에 대한 막대한 죄악으로서 인민대중은 이를 배격할 것이다. 그들은 입으로는 합당을 찬성하면서도 합법만을 주장하여 우리 진영의 무장해제를 기도했다. 당명을 도용 참칭하여 마치 우리 당의 행동인 것처럼 민중을 기만하고 현혹하려 하나 인민은 속지 않을 것이다.

조선인민당: 인민당 31인 측 위원은 공산당(대회파)과 제휴하여 합당을 방해하고 당명을 도용하여 당규를 파괴하고 당강령을 왜곡하는 해당행위를 감행해오다가 이제 그 가면을 벗고 사로당을 조직했다. 이에 우리는 동지애의 애상을 일절 물리치고 혁명수행을 위하여 이들 반동분자들을 당규에 의해 철저히 숙청할 것을 결정했다.

민전: 3당 내부의 일부 분자들은 끝내 분열행동을 취하는 이적행위를 감행하였을 뿐 아니라 반동적 입법기관 설치에 찬동하고 있다. 진정한 인민적 3당합동이 미구에 실현될 것을 믿고 기대한다.

그밖에 전평, 전농, 부총, 민청, 협동조합, 반일구원, 반팟쇼, 재일조선인 연맹, 과학·문학·영화·연극·음악·미술·법학자 동맹 등은 사로당을 관제합당이라고 지적하고 다음과 같은 내용의 성명을 발표했다.

…… 한 사람의 근로인민일지라도 좌익을 가장한 반동의 새로운 주구들에게 기만당하지 않기 위하여 우리는 모든 분야에서 관제 사로당의 가면을 벗겨갈 것이다. 이들은 남로당의 거대한 건군과 인민들의 투쟁에 의하여 파괴의 운명에 봉착하리라는 것은 의심할 바 없다.[44]

이처럼 사회노동당으로 합당이 결정됨으로써 좌익 3개 정당은 남로당과 사로당으로 분열된 결과가 되며 서로 상대방을 비방하고 그를 인정하지 않는다는 강력한 입장들을 취하게 되었는데, 사로당 결당이 끝난 직후인 18일 신민당 위원장 백남운은 평양을 방문하게 되었으며, 이와 때를 같이하여 반백남운파인 중앙간부파에서는 허헌을 신민당에 입당시키면서 그를 당수로 추대하게 되었다.[45] 이러한 백남운의 평양행과 허헌의 당수추대에 대해 양파에서는 상반된 담화를 발표하는 등 이를 계기로 신민당 내부의 갈등은 보다 심각한 국면으로 접어들게 되었다. 양파의 주장들은 다음과 같은 상반된 것이었다. 중앙간부파에서는 10월 21일 기자회견을 통해 "백남운은 이른바 원만한 합당이라는 구실하에서 합당을 천연(遷延) 내지 불가능하게 하는 것은 불가하다는 당본부의 지시를 불복하고 개인 행동을 하며 나아가서는 당을 분열시키는 행동을 하므로, 인하여 지난 9월 22일 권고사직을 시켰으나 사로당을 만드는 데 참가하여 민주진영을 분열하는 정치적 착오를 범한 것으로 인하여 당중앙에서 평양으로 소환하여 가게 되었다. 따라서 민족과 인민을 위하여 일생을 분투한 허헌에게 위원장으로 취임하기를 수차 교섭한 결과 승낙을 받게 된 것을 영광으로 생각한다"라고 백남운을 본부에서 소환한 것으로 발표했다.

그러나 이러한 중앙간부파의 주장과 달리 백남운파인 선전부장 허윤구는 22일 "허씨 입당설과 백위원장 평양소환설 등등에 각종 모략과 허수선전이 유포되고 있으나, 첫째 허헌이라는 당원은 우리 당에는 없고 따라서 위원장 취임 운운은 가소로운 일이다. 백위원장은 전번 대표자대회가 선정한 사문위원회(査問委員會)에서 결정된 방대한 사문서류와 10월 5일에 결정한 합당, 즉 사회노동당의 영예로운 발전 등에 대하여 정치적으로 고려하는 바 있어 수일 전 북조선에 향발하였다"라고 허헌의 위원장 취임을 가소로운 것으로 이를 부정하면서 백남운의 평양행을 본부로부터의 소환이 아니라 당내부 사정과 사로당으로의 합당 등에 대한 협의차 방문한 것으로 주장했다.[46]

그런데 남조선신민당은 본래 평양의 독립동맹의 지부격으로 발족된 것으로 북의 신민당과는 주종관계를 이루고 있던 것이다. 따라서 3당합당과 같은 중요한 문제에 대해서 백남운도 밝힌 바와 같이 당연히 평양본부의 지시와 합의가 있어야 하는 것이다. 그의 평양행은 본부로부터의 소환이냐, 아니면 자진방문이냐 등으로 구분한다는 것은 별 의미가 없는 것이다. 이는 서로 비난과 그를 해명하는 용어상의 장난에 불과한 것이다.

한편 이 당시 조공의 대회파 책임자인 강진도 평양을 방문했다는 설이 있었다.[47] 이처럼 남로당계가 공격하고 백남운, 강진 등 사로당계 두 지도자가 평양을 방문하는 등 매우 곤욕스러운 여건하에서도 사회노동당 준비위원회에서는 자기 계열의 조직들을 정비 강화해나가면서 11월 1일에는 3당 연합중앙위원회를 개최하고 사회노동당 임시 중앙위원과 감찰위원을 선출했다.

중앙위원은 다음과 같은 면면으로 95명, 위원장에 여운형, 부위원장에 백남운, 강진을 뽑았다. 여운형, 백남운, 강진, 장건상, 윤일, 고철우, 김대희, 김근, 이만규, 문갑송, 이우적(李友狄), 강병도(姜炳度), 이영, 최익한, 이여성, 조한용, 구소현(具小鉉), 이정윤, 정백, 이임수, 김철수, 신표성, 이은우(李殷雨), 최성한, 최백근(崔百根), 고명자(高明子), 성대경(成大慶), 고경흠(高景欽), 한종식(韓宗植), 최홍렬(崔鴻烈), 신동일, 허윤구, 김명진(金明鎭), 함봉석, 이영선 등.[48]

그러나 남로당 준비위원회 위원장이기도 한 여운형은 이 자리에 참석하지 않았다. 여운형은 누구보다도 공산당 안의 박헌영파와 기타 분파의 존재를 의식하면서도 '원만한 좌익의 단합'을 위해 노력한 것 같다. 두 개의 노동당 준비위원장으로 있으면서 무슨 방법을 쓰더라도 하나의 대중정당으로 합동시키려 했다. 그는 북한에서 8월 30일 북조선공산당과 신민당이 합동하여 북조선노동당을 결성하고 남한에서 3당합당이 단시일에 실현되도록, 박헌영파의 무조건 합당론을 지지했다는 사실을 고려하지 않을 수 없었다. 또한 9월 하순 평양방문 시에도 북로당 측으로부터 3당합당으로 인한 당내 분열을 종식하고 조속한 시일 내에 원만히 해결되도록 하는 간곡한 종용이 있었던 것으로 보인다. 이는 백남운의 경우도 같은 것이었다고 볼 수가 있다. 따라서 이들 두 지도자는 사로당 임시 중앙위원회가 구성된 후 11월 5일 백남운은 여운형을 방문하고 북조선 정세와 사로당 문제에 대해 그리고 남로당과의 합동에 대해 장시간 논의했던 것이다.[49] 그리하여 여운형과 백남운은 사로당을 해체하는 경우가 있더라도 단일정당화를 실현하려 했다. 특히 여운형은 3당합당을 처음으로 제의한 당사자인 동시에 그를 실현하는 과정에서 항상 주도적 위치에 있었기 때문에 두 개의 노동당이 합쳐서 단일화하는 것을 누구보다도 바라는 입장이었다. 양당이 합치는 데는 이미 북로당에서 인정받고 있는 남로당에 사로당이 합동하는 형식을 취하게 했다.

여운형은 11월 7일 남로당에 대해 무조건 합동을 제의하게 되었는데 이러한 제의에 대해 남로당 측의 이승엽은 사로당의 해체만을 고집했다.[50] 또한 11월 12일 상오 11시 인민당 회의실에서 백남운과 위원 90여 명이 참가한 가운데 사회노동당 중앙위원회가 열렸는데 이 회의에서 여운형은 만일의 경우에는 사로당을 해체하고 남로당에 합류할 용의를 가지고 재교섭에 대하여 토의하자는 제의를 하고 남로당 측과의 합동 방안을 다음과 같은 세 가지로 제안했다. 첫째, 민주역량을 총집결하기 위하여 사로당을 해체함으로써 남로당과 합동할 것. 둘째, 합동교섭위원을 선출하여 남로당과의 합동을 재교섭할 것. 셋째, 그렇지 않으면 기정 방침대로 나갈 것. 이러한 제안에 대해 회의에서는 위원들 간에 의견이 비등했는데 결국 둘째

안을 가결시키고 교섭위원으로 여운형, 백남운, 윤일 등을 선출하여 다시 합동교섭을 하기로 했다.[51] 그리고 16일에는 사로당 측에서 남로당에 재차 무조건 합동하자는 내용의 서한을 보냈다.[52]

그러나 남로계에서는 이러한 사로계의 합동제안을 끝내 거절하고 분열된 상태에서 남조선노동당 결당식(結黨式)을 계획대로 감행했다. 여운형은 마지막으로 남로당 결당식에 참석한 대의원들에게 사로당 위원장 자격으로 좌익진영의 무조건 통일을 강조하는 메시지를 보냈었다.[53]

이러한 합당문제를 둘러싼 좌익진영의 내분과 '10·1항쟁'이 치열하게 전개되고 있던 10월 초순에 박헌영은 체포령을 구실삼아 경기도당 조직부장인 서득언의 길 안내로 강원도 홍천(洪川)을 거쳐 월북했다. 이보다 앞서 이강국(李康國)도 개성까지 가서 최만용의 안내로 월북했다. 당시 공산당원과 '10·1항쟁'에 가담하고 있던 좌익들은 박헌영이 서울에서 자기들의 '투쟁'을 지도하고 있는 것으로 알고 있었다. 그러나 '10·1항쟁'과 당 합당의 결말도 짓지 않고 북으로 도피했다는 것은 당을 책임진 입장에서 옳은 행위라고는 볼 수 없는 것이다.

6. 남로당의 결당

여운형을 비롯한 백남운 등 사로당 측의 수차례에 걸친 합동제의를 끝내 거부해온 박헌영계에서는 1946년 11월 23일, 24일 서울 견지동 시천교당에서 남로당 결당식을 하게 되었다. 첫날 모임은 23일 하오 2시 하지 중장을 대리한 범펠러 소좌와 허헌, 김원봉 등과 대의원 627명 중 558명이 참석한 가운데 이걸소(인민당계)의 사회로 시작됐다. 대회는「애국가」「해방의 노래」제창과 자격심사 보고에 이어 허헌의 개회사가 있었다. 허헌은 근로인민의 역량을 집결하고 좌익진영이 통일을 강화하여 반동세력을 분쇄하고 조국의 민주독립을 쟁취할 수 있는 강력한 정당을 창건할 것을 역설했다. 계속해서 임시집행부 선거에 들어가 여운형(불참), 허헌, 이승엽,

이기석, 정노식, 이석구, 구재수, 최원태, 유영준(劉英俊), 김형선(金炯善), 김광수(金光洙), 안기성(安基成), 김상철(金相喆), 정칠성(丁七星) 등 14명을 의장으로 뽑았다.

대회는 회순에 따라 이기석으로부터 합당경과에 대한 보고를 들은 다음 강령 규약을 만장일치로 가결하고, 중앙위원 및 중앙감찰위원회 선출은 긴급동의를 받아들여 허헌 외 4명의 의장에게 일임하기로 결정했다. 다음은 합당 경위에 대한 보고 요지다.

국제 국내 모든 정세는 민주세력의 단결을 무조건적으로 요청하여, 남조선 3대 민주정당의 합당운동이 시작되었다. 즉 지난 8월 6일 조선인민당에서는 합당에 대한 제안을 조선공산당과 남조선신민당에 보내어 동월 8일에 조선공산당에서, 동월 9일에는 남조선신민당에서 각각 동의를 얻게 되었다. 이와 동시에 각 당에서는 합당준비위원 9명씩을 선임하여 합당사업을 일임했다. 이래 3당합당준비위원은 5차에 걸쳐 연석회의를 열어 구체적 수행방침을 토의한 후 9월 4일에 정식으로 남조선노동당 중앙위원회를 결성하고 선언강령 규약초안을 결정했다. 이 강령 규약초안에 준하여 각 도·시·군에 합당준비위원회를 구성하고 하부세포로부터 합당을 추진하기 시작했다. 그러나 때마침 남조선 전역에 뻗친 인민투쟁에 대한 탄압과 당내 옳지 못한 분자의 합당공작 방해로 인하여 조직상 지장이 많았으나 전당원은 이 모든 악조건을 극복하고 합당운동에 매진하여 군합당과 도합당이 예기(豫期)대로 성공하게 된 것이다. 이에 남조선노동당 결당대회를 개최하여서 근로인민의 유일 최대한 정당이 발족하게 된 것은 민주건국을 위하여 실로 경하하여 마지않는 바이다.

회의에서는 구재수의 국내외 정치정세 보고가 있었고 여운형의 축사를 조한용이 대독했다. 그리고 민전을 대표하여 동사무국장 박문규(朴文圭)의 축사(이강국 월북으로)를 끝으로 첫날 모임은 끝났다.[54]

둘째 날 모임은 24일 상오 11시부터 같은 장소인 시천교당에서 속개되었는데 전날에 이어 축사가 계속됐다.

중앙인민위원회 김계림(金桂林): 우리는 전인민을 대표하여 남로당의 발족을 축하한다. 조선의 급속한 자주독립은 정권을 인민에 즉시 이양하는 데서 가능하다.
전농 현동욱(玄東旭): 남로당만이 농민의 해방을 얻어줄 수 있기 때문에 농민은 열렬히 남로당을 지지한다.
민청 조희영(趙喜英): 백만의 우리 민청원은 남로당을 지지하고 인민의 전위에서 싸우겠다.
재일조선인연맹 김정홍(金正洪): 인민의 참다운 행복을 줄 수 있는 정의의 당에 60만 재일동포는 쌍수를 들고 그 발전을 축하한다.

이러한 축사들이 있은 다음 사로당계의 서울 영등포 15공장 당대표가 "우리 영등포 각 공장 열성자 일동은 사회노동당 해체를 주장하고 남로당의 옳은 노선에 통일한다"는 결의문을 낭독하자 장내는 박수의 선풍을 일으켰다. 대회는 대의원 이경희(李敬姬)의 "미소공동위원회에 메시지를 보내자"는 긴급 동의가 있어 이를 채택하고 9개 사회문화단체를 대표한 박찬모(朴贊模)의 남로당에 대한 충성의 맹세선언과 오장환(吳章煥)의 시낭독을 들었다.
이때에 북조선노동당 중앙위원회에서 보내온 메시지를 최원택이 낭독하자 박수와 함성이 나왔다. 이어 이 메시지의 회답과 '남조선 인민봉기'(10·1항쟁) 성원에 대한 감사 메시지를 북로당에 보내자는 등의 긴급동의를 가결했다.
끝으로 대회는 「애국가」「해방의 노래」 합창과 허헌의 선창으로 남조선노동당, 북조선노동당, 미소공위 속개 조선민주주의 임시정부수립 만세 등을 삼창하자, 어떤 대의원이 단상에 뛰어올라 "우리의 위대한 지도자 박헌영 동지는 지금 어디 있느냐"고 호소한 다음 "박헌영 만세""허헌 만세"를

외치자 대의원들도 이에 호응했다. 12시 30분 폐회가 선언됨으로써 이틀 동안의 결당식은 끝났다.55)

북조선노동당 중앙위원회에서 남로당 결성대회에 보내온 메시지의 요지는 다음과 같다.

> 남로당과 북로당은 인민의 지탄이 되어 적들을 소멸하여 민주독립 조선의 촉성을 보장하는 것이다. 적들의 어떠한 파괴 음모와 악독한 정책도 동무들의 강철 같은 단결로써 타도될 것으로 확신하는 우리 북조선노동당은 동무들의 과감한 전투력과 견고한 투쟁의지를 굳게 믿는다. 조선 민족의 독립과 부강한 민주국가 건설을 위하여 공동으로 강력한 투쟁이 있을 것을 약속한다. 북조선노동당은 동무들의 승리가 빨리 올 것을 믿으며 숭고하고 열렬한 동지적인 축하를 보낸다.56)

이러한 북로당의 메시지는 사로당을 반대하고 남로당의 결당만을 지지한 것으로 볼 수 있으며, 따라서 사로당 측으로서는 분열의 책임이 남로당 측에 있으며 자기들은 합동을 위해 꾸준히 노력해왔다는 것과 앞으로의 당의 태도에 대해 명백히 밝힐 필요가 있었다.

그리하여 남로당 결당이 끝난 다음 날인 11월 25일 사로당 선전부에서는 다음과 같은 요지의 합당교섭 전말을 발표했다.

> 1. 민주적 3당합당의 실현사업은 남조선에 있어서는 남조선 민주진영 내외의 특수성에 의하여 북조선과는 특이한 형태로서 진행되면서 아직 완성되지 못하고 있다. 사로당과 남로당과의 분립의 사실이 그것을 말하고 있다.
> 2. 우리는 3당합당의 역사적 지상명령을 기어이 완성하기 위하여 3당합당의 일과정적(一過程的) 형태인 사로당과 남로당의 무조건 즉시 합당을 3차에 거듭하여 남로당에 제의하였다. 그들은 모두 무답의 형식으로써 거절하였는데 마지막의 메시지는 남로당결성대회장 입구에서 거

절되었다.

3. 남로당 내의 지도부의 일부는 민주진영의 분열의 책임을 전적으로 져야 할 것이다. 우리 당은 금후 남로당 내의 양심적인 군중에 호소하면서 그 파쟁 교사자(敎唆者)에 대하여서는 그들이 계몽 회오(悔悟)될 때까지 단호한 태도로써 그들을 공격하고 폭로할 의무를 우리는 느끼지 않을 수 없는 것이다.[57]

남로당 중앙본부는 결당식이 끝난 뒤 12월 10일 3일 합동준비위원연석회의를 개최하고 중앙위원 29명, 중앙감찰위원 12명을 선출하고 위원장 허헌(신민당), 부위원장 박헌영(공산당), 이기석(인민당) 등 각 당에서 1명씩을 뽑았다.

중앙위원(공산당 14명, 인민당 9명, 신민당 6명): 박헌영, 이기석, 이승엽, 구재수, 김삼룡, 김용암, 강문석, 유영준, 이현상, 고찬보, 김오성, 송을수, 윤경철, 이재우(李載雨), 김상혁, 김영재(金永才), 김계림, 김광수, 정노식, 성유경, 정윤, 김진우, 현우현, 홍남표, 박문규, 이주하, 김태준(金台俊), 허성택, 허헌.

중앙감찰위원(공산당 6명, 인민당 4명, 신민당 2명): 최원택(위원장), 김형선(부위원장), 이석구(부위원장), 윤일주(尹一柱), 홍덕유(洪悳裕), 오영(吳英), 이영욱(李英旭), 홍성우(洪誠宇), 이정모(李正模), 한영욱, 남경훈 외 1명.[58]

이상 남로당 중앙간부의 구성을 보면 공산당·인민당·신민당계의 인물들을 적당히 안배한 것처럼 보인다. 그러나 이들은 모두 공산당 내의 박헌영파와 신민당·인민당 내의 공산주의자 또는 좌파들이었다. 그렇기 때문에 각계각층을 포용할 수 있는 대중정당으로서의 면모를 찾아볼 수 없었다. 즉 공산당의 명칭을 남로당으로 바꾼 데 불과하다는 인상을 주었다.

남로당 결성대회는 미군정 허가하에 개최된 합법적인 대회였기 때문에 경찰의 보호를 받을 수 있었다. 그러나 대회 2일째인 24일 12시 30분께 대회를 마친 대의원들이 스크럼을 짜고 「해방의 노래」를 부르면서 모두 퇴장하는 순간 대회장 서기부석에서 수류탄이 폭발했다. 그 자리에서는 수명의 기자들이 기사를 정리하고 있었는데 조선통신사와 합동통신사 기자가 부상을 입었다. 이때의 수류탄이 미제라는 것이 알려지자 좌익에서는 수사 당국에 강경한 항의와 결의문을 제출했다.[59]

7. 사로당의 해체

1946년 11월 23일 남조선노동당 경성대회를 전후해서 사회노동당 안에는 큰 변화가 생겼다. 사로당의 중요기반이었던 서울 영등포지구는 물론, 일부 중앙위원들까지도 사로당을 탈당하고 남로당에 가입한 것이다. 이는 '과거를 반성(자기비판)만 하면 포용하겠다'는 남로당 측의 포섭 공작과 11월 16일 북로당에서 사로당을 부정하는 결정이 있었기 때문이다. 북조선노동당 중앙위원회에서 결정한 사회노동당에 관한 결정서를 11월 26일 남로당 선전부에서 발표했는데 그 내용은 다음과 같다.

  1. 박헌영을 중심으로 한 남조선공산당의 정치노선이 가장 정당한 노선임을 시인하며 이를 절대 지지한다. 당내에서 좌익기회주의 요소들이 사회노동당을 형성하기까지에 이른 것은 적의 반동정책에 발맞추어준 중대한 범죄라는 것을 지적한다.
  2. 북로당은 강진, 백남운 등 분자들은 좌익정당의 분열을 조장한 것이며 또한 민족반역자 진영을 방조한 행동이라는 것을 지적한다.
  3. 북로당은 박헌영을 수위로 한 남조선공산당과 좌익정당들이 남조선노동당을 창설하려는 사업행정을 전체적으로 지지하며 사로당은 우리와 하등의 공통성이 없다는 것을 인정한다.[60]

이러한 북로당 중앙위원회의 결정은 사로당원들을 크게 동요시켰다. 사로당을 탈퇴하는가 하면 '자기비판'을 통해 남로당에 입당하는 당간부들이 속출하게 됐다. 대회파의 주동인물(6명 중 한 사람)이며 박헌영으로부터 정권처분을 받은 바 있는 서중석은 11월 20일 다음과 같은 내용의 '자기비판'을 하고 남로당 결당식에 참가했다.

> 3당합당이란 각 당이 해체한 뒤의 개인 합당이 아닌 이상 공산당원은 공산당이 규정한 합당노선, 즉 남로당노선뿐이다. 이러한 명백한 노선이 제시되었음에도 불구하고 이러니저러니 하는 이유와 방법을 가지고 책임자의 한 사람인만치 정치적 행동을 같이하였던 동지들에게 한층 더 책임감을 통절히 느껴 마지않으며 급속한 당노선으로 귀결될 것을 종용하는 바이다.[61]

사회노동당의 위원장으로 선출되었던 여운형은 취임도 하지 않고 있다가, 12월 4일 「좌우합작·합당공작을 단념하면서」라는 일종의 자기비판서를 발표했다.

> 좌익 3당합동문제가 제기된 이래 지도층의 경험부족과 기술빈곤으로 일어난 오해와 충돌은 결국 좌익진영에 커다란 분열을 초래했으니, 이에 관해 누구보다도 내 자신이 그 책임을 느끼게 되어 남로·사로 양당의 무조건 통일을 주장했으나 성공치 못하고, 최후로는 사로를 해체하고 남로에 통일하기를 간청했으나 이것마저 실패하고 말았다. 합동운동은 전민족통일을 의도함이요 좌익합당을 단일화하려 함이다. 그러나 현상은 근본의도와는 정반대의 방향으로 나가고 있다. 이러한 국면을 타개치 못한다면 우리의 전도는 실로 암흑이다. 이러한 난국에 처하여 역량 없고 과오 많은 내가 이 중임을 지려다가 일보도 전진 못 하고 넘어져서 이를 그르치는 것보다 차라리 민중 앞에 사죄하며 이 중책에서 물러감이 옳다고 생각한다. …… 이것은 내가 혁명전선에서 이탈하는 것이 아니라 지도자의 자리에서 내려서는 것이요 나의 여생을 민주진영의

한 병졸(兵卒)로서 건국사업에 바칠 것을 맹세한다.[62]

또한 사로당 부위원장인 백남운도 12월 7일 "남로·사로 양당의 통일 합동을 주장하여왔으나 그를 실현시키지 못했다. …… 그 책임을 자인할 뿐 아니라 덕력의 부족을 자괴하는 동시에 …… 정당관계를 떠나 인민의 벗으로 서서 제의 본업을 다시 계속하려 한다"는 성명을 발표하고 정계에서 은퇴한다는 것을 밝혔다.[63] 계속해서 12월 11일 전인민당 31파의 김양하, 황진남 등 사회노동당 중앙위원 11명은 "임시중앙위 구성으로 발족한 사로당이 당초에 표방한 대중정당으로서 계급적 편향성을 지양한다는 것이 오히려 파쟁을 첨예화시켰다. 그렇기 때문에 여운형이 지도하는 인민당에 다시 복귀하겠다"는 성명을 발표하고 사로당을 탈당했다. 이들 11명은 김양하, 이상백, 김진우, 이제황(李濟晃), 김일률, 이영선, 신기언(申基彦), 김진기(金鎭璂), 함기원(咸基元), 황진남, 강창제(姜昌濟) 등이다.[64]

한편 사로당은 이러한 당내의 동요와 관련 12월 25일 중앙위원회를 개최하여 당의 진로, 특히 남로당과의 합당문제를 가지고 다시 토의를 하게 되었다. 3시간 이상 토의가 진행되었는데 강진, 이우적, 강병도 등 당의 해체를 주장하는 측과 김대희, 고철우 등 추진을 역설하는 측과의 사이에 격렬한 논쟁이 전개되었으나, 결국 다수결로 당의 태도를 결정하게 되어 18 대 13으로(기권 2명) 당추진 측이 우세했다. 따라서 당을 끝까지 존속시키기로 결정을 본 것이다.

그런데 해당을 주장한 것은 강진을 비롯한 대부분 조공 대회파였다.[65] 해방 후 장안파공산당의 당수이며 대회파의 간부인 이영이 1947년 1월 1일 자기비판을 한 후 탈당했다.[66] 1월 6일에는 사로당을 해체하고 남로당에 무조건 합동해야 한다는 것을 주장했던 사로당 중앙위원 20명이 "모든 좌익요소는 남로당으로 집중되며 그것을 확대 강화하는 것만이 우리 동지들의 임무이다"라는 탈당성명을 발표했다. 이들은 다음과 같다.

사로당 중앙위원: 강병도, 이우적, 주진원(朱鎭源), 권유근(權遺根),

반상규(潘象圭), 정희영, 최학, 하필원(河弼源), 신용우(申用雨), 백원흠(白元欽), 윤희보(尹熙普), 온낙중(溫樂中), 안학윤(安鶴允), 채백수(蔡白水), 이명수(李明壽), 박봉연(朴鳳然), 이은우, 문중현.

동후보위원: 박봉우(朴鳳遇), 황경원(黃慶源).[67]

사로당의 부위원장이며 대회파의 두목인 강진이 1월 28일 탈퇴성명을 발표함으로써 사로당은 드디어 해체의 운명에 놓이게 됐다. 강진은 성명에서 "…… 1946년 12월 하순 사로당을 해체하고 남로당에 집결할 것을 주장했으나 관철되지 못했다. 일반 당원은 남로당에 합류되었고 또 마땅히 합류되어야 할 것이다. 대회파를 중심으로 한 공산당체계는 해소되어야 한다"라고 밝히면서 사로당을 탈퇴한 것이다.[68]

이상과 같이 사로당은 중앙간부를 비롯한 수많은 중앙위원이 탈퇴하게 되었다. 1947년 2월 27일 사로당은 제1회 전국대회를 개최하고 당내문제를 토의하게 되었는데 이 대회는 당의 새로운 방향모색보다는 해체를 목적하고 열린 회의였다. 대회는 시천교당에서 대의원 378명(578명 중)의 참가하에 열렸는데 오후 회의에 들어가서 대의원들의 긴급제의에 의해 사로당의 '발전적 해체'를 만장일치로 가결했다.

그리고 이 대회의 이름으로 북조선노동당에 보내는 메시지와 좌익진영 분열에 대한 자기비판, 삼상결정에 대한 결의문을 가결하고 하오 4시 30분에 폐회했다. 다음은 사로당 해체결정서 요지다.

여운형의 보고와 대의원들의 토론을 기초로 본대회는 좌와 여히 결정함.
1. 사로당은 현조직체를 가지고는 우리의 정치노선을 실천할 수 없다.
2. 민주진영의 재정비 강화를 도모하기 위하여 발전적 해소를 선언함과 동시에 모든 문제를 본대회에서 선출한 5인의 위원(정백, 고철우, 함영록, 김대희, 서병인)과 여운형, 백남운 양인에게 일임키로 함.[69]

이로써 사로당은 해체되었으나 이들 중 대부분은 여운형을 중심으로 한 신당조직에 착수하게 되었다.

8. 근로인민당의 창건

1946년 11월 23일 3당이 합동하여 새로 발족한 남조선노동당은 1947년에 접어들면서 조직체계를 '정비 강화'하는 한편 합당문제로 분열 끝에 만들어진 사회노동당을 내부로부터 와해시키고 그 성원들을 동당에 흡수하는 데 주력했다. 한편 1947년 1월 15일에는 남로당 창건 경축대회라는 것을 열었다. 전평, 전농, 부총, 민청, 협동조합, 문련 등 9개 외곽단체 주최로 서울 경운동 천도교당에서 열린 이 경축대회에서는 민전을 대표하여 성주식(成周寔)이 남로당을 찬양하는 개회사를 했고 부총위원장 유영준과 9개 사회단체를 대표한 김남천(金南天)이 축하문을 낭독했다. 그리고 시인 이병철(李秉喆)은 남로당을 상징한 '차돌이'라는 장시를 낭독하기도 했다. 또 남로당 위원장 허헌의 "박헌영의 체포령을 철회할 것을 당국에 건의하자"는 긴급동의가 있어 이를 박수로써 가결하고 노동자·농민 대표의 축사가 있은 다음 농악을 비롯한 간단한 연예공연을 끝으로 축하대회는 하오 4시에 철회됐다.70) 이러한 축하대회를 연 것은 당시 위축됐던 남로당원들의 '사기'를 높여주며 동시에 남로당은 완전한 '합법적 정당'이라는 것을 내외에 과시하자는 것이었다.

한편 남로당은 3개 정당이 하나로 통합되었기 때문에 민주주의민족전선(민전)의 조직(간부)도 새로 개편하지 않으면 안 되었다. 그리하여 1월 29일, 30일 이틀 동안에 걸쳐 민전 확대중앙위원회를 천도교당에서 열었다. 이 회의에는 중앙대표 229명과 각 도·시·군 대표 218명 모두 447명의 대의원이 참석했는데 천도교 청우당과 기독교의 김창준 목사가 민전 강령에 찬동하고 참가한 것이 이색적이었다.

김창준은 민전에 참가하게 된 이유에 대해서 다음과 같은 요지의 발언을 했다.

나는 기독교인이다. 8·15 이후 국제교화협회라는 것을 만들어가지고 좌우합작에 노력하였으나 덮어놓고 좌우합작이라는 것은 있을 수 없다는 것을 깨달았다. 그러던 중에 '10월인민항쟁'(10·1항쟁)을 보았다. 여기서 경제적 공평이 없는 곳에 정치적 평등과 세계평화는 없다는 것을 깨달았다. 삼상결정을 총체적으로 지지하는 것만이 조국독립을 위하여 옳다는 것을 깨달았다. 민전의 노선이 가장 옳고 정당한 이상 여기서 뭉쳐 공존공영의 제도확립을 위하여 강하고 대담하게 나가야 한다고 생각하게 된 것은 당연한 일이다.

이 모임에서 사업보고는 박문규, 국제정세보고는 김원봉, 「국내 정세보고」는 김오성, 「지방선거에 관한 민전의 행동강령」은 윤징우(尹澄宇)가 보고했다. 그리고 삼상결정지지로 임시정부를 수립해야 한다는 결정서를 통과시키고 회의를 끝냈다. 이때 개선한 민전 상임위원과 의장단은 다음과 같다.

상임위원: 허헌, 박헌영, 홍남표, 정노식, 이승엽, 박문규, 안기성, 김광수, 김기전(金起田), 나상신(羅相信), 김창준, 노대욱(盧大郁), 여운형, 서중석, 강진, 최익한 등 51명.
의장: 허헌, 박헌영, 여운형, 김원봉, 김기전, 김창준 등 6명.
부의장: 홍남표, 유영준, 정노식, 허성택, 백용희(白庸熙), 성주식, 조희영, 장건상, 박경수(朴景洙), 김창숙(金昌淑), 윤근(尹槿), 이여성, 김태준 등 13명.[71]

한편 이미 해체된 바 있는 사로당계는 구인민당수인 여운형을 중심으로 광범한 민주세력의 집결이라는 명분을 내걸고 신당조직에 착수했는데 1947년 4월에 접어들면서 여운형 중심의 신당결성 공작은 구체화되어 4

월 12일에는 그 명칭을 근로인민당으로 결정하고 중앙준비위원으로 여운형, 조한용, 서병인, 이정구, 고명자(高明子) 등 37명으로 조직했다. 그리고 여운형 준비위원장 직속으로 정치협의회를 여운형, 장건상, 조동우, 이만규, 김항규, 이임수, 강응진, 이여성, 오석균(吳錫均), 이상백 등으로 구성했다.[72] 계속해서 지방들에서 창당준비위원회가 발족이 되었는데 4월 15일, 16일에는 영등포, 성동, 용산, 중구, 서대문, 마포 등 각 구 준비위원회가 조직되고 21일에는 장건상을 위원장으로 하는 서울시당준비위원회가 결성되었다.[73]

1947년 4월 26일에는 근로인민당 준비위원회의 이름으로 근민당 창립선언초안을 발표했다. 이 선언에서는 근민당의 성격을 "조선 노동자·농민·소시민·전근로인민과 애국적 정의인사의 전위당"으로 규정하고 정치노선으로는 다음 네 가지를 들고 있다.

  1. 미·소 양국의 협조에 의한 원조를 요구하는 것이 우리 민족의 의무다.
  2. 우리나라 재건은 일체 민주세력을 망라한 광범한 민족통일을 기초로 한 진보적 신흥국가로서 표현되어야 한다.
  3. 봉건적 생산관계의 철저한 소탕과 이윤의 자극과 개인적 창의를 허용하는 신경제체제의 수립.
  4. 민족문화의 계속 발전과 선인문화(先人文化)의 흡수.[74]

이처럼 근민당의 성격과 정치노선은 남로당과 별다른 차이점을 발견할 수 없으나 과격한 투쟁을 반대해온 당시의 좌익계 인텔리들은 이 노선에 적극 호응했다. 근로인민당은 1947년 5월 24일 서울 광화문의 준비위원회 회관에서 결성대회를 열었다. 이날의 대회는 상오 10시 준비위원인 서병인의 사회로 시작되었는데 중앙 및 지방대의원 300명이 참가했다. 의장으로는 여운형, 이영, 백남운, 장건상, 이만규, 김대희, 강은진 등 7명이 뽑혔다. 토의사항에서 민전에 가입하는 것을 원칙으로 한다는 것과 부녀·농민·노동 문제에서는 남로당의 외곽단체인 부총·전농 및 전평 등과 각각 협의하기로 결정했다. 이 대회에서 발표된 선언과 중앙간부 및 부서는 다음과 같다.

선언으로는 ① 인민을 토대로 한 인민공화정부 수립을 기하며 모스크바 삼상결정의 실천으로 남북통일민주정부의 즉시 수립, ② 무상몰수 무상분배의 토지개혁과 중요산업의 국유화, 외국무역의 국영, ③ 진보적 노동법·남녀평등법의 제정, 신앙의 자유, 봉건적 신분제 철폐, ④ 인민교육의 실시, ⑤ 민주주의제 국가와 선린관계 획득 등을 채택하고, 중앙부서를 다음과 같이 확정지었다.

중앙위원: 여운형, 백남운, 장건상 등 61명.
감찰위원: 손두환(孫斗煥), 강응진, 이임수, 김진우 외 14명.
위원장: 여운형.
부위원장: 백남운, 이영, 장건상.
상임위원: 여운형, 장건상, 백남운, 이영, 이영성, 이상백, 문갑송, 이만규, 정백, 이인우 외 21명.
사무국: 문갑송(국장), 서병인(차장).
조직국: 이만규(국장), 이인우(과장).
선전국: 장건상(겸임), 한일대(차장).
미소공동위대책위원회: 김성숙(위원장), 이여성 외 16명.[75]

근로인민당은 주로 서울을 비롯한 주요 도시에만 그 지부를 조직할 수 있었다. 노동자·농민들 속에는 남로당 조직 때문에 뿌리를 박을 수가 없었다. 이 근민당은 1947년 7월 19일 여운형이 암살되고 미소공동위원회가 결렬된 뒤부터는 활동을 거의 하지 못했다.

9. 맺음말

　상술한 바와 같이 조선공산당·인민·신민의 3당합당은 당내의 갈등과 분열로 인해 당초 추구했던 바와 같은 단일화된 합법적이고 대중적인 정당으로 출범할 수 없었으며, 결국은 조선공산당을 남조선노동당으로 간판만 바꾼 결과밖에 되지 않았다. 이렇게 된 이유는 다음과 같이 지적할 수 있다.
　첫째, 합당의 구심체의 입장이 분명하지 않음을 들 수 있다. 좌익 3개 정당이 합당하여 단일화된 대중정당으로 발전하여야 한다는 당위성에 대해서는 표현상으로는 자의건 타의건 간에 3개 당이 대체로 인식을 같이했다고 볼 수 있는데 어느 당을 중심으로 해서 통합하는가에 대해서는 명백하지 않았던 것이다. 이는 공산당에 책임이 있다고 볼 수 있다. 물론 합당을 위한 준비위원회가 3개 당의 대표로 구성되기는 했으나 본래 3당의 합당은 어디까지나 조선공산당이 중심이 되어, 인민당과 신민당을 구조적으로 통합하는 것으로 그 내용이 이루어져야만 했다. 겉으로는 인민당으로부터 조선공산당과 신민당의 합당을 제의하는 형식을 취했으나 실은 조선공산당이 합당을 요구한 것으로 보아야 한다.
　다시 말해서 조선공산당은 당시 국내외 사정과 혁명의 단계 및 성격으로부터 계급의 전위당이 아니라 대중정당으로 전환할 것을 요구하고 있었던 것이다. 인민당과 신민당은 어느 면에서는 대중적 성격의 정당이었으므로 조선공산당은 그들 정당과 합동하여 대중정당으로 단일화할 필요가 있었던 것이다.
　그러므로 3당합당의 제의자는 인민당이었다고 하지만 조선공산당의 지도부는 그를 목적의식적으로 주도해나가야만 했던 것이다.
　그러나 조선공산당은 해방 후 출범 당시부터 당내의 갈등과 대립의 요소를 안고 있었으며 그것이 3당합당을 계기로 표면화되고 심화된 것이다. 다시 말해서 조선공산당 지도부 내의 반박헌영파는 당대회를 개최하여 중앙기관을 새로 구성한 다음 3당합당을 추진해야 한다는 주장을 했는데 이러한 주장은 논리적으로는 타당성을 지니고 있었다. 그것은 해방 후 조직된 조선공산당의 지도부는 민주주의 중앙집권제 원칙하에 구성된 것이 아니었기 때문에 언젠가는 당대회 또는 대표자대회를 개최하여 그를 선출해야만 했던 것이다. 그렇게 함으로써만 당의 합법성과 정통성을 확보할 수 있었다.

이러한 당대회 개최 주장은 당시 중앙뿐 아니라 영등포를 비롯한 충남, 전북, 부산 등 지방당들에서도 지지를 받았는데, 한 가지 여기서 지적할 것은 대회파 두목들인 김철수, 서중석, 이정윤 등 과거 ML파들은 박헌영파로부터 당권을 탈취하는 데 그 정치적 목적을 두었다는 점이다. 다시 말해서 당 지도부의 무능과 독주를 비판하고 당의 정통성 확보라는 명분으로 당대회 개최를 주장했으나 실은 당권장악에 그 속셈이 있었다고 볼 수가 있다. 그러므로 당대회 개최를 지지한 일반 당원들의 순수성과는 구분해서 평가하는 것이 타당할 것이다.

또한 박헌영을 중심으로 한 조선공산당 지도부는 조선공산당을 대중정당으로 전환하는 문제, 그러기 위해서 인민당과 신민당과 합당하는 문제에 대한 올바른 인식이 부족했다고 볼 수 있다. 즉 공산당의 이념과 조직체 및 그 운영 등이 인민당과 신민당과는 크게 다른 특수성을 지니고 있기 때문에, 그들과 무조건적 그대로 합당을 한다면 당을 격하시키는 것으로 생각했던 것이다. 그러므로 3당합당을 바람직한 것으로 생각하지 않을 뿐더러 그를 지연시키면서 인민당과 신민당의 좌파세력만을 흡수 통합하는 입장을 견지했던 것이다. 이는 당시 조선공산당 지도부의 편협성과 종파성, 그리고 대중정당에 대한 인식의 부족, 당권욕 등을 그대로 나타낸 것이라 할 수 있으며, 또한 인민당과 신민당을 그대로 통합할 만한 주도세력으로는 역량이 부족했다는 것을 말해주는 것이었다.

둘째, 3당합당을 위한 여건(환경)조성을 등한시한 점이다. 3당합당은 어디까지나 합법적 과정과 민주주의적 방식에 의해서 성사시켜야만 했으며, 그래야만 합법적 대중정당으로서 제구실을 할 수 있었다. 그러자면, 지방의 단일화부터 합당절차를 거쳐 중앙대회를 개최해야만 하는데 당시 그를 위해서는 무엇보다도 여건조성이 필요했다.

　다시 말해서 조선공산당에 대한 탄압의 구실은 제공하지 말아야 하며, 합당을 위한 합법적 활동을 보강 및 쟁취해야만 했다. 조선공산당의 합법적 활동이 보장되었을 때 비로소 밑으로부터의 민주주의적 원칙에서 3개 정당의 합동이 순조로이 진행될 수 있었던 것이다.

　그러나 조선공산당 지도부에서는 3당합당이라는 가장 중대사업을 뒤로 돌리고 '9월총파업'과 '10월인민항쟁'을 전개시키고 그를 주도했다. 만약 3당합당과 함께 '9월총파업'을 부득이 전개할 수밖에 없었다면 그 투쟁의 일정한 단계에서는 매듭짓고 종결을 지었어야만 했으며, '10월항쟁'을 기한 없는 폭등으로만 유도할 것이 아니라 일정한 시기에 수습했어야만 했다. 그리하여 3당합당공작에 당 지도부의 모든 정치역량을 집중해야만 했다.

　그러나 조선공산당의 지도부는 가장 긴박하고 중요한 3당합당을 진행하는 과정에, 좌경모험주의적 과오를 범함으로써 합당사업을 합리적으로 추진할 수 있는 기회를 상실했으며, 따라서 실질적인 대중정당으로의 성격전환에 실패했다. 서울을 비롯한 각 지방당들에서 합당을 위한 정치활동은 사실상 불법화되었으며 비합법적으로 추진되었기 때문에 인민·신민 양당뿐 아니라, 조선공산당의 당원들까지도 모두 참여시킬 수 없게 된 것이다.

　또한 3당합당의 주역이 되어야 할 조선공산당의 간부들은 피검되거나 수배로 인해 지하로 숨게 되면서 활동을 제대로 전개하지 못하게 되었고, 박헌영은 9월총파업·10월인민항쟁을 수습하지도 못한 채 3당합당사업을 이승엽에게 인계한 후 월북 도피하고 말았다. 이러한 상황하에서 3당합당이 추진되었기 때문에 편파적이었다는 비난을 받게 되었고, 그나마 8월 초에 착수된 합당사업이 11월 하순에 가서야 창립대회를 개최할 수 있었다.

　그런데 3당합당을 위한 환경적 여건조성을 등한시하고 오히려 그것을 악화시켰다는 것은 조선공산당 지도부(박헌영파)의 당권장악을 위한 의도적 전술이었다고도 볼 수 있다.

셋째, 합당 방법상에서의 문제점(신중성 결여)을 들 수 있다. 조선공산당의 주도하에 3당합당을 추진한다는 것은 기본원칙이며 그렇게 할 때만이 본래의 목적한 대중정당으로 성격전환을 할 수가 있다. 그러나 합당의 형식과 방법에서는 보다 신중성을 기해야만 했다. 처음에 합당 제의를 인민당수인 여운형이 하게 한 것은 끝까지 인민당 특히 여운형을 합당의 주역으로서 전면에 내세우려 한 것이 분명했다.

인민당은 항일(抗日)이라는 투쟁전통과 해방 후의 건국준비위원회 그리고 인민위원회 등의 기반을 가지고 창당되었기 때문에 조선공산당과 신민당과는 그 성격을 달리하고 있었다. 다시 말해서 조선공산당과 신민당은 북조선공산당과 조선신민당과 실질적인 주종관계에 있었으나 인민당은 독자적 정당으로서 여운형이 이를 영도하고 있었다. 이런 사정으로 인해 조공이 인민당과 합작만 원만하게 한다면, 신민당은 자동적으로 합당에 가세할 수밖에 없었다.

그러므로 조선공산당에서는 신민당보다는 인민당에 보다 많은 관심을 기울여야 했으며 그들을 전적으로 포섭하는 입장을 취했어야 했다. 그러자면 인민당수인 여운형을 3당합당 총책임자로 추대하고 인민당 내의 좌파보다는 우파의 의견을 존중하고 그들을 설득 포용했어야만 했다.

그러나 인민당 내의 좌파(조선공산당 지지파)만을 합당 대상으로 삼고 우파와는 거리를 두었다. 또한 1946년 9월 6일 박헌영일파가 3당합당을 결정하고 남로당 강령초안을 발표할 때에도 사전에 여운형과는 아무런 협의가 없었으며 그를 완전히 배제하고 말았다. 그러므로 여운형을 지지해 온 대부분의 인민당원들은 조공의 편파적이고 독선적인 행위에 대해 반기를 들었던 것이다. 이는 신민당 당수인 백남운에 대해서도 같은 입장을 취했다. 따라서 신민당 내의 백남운 지지자들은 남로당 합당결정을 반대했던 것이다.

조선공산당 지도부가 3당합당을 추진하는 데서 인민당수 여운형과 신민당수 백남운을 무시하고 그들을 제외했다는 것은 3당합당을 실패로 몰고 간 근본적 과오였다고 볼 수 있다.

어떠한 경우에도 합당 상대방의 당수와 먼저 합의가 이루어질 때 그 합당은 비로소 가능한 것이다. 특히 3당합당의 제의자가 여운형이었으며 백남운도 그를 적극 지지했다는 것은 합당의 방법상 합의만 이루어진다면 쉽게 해결될 수 있는 문제였다고 보이는 것이다.

또한 남로당이 합당대회를 개최하기 전에 여운형과 사로당 측에서 무조건 합동을 제안한 바 있는데, 그를 남로당에서는 거부하지 말고, 일단 받아들이면서 통합대회를 개최하는 것도 합당을 성사시키는 한 방법이었을 것이다. 이는 합당의 마지막 기회를 놓쳤다고 볼 수 있다.

이러한 몇 가지 결함으로 인해서 3당합당을 통한 좌익정당의 단일화는 실패하고 말았으며, 따라서 남로당은 광범한 근로대중의 이익을 대변하는 대중정당으로서 구실을 제대로 하지 못하게 되었다. 3당합당의 실패로 인해 사로당 간부들은 혁명활동으로부터 또한 혁명전선에서 이탈하는 경우가 생겼고 전평, 전농, 민청, 부총, 기타 문화단체 등 사회단체는 물론 민주주의민족전선의 통일전선 활동에도 그 영향을 미치게 되며 좌익진영의 결속은 물론 당시 모스크바 삼상결정 실천을 위한 투쟁에서 막대한 손실을 가져왔다.

해방 후 공산주의 활동에서 박헌영일파의 편협과 종파성으로 인한 3당합당의 실패는, 그 후 투쟁에서 남로당의 총붕괴를 가져오게 하는 결정적 요인으로 작용했다고 해도 지나친 평가는 아닐 것이다.[76]

주 _____

1) 조공과 인민당은 혁명성격을 부르주아민주주의혁명으로 규정했는데, 조공이 혁명의 동력을 노동자·농민·도시소시민·인텔리로만 설정한 것과 달리, 인민당은 양심적 자본가·지주까지를 포함시켰다. 신민당은 연합성 신민주주의혁명으로서 자본가·지주도 반제국주의면 동력으로 된다고 규정을 했다.
2) 조공, 인민당 독립동맹(남조선신민당) 등 3개 정당과 사회단체 30여 개의 조직이 민주주의민족전선(민전)을 결성하고 여운형, 박헌영, 허헌, 김원봉 등을 의장으로 선출했다.
3) 1946년 3월 20일 개최된 미소공동위원회는 제7호 성명을 발표한 후 양측의 의견 불일치로 개최된 지 7주일 만에 무기휴회로 들어갔다.
4) 이승만은 1946년 4월 16일부터 천안, 김천, 마산 등 지방순회를 하게 되었는데 6월 8일에 정읍에서 "무기휴회된 공위가 재개될 기색은 보이지 않으며 통일정부를 고대하나 여의치 않으나 우선은 남한만이라도 임시정부 혹은 위원회 같은 것을 조직하여 38이북에서 소련이 철퇴하도록 세계공론에 호소해야만 될 것이며 여러분도 결심해야 할 것이다"라는 내용의 단독정부수립 구상을 피력했다.(『서울신문』, 1946년 6월 4일자.)
5) 『해방일보』는 1946년 5월 18일 폐간처분당하고 또한 당일 공산당 본부(근택빌딩)가 수색당했다. 그리하여 5월 30일 조공본부를 일화빌딩으로 이전했다.
6) 좌우합작을 위한 첫 번째 회합이 미소공위가 결렬된 지 3주일 후인 1946년 5월 25일 오후, 하지의 정치고문인 버치의 집에서 이루어졌는데 우측대표로서는 김규식, 원세훈이 좌측대표로는 여운형, 황진남(黃鎭南) 등 4명이었으며 버치, 아펜젤러가 옵서버로 참석했다.
7) 입법기관의 설치문제는 1946년 6월 29일 군정장관인 러취가 하지에게 제안한 서한이 공개됨으로써 처음으로 알려지게 되었다.
8) 민주기지라는 것은 혁명하는 나라의 한 지역에서 승리한 혁명을 공고히 하여 혁명의 전국적 승리를 담보하는 책원지(策源地)라는 뜻이며 1945년 10월 공산당 분국을 창설할 당시 제시된 노선이다.
9) 위원장에는 김일성이 선출되었는데 그는 "…… 이 북조선임시인민위원회는 모스크바삼상회의 조선에 대한 결정에 의하여 진보적 민주주의 국가를 건설하기 위한 민주주의적 기초사업을 준비하며 동시에 조선의 통일적 민주정권의 건설을

촉성하는 데 필요할 것이며 ……"라고 그 조직목적을 밝혔다.(김일성, 『조국의 통일독립과 민주화를 위하여』, 1949, p. 7.)

10) 동 연석회의에서 김일성은 "공산당과 신민당은 다 같이 자기 강령에서 부강한 민주주의 자주독립국가를 건설할 목표를 내세우고 있으며, 따라서 두 당은 공동의 목적을 실현하기 위하여 얼마든지 합당할 수 있다"라고 합당의 필요성을 강조했다.(『조선전사 23: 현대편』, 과학·백과사전출판사, 1981, p. 424.)

11) 『조선인민보』, 1946년 8월 5일자.

12) 위와 같음.

13) 『독립신보』, 1946년 8월 6일자.

14) 같은 신문, 1946년 8월 8일자.

15) 8·15해방 바로 그날 밤 이영, 정백, 서종석 등이 종로 장안빌딩에서 조선공산당을 결성했는데 이 당을 세칭 장안당, 장안파공산당, 8·15당이라 했다. 이와는 달리 박헌영계는 당재건준비위원회를 조직하고 장안파공산당을 흡수하여 1945년 9월 11일 당재건을 선포했다.(『해방일보』, 1945년 9월 25일자.)

16) 『조선일보』, 1946년 8월 8일자.

17) 『독립신문』, 1946년 8월 9일자.

18) 『조선일보』, 1946년 8월 13일자.

19) 『독립신문』, 1946년 8월 10일자; 『조선일보』, 1946년 8월 13일자.

20) 『동아일보』, 1946년 8월 28일자.

21) 창립대회에는 공산당원 27만 6천여 명과 신민당원 9만여 명을 대표하여 801명의 대표들과 각 정당·사회단체 대표 100여 명의 방청자들이 참가했다.(『조선전자 23: 현대편』, p. 426.)

22) 『독립신문』, 1946년 9월 2일자; 「북조선노동당창립대회회의록」, 『조선노동당대회자료집』 제1집(서울: 국토통일원, 1980), pp. 76~80.

23) 『서울신문』, 1946년 9월 3일자.

24) 『독립신문』, 1946년 9월 4일자.

25) 같은 신문, 1946년 8월 11일, 12일자. 여운형은 「민주정당 합동에 대하여」라는 제목으로 합동의 필요성과 그 방법에 관해 자기 견해를 밝혔다.

26) 같은 신문, 1946년 8월 18일자.

27) 같은 신문, 1946년 8월 30일자.

28) 장복성, 『조선공산당파쟁사』, p. 26. 이 책에서는 48이 아니라 47파로 되어 있어

1명이 차이가 있는 것을 찾아볼 수 있다.

29) 『조선인민보』, 1946년 8월 18일자.
30) 『조선일보』, 1946년 9월 6일자; 『독립신보』, 9월 8일자 논설에서는 남로당 결성에 대해서 "당내 박헌영 등 간부는 강압적으로 합동을 실현하기 위하여 자기와 보조를 같이하는 우당의 교섭위원(인민당 3명, 신민당 4명)들과 8월 31일과 9월 1일에 회합하여 강령·규약 초안을 결정하고 9월 2일 대외적으로 발표했다. 당시 여운형은 모든 업무를 장(장건상)부위원장에게 일임하고 근교에서 요양 중이었고, 백남운은 개성(開城)지부 결성식에 참가하고 부재중이었다. 이래서 신민당 백위원장은 귀경하여 9월 2일 박헌영과 회견한 결과는 완전히 결렬된 듯하여 9월 3일 백씨는 사의를 표명하게 되고……"라고 그 과정을 밝히고 있다.
31) 『독립신보』, 1946년 9월 7일자.
32) 『동아일보』, 1946년 9월 7일자; 『독립신문』, 1946년 9월 7일자.
33) 『독립신보』, 1946년 9월 9일자.
34) 『동아일보』, 1946년 9월 7일자; 『독립신문』, 1946년 9월 7일자.
35) 『서울신문』, 1946년 9월 7일자; 『독립신문』, 1946년 9월 7일자.
36) 『독립신문』, 1946년 9월 4일자.
37) 같은 신문, 1946년 9월 8일자.
38) 같은 신문, 1946년 10월 17일자; 『동아일보』, 1946년 9월 24일자.
39) 『동아일보』, 1946년 9월 8일자.
40) 10월 4일 오전 11시 반 북한방문과 관련, 기자회견을 했을 때 그는 지난 4월에도 평양을 방문했다는 것을 밝히고 3당합당 후의 당명칭은 북한과 같이 노동당이라는 명칭보다는 근로인민당이라고 하는 것이 보다 적합하다는 의견을 피력했다. (『조선일보』, 1946년 10월 5일자.)
그런데 이 무렵 허헌도 평양을 방문한 것으로 알려져 있다. (『조선전사 23: 현대편』, p. 431.)
41) 10월 4일 김규식 집에서 좌우대표가 회담하여 좌측의 5원칙과 우측의 8원칙을 절충하여 7원칙으로 합의했다.(『조선일보』, 1946년 10월 8일자.)
42) 『서울신문』, 1946년 10월 17일자.
43) 『동아일보』, 1946년 10월 19일자; 『독립신보』, 1946년 10월 19일자.
44) 『독립신보』, 1946년 10월 19일~22일자.
45) 같은 신문, 1946년 10월 19일자.

46) 『조선일보』, 1946년 10월 23일자.
47) 『조선일보』, 1946년 10월 22일자.
48) 같은 신문, 1946년 11월 2일자; 『독립신보』, 1947년 11월 3일자.
49) 같은 신문, 1946년 11월 8일.
50) 같은 신문, 1946년 11월 13일자.
51) 『독립신보』, 1946년 11월 13일자.
52) 『동아일보』, 1946년 11월 20일자.
53) 『독립신보』, 1946년 11월 24일자.
54) 같은 신문, 1946년 11월 24일자.
55) 같은 신문, 1946년 11월 26일자.
56) 위와 같음.
57) 『조선일보』, 1946년 11월 26일자.
58) 『독립신보』, 1946년 12월 12일자.
59) 『서울신문』, 1946년 11월 26일자.
60) 『독립신보』, 1946년 11월 27일자.
61) 같은 신문, 1946년 11월 28일자.
62) 같은 신문, 1946년 12월 5일자.
63) 『서울신문』, 1946년 12월 8일자.
64) 같은 신문, 1946년 12월 13일자.
65) 같은 신문, 1946년 12월 27일자.
66) 『독립신보』, 1947년 1월 5일자.
67) 『독립신보』, 1947년 1월 7일자.
68) 같은 신문, 1947년 1월 29일자.
69) 『조선일보』, 1947년 2월 28일자.
70) 『독립신보』, 1947년 1월 16일자.
71) 같은 신문, 1947년 1월 31일자.
72) 여운형은 동당 중앙준비위원회 구성에 대한 경위를 다음과 같이 밝혔다. "합당문제를 계기로 민주진영은 오히려 혼란 속에 빠졌었다. 이를 수습하기 위해 사로당·인민당 재건위원회까지도 해소하였으니 이는 민주진영 강화를 위한 용감한 자기 청산이었다. 이 청산과정을 지나서 남조선 각지에 있는 농촌, 공장, 가두 등 온갖 군중 속에서 진정한 인민의 전위당 수립을 요청하는 대소 군중의 조직체의

대표자가 수십 명이 찾아왔고 100여 통의 건의서와 조직원 명보 등이 제출된 바 있었다. 이에 장건상, 김진우, 조동우, 이만규, 김항규, 이임수, 강응진, 이여성, 김성숙, 오석균, 이상백 외 20명과 진지하게 토의한 나머지 동지들은 본인에게 출마의 결의를 촉한 바 있었는데 본인은 한 병졸로서 동지들을 따를 결심을 하였고 즉시 이 동지들과 신당 발기회를 구성하였다."(『독립신보』, 1947년 4월 13일자.)

73) 서울시당준비위의 구성은 위원장 장건상, 부위원장 조동우, 이만규, 총무부장 김성숙, 동부책 여운길, 조직부장 정백, 동부책 임동욱, 선전부장 이여성, 동부책 노영묵, 재정부장 이만규(겸임), 감사부장 고철우 등 부책 서○전 등으로 되어 있다.(『독립신보』, 1947년 4월 26일자.)

74) 같은 신문, 1947년 4월 27일자.

75) 같은 신문, 1947년 5월 25일, 27일자.

76) 당시 3당합당 문제에 대한 북한의 공식입장은 다음과 같다. "1946년 11월 23일 박헌영 도당은 반대파를 완전히 따돌리고 공산당·인민당·신민당 안의 추종분자들만으로 남조선노동당 창립대회를 열고 남조선노동당의 결성을 선포하였다. 한편 사회노동당을 조직하였던 ML파 분자들은 이에 대립하여 근로인민당을 조직하였다. 이와 같이 남조선에서 노동당은 나왔으나 그것은 형식상의 합당에 지나지 않았다. 종파분자들의 책동으로 말미암아 남조선에서 근로대중의 통일적 당을 조직하려고 했던 본래의 목적은 이루어지지 못했으며 다만 공산당의 간판을 노동당의 간판으로 바꾸어놓은 것으로서 합당사업이 끝나고 말았다. 남조선노동당은 대중정당으로 발전하지 못했으며 종파분자들의 파장도 그치지 않았다."(『조선전사 23: 현대편』, 과학·백과사전 출판사, 1981, pp. 431~32.)

미군정기 국가기구의 형성과 성격
군·경찰 기구의 형성과 재편을 중심으로

안진

1. 머리말—미군정과 분단국가의 형성

　해방 후 한국 국가형성의 기본틀은 미군정과 한민당을 중심으로 한국 내 우익세력의 동맹을 축으로 하여 성립되었다. 미국이 연합국의 일원으로 한반도 38선 이남지역을 점령한 것은 전후 새롭게 재편된 미·소 중심의 세계체제하에서 한국 내부의 혁명세력 및 좌익세력을 견제하여 소련에 대한 방파제를 구축하기 위한 것이었으며 그것은 미국식 대의민주제를 가진 친미적 단독정부의 수립으로 구현되었다. 따라서 한국의 국가형성은 냉전체제하에서 남한을 점령한 미국의 소련에 대한 방파제 구축이라는 기본 목표에 의해 외적으로 구조지워지며 내적으로는 조선 민족 내부의 자율적인 국가형성 노력이 좌절되고 국가형성 과정에서 좌익세력과 민중부문이 철저히 배제된다. 독립운동의 계승이라는 점에서나 대중적 지지의 면에서나 전혀 정당성을 갖지 못했던 우익세력은 미군정의 뒷받침에 의해 국가형성의 주체세력으로 부상하여 국가기구를 장악하게 된 것이다.
　국가기구의 형성에 대한 고찰은 국가형성을 구조적으로 틀지우는 미군정의 점령정책에 대한 이해에서 출발해야 할 것이다. 이 글은 그러한 이해를 전제로 하여 한국의 국가형성을 국가기구의 형성과정에 초점을 맞추어 살펴보려 한다. 미군정기 국가기구의 형성에 대한 고찰은 행정관료제와 민주의원, 입법의원의 형성에서 학교, 언론기구 등 이데올로기적 국가기구의 형성에 이르기까지 국가기구의 일반 영역을 포괄적으로 다루어야 하겠지만 이 글에서는 제정치세력의 투쟁에서 핵심적 역할을 했던 억압적 국가기구의 형성과정에 대한 고찰에 국한하려 한다. 또 미군정과 우익세력의 동맹을 토대로 한 지배구조의 형성은 국내 혁명세력의 자율적인 국가형성 노력과 미군정의 제정책에 대한 국내 운동세력의 대응 속에서 상호 역동적으로 고찰되어야 하겠지만 여기서는 논의의 편의상 미군정의 통제전략과 억압기구의 형성에 초점을 맞추었다.

2. 군(조선경비대)의 창설과 성격

해방 후 미군정기간 동안에 형성된 대한민국의 초기 군대는 일제하의 무장독립운동의 맥을 잇는 해방군으로서가 아니라 미점령군의 지원군으로서의 성격을 갖는다. 창군(創軍)의 이러한 성격은 미군정을 통한 미국의 대(對)한반도 이해의 실현과 조선 민족 내부의 주체적인 국가형성 노력의 좌절의 당연한 귀결일 것이다.

미군정은 한국에 대한 신탁통치를 구상하고 있던 해방 직후에 주한미점령군의 시설을 보호하고 남한 내부의 혁명세력 및 좌익세력을 막을 수 있는 군정경찰의 보조적 억압기구로서 소규모 경찰예비대를 창설하게 되는데 이것이 한국군의 시초가 되었다.

여기서는 한국군의 형성과정을 경찰예비대로서 출발한 조선경비대(Korean Constabulary)의 성립에서 정부수립 후 국군으로 전환되기까지의 변천과정을 중심으로 살펴보겠다.

아래에서 살펴보게 되는 바와 같이 한국군은 경찰예비대로서 성립했고, 따라서 군정기간 동안에는 경찰에 비해 억압기능 또한 약한 편이었다. 그러나 트루먼 독트린 이후 미·소 냉전의 본격화로 미국은 남한 단독정부수립안을 굳히게 되며 주한미군의 철수에 대비, 국방군의 육성을 계획하게 되는데 그에 따라 경비대는 정규국방군으로 확대 전환하게 된다. 경비대가 국방군으로 전환되면서 군 내부의 좌익숙청이 이루어지고 반공이데올로기에 의한 군의 사상적 무장이 더욱 공고화된다. 미군정에 의해 창설된 한국군은 정부수립 후 미군이 철수하게 되자 그 병력 규모가 더욱 증대되며 한국전쟁 후에는 최고의 억압기구로서 자리하게 된다. 이 글에서는 미군정에 의한 친미적·반공적 성격의 한국군 형성과정을 경비대의 창설과 초기 군간부의 충원, 군 내부의 좌익배제와 숙군(肅軍), 정부수립 후 한국군에 대한 미국의 개입형태 등에 초점을 맞추어 고찰하게 될 것이다.

1) 해방 직후 사설군사단체의 현황

종전 및 해방과 함께 조국에 돌아온 다수의 해외귀환장병들은 통일국가를 형성하려는 제정치세력의 활동 속에서 국내치안 및 질서유지와 미래의 국군창건을 위한 활발한 움직임을 보였다. 귀환장병들은 일본제국주의 군대에 들어가 싸웠던 일본군, 만주군 및 학병, 지원병을 비롯하여 중국 국민당 군대에서 싸운 중국군, 임시정부의 광복군 등 여러 계열 출신들이었으며 그밖에도 중국을 비롯, 해외 각지에서 조선의 독립을 위해 싸워온 무장독립운동투사들도 있었다. 이들은 귀국 후 출신계열을 중심으로 사설군사단체를 결성했는데 미래의 국가구상과 전국적인 조직을 가진 것에서부터 뚜렷한 정치적 대안이 없이 단순한 친목단체로서의 성격을 갖는 것에 이르기까지 다양했으며 1945년 11월 현재 군정청에 등록된 것만 해도 무려 30여 개에 이를 정도로 난립상을 보였다.[1]

경비대의 형성에 대해 살펴보기 전에 먼저 이들 사설군사단체들 가운데 중요한 몇 개를 중심으로 해방 후 한국군 창설을 위한 조선 민족 내부의 주체적 움직임을 살펴보기로 한다.

(1) 우익계 군사단체

우익계 군사단체 중 대표적인 것은 조선임시군사위원회(위원장 이응준, 부위원장 김석원, 1945년 8월 말 결성)와 학병당(총사령 안동준, 위원장 김완룡, 1945년 12월 16일 결성)이었다. 조선임시군사위원회는 이응준(李應俊) 등 일본육군사관학교 출신이 중심이 되고 원용덕(元容德) 등 만주군 출신들도 다수 참여했는데 휘하에 치안대 총사령부를 두고 있었으며 국군편성 초안(草案)을 작성하며 미군정청에 제출하는 등 활발한 움직임을 보였다. 조선임시군사위원회는 9월 8일 성북경찰서를 접수하려다 일제강점기부터 근무해오던 한인경찰들과 충돌, 미군에 의해 무장해제됨으로써 해체되었으나[2] 그 성원들은 미군정 경비대 창설의 핵심세력이 되었으며 정부수립 후에는 한국군의 주역이 되었다.

학병단은 좌익군사단체인 학병동맹에서 탈퇴한 우익계 성원 37명이 조직한 단체로 미군정청과 적극적으로 교섭, 성원들 스스로를 경비대 창설요원으로 추천하기도 했다.[3]

(2) 좌익계 군사단체

좌익계 군사단체로는 조선국군준비대(총사령 이혁기, 부사령 박승환)의 학병동맹(위원장 박두만, 대표 왕익권, 1945년 8월 22일 결성)이 있었다. 국군준비대는 해방 직후 최초로 조직된 귀환장병대 모임이 미군 진주를 앞둔 9월 7일 조선국군준비대란 새로운 명칭으로 발족한 것이다. 국군준비대는 예비군 10만 명,[4] 상비군 1만 5천 명의 병력으로 전국적인 조직(각 도에 사령부와 각 부·군에 지대를 결성)을 가지고 있었으며 조선국군학교를 흡수하고 있었다.[5] 또 태릉에 훈련소를 두어 1만 5천 명의 상비군에게 군사훈련을 실시했다.

국군준비대는 이와 같이 그 조직력과 인원에서 규모가 컸을 뿐만 아니라 뚜렷한 창군이념과 국가구상에 입각하고 있었다. 국군준비대는 '인민공화국의 결사대'임을 자처하면서 진정한 해방군이 되려면 "친일파와 민족반역자를 철저히 제거"해야 하며 "일부의 특권계급을 위한 파쇼군대가 아니라 전근로계급과 민족을 위한 군대가 되어야 한다"고 주장했다.[6] 국군준비대는 '인민무장에 의한 인민의 군대'임을 선언했으며 민주주의혁명군으로서 명백하게 자기규정을 했다.[7] 또 국군준비대는 정통성을 갖는 광복군·의용군과의 통합을 역설했으며 실제로 광복군 계열의 군사단체와 통합을 시도한 바 있다.[8]

이상에서 알 수 있듯이 국군준비대는 조직력이 가장 크고 국가구상 또한 명백했지만 창군이념이 미군정의 입장과 상반되는 것이었고 결국 건국청년회[9]와의 충돌(이른바 국군준비대 사건)을 계기로 경성연대가 미군에 의해 무장해제됨으로써 어느 군사단체보다 먼저 강제해산되었다. 국군준비대가 해산되자 대부분의 대원들은 귀향했으며 일부는 군정청 조선경비대에 입대하기도 했다. 학병동맹은 '과도기 치안유지와 장차의 국군건설'을 강령으로 결성되었으며 9월 15일에는 동맹원을 각 지역에 파견, 지부조직에 착수하게 된다. 1946년 8월 현재 회원수 2천 명(각 지부를 합하면 3,500명)으로 전국 학병관계자의 70퍼센트를 흡수한 규모가 큰 단체였을 뿐만 아니라[10] 건준이 인민공화국을 선포하기 하루 전인 9월 5일 미리 인민공화국을 지지하는 성명을 발표하는 등 정치적 입장이나 이념이 분명했다.[11]

그러나 학병동맹은 반탁학생연맹과의 충돌(학병동맹 사건)을 계기로 1946년 1월 19일 경기도 경찰부장 장택상이 지휘하는 무장경찰대원 40여 명에 의해 동맹본부가 습격당하여 동맹원 3명이 죽고 간부들이 대부분 체포됨으로써 사실상 해체된다.[12]

(3) 광복군계 군사단체

광복군은 해방이 되자 해외에서 일군(日軍) 안의 한적(韓籍) 장병들을 대거 편입하여 병력규모를 확대하는 한편, 국내에도 광복군 국내 지대를 편성하는 등 장차 형성될 국가의 창군 주체가 되려는 움직임을 활발하게 보이지만, 미군정이 임정을 불승인하게 되자 그 실현이 좌절되었다. 해외의 광복군 대원들은 집단귀국을 포기하고 개인적으로 귀국하게 되며 귀국 후 사설군사단체를 결성하여 모이게 된다.

광복군계 군사단체로는 대한국군준비위원회(대표 유동열, 1945년 11월

1일 결성)와 대한민국군사후원회(총재 조성환, 1945년 12월 9일 결성)가 있다. 대한국군준비위원회는 임시정부 김구의 지시로 오광선(吳光鮮)이 먼저 귀국하여 편성한 광복군 국내 지대를 기반으로 하여 조직된 것이다. 이들은 독립운동의 맥을 잇는 정통성을 가졌음에도 불구하고 국준에 비해 조직력이 미약했으며 미군정의 사설군사단체 불법화 이후에는 광복청년회로 변모, 우익청년단체로 활동하게 된다. 대한민국군사후원회는 조선군사후원회, 한국광복군후원회, 한국광복군군사후원회 등 3개 군사단체가 결합하여 발족한 광복군계의 군사단체다.

이상에서 알 수 있는 것처럼 우익계의 군사단체는 수적으로는 가장 많은 개수였지만 통합된 세력으로 결집되지 못했고 일본군이나 만주군이었다는 과거의 친일경력 때문에 창군의 정당성을 주장할 수 없었으며 통일독립국가형성에 대한 체계적인 구상을 결여하고 있었다. 그러나 그 성원들은 미군정이 주도했던 경비대 창설의 핵심 요원들로 선택받았을 뿐 아니라 군정의 경비대조직에 적극적으로 참여했던 까닭으로 군정기에는 물론 정부수립 후에도 그 영향력이 막대했다. 5·16 군사쿠데타를 주도한 세력도 이들이었다고 볼 수 있을 것이다.

반면 체계적인 국가형성의 구상하에 조직된 임시정부 광복군 계열의 대한국군준비위원회와 인민공화국 산하의 조선국군준비대 및 학병동맹은 미군정이 임시정부를 승인하지 않고 인민공화국을 불법화함으로써 창군과정에서 배제되었다. 광복군 계열의 요원들은 어느 정도 창군과정 속에 흡수될 수 있었지만 좌익계의 국군준비대와 학병동맹은 조직력에서나 인원면에서나 해방 직후 남한에서 가장 강력한 단체였음에도 불구하고 미점령정책의 본질상 용납될 수 없었기 때문에 창군과정에서 철저히 배제되었다.

사설군사단체들은 과거의 군사경력이 어떤 성격이든간에 1946년 1월 13일 군정법령 28호에 의해 미군정이 각종 무장단체와 군사단체를 불법화함으로써 모두 해체되며 경비대 창설 시에는 단체로서가 아니라 개인들로서 참여하게 된다.

2) 조선경비대의 창설과 변천

(1) 초기 한국군의 출신계열

미군정은 1945년 11월 13일 군정법령 28호에 의해 '경찰·군사 기관의 금지'를 명하여 기존의 사설군사단체들과 치안단체들을 불법화했으며 군정청 안에 국방사령부(Office of the Director of National Defense)를 설치 그 예하에 군무국(Bureau of Armed Forces)을 두고 기존의 경무국까지 관할하도록 했다. 사설군사단체를 해산한 후 미군정은 군사영어학교(Military Language School)와 경비사관학교 (Korean Constabulary Training Center)를 통한 경비대 간부 충원을 군정에 협력하는 군경력자 개개인들에 의존하게 되는데 그 대부분이 일본군과 만주군 출신의 군인들이었다. 경비대에 충원된 간부요원의 속성을 이해하고 미군정이 왜 특정 출신계열에 의존했는가를 이해하기 위해서는 각 군 출신계열의 특성을 고찰할 필요가 있을 것이다. 초기 한국군의 출신계열은 일본군 및 만주군 출신, 학병 및 지원병 출신, 광복군 및 중국군 출신 등 세 가지 부류로 대별해 볼 수 있다.

① 일본군·만주군 출신

일본군 출신에는 일본 4년제 정규사관학교를 졸업한 장교층과 사병층이 있는데 대략 5만 명에 이르렀다. 이 중 몇백 명만이 장교에 속해 있었으며 4년제 일본정규사관학교(일본육사)를 졸업한 장교들은 35명 정도였다. 일본육사 출신 장교들은 중국군·연합군과의 실전을 통해 전투경험이 있었을 뿐 아니라 체계적인 군사적 지식과 기술을 갖추고 있어서 해방 후 미군정에 의해 군기술자로 인정받아 얼마든지 핵심적인 군간부로 진출할 수 있었다. 일본육사 출신의 대표자들로는 만주군 출신 원용덕과 함께 미군정 국방사령부의 한국인 고문을 지낸 이응준을 비롯하여 김석원, 이종찬, 채병덕, 신태영 등이 있다.

만주군 출신들은 일제가 만주사변 후 만주에 세운 만주국에서 복무했던 군인들을 말하는데, 이들 중 한국인 장교들은 2년제 봉천(奉天)군관 학교와 4년제 신경(新京)군관학교 등 각종 군관학교를 졸업한 사람들로 해방 당시 대부분 위관급(尉官級)이었다.[13] 만주군 출신의 대표자들로는 미군정 국방사령부 고문으로 발탁되었던 원용덕, 정일권(丁一權), 박정희 등이 있다. 조선이 해방되자 만주군 소속 한인들은 만주국의 수도인 신경(新京, 長春)에서 원용덕과 정일권을 중심으로 광복군에 편입했고 북경에서는 만군소속 한국인 특설대(特設隊)인 철석부대(鐵石部隊) 출신 군인들이 북경지구 광복군을 편성하는 등 임시정부를 지지하여 미래의 창군에 가담코자 했다. 그러나 이들은 군정이 임정을 불승인하여 임정요인과 광복군이 개인자격으로 귀국하게 되자, 1946년 4월부터 개인적으로 귀환했다.[14]

만군 출신들은 실전경험이 적고 대부분 정규전 수행훈련보다는 반란진압, 유적(流賊)소탕 등의 전술만을 교육받았을 뿐이어서 기술적인 자질 면에서는 일본군 출신에 뒤떨어졌지만 만군 복무 시 일인(日人)고문관제도에 숙달되어 있어 미군정의 고문관제도에 잘 적용할 수 있었다. 이러한 장점으로 인해 만군 출신들은 군정시기에 일본군 출신들과 함께 군 내부에 두드러지게 진출할 수 있었다.[15] 한편 이들 중에는 만주에서 활동하던 독립운동가들과 공산주의자들의 영향을 받은 자들도 상당수 있었는데 숙군(肅軍) 때 처형되기도 했다.

② 학병·지원병 출신

학병(學兵)은 태평양전쟁 발발 이후인 1943년 10월 '대학생징집연기 임시특례법'에 의해 징집된 전문학교 이상의 학력을 가진 군경력자들로 총 4,385명이 일본군에 복무했으며 해방 후 귀환인원은 3천 명 정도였다.[16]

학병 출신들은 강제징집당한 경우가 많았고 일본군에서 탈출, 연합군이나 광복군 측에 귀환한 자들도 상당수 있었으므로 일본군이나 만주군 출신에 비해서 '친일'이라는 비난의 소지가 덜했을 뿐 아니라 영어에 숙달되어 있고 학력수준이 높아서 미군정의 신뢰를 받는 편이었다. 그러나 종전 당시에 상위계급자가 없고 군사적 기술이 부족해서 군정기에는 하위장교 수준에 머물러 있었다.[17] 또 이들은 높은 학력수준으로 인해 좌우의 이념대립이 극심했다.

지원병(志願兵)은 1938년 '육군특별지원법령'에 의해 일본군에 입대한 사람들로 해방이 되자 대거 군에 참여했다. 지원병 출신자들은 실전경험은 있었으나 학병 출신자들에 비해 학력이 낮았으며 상명하복의 수직적 명령계통을 엄수하는 등 군국주의적 기질이 강하여 해방 후 단체로 조직되지 못했다.

③ 광복군·중국군 출신

광복군과 중국군 출신자들은 각 군벌의 군관학교와 강무당(講武堂), 장개석(將介石)의 황포(黃浦)군관학교와 낙양분교(洛陽分校) 한인특별반에서 군사교육을 받은 후 중국 내의 각종 군벌이나 장개석의 국민당에 속하여 항일전투와 중공군과의 전투에 참여한 사람들로 소규모의 게릴라식 전투경력을 가진 자들이다.

광복군 출신자들은 무장독립운동의 맥을 잇는다는 점에서 남한에서 유일하게 정통성을 갖는 군경력자들이었으나 미군정의 임정불승인으로 해방 후 주체적으로 군대를 창설하려는 의지가 좌절되었다. 광복군계 출신자들은 일본군·만주군계가 주류인 경비대창설에 대해 친일파들과 같이 군에 참여할 수 없다고 하여 거의 참여하지 않았다. 1946년 6월 말 귀국한 광복군의 주력은 경비대를 '미국의 용병(傭兵)'으로 보고 경비대 간부양성기관인 경비사관학교(정확하게는 경비대훈련소) 입교를 거부했지만 유동열이 통위부장으로 취임한 후에는 경비사관학교 7기와 8기로 다수 입교하게 된다. 또 정부수립 후에는 독립운동의 정통성을 갖는 이미지 때문에 고위장교로 발탁된 자들이 많았다.

광복군은 1940년 9월 15일 중경(重慶)에서 '조국의 광복을 완성하고 적과 최후의 일전(一戰)을 결(決)한다'는 기치하에 12명의 병력으로 발족했으며[18] 해방 직전에는 800명 정도의 인원을 가지고 있었다. 또 해방 직전에 해외 무장독립운동세력[19]의 한 부분으로 가담하여 국내 진공작전을 준비하기도 했다.

그러나 광복군은 내부적인 불통일과 전후 한반도에 대한 강대국들의 이해 때문에 국제적인 승인을 받지 못했고 공작활동 또한 미미하여 무장독립운동의 정통성을 주장하기에도 다소 문제가 있었다. 또 광복군은 항일무장투쟁에서도 독립성을 갖지 못했다. 광복군은 발족 1년 후인 1941년 11월 중국 국민당의 승인을 받게 되지만 해방이 되기까지 재정을 전적으로 국민당의 원조에 의존했으며 승인 당시 국민당 군사위원회가 제시한 '한국광복군 행동 준승(準繩) 9개항'에 의해 중국 국민당군사위원회의 직접적인 지휘를 받았다. '9개 준승'은 전후 한반도에 대한 중국 국민당의 이해를 반영하는 것으로 광복군이 국민당의 군사위원회에 직접 예속될 뿐만 아니라 중국 영토 내에서의 전투는 물론 한국 내지에 진공할 경우에도 국민당 군사당국의 명령에 복종해야 한다고 명시하고 있다.[20] 실제로 국민당의 군사위원회는 광복군의 공작(工作)활동을 일일이 규제했을 뿐만 아니라 광복군의 주요 직책에 중국인 장교를 앉혀 광복군을 완전 통제하고 있었다.[21]

광복군의 독립성과 자율적인 항일무장투쟁 활동을 제약하는 '9개 준승'은 해방 4개월 전인 1945년 4월(당시 병력규모는 400명)에 폐기되지만[22] 일본군에서 탈출한 학병과 중국 각지 포로수용소의 한인포로들을 광복군에 편입하고 주중미군에 가담하여 국내진공작전[23]을 준비한 것 외에는 뚜렷한 활동이 없이 해방을 맞게 된다.

해방 직전 광복군은 어느 정도 독립성을 획득하게 되지만 항일전투에서 거의 성과를 보지 못하고 연합군과 국내로 진공할 기회마저 상실한 채 해방을 맞게 되자 김구(金九)는 오광선을 조기귀국시켜 광복군 국내지대를 조직하게 하고, 이범석, 장준하, 김준엽 등 광복군 45명으로 광복군 선발대를 구성하게 하여 일본인의 무장해제와 국내치안을 위해 8월 18일 여의도공항에 착륙하지만 일본군과 충돌로 인해 그대로 돌아가게 된다. 또 김구는 미군정의 임정불승인으로 인해 개인자격으로 귀국하게 되지만 "적국에 출전한 한적(韓籍)군인을 국군에 편입할 것"을 주장했다.[24] 김구는 중국을 떠나면서도 이범석·이청천으로 하여금 중국정부와 교섭, 일제에 의해 징발된 한인청년들을 인도받아 광복군을 확대 편성하고 전부대를 무장시켜 임시정부의 군대로서 귀국하도록 지시했는데 이 또한 실현되지 못했다. 그러나 임시정부의 이러한 노력들에 의해 광복군은 해방 후 2만 명 정도까지 증강되었다.[25]

미군정은 이상에서 고찰한 여러 계열의 군출신자 가운데서 주로 일본군과 만주군 출신자들을 경비대에 충원함으로써 친미적·반공적인 한국군의 모체를 형성하게 된다.

(2) 조선경비대의 성립과정

미군정은 법령 28호[26]에 의거, 군창설을 위한 첫 작업으로서 1945년 11월 13일 군정청에 국방사령부[27]와 군무국을 설치했다. 그 후 1945년 12월 20일 2대 국방사령부장 챔페니(A. Champeny)가 구상한 '뱀부계획'(Bamboo Plan)[28]에 따라 2만 5천의 병력규모로 필리핀식 경찰예비대(police constabulary)의 성격을 갖는 군을 창설하게 된다. 그러나 미·소 냉전의 본격화에 따라 미국의 대한(對韓)정책이 변모하면서 조선경비대는 여단(旅團)을 창설하고 병력을 배가하는 등 정규군의 양상으로 변화한다. 이렇게 하여 군정하에서 성립된 조선경비대는 정부수립 후 미군이 철수하고 미군사고문단이 설치되면서 대한민국 국군에 편성된다. 1947년 3월 트루먼 독트린으로 미·소협조체제가 붕괴되고 냉전이 본격화되면서 한국에서도 1947년 7월 제2차 미소공위가 결렬되자 미국은 중간파를 기초로 한 남북한 통일정부의 수립을 포기하고 우익을 중심으로 한 단정수립을 추진하게 되는데 이에 따라 경찰예비대로 출발한 경비대가 정규군 규모로 확정된 것이다. 조선경비대는 1947년 12월 1일 기존의 9개 연대(8개 연대에 1946년 7월 2일 도로 승격된 제주도에 제9연대 창설)가 3개 여단으로 조직되고 1948년 5월에는 새로이 2개 여단 6개 연대가 설치됨으로써 육군의 양상으로 발전하게 되며 정부수립 전까지 모두 5개 여단 15개 연대 규모에 이르게 되었다. 이리하여 한국의 초기군은 미군의 시설보호와 국내의 좌익탄압 등 경찰보조대로서의 역할에서 소련에 대한 미국의 방파제 역할을 할 수 있는 정규군으로서의 기능을 점차 획득해나가게 되었다.

　미군정하에서 성립된 초기 한국군 간부요원의 충원상황을 살펴보면 한국군의 본질적 기능과 특성이 더욱 명백해진다. 미군정은 조선경비대의 간부요원과 통역관 양성을 위해 1945년 12월 5일 군사영어학교를 개교하는데 총 200명이 입교하여 1946년 4월 30일 폐교될 때까지 총 110명의 경비대 장교를 배출했다.[29] 미군정의 원래 계획은 일본군·만주군·광복군 출신자 중에서 각각 20명씩을 선발, 60명을 군사영어학교에 입교시키려 했으나, 좌익계 군사단체인 국군준비대와 학병동맹은 국민의 자유를 억압한다고 반발했으며 광복군은 정통성을 고집, 응시를 거부했기 때문에 군사영어학교 입교자들은 만군 출신 원용덕과 일군 출신 이응준이 추천한 일본군·만주군 출신자들이 대부분을 이루었다. 군사영어학교 임관자 110명의 출신을 살펴보면 일본군 출신이 87명, 만주군 출신이 21명이었으며 광복군 출신은 2명에 지나지 않게 되었다.[30] 이들은 창군의 주역으로 정부 수립 후 거의 장성(將星)으로 승진했다.

　군사영어학교가 해체되고 1946년 5월 1일 국립경비사관학교(정확하게는 조선경비대훈련소)가 설치되어 본격적으로 경비대 간부양성이 이루어지게 된다. 경비사관학교는 정부수립 후 육군사관학교로 개칭될 때까지 1기에서 6기에 걸쳐 총 1,254명의 간부를 배출했다. 이 중 1기에서 4기까지는 귀환이 늦어져서 군사영어학교에 입교하지 못한 군사경력자가 대종을 이루었으며 5기와 6기는 대부분 단신으로 월남한 이북 출신 반공우익 청년들이었다.

　이와 같이 경비대 간부의 충원이 거의 일본군과 만주군 출신자들로 이루어지게 된 것은 그들이 적극적으로 군정에 협력하여 창군에 가담한 데 비해 광복군 출신자들이 경비대를 친일파집단과 미국의 용병(傭兵)으로 규정하고 입대를 거부한 데도 주원인이 있지만 국방사령부의 한국인 고문이 일본군과 만주군 출신이었다는 데도 그 원인이 있다. 국방사령부 한국인 고문으로는 일군 출신 이응준과 만군 출신 원용덕이 발탁되었는데 이들은 군사영어학교에 일군과 만군 경력자들을 대거 추천했으며 군사영

표 1　　　　　　　　　　　경비대체제시기의 군수뇌진

송호성	광복군 지대장	3연대장, 경비대 총사령관
원용덕	만주 軍醫兵科	군영부교장, 경비대 총사령관, 경비사 교장, 8연대장
채병덕	49기	1연대장, 통위부 병기부대 사령관
이형근	일본육사 56기	2연대장, 경비사 교장, 초대 경비대 총사령관, 통위부 참모총장
정일권	만주봉천군관 5기	4연대장, 경비대 총참모총장

어학교와 경비대에 좌익참여를 막기 위해 사상검사까지 할 것을 요구했다.[31]

국방사령부 고문이던 만군 출신 원용덕은 경비대가 창설되자 총사령부 선임장교가 되었다. 원용덕 이외에도 경비대의 최고간부들은 표 1에서 보는 바와 같이 일군이나 만군 출신들이 대부분이었다.[32]

경비대의 무장상태와 교육 및 훈련은 군정경찰과 비교해보면 알 수 있듯이 낮은 수준이었다. 경비대는 구일본군이 사용하던 99식, 38식 소총을 기본장비로 했으며 훈련도 총검술과 폭동진압법 정도에 그쳤다.[33] 군정시기의 경비대는 군정경찰에 비해 병력규모가 현저히 작았으며, 장비수준 또한 빈약했는데 그것은 미군정이 진주 직후부터 남한의 핵심적인 억압기구로서 군정경찰을 육성한 데 기인한다고 볼 수 있을 것이다.

그러나 1948년 정부수립 후에는 미군철수에 대비하여 군병력이 경찰병력보다 급격히 증대되었다. 1949년 3월 경찰은 4만 5천 병력인데 비해 군은 6만 4천 병력에 달하게 되었으며, 한국전쟁 직전에는 경찰이 4만 8천의 규모인 데 비해 군은 11만 3천의 규모로 확대되었다.

정부수립과 미군철수에 따라 한국군에 대한 미군의 개입은 미군사고문단(KMAG, Korean Military Advisory Group)의 활동으로 형태를 바꾸게 된다. 미군은 경비대 창립 당시부터 도별 연대창설에 미국인장교와 사병을 지휘관과 고문관으로 배치하여 연대창설과 훈련을 맡게 했다. 1948년 3월 10일에는 경비대병력을 5만 명으로 늘리기로 하면서 고문관을 100

여 명으로 늘렸다. 미군은 정부수립 후에는 군정시기 고문관의 활동에 기반하여 임시군사고문단(PMAG, Provisional Military Advisory Group)을 설치했고, 군사고문단 요원을 241명으로 늘려 한국군을 지휘 감독하게 되었다. 임시군사고문단은 여순반란 시에는 군사고문단장이 반란진압을 총지휘하는 등 한국군의 지휘와 통제에 큰 기능을 했다. 1949년 7월 1일에는 임시군사고문단이 한국군사고문단으로 정식 발족되어 500여 명으로 구성된 군사고문단을 파견하게 되었는데, 이들은 대한군사원조의 집행, 미군장비 및 무기이양, 한국군의 편성 및 훈련·지도를 맡았으며 경찰기구에도 각 도에 고문관 1명식을 파견하여 경찰의 전투대대로의 편성계획과 훈련에 관여했다.[34]

3) 좌익의 배제와 반공이념의 정착

이상에서 살펴본 바와 같이 경비대 간부요원의 충원이 주로 일본군·만주군 출신의 우익 군경력자들로 이루어졌지만 군사영어학교 입교자들과 초기 경비사관학교에는 좌익계열이 상당수 참여했다. 또 1946년 10월항쟁이 실패로 돌아가고 좌익조직이 전면적으로 와해되기 시작하자 조선공산당은 비합법적인 무장투쟁의 방법으로 전환하는 한편, 군 내부에도 침투하게 되었다. 10월항쟁 후 경남의 국군준비대 대원들과 경북인민위원회 좌익청년들의 경비대 입대가 그 대표적인 경우일 것이다. 이들을 기반으로 하여 좌익이 전혀 발을 붙일 수 없었던 경찰기구와 달리 군 내부에는 좌익세력이 성장하게 되었으며 제주도 4·3사건, 여순사건, 대구반란사건 등으로 표출되게 되었다.

그럼에도 불구하고 미군정 후기에 이르러 우익에 의한 경비대 장악은 더욱 철저해지게 되었다. 경비대의 팽창에 따라 장교의 수요가 급증하게 되었는데 장교충원기관인 경비사관학교에는 5기 이후부터 민간인과 우익청년단체의 단원들, 이북 출신 월남청년들이 대거 입대하여 그 충원의 절반을 차지하게 되었다.[35] 정규군 형태로 확장된 경비대 후기에 이르면 우익에 의한 장악이 강화되고 반공이데올로기의 정착이 공고화될 뿐 아니라, 제주도 4·3사건을 계기로 좌익에 대한 적극적인 배제가 이루어지게 되었다. 경비대는 5·10선거에 반대하여 제주도에서 일어난 4·3사건의 토벌에 결정적인 역할을 했는데 이를 계기로 국내 좌익에 대한 전투를 본격적으로 시작하게 되었다. 또 4·3사건 직후 제주도 주둔 경비대 9연대 대원 40 내지 100여 명이 진압에 나선 경찰과 우익청년단을 습격하고 좌익유격대에 합세하는 사건이 발생하자 미군방첩대(CIC)에 의해 이에 대한 수사가 진행되면서 군 내부의 좌익 숙청과 이데올로기 교육 문제가 제기되었다.

정부수립 후에는 1948년 12월 1일 국가보안법의 제정과 함께 육군정보국에 특별수사과(후에 특무대, 방첩대로 개칭)가 설치되고 그 예하에 15개의 파견대가 조직됨으로써 숙군(肅軍)작업이 본격화되었다. 특무대의 전문수사요원들로는 일제헌병 출신들과 친일경찰들이 수십 명 발탁되었는데 노엽, 장복성, 장보형, 김성하, 김창룡, 이옥봉 등이 대표적인 인물들이다.[36] 숙군작업은 1948년 10월부터 1954년 10월에 이르기까지 총 7차에 걸쳐 이루어졌는데 국가보안법 위반 처리자가 1,667명이나 되었다. 이들 중에는 군사영어학교, 경비사관학교 1·2·3기 출신장교들이 80여 명이나 포함되어 있었다.[37] 한국전쟁 전인 1950년 6월까지만 보더라도 4차에 걸쳐 전군의 5퍼센트에 달하는 4,749명의 좌익계 군인들이 처형, 유기형, 파면 등에 의해 배제되었다.[38] 숙군작업은 주로 고문(拷問)에 의한 자백에 의존했거나 남로당 간부에게서 입수한 명부만을 증거로 하여 수사가 이루어졌기 때문에 무고한 사람들의 피해가 컸지만 이로써 군 내부의 좌익은 완전히 뿌리뽑히게 되었다.[39] 또 군 내부의 좌익배제 과정과 함께 반공이데올로기 교육이 더욱 강화되었다. 정부수립 후 경비대가 국방부로 개편됨에 따라 국방부 내에 반공이데올로기 교육을 목적으로 한 정치국이 설치되었으며 '국군 3대선서'를 통해 공산주의를 핵심적인 적으로 규정, 반공이데올로기를 적극 주입했다.[40]

앞에서 고찰한 바와 같이 한국군은 미군정하에서 미군정과 우익정치세력의 연합에 의해 형성되었으며 소련 및 공산주의 세력에 대한 방파제로

서의 기능을 획득하게 된다. 한국군은 무장독립운동의 맥을 잇는 해방군
으로서의 성격보다는 미국의 대한반도 점령목표의 실현을 위한 지원군의
성격을 가지고 창설되었다. 창군 당시의 이러한 성격은 한국전쟁을 통한
분단고착화의 과정에서 더욱 강화된다. 또 일본군 및 만주군 출신자들의
군사기구 장악에 의해 정부수립 후 군의 정치도구화 경향이 초래되게 되
었다.

3. 경찰기구의 재편·강화

　1945년 9월 9일 미군이 서울에 진주한 지 3, 4개월 내에 내린 결정들
이 해방 후 남한의 기본적 지배구조를 결정짓게 되었다는 점은 군정경찰
의 형성·재편 과정을 살펴보면 가장 두드러지게 증명된다. 미군은 진주한
직후 포고 제1호로 기존 행정기구의 존속을 선포했는데, 그것은 제도 자
체의 존속만을 뜻하는 것이 아니라 일제식민지 지배기구의 대행자들의 온
존을 의미했다.[41] 미국은 기존의 식민지 통치기구를 활용함으로써 한반도
를 지배하려고 한 것이다. 하지 중장은 9월 9일 아베(阿部) 총독의 항복문
서에 대한 서명을 받고 총독부 각국·각과의 사무인계를 받은 후에도 엔도
(遠藤) 정무총감 이하 총독부의 일본인 국장들에게 군정청의 행정고문으
로 남아줄 것을 요청했으며[42] 일제에 협력했던 행정부 한인관료들도 그대
로 임무를 계속하게 했다. 게다가 하지가 위촉한 한국인 고문들 또한 김성
수·송진우를 비롯 식민지시대의 지배계급인 한민당계 인사들이었다. 미
군정은 한민당계 인사들과 해방 후 한민당과 결탁하게 된 총독부의 고위
친일파 관료들을 재편된 미군정 관료기구의 직책에 앉혔다.
　미군정이 구지배층인 한민당과 친일파세력을 기반으로 군정의 지배기
구를 재편함으로써 해방 이후 한국사회에서 일제잔재 청산의 문제는 거의
불가능하게 되었는데 군정경찰의 경우 그 폐해는 가장 심각했다. 커밍스
(B. Cumings)가 지적한 바와 같이 해방기의 비극과 미국 책임의 심각성

은 무엇보다도 점령기간 중 한국 국립경찰의 역사에서 가장 뚜렷하게 드러나는 것이다.

1) 친일경찰의 행적과 자치적 치안조직 현황

해방 당시 총독부 조선인 경찰관의 수는 표 2에 나타난 바와 같이 총 2만 명 중 8천여 명이었는데 이들은 해방이 되자 대부분 도피하여—미군정의 기존 행정체제 인정(포고문 1호)으로 대부분 10월 중순까지 복귀하게 되지만—출근율이 20퍼센트도 안 되었다.[43] 또 해방 직후 일본제국주의 지배의 최선봉에서 자기 민족을 억압했던 친일경찰들에 대한 보복이 극심했는바 피살과 폭행사건 대부분이 친일경찰에 대한 것이었다.[44]

표 2   해방 당시 총독부의 경찰규모

직급	警視	警部	警部補	巡査	합계
한국인	8	75	172	7,758	7,968
일본인	77	482	882	13,307	14,747

해방과 함께 조선인들은 건국준비위원회 인민공화국 선포를 비롯, 주체적으로 통일국가를 수립하고 총독부의 행정기구를 접수하기 위해 활발히 움직이기 시작했는데 자치적 치안대의 조직과 총독부 경찰기관에 대한 접수운동도 그러한 전체적인 맥락 속에서 파악될 수 있을 것이다. 자치적 치안조직 가운데 대표적인 것은 건국준비위원회(인민공화국 선포 후에는 인민위원회)의 치안대와 학도대, 보안대, 자위대 등이 있었다.[45] 일본의 항복이 선포되던 8월 15일 엔도 정무총감은 건준의 여운형과 조선거주 일본인의 안전과 과도기의 치안유지문제를 교섭했다. 여운형은 엔도와 교섭한 이후 건준 산하에 치안대(대장 장권)를 두고 조선인 경찰관을 동원, 총독부 경찰서의 접수에 나섰다. 치안대는 8월 25일까지 전국 140여 곳에 조직되었는데 청년층을 중심으로 한 주민에 의한 자발적 조직이 대부분이었다. 그러나 엔도는 8월 19일 약속을 어기고 '건준은 행정기관을 접수할 권

한이 없다'는 성명서를 발표하고 일본인 경찰관과 귀환한 일본군 장병을 동원하여 한국인에게 접수된 경찰서들을 탈환하려고 했으며 조선인 경찰관의 복귀를 명령했다. 이리하여 기존의 경찰서들이 대부분 무장한 미군이 진주할 때까지 일본군 경찰관과 친일경찰관의 수중에 있게 되었다.[46]

1945년 9월 14일에는 군정법령 28호에 의해 사설치안단체와 사설군사단체의 해산명령을 내림으로써 치안대, 학도대, 보안대 등에 의한 자치적인 치안활동과 경찰기구접수운동은 불법화되었다.

2) 군정경찰의 조직과 충원

미군정은 소련에 대한 방파제 구축이라는 점령목표의 실현을 위해 총독부의 경찰기구를 핵심적인 억압기구로 재편 확대했다. 점령정책의 내적 한계로 인해 남한에서 대중적 지지를 얻을 수 없었던 미군정이 남한에서 혁명적 조류와 좌익세력을 통제할 수 있는 가장 효과적이고 필수불가결한 자원은 기존의 식민지경찰체제였다. 이러한 점 때문에 미군정은 일본에서와 달리 한국에서는 중앙집권화된 야만적인 식민지경찰을 온존 강화할 수밖에 없었고 그 내부의 친일경찰을 육성할 수밖에 없었다. 미군정이 자치적이고 지방분권적인 영미법계의 경찰체계와 판이한 중앙집권적인 식민지 경찰체계의 기본구조를 확대 강화하고 친일경찰을 그대로 기용한 것은 남한 내부에서 혁명적 조류와 좌익세력에 대한 방파제 역할을 할 수 있는 다른 대안적 세력을 얻을 수 없었다는 데서 연유한 것이다.

군정경찰은 인민위원회를 비롯, 대중조직을 견제하고 미군정의 제정책의 실현을 보장해주는 중추적인 억압기구로 그 조직규모 또한 군에 비해 현저히 컸다. 해방 직전에 남북한 모두 합하여 8천 명이었던 경찰 인원은 해방 후 불과 3개월 후인 11월 중순 남한만도 1만 5천 명으로 급격히 늘어나게 되며 10월항쟁 후인 1946년 말에는 2만 5천 명으로 증강되었다. 경기도 경찰부의 경우 해방 당시 조선인 경찰관이 1,293(일본인 경찰관은 1,857명)명이었으나 같은 해 10월경에는 4,819명으로 늘어나는 등 2개월 사이에 3,500여 명의 새로운 경찰관이 충원되었다.[47] 미군정 점령하에서

한국군 정규군의 육성이 어려웠기 때문에 경찰기구의 비대화는 불가피했다.[48]

미군정은 1945년 12월 27일에는 군정장관의 명으로 공포된 '국립경찰조직에 관한 건'에 의해 식민경찰체제를 골간으로 하여 이미 조직된 군정경찰을 더욱 정비했다. 중앙에서는 군정청 경무국 예하에 5개의 국을 두며, 지방에서는 종래 도지사의 권한에 있던 경찰행정권을 분리, 도경찰부를 독립시켜 중앙의 경무국의 직접적 통제를 받게 했다. 또 각 관구(도)나 각 구(군) 경찰서 공안과에서는 군정이 필요로 하는 정치집단에 관한 정보수집과 보고의 업무를 수행했으며, 경찰서마다 반드시 사찰과를 설치하게 하여 정치·사회 단체에 관한 정보수집, 집회 및 집단행동에 대한 사찰, 폭동·데모·시위 등에 관한 사찰, 반군정 범죄에 관한 사항 등을 맡게 했다.

그러면 이렇듯 잘 정비되고 비대화된 군정경찰기구는 어떤 정치세력에 의해 장악되었으며 어떻게 충원되었는가?

미군정은 해방 전 경기도 경찰부장을 지낸 최연[49]의 보좌로 10월 초까지 서울시내 10개 경찰서장을 임명했는데 이들은 전원 친일경찰관과 친일관료 출신이었다.[50] 또 서울을 제외한 경기도 내 경찰서장들도 절반 이상이 총독경찰 출신들이었다.

비대화된 군정경찰기구의 하급경찰관들은 9월 16일 경찰관강습소(10월 2일 경찰학교로 바뀌게 됨)에서 채용시험을 실시, 대거 충원되었는데 시험은 한글을 해독하고 자신의 이름 석 자를 쓸 정도면 합격이 가능했고 교육기간도 3일에 지나지 않았다. 기존의 총독부 경찰종사자들 이외의 새로운 충원에도 친일파와 반민족행위자 처벌이 조기에 이루어진 북한에서 월남한 친일경찰관료가 다수 참여했으며 그밖에 월남청년들과 우익청년단체의 단원들이 대거 참여했다. 북한에서는 소련이 총독부의 행정권을 조선인민위원회로 하여금 접수케 하여 총독부 고위행정·사법 관료층과 경찰관, 헌병 등이 모두 현직에서 축출되고 재판을 받았다.[51]

총독부의 조선인 경찰관들은 식민지 지배의 직접적인 대행자로서 독립운동탄압의 제일선에서 민족의 독립을 방해한 반민족행위자들의 전형적인 집단이었으며 경찰기술관료로서 탁월한 통제능력을 가진 자들이었다. 군정경찰은 이들에게 생존의 길을 열어주었으며 냉전하의 반공이데올로기에 의해 자신들을 새로운 애국자로 변신시킬 수 있게 해주었다.

1946년 1월에는 군정청 각 국의 장이 한국인으로 대체되면서 한민당의 주요 창립인인 조병옥과 장택상이 경무국장과 수도경찰청장에 임명되었다. 이후 군정경찰의 새로운 간부 충원[52]은 이들에 의해 이루어지게 되었는데 여전히 악명 높은 친일경찰들을 핵심적인 위치에 앉혔다.

군정경찰의 이러한 충원방식에 대해 '경무국은 부패했으며 인민의 적'이라고 우려하고 독립운동가를 경무국에 등용할 것을 주장했던 경찰간부는 최능진[53] 단 한 사람이었는데 그는 조병옥 경무부장에 의해 축출되었다.

표 3   1946년 현재 군정경찰에 재직 중인 친일경찰의 분포

직위	1946년 총수	식민경찰 출신	비율(%)
치안감	1	1	100
청장	8	5	63
국장	10	8	80
총경	30	25	83
경감	139	104	75
경위	969	806	83

자료: 10월 인민항쟁 이후 열린 한미회담에서 군정경찰의 책임자 W. 마글린이 행한 보고.

이상에서 살펴본 바와 같이 군정경찰 간부의 충원이 전체 간부의 80퍼센트 이상이 친일경찰에 의해 이루어졌는데 이 때문에 군정경찰은 한국민중의 공격 표적이 되었다. 미군정 측에서도 10월항쟁 후 친일경찰 및 친일관료의 등용이 군정에 대한 비난과 저항의 원인이 된다는 점을 인식하고 문제를 제기하지만 혁명세력 및 좌익세력에 대한 억압이라는 군정경

찰의 본질적인 기능에 비추어볼 때 문제의 해결은 자가당착일 수밖에 없었다.

3) 군정경찰의 기능과 특성

미군은 한국에 진주하여 좌익에 대항할 수 있는 효과적인 억압수단으로 식민지 경찰기구 외에는 다른 힘을 발견할 수 없었다. 궁극적으로 미군이 물리적 강제력을 행사할 수 있었지만 남한 내에 정규군이 없는 상황에서 경찰은 핵심적인 지배수단이 되었던 것이다. 군정경찰은 확대강화된 식민지경찰의 전국적 조직을 통해 해방 후 각 지역에서 자발적으로 조직되었던 인민위원회를 비롯, 대중조직을 분쇄해갔으며, 양곡의 공출을 비롯해 집회, 언론, 출판, 파업 등 모든 영역에 걸쳐 강제력을 행사했다. 군정경찰은 아래로부터 조직된 대중조직을 파괴하고 개혁과 반대되는 미군정의 제정책의 실행을 보장해주는 직접적인 강제력으로서 기능했는바, 군정경찰의 이러한 성격으로 인해 경찰은 저항운동의 1차적인 표적이 되었다. 그 대표적인 예로 남원사건과 10월항쟁을 들 수 있을 것이다. 10월항쟁의 경우를 보면 지방인민위원회와 민중들의 직접적인 공격대상은 친일경찰과 군정의 한인관리 및 보수우익계 인사들이었는데, 강력한 저항력에 의해 군정경찰력이 와해되게 되면 미군정은 궁극적인 강제력(미군부대의 출동)에 의해 그것을 복구시켰다.

남원사건은 해방 후 비교적 일찍이 인민위원회가 조직되어 그에 의해 군청을 비롯한 행정기관들과 경찰서가 접수된 전북지역에 위로부터 조직된 군정경찰이 배치되면서 비롯되었다. 전북경찰부는 미군정의 명령에 의해 군 출신인 김응조(金應祚)를 비롯, 일본사관학교 출신인 정내혁(丁來赫), 최복수(崔福壽) 등에 의해 조직되었는데 인민위원회가 접수 운영하고 있는 남원군청과 남원경찰서를 접수하기 위해 1945년 11월 15일 무장경찰 20명을 남원에 투입하여 군청 안의 인민위원회 간부 5명을 검거했다. 이에 11월 17일 인민위원회를 중심으로 한 청년·군민들이 구속간부 5명의 석방을 요구하는 대규모 시위를 벌이게 되자 시위군중에 경찰이 발포, 군민 2명과 경찰관 1명이 사망했다. 이 사건을 계기로 전북경찰부는 김응조 전북경찰부장의 지휘하에 인민위원회와 좌익계 인물들을 본격적으로 제거해갔다.[54]

남원사건에서 볼 수 있는 바와 같이 인민위원회와 군정경찰의 충돌은 중앙에서보다 인민위원회가 상당히 오랫동안 존속할 수 있었던 지방에서 더욱 극심했다. 이에 대해 개혁세력이나 좌익진영에서는 미군정과 민중 간 분규의 근본적 원인은 미군정이 해방 직후부터 민족반역자와 친일분자들을 육성한 데 있다고 보고 미군정에 일제잔재세력을 구축할 것을 요청했다.[55]

10월항쟁은 미군정이 등용한 친일관료층에 관한 저항이 가장 대규모로 일어난 경우다. 1946년 10월 1일 대구인민위원회와 대구시 공산당의 조직에 의해 일반시민들이 식량배급을 요구하는 시위를 벌였는데 여기에 파업 노동자들이 합세하자 무장경찰이 동원된 것이 사건의 발단이 되었다. 경찰의 발포로 시위군중들 가운데 1명이 사망하게 됨으로써 대구시의 파업과 식량배급을 요구하던 대중시위는 친일경찰관료에 대한 반대투쟁으로 급전하게 되며 경찰서 습격, 무기탈취, 유치장개방, 경찰 및 경찰가족의 학살 등으로 확대되었다. 대구지구에 계엄령이 선포되고 미군과 중앙의 경찰력이 동원되어 경찰서 파출소를 탈환하지만, 반민족적 친일경찰에 대한 반대투쟁은 경북 각 지역 및 부산 인근지역으로 확대되며 10월 20일경에 38선 주변지역, 전라도, 충청도 전국적으로 확산되었다. 10·1대구사건을 계기로 전국적으로 확산된 시위와 폭동은 경찰관서와 각급 지방행정기관을 표적으로 했는데, 10월 25일까지 75명의 경찰이 사망하고 200명 내지 300명이 실종되었음에도 불구하고 미국인 사망자가 없었다는 사실은 이 사건의 원인이 일제 식민지시대부터 한국 민중을 직접 억압한 친일경찰관의 온존에 있었음을 입증해주는 것이다.

이 사건을 마무리짓기 위해 미군정 측은 좌우합작위원회와 10월 26일 한미공동회담을 개최했던바, 이 회담에서 논쟁의 초점은 경찰 내부의 일제잔재 청산(특히 일제 고등계형사 숙청)문제에 있었다. 이 회담에서 당시

군정경찰의 책임자였던 마글린(W. Maglin)은 군정경찰 경위 이상의 간부 1,157명 중 949명, 곧 82퍼센트가 친일경찰 출신이라고 보고했다. 이 회담에서 김규식, 여운형을 대표로 한 좌우합작위원회는 군정청에 5개 건의안과 조병옥 경무부장의 인책파면을 요구했으나, 군정 측은 개선책을 강구하겠다는 성명서를 발표했을 뿐 구체적인 대책이 전혀 뒤따르지 않았으며 경무부장의 파면도 실현되지 않았다. 한미공동회담 결과 건의한 핵심적인 내용은 제1항, 제2항의 것으로 친일경찰 및 군정청 내의 전(前)친일파관리의 처리문제였다.

하지 중장에게 제출한 한미공동회담의 건의 요지[56]
1. 경찰에 대한 원한
경찰 인사에 있어 일제경찰 출신 특히 일제하에서 항일 애국자를 탄압하고 박해하던 일제의 악질 고등경찰 출신이 해방된 금일 경무부당국이 등용하여 특히 사찰경찰의 일선에 배치되어 비록 공산주의자라 할지라도 그들이 경찰기술자라는 명목으로 그들을 체포 고문하는 사실은 한국인의 감정을 지극히 손상시켰으며 그 결과 군정경찰에 대한 일반 민중의 반감을 사고 있으므로 이를 시정할 것.
2. 군정청 내 전(前)친일파의 잔류
그들이 일제 36년 일제의 폭정하에서 살아왔다는 점에 유의하여 열성적으로 자진하여 일제에 협조함으로써 민족에 해를 끼친 적극적인 친일파와 부득이 살기 위한 친일파와는 구별하여 친일파를 처리할 것.
3. 정부 내의 과다한 통역관의 폐해.
4. 한국인 관리의 부패.
5. 한국인의 진실한 복리에 반대하는 악질적 선동.

이와 같이 미군정 측에서도 친일경찰 문제를 심각하게 제기하고 있었음에도 불구하고 미군정 시기에 친일파처단 및 일제잔재 청산이 이루어지기보다는 오히려 육성된 것은 혁명세력 및 소련에 대한 방파제구축이라는 미점령 목표의 실현을 위해 미군정이 보수우파와 동맹, 친일관료를 등용하는 정책을 택한 것의 당연한 귀결일 것이다.

이상에서 고찰한 군정경찰의 역할과 활동을 통해 군정경찰의 특징을 요약해보면 다음 네 가지로 간추릴 수 있을 것이다.

첫째, 군정경찰은 최대의 물리적 강제력을 갖는 억압기구라는 점이다. 미군정은 1945년 10월 9일 군정법령 제11호로 치안유지법, 경찰사법권(즉결권)에 관한 특별법 등 일제강점기의 제악법의 폐지를 선언했으나 같은 해 11월 2일에는 군정법령 제21호[57]에 의해 폐기되지 않은 식민지 법률 일체가 유효함을 선언했다. 그뿐만 아니라 군정위반에 대한 범죄처벌, 정당등록법, 신문 기타 정간물(심지어는 우편물까지)검열법 등 억압적인 법률이 더욱 강화되었다. 군정경찰의 억압적 특징은 전투경찰로서의 성격에서 무엇보다도 명백히 드러난다. 군정경찰에게는 초기부터 군사훈련이 실시되며 특수장비로 무장을 시켰는데 이것은 일본군복과 일본소총만 지급받고 훈련 또한 폭동진압훈련만 실시했던 군(조선경비대)과 퍽 대조적이다. 군정은 식민지시대의 야만적 경찰의 상징이던 대검을 폐지하고 민주경찰의 상징으로서 경찰봉을 휴대하게 하지만 그와 함께 지적되어야 할 것은 칼빈소총으로 재무장하게 했다는 점이다. 또 각 군의 경찰서는 일제강점기의 장비뿐만 아니라 미군의 군용차량, 대검, 기관총, 독자적인 전화와 무전망까지 갖추었다. 군정경찰의 통신망과 정보망은 당시 남한에서 가장 뛰어난 것이었다. 군정경찰이 소극적 의미의 치안유지나 시민의 생명 및 재산보호의 기능을 한 것이 아니라 준군사행동에 의해 고도의 강제와 억압의 기능을 했다는 것은 군정경찰에 충원된 친일경찰들의 속성에서 여실히 드러난다. 군정시기의 경찰관들은 독립운동가들을 탄압하던 일제강점기의 고문과 조작의 수사기법을 거의 일상적으로 사용했다.

나는 경찰이 각이 날카로운 나무몽둥이로 사람들의 정갱이를 때리는 것을 보았습니다. 경찰들은 사람 손톱 밑에 뾰족한 나무 조각을 쑤셔넣기도 했지요. 또 내가 기억할 수 없을 만큼 많은 사람들이 물고문을 받는 것을 보았읍니다. 그들은 어떤 사람의 입에다 고무튜브로 계속 물을 퍼부어 거의 질식할 지경으로 만들어놓았읍니다. 또한 경찰들이 쇠몽둥이로 한 사람의 어깨를 갈기고 쇠고리에 매달아놓는 것도 보았아요.[58]

정부수립 후 국립경찰의 모체가 된 군정경찰의 억압적 특성과 고문 방법은 오늘날까지도 그대로 답습되고 있다. 군정경찰의 억압적 특성은 경찰의 외곽단체인 우익청년단체의 테러활동에서도 증명된다. 우익청년 단체의 테러활동은 경찰출동을 정당화하고 억압력을 동원할 수 있는 구실을 제공해주는 기능을 했다.

둘째, 조직면에서 중앙집권화의 정도가 강하며 조직의 과정이 하향적이라는 점이다. 군정경찰은 해방 후 각 지역에서 조직된 자치적 치안조직을 흡수하는 방식으로 형성된 것이 아니라 오히려 그것을 파괴하고 위로부터 하향적으로 조직되었다.

셋째, 군정경찰의 전투경찰로서의 군사적 특성과 함께 그것의 정치화가 주된 특징으로 지적될 수 있겠다. 군정경찰기구는 친일분자와 한민당계가 주축을 이룬 우익에 의해 장악됨으로써 그들의 정치적 이해의 실현을 위해 기능하게 되었는데 이것은 경찰관들의 공개적인 정치활동으로 나타났다. 군정경찰의 정치화와 함께 지적되어야 할 것은 반공이데올로기의 수용과 정착이다. 미군정에 의해 생존의 출구를 찾은 친일경찰들은 반공이데올로기를 민주주의와 공산주의의 이념체계와 제도에 대한 이해에 입각하여 받아들이기보다는 자신들을 새로운 애국자로 변신시키기 위한 유일한 수단으로서 맹목적으로 받아들이게 된 것이다.

마지막으로 군정경찰기구 대행자들의 내적 응집성과 동질성을 주된 특징으로 들 수 있겠다. 군정경찰은 단순한 기술관료집단이 아니라 친일경력이라는 동일한 배경과 의식을 가진 집단으로 파벌이 많았던 군(조선경비대)과 매우 대조적이다.

4. 맺음말

미군정은 남한 내부의 혁명조류와 좌익세력을 견제하여 소련에 대한 방파제를 구축하려는 점령정책목표(한반도의 전략적 가치에 대한 평가가 변화함에 따라 다소간의 변화는 있었지만 이러한 본질의 변화는 없다)의 실현을 위해 기존체제, 즉 일본제국주의의 조선지배과정에서 비대해진 억압적 국가기구들을 본질적인 변화 없이 활용했으며, 이들 억압기구들을 친일관료집단과 우익정치세력으로 충원했다. 더욱이 본론에서 살펴본 바와 같이 미군정은 중앙집권화된 식민지 통치기구를 단순히 활용하는 데 그친 것이 아니라, 경찰기구 재편과정에서 볼 수 있는 것처럼 그것을 더욱 확대 강화했다.

이와 같이 미국의 한반도지배유형은 미점령군의 군사력에 의해 우익정치세력으로 하여금 억압기구를 장악할 수 있도록 뒷받침해주고, 그것을 통해 국내의 혁명세력과 저항세력을 통제하는 방식이었다. 해방공간에서 독립운동과 민족해방에 관한 한 아무런 정당성을 얻을 수 없었고 대중적 조직기반이 전혀 없었던 우익세력은 반공이데올로기의 기치하에 억압기구를 장악하여 제도화된 물리적 강제력을 독점함과 동시에 한편으로는 억압기구의 외곽단체인 우익청년단체를 활용함으로써 좌우익 대립에서 승리하게 되었다. 한민당을 중심으로 통합된 구지배층은 구조적으로 헤게모니를 획득할 수 없었고 따라서 식민지지배의 유산인 고도로 중앙집권화된 국가기구의 지배권을 얻는 데 전력투구했는데, 이것은 한반도에서의 좌익에 대한 방파제 구축이라는 미군정의 기본목표와 선택적 친화력을 갖는 것이었으므로 양자간의 동맹이 쉽게 이루어질 수 있었다. 군정과 우익의 동맹에 의한 통치는 대중적 지지에 기반을 둔 '합의'에 의한 지배보다는 물리적 강제력에 의존하는 강압에 의한 지배를 가져올 수밖에 없었던 것이다.

주 _____

1) 국방부, 『한국전쟁사 제1권』(국방부, 1967), p. 247.
2) 육군본부, 『창군前史』(육군 군사편찬과, 1980), pp. 278~80.
3) 한용원, 『創軍』(박영사, 1984), p. 27.
4) 『한국전쟁사』에는 6만 명으로 기록되어 있다.
5) 민주주의민족전선, 『조선해방연보』(문우인서관, 1946), p. 233.
6) 『해방일보』, 1945년 12월 29일자 참조.
7) 민주주의민족전선, 앞의 책, p. 234 참조. 국군준비대의 선언과 강령은 아래와 같다.

  선언

  일체의 제국주의 세력의 잔재와 친일파, 민족반역자를 소탕하여 파쇼체적인 직업적 군인집단을 반대하고 인민을 위한 인민 자체의 무장을 선언한다.

  강령

  1. 인민무장에 의한 국군건설.
  2. 파쇼적 군벌적 형태의 군사활동 배격.
  3. 군사적 훈련과 정치적 훈련의 통일에 의한 혁명군인 육성.

8) 국군준비대는 1945년 12월 26일 건국대회를 하고 각 사령부의 정세 보고를 받은 다음 의용군·광복군·국군준비대의 완전 통합, 38선 이북을 망라한 전국조직, 경비의 자급자족 등의 사항을 결의했다.(『해방일보』, 1946년 1월 10일자 참조.) 군대창설의 기반을 다지려는 예비작업으로서 1945년 9월 27일 국군준비대를 중심으로 재경 12개 군사단체가 전국군사준비위원회를 결성하기 위해 대표자대회를 했는데 광복군계열은 통합기구에 '조선'이란 명칭 대신에 '대한'이란 명칭을 사용할 것을 주장하여 10월 7일 준비위원회결성에서 탈퇴했다.(민전, 앞의 책, p. 234 참조.)
9) 이 사건은 건국청년회의 人民報社 테러습격에 대해 국군준비대 특무대장 오영주가 건청간부 10명을 체포한 결과 그들이 광복군과 결탁했음이 밝혀지자 1945년 11월 29일 국군준비대 120여 명의 대원이 광복군 사령부를 점거 보복한 것을 말한다. 이 사건을 이유로 1946년 1월 3일 미군이 국군준비대 경성연대에 출현하여 무장을 해제하고 박상호 대대장을 비롯, 국군준비대 간부들을 MP로 연행해 갔다.(『해방일보』, 1946년 1월 10일자 참조.) '건국청년회'는 이승만의 비서 윤

치영에 의해 직접 지도되었으며, 이승만은 국군준비대의 해산을 하지에게 요청해주겠다고 건청대원들과 공공연히 약속했다.(민전, 앞의 책, p. 234.)
10) 학병동맹,「학병동맹이 걸어온 길」,『學兵』1집(창간호, 1946년 1월) 참조.
11)『경향신문』, 1976년 11월 4일자 참조.
12) 학병동맹,『學兵』2집(1946년 2월) 참조. 이 사건에 대해 '학병동맹'은 ① 체포학병 즉시 석방과 ② 군정 경무국장(조병옥)과 수도경찰부장(장택상)의 징계파면을 하지중장과 미소공위에 건의하지만 묵살된다.
13) 한용원, 앞의 책, p. 873
14) 장창국,『육사 졸업생』(중앙일보사, 1984), p. 55.
15) 한용원, 앞의 책, p. 50.
16) 장창국, 앞의 책, pp. 38~40.
17) 육군본부, 앞의 책, p. 4.
18) 광복군이 12명이라는 적은 인원으로 재정문제에 대한 대책을 마련하지도 못한 상태에서 발족된 것은 김원봉의 조선민족혁명당이 조선의용대를 결성한 데 대한 반응이었다.(박성수,「한국 광복군에 대하여」, 신용하 외,『한국 근대사론 II』, 지식산업사, 1977, p. 339 참조.)
19) 해외무장독립운동세력은 ① 중국국민당에 소속된 한독당 임정의 광복군, ② 화북지대의 조선의용군, ③ 중국공산당 예하에 있던 무정(연안파공산당)의 조선혁명군, ④ 소련과 관련되어 있던 간도 장백산 일대 김일성의 조선인민혁명군, 그 밖에 美州와 南洋 각지의 연합군에 소속되어 있던 한인군인들 등 몇 분파가 있었다. 조선의용군은 중국 화북·화중 각지에서 중국 八路軍·新四軍과 함께 항일전에 참여했으며 해방 후에는 대부분 북한에 귀환하여 북한군 창설의 주역이 되었다. 한국전쟁 전에 북한인민군의 3분의 1(13만 5천 명)이 중공군 출신의 한인병사들이었다.(Roy E. Appleman, *South to the Naktong, North to the Yalu*, 1961, pp. 9~10;『해방일보』, 1946년 1월 16일자 참조.)
20) 박성수, 앞의 글, p. 335.
21) 박성수, 같은 글, p. 339.
22) 박성수, 같은 글, p. 342 참조. 광복군의 활동을 제약하는 '9개 준승'은 1945년 4월 신군사협정(關於韓國光復軍中韓兩方商定辦法)에 의해 폐기되는바, 이 협정의 주된 내용은 다음 세 가지다. ① 국민당의 광복군에 대한 통수권의 제한은 광복군이 중국 국경 내에서 작전할 때에만 해당되며 광복군의 조국진공 작전에는

적용하지 않을 것, ② 광복군에 대한 국민당의 원조를 차관형식으로 바꾸어 임정을 통해 전해줄 것, ③ 중국 각지 포로수용소의 한인포로들을 韓中 쌍방의 조사를 거친 후에 광복군에 인도할 것.
23) 1945년 8월 미국은 전황의 급진전으로 일본본토 상륙작전을 감행하게 되자 주중 미군사령관 웨드마이어 중장을 통해 미육군전략처(OSS)와 광복군의 합동작전을 계획한다. 이에 따라 西安의 제2지대(지대장 이범석)와 阜陽의 제3지대(지대장 김학규)가 탈출학병을 중심으로 대일비밀공작을 위한 합동훈련을 하게 되었지만 일본의 조기항복으로 인해 실현을 보지 못했다. 합동작전훈련을 받은 광복군 대원들은 장준하, 김준연 등 90여 명이다.(백범사업회,『白凡 金九: 생애와 사상』, 교문사, 1982; 고정훈,『祕錄: 軍』, 동방서원, 1967 참조.)
24) 김구가 귀국 시 발표한 '당면정책 14개항' 중 13항에 들어 있다.
25) 국방부, 앞의 책.
26) 한국법제연구회,『미군정법령총람』(국문판, 1971).
27) '국방사령부'란 명칭에 대해 미소공위에서 소련 측이 임시정부 구상 중에 '국방사령부'를 만드는 저의가 무엇이냐고 항의하자 미군정은 1946년 6월 15일 군정법령 86호에 의해 국내경비부(Department of Internal Security)로 바꾸어 국방경비대(National Constabulary)란 명칭도 조선경비대(Korean Constabulary)로 개칭하는 한편 군무국을 폐지하고 군무국 예하의 육군부를 경비국(Bureau of Constabulary)으로, 해군부를 해안경비국(Bureau of Coast Guard)으로 각각 개칭하여 경비대의 기능이 국내치안에 국한됨을 내보이려 했다. 한국 측은 경비대를 정부수립 후 국군의 모체로 간주하고 있었기 때문에 '국내경비부'라는 말을 統衛部로 번역하여 사용했다. 통위부시대부터 군정청 내의 한국인 부처장에서 행정권이 이양됨으로써 종전의 미국인 국방사령부장이 한국인(광복군 출신 유동역)으로 바뀌게 되었다.
28) 'Bamboo Plan'이란 지역별로 조직될 연대의 대원을 현지의 지원자로 충원하는 방식을 뜻한다.
29) 한용원, 앞의 책, p. 73. 군영 200명의 입교자 중 110명만 임관된 것은 미소의 신탁통치안을 둘러싸고 반탁학생(우익)들이 찬탁학생(좌익) 일부를 강제로 몰아냈으며 장래 신분이 불확실하다는 이유로 재학 중 퇴교자가 발생한 데 기인한다.
30) 한용원, 같은 책, pp. 72~73.
31) 佐佐木春隆, 강창구 옮김,『한국전 祕史(上): 건군과 시련』(병학사, 1977), p. 94.

32) 허장, 「한국 군부의 초기제도화에 관한 분석」(서울대 사회학과 석사학위논문, 1985), p. 44.
33) Robert K. Sawyer, *Military Advisors in Korea: KMAG in Peace & War*(Washington D.C., 1962), p. 16; 국방부, 앞의 책, pp. 369~70.
34) 한용원, 앞의 책, pp. 174~75.
35) 한용원, 같은 책, pp. 84~85.
36) 조갑제, 『고문과 조작의 기술자들』(한길사, 1987), pp. 660~63. 정부수립 후 제헌국회에서 반민법이 제정되고 반민특위활동이 시작됨에 따라 강경파 국회의원들이 군 내부의 친일파 처벌 문제를 거론하게 되지만 대통령과 군수뇌부의 반대로 실현을 보지 못했다.
37) 한용원, 앞의 책, p. 130.
38) 육군본부, 앞의 책, p. 80.
39) 국방부, 앞의 책, pp. 496~97.
40) 군 내부의 반공이데올로기 공고화작업은 정부수립 후 초대 국방부장관을 지낸 이범석에 의해 이루어졌다. 이범석은 1940년대에 중국국민당 간부를 지냈으며 해방 후에는 우익청년단인 民族靑年團(약칭 '족청') 단장으로 있었다.(B. 커밍스, 김자동 옮김, 『한국전쟁의 기원』, 일월서각, 1984년, p. 229; 한용원, 앞의 책, p. 105 참조.)
41) 태평양 미국 육군총사령부 포고 제1호는 미군의 남한점령과 38선 이남의 군정설립을 선포하고 있으며, 점령에 관한 조건으로서 38도 이남의 지역·주민에 대한 행정권 시행이 사령관에 속하며(포고 제1호 1조) 공공기관의 직원·고용인은 별도의 명령이 있을 때까지 직무에 종사할 것(제2조) 등을 선포하고 있다.(한국법제연구회, 『미군정법령총람』, 1971, p. 1.)
42) 森田芳夫, 정도영 옮김, 『朝鮮終戰の記錄』, 제6장 「미군의 남한진주와 군정의 개시」, 『한국사회연구』 5집(한길사, 1987), p. 354.
43) 내무부 치안국, 『한국경찰사』(1971), p. 951 참조.
44) 조갑제, 앞의 책, p. 14.
45) 森田芳夫, 앞의 책, p. 357.
46) 미군이 진주하기까지 무장한 일본헌병과 경찰관이 존속했는데 미점령군의 인천 상륙 시 조선인 환영인파에게 발포하여 인천 보안대원 이석우와 조선공산당원 권평근이 사망하게 된다. 이 사건에 대해 인천노조는 '일본헌병과 경찰관의 즉시

무장해제' '보안을 시정접수준비위원회 보안대에 즉시 일임할 것' 등을 미군정에 요구했다.(『해방일보』, 1945년 9월 19일자 참조.)
47) 조갑제, 앞의 책, p. 21.
48) 군(경비대)은 경찰에 비해 장비가 빈약했을 뿐 아니라 조직규모도 1947년 초에 7개 연대 7천여 명에 지나지 않을 정도였다.
49) 최연은 함남 출신으로 경무부 차장인 최경진과 함께 월남한 친일경찰들을 경찰·군에 진출하게 하는 데 매개역할을 한 인물이다.
50) 조갑제, 앞의 책, p. 20.
51) 森田芳夫, 앞의 책, p. 353.
52) 1946년 1월 경찰간부들의 반탁운동으로 공석이 된 서울시내 8개 경찰서장도 전원 친일경찰들로 충원되었다.
53) 崔能鎭은 해방 후 평양에서 건준 평남지부 치안대장을 지내다가 월남하여 경무부 수사국장으로 일하다가 조병옥에 의해 제거된다. 1948년 5·10국회의원선거에서 동대문 갑구 후보로 출마하여 이승만과 대결했으나 친일경찰과 우익청년단체의 방해로 후보등록을 취소당하며 1951년 전쟁 중 군법회의에서 이적죄의 명목으로 총살당하게 된다. 최능진은 해방 후 악질친일경찰암살을 준비하기도 했다.(B. 커밍스, 앞의 책, p. 222; 조갑제, 앞의 책, p. 27 참조.)
54) 「祕話 한세대: 군정경찰」, 『경향신문』(1977년 2월 10일자~5월 2일자) 참조.
55) 『해방일보』, 1945년 10월 25일자 사설 「테러리즘을 배격하자」와 12월 12일자 사설 「미군정에게 提言함: 군정 내 일제잔존세력을 구축하라」 참조.
56) Mark Gain, 까치 편집부 옮김, 『解放과 美軍政 1946. 10~11』(까치, 1986), pp. 16~17.
57) 군정법령 제21호 1조의 내용은 다음과 같다. "모든 법률 또한 조선구정부가 발포하고 법률적 효력이 있는 규칙, 명령, 고시 기타 문서로서 1945년 8월 9일 실시 중인 것은 군정의 특수명령으로 폐지할 때까지 효력을 가지고 존속한다. 지방의 제반 법규와 관례는 해당 관청에서 폐지할 때까지 계속적으로 효력을 갖는다. 법률의 규정으로서 조선총독부, 도청, 府, 면, 촌의 조직과 국장, 과장, 부윤, 경찰서장, 세무서장, 면장, 촌장, 기타 하급직원에 관한 것은 군정장관의 명으로 개정 또는 폐지된 것을 제외하고는 해당 관청에서 폐지할 때까지 존속한다.
58) M. Gain, 앞의 책, p. 87 참조. 이것은 경찰서에 배치된 미군이 경찰서 유치장의 광경을 묘사한 것이다.

한반도 신탁통치문제 1943~46

이완범

1. 머리말

  자주적인 통일민족국가의 수립이라는 한국현대사의 기본과제를 해결하기 위해서는 한반도가 왜 분단되어야 했는가라는 문제를 제기하지 않을 수 없다. 일반적으로 한반도의 분단과정은 국내적 차원과 국제정치적 차원으로 나누어볼 수 있다. 그뿐만 아니라 두 차원은 상호유기적 관계에 있음을 알게 된다. 따라서 이 글에서는 신탁통치문제를 국내적 차원과 국제적 차원으로 분리하여 살펴본 후 양자의 유기적 결합을 시도하고자 한다.

  분단과정을 내적 측면에서 볼 때 해방 직후 8년의 정치사[1]에서 좌우익의 이데올로기 대립[2]과정을 해명해야 할 필요성이 있다. 국내정치세력의 이데올로기적 대립이 최초로 명백하게 표출된 것이 신탁통치문제를 둘러싼 논쟁이었으므로 탁치[3]논쟁은 분단의 내적 구조와 직접적 연관성을 갖는 것이라고 볼 수 있다.

  한편 국제정치적 차원에서 본다면 탁치문제는 미·소관계의 한 획을 긋는 이슈였다고 볼 수 있다.[4] 즉 신탁통치를 둘러싼 논란은 냉전구조가 아직 형성되기 전인 1946년의 시점에서 미·소의 합의로 이루어진 모스크바 삼상회의 결정을 파기하는 데 중요한 역할을 했던 것이다. 따라서 탁치논쟁은 미·소의 대립을 격화했고 분단의 외적 구조인 냉전의 형성을 재촉했던 것이다.

이렇게 본다면 신탁통치논쟁은 국내적·국제적 갈등관계의 분수령을 이루는 중요한 문제임을 알 수 있다. 그런데 탁치문제는 양차원이 매우 복잡하게 얽혀 있어, 객관적으로 기술하고 평가하는 데에는 여러 어려움이 있는 것이 사실이다. 본고에서는 복잡한 탁치문제를 국제정치적 형성과 국내정치세력의 그에 대한 반응과정으로 구분하여 기술한 후 이를 유기적으로 연결하려고 노력할 것이다. 이 연구에서 탁치문제가 누구나 만족할 정도로 해명될 수 있다고는 기대하지 않는다. 단지 이를 정리 기술하여 토론의 장으로 이끌어내려는 것이 본 연구자의 의도임을 밝혀둔다.

1946년 초부터 시작된 탁치논쟁은 그 후 미소공위 참가논쟁과 남북한 단독정부 수립논쟁으로 변형되어 1948년의 남북한 단독정부수립으로 종결되게 된다. 논쟁의 전개양상은 상황에 따라 변했지만 탁치에서 단정에 이르는 과정은 긴밀한 내적 연관을 갖는다. 따라서 탁치논쟁에 대한 평가는 그 이후 단정수립이라는 결과와 관련하여 서로 대립적인 해석을 낳고 있다.

먼저 해방 직후 상황에서 당시 정치세력들이 제기한 신탁통치에 대한 논리를 살펴보면, 우익세력은 자신들이 반탁운동을 주도했다는 점을 강조 부각하면서 반탁은 자주독립의 길이요, 민족통일의 길인 데 반하여 좌익의 찬탁은 매국의 길이요, 민족분열의 길이라고 평가했다. 이러한 논리의 근거는 탁치안이 처음 보도되었을 때 좌우는 일치하여 반탁을 외쳤으나[5] 이후 좌익이 소련의 지령에 따라 매국적이며 반민족적인 찬탁으로 표변했기 때문에 민족통일의 가능성이 말살되었다는 것이다. 이에 반하여 좌익세력은 반탁이야말로 단정의 길이요 모스크바 결정 지지[6] 노선이야말로 국제정세에 비추어볼 때 실질적이며 합리적인 통일의 길이었다고 주장했다.[7]

이러한 상반적인 평가는 현재에 이르러서도 마찬가지다. 당시 정치세력의 행태에 대한 현재의 평가에서 반탁긍정론자는 반탁운동이 한반도의 적화를 방지하고[8] 반쪽이나마 반공정부를 수립할 수 있었던 것을 공로로 내세운다. 그러나 찬탁긍정론자는 반탁운동으로 인하여 한반도 문제 해결을 위한 미소공위가 결렬되었고 그 결과 분단으로 치달았기 때문에 반탁론은 결국 영구분단론이었다고 평가한다.[9] 이러한 대립되는 평가는 상반된 가정을 전제하고 있는바, 반탁론자는 "만약 반탁으로 좌우가 통일되었더라면, 탁치안은 해소되었을 것이고 통일민족국가는 수립될 수 있었을 것"이라는 가정 위에 서며, 찬탁론자는 "만약 반탁운동자가 반탁운동을 해소하고 모스크바결정을 지지했더라면 미소공위에 의한 임시정부가 수립되어 통일민족국가가 수립될 수 있었을 것"이라는 가정에 서서 서로 분단의 책임을 전가하고 있다.[10]

위에서 살펴본 바와 같이 탁치에 대한 당시 논리와 현재 주장에는 이데올로기적 편향성이 개재되어 있고, 찬탁·반탁으로 대립시키는 데 양분법적이며 그 결과를 통일·단정이라는 이후의 사건과 연결하는 데 단선론적이다. 그런데 이러한 양분법적 견해에 대하여 반탁도 모스크바결정 지지도 아닌 제3의 논리를 부각하는 견해도 있는 것이 사실이다.[11]

그렇다면 과연 어느 노선이 옳은 노선[12]이요 통일을 가져올 수 있는 것이었을까? 위 문제의 해답을 얻기 위하여 현시점에서는 무엇보다도 객관적 자료에 기초한 해석과 면밀한 토론이 필요할 것이다. 본연구에서는 이러한 사실을 염두에 두면서 특정 논리를 일방적으로 부각하기보다 여러 노선을 그 형성과정을 중심으로 객관화해 고찰하면서 상반된 주장을 토론의 장으로 이끌어들이고자 한다. 그러나 비판적 인식을 가지고 있다 하더라도 실제로 완벽하게 객관성을 유지한다는 것은 어려울 것이며 일정한 한도의 이데올로기적 편향성이 개재되어 있다는 사실을 부인할 수는 없음이 본연구의 한계 중 하나일 것이다.

탁치에 대한 본격적인 연구들을 살펴보면 국내 문헌으로는 최상룡,[13] 이호재,[14] 송건호,[15] 심지연,[16] 김학준[17]의 논문과 일본의 문헌으로는 오누마(大沼久夫)[18]와 오노다(小野田求)[19]의 논문, 미국의 문헌으로는 모리스(W.G. Morris)[20]와 커밍스(Bruce Cumings)[21]의 것을 들 수 있다. 비교적 시기적으로 앞선 연구에서는 주로 국제정치적 영역에서만 연구가 이루어졌으나(모리스, 1974년의 최상룡, 1978년의 오노다), 최근의 저작에서는 국제정치적 형성과 국내정치적 반응 양자를 모두 고려하는 경향이 있다(1983년과 1986년의 최상룡, 1986년의 이호재, 송건호, 심지연, 김학준). 본고에서는 국내정치와 국제정치 양자를 고루 살펴보려 하며, 특히 국내정치 차원을 주된 관심의 대상으로 삼을 것이다.

본연구는 1943년 탁치안이 국제적으로 논의될 때부터 탁치문제를 둘러싼 좌우익 대립의 구도가 확정되는 1946년 2월까지를 연구의 주된 시간적 범위로 한정하겠으며 1943년 이전과 1946년 이후의 시기는 탁치문제와 관련되는 경우에만 다루고자 한다. 또한 공간적으로는 주로 미국의 외교정책과 남한의 국내정치에 한정한다. 문제를 보다 객관화하고 엄밀하게 연구하기 위해서는 소련의 외교정책과 북한의 국내정치도 다루어야 하겠지만, 자료의 제약 때문에 이 부분은 보완적으로 살펴보는 데 그쳤다.

사료들을 연대기적으로 조직화하여 기술(description)[22]한 뒤 이를 비판적으로 분석하는 역사적 접근방법(historical approach)을 채용하여 문제에 접근할 것이다.

자료에 대하여 간단히 언급해보면, 국제정치 영역 중 소련과 중국·영국의 외교정책은 자료의 한계로 2차자료에 주로 의존할 것이다. 미국의 외교정책은 미국에서 간행된 1차자료에 의존하겠는데, 이를 구체적으로 열거하면 공간된 미국무성 외교문서,[23] 미간행원고(manuscript),[24] 비밀해제된 자료(declassified materials)[25]와 당시 정책결정에 참가했던 정치가·외교관 개인의 회고록[26] 등을 들 수 있다.

국내정치 중 북한 부분은 몇 개의 연감 및 자료집[27]을 제외하고는 2차자료에 의존할 수밖에 없으며, 남한의 국내정치는 국내와 미군정의 1차자료에 의존한다. 먼저 미국의 것으로는 미군정 공간자료[28]와 미간행 원고,[29] 미국 정보담당부서의 보고서[30] 등이 있다. 남한 국내의 것으로는 신문과 잡지에 실린 정치평론, 당시 간행된 정치적 저술과 연감 등이 있다.

이러한 자료로써 연구할 때 무엇보다 필요한 것은 사료에 대한 비판적

인식이다. 이러한 사료들은 각기 자신들의 입장에 기초하여 작성되었기 때문에 정확한 평가를 위해서는 기술내용을 직접적으로 차용하는 것보다는 사료 뒤에 숨겨진 보다 중요한 의미를 알아내야 한다는 것이다.

미국의 자료들을 예로 들어보면 일정한 한도의 자민족 중심적인 (ethnocentric) 편견들이 개재되어 있는 것이 사실이다. 특히 공간된 자료 중에서 극비(top secret)를 위시한 관련자료 전체가 공개된 상황이 아니며 공개된 자료 또한 공개과정에서 미국 관리에 의하여 취사선택된 것이다. 따라서 이에 전적으로 의존하게 되면 미국외교정책을 합리화해줄 우려가 있으며 그 문제에 대한 전체상을 파악하는 데 한계가 있는 것이 사실이다.

또한 국내자료의 경우에도 당시 신문과 잡지 등은 정치적 정향에 따라 좌익지·중립지·우익지로 뚜렷하게 구별되어 있어서 어느 한편의 신문·잡지에 의존하다가는 그 정향을 합리화해주는 결과를 초래할 위험이 있으므로 좌익·중립·우익지 등 모든 정향의 자료를 균형 있게 대조하여 살펴보도록 노력할 것이다.[31]

2. 한반도 신탁통치안의 국제정치적 조명

1) 한반도 신탁통치안의 형성과정(1919~45)

(1) 신탁통치안의 뿌리—윌슨의 위임통치안

신탁통치안과 유사한 형태의 국제문제 해결방안은 1919년 제1차 세계대전 직후 식민지에서 독립된 지역의 처리원칙으로서 미국 대통령 윌슨이 제안한 위임통치안에서 찾아볼 수 있다. 그는 "모든 민족은 자치능력과 권리를 가진다"고 하여 민족자결주의라는 이상주의적 원칙을 내세웠다. 그러나 민족자결주의는 국제정치의 현실에 퇴색하여[32] "식민지 국민들은 장기간의 자치수습기간이 필요하다"[33]는 모순된 단서를 붙여 식민지의 즉시 독립을 주장하지는 않았다. 결과적으로 퇴색한 이상과 현실의 타협이라는 맥락에서 윌슨의 위임통치안(mandate)을 이해할 수 있다.

국제연맹을 통한 식민지관리제도로서의 위임통치안[34]에 그나마 남아 있는 이상주의적 요소도 그 실행과정에서 변색되어 열강의 자기세력확보를 위한 수단으로 전락하고 만다. 즉 위임통치라는 명분하에 제1차 세계대전의 패전국인 독일, 터키 등의 식민지 및 자국영토의 일부가 영국, 프랑스, 벨기에 등에 의하여 점령되었고 구독일령 남양군도는 일본에 의해 점령통치되면서[35] 열강의 세력 재분할의 논리로 이용된 것이다.

이러한 위임통치안이 가진 논리적 모순은 한반도에서도 명백히 드러났다. 1919년 2월 미국에 있던 이승만은 윌슨 대통령에게 국제연맹에 의한 한반도의 위임통치실시를 건의했으며,[36] 민족자결주의에 부분적으로 영향 받아 범민족적 3·1운동이 전개되었음에도, 한국이 전승국의 하나인 일본의 식민지였기 때문에 위임통치의 실시 여부는 거론의 대상조차도 되지 못했다.

그런데 새로운 지배형태로서의 위임통치안이 독립과 대립적인 것이냐 아니냐 하는 문제는 이후 제기되는 '탁치와 독립과의 관계'라는 문제와 연결할 수 있는 중요한 문제라고 할 수 있다. 위임통치 실시 후 식민지의 독립이 보장되지 않았으므로, 위임통치는 독립과는 배치되는 형태의 지배양식으로 볼 수 있다.[37]

(2) 신탁통치안의 최초구상—루스벨트의 신탁통치안

윌슨식의 이상주의적 세계관을 신봉했던 미국의 루스벨트 대통령은 제2차 세계대전이 끝나면 식민지에서 독립될 지역에 '신탁통치'(trusteeship)라는 새로운 제도를 실시할 것을 구상하고 있었다. 이 제도를 언제 누가 처음 입안했는지는 논란의 여지가 있다. 어느 원고에 따르면 1940년 미국 무성에서 자국의 세력권 확보를 위하여 범미국신탁통치안(Pan-American trusteeship scheme)을 정책대안으로 작성했다고 하며,[38] 그 이후 1941년에는 전후 한반도에 '국제보호'라는 제도가 적용될 것이라는 소문이 중국에서 퍼져 망명한인들의 반대에 부딪혔다는 기록도 있다.[39] 당시 한인들은 신탁통치라는 생소한 개념을 제대로 인식하지는 못했지만, 독립과는 다른 '국제공관'(國際共管)으로 이해하여,[40] 그것이 즉시독립을 의미하는 것이 아니라면 반대한다는 태도를 명백히 했다.

확정된 정책으로 구체화되기 전부터 한국인들의 반대에 부딪힌 탁치안은 1942년 4월과 7월에 미국 등지의 잡지에 보도되었다.[41] 그리고 1942년 8월에는 루스벨트가 국무성의 정책대안으로 탁치안을 받아들임으로써 하나의 정책으로 재고되게 된다.[42] 이후 루스벨트는 아시아에서 해방된 국가는 자치능력이 부족하므로 "교육을 통한 준비기"를 거쳐 독립이 달성되어야 한다고 공개석상에서 역설하면서[43] 탁치안을 주도했다.

이러한 구상이 1942년 12월 '국제문제연구소'(The Institute of World Affairs)를 통하여 알려지자[44] 중경의 김구, 조소앙 등과 미국의 이승만은 절대적 독립을 요구하면서 즉각적으로 반발했다.[45]

그러나 망명정객의 반대에는 아랑곳하지 않고 루스벨트의 구상은 계속 진전되었다.[46] 루스벨트의 구상을 세력균형에 입각한 현실주의 입장에서 해석하면[47] 제2차 세계대전 참전 이후 세계제국으로 부상하고 있는 미국이 세력팽창을 꾀할 수 있는 태평양지역에서 소련과 중국을 견제함으로써 일국의 독점을 방지하고 자국의 이익을 확보하기 위한 조치로 구상된 것이 탁치안이라고 할 수 있다.

이에 비하여 냉전수정주의자(cold war reviosionist)[48]들은 탁치안이 자유주의적으로 위장된 루스벨트식 제국주의의 한 표현형식에 불과하다고 평가하고 있다.[49]

여하튼 루스벨트가 구상한 신탁통치안에 한국민족의 이익보다는 국제정세와 미국의 이익이 우선적으로 반영되어 있다는 사실은 명백하다.

(3) 전시회담에서의 한반도 신탁통치안 논의-루스벨트 주도하의 미·소 간의 합의

태평양전쟁에서 연합국의 우세가 확실해지는 1943년의 시점에서 한반도 신탁통치안이 루스벨트 개인적인 구상단계에서 벗어나 최초로 국제적 차원에서 논의되기 시작했다. 1943년 3월 루스벨트는 이든(Anthony Eden) 영국 외상을 만난 자리에서 인도지나와 한반도에 '국제적 신탁통치'(international trusteeship)가 실시되어야 한다고 주장했다.[50]

1943년 4월에는 미국과 영국의 언론기관에서도 한반도에 신탁통치가 실시될 것이라는 사실이 보도되자,[51] 다시금 망명 한국인들은 거세게 반발한다. 당시 중경임시정부 요인인 조소앙이 발표한 성명을 검토해보면 신탁통치라는 표현 대신에 국제공영, 국제공관, 위임통치,[52] 국제적 지배 (international control),[53] 후견제(guardship)[54]라는 표현들을 모두 즉시 독립에 대립되는 개념으로 사용했고, 그것들을 대개 혼동했던 사실이 드러난다.

카이로회담이 열린 1943년 11월 미국과 영국·중국의 세 거두(루스벨트, 처칠, 장개석)는 한국의 독립이 '인 듀 코스'(in due course)로 달성될 것이라고 선언했는데,[55] '인 듀 코스'라는 표현은 시간적으로는 독립을 유보하며 과정적으로는 모종의 절차를 거친 뒤에야 독립이 달성될 것이라는 사실을 암시하고 있다. 여기에서 모종의 절차란 루스벨트의 탁치안을 의미하는 것으로 볼 수 있다. 이러한 카이로선언에 접한 중경요인들은 '인 듀 코스'라는 표현에서 국제공영안을 연상하여,[56] 이의 공식적 해명을 요구하고[57] 그것이 즉시 독립을 의미하는 것이 아니라면 반대한다고 주장했다.[58]

한편 한반도 내에서는 일제가 엄격히 보도를 통제하면서 한국의 독립을 언급한 카이로선언을 유언비어로 매도하여[59] 한국민의 귀와 눈을 왜곡하고 있었다. 그럼에도 불구하고, 단파방송이나 망명정객과 접촉했던 소수 인사들은 한반도가 일제로부터 머지않아 해방될 것이라는 사실을 인식하고 있었다. 그런데 이들은 '인 듀 코스'라는 구절을 직접 접하지 못하고 중국어로 된 번역에 의존하여서 '빠른 시일 안으로'(in a few days), '조속히'(shortly) 등의 의미로 오역했기 때문에 해방이 되면 즉시독립될 것으로 기대하고 있었다.[60]

1943년 11월 말의 테헤란회담에서도 연합국은 망명정객의 반응을 전혀 고려하지 않았다. 루스벨트는 스탈린에게 "한국민은 40년의 훈련기간 (apprenticeship)이 필요하다"고 제의했으며,[61] 스탈린은 이에 수동적으로 동의하여 구두합의(oral understanding)가 이루어졌다. 그런데 이러한 합의는 아직 공식문서화하지는 못한 상태였다.

1945년 2월 얄타회담이 열리기 직전 국무성이 작성한 정책건의서를 보면, 한국문제의 해결방안은 과도적 국제시정기구의 설치 혹은 신탁통치 실시의 양자택일적인 성격의 것으로 되어 있는데,[62] 이 문서에서 신탁통치문제가 아직 확고하게 결정된 것이 아니며, 또한 국무성의 조언에 의존하지 않은 루스벨트 개인에 의하여 주도된 외교의 산물이라는 사실을 유추할 수 있다. 이 문서의 말미에는 관계국들이 빠른 시일 내에 한국문제에 관한 합의를 이룰 것을 건의하고 있다. 그렇게 해야만 불필요하게 한국의 독립을 지연시키는 일이 없을 것이라는 주장인 것이다.[63]

그러나 얄타에서도 역시 한국문제에 대한 구체적인 합의는 이루어지지 않았으며,[64] 테헤란에서와 같이 구두합의가 재확인되는 데에 그치고 말았다. 루스벨트는 소련과 미국, 중국 등에 의한 탁치를 실시하자고 주장한 데 대하여 스탈린은 영국의 참여를 고집했으며,[65] 그 실시기간에 대해서도 루스벨트는 20~30년이 필요할 것이라 평가했음에 비해 스탈린은 짧으면 짧을수록 좋다고 말했다.[66] 전시회담에서의 스탈린의 수동적 태도와 그외의 증거들을 기초로 소련의 한국문제에 대한 정책을 추론해보면 소련은 탁치안에 대하여 그다지 열의가 없었으며 오히려 한국민의 사회개혁에 대한 열망과 소련 내 한인공산주의자들의 작용을 의식하여 자국의 우위가 보장될 수 있는 즉시독립을 선호하는 듯했다고 추측할 수 있다.[67]

한편 탁치안의 일방적 주도자라 할 수 있는 루스벨트가 1945년 4월 구체적 정책지침 없이 사망하게 되자 그 이후의 탁치문제를 둘러싼 미·소 간의 세부적인 합의는 더 이상 진전을 보기가 어렵게 되었다.

(4) 종전이 임박한 시기에 신탁통치안 논의유보

미·소 간에 탁치문제에 대한 공식적 합의가 없는 상태에서 트루먼(H.S.

Truman)이 대통령에 취임했다. 그의 대소관을 논해보면, 그는 시초부터 전임자 루스벨트의 낙관적인 대소관계에 대한 전망을 버리고[68] 소련의 의도를 의심하면서 미국의 실질적인 이권확보에 집착했다고 평가되고 있다.

그가 대통령에 취임한 시기는 중국통일문제와 폴란드문제 등으로 미·소 간의 의견대립이 보이기 시작했고, 따라서 냉전의 조짐을 읽을 수 있었던 상황이었다.[69]

소련과의 관계가 앞으로 더욱 순탄치 않을 것이라고 판단한 트루먼[70]은 1945년 5월 홉킨스(H. Hopkins)를 특사로 파견하여,[71] 소련과 회담을 벌이게 한다. 이 회담에서 트루먼은 소련이 8월 8일 대일전에 참전한다는 사실[72]과 아시아에서 미국의 주도권을 소련이 인정한다는 사실, 또한 한반도 탁치안을 지지한다는 사실 등을 회담 결과로 얻는다.[73] 트루먼은 그에 만족하여 스탈린에게 한반도 탁치안에 관한 공식합의를 이루었다는 사실을 골자로 하는 전보를 6월 초순에 친다.[74] 이렇게 되어 비로소 미·소 간에 신탁통치에 관한 공식적 합의가 일단은 이루어졌으나 그 구체적인 실행방침은 아직도 불투명한 상태로 남아 있었다.

그런데 일본은 전쟁 종결에 대하여 다소 유화적 태도를 보이고 소련은 참전을 지연하고 있는 상황하에서 원자폭탄이라는 가공할 무기의 개발은 미국외교정책을 변화시켰다.[75] 즉 미국은 원폭의 위력으로 소련의 도움 없이도 전쟁을 일찍 끝낼 수 있을 것이라 판단했고, 그것은 곧 대일전에서 소련참전이 미국 측에 더 이상 긴박한 문제가 아니며, 오히려 소련이 참전함으로써 소련이 얻게 될 수도 있는 만주와 한국에 대한 지배 가능성[76]을 참전 이전에 전쟁을 종식함으로써 배제하고, 태평양에서 미국의 독점적 이익을 확보할 가능성이 커진 것을 의미했다.

이러한 상황판단 아래 트루먼은 포츠담회담에 임했는데, 소련 외상 몰로토프가 "포츠담에서 세 거두가 모여 한국문제를 토의하자"고 제의했음에도[77] 불구하고, 트루먼은 이 문제를 본격적 토의의 대상에서 제외하고[78] 카이로선언을 재확인하는 데 그치도록 했다.

이와 같이 미국이 한국문제에 대한 토의를 거부함으로써 회담에 임하는 소련의 전략목표에서 한국을 제외하게 하여 소련의 한국에 대한 정치적 욕구를 차단하는 결과를 가져왔는데, 이는 미국의 용의주도한 외교적 구상의 산물이라고 볼 수 있다.[79]

그러나 결과적으로 보면 미·소 간에 한국문제를 미해결 상태로 남겨놓았기 때문에 종전 후 탁치문제에 대한 혼란이 초래되는 여지를 남긴 것이다. 여기에서 미국의 한국분단에 대한 책임을 지적할 수 있다.

한편 일본은 원폭투하(8월 6일) 즉시 항복하지 않고, 원폭투하는 오히려 소련 측을 부담없이 만들어 소련은 예정된 날짜보다 하루 뒤인 8월 9일 새벽에 한반도로 진군하게 되어, 미국의 계획은 완전히 수포로 돌아가게 된다.[80]

동유럽에서의 소련 점령이 가져다주는 의미를 인식하고 있었던 미국은 소련의 진군에 대응하여 만주·화북·한국에 신속히 개입[81]할 필요성을 느끼게 되었으나 진군 전인 8월 15일에 이미 전쟁은 끝나고 말았다. 이러한 상황에서 소련과 중국공산당의 영토적 야심을 견제하고 미국의 이익을 확보하기 위하여 일반명령 1호(General Order No. 1)[82]가 기초되었다. 일반명령 1호는 38선을 중심으로 북쪽은 소련군이, 남쪽은 미국군이 일본군을 무장해제한다는 것으로, 미국의 군사적 역량을 넘어서는 것이었다.[83]

이미 한반도에 소련군이 진주한 상황에 비추어본다면, 미국이 가능한 한 많은 지역을 점령하려는 의도에서[84] 채택한 38선 획정안을 소련이 수락했다는 사실[85]은 상당히 의외의 반응이었다.[86]

이렇듯 종전 직후 한국문제의 해결방안은 모호하고 불확실하여, 자국의 이권보장이 불투명한 신탁통치 방식보다는 명백한 이권 보장이 가능한 군사적 점령이라는 방향으로 나아가고 있었다. 결과적으로 보면 1945년 2월 얄타에서 합의되었던 '외군주둔 없는 탁치안'[87]이 폐기되고 '외군주둔하의 탁치안'이 현실론으로서 대두된 것이다.

외군주둔(=분할점령)이라는 것과 탁치라는 것이 양립가능한 것인지 아닌지에 대하여는 논란의 여지가 있지만 미·소양국은 형식적으로는 이의 양립을 가능한 것으로 가정했던 것이다.[88]

그런데 분할점령은 이미 기정사실화되었기에 신탁통치의 실시결정 및 그 구체적 절차에 관한 사항이 한국문제 해결의 중요쟁점으로 부각되는 것이었다. 즉 미·소양국은 이익확보를 위하여 일단은 분할점령을 단행했으나 탁치문제에 대한 구체적 합의는 유보되어 있는 상태였기 때문에 만일 더 이상의 구체적 합의가 없다면 기정사실화된 분할점령은 영구화될 소지가 있었다.

(5) 모스크바삼상회의 직전까지 미국의 탁치구상—유엔하의 탁치안

한국의 전후 장래문제를 토의한 미국의 3성조정위원회(the State-War-Navy Coordinating Committee, 약칭 SWNCC)는 1945년 10월 20일과 29일에 두 개의 문서, SWNCC(79/1)와 SWNCC(101/4)를 작성했다. 전자의 문서는 분할점령과 탁치를 대립적인 것으로 인식하여, "분할점령상태를 타개"하기 위하여 중앙집권적 탁치를 시행하자고 건의하고 있으며[89] 후자의 문서는 한반도에 탁치가 실시된다는 사실이 아직 구체적으로 결정되지 않은 상태에 있음을 지적하여 그 구체적인 제반정책의 결정이 시급한 과제임을 강조하고 있다.[90] 그런데 이 후자의 문서에서 "한국은 국제연합에 규정된 것처럼 국제적 신탁통치가 적용될 나라이다"[91]라고 규정하고 있다. 국제연합 헌장은 탁치안의 대상 지역으로 ① 현재 위임통치(mandate)하에 있는 지역, ② 제2차 세계대전의 결과 적국으로부터 분리된 지역, ③ 시정(施政, administration)에 대하여 책임을 지는 국가에 의하여 자발적으로 이 제도하에 두는 지역 등 세 가지로 분류하여 규정하고 있는데[92] 미국은 ②항에 의거하여 한국에 유엔이 주도하는 탁치를 실시할 것을 구상해왔던 것이다.[93]

따라서 SWNCC(101/4)에서는 유엔하의 탁치를 기정사실화하여, 이것이 실시되면 한국민의 참여도 보장될 것이며 시정권자의 책임도 증대시킬 수 있는 이점이 있다고 평가했다.[94] 또한 이 문서에서는 특별히 한국민의 탁치에 대한 반발을 의식하여[95] 한국민의 참여를 보장하는 대책도 수립하고 있다.[96]

미국은 이상과 같이 조악하나마 유엔주도하의 중앙집권적인 탁치를 기본정책으로 구상하고 있던 상태에서 모스크바삼상회의의 한국문제결정에 임하게 된다.

(6) 모스크바삼상회의에서의 한반도 신탁통치안 결정과정

1945년 12월 16일부터 26일까지 모스크바에서 만난 미·영·소 3국외상(Byrnes, Bevin, Molotov)들은 한국문제에 대한 정책을 각국의 이해관계에 따라 서로 다르게 구상하고 있었던 것 같다. 협상이 시작되기 전의 중국을 포함한 4국의 구상을 검토해보면, 미국은 자신이 기계적 다수를 확보할 수 있는 유엔이 주관하는 신탁통치안을 입안하여 친미적 정부의 수립을 모색했고, 소련도 역시 당시 한국현실에 비추어 친소적·공산주의적 정부수립이 가능하다고 판단하여 즉시독립안을 원했다고 추측된다.[97] 한편 중국은 한반도에 대한 전통적 이해관계를 가진 나라로서[98] 중경임시정부의 역할을 기대해서인지 즉시독립을 선호했는바,[99] 이도 역시 친중국적 정부수립이라는 자국의 이익이 반영된 복안인 것이다. 이에 비하여 한국에 직접적인 이해관계가 없었던 영국은 한국의 독립이 자국의 식민지에도 영향을 미칠 것을 우려하여 한국에 식민지상태의 존속을 원했을 것으로 추측된다.[100]

그런데 중국은 내전 중인데다가 삼상회의 당사자도 아니었기에 정책결정에 참가할 수 없었으며, 영국 또한 직접점령자가 아니었기에 한국문제에 관한 한 제3자에 불과했다. 따라서 다른 의제도 대부분 그러했지만 특별히 한국문제에 관한 한 미국과 소련만이 협상당사자였으므로 정책결정은 미·소양국의 타협과 양보에 의하여 이루어질 수밖에 없었다.

삼상회의에서 모두 여섯 가지 의제가 토의되었는데,[101] 소련에는 자국의 안보와 직결되는 일본문제가 주된 관심사였기 때문에 한국 문제는 주변적인 것이었다고 추측할 수 있다.

그런데 한 가지 중요한 사실은 모스크바삼상회의가 개최된 시점인 1945년 12월은 냉전 조짐이 어느 정도 보이는 시기임에도 불구하고, 동회담에서 나타난 미·소의 자세는 적절한 선에서 양보하는 타협적 태도를 보였다는 것이다. 이것을 바꾸어 말하면 타협의 산물이 어느 정도 모호하고 비구체적일 가능성을 내포하는 것으로 사실상 원칙적 문제만이 타결되었을 뿐 이후 양국의 행동을 좌우할 구체적인 행동지침은 미해결 상태로 남았다고 할 수 있다.

12월 16일부터 '독립된 코리아 정부의 수립을 지향하는, 통일된 코리아 행정부의 수립'이라는 의제하에 한국문제가 논의되기 시작했는데 미국은 의제 개시부터 적극적인 태도로 임했으며 소련은 비교적 소극적인 태도를 보였다.

미국은 앞의 SWNCC(101/4)의 내용과 크게 다를 바 없는 내용의 '한국에서의 통일시정기구'(Unified Administration for Korea)[102]라는 메모를 제출했다. 유엔하의 탁치를 규정한 점과 분할점령의 불편성을 들어 통일된 시정기구가 즉시 수립될 필요가 있다는 주장이 기술된 점 등으로 미루어보아 이 문서가 SWNCC(101/4)와 같은 맥락에서 구상되었음을 알 수 있다.

나아가 SWNCC 문서보다 더 구체화된 점도 있다. 즉 통치의 구체적 방법에서 "시정권자는 1인의 고등판무관이 시정권을 가진 4국(미·영·중·소) 각 1인의 대표로 구성되는 집행위원회(Executive Council)를 통하여 그 권한을 수행한다"[103]고 하는 구절이다. 또한 이 수행과정에서 한국인은 시정관(adminstrator)이나 고문(consultant)으로 임용될 수 있다고 하고 있다.[104] 그러나 탁치 아래서 업무를 수행할 행정기구나 임시적 정부에 관한 언급은 전혀 없다.[105]

한편 탁치의 기한은 "5년 안으로" 하되 시정권자와의 협약에 따라 5년이 넘지 않는 범위 안에서 연장할 수 있다고 기술하고 있다.[106]

이상의 미국 측 제안에서 특기할 사항은 탁치가 자본주의 국가들의 상대적 우위(3 대 1) 아래 실시되고, 고등판무관의 존재에서 보이는 것과 같이 미국 중심적으로 구상되어 있으며 한국민의 참여가 매우 제한되어 있다는 점 등을 들 수 있다.

그런데 극동에서 보다 중요한 안건인 일본문제 때문에 한국문제의 토의는 뒷전으로 밀려났고 18일과 19일의 회합에서 소련은 미국의 양보를 얻어 일본점령에 참여할 수 있는 보장을 얻어냈다.[107] 이로써 전후 미·소의 협조는 극에 달한 것처럼 보였으며 냉전은 결코 시작되지 않을 것 같았다.

중요한 문제에서 만족할 만한 성과를 얻은 소련은 지금까지 별다른 반응이 없었던 한국문제에 대하여 이후부터는 유화적이고 능동적인 태도를 취하게 되었다. 12월 20일 이후 소련은 4개항으로 된 안[108]을 제출하면서 상당히 적극적으로 대처하기 시작했다. 뒤의 각주에 수록한 소련안의 한국어 번역문을 조항별로 분석해보면 제1항은 미국안에는 없는 것으로 한국의 독립을 부여하기 위한 임시정부의 수립을 규정하고 있고, 제2항은 미소공위 설치에 대한 것으로 공위가 한국의 정당 및 사회단체와 협의하여 임시정부를 만들 것을 규정하고 있다. 제3항에는 탁치가 협력과 원조의 형태로 5년을 넘기지 않는 범위에서 행해진다는 규정이 있으며, 제4항은 미국의 이른바 통일시정기구안을 반영한 것으로 보이는데, 양 사령부 간의 긴급한 문제해결을 위한 회의를 2주 내로 소집할 것을 규정하고 있다.

요컨대 소련안의 골자는 한국인의 정당·사회단체와 협의하여 한국임시정부를 수립한 후 동기구를 통하여 미·영·중·소 4개국이 원조한다는 것이다.[109] 이러한 소련안은 독립부여라는 측면(1항)과 탁치실시(3항)라는 측면이 교묘하게 그리고 약간은 애매하게 타협된 양가적(ambivalent)인 성격의 것이었다.

다음 날인 12월 21일 미국은 소련 측의 안이 받아들여질 만하다고 전제한 후 약간의 문구상 수정만을 가했다.[110] 이에 소련이 감사의 뜻을 표하면서[111] 12월 21일로 한국문제는 일단락되었다. 12월 27일에 모스크바 삼상회의가 종결되면서 조약문서가 서명되었는데, 그 내용은 모스크바 시간으로 12월 28일 오전 6시에 발표되었다. 코뮤니케 전문은 7개 부분으로 되어 있는데 한국에 관한 부분은 세 번째 부분으로서 전문을 인용하면 다음과 같다.

코리아

1. 코리아를 독립국가로 재건하고 또한 민주적 원칙에 바탕을 둔 발전을 이룩할 수 있는 여건의 창출을 위하여, 그리고 장기간의 일본 지배로 인한 참담한 결과를 가능한 한 빨리 제거하기 위하여, 코리아의 산업과 교통 및 농업 그리고 코리아인의 민족문화 발전에 필요한 모든 조치를 취할 임시적인 코리아 민주정부를 수립할 것이다.

2. 임시적인 코리아정부의 구성을 돕기 위하여 그리고 적절한 방책을 미리 만들기 위하여, 남부 코리아의 미군사령부와 북부 코리아의 소련군사령부의 대표들로 구성되는 공동위원회를 설립할 것이다. 공동위원회는 그 제안들을 준비함에 있어서 코리아의 민주적 정당·사회단체들과 협의할 것이다. 공동위원회가 작성한 건의서는 공동위원회에 대표권을 가진 양국정부가 최종 결정을 내리기에 앞서 소·중·영·미 정부들의 심의를 위하여 제출되어야 한다.

3. 임시적인 코리아 민주정부와 코리아의 민주적 단체들의 참여 아래, 코리아인의 정치·경제·사회적 진보와 민주적인 자치정부의 발전 및 코리아의 민족적 독립의 달성을 위하여 협력·원조(신탁통치)할 수 있는 방책을 작성하는 것이 공동위원회의 임무이다.

공동위원회의 제안은 코리아 임시정부와의 협의를 거친 후에, 최고 5개년에 걸치는 코리아의 4개국 신탁에 관한 협정의 체결을 위한 미·소·영·중의 공동심의에 회부될 것이다.

4. 남부 및 북부 코리아에 모두 영향을 미칠 긴급한 문제들을 심의하기 위해, 그리고 행정·경제적 문제들에 있어서의 남북 양 사령부 간의 영구적인 협력을 가능케 할 방책을 마련하기 위해, 코리아에 있는 미국사령부와 소련사령부의 대표로 구성된 회의를 2주일 내로 소집할 것이다.[112]

이 문서를 살펴보면 12월 20일에 제출된 소련안과 내용상 거의 상위점이 없다. 따라서 소련안을 기초로 작성되었음을 알 수 있다.[113]

(7) 형성과정의 요약—주도자 측면에서

앞에서 언급한 탁치안의 형성과정을 요약하면서 신탁통치안을 주도한 국가나 개인이 누구였는지를 분석해보고자 한다. 탁치안의 기본적 발상은 1919년 윌슨 미 대통령의 위임통치안에서 찾아볼 수 있는데, 윌슨의 위임통치안은 민족자결주의 원칙에 준거하여 모든 식민지의 독립을 위한 절차인 것처럼 보이기도 했으나, 실제 현실세계에서는 제국주의 열강의 식민지 재분할 수단으로 이용되고 말았다. 1942년 이후 루스벨트가 주도한 신탁통치구상도 식민지의 독립이라는 이상과 제국주의 식민정책의 미국식 변형이라는 현실이 교묘하게 타협된 것이었다. 이도 결국 시간의 진행에 따라 이상적 요소는 현실세계에서 멀어지게 되는바, 모든 식민지에 보편적으로 적용되어야 할 원칙이 전승국들의 반대[114]로 말미암아 전승국의 기득권과 밀접히 관련되지 않은 한반도 등 패전국의 식민지에만 적용되는 데 그친 것이다. 엄밀히 말해서 루스벨트의 구상에는 미국의 세력확보라는 현실이 개재되어 있는 것이기 때문에 1943년 3월 이후 연합국 간에 논의하게 되었을 때, 한국인의 반발이 전혀 고려되지 않았던 것이다.[115] 또한 당사국의 하나인 영국에 한반도문제는 자국의 기득권과 밀접하게 관련된 것이 아니었고 중국은 내란 중이었기에, 미·소가 주요 당사자였으며 미국은 탁치안을 대소견제 정책의 하나로써 이용하려 했던 것이다. 그러나 루스벨트가 구두합의만을 이룬 채 1945년 4월 사망해버렸고 후임자 트루먼은 원자탄 개발을 염두에 두어 가장 결정적 시점인 종전 직전 한국문제에 관한 일체의 결정을 미루어오다가 전쟁이 예상밖의 시점에서 끝나자 탁치안은 보류된 채 실력에 의한 분할점령이 단행되었다. 이렇게 되어 탁치안에 대한 결정은 전쟁이 끝난 후 이미 한반도에서 미·소의 세력권 확보가 어느 정도 구획된 시점인 1945년 12월 모스크바삼상회의로 미루었는데, 미국 측은 국무장관 번스가 유엔하의 탁치안을 내놓았고, 소련은 임정수립하의 후견(Опéка-러시아말임)안을 제시했는데, 소련안을 토대로 한국문제 해결방안이 결정되었다.

이상의 전개과정에서 신탁통치안 주도자와 그 구상을 정리해보면, 첫째

월슨의 위임통치안, 둘째 루스벨트의 탁치안, 셋째 번스의 유엔하의 탁치안, 넷째 스탈린의 후견안으로 분류할 수 있다. 이러한 구상은 시간적 순서로 전개되는데, 1919년부터 1945년 12월 20일까지는 미국이 주도한 시기이며 1945년 12월 20일 모스크바회의에서 소련안이 제출된 시점 이후부터는 소련이 탁치안을 주도한 시기다. 미국 주도의 시기는 3개의 소시기로 구분할 수 있는데 ① 1919년에는 윌슨의 주도기이며 이후 공백기를 거쳐, ② 1942년부터 1945년 4월까지는 루스벨트 주도기이며, ③ 1945년 4월부터 12월 20일까지는 미국무장관들(특히 번스)이 주도한 시기다.

요컨대 주도자가 미국(윌슨→루스벨트→번스)→소련으로 변화되었다는 사실에서 탁치안은 미·소양자가 확고하게 견지하려는 정책이 아니었으며, 또 루스벨트의 것과 스탈린의 것이 내용상 큰 차이가 있다는 것은 구상안 자체가 크게 변화했다는 것을 보여준다. 또한 탁치라는 것이 이전 역사에서 실행된 적이 없는 것이어서 명백한 어떤 것이라고 규정하기는 어려웠다. 그러나 이러한 가변성과 규정곤란성에도 불구하고, 탁치란 미·소 간의 권력각축장에서 구상된 새로운 지배전략이었다는 심층적 의미는 시종 변하지 않고 있었다.

2) 신탁통치안의 국제정치적 의미

(1) 모스크바삼상회의 의정서 분석

우여곡절을 거친 끝에 작성된 모스크바삼상회의 코리아에 관한 의정서를 분석함으로써 그 결정의 의미를 재검토하기로 하자. 먼저 각 조항의 핵심적 내용을 분석해보면, 제1항은 임시민주정부가 수립된다는 조항이며 제2항은 미소공동위원회가 설치된다는 조항이다. 제3항은 공위가 임시민주정부와 합의하에 최고 5개년의 신탁통치 방책을 작성한다는 것이며, 제4항은 양국 사령부가 조속한 시일 내에 회합한다는 규정이다. 이상의 조항들이 구상하는 한국문제 해결방안을 단계적으로 조립해보면 다음과 같다.

제1단계: 미·소사령부 대표자 회합(2주 내에 긴급한 문제의 심의를 위하여).
제2단계: 미소공위 설치(원조·신탁의 협정을 만들기 위하여).
제3단계: 미소공위가 민주적 정당·사회단체와 협의(원조·신탁의 방책을 준비하기 위하여).
제4단계: 통일임시민주정부수립(독립을 위하여).
제5단계: 미소공위가 원조·신탁의 방책 작성(임시정부와 정당·사회단체의 참여 이래).
제6단계: 원조·신탁의 방책을 소·중·영·미 정부가 심의.
제7단계: 미·소 양국 정부가 신탁협정을 결정.[116]

이러한 단계를 보다 장기적인 상황과 연결해보면 '분할점령→공위설치→임시정부수립→신탁통치협정작성→신탁통치실시→독립의 단계'를 거쳐 한국문제가 해결된다는 것이다.

그런데 이러한 모스크바 결정은 '공위설치→임정수립→신탁협정작성'까지의 단기적인 단계를 규정한 것으로 그 중심내용이 신탁통치에만 있었다기보다는 독립을 위한 임정수립(1항)과 탁치방안의 작성을 위한 공위수립(2, 3항)의 두 가지 내용이 어느 정도는 타협적으로 두 중심축을 이루고 있는 것이다. 따라서 모스크바 결정을 곧 탁치안이라고만 규정할 것이 아니라 포괄적으로 '한국문제해결안', 좀더 세부적으로 '임정수립과 공위수립의 안'으로 규정할 수도 있다.

또 한 가지 특기할 사실은 이 의정서에서 "코리아에는 신탁통치가 실시될 것이다"라는 명시적 조항은 없으며 단지 "신탁통치에 관한 협정을 임시정부와 협의를 거쳐 미·소가 만들 것이다"라는 규정만이 있다는 점이다. 이것은 모스크바 결정의 비구제성과 애매성을 반영하는 것으로,[117] 해석에 따라서는 협의 여하에 기초하여 탁치를 실시하지 않을 수 있다는 해석도 가능한 것이다.[118] 그러나 '탁치에 관한 협정'을 만들어야 한다는 것은 명백한 규정이므로 새로 만들 탁치에 관한 협정문에서 "탁치는 실시되지 않을 것"이라고 못박기는 어려웠을 것이다. 즉 결정문 자체에서는 탁치가 실시되지 않을 수도 있다는 단서를 발견하기는 어렵다.

그런데 협정을 만들어 최종적으로 결정할 당사자는 누구인가? 그것은 미·소로 명시되어 있는바, 비록 코리아인과 협의하고 중국·영국의 심의에도 부치지만 신탁협정문안의 작성이나 결정 등 최종단안은 미·소가 내리는 것이다. 따라서 한국·중국·영국은 단지 협의자일 뿐 결정자는 아닌 것이다. 이것은 중요한 사실로서 현실적으로 미·소합의만이 통일의 유일한 길이라는 해석을 가능케 하는 것이다. 이 점에서 자국이 한국의 독립을 더욱 고려했으며 또한 한국민의 참여를 보장했다는 소련의 후일 선전의 한계는 명백한 것이다.

다시 '신탁'이라는 문제에만 국한하여 모스크바 결정을 분석해보면, 루스벨트의 탁치안은 자치능력이 결여된 식민지해방 민족이 거쳐야 할 하나의 과정이었다. 그러나 모스크바 결정을 보면 모두(冒頭)에 소련인의 영향을 받아서 그런지 "독립국가로 '재건'"(강조는 연구자의 것)한다는 구절이 나온다. 이것은 코리아가 독립국가였다는 사실이 인정되는 것이며 따라서 한국민의 자치능력을 인정한 것이라는 확대해석도 가능한 것이다. 그렇다면 자치능력을 가진 코리아인에게 왜 강대국이 신탁통치문제를 협의해야 하는가? 그것은 장기간의 일본지배가 있었기 때문이며 탁치는 바로 일본지배로 인한 참담한 결과를 없애기 위한 것이라는 점이다. 따라서 탁치는 식민지였던 한국이 독립하기 위한 수단인 것이다. 즉 탁치를 실시하는 목표는 탁치 자체에 있는 것이 아니라 독립을 시키는 데 있는 것이며, 탁치는 곧 독립에 종속되는 수단인 것이다.[119] 이런 시각에서 본다면 이 결정서가 곧 '탁치에 관한 의정서'라기보다는[120] '독립에 관한 의정서'일 수도 있다는 것이다. 그러나 이러한 분석은 후술하는 바와 같이 1945년 말 결정서 전문(全文)에 접한 후에야 일부 인사들에게만 받아들여졌고 대다수 한국 민중은 왜곡된 보도나 부분적 보도로 인하여 모스크바 결정을 오로지 탁치에 관한 의정서로만 인식하게 되는 상황이 조성되었던 것이다.

(2) 신탁통치안에 숨겨진 의미

탁치안에 숨겨진 의미를 알기 위하여 먼저 미국과 소련의 모스크바 결정 전의 의도와 결정에서 나타난 양국의 타협성을 비교하여 살펴봄으로써 모스크바 삼상결정의 의미를 검토해보고자 한다.

탁치가 결정되기 전 세계제국으로 부상하고 있는 미국 측의 신탁통치안의 근저에 깔린 기본의도는 한반도를 일국의 독점으로부터 방지하여 자국의 이익을 확보하고 나아가서 대소 우위권을 실현하는 데 있었다. 이러한 숨은 의도는 "신탁통치는 세계경제에 중요할지도 모르는 한국의 자원을 어느 한 나라가 독점하는 것을 방지할 것이다"[121]라는 국무성 영토소위원회(territorial subcommittee) 관리 보튼(H. Borton)의 메모가 뒷받침한다. 이 메모에서 탁치안이 가지는 경제적 측면을 부각해볼 수 있는데, 커밍스는 탁치구상이 "전후 미국자본주의의 시장재편의 구도"라고 말하고 있으며,[122] 손영원도 "자유주의 자본주의 세계체제(world-system)에의 통합원리"라고 규정하고 있다.[123]

그런데 위 메모의 "어느 한 나라"는 중국과 소련을 지칭하는바, 루스벨트 행정부시대에는 대중·대소 견제안이었던 것이 냉전 조짐이 보이는 트루먼 행정부시대에는 주로 대소견제안으로 집약되었다. 이에 대해 후일 역사가 호그(L. Hoag)는 탁치안이 소련의 지배를 막는 유일한 방법이었는지 모른다고 평가하기도 했다.[124] 또한 미국이 자신의 기계적 다수를 확보할 수 있는 유엔하의 탁치라는 형식을 주장하는 이면에는 미국에 우호적인 국가를 수립하려는 의도가 숨어 있는 것이다.

한편 탁치가 결정되기 전에 소련은 왜 즉시독립을 구상했을 것이라고 추측할 수 있을까? 여기에도 친소정부수립이라는 의도가 내재된 것이다. 즉시독립이 소련이 목표로 하는 공산화와 연결될 수 있다는 판단은 다음의 현실적 상황에 기초했다고 볼 수 있다. 첫째, 국내적 차원에서 볼 때 당시 대중들은 사회주의적인 개혁을 원하고 있었고, 항일운동과정에서 공산주의자들이 조직면에서 단연 우세했으므로 당시 정치세력의 실세는 대체로 좌익 쪽이 우세했다. 둘째, 국제적 차원에서 소련과의 지정학적 위치로 보아 한국은 소련과 직접 접하고 있으며 소련 내 한인공산주의자들이 귀국하면 더욱 한반도의 공산화가 용이할 것으로 판단할 수 있는 상황이었다.

이렇듯 양국은 모두 자국의 이익을 기초로 하는 안을 구상했는데 모스크바삼상회의 결정과정에서 양자는 타협되었다.[125] 모스크바에서 결정된 한국문제 처리방안의 골자는 '한국임시정부의 참여하에 미·소·영·중 4개국이 주도하는 신탁통치협정을 미·소가 체결한다'는 것인데 한국 임시정부의 참여라는 원칙은 소련 측 안의 요소이고 미·소·영·중 4개국 주도의 신탁통치라는 원칙은 미국 측 안의 요소다. 미국은 탁치라는 자국의 기본의도를 관찰시키는 가운데 유엔주도하의 탁치를 4개국 주도형식으로 양보하면서도 탁치주도 4국(trustee)에 비교적 친미적 국가(영국과 중국)를 포함시켜 자본주의 국가의 수적 우위를 확보했다. 소련은 즉시독립안을 양보하고 탁치안을 받아들이면서 한국인을 참여시키는 것이 현상황으로 보아 소련에 유리하다는 판단하에 한국임시정부수립 조항을 첨가함으로써 탁치의 성격을 "강대국의 영향이 비교적 약하고 국내정치세력의 참여가 보장된 후원제"로 규정하는 데 성공했으므로 3 대 1의 불리한 조건을 수락했다.[126] 따라서 양측의 타협으로 결정된 신탁통치안은 결정 당시 시점에서 볼 때 미·소양국 공히 받아들일 만한 것이었다. 그렇지만 기본 명칭에서부터 신탁통치와 후견제로 다르게 표기하고 있었고 그 구체적 실행방침과 코뮤니케의 문구를 확고하게 정의하지 않아서 이후 미·소대립의 원인(遠因)을 남기고 있었다.[127] 또한 한번도 실제로 시행되어본 적이 없는 탁치가 구체적으로 어떠한 것인지는 미당국자도 몰랐다.[128] 그러나 탁치라는 형식이 결의된 데에는 모종의 또 다른 계산이 내재되어 있는데, 이를 규명해볼 필요가 있다.

기본적으로 신탁통치라는 것은 전쟁 전에 식민지였던 지역에 적용되는 새로운 지배형태로서 즉시독립과 식민정책 연장의 중간적인 것이다. 즉 즉시독립도 아니며, 그렇다고 식민지화도 아닌 것이다. 일정기간 탁치가 실행된 후 독립이 보장되므로 식민지화인 위임통치와는 다른 것이었다. 그러나 위임통치제가 가지고 있는 '열강들의 이권확보'라는 식민지적 요소가 탁치안에 남아 있는 것이 사실이다. 즉 식민지에 정치적이며 형식적인 독립은 부여하되 시간적 여유를 두고 미·소 강대국 자신에 우호적인 정부를 수립하여 이익을 계속적으로 보장하자는 숨겨진 의도가 탁치안에 있는 것이다.[129] 따라서 탁치는 우호적인 정부수립이라는 목적달성을 위한 수단 외에 아무것도 아니었다. 모스크바 결정 자체에 형식적으로 나타난 바에 따르면 독립이 목적이요 탁치가 수단이었지만, 이는 형식적 위장일 뿐 목적은 독립이 아니라 우호적인 정부수립이었다. 즉 소련은 탁치에 한국의 국내정치세력을 끌어들여, 그리고 미국은 자본주의 국가의 상대적 우세를 확보하여 각기 자신에게 우호적인 정부를 수립하려 한 것이었다. 이렇게 미·소 간의 국제정치적 권력투쟁의 관점에서 탁치안의 성립을 조망해보는 것이 가능하다.

  결정 당시에 탁치라는 방안은 미국의 이익에 합치되는 동시에 소련의 이익을 침해하지 않는 이면을 가진 것이므로 양국 입장에서 볼 때 각각 자국 이익만을 꾀하는 방안으로 결정되었던 것이다. 그러나 신탁이 현실화된다면 어느 쪽이 정말로 유리할지는 전혀 알 수 없었다. 탁치가 실시된다면 친미·친소·중립 정부 수립 등 3가지 모두의 가능성이 열려 있었다. 우호적 정부 수립이라는 목적에 종속되는 수단으로서 탁치안은 열린 가능성 때문에 미·소의 합의를 얻어냈지만, 사태진전에 따라 이러한 합의는 충분히 변화가능했던 것이다. "신탁이 아니더라도 조선을 공산화시킬 수 있다면 소련의 손(損)이요, 신탁이 아니더라도 조선이 미국 식민지로 나갈 수 있다면 신탁은 미국의 손(損)이다"[130]는 지적과 같이 미·소 어느 한쪽이라도 손해라고 판단될 때는 모스크바삼상회의 의정서가 아무 구속력도 갖지 못하는 공약(空約)이 될 가능성이 '처음부터' 있었던 것이다. 미·소가 서로 이익을 양보하지 않는 한 조선을 위한 통한안(統韓案)이라는 명분으로서 탁치안은 존재하지 않을 가능성이 있었던바, 이후 역사에서 현실화되게 되는 것이다.[131]

3. 신탁통치안에 대한 국내정치세력의 대응 1945~46

1) 모스크바 결정 全文보도 이전의 탁치에 대한 인식

(1) 탁치안 보도 이전 국내정치세력들의 인식

 탁치안이 국내에 보도되기 이전에 국내정치세력들은 탁치에 대한 뚜렷한 인식을 갖지 못했고 따라서 이에 대비하지도 않았던 것이 사실이다.

 카이로선언의 '인 듀 코스'라는 구절을 즉시독립이 아닌 것으로 인식했던 중경 임정요인들과는 대조적으로, 당시 국내에 있던 정치세력들은 이 구절을 오역하여 즉시독립될 것을 기대하거나, 또는 막연히 가까운 시일 내로 독립이 달성될 것으로 기대했다. 언론기관에서도 '인 듀 코스' 구절의 숨은 의미를 인식하지 못했던지 논쟁이나 언급조차 회피하면서 거의 그에 대한 보도를 하지 않았다.[132]

 이러한 보도태도로 인하여 탁치안이 보도되기 이전의 국내정치세력들은 이에 대해 사전정보나 지식이 거의 없었던 것으로 추측된다. 단지 임시정부를 중심으로 한 해외 망명정객들은 앞서 언급한 바와 같이 탁치를 즉시독립이 아닌 '국제공영'으로 인식하여 1941년부터 일관되게 반대해왔으나 이들은 아직 환국하기 전이었다.

 따라서 당시 대중들은 한반도가 일본의 식민지에서 해방되어 조만간 독립될 줄로 알았을 것이며 '탁치'라는 새로운 지배형태가 거론될 줄은 전혀 예상하지 못했던 것 같다.

(2) 탁치안의 최초보도에 대한 반응과 인식

 이렇게 탁치에 대한 정확한 인식이 결여된 상태에서 알려진 빈센트(J.C. Vincent)의 한반도탁치실시 보도는 한국민들의 통일된 반대를 가져왔는데, 이 과정을 좀더 자세히 살펴봄으로써 대중들의 탁치에 대한 최초의 기본적 인식을 알 수 있다. 한반도에 신탁통치가 실시된다는 사실이 신문에 최초로 보도된 것은 1945년 10월 23일이었는데 다음은 이 보도의 관련부분이다.

(뉴욕 20일발 SF동맹)
미국무성 극동부장 빈센트씨는 20일 미국 외교정책협회(Foreign Policy Association) 회합에서 미국의 극동정책에 대하여 다음과 같이 말했다. "…… 조선에 대하여서는 동국에 신탁관리제를 수립함에 앞서서 우선 소련과의 사이에 허다한 정치문제를 해결시키고 싶고 조선은 다년간 일본에 예속되었던 관계로 지금 당장 자치를 행할 준비는 되어 있지 않다. 따라서 미국은 우선 신탁관리제를 실시하여 그간 조선 민중이 독립한 통치를 행할 수 있도록 준비를 진행할 것을 제창한다. 미국은 조선을 될 수 있는 대로 속히 독립한 민주주의적인 국가로 만들 작정이다.……"[133]

당시 탁치안은 미국무성과 3성조정위원회에서 심의 중이었는데 신탁에 대한 미소의 결정이 미처 확고해지기 전에 국내에 보도된 빈센트의 발언은 한국인에게 신탁에 대한 선입견과 고정관념을 불어넣는 데 결정적인 역할을 했다.

『매일신보』는 10월 25일자 해설기사에서 신탁통치란 샌프란시스코회의에서 결정을 본 것으로 협정에 의한 위임통치라고 정의했다. 여기에서 제1차 세계대전 직후의 제국주의적 위임통치와 탁치가 동일한 것으로 인식되고 있는데 『매일신보』는 이러한 인식에 따라 탁치는 독립에 배치되는 것으로 탁치를 실시한다는 것은 곧 조선에 대한 중대모욕이므로 신탁관리제에 단연 반대하자고 호소하기까지 한다.[134] 이렇게 되어 탁치안은 처음부터 한국민의 거센 반발에 부딪혔다.

국민당의 안재홍 위원장은 이 보도가 허보(虛報)이기를 절망(切望)한다고 말하면서 민족의 통일된 의지로써 반대할 것을 호소했다.[135] 또한 조선공산당의 김삼룡도 빈센트의 발언이 조선현실에 대한 잘못된 인식에서 나온 것이라고 주장하면서, 인민의 의지를 무시한 충격적인 탁치에 반대하기 위하여 통일전선을 만들어 조선 인민의 힘을 과시하자고 제안했다.[136)] 이렇듯 탁치에 대한 최초보도는 후일의 그것과는 반대로 오히려 한국민의 통일을 고무하는 이슈로서 작용했던 것으로 보인다.

그외에도 중앙인민위원회[137)] 및 한민당[138)]도 반탁을 결의했고, 통일전선에 대한 열망 때문인지 10월 26일 각정당행동통일위원회에서는 국민당, 건국동맹, 조선공산당, 고려국민동맹, 임시정부환영준비위원회, 정당통일기성회 등의 참여하에 조선공산당 정태식의 발의로 반탁성명서를 발표하기에까지 이르렀다.[139)]

한편 명백한 반대의사표명은 보류한 채 신중한 태도를 견지하던[140)] 이승만도 한국민의 통일된 반탁의사표명에 영향을 받아 10월 29일에야 뒤늦게 신탁통치를 절대 반대한다고 선언했다.[141)]

10월 31일에 발간된 조선공산당중앙위원회 기관지 『해방일보』는 "신탁관리는 현대식의 식민지"라고 규정하고 카이로선언과 포츠담선언의 조선독립 약속을 무시하지 말 것을 주장하는 사설을 싣고 있다.[142)]

이렇듯 『매일신보』 『해방일보』 등 몇 안 되는 모든 신문이 탁치를 독립에 대립되는 개념으로 받아들여 이를 비판 홍보함에 따라 대중의 탁치에 대한 고정관념이 형성되었고 그에 거센 반발을 하게 된다. 이러한 대중의 신탁통치에 대한 최초 인식은 모스크바 삼상결정 전문(全文)이 보도된 이후까지도 변하지 않았는데, 이에는 언론기관의 영향이 큰 것이었다.

(3) 한국민의 반발에 대한 미군정의 반응

미군정의 고위관리들은 신탁통치설 보도로 나타난 한국민의 반발을 보고 크게 당황했는데 군정장관 아널드 소장은 10월 30일 기자회견을 열고 자신도 신문을 보고서야 신탁통치설을 알았다고 전제한 후 빈센트 발언이 미정부 방침이 아닌 빈센트 개인의 의견이라고 말하여[143)] 반탁운동을 무마하는 데 급급했다. 사실상 아널드의 회견은 사실과는 전혀 다른 논평인데 국무성의 탁치실시방침을 한국 내의 미군정 관리들은 전혀 몰랐으므로 이러한 발언을 하게 된 것이다. 11월 7일에야 하지는 빈센트의 비망록을 받고 탁치가 국무성의 기본정책임을 인지하게 되었는데[144] 이때부터 미군정과 국무성의 의견대립이 표면화된다.

미군정 정치고문 랭던은 대중적 반탁열기에 영향을 받아서 11월 20일자로 국무성에 보낸 전문에서 탁치안은 비현실적이므로 기각해야 하며, 탁치안에 대신하여 김구 중심의 행정위원회를 설치할 것을 건의했다.[145] 그러나 11월 29일 국무성은 대소협상을 위하여 탁치안을 폐기할 수 없다고 말하여 랭던의 건의와 행정위원회안을 거부했다.[146]

그러나 계속해서 랭던은 12월 11일에 다시 탁치안을 재고할 것을 건의했으며,[147] 16일에는 주한 미군사령관 하지가 탁치안이 실시되면 폭동이 일어날 것이므로 이를 포기하여야 한다고 직접 합동참모부에 건의했다.[148]

이렇듯 이미 삼상회담이 시작할 즈음에도 미군정은 탁치안의 폐기를 건의하고 있었지만, 정책결정자인 국무성은 이를 전혀 반영하지 않았다. 커밍스는 이러한 갈등을 국무성에 속한 국제파(internationalist—번스, 빈센트, 보튼)와 미군정에 속한 국내파(nationalist—하지, 베닝, 호프, 랭던)의 대립으로 파악하고 있는데, 국제파는 다국적 신탁통치를 지지하는 데 반하여 국내파는 사실상의 대소봉쇄인 단정을 지지하는 입장이었다고 한다.[149]

아널드의 성명에 영향받아서 그런지 10월 30일 이후 국내정국은 탁치문제에 관한 한 잠잠했는데[150] 12월 16일부터 모스크바삼상회의에서 한국문제가 토의된다는 사실만이 주로 보도되었을 뿐, 그 구체적인 내용은 비밀에 부쳐지고 있었다.

한편 11월 23일 환국한 김구는 30일에 한 기자회견에서 '인 듀 코스'라는 구절에 대하여 "상당한 시간과 어떤 수속"을 암시한 것이라고 말해 비교적 정확한 인식을 피력했고, 한국인이 "단결할 줄을 모름으로써 위임통치"를 실시하자고 연합국 간에 논의된다고 추론했다. 따라서 임시정부를 지지하는 하나의 단체로 민족을 통일하자는 임정중심적 통일론을 개진하기에 이른다.[151] 임정요인들은 1941년부터 망명지인 중국에서 각종 보도를 통하여 위임통치와 신탁통치를 모두 독립에 대립되는 것으로 인식하여 시초부터 일관되게 반대해왔고 이에 현실적으로 직면하게 될 때를 꾸준히 대비하고 있었던 것이다.

(4) "미 즉시독립 주장, 소 탁치실시 주장"의 왜곡보도와 그 반응

탁치문제가 관심의 뒷전으로 밀릴 때쯤, 미국이 조선의 즉시독립을 주장하는 데 반하여 소련은 탁치를 주장한다는, 사실과는 반대되는 보도가 모스크바삼상회의가 진행 중인 12월 27일 국내에 전해졌다.

> (워싱턴 25일발 합동 지급보〔至急報〕)
> 모스크바에서 개최된 3국외상회담을 계기로 조선독립문제가 표면화하지 않는가 하는 관측이 농후해가고 있다. 즉 번스 미국무장관은 출발 당시에 소련의 신탁통치안에 반대하여 즉시독립을 주장하도록 훈령을 받았다고 하는데 3국 간에 어떠한 협정이 있었는지 없었는지는 불명(不明)하나, 미국의 태도를 카이로선언에 의하여 조선은 국민 투표로써 그 정부의 형태를 결정할 것을 약속한 점에 있는데 소련은 남북 양(兩)지역을 일괄한 일국신탁통치를 주장하여 38선에 의한 분할이 계속되는 한 국민투표는 불가능하다고 하고 있다.[152]

이는 1946년 1월에야 오보로 판명되지만 한국민의 반소감정을 불러일으키기 충분했고 수일 후에 반탁운동이 일어나게 될 때, 반탁·반소 운동으로 연결될 소지를 만들어준 것이다. 이러한 보도가 왜 미국통신사에 의하여 그것도 지급으로 전송되었을까? 후일 공산당의 이강국이 이를 "반소·반공의 음모"라고 말하기도 했지만,[153] 음모가 아니라면 최소한 당시 언론기관을 콘트롤했던 미국의 고의적인 '방조' 정도는 되는 것이었다. 결국 신탁통치안이 재식민화와 다를 바 없다는 식의 보도로[154] 한국민은 다시금 "탁치는 독립과 대립개념"이라는 논리를 정립하게 된 것이다.

소련의 탁치주장설에 가장 강력하게 반대한 것은 우익정당인 한민당과 그 기관지인 『동아일보』였다. 한민당은 29일 "전생명을 걸고 배격"한다는 결의를 발표했으며[155] 『동아일보』도 그 사설을 통하여 탁치설을 "민족적 모독"이라고 규정하고 "소련에 경고"한다고 말했다.[156] 이러한 논리 아래 한민당과 『동아일보』 등은 이후 본격적으로 반소·반탁 운동을 전개해나 간다. 기타 우익진영 중 조소앙 임정 외교부장[157]과 안재홍[158] 등의 반탁 결의가 특기할 만하다.

이렇듯 우익진영이 10월의 빈센트 보도 때와 같이 일관되게 반탁을 결의했음에 비해, 좌익진영 중 인민당의 이여성(李如星)과 현우현(玄又玄), 김오성 등은 일치된 반탁을 표명했지만,[159] 공산당은 미국 빈센트의 탁치 주장설 때의 즉각적인 반발과는 달리 공식논평을 유보했다.[160] 『해방일보』는 『동아일보』와는 대조적으로 이 사실을 보도조차 하지 않았다.

이 사건 이후 공산당이 당의 공식태도로서 반탁을 결의한 적은 없다. 여기에서 조선공산당이 소련을 의식하는 태도를 읽을 수 있는데, 당시만 하더라도 근로인민과 식민지 민족의 해방자로 인식되던 소련을 정면에서 비판할 수 없는 그들의 한계를 볼 수 있으며 이 시점에서부터 조선공산당의 노선전환 기미를 간파할 수 있다.

(5) 모스크바 결정 중 '탁치'를 부각한 왜곡보도와 그 반응

조선에 신탁통치가 실시될 것이라는 미·소의 공식발표에 의거한 요약 보도가 1945년 12월 28일과 29일 각각 방송과 신문을 통하여 전해졌는데, 이 보도들은 모스크바삼상회의 의정서 전문은 소개하지 않은 채 탁치문제만을 부각해서 다루었다. 다음은 AP와 UP통신의 제보에 의거하여 보도된 4가지 원문이다.

(모스크바 27일 AP합동)
27일로써 종결을 본 3국 외상회의에서 다음의 결정을 보았다고 관측되고 있다.……
1. 조선에 미·소·영·중 4개국의 신탁통치위원회가 설치된다. 동위원

회에는 5년 후에는 조선이 독립할 수 있다는 관측하에 5년이라는 연한을 부(附)한다. 미·소양국은 남북조선행정의 통일을 도모하기 위하여 양지구 군정당국의 회의를 개최한다.[161]

(워싱턴 28일발 AP합동)
모스크바 3국 외상회담 협정문이 28일 3국수도에서 동시에 발표되었다. 그 요점은 다음과 같다.
……

6. 조선에 주재한 미·소양국 군사령관은 2주간 이내에 회담을 개최 양국의 공동위원회를 설치, 조선민주주의임시정부설립을 원조한다. 또 미·영·소·화(華) 4국에 의한 신탁통치제를 실시하는 동시에 조선임시정부를 설립케 하여 조선의 장래의 독립에 의할 터인바 신탁통치기간은 최고 5개년으로 한다. 미·소·영 공동위원회는 임시정부와 조선 각종 민주적 단체와 협력하여 동국(同國)의 정치적 경제적 발달을 촉진하고 독립에 기여하는 수단을 강구한다. 이 신탁통치제에 관한 외상이사회의 제안을 검토하기 위하여 미·소·영·화 각국 정부에 회부된다.……[162]

이상의 두 가지 보도는 조선에 신탁통치를 실시한다는 사실만을 부각해서 다루었고, 신탁은 독립에 대립되는 개념으로서 독립이 5년이나 유보되는 것이라고 논평했기 때문에 조선의 독립을 위한 방책으로서 신탁이 입안되었다는 모스크바결정서 원래의 논리는 찾아보기 힘들다.
한편 비교적 객관적이라고 할 수 있는 보도도 있다.

(워싱턴 28일 UP발 조선)
작야(昨夜) 3국 외상회담에 관한 보도에 의하면 조선임시정부를 수립하여 조선 내의 산업·교통·농업문화의 발전에 대한 필요한 대책을 강구케 할 것을 결정하였다고 한다. 그 내용은 다음과 같다.
1. 조선임시정부의 수립을 원조하고 그에 적당한 준비공작을 하기 위

하여 남부조선의 미군사령관 대표와 북부조선의 소군사령관 대표로서 공동위원회를 설치할 것이다.

2. 모든 제안을 작성하는 데 있어서는 동위원회는 조선의 민주주의적 각 정당과 사회단체와 협의할 것이다. 동위원회의 결정은 미·소양국 정부의 최후 결정에 앞서 소·미·영·중 정부에 제출하여 검토를 받을 것이다.

3. 또한 공동위원회는 조선임시정부의 조선 내의 민주주의정당의 참가하에 신탁통치원조방침을 강구(講究)하고 조선 민중의 정치적 경제적 사회적 발전을 도모하고 민주주의적 자치정권의 발전과 조선의 국가적 독립을 조성할 것이다. 공동위원회의 제안은 조선임시정부와 협의하여 미·소·영·중 정부에 제출하여 최고 5개년간의 4개국의 조선신탁통치에 관한 최후 결정을 짓는 데 자(資)할 것이다.

4. 조선주둔군사령관 대표는 앞으로 2주간 이내에 회합하여 남북조선 공통의 긴급한 문제와 행정경제 방면의 항구적 조절방침을 강구할 것이다.[163]

(합동통신 별보〔別報〕)
28일 하오 4시 30분. 멜보른 방송은 다음과 같이 방송하였다.……
2. 조선에 민주주의정부수립의 제일보로서 미·소양국 간에 위원회를 설립할 것.……[164]

위의 두 가지 보도는 신탁이 조선임시정부수립과 연결되는 조치라는 점이 강조되어 있다. 특히 세 번째 UP발 보도는 상당히 객관적인데, 모스크바결정서 본문의 2항이 보도의 1과 2 부분에, 본문의 3항과 4항이 각각 보도의 3, 4 부분에 전재되어 결정서의 거의 전부가 수록되어 있고, 본문 1항의 일부가 보도의 도입부분에 전재되어 있다. 하지만 1항의 모두(冒頭)인 '독립의 보장' 부분이 생략되어 있어 아쉽다. 그런데 이렇게 비교적 객관성을 유지한 보도들은 1면 머리기사로 보도되지 못하고, 탁치실시로 인하여 독립은 5년 후에나 가능하다는 식의 보도가 거의 모든 신문의 머리기사로 보도되었다. 여기에서 역시 언론의 전반적 인식이 탁치를 독립에 대립되는 개념으로 인식하는 종래의 태도를 벗어나지 못했음을 알 수 있다.

『중앙신문』은 탁치에 대한 해설기사에서 "신탁통치는 위임통치의 대체명사"라고 소개하면서 "연합국의 배신적 음모"를 폭로한다고 말하기까지 했다.[165] 이러한 때이르고 부정확한 보도[166]는 대중들에게 탁치는 곧 반독립을 의미하는 것으로 받아들이게 만들어 반탁감정을 부채질했다.[167]

이와 같은 보도태도와 관련하여 정치세력의 반응을 12월 28일의 시점을 중심으로 살펴보면 반탁의 열기를 짐작할 수 있다. 탁치를 독립에 대립되는 것으로 인식했기에 1941년 이래 일관되게 반탁 태도를 견지했던 김구 중심의 임시정부세력은 즉각적인 의사표명에서도 단연 선두에 서고 있다. 12월 28일 임정 주석 김구는 "전민족이 투쟁"하자고 권유했고[168] 외무부장 조소앙과 함께 임정국무위원회 명의로 4국원수에게 반탁입장을 명백히 하는 전문을 발송했다.[169] 또한 임정의 국무회의에서는 탁치에 불합작할 것을 결정하기에 이른다.[170]

안재홍은 전일의 보도를 믿어서 그런지 탁치를 소련이 주장했다고 생각하여, 이것을 적화기도라고 주장하면서 반대했고,[171] 송진우 국민대회준비위원장도 반탁의사를 명백히 했다.[172] 이승만은 탁치안이 국무성에게 제기되었음을 알고 이를 거부한다고 12월 26일에 이미 방송했는데 그 이유는 트루먼, 번스, 맥아더, 하지 등이 조선독립을 찬성하기 때문이었다.[173] 오로지 국무성의 용공분자(커밍스의 표현을 빌리면 국제파)만이 탁치안을 찬성한다는 것이 그의 주장인데, 여기서 이승만의 반탁운동은 철저히 반소·반공적 성격을 가진다는 사실을 알 수 있다. 그런데 이승만의 반탁은 김구의 그것과는 대조적으로 미국의 반감을 고려해서인지[174] 매우 신중한 것으로 평가할 수 있다.[175]

이상 우익의 대표적 거물들의 일치된 반탁에 비하여 좌익의 태도는 다소 신중한 편이었다.[176] 인민당 당수 여운형은 즉각적인 태도표명은 하지 않은 채 "확보(確報)를 기다려 말하겠다"[177]라고만 했는데 여운형 개인은

10월 이래로 탁치안에 대한 명백한 태도를 표명하지 않아왔다. 단지 건국동맹의 단체명이나 인민당의 다른 당원명의로 반탁을 표명했을 뿐,[178] 그 자신은 계속 신중한 태도를 보인 것이다. 그의 이러한 태도는 나름대로의 국제질서관을 가졌기 때문이었으며 연합국에 전적으로 의지하지 않는 자주적인 태도의 발로인 것으로 추측될 수도 있지 않을까 한다.[179]

그런데 공산주의자들은 1945년 10월의 '미국의 탁치주장설' 때 반탁을 명백히 한 것과는 달리 12월 27일 '소련의 탁치주장설' 다음 날인 12월 28일에는 탁치안이 보도되자 공식태도표명을 보류했다. 공산당의 이러한 태도는 전일의 보도가 사실일 경우 탁치안의 제안자가 소련일 텐데 세계의 노동혁명을 지원하는 소련에 어떻게 반대할 수 있느냐라는 내심의 입장에서 비롯된 것으로 역시 추측할 수 있다.

또한 이 시점에서 박헌영이 소련의 자문을 통해 자세한 내막을 알기 위하여 북한에 갔으리라 추측되며[180] 이러한 상황이었기에 조선공산당이 공식적인 태도를 결정하지 못했을 것으로 생각된다.[181]

그렇지만 몇몇 공산당의 요인들은 단순히 개인자격으로 신탁통치에 대하여 감정적인 반대의견을 개진하기도 했다. 정태식[182]과 조두원(趙斗元)[183] 그리고 중앙인민위원회의 한 요인[184]은 당시 지배적이었던 우익과 마찬가지의 논리로 탁치는 독립을 저해하는 것이기에 반대한다고 12월 28일 말했다. 그러나 이들도 "삼상결정을 구체적으로 모르므로 공식태도 표명은 보류한다"든지, "공식발표를 기다려야 한다"든지 하는 소극적인 유보적인 단서를 달았다.[185]

이상에서 살펴본 탁치안에 대한 즉각적 반응을 종합해보면 우익은 일치해서 반탁을 표명했으며, 좌익에서는 당의 공식태도표명을 보류한 채 몇몇 요인이 개인적 입장에서 반탁을 표명했다는 사실이 드러난다. 그러나 보류된 공산당의 공식태도가 표명되기 전까지 일반인에게는 좌우익이 대체로 반탁노선으로 통일되어 있는 것처럼 인식되었다. 이 때문에 당시 어느 신문은 통일을 원하는 민중의 열망을 반영하여 "반탁은 통일의 천래적(千來的) 호기"라고 일면 머리에다가 부각하기까지 했다.[186] 이러한 분위기였음을 고려할 때 탁치안이 처음 보도된 1945년 10월부터 1945년 12월 28일 즉각적 반응이 나타난 기간까지를 좌우 정치세력이 반탁노선으로 통일되었던 시기로 볼 수 있을 것이다.[187]

2) 임시정부의 반탁운동 주도와 공산주의자들의 방향전환

(1) 임시정부의 반탁운동 주도

12월 28일 즉각적인 반응을 보인 각 정치세력들은 이후 긴급회의를 열어 대응책 마련에 부심했는데 임시정부는 이전의 통일운동에 대한 소극적이며 관망적인 태도를 벗어나 미군정에 정면도전하면서까지 반탁운동을 주도한다. 임정의 주도과정은 다음과 같이 전개된다. 임시정부는 28일 오후 4시 긴급국무회의를 열고 난 후, 밤 8시부터 각 정당, 종교단체, 언론기관 대표들을 초청하여 비상대책회의를 개최했는데 이 자리에서 '신탁통치반대국민총동원위원회'[188]를 설치할 것을 결의하고 임정 지시하에 일대 민족적 불합작운동을 전개하기로 했다. 29일에는 반탁국민총동원위원회의 중앙위원 모임이 열렸는데, 동위원회는 임시정부에 즉각적으로 주권행사를 할 것을 건의하여[189] 임정 내무부에서는 12월 31일 다음과 같이 포고하면서 정부행세를 하기 시작했다.

국자(國字) 제1호
1. 현재 전국행정청 소속의 경찰기구 급 한인직원은 전부 본임시정부 지휘하에 예속케 함.
2. 신탁반대의 시위운동은 계통적 질서적으로 행할 것.
3. 폭력행위와 파괴행위는 절대 금지함.
4. 국민의 최저생활에 필요한 식량, 연료, 수도, 전기, 교통, 금융, 의료기관 등의 확보운영에 대한 방해를 금지함.
5. 불량상인의 폭리, 매점 등은 엄중취체함.

국자 제2호

  차(此)운동은 반드시 우리의 최후 승리를 취득하기까지 계속함을 요하며 일반 국민은 금후 우리 정부지도하에 제반 산업을 부흥(復興)하기를 요망한다.[190]

  이와 같은 임정의 포고는 미군정으로부터 정권을 접수하겠다는 '주권선언'이었다. 미군정당국은 이를 쿠데타 기도로 간주하여,[191] 임정요인을 국외로 추방하려고 기도하면서 임정과 미군정 간의 심한 마찰이 일어나게 되는 것이다.
  이것은 또한 대중에게 "미군정까지도 부정할 수 있다"는 탁치에 대한 강렬한 원초적 민족감정을 자극하여 임정의 광범위한 대중지지기반을 획득하는 데 중요한 전기를 제공했다. 즉 임정은 10월 이래 가열되어온 신탁통치에 대한 민중의 감정적 민족주의를 반외세라는 단호한 의지로 표현하면서 정치적 주도권을 장악해나아갔던 것이다.
  임정이 이렇게 즉각적으로 대응할 수 있었던 것은 1941년 이래 망명지에서 '국제공영'이라는 형태의 신탁통치가 실시될지도 모른다는 의구심을 가지고 이미 대비하고 있었기 때문이다. 그러므로 "올 것이 왔다"는 심정에서 반탁운동에서 쉽게 주도권을 잡을 수 있었던 것이다.
  12월 31일 반탁국민총동원위원회는 총파업을 지시했다.[192] 이렇게 되어 28일부터 시작된 반탁운동은 임정 주도하에 계속되었는데, 31일 오후 2시부터 반탁위원회 주최로 서울시민의 반탁시위대회가 열리고 31일과 다음 해 1월 1일에는 관공서와 회사의 파업이 연이어 실행되었다.[193] 또한 군정청의 조선인 직원까지도 12월 29일 탁치반대로 총사직을 결의하여 시위행진을 했고[194] 서울시청 직원도 30일에 총사직을 결의했으며[195] 심지어 31일에는 경찰관대표도 임시정부를 방문해 임정의 지시에 따르겠다는 결의를 전달하는 등[196] 반탁운동에서 임정의 주도권은 절정에 달했다.[197]

(2) 임정 주도하의 반탁운동에 대한 미군정의 반응

김구와 협력하여 미군정의 정통성을 확보하려 했던 하지는 믿었던 김구가 미군정에 정면도전하면서까지 반탁운동을 주도하자, 임정을 제재할 것을 결심하게 되어 김구를 호출했다. 1946년 1월 1일 김구를 만난 하지는 반탁파업을 중지할 것을 강력하게 요구했다. 이에 김구도 강력하게 저항했으나[198] 남한의 실권이 미군정에 있었고 김구세력은 이에 대항할 만한 힘이 없었기 때문에, 평화적 수단을 사용하여 자제하면서 반탁운동을 전개할 것을 1월 1일 밤 8시에 호소할 수밖에 없었다(1월 1일 밤 8시 방송).[199] 이렇게 되어 반탁운동은 한풀 꺾이기는 했지만[200] 그 과정에서 임시정부의 동원력과 김구의 카리스마를 유감없이 발휘했다고 볼 수 있으며 이후에도 김구의 임정은 방법상의 전환을 통하여 탁치문제에 관한 한 계속 반탁운동을 주도하게 되었다.

한편 미군정은 자신들의 지지기반이 되어야 할 우익세력이 미국무성의 기본정책인 탁치를 반대하자, 우익을 저버릴 수 없으므로 난처한 입장에 처했다. 이에 미군정은 삼상결정 전문을 공개한 후,[201] 반탁운동을 무마하고 우익에 암묵적인 지원을 보내기 위하여 탁치는 한국민이 생각하는 바와 같은 식민지화가 아닌 원조·협조를 의미하며,[202] "미소공위에서 탁치를 하지 않을 가능성을 발견할지도 모른다"[203]는 등의 리버럴한 해석 (liberal interpretaion)[204]을 12월 30일 이후 계속 유포했다.[205] 심지어 하지 자신도 탁치주장국은 소련이라는 보도를 믿고 있었으며[206] 워싱턴의 용공분자만이 탁치를 찬성한다고 생각했다.[207] 그래서 자신은 신탁통치를 기회 있을 때마다 반대해왔으며 조선의 완전독립을 주장해왔다고 전제하면서[208] 반탁운동을 부채질한 후 조선인이 반대하는 그러한 의미의 탁치는 자기 자신도 반대한다고 말해,[209] 미군정이 한국민의 반탁의사를 어느 정도 받아들일 수 있음을 시사했다. 후일 미군정의 이러한 태도에 대하여 조선공산당과 소련은 미군정이 편파적으로 우익 반탁세력을 후원했다고 비판한다.[210] 이것은 사실상 명백한 후원은 아니지만 우익세력을 염두에 둔 암묵적인 방조로서 미국이 대한정책에서의 한 딜레마를 노출한 것이라고 볼 수 있다.

탁치는 독립과 대립되는 것이 아니라 상호보완적인 것이라는 미국 측의 해석은 당시 대중들에게 뿌리박혀 있는 "탁치는 독립에 대립되는 개념이다"는 고정관념을 변화시키지는 못했다. 단지 방법상 약간 변화를 가져왔을 뿐 반탁운동 자체를 해소하지는 못한 것이다.

(3) 임정 주도의 반탁운동에 대한 좌익의 반응

좌익계열에서는 임정 주도의 반탁국민총동원위원회에 참석하지 않고 12월 30일 별도로 반파쇼공동투쟁위원회를 조직하고 12월 31일에 신탁통치철폐요구성명서를 발표했다.[211] 그러나 좌익의 위원회는 우익의 것과 대중을 대대적으로 동원하지 못했고 구체적인 행동지침도 마련하지 못했기 때문에 반탁정국의 주도권은 우익세력이 시종일관 가지게 되었다.[212]

해방 직후부터 수개월간의 정국에서 인공(人共, 조선인민공화국의 약칭)을 받드는 좌익과 임정을 받드는 우익 간에 치열한 권력투쟁이 벌어졌는데[213] 1945년 9월부터 12월까지는 인공 측이 우세했으나, 12월 28일 이후부터는 임정 측이 반탁운동을 계기로 정국을 주도하게 되자, 인공 측은 대중들의 통일욕구도 반영하고 빼앗긴 주도권도 탈환하기 위하여 임정에 합작을 제의하게 된다.

1945년 12월 31일 인공대표 4인(홍남표, 홍증식, 이강국, 정백)과 임정대표 3인(성주식, 장건상, 최동오)이 회동했는데 이 자리에서 인공 측은 조선민족통일을 위하여 인공과 임정을 공히 해체하고 통일위원회를 설치할 것을 제의했다. 임정 측은 이 제의를 국무위원회에 제출할 뜻을 비추어 긍정적인 반응을 보였기에 인공 측은 1946년 1월 1일자로 공문화한 후 1일 오전 9시에 국무위원 최동오에게 전달했다. 그러나 같은 날 오후 6시에 임정 측은 홍남표 개인에게 이 공문을 "서식상 접수키 난(難)하다는" 이유로 반환했는데[214] 이는 임정이 인공을 인정할 수 없다는 의사표시로 해석될 수 있는 것이다. 이에 대하여 인공은 임정이 파쇼화했다고 비난했다.[215]

그런데 임정 측은 비등한 민족통일의 여론을 무시하지 못해서인지 1월

2일 인공 측 제안을 다시 검토하고, 여기에서 "성의 있는 태도로 합작에 임할 것"을 원칙적으로 결정했다. 이에 2일 밤에 임정대표 김원봉과 김성숙은 인공 측과 회견하여 "각당각파는 총망라하여 연합회의를 개최하고 그 석상에서 통일위원을 선거하자"고 제의했는데, 이러한 제의에 인공 측은 공식적 의사의 표명을 유보하고 3일에 재회담할 것을 요청했다.[216]

그러나 임정 주석 김구가 임시정부를 확대강화하여 통일정권을 수립하자고 제의하면서[217] 통일공작을 무색하게 만들자, 인공의 홍남표는 12월 31일의 회담을 제외한 1월 2일과 3일의 회합은 홍남표 자신과 조소앙, 김원봉, 김성숙, 장택상 등의 개인자격 간의 만남이었다고 주장하면서, 이 회담에서 아무런 구체안도 토의되지 않았으며 통일서광은 아직 보이지 않고 있다고 말했다.[218] 1월 6일에 마침내 인공과 임정 간의 회합이 결렬되어[219] 통일노력은 수포로 돌아가게 되고[220] 7일 이후의 4당 공동회합으로 연결되고 말았다.

좌익이 구체적 태도표명을 하지 않은 채 반탁만이 부각되었던 1945년 12월 31일과 1946년 1월 1일, 2일의 시점에서 탁치에 대한 태도를 통일할 수 있었을[221] 마지막 기회라고도 볼 수 있는 인공·임정 간 합작노력이 실패하게 된 데에는 두 가지의 미시적 차원의 요인이 작용했던 것으로 추측할 수 있다. 첫째는 임정의 고답적 태도이며, 둘째는 1월 1일의 시점에서 인공이 '반탁'이라는 구체적 태도의 공식표명을 보류한 사실이다.

또한 통일노력이 결렬된 이유를 보다 거시적으로 보아 패권쟁탈의 측면에서도 고찰할 수 있다. 임정의 입장에서 보면 반탁운동 과정에서 얻은 주도권을 인공과 나누어가짐으로써 주도권을 약화시킬 의사는 없었으며, 또 한편 자신의 법통(法統)을 인정받는 것이 무엇보다도 중요했다. 따라서 인공의 제의를 거절했다. 인공의 입장에서 보면 빼앗긴 주도권을 되찾기 위하여 합작을 제의했으나 거절당한 상태에서 반탁운동에 계속 참여함으로써 임정의 주도 아래 압도당하는 것을 더 이상 원하지 않았다. 따라서 패권쟁탈의 한 수단으로서 탁치안을 둘러싼 노선전환이 모색되었던 것이라고 볼 수 있다.[222]

그렇다면 인공·임정 간 합작을 돌이켜볼 때 "만약 임정과 인공 간의 합작이 성공하여 패권을 나누어가질 수 있었다면, 좌익은 노선전환을 하지 않고 반탁을 계속했을 가능성이 있다는 사실을 전혀 배제할 수 없다"는 가정도 가능하다. 따라서 당시 소련은 인공·임정 간 합작이 성립됨으로써 반탁하에 좌우의 통일이 이루어질 가능성을 두려워했다고 하며, 이를 깨기 위하여 소련이 좌익에 노선전환을 촉구했다는 가설도 가능한 것이다.[223]

(4) 조선공산당의 방향전환

여기서 조선공산당이 반탁에서 지지노선으로 전환하는 경위가 중요한 문제로 남게 된다. 흔히 조선공산당의 노선전환을 "소련의 지령 때문에 하루아침[224]에 반탁에서 찬탁으로 표변"한 것이라고 평가되고 있으나,[225] 본 연구자가 보기에는 소련의 지령 외에도 다른 여러 요소가 복합적으로 작용했을 가능성이 있으며 그 과정 또한 매우 신중하고 점차적인 전환이었던 것으로 판단된다. 먼저 전환과정을 연대기적으로 서술한 후, 전환의 이유를 각 가설을 설정하여 종합해본다.

앞서 언급한 바와 같이 조선공산당은 12월 27일 소련탁치주장설 보도 이래 12월 28일에도 즉각적인 공식태도표명은 보류했으며, 대변지인 『해방일보』에서도 12월 말부터 다음 해 1월 초까지의 지면에서 탁치에 관한 기사는 일절 통제하면서 보도하지 않았다.

한편 조선공산당 서울시위원회에서는 12월 31일 "신탁통치를 철폐시키고 완전독립을 전취"하기 위하여 "민족통일전선 결성을 즉시 실현"시키고자 주장하여, 탁치를 반대한다는 표현은 삼가고 단지 '철폐'시키자고 표현했다.[226] 또한 인공 중앙인민위원회에서는 12월 31일 "시장을 철폐하고 총파업을 전개하는 것은 국민경제의 자멸이며 경제적으로 자멸하는 것은 신탁통치를 반대하는 방법이 절대로 아니다"[227]라는 성명을 발표하여 아직도 반탁의 입장을 표명하기는 했지만 김구 주도하 반탁운동의 전술적 측면을 비판하면서 그로부터 이탈하려는 조짐을 보이고 있었다. 임정·

인공 간 합작이 진행 중이던 1946년 1월 1일 조공 중앙위원회에서는 역시 철시, 파업 등 임정주도하의 전술을 비판하면서 "신탁문제의 해결은 민족통일전선 결성으로"를 슬로건으로 내세웠는바,[228] '해결'이라는 표현은 '반탁'이나 '철폐'라는 표현과는 그 뉘앙스 차이가 큰 것으로, 단지 '해결'이라는 말을 사용하고 있음은 조공의 태도가 명백히 변하고 있음을 보여주는 것이라 할 수 있다.

이러한 가운데 1일 저녁에 인공 대 임정의 합작기도가 거의 무산되었다는 소식이 전해지면서 공산당의 노선전환이 가속화되고 있었다.[229]

1월 2일 조공 중앙위원회의 "모스크바삼상회의 결의에 대한 동당의 태도"에는 조공의 애매한 입장이 더욱 잘 나타나 있다. 여기에서도 모스크바 결정이 세계 민주주의 발전에서 '진보'라고 전제한 후 "조선을 독립국가로 부흥(復興)하고 민주주의 기초 위에서 나라가 발전될 조건을 만들기 위하여 …… 임시적 민주주의적 정부를 조직한다는 …… 국제적 결정은 금일 조선을 위하여 가장 정당한 것"이라고 주장하고 있다. 또한 "김구 일파의 소위 반신탁운동은 …… 3국의 우의적 원조와 협력 '신탁'을 흡사 제국주의적 위임통치제라고 왜곡"한다고 말하며 임시정부 주도하의 반탁운동을 비판하는 것을 잊지 않았다. 그런데 이 성명에서 주체적으로 반탁에 반대한다든가 모스크바 결정을 지지한다든가 하는 주장은 대중을 의식해서인지 아직 나오지 않으나 숨은 논조는 쉽게 읽을 수 있다.[230]

한편 인공 중앙인민위원회는 1월 2일 미·영·중·소 4개국에 3상회의 결정을 지지하는 전문을 보내 마침내 지지노선으로의 선회를 명백히 했다. 이에 따르면 첫째, 해방은 우리의 힘이 아니라 연합국의 힘으로 되었고(해방의 규정성), 둘째 삼상결정은 해방과 독립을 보장하는 진보적 결정이며, 셋째 이 결정은 국내사정에 비추어 가장 적절한 해결책이므로[231] 삼상회담의 진보적 결정을 "전면적으로 지지"하기로 인공 중앙인민위원회에서 결정했다는 것이다. 이 결정서도 말미에서 임정 주도의 반탁운동에 대한 비판을 잊지 않고 있다.[232] 그런데 이 성명에서는 탁치라는 표현 대신 모스크바 결정이라는 표현을 쓰고 있다. 즉 탁치를 지지하는 것이 아니라 모스크바 결정을 지지한다는 것이다. 그런데 탁치란 구체적으로 무엇인지를 언급하지도 않았다.

조선공산당의 1월 3일자 성명은 동당의 1월 2일 성명의 연장선에서 삼상결정 지지노선을 전일에 비해 명백히 드러내고 있다. 탁치는 식민지화를 의미하는 것이 아니라 독립을 위한 것이라고 탁치 자체에 대하여 비교적 소상히 해설하면서, 즉시독립을 열망하는 대중들을 의식해서인지 성명의 초두에 "비록 즉시절대독립 허용은 …… 승인되지 못하였다 하더라도 …… 식민지화의 위험이 제거되고 …… 자주독립이 성립될 수 있는 보장을 얻은 것은 …… 커다란 전진"이라고 기술하고 있다. 이러한 논거는 다시 말하면 이들도 근본적으로는 즉시독립을 "신탁을 거친 독립"보다 선호했지만 탁치가 독립과 대립된 것이 아니고 독립을 위한 방책이기에 이를 지지한다는 것이다. 또한 신탁이 거론되는 원인이 민족통일의 미성수(未成遂)에 있으니까 반탁운동을 민족통일전선 결성운동으로 전환하자고 제의하고 있다. 그런데 이들도 역시 국민의 반탁감정을 알고 있었기에 찬탁이라는 표현은 삼가고 모스크바 결정을 지지한다고만 말을 했을 뿐이다.[233]

한편 1월 3일에는 서울시인민위원회, 정연합회(町聯合會), 반파쇼투쟁위원회 공동주최하에 탁치반대민족통일촉성시민대회를 서울운동장에서 개최했는데 여기에서 반탁노선이 삼상결정지지노선으로 급변했기에 다소간 물의는 있었지만[234] 신탁은 곧 '협력'을 의미한다고 해설하여[235] 무마시키며 시가행진을 했다.[236]

또한 인공 중앙인민위원회는 연합국에 보낸 2일자 전문을 해설하고 그 태도를 밝히는 결정서를 1월 4일 발표했는데, 카이로선언의 '적당한 시기'가 모스크바 결정에서 '최고 5년'이 되었고 '적당한 순서'가 '신탁제도'를 거치는 것이 되었으므로 모스크바 결정은 카이로·포츠담 선언의 위반이 아니라 구체화이며, 또한 신탁은 위임통치나 을사조약과는 다른 조선독립을 달성하는 과도적 방도이므로 진보적인 것이라고 규정했다. 역시 여기에서도 대중의 감정을 의식하여 다소 온건하고 변명이라 할 수 있는 해설을 늘어놓았는데 신탁은 일본제국주의 잔재를 소탕하기 위한 '불가피한 필연' 현상이므로 이를 받아들일 명분이 서는 것이며 일제잔재를 소탕하지 못한 일차적 책임은 우리에게 있다고 말한다. 또한 반탁운동은 국제정세에 몽매에서 기인하는 민족자멸책이라고 비판하면서 자신들이 "정보부족으로 인하여 반신탁의 오류"를 범했음을 솔직히 시인하고 있다.[237]

한편 조공의 책임비서인 박헌영은 1월 5일 기자회견에서 삼상결정이 조선을 독립국가로 발전시키기 위한 결의라고 규정한 후 좌익의 삼상결정지지노선이 옳은 노선이라고 주장하기에 이르렀다.[238]

이상의 공산주의자들의 노선전환과정에서 얻을 수 있는 결론은 그들이 하루아침에 표변한 것이 아니라 신중한 검토에 따라 여러 날의 시간적 여유를 가지고 노선전환을 했다는 사실이다. 이를 일지로 만들어보면 다음과 같다.

> 1945년 10월 23일(미국 탁치주장설 보도): 반탁.
> 12월 27일(소련 탁치주장설 보도): 공식성명 보류(1946년 1월 2일 전까지).
> 12월 27일~46년 1월 2일: 박헌영의 평양행(추측).
> 12월 31일~46년 1월 1일: 인공·임정 간 합작노력과 그 실패조짐 보임.
> 12월 31일: '반탁' 대신 '철폐'로 표현.
> 1946년 1월 1일: 신탁문제 '해결'로 표현.
> 1월 2일: '삼상결정지지'로 노선전환.
> 1월 5일: 인공·임정 합작 완전결렬.

그렇다면 왜 조선공산당이 일관성이 없이 방향전환을 했던 것일까? 위의 일지에서 당시 공산당의 방향전환과 관련하여 두 가지 사실을 지적할 수 있는데 첫째는 박헌영의 평양행 추측(주 180, 181 참조)이며, 둘째는 인공·임정 간 합작노력의 실패다. 첫째 사실은 '소련의 지령설'과 연결되며 둘째 사실은 '헤게모니 쟁탈설'과 연결된다.

소련의 지령설은 세 가지 구체적인 근거에 의하여 뒷받침된다. 첫째는 해방 후 조선공산당 경기도당 청년부 책임자였던 박일원[239]의 증언인데 그 증언에 따르면 "…… 삼상회의 결정이 발표되자 중앙위원회 정치국위원 강진[240]을 (서울에 있는) 소련영사관에 파견하여 영사 '싸부싱'과 회담하고 또 1월 2일 총비서 박헌영이 북한으로부터 귀환하여 급급히 안국동 나동욱씨 댁에서 중앙확대위원회를 소집하여 여러 중앙위원의 반대에도 불구하고 삼상결정 절대지지를 강압적으로 결의시키고 ……"[241]라고 기술되어 있다. 그러나 박헌영이 북한에 직접 가지 못하고 서울 주재 소련영사관으로부터 지령을 받았을 것이라는 추측도 있으므로[242] 박일원의 증언을 전적으로 믿기는 어려울 것 같다.

두 번째 근거는 미군정 정보담당부서(G-2 Section)가 남한으로 월경하는 한국인에게서 1946년 4월 초에 압수한 1946년 1월 3일자로 된 조선공산당 북평양 지방위원회 선전국 명의의 문서다. 미군 정보기관은 이 문서를 통하여 모스크바 결정이 보도된 시점인 12월 말로부터 일주일 이내에 상부(the top)에서의 지령이 있어 공산주의자가 노선을 바꾸었다는 판단이 가능하다고 주장한다.[243] 이 문서는 「주한미군사」(HUSAFIK)에도 전개되어 있으며,[244] 당시 우익지 『동아일보』의 1946년 5월 22일과 23일자 지면에 '소련지령설'을 선전하기 위하여 대대적으로 보도되었다.[245]

그러나 『동아일보』에 실린 문서는 1946년 1월 3일자 조공 북조선분국 김일성 명의의 "삼상회담서 결정된 문제에 대해 각급당부에 지시"라는 문서[246]와 서두가 같다. 이 압수문서는 평양의 상급당부가 북한 내의 하급당부에게 내리는 지시서가 월경하는 한국인에게서 우연히 압수된 것에 불과한 것이라는 판단이 가능하다.[247] 따라서 압수문서만을 가지고 소련지령설을 증명하기에는 신빙성이 미약한 것이 사실이다. 이 자료만 가지고 소련지령설을 증명한다는 것은 과대선전에 의하여 조작된 것일 수 있다는 추측이 가능하다.

세 번째 근거는 한재덕(韓載德, 당시 김일성의 직속기자)의 증언이다.

그에 따르면 평소에 소련은 즉각적으로 지령을 내렸으나 모스크바 결정을 지지하라는 지령은 2일가량 늦게 내렸다고 한다.[248] 그의 증언을 토대로 두 가지 사실을 유추할 수 있는데 첫째, 소련으로부터 지지지령이 내려왔다는 사실 자체와 둘째, 그 지령이 내려진 시기를 짐작할 수 있다는 것이다. 즉 모스크바 결정이 정식발표된 12월 28일의 2일 후인 30일과 김일성이 전폭적 지지 발언을 한 1월 2일 사이에 지령이 있었다는 추론이 가능한 것이다. 여기에서 다시 1월 1일 김일성 신년사를 하나의 단서로 추가할 수 있다. 즉 당시 김일성은 북한 내의 세력관계에서 소련의 입장을 거의 추종해야 하는 위치에 있었음에도 불구하고 신년사는 1월 2일의 전폭적인 지지노선[249]과는 상당히 대비되는 신중하고 애매한 논조였다.[250] 따라서 소련의 지지지령이 있었으며, 이것은 1월 1일 이후에 내려졌다고 추측해볼 수 있다.

그런데 구체적으로 드러난 자료로서 소련지령설을 검증하기에는 이상의 세 가지 증거가 다 빈약한 편이다. 여기에서 이러한 유의 지령은 문서로 남기지 않았을 것이라는 상식적 판단을 상기해볼 필요가 있다.

문서에 나타난 자료 이외에 논리적 추론에 따라 소련의 지령설을 검증해보면 첫째, 1945년 12월 27일 이후 다음 해 1월 2일에야 당의 공식 견해 표명이 이루어졌으므로 두 시점 사이에 외부 입김이 작용했을 것이라는 막연한 추측이 가능하다. 둘째, 북한의 공산주의자는 한 번도 공식적으로는 반탁을 표명한 적 없이 일관성 있게 모스크바 결정을 지지했으나, 남한의 공산주의자는 일관성이 결여된 노선변경을 했다. 결과적으로 본다면 남한의 당중앙이 하급당부의 노선을 추수(追隨)한 것이며 그 결과 주도권을 빼앗긴 것이다. 왜 이렇게 주도권을 빼앗기면서까지 노선을 전환했을까? 그것은 소련의 권위 때문인 것으로 추측할 수 있다. 마찬가지로 북한의 공산주의자들이 일관성 있는 태도를 견지할 수 있었던 것은 북한의 김일성이 소련과 밀착된 상태에서 소련을 계속 의식했기 때문이라고 추측할 수 있다.[251]

그런데 이른바 지령설을 주장하는 사람들은 대개 조선공산당을 소련의 조종을 받는 집단으로 규정하고,[252] 소련이 일방적으로 탁치를 지지하도록 지령했다고 주장한다. 여기서 소련이 남한의 공산주의자들에게 모종의 종용을 했다는 사실을 전적으로 부인하려 하지는 않겠다. 그러나 당시 조선공산당을 단순히 소련의 괴뢰로서만 파악하는 것은 문제가 있다.[253] 남한의 미군정이 그랬던 것처럼 소련도 북한 내의 정치세력에게 "반탁을 하지 말아라. 모스크바 결정은 독립으로 이르는 길이다. 모스크바 결정을 왜곡하지 말아라." 등으로 회유했을 가능성은 크다. 거기에다가 소련은 조만식에게 그런 것처럼 모스크바 결정을 지지할 것을 남한의 공산주의자들에게 종용했을 가능성도 크다. 그런데 남한의 공산주의자들은 종용을 받았을 때 과연 모스크바 결정을 지지함으로써 국내 정치의 권력투쟁과정에서 얻는 득은 무엇이고 실은 무엇일까를 분석했을 것이다. 따라서 방향전환의 기본적인 동기는 소련의 종용이 유발했겠지만 최종적인 노선 결정은 공산당의 국내정치적 상황인식에서 유래했다고 보는 것이 타당하다. 따라서 다음에 언급할 '헤게모니 쟁탈설'이 방향전환의 내적 요인을 설명해주는 유력한 가설이라고 할 수 있다.

두 번째 가설인 '헤게모니 쟁탈설'의 요점은 임정의 반탁운동 주도로 인하여 반탁정국에서 헤게모니를 잃은 인공이 헤게모니를 탈환하기 위하여 임정에 합작을 제의했는데 이것이 실패할 조짐을 보이자, 임정과 같이 반탁의 길을 걷는 것은 인공의 노선이 임정의 헤게모니 아래 휘말리는 결과를 가져올 것이므로 다시 주도권을 탈환하기 위하여 임정과는 정반대 노선으로 선회했다는 것이다. 고준석(당시 조선공산당원)의 회고에서 다음 구절이 이러한 상황을 얘기해준다.

> 조선공산당은 보수세력들이 함부로 날뛰는 것에 의심을 가지면서도 '버스에 늦게 타는 것은 좋지 않다'라고 생각하여 활동(반탁활동-연구자 주)을 서둘렀다. …… 그러나 조선공산당은 '모스크바삼상회의 결정'으로 인해 야기된 새로운 정치정세 속에서 그들의 헤게모니를 다시금 장악할 필요가 있었다. …… 그래서 그들은 1946년 1월 3일에 50만 이

상(조선공산당 발표 숫자)의 서울시민을 동원하여 '모스크바삼상회의 지지'를 위한 시민대회를 개최하였다.[254)]

이외에도 헤게모니 쟁탈설을 입증해주는 자료로서, 지지노선으로 전환되기 전후 공산주의자들의 성명을 들 수 있다. 이를 살펴보면 하나같이 임정 주도의 반탁운동에 대한 비판이 개재되어 있다. 이러한 비판은 임정의 헤게모니에 대한 견제라고 볼 수 있으며, 따라서 좌익이 탁치안에 대한 태도를 결정할 때 임정 주도의 반탁운동을 견제하여 임정의 주도권을 탈취하려는 기도가 개재되어 있음을 알 수 있다.

한편 '헤게모니 쟁탈설'과 연결될 수 있는 가설이 '공산화기도설'이다. 공산주의자들의 판단에 따르면 현재의 미국점령하의 상태보다 소련 참여 하의 탁치가 자신들의 세력확장에 유리하다는 것이다.[255)] 따라서 미군정 통치의 현상태를 지양하기 위하여 삼상결정을 지지했다는 추론이다. 고준석의 회고에 따르면 "미국이 새로운 식민지로 남한을 만들지도 모르는 상태이므로 우리 스스로 자주독립을 이룩하는 최대의 방책은 삼상결정을 지지하는 길밖에 없다."고[256)] 생각했다는 것이다. 탁치를 거치면 "공산주의자가 지배하는 조선이 될 것으로 전망되었기에"[257)] 모스크바 결정을 지지한 것이라고 미군정에서도 분석하고 있다. 당시 국내정세에서 좌익의 조직력이 우익의 그것보다 막강했다는 사실에 비추어본다면, 탁치가 실시되면 공산주의자가 지배할 수 있다고 공산주의자들이 판단했다는 것은 무리가 아니다.

공산주의자들의 대내적 상황인식에서 전환의 이유를 찾는 공산화기도설과 헤게모니 쟁탈설을 결합해볼 수 있다. 즉 단기적으로는 헤게모니를 잡기 위하여 그리고 장기적으로는 공산화를 위하여 전환했다는 설명이 가능한 것이다. 그런데 이 두 가설에 모두 권력을 잡기 위한 의도가 개재되어 있으므로 '권력투쟁'이라는 관점에서 종합이 가능한 것으로 보인다.

이상 언급한 세 가지 가설은 모두 부분적인 타당성을 가지므로 다시 요인별로 복합적으로 결합해보면, 대외적 차원에서 소련의 종용[258)]이 노선전환의 기본적 동기를 유발했으며, 대내적으로는 정치세력 간의 권력투쟁 과정에서 승리하기 위하여 즉 단기적으로는 헤게모니를 탈취하기 위하여 그리고 종국적으로는 공산정부의 수립을 위하여 노선을 전환한 것으로 보인다.

(5) 조선공산당의 방향전환이 낳은 결과

조선공산당은 방향전환 과정에서 당내인사들의 거센 반발을 겪었다. 고준석에 따르면 "일제의 식민지로부터 국제식민지로 옮아가는 것이 아닌가"라는 문제가 제기되었다고 한다.[259]

또한 당시 우익 정치지도자들도 좌익의 방향전환에 대하여 맹렬한 비판을 행했는데, 탁치안 발표 직후 좌우익 모두가 반탁했던 사실을 상기시키면서 좌익의 노선을 "국론통일의 교란자"라고 낙인찍고 나왔다.[260]

또한 좌익의 노선은 즉시독립을 열망하는 대중들을 설득하기에도 어려움이 드러났다. 따라서 좌익의 노선전환은 신탁을 반대하는 민족감정[261]과 얼마간은 융합할 수 없었다.[262]

정치판도라는 측면에서 본다면 좌익은 결과적으로 노선전환으로 인하여 미조직대중의 다수를 우익진영에 양보했고,[263] 반면 우익은 반탁운동 주도를 통하여 다수 대중을 자기편으로 끌어들였으며, 그 민족주의적 감정을 고양하는 데 성공했다.[264] 이렇게 되어 한동안 좌익은 정국의 주도권을 우익에게 넘겨주고 수세에 몰릴 수밖에 없었다.[265]

결론적으로 좌익은 주도권 획득을 위한 노선전환을 시도했으나, 획득은 커녕 오히려 주도권을 계속 내주었으므로 여기서 조선공산당의 전술적 실수를 지적할 수 있다.

3) 탁치노선의 통일모색

(1) 4당코뮤니케의 성립과 와해

좌우익이 노선대립을 표명하기 시작할 즈음해서 인공·임정 합작노력과 연장선상에서 파악할 수도 있으며[266] 상층부 중심의 통일운동이라고도 할 수 있는 정당의 행동통일 간담회가 1946년 1월 초순과 중순에 열렸다. 이 모임은 4당코뮤니케라는 공식문서를 산출했는데 먼저 그 진전과정을 살펴보면 1월 5일에 인민당의 요인인 이여성은 회견을 열고 "삼상회의 의도는 감사하나 신탁이라는 용어는 반대한다"고 말했는데[267] 그의 이러한 입장이 4당공동성명의 정신적 기초를 형성했다고 볼 수 있다.

1월 7일 인민당(이여성, 김세용)과 한국민주당(원세훈, 김병로), 국민당(안재홍, 백홍균, 이승복), 공산당(이주하, 홍남표)의 4당 대표가 회동했는데 이들은 긴급한 정치문제를 토론한 결과 다음과 같은 4당코뮤니케를 발표했다.

  1. 막부(莫府) 삼상회의의 조선문제결정에 대하여
  조선문제에 관한 막사과(莫斯科, 모스크바) 3국 외상회담의 결정에 대하여 조선자주독립을 보장하고 민주주의적 발전을 원조한다는 정신과 의도는 전면적으로 지지한다. '신탁'(국제헌장에 의하여 의구되는 신탁제도)은 장래 수립될 우리 정부로 하여금 자주독립의 정신에 기하야 해결케 함.
  2. 테러 행동에 대하여
  정쟁의 수단으로 암살과 테러 행동을 감행함은 민족단결을 파훼(破毁)하며 국가독립을 방해하는 자멸행동이다. 건국의 통일을 위하여 싸우는 우국지사는 모든 이러한 반민족적 테러 행위를 절대반대하는 동시에 모든 각종 비밀적 테러단체에 결사의 반성을 바라며 자발적으로 해산하고 각자 진정한 애국운동에 성심으로 참가하기를 바라는 바이다.[268]

이 글 1항의 신탁에 대한 조항을 보면 좌우익의 의견조정을 꾀한 흔적이 역력하다. '삼상결정지지'라는 표현도 들어 있고 신탁을 자주적으로 해결한다는 언급도 나와 있다. 이는 일방적 지지도 아니고 맹목적 반탁도 아닌 양자의 종합으로서 '지지 후 자주적으로 해결'하자는 중간적 논리인 것이다. 그렇지만 이러한 논리를 다시 보면 이것도 저것도 아닌 애매한 성격을 가지고 있는 것 또한 사실이다.

따라서 좌우익 각 정파는 이러한 애매한 논리에 대해 아전인수(我田引水)격인 해설을 했는데[269] 먼저 조선공산당의 일파는 이것이 "삼상회의 결정 지지의 코뮤니케"라고 규정했으며[270] 『조선일보』는 그 해설에서 "신탁통치라는 제도는 배격하되 연합국의 우의와 협조는 거절하지 않는다는 것"이라는 식으로 해명했다.[271] 또한 임시정부의 조소앙은 4당코뮤니케를 찬성한다고 말하고 "탁치라는 제도는 반대하나 연합국의 우의는 환영하여야 한다"고 주장하며[272] 4당코뮤니케의 탁치조합이 탁치에 대한 무조건 반대나 무조건 찬성을 표명한 것이 아니라고 해석했다.[273]

이렇게 해석이 분분한 4당공동성명이 하루 사이에 파기되고 마는데 그 과정을 고찰하면서 이에 집착했던 정치세력이 누구인지 살펴본다.

먼저 국민당의 안재홍은 "4대정당대표간담회에서 신탁통치는 국제헌장에 의하여 우리에게 의구되는 조건이므로 장래에도 수립될 우리 정부를 통하여 자주독립의 정신에 기하여 이것을 배제하는 데 그 중점이 있다"[274]고 애매하게 해석했는데, 이러한 독자적인 행동표명[275]은 반탁의 입장에서 신탁조항을 해석한 것이다.[276]

한민당에서도 8일 긴급간부회의를 열어 김병로[277]의 경과보고를 들었는데, 이 자리에서 탁치반대에 대한 명확한 표시가 없음이 간부들로부터 지적되었다. 이 조문은 해석 여하에 따라 과도정부가 탁치를 수락할 수도 반대할 수도 있다는 지적이었다. 따라서 한민당은 제1항은 승인하지 않고 제2항만 승인한다고 결의하기에 이르렀다.[278] 한민당 함상훈의 주장에 따르면 김병로가 자신의 오류를 시인했다고 한다.[279] 또한 한민당 측에서는 코뮤니케 작성의 책임을 물어 대표로 임했던 원세훈, 김병로 양인을 견책하자는 주장까지 등장했다.[280] 이렇게 본다면 코뮤니케를 놓고 한민당 내에서 탁치문제와 민족통일문제를 둘러싼 의견 대립이 있었음이 명백하다.[281] 이로 미루어 한민당이 4당코뮤니케를 하루 사이에 불승인한 이유는 김병로·원세훈 계열의 다소 진보적 노선[282]과 함상훈 계열의 보수적 노선[283]의 알력에서 기인한 것이 아닌가 추측할 수 있다.[284]

(2) 중간파[285]에 의한 4당코뮤니케의 집착

이러한 한민당의 태도변경에 대하여 인민당의 이여성은 "상식으로써는 이해할 수 없는 처사"라고 비판했으며,[286] 1월 13일에도 역시 조선인민당은 4당공동코뮤니케를 무시 왜곡하는 정파를 비난하며[287] 4당공동성명에 집착하는 면을 보였다. 『중앙신문』은 위의 담화를 보도하면서 인민당이 "4당공동성명을 계기로 하여 중간당[288]으로서 중요한 역할을 해왔다"[289]고 해설했다. 여기에서 인민당이 중간노선으로서 4당공동성명을 주도했고 이에 집착했다는 사실을 알 수 있다.

1월 9일 오전 미·소회담을 위하여 소련 대표가 서울에 도착한 가운데 국내통일운동은 진전을 보아 4대정당에 신한민족당을 가입시켜 5당 대표회의를 9일 오후 개최했다. 한국민주당에서 장덕수, 서상일, 공산당에서 박헌영, 홍남표, 이주하, 조두원, 인민당에서 김오성, 이여성, 김재영(金在榮), 국민당에서 안재홍, 명제세(明濟世), 신한민족당에서 이규갑(李圭甲)이 참여했고 임시정부의 조완구, 장건상, 조소앙, 김성숙, 인민공화국 중앙인민위원회의 이강국, 정진태(鄭鎭泰) 등이 옵서버로 참여했다. 이 자리에서 우익의 한민당, 국민당, 신한민족당에서는 회합을 비상정치회의소집을 위한 예비회합의 성격으로 할 것을 주장했고, 좌익의 공산당, 인민당에서는 그 성격을 4당회합의 연장으로 할 것을 주장하며 팽팽히 맞서다가 결국은 그러한 성격문제에 대한 대립으로 유회(流會)되었다.[290]

1월 11일 인민당 선전부는 반탁운동이 독립에 방해가 되니 중지하고 4당공동코뮤니케의 정신으로 돌아오라고 말했다. 인민당은 "4대정당 간담회에서 발표한 공동코뮤니케는 각 당의 정식대표가 책임 있게 결정한 것이다"[291]라고 말하여 이에 집착하는 면을 보였다.

한편 탁치발표 이후 구체적 태도표명을 보류하고 있던 인민당수 여운형은 14일 오전 11시 "탁치를 정시(正視)"하라는 다음과 같은 담화를 발표하여 중간노선을 명백히 표명했다.

…… 조선이 당면한 중대문제인 '탁치'에 대하여 일언하면 과거 미국 극동부장 빈센트씨의 담(談)을 듣고 나는 우리 자체의 통일과 역량이 없으면 우리에게 당연히 올 문제로 생각하였다. 그러나 막부3상회담 결정을 자세히 모르고 덮어놓고 피로써 싸운다는 것은 너무 경솔한 것으로 생각된다. 삼상회의는 단순한 조선문제만이 아니고 전세계적 전체문제이므로 개중에서 지지할 점도 있고 배척할 점도 있다. 덮어놓고 지지한다는 것도 너무 지나친 줄 안다.[292]

여운형의 이러한 주장은 반탁도 아니고 모스크바 삼상결정의 총체적 지지도 아니었는바, 그는 기본적으로 탁치를 싫어했고 완전독립을 요망했다.[293] 그는 하지에게 "신탁이 없도록 노력하여주기를 바란다"[294]고 말한 바도 있다. 이러한 여운형의 제3의 노선은 곧 인민당의 노선이고 4당공동성명의 정신과 일맥상통하므로 4당공동성명의 주도세력은 바로 여운형이 이끄는 중간파인 인민당이라는 추측이 가능하다.

1월 14일의 회담에는 국민당의 안재홍, 이의식(李義植), 한국민주당의 장덕수, 서상일, 신한민족당의 권태석(權泰錫), 김일청(金一靑), 인민당의 이여성, 김오성, 공산당의 이주하, 홍남표, 이강국이 오후 4시에 회동했다. 9일 회담결렬의 근본원인이었던 임정과 인공이 이 회합에 참석하지 않았지만 대표들이 정식대표 자격을 갖지 않았기에 간담회 형식으로 진행된 이 자리에서도 한민당의 반탁고수와 공산당의 전면적 지지노선이 대립하여 별다른 결실을 얻지 못했다.[295]

한편 미국이 4당코뮤니케에 대하여 대호평을 했다는 기사가 1월 15일 보도되고[296] 미소공동위원회를 위한 미·소회담이 1월 16일 오후 1시 서울에서 개최되자 다시 민족통일을 달성하라는 기운이 팽배해졌다. 이렇게 되어 1월 16일 오후 3시부터 열리게 된 회담에서는 국민당의 안재홍, 엄우룡(嚴雨龍), 이의식, 신한민족당의 김희섭(金喜燮), 박근실(朴根實), 인민당의 이여성, 김오성, 김세용, 공산당의 홍남표, 이주하, 이강국이 참여했으며, 한민당은 박헌영의 소련 단독 탁치희망설 보도[297)]를 이유로 불참했다. 이 자리에서도 모스크바삼상회의를 지지하는 공산당 측과 반탁을 역설하는 국민당, 신한민족당 등 우익정당 사이의 의견불일치가 해소되지 못했다. 인민당은 이 두 개의 대립된 의견을 조정해보고자 다음과 같이 타협안을 제시했다.

1. '신탁제'·'후견제'·'고문제'·'후견제'에 대하여 아(我) 5당대표는 다시 그 내용을 상세히 조사연구키 위하여 5당공동전문위원회를 구성하고 긴급 그 임무를 수행케 함.
2. 공동전문위원회의 보고가 완료되기 전에는 이 문제에 관한 일체의 반대행위를 정지할 것을 약속할 것.
3. 5당은 공동전문위원회의 보고에 따라 공동행위를 취하기로 약속할 것.
4. 금차(今次) 공동전문위원회는 이 문제에 관한 4당공동코뮤니케의 정신을 체하야 구성하는 것임을 확인할 것.[298)]

그러나 이러한 타협안으로써 양측의 의견이 조정되기에는 이미 양측 대립이 너무 심화되어 있었다. 결국 국민당의 반대로 이 타협안은 거부되어 정당통일운동은 완전결렬되고 말았다.[299)]

이렇게 되자 인민당은 독자적으로 통일운동에 관한 방침을 천명했다.

1. 3상회의에서 조선의 민주주의적 자주독립을 원호키로 약정된 것은 조선의 이익을 보장하는 것인만큼 우리는 그 의도를 지지함은 지극히 당연한 일이다. 그러나 조선을 원조키 위한 정치적 수단으로서 신탁제를 제의케 된 것에 대하여는 그것이 비록 조선현상과 국제정세에 감응(鑑應)한 결론이라 할지라도 시간적으로 우리의 최고강령인 자주독립과 상치되는 것인만큼 이것이 어서 물러가도록 최대의 노력을 경주하여

야 할 것은 물론이다.
　　1. 우리는 신탁제와 싸우는 데 있어서……;[300]

　이것은 역시 "모스크바 결정정신은 지지하되 탁치는 자주적으로 해결" 하자는 찬탁도 반탁도 아닌 제3의 논리에 입각한 것으로 4당공동성명 이후에도 계속 주장되면서 좌우합작운동과 연결되어가기에 이르렀다.[301] 이렇게 본다면 좌우에 따라 찬탁과 반탁으로 구분하는 기존의 양분법적 논리는 지양될 수 있지 않을까 한다.
　이상의 4당공동성명의 성립과 와해과정을 살펴보고 내릴 수 있는 결론은 이 성명 중 중간당인 인민당만이 주도했기에 실패하게 되었다는 사실이다.[302]

4) 반탁·지지 노선 대립의 구도확정

(1) 소련의 모스크바 결정과정 공개
　소련은 공개하지 않기로 약속한 모스크바삼상회의의 한국문제 결정과정을 일방적으로 공개하여 미군정을 난처하게 만들었는데, 그 배경은 이러하다. 1월 16일 개막된 미·소회담이 비공개로 진행되고 있는 1월 22일 소련 관영 타스(Tass)통신은 미군정당국이 반탁운동을 후원하고 있다고 비난했으며,[303] 1월 23일에도 "조선 반동분자들이 반동을 더욱 계속한다" 라는 제목의 기사에서 김구·이승만의 반탁운동을 비판했다.[304] 또한 스탈린은 1월 23일 주소 미국대사 해리만과 만난 자리에서 소련만이 탁치를 고집한 것처럼 한국신문에서 보도하여 반탁·반소운동을 미국 측이 선동하고 있다고 이의를 제기했다.[305]
　이러한 상황 속에서 소련은 모스크바 결정과정을 공개해야 할 필요성을 느꼈다. 그리하여 1월 24일 모스크바 방송은 애초에 미국 측이 10년 가까이 연장될 수 있는 탁치안을 제안했으나 소련이 이를 5년으로 수정했다고 보도하면서 모스크바 결정 중 조선임시정부의 수립을 강조한 부분은 소련의 제안에 따른 것이라고 밝혔다.306) 이러한 보도에 때맞추어 1월 26일 소련의 미·소회담 수석대표 스티코프(T. Shtykov) 대장은 기자회견을 열고 타스통신의 1월 25일자 보도307)를 기초로 모스크바 결정과정을 일방적으로 공개하기에 이르렀다. 그는 미국안이 제출된 이후에 소련안이 제출되었고 소련안이 약간 수정되어 모스크바 결정이 성립되었다고 말하면서, 미국과 소련안은 세 가지 점에서 다르다고 주장했다. 첫째로 미국안은 조선인을 단지 협의자 내지 고문관으로만 행정기구에 참여시키기로 한 데 반하여, 소련안은 조선민주주의민족 임시정부수립을 제안하여 조선인이 직접 정부를 수립하게 하자는 것이었다는 점이다. 둘째로 미국안은 조선 임시정부 또는 정당·사회단체 등의 협의 없이 4개국 후견을 실시하자는 데 반하여 소련안은 이들과 협의할 것을 규정했다는 점이다. 셋째로 기간 면에서 미국안은 10년이 걸려야 독자적 정부수립이 가능하다고 했으나 소련안은 5년 이내로 한정해놓았다고 주장했다.308) 스티코프가 말하고자 한 것은 한마디로 소련 측이 한국의 독립을 위해 더 많은 고려를 했다는 것이다.309)

이러한 소련 측의 발표는 미국 측의 입장을 난처하게 만들었다. 애치슨(D. Acheson) 미국무차관은 1월 25일 기자회견에서 모스크바 방송의 보도를 대체로 인정했고310) 하지는 버즈 국무장관으로부터 전달된 1월 26일 발 전문을 통해311) 소련의 보도가 대체로 정확하다는 것을 알고 상당히 당황했다. 하지는 미국의 기본정책이 탁치안인 줄은 알았지만 탁치안을 소련이 주도한 줄로 잘못 알고 있다가 반탁운동을 방조하기까지 했던 것이다. 그는 국무성에 보낸 전문에서 "타스 성명이 모두 사실이라는 것은 본인에게 정말 새로운 소식"이라고 말하면서, 국무성이 현지주둔군의 건의를 받아들이지 않은 것에 항의함과 아울러 이론이 아닌 현실상황에 기초를 둔 미군정의 정보 및 권고를 고려할 것을 권유했다.312)

이렇게 되어 미·소의 신탁통치에 대한 정책은 점차 상반된 방향으로 나가게 된다. 앞서 언급한 리버럴한 해석과 연결되는 "한국인의 능력 여부에 따라 신탁통치라는 형태를 취할 수도 있고 그렇지 않을 수도 있다"는 3

성조정위원회 정책교서(SWNCC 176/8)가 1월 28일 작성된다.[313] 이렇게 미국의 탁치에 대한 결정이 우왕좌왕하게 되는 이유는 우익진영이 반탁을 전개했기 때문이다. 반면에 소련은 좌익진영의 지지태도가 점점 확실해지는 데 더욱 고무되어 날이 갈수록 신탁에 집착한다.

(2) 미·소예비회담의 개최

모스크바 결정의 4항에 의거하여[314] 긴급한 문제해결을 위한 미·소예비회담이 1946년 1월 중순부터 2월 초까지 계속되었는데, 한국민은 이 회담에서 38선이 철폐되기를 기대했다. 그러나 이 회담에서[315] 미소공동위원회가 1개월 이내에 개최된다는 합의만이 나왔을 뿐[316] 별다른 성과 없이 끝나[317] 한국민에게는 실망만을 안겨주었다.[318]

38선 철폐문제에 대해서 소련 측은 그것은 임정수립 후 해결될 문제라고 주장했고 미국 측은 38선 철폐를 임정수립보다 우선시하는 주장을 하여,[319] 소련의 정치적 해결을 우선시하는 접근과 점차적이고 부분적인 통합을 강조하는 미국의 기능적인 접근이 대립되었다. 이렇게 회담 초기부터 드러나기 시작한 미·소 간의 견해차이는 이후의 양국대립을 예견케 하는 전조와 다름없었다.

일찍이 트루먼은 1945년 12월의 시점에서 국무장관 번스의 '대소유화적 태도'를 비판한 바 있었고[320] 그 이후부터 "소련을 다루는 데 있어 보다 강경한 입장"을 취하기로 작정했다.[321] 이제 모스크바 결정에 대한 한국인의 반응과 미군정의 반탁에 대한 암묵적 지지[322]는 세계적인 차원에서의 미·소 간 대립을 촉진했는데, 결국 1946년 2월 케난의 '긴 전문(long telegram)[323]과 스탈린의 2월 9일자 냉전연설(cold war speech)[324]로 구체화되었다. 비록 1946년 5월 제1차 미·소공위가 휴회될 때까지 미국 측은 모스크바 결정에 대해 근본적인 회의를 가지지는 않았고, 1947년 봄까지 미군정의 공식정책은 "신탁통치안에 의한 통일정부수립"이라는 틀 안에서 진행되었다고 하지만, 1946년 2월의 시점에서도 이미 탁치안의 실현가능성에 대하여 의문을 가질 수 있는 분위기가 조성되고 있었다.

　탁치안으로 민족을 통일시킬 수 있으리라는 기대는 국내정치세력이 서로 대립하여 통일된 입장을 제시하지 못해 한국문제의 양대 결정권자인 미·소가 의견대립을 보이고 있는 상황에서는 사실상 불가능한 것이었다.

　그런데 이상에서 살펴본 것을 토대로 유추해보건대 탁치문제를 둘러싼 미·소 간의 갈등은 그 문제에 대한 한국 내 정치세력 간의 대립이 근본원인으로 작용한 것이다. 즉 탁치문제에 관한 한 미·소대립의 계기는 강대국 간의 세계적 차원의 갈등에서보다는 한반도 국내정치에서 더 큰 영향을 받았다고 볼 수 있다. 이를 결론에서 상술하고자 한다.

(3) '민의'와 '민전'의 결성

　정당통일운동이 결렬된 후 탁치문제로 대립된 정국에 좌우익 양파는 서로 자파의 세력규합에 힘써 조직체를 구성했다. 우익은 1월 20일에 임시정부를 중심으로 비상정치회의준비회를 개최했는데[325] 이어 김구 중심의 비상정치회의와 이승만 중심의 독립촉성중앙협의회가 합작하여 좌익이 불참한 가운데 2월 1일 비상국민회의가 개최되었다.[326]

　미군정은 공산화 방지라는 최대의 정책목표를 실현하기 위하여 온건한 중간좌파 인사를 극좌파 인사로부터 이탈시켜 진보적 개혁을 주도케 하려 했다.[327] 이를 위하여 우익세력과 약간의 중간좌파 인사들을 중심으로 자문기관을 만들 구상으로, 비상국민회의 최고정무위원회를 중심으로 하고 이에 온건좌파 인사들을 참여시켜 남조선국민대표 민주의원(약칭 '민의')을 2월 14일 결성케 했다. 그러나 여기에 위촉받았던 여운형 등의 온건좌파 인사들이 참여를 거부하여[328] 미군정의 계획은 수포로 돌아가고 민의는 단순히 보수적 우익의 집결체에 그치고 말았다. 좌익은 좌익대로 1월 19일 이래 준비해온 좌익만의 통일전선기구로서 민주주의민족전선(약칭 '민전')을 2월 15일 결성하기에 이르렀다.[329]

　이렇게 되어 중앙에서의 좌우익대립의 구도는 명확해졌다. 즉 우익진영은 반탁을 기치로 단결하고, 좌익진영은 '모스크바 결정 총체적 지지'를

구호로 단결하여[330] 이후 한 치의 양보도 없는 팽팽한 권력투쟁을 전개하게 되는 것이다.[331]

한편 지방에서의 탁치논쟁은 서울보다는 비교적 유연한 편이었다. 최근의 연구에 따르면 대구의 좌익은 "원칙적으로 지지"한다는 애매한 태도를 보이든가,[332] 1월 중순까지도 탁치에 반대하여[333] 일정기간 동안 중앙과는 전혀 반대의 방향으로 좌우합작을 추진했다 한다.[334] 또한 광주에서는 일부 좌익단체가 계속 반탁을 주장함으로써 혼선을 나타냈다고 한다.[335] 중앙과 비교적 가까웠던 인천의 경우는 좌익이 명백한 지지노선을 표명했음에도 불구하고, 1946년 3월 1일의 3·1절기념행사가 좌우양익의 합의하에 행하여지는 등[336] 좌우익의 첨예한 대립이 비교적 뒤늦게 나타난다고 할 수 있다.

따라서 지방은 중앙보다 좌우대립의 정도가 비교적 덜한 편이었다고 잠정적으로 결론내릴 수 있다. 이러한 지방수준에서의 연구는 여러 사례에 의하여 광범위하게 탐구되어야 할 필요성이 있으며, 이를 후일의 연구과제로 남기고자 한다.

5) 탁치문제에 대한 각 정파의 입장 요약

지금까지 연대기적으로 탁치문제에 관련된 국내 상황의 전개를 살펴보았다. 해방 후 상층부의 주요한 정치세력을 인물중심으로 뽑아보면 좌파의 박헌영과 조선공산당, 중간좌파의 여운형과 인민당, 중간우파의 김규식과 민족자주연맹, 우파의 김구와 임정, 같은 우파의 이승만과 독촉, 우파의 한민당으로 구분할 수 있다.[337] 이상의 구분에 따라 각 정치세력의 탁치문제에 대한 태도를 그 대표적인 인물과 단체별로 구분하여 분석해보도록 한다.

먼저 박헌영과 조선공산당은 1945년 10월 23일 반탁에서 1946년 1월 2일 총체적 지지노선으로 변화되었다. 여운형은 1945년 10월 이래 공식태도표명을 보류하다가 1946년 1월 14일의 시점에서는 "지지할 점도 배척할 점도 있다"고 설명하여 4당코뮤니케에 드러난 제3의 길을 걸었으나 민전이 결성된 1946년 2월부터는 좌익 내 분열상을 드러내지 않기 위하여 338) 표면적으로는 '지지'노선을 표방했다. 그는 공산당처럼 "총체적으로 지지"한다는 표현을 쓰지 않고 다만 "삼상회담을 수락실천"339)하자고 말했다. 미군정의 평가에서도 여운형은 "신탁통치보다 즉시독립을 원하고 있다"고 기술되어 있다.340) 김규식은 1946년 1월까지는 다른 우익진영과 같이 표명했다가 1946년 3월 공위개최 이래로 "탁치는 임정수립 후 해결"하자는 중간파의 노선을 걸어 좌우합작을 주도하게 된다.341)

김구와 임시정부는 가장 격렬하고 일관성 있게 반탁노선을 걸었으며 미국에 도전하면서까지 운동을 주도했다.

이에 비하여 1919년 위임통치안 실시를 건의한 적이 있는 이승만은 처음에는 미국의 입장을 의식해서인지 다소 조심스럽고 소극적으로 반탁을 표명했다가 공산당이 방향전환한 이후에는 공산당을 격렬히 비난하면서 명백히 반탁을 표명했다. 따라서 김구의 반탁이 자주적이고 민족주의적인 것인 데 비하여 이승만의 반탁은 반공 자체가 목적인 반소·반공·반탁 논리 삼자의 결합인 것이다.

한민당은 "소련탁치주장설"때 격렬히 반발하여 반소·반공·반탁 논리의 결합을 드러내다가, 정식발표 후 수석총무 송진우가 미온적 태도를 보였지만 그가 암살당하게 되자 반탁을 명백히 했다. 이러한 한민당의 태도는 다소 기회주의적인 것으로 이후 미소공위 참여문제에서도 그러한 비일관성을 드러내 보인다.342) 또한 송진우의 훈정론(訓政論)에서 드러나는 바와 같이 소련 참여가 배제되고 미국의 우선권이 확보되면 탁치를 찬성할 수도 있었던 지극히 친미·반공적인 속성을 가지고 있다.

이렇게 보면 당시 탁치문제를 둘러싼 논쟁에서 조선공산당의 지지노선과 임시정부 중심의 반탁노선이 대립했으며 기타 세력들은 인민당처럼 반탁도 지지도 아닌 중간노선에 서서 소극적이나마 좌우통일을 기도하거나, 이승만처럼 소극적인 반탁을 표명했다. 그러나 그러한 소극적인 세력은 부각되지 못하고 전반적인 정국은 좌익의 지지와 우익의 반탁으로 양분되어 극한적으로 대립하는 것처럼 보였다.343)

4. 맺음말

미국은 탁치안을 창안했으나 1945년 12월 이후 소련에 탁치안에 관한 주도권을 내주었고, 결국 1947년 10월 일방적으로 탁치안을 폐기하고 말았다. 이러한 폐기과정에 국내상황(좁게 본다면 우익의 반탁운동, 넓게 본다면 좌우의 갈등[344])이 결정적인 영향을 미쳤다고 볼 수 있다. 즉 소련은 탁치가 실시되면 자신에게 우호적인 좌익을 대거 참여시켜 공산화하려 했고, 이러한 의도하에 모스크바 결정사항을 엄격히 해석(즉 반탁진영의 배제 주장)하여 미국과의 갈등을 야기했다. 한편 국내정치세력 중 좌익진영이 모스크바 결정을 지지했기 때문에 소련은 계속하여 모스크바 결정에 집착하는 태도를 보였다.

반면 미국은 역시 탁치를 통해 우호적 정부의 수립을 목표로 했으나, 소련이 탁치를 통하여 한반도를 공산화하려 한다고 미군정은 인식했고, 따라서 탁치안의 실현은 보수세력을 중심으로 정부를 수립케 하려는 미국의 의도와는 결국 멀어지는 상황으로 나아가게 될 것이라고 예측했다. 따라서 우호적인 정부수립을 위한 수단으로서 탁치안은 그 목적달성을 꾀할 수 없게 되자 가차없이 폐기되었고, 보다 확실한 대안을 선택했던 것이다.

그런데 이렇듯 소련이 탁치에 집착한 것, 그리고 미국이 일방적으로 탁치를 폐기하게 한 근본원인은 한반도 국내정치상황에서 나온 것이었다.[345] 즉 우익세력은 막연하게 탁치만 실시되면 공산정부가 수립될 여지가 큰 것으로 추측했기에,[346] 어떤 형태의 압력을 가해서라도 미국으로 하여금 탁치안을 포기하게 만들지 않으면 안 되었다. 이런 인식태도에 비추어본다면 국내의 탁치논쟁이 미·소 간의 협상을 방해했고, 우익의 반탁으로 인해 모스크바 결정이 폐기되었다는 식의 설명이 가능하다. 따라서 결과적으로 우익의 폐기투쟁은 어느 정도 성공했다고 할 수 있으며, 최소한 이승만의 경우에는 "탁치안을 폐기시켜 한반도의 반이라도 건져 공산화를 방지했다"는 주장이 나옴 직했다.

탁치안이 폐기됨에 따라 그 논쟁은 자연히 해소되고 단정수립논쟁으로 연결되면서 각 정치세력들은 다시 단정에 참여하든가 단정반대운동을 전개해나갔다.347) 이렇게 되어 좌우대립의 단초를 제공했던 탁치논쟁은 결국 단정논쟁으로 전화되고 분단체제구축과 연결되었다.

그렇다면 탁치문제가 좌우익의 극한적 대립, 즉 분단의 한 조건이 될 만큼 중요한 문제였을까? 첫째, 민족문제의 차원에서 볼 때, 탁치문제는 민족의 자주적 해방에 비추어 중요한 문제임이 틀림없다. 그러나 과연 어느 노선이 민족문제 해결의 정도(正道)였을까라는 질문에 대해서, "이것이 바로 정도다"라 할 수 있는 만족할 만한 근거를 제시하기란 쉽지 않다.348) 좌익은 좌익대로 그들의 민족문제해결노선과 상당부분 배치되는 논리를 제시한 측면이 있으며, 우익의 논리도 민족의 자주적 통일독립과는 모순되는 문제점이 발견된다. 당시 좌우익은 탁치문제에 대한 해결책을 제시할 때 이를 민족문제해결이라는 측면에서 고려하지는 않은 것 같다. 민족문제 차원에서 볼 때 탁치문제는 대립의 이슈라기보다는 통일의 이슈였으나, 통일의 방향보다는 대립의 방향으로 나아가게 된 데에는 다른 차원의 문제가 개재되어 있는 듯하다.

둘째, 계급문제의 차원에서 볼 때, 토지문제나 친일파문제 같은 것들은 좌우의 계급적 대립이 명백히 표출될 만한 원칙적이고 중요한 문제였지만, 탁치문제는 계급대립으로 직접적으로 환원할 수 없는 문제이며 따라서 탁치문제는 계급대립의 중요한 이슈로는 볼 수 없다.

또한 탁치문제를 중심으로 한 의견대립은 명확한 현실인식에 토대를 둔 것이 아니었으며 그 논리적 대립349) 또한 일관성이 결여된 측면이 있다. 즉 우익진영은 왜곡보도에 편승하여 대중의 감정에 영합했기 때문에 탁치라는 것이 무엇인지도 확실히 인식하지 못한 채,350) 또한 탁치가 실시되면 어떻게 될지도 모르면서, 감정적인 것으로 보이는 즉각적인 반탁을 표명했고, 좌익진영은 대중의 반탁감정을 무시하면서까지 노선전환을 시도했던 것이다.

그런데 좌익은 우익의 감정적 반탁에 초기에는 어느 정도는 공감했고, 우익은 우익대로 좌익의 임정수립 주장을 무시할 수 없어 공위가 열리던 시점에 반탁운동을 자제하고 1차공위에 참가하는 노선으로 수렴했던 것이다.[351] 이렇듯 탁치안이 보도된 초기에는 좌익이 우익에 동조했고 공위가 열린 뒤의 후기에는 우익이 좌익에 동조했기에 좌우가 공동의 장에서 협상을 벌일 가능성도 전혀 배제할 수는 없었다. 따라서 탁치문제는 첨예하게 대립할 수밖에 없었던 문제가 아니라 오히려 민족통일을 가능케 했던 문제로 볼 수도 있다. 이런 맥락에서 본다면 좌우익 모두가 통일전선의 관점에서 보다 유연하게 대처했어야 할 문제인 것이다.

그런데 그럼에도 불구하고 왜 첨예하게 대립해야만 했을까? 그것의 근본원인은 탁치논쟁의 이면에 무엇보다도 중요한 자파의 세력확보라는 근본적 목표가 내재되어 있었기 때문이다. 즉 반탁논리·지지논리 양자는 모두 하나의 수단이요 상징에 불과하며, 저변에는 자파세력 확보가 목적으로 개재되어 있었던 것이다. 따라서 결론적으로 탁치문제는 좌우익 각 세력이 주도권 장악을 위하여 대립을 표출한 이슈로서 볼 수 있다. 이러한 권력투쟁의 관점에서 본다면, 좌익은 탁치가 즉시독립은 아니었지만 독립을 보장하기 때문에 민족의 열망과도 부합하며, 무엇보다도 그 과정에서 친사회주의적 국가의 수립이 가능하다고 인식했기에 위험한 방향전환을 하면서까지 지지노선으로 기운 것이다. 반면 우익은 반탁이라는 호재를 이용하여 주도권을 장악한 시점에서 만약 공위에 의한 정부가 수립된다면 자신들이 정권을 장악할 확률이 낮아지므로 거센 반탁운동을 수단으로 모스크바 결정을 파기하려고 했으며, 이를 미국에 종용했던 것이다.

이러한 국내정치세력 간의 권력투쟁이 국제정치적 미·소관계에 직접적인 영향을 미치게 되어, 미·소 간의 합의 없이는 실행할 수 없었던 모스크바 결정이 파기될 수밖에 없었다고 결론내릴 수 있다.

이 글에서는 탁치안의 통한론적 성격을 부각할 수 있다는 견해를 어느 정도 수긍하면서, 한편 다음과 같은 가정을 제기하여 우호적 정부 수립 기도로서 탁치안을 반대할 수밖에 없었던 반탁론이 가지고 있는 '즉시독립에 의한 자주적 통일론'의 성격을 토론의 주제로 남기고자 한다. 만약 좌익이 임정·인공 합작에 성공하여 노선전환을 시도하지 않았다면 어떻게 되었을까? 전민족이 자주적 반탁에 의하여 통일될 수 있었다면 미·소는 탁치안을 공동폐기하고 다른 길로 독립을 부여하지는 않았을까?

따라서 탁치안을 둘러싼 통일의 가능성을 다음 두 가지 방향으로 가정할 수 있을 것이다. 첫째, '모스크바 결정=통한론'(좌익과 중간파의 통한론)의 입장으로서, 국내정치세력의 모스크바 결정 지지노선으로의 의견통일→미·소의 합의사항 실천에 의한 임정수립→신탁통치→독립의 길이 그것이다. 둘째, '반탁=통일론(우익의 통한론)의 입장으로서 국내정치세력의 반탁으로의 의견통일→미·소합의하의 탁치안 폐기→독립의 길이 그것이다. 이 두 가지 가정은 국내정치세력의 의견통일을 기반으로 하면서도 미·소합의를 전제하고 있다. 미·소합의라는 전제조건을 중시하는 분단 외인론(外因論)의 입장에서는 1945년 미·소양군이 진주한 이후 한반도 통일문제는 미국과 소련이 좌우하는 문제였다고 볼 수도 있다.

그러나 민족 내부적인 통일논의가 성과를 거두지 못했고 만족할 정도로 시도되지 못했기 때문에 무시될 수만은 없다. 따라서 내인론(內因論)의 입장에서 논리를 전개하는 것 또한 가능하다. 즉 국내정치세력의 반탁이 미·소대립을 가져왔으며 탁치문제에 관한 한 국내의 반응과 미·소의 대립관계는 상호 상승적 작용을 했다고 볼 수 있으므로 "만약 국내정치세력이 의견통일을 할 수 있었다면, 미·소의 합의를 유도할 수 있지 않았을까?"라는 가정을 제기할 수 있는 것이다.[352] 이는 분할점령 후 통일이 달성된 오스트리아의 예에서 그 사례를 볼 수 있다.

따라서 탁치문제는 돌이켜볼 때, 탁치안을 둘러싼 의견통일[353]이 통일을 위한 최초의 실천단계였을 것이며,[354] 이의 의견대립이 분단을 향한 최초의 단초가 되었다는 사실을 인식할 수 있다. 여기에서 당시 국내 정치지도자들의 분단에 대한 책임을 지적하면서 이 글을 맺기로 한다.

주 _____

1) 최근 들어 해방 후 3년사만에 국한되던 연구경향이 해방 후 5년사(1945~50) 내지는 해방 후 8년사(1945~53)까지 확장되고 있다. 한반도 분단의 기본구도가 해방 후 3년사에 형성되어 1953년 한국전쟁이 종료될 때 고착화되었으므로 1945년부터 1953년까지를 연결해보는 시각은 유용한 것 같다. 또한 해방후사를 해방전사와 연결해 1940년대를 하나의 독립된 시기로 보는 시각도 매우 유용하다. 즉 중일전쟁→태평양전쟁→해방→분단→한국전쟁 등 일련의 역사적 사실들을 해방과 분단의 문제로 귀착시켜 1940년대의 의미를 되새길 수 있을 것이다.
2) 최근의 연구에서는 몰가치론적인 해방정국의 묘사로서 좌우의 극한적인 대립을 강조하는 시각을 비판하면서 좌익 중심의 합의를 통일전선운동으로 평가하고 있다.(서울대학교 인문대학 한국현대사회연구회, 『해방정국과 민족통일전선』, 서울: 世界, 1987.)
3) '탁치'라는 용어는 신탁통치의 약어로서 '신탁'이라는 약어와 함께 쓰일 것이다.
4) Bruce Cumings, *The Origins of the Korean War: Liberation and the Emergence of Separate Regimes, 1945~1947*(Priceton, N.J.: Princeton University Press, 1981), p. 225; 브루스 커밍스, 『한국전쟁의 기원』下, 김주환 역(서울: 靑史, 1986), pp. 36~37.
5) 金九, 「韓國民族 全部가 다 信託統治에 反對」, 『동아일보』, 1947년 2월 14일, 16일자.
6) 이 노선을 흔히 '찬탁'이라고 표현한다. 그러나 좌익은 '찬탁'이라는 표현이 대중의 감정에 거슬리므로 대신 '모스크바 결정지지'라고 내걸면서 자신들은 탁치를 지지하는 것이 아니라 모스크바 결정을 지지한다고 주장했다. '모스크바 결정=탁치'의 입장(宋完淳, 「共委有感」, 『신조선』, 1947년 6월, pp. 40~43; 『동아일보』, 1947년 1월 21일자. 이 입장은 우익뿐만 아니라 일부의 좌익도 인정했다. 위 근거는 모두 좌익이 인정한 것이다)에서 볼 때 찬탁과 모스크바 결정지지는 동일한 것이나, 대부분의 좌익은 모스크바 결정을 탁치가 아닌 후견으로 규정했으며 또한 모스크바 결정의 중심은 후견이 아니라 임정수립에 있다고 주장하여 '찬탁'과 '모스크바 결정지지'는 다르다고 역설했다. 이 글에서는 보다 정확성을 기하기 위하여 좌익의 구호 그대로 '모스크바 결정지지'라는 용어를 사용할 것

이다. 한편 '모스크바 결정'이라는 용어가 지칭하는 것은 1945년 12월 결정된 모스크바 3상회의 공동성명 중 제3항 한국에 관한 부분이다.

7) 「三相決定의 一週年 回顧(上): '反託'은 單政으로 變身」, 『독립신보』, 1946년 12월 28일자.
김일성, 「북조선민전중앙위원회 제25차 회의에서 한 연설, 1948년 3월 9일」, 중앙정보부 編, 『統韓關係資料總集』 제1권(서울, 1973), pp. 51~52.

8) 이와 같은 입장에서 당시 경북지방의 반탁·반공 운동에 투신했던 사람들의 생생한 기록으로 다음의 것이 있다. 石貞吉, 『새벽을 달린 同志들: 大邱지방 反託·反共학생운동 小考』(서울: 甲寅出版社, 1983). 또한 다음의 자료집도 특기할 만하다. 韓國反託反共學生運動紀念事業會, 『韓國學生建國運動史』(서울, 1986).

9) 金奉鉉, 『濟州道血の歷史』(東京: 國書刊行會, 1978), pp. 41~42; 高峻石, 『南朝鮮政治史』(東京: 柘植書房, 1980), p. 97; 李昊宰, 「贊託이냐 …… 反託이냐: 解放政局의 爭點」 5, 『중앙일보』, 1985년 9월 17일자; 송건호, 「반탁운동의 실상과 허상」, 『연세춘추』, 1984년 9월 24일자; 宋建鎬, 「탁치안의 제의와 찬반탁 논쟁」, 변형윤 외, 『분단시대와 한국사회』(서울: 까치, 1985), pp. 34~64. 이호재는 "찬탁 지지론자의 통일지향적인 논리"에 대한 새로운 검토가 학계에서 일고 있다고 말하면서 탁치가 분단안이 아닌 통한안(統韓案)이었다고 주장한다. 송건호는 반탁에 대한 비판적 평가와 찬탁에 대한 긍정적 평가를 신중하게 하고 있다. 한편 유영준은 찬탁지지론을 '신탁사관'이라고 명명한다.(劉英俊, 「8·15 後 政治集團의 동향과 政府수립」, 『신동아』, 1986년 11월, p. 530.)

10) 위의 두 가정은 분단의 內因論을 전제하면서 外因으로서의 미·소대립이 가지는 측면은 사상시키고 있다. 결론부분에서 상술될 것임.

11) 李昊宰, 『韓國外交政策의 理想과 現實: 解放 8年 民族葛藤期의 反省』 제5판(서울: 法文社, 1986), pp. 176~77; 임헌영, 「해방 직후 지식인의 민족현실 인식」, 강만길 외, 『해방전후사의 인식 2』(서울: 한길사, 1985), p. 407. 이호재는 중도파의 외세에 대한 평형정책을 오래전부터 소개했고, 임헌영은 양분법적 견해를 '도식적 분류'라고 비판하면서 좌경지식인 중에도 반탁자가 많았고 우익 중에도 반탁에 맹종하지 않은 지식인이 있었던 사실을 지적하고 있다.

12) 한편 문승익·김홍명은 찬·반탁 모두가 반민족적이고 비자주적이었다고 주장하고 있다.(文丞益·金弘明, 「解放直後 우리나라의 自主思想 硏究: 1945~1948」, 『韓國政治學會報』 제15집, 1981, pp. 348~51.)

13) 崔相龍,「美軍政의 初期占領政策: 信託統治案과 分割占領의 現實」,『서울평론』 제40호(1974년 8월 15일), pp. 14~26; 崔相龍,「美軍政期 韓國: 아시아 冷戰의 초점」,『한국사회연구』제1집(1983), pp. 351~67; 崔相龍,「分割占領과 信託統治: 解放韓國의 두 가지 外壓」, 韓國政治學會 編,『現代韓國政治論』(서울: 法文社, 1986), pp. 107~32.
14) 李昊宰,『韓國外交政策의 理想과 現實(1943~1953): 李承晩 外交와 美國』(서울: 法文社, 1969), 李昊宰,「韓國信託統治案과 美蘇協商의 決裂」,『韓國外交政策의 理想과 現實: 解放 8年 民族葛藤期의 反省』제5판(서울: 法文社, 1986), pp. 138~202
15) 宋建鎬,「탁치안의 제의와 찬반탁 논쟁」, 변형윤 외,『분단시대와 한국사회』(서울: 까치, 1986), pp. 39~69.
16) 심지연,「신탁통치문제와 해방정국: 反託과 贊託의 論理를 중심으로」,『韓國政治學會報』제19집(1985) pp. 47~61.
17) 金學俊,「韓國信託統治案과 그것을 둘러싼 初期의 論爭」,『韓國問題와 國際政治』全訂版(서울: 博英社, 1987), pp. 369~85.
18) 大沼久夫,「朝鮮信託統治構想: アメリカ外交文書に基づいて」,『法政大學院紀要』第1號(1978), pp. 165~79; 大沼久夫,「朝鮮の解放・分斷國內勢力: 信託統治問題を中心として」,『朝鮮史硏究會論文集』第2輯(1984), pp. 107~29.
19) 小野田求,「第2次世界大戰中におけるアメリカの朝鮮獨立政策: 國際的信託統治政策の本質」,『朝鮮歷史論集』下卷(東京: 龍溪書舍, 1979), pp. 519~32.
20) William George Morris, "The Korean Trusteeship, 1941~47: The United States, Russia, and the Cold War," ph. D. dissertation(The University of Texas at Austin, 1974).
21) Bruce Cumings, 앞의 책.
22) 이러한 기술에 의한 방법을 고전적인 '이야기체식'(narrative) 서술방법이라고 한다. 이에 대비되는 접근으로 (사회)구조적(structural) 접근을 들 수 있다. Lawrence Stone, "The Revival of Narrative: Reflection on a New Old History," *Past & Present*, no. 85(Nov. 1974), p. 3; E.j. Hobsbawm, "The Revival of Narrative: Some Comment," *Past & Present*, no. 86(Feb. 1980), p. 308.
23) United States, Department of State, *Foreign Relations of the United States*,

Diplomatic Popers(Washington, D.C.: United States Government Printing Office). 이 문서집은 대략 15~25년의 시간이 경과한 후에 공개된다. 이후부터는 *FRUS*, 해당년, 권수의 순서로 약칭하여 인용될 것이다.

24) 대표적인 것으로 다음의 것이 있다. Leonard Hoag, "American Military Government in Korea: War Policy and the First Year of Occupation, 1941~46," Draft Manuscript(Washington, D.C.: Department of Army, 1970).

25) '비밀해제 자료' 중 미국 국립문서보관소(National Archives) 소장 자료에 대한 간단한 지침은 다음에 있다. Jack Sanders, "Records in the National Archives Relating to Korea, 1945~50," in Bruce Cumings, ed., *Child of Conflict: The Korean-American Relationship, 1943~1953*(Seattle: University of Washington Press, 1983), pp. 309~26. 또한 미국 내 현대사자료에 대한 일반적 소개는 다음에 있다. 方善柱,「美國의 韓國關係現代史資料」, 韓國史學會 編,『韓國現代史論』(서울: 乙酉文化社, 1986), pp. 281~92.

26) 대표적인 회고록으로 트루먼과 번스의 것을 들 수 있다.

27) 『해방 후 4년간의 國內外重要日誌, 1945. 8~1949. 3』, 增補版([平壤]: 民主朝鮮社, 1949); 北朝鮮民主主義民族統一戰線 中央委員會 書記局 編,『쏘·米共同委員會에 關한 諸般資料集』(平壤: 北朝鮮中央民戰書記局, 1947); 朝鮮中央通信社 編,『朝鮮中央年鑑』, 1949년판([平壤: 朝鮮中央通信社, 1949).

28) 대표적인 것으로서 1945년 10월부터 매월 간행한 *Summation* 시리즈를 들 수 있다.

29) 다음 2개의 원고가 대표적이다. United States Armed Forces in Korea, "History of United States Armed Forces in Kores," Manuscript in Office of the Chief of Military History, Washington, D.C.(Seoul and Tokyo, 1947·1948); United States Army Military Government in Korea, "History of the United States Army Military Government in Korea, Period of September 1945 to 30 June 1946," Manuscript in the Office of the Chief of Military History, Washington, D.C.(Seoul: Office of Administrative Service, Statistical Research Division, 1946·1947). 전자는 "HUSAFIK"으로 후자는 "HUSAMGIK"으로 약칭할 것이다.

30) "G-2 Periodic Report"; "G-2 Weekly Summary."

31) 당시 주요 신문을 전향별로 분류해보면 좌익지에『해방일보』『조선인민보』『독

립신보』・『현대일보』・『중외신보』・『노력인민』・『우리신문』・『조선중앙일보』 등이 있으며, 중립지에『서울신문』・『자유신문』・『신조선보』・『조선일보』・『경향신문』・『중앙신문』 등이 있다. 우익지로서는『동아일보』・『대동신문』・『민중일보』・『한성일보』 등이 있다. 또한 국사편찬위원회가 중립・우익지 중심으로 편년체로 편집한 國史編纂委員會 編,『資料大韓民國史』1~7(서울: 探求堂, 1968~74)도 있다.

32) 이우진에 따르면 윌슨이 힘을 갖고 있지 못했기에 동맹국으로 하여금 식민지를 즉시독립시키라고 압력을 가하지 못했다고 한다.(李愚振,「獨立運動에 대한 美國의 태도: 루스벨트의 信託統治構想을 中心으로」, 韓國政治外交史學會 編,『獨立運動과 列强關係』, 서울: 평민사, 1985, p. 160.)

33) Arthur Link, "Wilson the Diplomatist," in Armin Rappaport, ed., *Essays in American Diplomacy*(New York: Macmillan Company, 1967), pp. 206~09.

34) 위임통치는 국제연맹규약(The Covenant of the League of Nations) 제22조에 규정되어 있는데, 여기에서 위임통치제(mandates system), 신탁(trust), 후견(tutelage) 등의 용어는 모두 혼동해서 쓰였다. "The Covenant of the League of Nations," article 22.

35) 위임통치의 실시는 다음 문서에 기록되어 있다. League of Nations, *Ten Years of World Cooperation*(Secretariat of the League of Nations, 1930), pp. 333~39. 또한 '질서의 회복'이라는 명분으로 위임통치령의 독립운동을 반란(rebellion)이라 규정하여 탄압한 사례는 다음에 있다. 같은 책, pp. 347~50.

36) 上海日本領事館警察部 編,『朝鮮民族運動年鑑』(서울: 東文化書店, 1946), p. 1. 그런데 이승만이 "국제연맹에 의한 위임통치 청원"을 윌슨에게 제출하여서 그런지 해방 후 당시에는 "미국에 의한 위임통치 청원"으로 왜곡 전파되었다.

37) 따라서 해방 후 공산주의자들은 이를 "제국주의적 위임통치"라고 규정하여 모스크바 결정에 의한 신탁통치와는 본질적으로 다르다고 주장했다.(정태식,「民主主義 發展에 있어서의 莫斯科 三相會談의 意義」,『開闢』제8권 제2호, 1946년 3월, p. 77.) 반면에 우익은 위임통치와 신탁통치를 구별하지 않았다. 주 34에 비추어 본다면 공산주의자들의 인식에는 문제점이 있다.(이완범,「한반도 신탁통치안과 국내정치 1943~48」, 연세대학교 정치학과 석사학위논문, 1985, pp. 142~44.)

38) Hoag, 앞의 책, p. 10; 이완범,「한반도 신탁통치안과 국내정치 1943~48」, p. 10의 주 8.

39) 韓國各革命團體聯合在中自由韓人大會,「同盟國領袖에게 보내는 電文(大韓民國

23년 5월 10일)」, 柳光烈 編, 『抗日宣言·倡義文集』, pp. 257~58. 李昊宰, 「二次大戰중 韓國人의 對外認識: 『新韓民報』의 내용을 중심으로」, 『亞細亞研究』, vol. XXV, no. 2(1982년 7월), p. 9에서 재인용.

40) 1942년 4월의 *Fortune, Life, Time* 등 3개 잡지와 42년 7월 *Asia* 잡지 등에서 보도되었고, 남가주대학 국제협의회의 토론과정에서 제기되었다고 한다.(趙素昻, 「戰後韓國獨立問題不能贊同國際共管」, 三均學會 編, 『素昻先生文集』, 서울: 횃불사, 1979, p. 178; 趙素昻, 「聲明書[駁國際共管論]」, 『大公報』, 1943년 2월 1일자, 三均學會 編, 앞의 책, p. 310에 재수록.)

41) 李昊宰, 앞의 글, p. 9.

42) 李愚振, 앞의 글, p. 162.

43) 1942년 11월의 연설임.(Franklin D. Roosevelt, Samuel I. Rosenman, ed., *The Public Papers and Adresses of Franklin D. Roosevelt*, 1942, vol. I, New York: Harper and Brothers, 1950, pp. 473~76.)

44) James Irving Matray, "The Reluctant Crusade: American Foreign Policy in Korea 1941~50," ph. D. dissertation(University of Virginia, 1977), p. 45.

45) *New York Times*, 23 December 1942; "Gauss to Hull," 26 December 1942, Department of State File #895.01/207 in James I. Matray, "An End to Indifference: America's Korean Policy During World War II," *Diplomatic History*, vol. II, no. 2(Spring 1978), p. 183. Gauss는 주중대사이며 Hull은 국무장관이다.

46) 루스벨트는 아시아의 영국·프랑스·네덜란드 식민지에 보편적으로 신탁통치를 적용하려다가 전승국인 영국과 프랑스의 이익확보를 위한 압력에 밀려, 보편적인 원칙을 포기하고 한반도를 포함한 구(舊)추축국 영토와 식민지, 그리고 구위임통치령 등에만 신탁통치를 적용할 수밖에 없었다.

47) 반면 탁치안을 이상주의적으로 해명하는 입장에서는 유럽의 식민주의에 대한 혐오와 독립의 보장 등을 부각시킨다.(Michael C. Sandusky, *America's Parallel*, Alexandria, Virginia: Old Dominion Press, 1983, p. 87; Charles M. Dobbs, *The Unwanted Symbol: American Foreign Policy, the Cold War, and Korea, 1945~50*, Kent, Ohio: The Kent State University Press, 1981, p. 58.)

한편 커밍스는 탁치안에 이상주의와 현실주의의 양가성이 존재한다고 주장했는데, 표면적으로는 이상적인 것처럼 보이나 이면으로는 군사력의 사용 없이 미국의 이익을 확보하기 위하여 고안된 것이 탁치안이라고 설명했다.(Bruce Cumings, "American Policy and Korean Liberation," Frank Baldwin, ed., *Without Parallel*, New York: Pantheon Books, 1973, p. 42.)
한편 당시 정치세력인 이승만계의 독촉국민회는 탁치안을 열강의 "力의 均衡"이라고 표현했다.(『조선일보』, 1946년 12월 28일자.)

48) 수정주의라 함은 전통적 견해를 수정하는(revise) 학문적 입장을 말하는데, 국제정치학에서의 수정주의는 전쟁의 기원에 대한 전통적 해석을 수정한 것으로서 ① 1차대전 수정주의, ② 2차대전 수정주의, ③ 냉전 수정주의(좌익, 우익)로 분류할 수 있다.

49) H. Franz Schurmann, *The Logic of World Power*(New York: Pantheon Books, 1974), p. 188, in Bruce Cumings, *The Origins of the Korean War*, pp. 103, 484; 陳德奎, 「第二次世界大戰과 韓國의 解放」, 韓國史學會 編, 『韓國現代史의 諸問題』 II(서울: 을유문화사, 1987), p. 550. 한편 현실주의와 수정주의 양자를 면밀하게 검토한 한 연구에 따르면, "루스벨트의 신탁구상은 세력균형정책(현실주의자의 견해)과 자유주의적 제국주의정책(수정주의자의 견해)의 루스벨트적 종합(synthesis)"이라고 보았다.(吳在玩, 「美國의 對韓政策, 1945~48: 現實主義的 觀點과 修正主義的 觀點」, 『韓國과 國際政治』 제3권 1호, 1987년 봄, p. 42.)

50) *FRUS*, 1943, vol. III, p. 73: Anthony Eden, *The Memoirs of Anthony Eden: The Reckoning*(Boston: Houghton Mifflin, 1965), p. 438; Cordell Hull, *The Memoirs of Cordell Hull*, vol. II(New York: The Macmillan, 1948), pp. 1595~96.

51) *The Chicago Sun*, 5 April 1943; *The New Korea*(『新韓民報』), 1943년 4월 15일자 사설; *FRUS*, 1943, vol. III, p. 1090; 李昊宰, 『韓國外交政策의 理想과 現實』 제5판, pp. 139~40.

52) *FRUS*, 1943, vol. III, p. 1091.

53) 위와 같음.

54) 같은 책, p. 1093.

55) *FRUS, The Conference at Cairo and Teheran*, 1943, p. 448.

56) 「카이로선언과 한국문제」, 『신한민보』, 1943년 12월 9일자; 월간 『신동아』 편집실 편, 『韓國現代名論說集』(서울: 동아일보사, 1979), pp. 171~72.

57) *FRUS*, 1943, vol. III, p. 1096. 한편 이 당시 중국에서는 "전후 한국은 중국의 위임통치하에 있게 되리라"는 루머가 나돌기도 하여 망명인들을 당황케 했다고 한다.(같은 책)
58) 金星淑, 「嗚呼! 臨政 30年 만에 解散하다」, 『월간중앙』, 1968년 8월호, pp. 85~86.
59) 『매일신보』, 1945년 8월 3일자; 近藤釰一 編, 『太平洋戰下終末期朝鮮の治政』(東京: 朝鮮史料編纂會, 1961), pp. 53~54.
60) Hoag, 앞의 책, pp. 11~12. 박헌영은 이를 최초의 과오로 지적하는데(朴憲永, 「自主獨立完成을 위하야(一)」, 『조선인민보』, 1946년 6월 14일자), 그런 오해가 모스크바 결정이 카이로선언의 위반이라는 추론을 불러일으켜 반탁운동을 부채질했다.
61) *FRUS, The Conference at Cairo and Teheran*, p. 869.
62) *FRUS, The Conference at Malta and Yalta*, 1945, pp. 358~61. 이 문서에서 위에 언급한 것 이외의 특기할 사항은 ① 단일국가에 의한 군사점령은 막아야 하며, ② 국제시정기구든 탁치든 간에 중앙집권적(centralized) 형태로 행해야 하며, ③ 탁치를 행한다면, 한반도에 이해관계가 있는 미·영·중·소 4개국이 피신탁국(trustee)으로 지명되어야 한다는 것이다. 여기에서 미·영·중·소가 한국문제의 해결당사자로 부각되고 있음을 알 수 있다. 이러한 4개국 참여안은 포츠담회담 직전에 다시 구체화된다. 주 73 참조.
63) 같은 책, p. 361. 그러나 당시 투병 중인 루스벨트가 이 건의서를 읽지 않았을 가능성이 있다.
64) 왜 구체적인 합의가 이루어지지 않았느냐에는 다음과 같은 근거가 있다. 미국은 당시 최우선 과제인 소련의 대일전 참전을 유도하기 위하여 미·소 간의 의견대립의 원인이 될지도 모르는 신탁통치라는 복잡한 문제의 토론을 소련 참전 이후로 미루었다는 것이다.(Record Group 59, Harley Notter File, Box 273, Trusteeship Folder. 李愚振, 앞의 글, pp. 167~68에서 재인용.)
65) *FRUS, The Conference at Malta and Yalta*, 1945, p. 770. 스탈린의 영국참여 주장에 대하여 재일 연구가 吳忠根은 새로 공개된 소련 측 문서를 토대로 논증하면서, 냉전이 확고화되기 이전인 이 시점에서 스탈린은 한반도 진출과 공산화에 대한 확고한 의도가 없었다고 해석하고 있다. 만약 이러한 의도가 있었다면 왜 잠재적 적수인 영국을 끌어들이려고 했겠느냐는 것이다. 吳忠根, 「38선 획정

과 蘇聯의 韓半島 介入」,『신동아』, 1985년 10월호, p. 514.

66) *FRUS, The Conference at Malta and Yalta*, 1945, p. 770. 스탈린의 이러한 태도에 대해 반소·반공의 입장을 가지고 있는 한 연구자는 "조속히 신탁관리를 벗기게 하여 소련의 영향권 안에 집어넣으려던 의도에서 기간의 단축을 제안"했다고 주장한다. 韓國反託反共學生運動紀念事業會,『韓國學生建國運動史』(1986), p. 70. 이와는 정반대의 시각에서 얄타에서의 재확인을 "자기 영향력을 증대시키겠다는 미국의 속셈이 표현"된 것으로 보는 견해도 있다. 한국민중사연구회 편,『한국민중사 II』(서울: 풀빛, 1986), pp. 227~28.

67) 소련이 즉시독립을 선포했다고 단정한 근거는 스탈린의 태도 외에 해리만 주소미국대사의 소련언론에 대한 평가(*FRUS*, 1945, vol. IV. pp. 1121~22. 탁치안을 언급하지 않고 즉시독립을 대변했다 함)와 역시 해리만의 스탈린에 대한 평가(Walter Millie, ed., *The Forrestal Diaries*, New York: The Viking Press, 1951, p. 36 in Hoag, 앞의 책, p. 34) 등이 있다. 일본의 소련연구가 和田春樹는 해리만의 분석이 대체로 정확하다고 평가한다.(와다 하루키,「소련의 對北韓政策, 1945~46」, 일월서각편집부 편,『분단전후의 現代史』, 서울: 일월서각, 1985, pp. 286~87.)

68) 트루먼이 루스벨트의 정책을 답습했다는 전통적 평가(趙淳昇,『韓國分斷史』, 서울: 形成社, 1982, p. 40)에 대하여 최근의 연구에서는 트루먼이 루스벨트의 구상을 역전시켜 취임 직후부터 탁치안에 대한 대소협상을 시도하지 않았다는 주장이 있다.(Matray, "The Reluctant Crusade," p. 76.)

69) 당시 분위기를 대변해주는 것으로서 해리만 대사가 언급한 소련의 "유럽에 대한 침략 경고"(*FRUS*, 1945, vol. V, pp. 232~33)나 주소 대리공사 George Kennan의 중국에 대한 소련의 야욕을 견제할 것을 충고하는 전문(*FRUS*, 1945, vol. VII, pp. 342~44) 등이 있다.

70) Harry S. Truman, *Memoirs by Harry S. Truman*, vol. I, *Year of Decision* (Garden City, N.Y.: Doubleday, 1955). p. 85.

71) 1945년 5월 15일 Joseph C. Grew 국무장관 서리가 탁치문제에 관해 소련과 명백히 합의해둘 것을 건의했기에 홉킨스를 파견했다.

72) 원자탄이 개발된 포츠담회담 전까지의 미국이 소련참전을 계속 원하고 있었다.(*FRUS, The Conference of Berlin〔Potsdam〕*, 1945, vol. I, pp. 903~10.) 그러나 1944년 가을에 이미 합의된 바 있는 소련의 전략목표에 대한 모스크바합의

내용을 보면 소련이 대일전에 참전하더라도 그 전략목표에서 만주는 포함되었으나 한국은 배제되었다고 한다. 진석용은 이러한 내용의 모스크바합의를 미국의 용의주도한 구상으로 보고 있다.(진석용,「38선은 누가 그었는가」,『한국사회연구』4, 1986, p. 462.)

73) *FRUS, The Conference of Berlin*[*Potsdam*], 1945, vol. I, pp. 41~47. 한편 당시 국무성의 정책건의서에는 5년간의 4개국 탁치가 입안되어 있었고(*FRUS*, 1945, vol. VII, pp. 878~83) 스탈린이 홉킨스와의 회담에서 4개국 신탁통치에 동의했다고 한다.(Robert E. Sherwood, *Roosevelt and Hopkins, An Intimate History*, New York: Harper and Brothers, 1948, p. 908.)

74) 6월에 트루먼은 주미 중국대사 宋子文에게 4개국 탁치안을 설명한 후 그의 동의를 얻어냈으며 9월에 영국대사관에 구두로 알렸으나 반응은 없었다.(*FRUS*, 1945, vol. VI, p. 1095.) 또한 트루먼은 장개석에게 소련·중국·미국이 탁치안에 동의했다고 전했다.(*FRUS, The Conference of Berlin*[*Potsdam*], 1945, vol. I, p. 310; "HUSAFIK," part II, chapter IV, p. 56.)

75) 트루먼의 참모 Leahy는 이러한 상황에서의 포츠담회담을 냉전의 시발점으로 보고 있다.

76) Henry L. Stimson and McGeorge Bundy, *On Active Service in Peace and War*(New York: Harper & Brothers, 1947), p. 637.

77) *FRUS, The Conference Of Berlin*[*Potsdam*], 1945, vol. II, p. 253.

78) Mark Paul, "Diplomacy Delayed: The Atomic Bomb and the Division of Korea," in Bruce Cumings, ed., *Child of Conflict*, p. 81; 커밍스 외, 박의경 역,『한국전쟁과 한미관계』(서울: 靑史, 1987), p. 107. 한편 전통적 해석은 한국문제보다 중요한 문제가 산적해 있었기에 이의 토의가 배제되었다고 주장하나(趙渟昇, 앞의 책, p. 45), 이러한 견해는 수정되어야 한다.

79) 吳忠根,「朝鮮分斷占領への道程: 米國の政策 1944~45」, 日本慶應義塾大學 博士論文(1985). 奏錫用,「分斷史의 再照明: 日本學界의 한 硏究」,『社會科學과 政策硏究』제7권 제4호(1985년 7월), p. 189에서 재인용.

80) 한편 소련은 "소비에트 참전에 의해 일본이 항복함으로써 원폭투하의 기회를 빼앗기기 전에" 원폭을 미리 투하하여 미국의 주도권을 과시하려 했다고 비판한다.(우동수 편,『世界現代史』, 서울: 청아, 1987, p. 283.)

81) 이미 1945년 7월 16일에 Stimson 육군장관은 한국문제를 "극동으로 이식된 폴

란드 문제"라고 규정하고 스탈린의 "외군 주둔 없는 국제신탁통치안"이 실현될 가능성보다는 소련군의 진주가 보다 현실적이므로 미군도 진주해야 한다고 주장했다.(FRUS, *The Conference of Berlin*〔*Potsdam*〕, 1945, vol. II, p. 631, pp. 1223~24.)

82) *FRUS*, 1945, vol. VI, pp. 658~59.
83) Paul, 앞의 글, p. 88; 커밍스 외, 박의경 역, 앞의 책, p. 116.
84) *FRUS*, 1945, vol. VI, p. 1039.
85) 이에 대하여는 다음의 연구가 있다. Chong-Sik Lee, "Why did Stalin accept the 38th Parallel?," *Journal of Northeast Asian Studies*, vol. IV, no. 4(Winter 1985), pp. 68~70.
86) *FRUS*, 1945, vol. VI, p. 1039. 이렇듯 소련의 능력을 한반도의 전체를 점령할 수 있는 막강한 것으로 보는 견해에 비하여, 샌더스키는 소련군의 능력이 사실은 그렇게 강하지 않은데 미국이 과대평가하여 한반도의 반을 내주었다고 비판한다.(Sandusky, 앞의 책, p. 252.)
87) *FRUS*, *The Conference at Malta and Yalta*, 1945, p. 770; 이완범, 앞의 논문, p. 16.
88) 대개 분할점령을 탁치와 대립관계에 있는 것으로 보는 것이 통설인 듯한데(林建彦, 『韓國現代史』, 서울: 三民史, 1986, p. 41.), 샌더스키는 직접지배의 형식으로 분할점령이 달성된 마당에 국제적 탁치안은 의미 없는 것이라고 주장한다.(Sandusky, 앞의 책, p. 328.) 그러나 커밍스는 분할점령이 탁치를 보완하기 위한 것이었다고 주장한다.(B. Cumings, *The Origins of the Korean War*, p. 113.) 당시 미·소는 형식상으로는 양자의 양립을 가정하여 '분할점령하의 신탁통치' 내지는 분할점령에서 신탁통치로의 이행을 가능한 것으로 규정한 것 같다. 그러나 현실적으로는 양립을 원하지 않았기에 탁치문제를 논의하지 않고 분할점령을 감행한 것 같으며, 이후의 역사현실에서는 양립이 불가능했다는 것이 검증된다.
89) *FRUS*, 1945, vol. VI, pp. 1094~96.
90) 같은 책, p. 1096.
91) 같은 책, p. 1097, p. 1099.
92) "Charter of the United Nations," chapter XII, article 77. 이 규정에서 루스벨트의 보편적 탁치적용원칙이 현실적으로 수정되었던 것을 보여준다. 그런데 북

한에서는 국제연합헌장의 trusteeship을 후견이라고 번역한다.(朝鮮中央通信社 編, 『朝鮮中央年鑑』, 1950년판, 平壤: 朝鮮中央通信社, 1950, p. 120.)
93) "HUSAFIK," part II, chapter IV, p. 57.
94) *FRUS*, 1945, vol. VI, pp. 1099~1100.
95) 망명정객들의 일관된 반대와 1945년 10월 23일 빈센트 발언에 대한 한국민들의 반발(다음 장에서 후술할 것임)을 의식한 것으로 추측된다.(같은 책, p. 1100.)
96) 같은 책, p. 1101. 그러나 이러한 보완책은 후일 한국인에게 주지되지 못했다.
97) 미국 측도 한국이 즉시독립된다면 사회주의화가 실현될 가능성이 높다고 인식하고 있었다.(*FRUS*, 1945, vol. VI, p. 563.)
98) 중국 측의 야망에 대한 미국의 견제는 다음에 나와 있다. Tjo Sowang(조소 앙-연구자 주) to Hull, 1 October 1942, D/S File #895.01/56; *New York Times*, 26 October 1942; Gauss to Hull, 25 November 1942, D/S File #895.01/19. 위 자료는 모두 다음 연구에서 재인용한 것임. Matray, "An End to Indifference," p. 184.
99) *FRUS, The Conference at Cairo and Teheran*, p. 334, p. 389.
100) Herbert Feis, *Churchill-Roosevelt-Stalin*(Princeton, N.j.: Princeton University Press, 1957), p. 124.
101) *FRUS*, 1945, vol. II, p. 617; 이완범, 앞의 논문, p. 18의 주 43 참조.
102) *FRUS*, 1945, vol. II, pp. 641~43; 이완범, 앞의 논문, pp. 191~94에 전재.
103) *FRUS*, 1945, vol. II, p. 643. 최상룡에 따르면 집행위원회의 구성이 3 대 1로 유리한 점과 1인의 고등판무관이 미국인이 될 것으로 예상되었던 점 때문에 이 구상이 "미국우위의 계산"에서 나온 것으로 평가하고 있다.(崔相龍, 「美軍政의 初期占領政策」, p. 23.) 이 제안에 대하여 김일성은 1948년 3월 9일의 연설에서 다음과 같이 비판했다. "미제의 계획에 의하면 조선은 소·미·영·중 4개국 대표로써 구성된 행정기관의 명의로 활동하는 어떤 최고총감에 의하여 '관리'되어야 한다는 견해였읍니다." 여기에서 총감은 고등판무관을 지칭한다.(김일성, 「북조선민전 중앙위원회 제25차 회의에서 한 연설」, 中央情報部 編, 『統韓關係資料總集』 제1권, p. 51; 김준엽 외 편, 『'북한' 연구자료집』 제1집, 서울: 고려대학교 출판부, 1969, p. 320.)
104) *FRUS*, 1945, vol. II, p. 642.
105) B. Cumings, *The Origins of the Korean War*, p. 216.

106) *FRUS*, 1945, vol. II, p. 643. 후세의 사기들에게 "5년 안으로" 구절의 '안'자가 대개 무시되는데, 정확할 필요가 있다.
107) 또한 북중국에서 미해군은 잠정적으로만 주둔할 것임을 약속하여 몰로토프는 유화적인 태도를 보였다.(Dobbs, 앞의 책, p. 64.) 그러나 일본점령 참여는 이후 냉전체제가 구축되면서 파기되고 만다.
108) 모스크바삼상회의에서 소련대표단이 제출한 메모랜덤(모스크바, 1945년 12월 20일).

코리아에 관하여

1. 코리아를 독립국가로 재건하고, 민주적 기초에 바탕을 두고 발전할 조건을 창조함과 동시에 기나긴 일본지배의 결과를 가능한 빨리 없애기 위하여, 산업·교통·농업문화·민족문화 발전의 모든 필요한 조치를 떠맡을 임시적인 민주 코리아 정부가 수립될 것이다.

2. 임시적인 코리아 정부를 형성하는 데 있어 원조를 표명하고 이에 적당한 방책을 미리 만들기 위하여 남부 코리아의 미군사령부와 북부 코리아의 소련군 사령부의 대표자들로써 공동위원회가 만들어질 것임. 그 제안들을 작성함에 있어서 위원회는 코리아의 민주적 정당과 사회단체들과 협의할 것이다. 위원회가 작성한 건의서는 관계국 정부들의 고려를 위하여 제출될 것이다.

3. 공동위원회는 임시적인 코리아의 민주정부와 코리아의 민주적 단체들과 함께, 코리아인의 정치·경제·사회적 진보와 민주적 자치행정부의 발전과 코리아의 독립국가 건설을 위한 협력과 원조(신탁통치)의 방책을 작성할 것이다.
최고 5년간의 코리아의 4개국 신탁통치에 관련된 조약을 작성하기 위하여 코리아의 임시 민주정부와 협의를 거친 후 미·소·영·중의 심의를 받기 위하여 공동위원회의 제안이 제출될 것이다.

4. 남북코리아와 관계되는 긴급한 문제를 고려하고, 행정·경제면에서 남북의 양사령부 간의 영구적 협력을 위한 방책을 만들기 위하여 남부 코리아의 미군사령부와 북부 코리아의 소련군사령부 대표로 구성된 공동회의가 2주일 이내에 소집될 것임.(*FRUS*, 1945, vol. II, pp. 699~700; 이완범, 앞의 논문, pp. 195~96에 영어 원문 전재.)

109) 후일 소련의 史家는 미국안이 "구래의 위임통치제도의 변형이며 제강국의 식민지를 재분할하는 수단"이라고 비판하면서, 반면 소련안이 "식민지해소의 방법"이었다고 주장하고 있다.(소同盟科學아카데미 太平洋問題硏究所, 쥬코프 編,

「植民地體制の危機」下卷, p. 163; 쥬코프 編, 『極東國際政治史』, p. 342. 위 자료는 모두 다음 연구에서 재인용한 것이다. 崔相龍, 「美軍政의 初期占領政策」, pp. 23~26.) 그러나 이러한 주장은 일방적인 비판인 것 같다. 한편 최성룡에 따르면 미국은 기능주의적 접근을 한 데 비하여 소련은 정치적 접근을 했다는 것이다.(崔相龍, 「美軍初期 韓國」, pp. 353~54.)

110) *FRUS*, 1945, vol. II, p. 721; 이완범, 앞의 글, pp. 198~99. 약간의 수정은 첫째, 2항 마지막 부분의 "관계국 정부"라는 표현을 미·소·영·중 4개국으로 구체화한 것이며, 둘째 3항 마지막 문장의 수식어구 위치만 바꾼 것이다. 그런데 이러한 유화적 태도는 미·소협조를 신뢰한 번스의 독단적인 것으로 추측되는데, 그는 대통령의 대소견제책을 상당부분 무시했던 것 같다. 번스와 트루먼의 대립은 다음에 나와 있다.(John Lewis Gaddis, *United States and the Origins of the Cold War, 1941~47*, New York: Columbia University Press, 1972, p. 283.) 이러한 대립이 이후 국무성과 미군정의 대립으로 연결될 수 있다. 후술될 것임.

111) *FRUS*, 1945, vol. II, pp. 716~17.

112) *FRUS*, 1945, vol. II, pp. 820~21; 이완범, 앞의 논문, pp. 200~01에 영문 원본 전재, 한편 북한 측 전역(全譯)에서는 3항의 신탁통치라는 용어를 後見이라고 표기했다.(北朝鮮民主主義民族統一戰線中央委員會書記局 編, 「쏘米共同委員會에 關한 諸般資料集」, 平壤: 北朝鮮中央民戰書記局, 1947, pp. 6~7. 이완범, 앞의 글, p. 23에 전재.)

113) 그러나 이호재는 탁치안을 구상한 것은 미국이었다는 점에서 애초에 미국안의 중요성을 강조하며, 양국안의 상호보완적 측면을 지적한다.(李昊宰, 『韓國外交政策의 理想과 現實』 제5판, pp. 149~51.)

114) 1943년 3월의 논의에 대한 영국의 반대(Herbert Feis, 앞의 책, p. 124; 진석용, 「38선은 누가 그었는가」, p. 448, p. 452), 프랑스령 인도차이나의 탁치안에 대한 프랑스의 반대로 이는 1944년 이후 폐기되었다.(Dobbs, *The Unwanted Symbol*, p. 58; Gabriel Kolko, *The Politics of War*, New York: Random House, 1968, pp. 607~10.)

115) 다음의 OSS(Office of Strategic Service: CIA의 전신) 연구에서 23인의 재미 한국문제관련자(한국인 7명, 미국인 14명, 영국인 2명)의 인터뷰가 나오는바, 과도적 시정기구(interim administration) 안보다 즉시독립을 한국인들이 선호

하고 있었다는 것을 인정하나 정책결정에는 전혀 반영되지 못했다.(Office of Strategic Services, Research and Analysis Branch, "Expressions of Korean Attitudes toward Post-War Problems," R&A no. 3082, 8 May 1945, p. 4.) 이 연구에 비추어볼 때 미국이 한국의 해방을 맞이할 준비가 전혀 없었다는 주장은 설득력이 약하다. 그러나 또 다른 연구를 보면 그들의 내국인들에 대한 인식은 빈약하다는 것을 알 수 있다.(U.S. Dept. of State, Office of Inteligence Research, "Questions on Korean Politics and Personalities," R&A no. 3083, 16 May 1945.)

116) 그러나 실제로는 제3단계도 완료하지 못하고 미·소 간 협의대상의 설정을 둘러싼 '민주'의 의미에 대한 견해차로 모스크바협정이 파기된다. 여기에서 연구자의 임의적인 단계분류에서 드러나는 것처럼 그 결정 자체에 애매한 점이 있음이 사실이다. 그런데 문제는 규정의 애매성 때문에 협정이 파기된 것이 아니라, 미·소 간의 권력투쟁상 이해대립 때문에 파기되었다는 사실이다. 뒤에서 상술하기로 한다.

117) Stueck은 모스크바 결정이 탁치안의 본질문제를 해결하지 않은 타협안이었기에 미·소의 연장전술의 산물이라고 주장한다. 이렇게 된 이유로 그는 분석하기를, 미·소양국이 동구·일본·중국 문제와 핵문제와 같은 핵심적인 쟁점에 치우쳐 있어서 한국문제와 같은 주변적인 문제로 모험하려고 하지 않았기 때문이라고 설명한다.(William Whitney Stueck, Jr., *The Road to Confrontation, American Policy toward China and Korea 1947~1950*, Chapel Hill, N.C.: The University of North Carolina Press, 1981, p. 24.) 또한 이인수는 모스크바 결정의 실현과정상 정부수립을 위하여 민주정당·단체를 선택하는 데 합의하기 어려운 것이므로 최종합의가 아니라 해결 기간을 연장한 것에 불과하다고 주장한다.(이인수, 「우남 이승만」, 한국사학회 편, 『韓國現代人物論 I』, 서울: 을유문화사, 1987, p. 42. 한편 이기탁은 모스크바에서 어떤 문제도 해결하지 못하고 단지 일시적 타협에 그쳤다고 평가한다.(李基鐸, 『國際政治史』, 서울: 日新社, 1983, pp. 450~51.)

118) 미국 측은 국내 우익 반탁진영에 대한 무마책으로 이러한 리버럴한 해석을 유포했다. 상술할 것임.

119) 그러나 독립이 목적이라는 해석은 결정서에 나타난 문구 자체에 치중하는 견해이며, 미·소의 심층적인 의도면에서 본다면 독립은 우호적 정부수립이라는 목

적에 종속되는 것일 수도 있다. 후술될 것임.
120) 커밍스는 모스크바 결정이 탁치에 관한 협정이 아니라고 주장한다. B. Cumings, *The Origins of the Korean War*, p. 217.
121) Hugh Borton Memo, May 23 1943, T-317, Box 34, Harley Notter File, Record Group 59, National Archives and Records Service, Washington, D.C. in Dobbs, 앞의 책, p. 58. 돕스는 따라서 탁치안은 경제적인 것이며, 미국의 국가의식과 소명의식이 결합된 "뉴딜적인 간섭정치"(New Deal Paternalism)의 표현이 바로 탁치안이라고 말한다.(Dobbs, 앞의 책.) 한편 정용석은 어떤 일방에 의한 지배를 저지하기 위하여 한국문제를 국제화한 것이라고 본다.(鄭鎔碩,「카이로·얄타·포츠담회담」,『한미수교 100년사』, 서울: 국제역사학회의 한국위원회, 1982, p. 382.)
122) B. Cumings, "Introduction," in Bruce Cumings, ed., *The Child of Conflict*, p. 6; 커밍스 외, 박의경 역, 앞의 책, p. 16.
123) 孫英源,「분단의 구조」, 김홍명 외,『국가이론과 분단한국』(서울: 한울, 1985), p. 60. 이러한 정치경제적 시각들이 미국의 의도를 설명하는 데는 타당성이 있으나 소련과의 관계를 무시하고 있다는 점에서 그 약점이 있다.
124) Hoag, 앞의 책, p. 57.
125) 모스크바 결정을 타협(compromise)으로 파악한 견해는 다음의 것이 있다. Hoag, 같은 책, p. 357.
126) 이인수는 Dallin의 견해를 인용하여 모스크바 결정에 의거한 독립의 방식이 미국식의 총선이 아닌 동구식의 정당 간 연합이므로 소련에 유리한 것이라고 주장한다.(David J. Dallin, *Soviet Russia and the Far East*, New Haven, CT.: Yale University Press, 1948, pp. 266~67; 李仁秀, 앞의 글, p. 44.) 그런데 이인수는 임시정부가 곧 독립정부가 된다는 모스크바 결정의 형식을 뛰어넘는 추측을 하고 있는 듯하다.
127) 구체적 시행방침이 결정되었다면 미·소가 대립하지 않았을 것이라고 볼 수는 없다. 대립의 근본원인은 구체적 규정의 결여가 아니라 구체적 규정을 불가능하게 한 미·소의 상황인식에 있었던 것이다. 만약 미·소가 의견대립을 하지 않았다면 논의를 계속 진전시켜 구체적 규정을 시도했을 것이고 문제는 해결되었을 것이다. 따라서 구체적 규정성의 결여는 대립의 遠因일 뿐 原因은 아니다.
128)『서울신문』, 1947년 8월 10일자. 미당국자는 1947년의 시점에서도 구체적 내용

을 모른다고 무책임하게 말한다.
129) 미국의 최초기본훈령(Basic Initial Directive) SWNCC(176/8)에 나타난 "한국에 관한 미국의 최종목적은 평화적인 일원으로서 자리를 점할 수 있는 '자유롭고' 독립적인 국가의 수립을 가져올 수 있는 조건을 기르는 것이다"라는 구절이나, 소련의 공위 수석대표 스티코프의 1946년 3월 20일 공위 개막연설 중 "소련은 조선에 대하여 '우호하고' 장래에 소련에 대한 공격의 기초가 되지 않는 진정한 민주국가가 되는데 깊은 관심을 가지고 있다"는 구절에서 숨은 의도가 드러난다. (*FRUS*, 1945, vol. VI, p. 1074;『조선인민보』, 1946년 3월 21일자. 강조의 연구자의 것.)
130) 劉鳳榮,「朝鮮獨立과 美蘇共委」,『大潮』제2권 제2호(1947년 8월), pp. 5~7.
131) 미국은 탁치안을 통하여 친미정부를 수립할 수 없게 되었다고 인식하게 되자, 대소협상을 포기하면서까지 탁치안을 폐기했다. 결론부분에서 후술될 것임.
132) 한국독립의 과정에 대한 언급은 다음 3가지의 보도가 있었으나 이도 매우 빈약한 수준에 머물렀다. ① 1945년 9월 16일『매일신보』는 트루먼의 한국문제에 대한 언급을 보도했다. "조선군정에 의한 통치는 점차 조선 정부로 이행될 것이다"라고 언급하고 있는데 구체적으로 어떤 방식에 의하여 이행될 것이냐는 언급하지 않고 다만 '점차'라는 수식어구를 사용했다. 이러한 수식에서 한반도가 '즉시독립'되지는 않는다고 짐작할 수 있으나 당시 국내정치세력은 아무런 반응을 보이지 않았으며, '점차'라는 구절이 가지는 의미에 대하여 신중하게 검토하지 않았다.(『매일신보』, 1945년 9월 16일.) ② 9월 21일에도 미군정장관 아널드는 카이로선언의 문제의 구절 'in due course'에 관하여 논평하면서, "조선인이 자기 책임을 진다면 그만큼 독립도 빨리 올 것"이라고 말했으나 이러한 군정장관의 논평에 대하여 국내정치세력들은 아무런 언급도 하지 않았다.(같은 신문, 1945년 9월 22일.) ③ 매일신보 9월 24일자에는 *New York Times* 9월 22일자 보도를 인용하면서 "조선 明日의 運命은 諸大國決定에 있다"고 적고 있다 (같은 신문, 1945년 9월 24일.) 또한 하지는 한국인 지도자들과의 면담에서 'in due course'에 관하여 논평하면서 약간의 시간(some time)이 경과한 후 독립될 것이라고 말했다고 한다.("HUSAFIK", part II, chapter I, p. 3.)
133)『신조선보』, 1945년 10월 23일자;『매일신보』, 1945년 10월 23일자.
134)『매일신보』, 1945년 10월 25일자. 한편 같은 신문 10월 29일자에서는 신탁통치가 위임통치와 약간 다르다고 해설하지만, 독자들이 느끼기에는 큰 차이점을

발견 못하게 한다.
135) 『매일신보』, 1945년 10월 24일자. 이의 인용문은 이완범, 앞의 논문, p. 43에 나와 있다.
136) 『매일신보』, 1945년 10월 25일자.
137) 같은 신문, 1945년 10월 26일자; 이완범, 앞의 논문, p. 43.
138) 『매일신보』, 1945년 10월 27일자.
139) 같은 신문, 1945년 10월 29일자.
140) 이승만은 일찍이 10월 22일에 탁치에 대한 다음과 같은 애매한 태도를 피력했다.
   問 20일날의 외국방송을 들으면 조선의 자주독립촉성을 위하여 조선에 이해관계를 가진 연합국이 조선을 신탁국가로 만들기로 희망한다고 하였는데 선생은 어떻게 생각하십니까?
   答 지금 나로서는 창졸간에 말하기는 어려우나 내가 桑港에 있을 때부터 신탁문제에 대하여서는 여러 가지로 생각하여왔다. 신탁국가란 남의 나라 밑에 통치되어오던 나라가 자치 독립할 능력이 없기 때문에 다른 나라의 보호 아래 신탁통치를 받는다는 말인데 그럴수록 우리는 급속히 극력을 다하여 힘을 조직하고 나아가야 한다. 우리만 한 덩어리로 뭉쳐놓으면 아무 걱정 없을 줄 믿는다.(같은 신문, 1945년, 10월 23일자.)
141) 『자유신문』, 1945년 10월 30일자. 한편 이승만은 임정 구미위원 임병직을 통해 미국무성에 공한을 보내 진상파악을 시도했다고 한다.(임병직, 『임정에서 인도까지: 임병직 외교회고록』, 서울: 女苑社, 1966, p. 281, p. 286.)
142) 『해방일보』, 1945년 10월 31일자. 또한 조선인이 자주독립의 능력을 가지지 못했다고 평가하는 것은 일제가 세계 민주주의 제국을 기만하기 위한 선전이라고 주장했다. 그러나 이러한 주장은 후일 바뀌게 되는바, 후술할 것이다.
   그런데 이즈음 우익의 맹렬한 반대의사와는 대조적으로 박헌영은 탁치문제가 그렇게 중요한 문제는 아니라고 말하면서 이에 강력한 반대의사를 표명하지는 않았던 점을 지적하는 연구가 있다. 이에 비추어본다면 공산주의자들은 우익에 비하여 탁치문제에 대해 처음부터 심각하게 반응하지 않았던 것이 아닌가 한다.("HUSAFIK", part II, chapter I, p. 20.)
143) 『매일신보』, 1945년 10월 31일자.
144) FRUS, 1945, vol VI, p. 1127.

145) 같은 책, p. 1131. 커밍스는 이를 1946년의 민주의원, 1947년의 남조선과도정부, 1948년의 이승만의 단정안과 연속선상에서 파악하여 남한단정의 단초로 보고 있다.(B. Cumings, *The Origins of the Korean War*, p. 186.)
146) *FRUS*, 1945, vol VI, pp. 1137~38.
147) 같은 책, p. 1140.
148) 같은 책, pp. 1146~47; 이완범, 앞의 논문, p. 45.
149) B. Cumings, *The Origins of the Korean War*, p. 214. 탁치안의 폐기과정은 사실상 국내파의 국제파에 대한 승리과정으로도 볼 수 있다.
150) 11월부터 12월 27일 전까지 탁치문제에 관한 언급은 다음 두 가지가 있다. ① 11월 4일 독립촉성중앙협의회가 4대국에 보낸 탁치거부 결의서.(宋南憲, 『韓國現代政治史』1, 서울: 成文閣, 1978, pp. 194~95.) ② "朝鮮을 위시하여 日本으로부터 빼앗은 太平洋 제도서에 信託統治機構를 適用設定하는 데 關한 論議를 한다"는 외국통신 인용의 잡지기사.(韓拓,「現下政局의 動向」,『先驅』 제1권 제3호, 1945년 12월, p. 12.) 이렇게 탁치에 대한 논의가 적었던 것은 미군정 당국자의 부인성명만을 믿은 한국 지도자의 순진성 때문이다.
151) 『서울신문』, 1945년 12월 1일자.
152) 『동아일보』, 1945년 12월 27일자 ;『신조선보』, 1945년 12월 27일자;『중앙신문』, 1945년 12월 27일자.
153) 李康國,「'파씨슴'과 託治問題」,『인민과학』 제1권 제1호(1946년 3월), p. 58.
154) 예컨대 다음의 보도가 있다.『서울신문』, 1945년 12월 28일자.
155) 『동아일보』, 1945년 12월 28일자.
156) 같은 신문.
157) 같은 신문;『서울신문』, 1945년 12월 28일자;『조선인민보』, 1945년 12월 28일자; 이완범, 앞의 논문, p. 47.
158) 『신조선보』, 1945년 12월 27일자;『동아일보』, 1945년 12월 28일자; 이완범, 앞의 논문, p. 48.
159) 『신조선보』, 1945년 12월 27일자;『동아일보』, 1945년 12월 28일자;『조선인민보』, 1945년 12월 28일자.
160) 정태식은 "確實한 情報가 없으니 …… 正式發表가 있은 後에 黨으로서 態度를 表明하겠다"고 말했다.(『동아일보』, 1945년 12월 28일자.)
161) 『신조선보』, 1945년 12월 29일자;『동아일보』, 1945년 12월 29일자;『대동신

문』, 1945년 12월 29일자. 세 신문 모두 1면 머리기사로 보도하고 있다. 이 보도는 부정확한데 "4개국의 信託統治委員會"가 아니라 "미·소의 공동위원회"가 정확한 용어다.

162) 『중앙신문』, 1945년 12월 29일자; 『신조선보』, 1945년 12월 29일자; 『동아일보』, 1945년 12월 29일자; 『서울신문』, 1945년 12월 29일자. 『중앙신문』은 1면 머리기사로, 『신조선보』는 1면 하단에, 『동아일보』는 2면에 싣고 있다.

163) 『신조선보』, 1945년 12월 29일자; 『대동신문』, 1945년 12월 29일자; 『동아일보』, 1945년 12월 29일자. 세 신문 모두 1면 중단(中段)에 싣고 있다.

164) 『동아일보』, 1945년 12월 29일자. 1면 하단에 보도되었다.

165) 『중앙신문』, 1945년 12월 29일자.

166) 미군정은 언론의 보도태도와 그에 따른 국민의 반응에 대하여 다음과 같이 정확하게 기술하고 있다. "한국 국민의 반응: 모스크바 회의의 결정에 대한 한국 국민의 반응은 즉각적이고 적대적인 것이었다. 때이르고 부정확한 신문발표는 일반인의 혼동의 원인이 되었다. 회의 중에 과민한 반응을 보였던 신문들은 '신탁통치'를 수립하기 위한 결정을 비난했다. 이들은 다음과 같은 용어로 기술했다. '제2의 뮌헨협정' '위임지배' '조선에 대한 모욕' '국제적 노예제도' '국제법의 위반' 등이다. 위협과 경고는 노골적이었다. '우리는 피로써 조선의 독립을 얻을 것이다'라는 것이 그 예이다. '신탁통치'라는 용어는 한국인들에게 특별히 증오스러운 것이다."(Supreme Commander for the Allied Powers, *Summation of Non-Military Activities in Japan and Korea*, no. 3, December 1945, p. 189. 이후부터는 *Summation*으로 인용할 것임.)

167) 한편 한국 내의 방송보도를 접한 하지는 12월 28일의 성명에서 "아직 정식통보를 받지 못해서 잘 모르겠으며 흥분하지 말 것"을 요청했다.("HUSAMGIK," vol. I, O, part I, chapter VII, p. 228; 『중앙신문』, 1945년 12월 29일자; 『신조선보』, 1945년 12월 29일자; 『동아일보』, 1945년 12월 29일자.)

168) 『동아일보』, 1945년 12월 29일자.

169) 『중앙신문』, 1945년 12월 29일자; 『동아일보』, 1945년 12월 30일자.

170) 『중앙신문』, 1945년 12월 29일자.

171) 『동아일보』, 1945년 12월 29일자; 『대동신문』, 1945년 12월 29일자. 그런데 그의 탁치=적화기도 논리는 좌익에 의하여 비판되었다.(『해방일보』, 1946년 1월 6일; 같은 신문, 1946년 1월 8일자.) 한편 최근의 한 연구에서는 탁치에 소련이

참여하여 한국을 적화시키려 하므로 이러한 안재홍의 논리가 "정곡을 찌른 말"이라고 주장했다.(韓國反託反共學生運動記念事業會, 앞의 책, p. 76.)
172) 『동아일보』, 1945년 12월 29일자. 그러나 송진우는 이후 반탁운동에 대한 신중론을 피력하다가 12월 30일에 암살당했다. 따라서 그의 이 성명은 단순히 반소적인 것으로 해석할 수 있으며, 본심에서 우러나는 것이 아니라 반탁의 열기 속에서 분위기에 휩쓸려 낸 것으로 추측된다.
173) 『동아일보』, 1945년 12월 28일자.
174) 宋建鎬, 「탁치안의 제의와 찬반탁 논쟁」, pp. 45~51.
175) 尹致暎, 「反託運動」, 朝鮮日報社出版局 編, 『轉換期의 內幕』(서울: 조선일보사, 1982), p. 92; 이위태 編, 『우남실록 1945~1948』(서울: 悅話堂, 1976), p. 362.
176) 그런데 백남운만은 명백한 반탁이었다.(고준석, 『朝鮮 1945~1950 革命史への證言』, 東京: 三一書房, 1972: 고영민, 『해방정국의 증언: 어느 革命家의 手記』, 서울: 사계절, 1987, pp. 92~94.)
177) 『대동신문』, 1945년 12월 29일.
178) 건국동맹의 반탁(『자유신문』, 1945년 10월 31일자), 이여성의 12월 28일 개인 자격 반탁(『서울신문』, 1945년 12월 29일자;『동아일보』, 1945년 12월 29일자), 12월 24일 인민당의 반탁(『조선인민보』, 1945년 12월 30일자;『자유신문』, 1945년 12월 30일자; 光州府 編, 『解放前後回顧』, 光州: 光州府總務課, 1946, p. 66) 등이 있다.
179) 이 시점의 태도표명 유보를 '소련에 대한 의식'으로 해석할 수 있기도 하지만 10월의 미국주장설 보도의 시점에서도 역시 여운형의 태도는 유보적이었기에 이는 친미·친소 평형의 자주적인 것으로 볼 수 있다.
180) 박일원, 「美蘇共委와 南勞黨의 기만(上)」, 『대동신문』, 1947년 10월 18일자. 그러나 당시 조선공산당 서울시당 문화부장 洪泰植의 증언에 따르면 박은 당시 몸이 쇠약해져서 직접 이북에 갔다 올 형편이 못 됐으므로 서울에 있는 소련 영사관 측이 지령했다고 주장한다.(조규하 외, 『南北의 對話』, 서울: 한얼문고, 1972, p. 208.)
181) 고준석, 『南朝鮮勞働黨史』(東京: 勁草書房, 1978), p. 118; 하성수 엮음, 『남로당사』(서울: 世界, 1986), p. 131.
182) 『서울신문』, 1945년 12월 29일자;『대동신문』, 1945년 12월 29일자.
183) 『동아일보』, 1945년 12월 29일자.

184) 『서울신문』, 1945년 12월 29일자.
185) 같은 신문.
186) 『중앙신문』, 1946년 1월 3일자. 한편 1945년 12월 29일자의 조선청년총동맹(좌익계) 명의의 삐라에서는 「신탁통치철폐는 진정한 민족통일전선으로」라고 제목을 달았다. 여기에서는 반탁의 입장을 명백히 했는바, 한민당의 '훈정기간' 역설과 이승만의 1920년대 위임통치실시건의 등도 문제시했다.(조선청년총동맹, 「신탁통치철폐는 진정한 민족통일전선결성으로」, 심지연 엮음, 『해방정국논쟁사 I』, 서울: 한울, 1986, pp. 288~89.)
187) 조공의 공식태도가 표명된 1946년 1월 2일 직전까지를 반탁노선통일의 시기로 잡지 않는 이유는 12월 29일 이후에는 공산당의 "개인자격반탁" 표명도 없어졌으며, 12월 28일부터 노선전환의 기미가 보였기 때문이다.
188) 다음과 같이 章程委員 9인이 모두 임정요인이다. 김구, 조소앙, 김원봉, 柳林, 김규식, 신익희, 金朋濬, 嚴恒燮, 최동오 등이다.
189) 『동아일보』, 1945년 12월 31일자.
190) 같은 신문, 1946년 1월 2일자.
191) "G-2 [Weekly] Summary," no. 17(8 Jan. 1946); "HUSAFIK," part II, chapter II, p. 59; Hoag, 앞의 책, p. 343.
192) 『동아일보』, 1945년 12월 31일자; 같은 신문, 1946년 1월 1일자.
193) 반탁파업은 그 주도세력이 대중적 노동자 조직을 갖지 못한 우익정치단체였기에 불철저했다는 평가가 있다.(김천영 편, 『年表 韓國現代史』, 서울: 한울림, 1984, p. 102.) 또한 고준석의 경우에도 다음과 같이 언급하여 우익을 비판했다. "우익진영에도 각종 정당과 사회단체가 있기는 하였지만 대중적 기반을 갖지 못했다. 따라서 자연발생적인 군중데모를 자신들의 조직으로 연결시킬 수는 없었던 것이다."(고준석, 『南朝鮮勞動黨史』, p. 120; 하성수 엮음, 앞의 책, p. 133.) 그러나 이는 좌익세력들의 주관적 평가절하인 것 같다.
194) 『동아일보』, 1945년 12월 30일자.
195) 『자유신문』, 1945년 12월 31일자.
196) 『동아일보』, 1946년 1월 2일자.
197) 미군정의 공식집계에 따르면, 31일 75,000명이 시위에 참가했고 200명이 연행됐다는 것이다.(Won Sul Lee, *The United States and the Division of Korea 1945*, Seoul: Kyung Hee University Press, 1982, p. 255.) 이원설은 3·1운동

이래 대중동원에서 최대규모라고 주장한다.(같은 책, p. 254.)
198) "HUSAFIK," part II, chapter II, p. 59. 김구는 자결하겠다고 위협했다 한다. 이 후부터 미군정은 김구를 "고루한 망명정객" 이상으로 인식하지 않는다.
199) 『동아일보』, 1946년 1월 1일자; "HUSAFIK," part II, chapter II, p. 59; 이완범, 앞의 논문, p. 57. 이 방송에서 김구는 번스 국무장관의 "탁치를 실시하지 않을 수 있다"는 성명을 인용한다. 따라서 반탁운동의 방법상 전환과 후퇴는 미군정의 압력과 미국의 탁치에 대한 융통성 있는 해석 때문이었다고 볼 수 있다.
200) 커밍스에 따르면 반탁쿠데타가 실패한 후 김구와 임정은 치명적 손실을 입어 다시 세력을 만회하기 힘들었으며 이후 반탁운동의 주도권은 이승만과 한민당으로 넘어가 반소·반공운동이 되었다는 것이다.(B. Cumings, *The Origins of the Korean War*, p. 221.) 그러나 연구자가 보기에는 반탁운동에 관한 한 김구의 주도권은 계속된 것 같다.
201) 결정서의 전문은 12월 29일 오후에 하지에게 도착되었으며 ("HUSAFIK," part II, chapter IV, p. 72), 12월 30일에야 신문지상에 보도되었는데(『동아일보』, 1945년 12월 30일자), 이는 이미 최고조에 달한 반탁열기를 무마하지 못했다.
202) 하지의 기자회견 내용임.(『동아일보』, 1945년 12월 30일; "HUSAMGIK," vol. I, part I, chapter VII, p. 232; 같은 책, pp. 237~38.) 또한 그는 탁치기간 중 통치권을 조선정부가 가진다는 믿기 어려운 해설도 늘어놓았다.
203) 미국무장관 번스의 12월 30일 워싱턴에서의 방송임.(United States, Department of State, *Moscow Meeting of Foreign Minister: December 16-26, 1945*, Washington, D.C.: USGPO, 1946, p. 6.) 이러한 번스의 발언은 후일 "탁치의 실시 여부는 아직 결정된 것이 아니다"는 식의 중간파의 논리를 정당화해준다.(이완범, 앞의 논문, p. 150.) 또한 아널드는 통일전선의 수립을 1월 2일에 강조했는데(『서울신문』, 1946년 1월 3일자), 이는 한국민이 일치단결하여 탁치를 원치 않는다면 공위에서 소련과 협의하여 탁치를 피할 수 있는 가능성도 있지 않겠느냐는 식의 낙관적인 논리를 가능케 했다.
204) *Summation*, no. 3(Dec. 1945), p. 189. 미국의 시도는 다음에 기술되어 있다. "HUSAFIK," part II, chapter IV, pp. 72~26; "G-2 Periodic Report," no. 110(30 Dec. 1945).
205) 이호재는 미국이 리버럴한 해석을 유포함으로써 신탁을 피할 길을 찾아보려는 시도를 공산당이 노선을 전환한 이후에는 좌익을 의식해서 중단했다고 주장한

다.(이호재,『한국외교정책의 이상과 현실; 해방 8년 민족갈등기의 반성』제5판, pp. 170~71.) 그러나 연구자가 보기에는 이후까지도 그러한 해석은 계속된다.

206) "HUSAFIK," part II, chapter IV, p. 80. 하지가 이 보도를 계속 믿은 이유는 1946년 1월 이후 좌익이 모스크바 결정을 지지하는 태도를 취했기 때문이다.

207) B. Cumings, The Origins of the Korean War, p. 220.

208) "HUSAMGIK," vol. I, part I, chapter VII, p. 228.

209) 주 202의 출처와 동일함.

210) 박헌영의 1946년 1월 5일자 기자회견.(『서울신문』, 1946년 1월 6일자.) 1946년 1월 22일 타스통신의 보도.(『서울신문』, 1946년 1월 25일자:『동아일보』, 1946년 1월 25일자.) 이후 타스통신은 모스크바 결정 자체를 일방적으로 공개하는데 이는 후술될 것이다.

211) 『서울신문』, 1946년 1월 1일자.

212) 진덕규는 임정이 이러한 헤게모니를 효과적으로 조직화하지 못했으며, 미군정의 반발감만 일으키게 된다고 평가한다.(陳德奎,「李承晚의 單政論과 韓民黨」,『신동아』, 1987년 5월, p. 659.)

213) 「各政黨 首腦 懇談會」,『조선주보』제1권 제1호(1945년 10월 15일), p. 9.

214) 『조선일보』, 1946년 1월 1일자;『서울신문』, 1946년 1월 2일자;『중앙신문』, 1946년 1월 3일자.

215) 『서울신문』, 1946년 1월 2일자;『중앙신문』, 1946년 1월 3일자. 이때까지 인공·임정 합작에서 인공이 주도권을 가졌으나 이 시기 이후 임정이 주도권을 가진다.

216) 『서울신문』, 1946년 1월 4일자. 김원봉과 김성숙은 임정 내 진보파로 1946년 1월 이후 임정에서 탈퇴하여 좌익의 통합기구인 민전에 가입한다.

217) 같은 신문, 1946년 1월 5일자. 이 당시 김구의 노선을 1948년 4월 남북협상의 시점과 비교해보는 것이 흥미로운 주제이다. 즉 1948년 4월에는 그의 노선이 통일지향적인 것이었으나, 1945년 말과 1946년 초의 시점에서 그는 단지 자신이 중심이 된 임정의 법통과 주도권에만 연연했던 것으로 볼 수 있다. 따라서 협상 실패의 부분적 원인을 임정 내의 협상을 주도하던 진보파(김원봉·김성숙·장건상·성주식)와 보수파(김구) 간의 의견대립에서 찾을 수도 있다.

218) 『서울신문』, 1946년 1월 6일자.

219) 같은 신문, 1946년 1월 13일자;『해방일보』, 1946년 1월 16일자.

220) 실패에 대한 좌익의 논평은 다음에 나와 있다.(民主主義民族戰線 編,『朝鮮解放一年史』(서울: 文友印書舘, 1946), pp. 93~94.)
221) '신탁결정=민족통일전선 강화'라는 논리를 다음 책에서는 좌익의 논리로만 파악하고 있다.(서울대학교 인문대학 한국현대사연구회, 앞의 책, p. 106.) 그러나 우익도 '반탁=민족통일'로 보았으므로 '탁치=민족통일'의 논리는 좌우익 모두의 것이었으며 따라서 전민족적인 것이었다고 볼 수 있다.
222) 노선전환의 원인이 전적으로 합작실패에 따른 패권쟁탈에서 기인하는 것은 아니다. 이는 부분적인 원인일 뿐 복합적인 원인이 동시에 작용한 것이다. 후술될 것임.
223) B. Cumings, *The Origins of the Korean War*, p. 224.
224) 한편 최근의 연구에서는 16일 만에 돌아섰다고 기술한다. 韓國反託反共學生運動記念事業會, 앞의 책, p. 85.
225) 大檢察廳搜査局 編,『左翼事件實錄』제1권(서울, 1995), p. 105.
226)『중앙신문』, 1946년 1월 1일자.
227)『조선인민보』, 1946년 1월 1일자.
228) 같은 신문, 1946년 1월 2일자;『서울신문』1946년 1월 2일자;『조선일보』, 1946년 1월 2일자. 이러한 구호는 인공 중앙위원회에서 1월 1일에 시달한 "탁치는 민족통일의 완성으로 해결"이라는 제목의 지문과 거의 일치한다. 이 지시문은 다음에 수록되어 있다.(김천영 편, 앞의 책, p. 104.)
229) 한편 이러한 노선전환과는 다르게, 조선공산당 중앙위원회는 인공·임정 간 통일을 다소 타협적으로 추진해야 한다고 주장한다.(朝鮮共産黨中央委員會,「民族統一戰線結成에 對하야」,『인민평론』창간호, 1946년 3월, pp. 19~24.) 그런데 이 문건은 통일기도가 무산되기 전에 작성된 것 같다.
230)『중앙신문』, 1946년 1월 3일자;『조선인민보』, 1946년 1월 3일자;『해방일보』, 1946년 1월 6일자; 이완범, 앞의 논문, p. 62. 또한 이 문건에서 소·영·미 연합국의 국제협력을 굳게 믿고 있었는데, 당시 미·소 간의 의견이 표출되지 않아서 이런 인식이 가능했겠지만 다소 순진한 인식이라고 보인다.
231) 심지연은 이에 착안하여 좌익의 '찬탁 논리'를 다음 세 가지로 집약한다. ① 한국의 해방이 자력에 의해서가 아니라 국제적 도움에 의해 달성되었다는 것, ② 정치·경제적으로 낙후되어 외부의 도움을 받지 않을 수 없다는 것, 그리고 ③ 국제정세에 비추어 신탁통치가 가장 적절한 해결책이라는 것이다.(심지연,

「해방정국과 민족주의 논쟁」,『민족주의 논쟁과 통일정책』, 서울: 한울, 1985, p. 47.) 또한 심지연은 그 이후의 저작에서 ① 탁치는 제국주의적 위임통치와 달리 자주독립 건설과 민주주의를 실현하기 위한 것이며, ② 일제의 잔재를 숙청하여 정치·경제적인 발전을 도모하며, ③ 국제정세에 비추어 한반도문제 해결을 위한 가장 적절한 방법이라는 좌익의 논리를 열거했다.(심지연,「신탁통치 문제와 해방정국: 반탁과 찬탁의 논리를 중심으로」,『韓國政治學會報』제19집, 1985, p. 155.)

232) 「모스크바삼상회담 결정에 대한 중앙인민위원회의 결정서」,『조선일보』, 1946년 1월 4일자; 이완범, 앞의 논문, p. 63.

233) 『해방일보』, 1946년 1월 6일자;『조선인민보』, 1946년 1월 8일자;『서울신문』, 1946년 1월 8일자; 이완범, 앞의 논문, p. 64. 한편 고준석은 이 성명에서 한국문제에 관한 '낙관적인 전망'을 알 수 있다고 주장한다.(고준석,『남조선노동당사』, p. 119; 하성수 엮음, 앞의 책, p. 133.)

234) 조규하 외,『南北의 對話』, pp. 212~14; 조병옥,「나의 回顧錄」(서울: 민교사, 1959), p. 162.

235) 『해방일보』, 1946년 1월 8일자.

236) 민주주의민족전선,『조선해방 1년사』, p. 9.

237) 『조선일보』, 1946년 1월 5일자; 이완범, 앞의 논문, p. 65.

238) 『서울신문』, 1946년 1월 6일자.

239) 그의 약력과 1949년 4월 피살되기까지의 경위는 다음에 나와 있다. 吳蘇白 編,『解放十年, 希望別冊』(서울: 희망사, 1955), p. 67.

240) 강진은 소련 연해주 출신으로 소련어에 능통한 한인인데, 소련인 코로빈의「국제후견제에 관하야」라는 논문을『신천지』1947년 3·4월호에 번역 게재하기도 했다.

241) 박일원,「미소공위와 남로당의 기만(上)」,『대동신문』, 1947년 10월 28일자; 박일원,『남로당총비판』上(서울: 극동정판사, 1948), p. 42.

242) 조규하 외, 앞의 책, p. 208. 본문 주 180 참조.

243) Inclo #2 To XXIV Corps, in "G-2 Weekly Summary," no. 32(24 April 1946). 위 문서의 全譯이 나와 있다.

244) "HUSAFIK," part II, chapter IV, pp. 78~80; Hoag, 앞의 책, p. 303.

245) 『동아일보』, 1946년 5월 22일자; 같은 신문, 1946년 5월 23일자; 이완범, 앞의

논문, pp. 67~68.
246) 『해방일보』, 1946년 1월 21일자.
247) 이완범, 앞의 논문, p. 68.
248) 한재덕은 늦어진 이유에 대하여는 모르겠다고 한다.(韓載德, 『김일성을 고발한다』, 서울: 내외문화사, 1965, pp. 237~39.)
249) 조선공산당북조선분국 외, 「조선에 관한 소·미·영 3국외상 모스크바회의의 결정에 대하여, 1946년 1월 2일」, 『조선중앙연감』, 1949년판(〔평양〕: 조선중앙통신사, 1949), p. 59.
250) 김일성은 1946년 1월 1일 신년사에서 모스크바 결정을 지지한다는 표현 대신 "…… 문제는 우리가 민주주의민족통일전선을 공고히 결성하며 일제의 잔재를 철저히 숙청하고 …… 세계민주진영의 일원으로 되기 위한 우리들의 노력 여하에 달려" 있다고 말한다. 여기서 김일성도 신탁 결정을 '문제'로 파악하여 그다지 달갑지 않게 생각하는 다소 애매한 면모를 알 수 있다.(김일성, 「신년을 맞이하면서 전국인민에게 고함, 1946년 1월 1일」, 김준엽 외 편, 『북한'연구자료집』 제1집, 서울: 고려대학교 출판부, 1969, p. 37.)
251) 모스크바삼상회의에 소련이 참여했고 이의 결정과정에서 일정한 역할을 했으리라고 추측되었으므로, 소련의 지령이 있기 전일지라도 김일성은 소련의 역할을 의식, 이에 명백한 반대는 표명하지 못했을 것이다.
그러나 다음과 같은 우익 측 연구에 따르면 북한의 공산주의자들도 반탁을 내세웠다고 주장된다.(김창순, 『북한 15년사』, 서울: 지문각, 1961, p. 70; 고당전 평양지간행회 편, 『고당전』, 서울: 평남민보사, 1966, p. 235.)
252) 당시 미국의 인식에 따르면 남한의 조선공산당은 소련의 조종을 받는 집단이었다. ("HUSAMGIK," vol. I, part I, chapter VI, p. 219; *FRUS*, 1946, vol. VIII, p. 733.) 그런데 이러한 인식은 미군정이 자문을 구했던 일본총독부 관리나 우익 통역관들의 작용 때문에 형성된 것 같다.
253) 서대숙은 '소의 지령설'을 부인하고 있다. 그는 소련이 지령을 한 것이 사실일지라도 1945년 12월의 시점에서 소련이 남한의 공산당을 전적으로 통제했을지도 의문이라고 주장한다. 그 근거로서 공산주의자들만이 아닌 여운형의 인민당과 백남운·한빈(韓斌)의 신민당, 김원봉의 조선민족당 등도 탁치를 지지했음을 들고 있다.(Dae-Sook Suh, *The Korean Communist Movement, 1918~1948*, Princeton: Princeton University Press, 1967, p. 306.) 그러나 여

운형의 인민당과 백남운의 신민당이 1946년 1월 2일의 시점에서는 탁치안을 지지하지 않았고, 반탁도 지지도 아닌 노선이나 반탁노선을 표방했다는 사실을 검토해볼 때 위의 근거는 오류인 것이다.

한편 고준석의 증언에 따르면 당시 "거의 모든 공산당원이 소련을 우상처럼 떠받들었다"고 나와 있다.(고준석, 『アリラ峠の女: ある朝鮮女性革命家への回想』, 東京: 田畑書店, 1974; 고준석, 유경진 재구성, 『아리랑고개의 여인: 어느 조선 여성운동가를 회상하며』, 서울: 한울, 1987, p. 101.) 그러나 위 기록에도 당시 소련에 대한 비판이 기술되어 있다. 또한 연구자가 보기에는 '떠받듦'과 '지배가능성'은 차원이 다른 것으로 볼 수 있다.

254) 고준석, 『朝鮮 1945~1950 革命史への證言』; 고영민, 『해방정국의 증언: 어느 革命家의 手記』, p. 91, p. 95.
255) 서대숙도 이 가설을 부분적으로 지지한다.(Suh, 앞의 책, p. 306; 韓載德, 앞의 책, p. 236.)
256) 고준석, 『朝鮮 1945~1950 革命史への證言』; 고영민, 앞의 책, p. 98.
257) "HUSAFIK," part II, chapter II, p. 13.
258) 소련의 종용 외에 미국의 종용도 일익을 담당했다고 볼 수 있다. 이에 연구자는 이전의 논문에서 세 가지 가설 외에 "미국의 리버럴한 해석에 영향받아 전환했다는 설"을 같이 고찰했다. 그러나 이를 방향전환의 전적인 원인으로 보기에는 미흡한 것이 사실이다.(이완범, 앞의 책, p. 70.)
259) 고준석, 『朝鮮 1945~1950 革命史への證言』, p. 113; 고영민, 앞의 책, p. 97. 같은 맥락에서 박일원도 언급하고 있다.(박일원, 「미소공위와 남로당의 기만, 상」, 『대동신문』, 1947년 10월 28일자.)
260) 조소앙은 1월 3일 기자회견에서 신탁통치에 반대하는 것이 독립운동이라고 전제한 후, 미·소마저도 탁치를 보류하고 있는 마당에 이를 수락한다는 것은 문제가 있다고 비판했다.(『조선일보』, 1946년 1월 4일자.) 유림(儒林)의 대가 金昌淑은 좌익을 '민족반역자'라고 칭하면서까지 비난했다.(『동아일보』, 1946년 1월 7일자.) 안재홍은 1월 6일 '신사대주의자' '국제추수자'라고 칭했고, 그전까지 미군정과 직접적인 충돌을 삼가해 온건한 반탁론을 개진하던 이승만은 공산당이 지지노선을 들고 나오자 1월 7일 '망국음모'라는 격렬한 표현을 사용했다.(『동아일보』, 1946년 1월 7일자; 같은 신문, 1946년 1월 8일자.) 이 글에서 이승만의 반탁은 그 자체가 목적이 아니라 반공이라는 목적에 대한 수단으로

볼 수 있다. "국론통일의 교란자"라는 표현은 다음에 있다.(「자아모독을 격함, 신탁수락은 노예근성: 사설」, 『동아일보』, 1946년 1월 5일자.)
261) 탁치문제가 비교적 잠잠해진 1947년 경북 김천군 공보계에서 산하 군민에게 실시한 의식조사자료에 따르면, 반탁(25,143세대, 92%)이 찬탁(519세대, 8%)보다 월등히 많다는 것이다.(『동아일보』, 1947년 3월 25일자.)
262) 좌익의 방향전환은 1945년 9월 인공수립을 기도하여 즉시자주독립을 선언했던 노선과도 모순되는 것이다.
263) 해방 직후 인천에서 공산주의운동에 종사했던 조봉암도 이 점을 지적하는 편지를 박헌영에게 보내려다 미군 CIC의 검색에 의하여 공개된다.(조봉암, 「존경하는 박헌영 동무에게」, 『조선일보』, 1946년 5월 7일자; 『동아일보』, 1946년 5월 7일자; 『한성일보』, 1946년 5월 7일자; 『대동신문』, 1946년 5월 7일자.) 한편 조는 5월 14일 인터뷰에서 편지 내용에 약간의 왜곡이 있지만 대체로 윤곽은 같다고 말한다.(『조선인민보』, 1946년 5월 15일자; 『독립신보』, 1946년 5월 15일자; 『현대일보』, 1946년 5월 15일자.) 한편 이강국도 일시적으로나마 지지를 잃었던 사실을 인정했다.(이강국, 정진태 編, 『민주주의 조선걸설』, 서울: 조선인민보사 후생부, 1946년, p. 113.)
264) 공산주의자들은 반탁운동자에 대하여 다음과 같이 비판한다. "과거의 친일파와 민족반역자들이 반탁운동을 기회로 순식간에 열성적인 애국자로 등장"했다는 것이다.(民主主義民族戰線 編, 『朝鮮解放一年史』, p. 112.) 일본의 오누마는 다음의 글에서 탁치문제를 계기로 우익은 세력을 만회했다고 주장했다.(大沼久夫, 「朝鮮の解放・分斷と國內勢力: 信託統治問題を中心として」, 『朝鮮史研究會論文集』 제21집, 1984, pp. 113~14. 우익 자체의 평가는 다음에 있다.(韓國反託反共學生運動記念事業會, 앞의 책, p. 85.)
265) 심지연, 「신탁통치문제와 해방정국: 반탁과 찬탁의 논리를 중심으로」, 『韓國政治學會報』 제19집(1985), p. 161. 그런데 고준석은 시일이 흐름에 따라 좌익은 이러한 지지상실을 어느 정도 만회했다고 주장한다.(고준석, 『남조선노동당사』, p. 121; 하성수 엮음, 앞의 책, p. 134.)
266) 이완범, 「해방직후 민족통일운동에 관한 일연구: 임정・인공간 합작 노력과 4당 행동통일회의를 중심으로, 1945. 12. 31~1946. 1. 16」, 연세대학교 대학원원우회, 『원우론집』 제15집 1호(1987), pp. 245~46.
267) 『조선인민보』, 1946년 1월 6일자.

268) 『중앙신문』, 1946년 1월 9일; 『조선일보』, 1946년 1월 9일. 한편 후일 북한의 간행물에서는 1항의 "'신탁'~해결케 함"까지를 생략했다.(『해방후 4년간의 국내외중요일지』, 증보판, 평양: 민주조선사, 1949, pp. 20~21.)

269) 이러한 해석에 대한 냉소적 비판은 다음 전단에 나와 있다.(흑맹청년연맹, 「성명서: 1월 8일附 4정당 공동코뮤니케에 대하야」, 1946년 1월 9일」, 심지연 엮음, 『해방정국논쟁사 I』, 서울: 한울, 1986, p. 266.)

270) 민주주의민족전선 편, 앞의 책, p. 10. 또한 『해방일보』는 그 사설에서 4당코뮤니케를 일대 쾌보라고 극찬한다.(『해방일보』, 1946년 1월 11일자.) 한편 고준석은 4당코뮤니케를 삼상결정지지의 문건으로 해석하면서, 인민당 등의 좌익과 한민당, 국민당 등의 우익까지 삼상결정을 지지하므로 오로지 이승만과 김구만이 삼상결정을 반대했다고 언급한다.(고준석, 『남조선노동당사』, p. 128; 하성수 엮음, 『남로당사』, p. 136.)

271) 『조선일보』, 1946년 1월 9일자.

272) 『중앙신문』, 1946년 1월 9일자; 『동아일보』, 1946년 1월 9일자.

273) 『조선일보』, 1946년 1월 9일자.

274) 『중앙신문』, 1946년 1월 9일자.

275) 『서울신문』, 1946년 1월 13일자.

276) 국민당의 이러한 태도에 대하여 조선통신사는 '독자적 입장보류'라고 해석한다.(조선통신사 편, 『조선연감』, 1947년판, 서울: 조선통신사, 1946, p. 25.)

277) 이여성에 따르면 김병로가 공동성명을 기초했다는 것이다.(『중앙신문』, 1946년 1월 9일자.)

278) 같은 신문.

279) 같은 신문.

280) 『서울신문』, 1946년 1월 13일자.

281) 같은 신문; 안재홍, 「기로에 선 조선 민족」, 『신천지』, 1948년 7월, p. 10.

282) 원세훈, 김병로 계열의 한민당 내 진보파는 1946년 10월 좌우합작 7원칙의 거부로 말미암아 결국 동당을 탈당한다.(송남헌, 『한국현대정치사』 1, 서울: 성문각, 1978, pp. 350~52.)

283) 한민당 진보파였던 송남헌은 함상훈을 보수적 이념의 지도자로 볼 것을 주장했다.(필자의 송남헌 선생과의 인터뷰, 1985년 4월 7일.)

284) 송건호는 그의 글에서 이승만이 애매한 태도를 보이다가 격렬한 반탁표명으로

전환하게 된 사실(『조선일보』, 1946년 1월 8일자) 때문에 한민당이 불승인하게 되었다고 주장한다.(송건호, 「탁치안의 제의와 찬반탁 논쟁」, pp. 60~61.) 그러나 이승만은 4당코뮤니케를 읽기 전에 대중의 감정을 의식하여 반탁결의를 명백히 한 것 같다. 따라서 이승만의 표명의도는 4당코뮤니케의 좌절에 있었다기보다는 그의 애매한 태도를 비판하는 민중의 감정을 의식한 데에 있다. 이후 한민당이 이승만의 확고한 태도표명을 읽고 이를 의식했기 때문에 4당코뮤니케를 불승인하게 되었는지는 확실치 않다.(이완범, 「해방직후 민족통일운동에 관한 일연구」, p. 248의 주 63 참조.)

285) 중간파는 중간좌파(여운형 계열)와 중간우파(김규식 계열)로 구분된다. 좌·중간·우파의 규정과 성격은 다음에 나와 있다.(이완범, 「한반도 신탁통치안과 국내정치, 1943~48」, pp. 28~30.)

286) 『중앙신문』, 1946년 1월 9일자. 4당분열의 책임을 한민당에게 돌리는 견해에 대하여 김성수는 그 책임은 조공에 있는 것이라고 주장했다.(『동아일보』, 1946년 1월 23일자.)

287) 『중앙신문』, 1946년 1월 15일자; 『조선일보』, 1946년 1월 15일자.

288) 김오성, 「조선인민당의 성격」, 『개벽』 제8권 제1호(1946년 1월), pp. 46~47.

289) 『중앙신문』, 1946년 1월 15일자.

290) 『동아일보』, 1946년 1월 11일자; 『조선일보』, 1946년 1월 10일자; 『서울신문』, 1946년 1월 13일자.

291) 조선인민당 편, 『인민당의 노선』(서울: 신문화연구소 출판부, 1946), pp. 36~37.

292) 『중앙신문』, 1946년 1월 15일자.

293) 같은 신문.

294) 『동아일보』는 이 회견을 여운형이 지도자로서 과오를 사과하는 것처럼 왜곡보도했다.(『동아일보』, 1946년 1월 15일자.) 이에 대한 미군정의 논평은 다음에 나와 있다. SCAP, *Summation*, no. 4(Jan. 1946), p. 283.

295) 『서울신문』, 1946년 1월 15일자; 같은 신문, 1946년 1월 16일자; 『자유신문』, 1946년 1월 16일자.

296) 『중앙신문』, 1946년 1월 15일자.

297) 『동아일보』, 1946년 1월 17일자. 또한 당시 우익지인 『대동신문』은 미군정 관리의 메모를 동원하여 재차 보도한다.(『대동신문』, 1946년 1월 23일자.) 그러

나 박헌영은 이것이 언어착오에 의한 오보라고 주장한다.(『조선일보』, 1946년 1월 17일자;『해방일보』, 1946년 1월 16일자.) 또한 미군정도 이것이 왜곡보도란 사실을 인정하나 비밀로 간직한다.("G-2 Weekly Report," no. 19, 13~20 January, 1946.) 한편 박은 탁치의 진보적 성격을 소련의 참여에서 찾고 있다.(박헌영,「삼상회의 결정과 조선, 1945년 2월 1일」,『해방일보』, 1946년 2월 12일자; 박헌영,「신탁[후견]제와 조선, 1945년 2월 1일」,『조선인민보』, 1946년 2월 2일자, 1946년 2월 4일자, 1946년 2월 5일자; 이완범,「한반도 신탁통치안과 국내정치, 1943~48」, p. 143.)

298) 조선인민당 편, 앞의 책, p. 42.
299) 『조선인민보』, 1946년 1월 19일자.
300) 『조선일보』, 1946년 1월 23일자.
301) 그러나 제3의 논리가 좌우로 양국화된 상황 속에서 드러나지 않을 때도 있었는 바, 1946년 2월 민주주의민족전선이 결성되었을 시점에서 그러했다.
302) 과연 그렇다면 4당코뮤니케를 통일지향적인 논리로서 파악할 수 있을까? 좌우합작에 가치를 부여하는 자유주의적 연구가들의 입장에서는 4당코뮤니케와 중간파의 좌우합작노선에 가치를 부여할 것이고, 이러한 통일운동지상주의를 '무원칙한 통일론'으로 비판하는 젊은 연구가들은 4당코뮤니케를 무원칙한 타협으로 판단할 것이다. 자유주의적 연구가와 젊은 연구가 사이의 논쟁은 다음에 나와 있다. 강민길·서중석·임영태,「민족운동사 연구현황과 문제점: 토론」,『역사문제연구소회보』창간호(1986년 7월 21일), p. 6; 이완범,「해방직후 민족통일운동에 관한 일연구」, pp. 238~40.
303) "美軍政當局은 莫斯科三相會議에서 決定된 朝鮮信託統治制를 反對하려고 反動分子에게 煽動中이라고 非難했다. 그리고 南朝鮮에 있는 反動的 新聞은 反蘇의 宣傳을 繼續하고 있고 또 美蘇英이 決定한 五個年間 信託統治案에 대하여 大大的으로 反對하고 있다. 이 反動勢力을 暗暗裡에 援助하고 있는 美當局者의 態度는……."(『동아일보』, 1946년 1월 25일자;『서울신문』, 1946년 1월 25일자.)
304) "김구, 이승만 등의 자칭 '정부' 반동분자들은 뿌르카적 행동을 계속한다고 남부 조선으로부터 소식이 들려온다. 그들의 활동목적은 모스크바삼상회를 실시하지 말자는 것이다. 국내에서 내란을 일으켜 소련에 대한 적의를 일으키는 것을 목적한다. 이미 보도된 바와 같이 1월 7일에 서울에서 공산당·인민당·국민

당·한국민주당의 4당협의회가 있었다. 이 회의는 4당공동선언에서 조선의 독립과 민주주의 발전을 보장하는 모스크바삼상회의 조선에 대한 결정을 지지한다는 것을 말하였으며 동시에 테러를 정치투쟁으로 사용하는 것을 배격하였다······. 남조선 주재 미군사령부 행동에 대하여 의심을 일으키는데 그것은 '모스크바' 삼상회의 반대 '테러'를 조장하는 정책을 쓰는 까닭이다.······"(人民評論社 編譯, 『世界의 눈에 비친 解放朝鮮의 眞相』, 서울: 인민평론사, 1946, pp. 4~5.) 한편 하지는 타스통신의 비난을 근거없는 것이라 일축했다.(『동아일보』, 1946년 1월 25일자; 『조선일보』, 1946년 1월 26일자; 『서울신문』, 1946년 1월 25일자.)

305) 스탈린은 해리만에게 이러한 내용이 담긴 전문을 보여주었다고 하는데(FRUS, 1946, vol. VIII, p. 622) 아마 1945년 12월 27일의 '미 즉시 독립, 소 탁치주장설' 보도가 포함되었을 것으로 추측한다.

306) 『조선일보』, 1946년 1월 26일자; 『서울신문』, 1946년 1월 26일자.

307) "Tass Statement on the Korean Question, January 25, 1946," in Soviet Union, Ministry of Foreign Affairs, *The Soviet Union and The Korean Question: Documents*(London: Soviet News, 1950), pp. 9~11.

308) 溫樂中, 『朝鮮解放의 國際的 經緯와 美蘇共委事業』(서울: 현우사, 1947), pp. 58~60; 『서울신문』, 1946년 1월 27일자. 한편 최근의 한 연구에서는 소련의 이러한 주장이 모스크바 결정안의 실현가능성을 과대평가한 것이라고 여겨질 수도 있다고 언급한다.(서울대학교 인문대학 한국현대사연구회, 앞의 책, p. 172.)

309) 그러나 타스통신의 보도가 알려진 후에도 소련이 신탁통치를 원하고 있다는 대중의 기존인식은 거의 변하지 않았다. 미군정의 여론조사에 따르면 응답자의 60퍼센트가 탁치 실시를 원하는 나라는 소련이라고 답했다고 한다. ("G-2 Periodic Report," no. 235, 23 May, 1946) 또한 소련의 보도에 대한 좌우익의 반응은 다음에 기술되어 있다. 이완범, 「한반도 신탁통치안과 국내정치 1943~48」, pp. 82~83.

310) 『서울신문』, 1946년 1월 28일자. 또한 1월 27일의 기자회견에서도 미국의 10년 탁치연장제안설은 계획이 아니고 하나의 의견이라고 말하면서 소의 보도를 미국의 입장에서 재해석하지만 별다른 효과는 못 미치고, 오히려 소련의 사실보도를 대체로 긍정하는 역효과를 가져왔다.(같은 신문, 1946년 1월 29일자.)

311) *FRUS*, 1946, vol. VIII, pp. 622~23.

312) 같은 책, pp. 628~30. 이 문서는 국무성과 미군정 간의 대립을 보여준다.
313) 같은 책, p. 624.
314) 「제1차 공동성명」, 『자유신문』, 1946년 1월 31일자.
315) 이 회담의 5가지 토의 주제는 다음에 나와 있다.(『자유신문』, 1946년 2월 9일자; 『조선일보』, 1946년 2월 8일자; 이완범, 「한반도 신탁통치안과 국내정치, 1943~48」, p. 83.)
316) 『자유신문』, 1946년 2월 7일; 이완범, 같은 논문, p. 83.
317) 번스도 성과가 없음을 인정하면서도(『동아일보』, 1946년 2월 10일자) 3월 중에 있을 공위에 희망을 걸었다.(『자유신문』, 1946년 2월 1일.) 또한 하지는 한국민에게 조급하지 말 것을 충고했다.(『조선일보』, 1946년 2월 12일.)
318) 「미·소회담의 결과를 보고」, 『자유신문』, 1946년 2월 8일자.
319) 고정훈, 「祕錄 美蘇共同委員會」, 『월간조선』, 1983년 9월, p. 135; FRUS, 1946, vol. VIII, pp. 633~36.
320) B. Cumings, *The Origins of the Korean War*, p. 226.
321) John Lewis Gaddis, *United States and the Origins of the Cold War, 1941~1947*, p. 283.
322) 소련은 '미군정과 우익의 사기' 때문에 모스크바 결정이 하루아침에 파기되었다고 주장한다.
323) 1946년 2월 22일 케난이 모스크바에서 전송한 8천 단어에 달하는 전보를 지칭함. 여기에서 케난은 소련의 팽창정책을 경계하면서 미국이 봉쇄정책(Containment Policy)을 실시해야 한다고 제안했다.
324) Walter LaFeber, *America, Russia and the Cold War, 1945~1966*(New York: John Wiley&Sons, 1967), p. 30 in B. Cumings, *The Origins of the Korean War*, p. 226.
325) 『서울신문』, 1946년 1월 21일자.
326) 같은 신문, 1946년 2월 1일자; 『조선일보』, 1946년 2월 1일자; 같은 신문, 1946년 2월 2일자.
327) 이것이 후일 좌우합작에까지 연결된다. 이완범, 「한반도 신탁통치안과 국내정치 1943~48」, pp. 98~99; FRUS, 1946, vol. VIII, pp. 698~99, p. 744.
328) 『서울신문』, 1946년 2월 15일자.
329) 『서울신문』, 1946년 2월 16일자. 민전에 대한 최근의 연구는 다음의 것이 있다.

梁東珠, 「민주주의민족전선연구」, 고려대 정외과 석사학위논문, 1986.
330) 민전의 신탁통치에 대한 태도는 다음 기록에 나와 있다. 민주주의민족전선 선전부 편, 『민주주의민족전선결성대회의사록』(서울: 조선정판사, 1946), pp. 23, 27, 37, 56~57.
331) 탁치안을 둘러싼 대립은 1946년 1월이 절정기였으며 이후 공위가 열릴 때 탁치논쟁의 변형된 형태인 공위참가·불참가논쟁으로 재개되었다. 공위휴회 후 단정노선을 둘러싼 의견대립으로 차원을 달리하여 전개된 논쟁은 1948년 단정수립으로 종결되었다. 본고에서는 1946년 2월까지만을 다루었으며, 그 후 공위논쟁과 단정논쟁 등과 연결되는 과정은 다음에 나와 있다.(이완범, 「한반도 신탁통치안과 국내정치 1943~48」, pp. 85~137, 특히 pp. 135~37.)
332) 경상북도사편찬위원회, 『경상북도사』 中(대구, 1983), pp. 527~31; 『영남일보』, 1946년 1월 1일자; 정해구, 「해방직후 대구지방정치의 전개과정」, 『역사비평』 제1집(1987), p. 89에서 재인용.
333) 『영남일보』, 1946년 1월 19일자; 같은 신문, 1946년 1월 20일자; 정해구, 같은 논문, p. 89에서 재인용.
334) 정해구, 같은 논문, p. 90.
335) 김창진, 「8·15 직후 광주지방에서의 정치투쟁」, 『역사비평』 제1집(1987), p. 107.
336) 金英一; 『激動期의 仁川: 光復에서 休戰까지』(仁川: 東亞社, 1986), pp. 67~68. 3·1절기념행사 시 좌우 양익의 지도자는 조봉암과 곽상훈이었다.
337) 이에 대한 자세한 설명은 다음에 나와 있다. 같은 논문, pp. 28~37.
338) FRUS, 1946, vol. VIII, p. 772.
339) 『중외신보』, 1946년 7월 2일자; 『조선인민보』, 1946년 7월 2일자. 그런데 인민보는 여운형의 노선이 "총체적 지지" 노선인 것처럼 기술했다.
340) FRUS, 1946, vol. VIII, p. 687.
341) 이완범, 앞의 논문, pp. 86, 103.
342) 이완범, 같은 논문, pp. 118, 135.
343) 극한적 대립의 구체적 예가 1946년 1월 18, 19일에 발생한 학병동맹사건이다. 이 사건으로 좌익 측의 청년들이 사상했는데, 이후 크고 작은 집회에서 좌우가 충돌하여 많은 사상자가 잇달았다.
344) 좌우갈등의 책임이 어느 쪽에 있었느냐에는 논란의 여지가 있다. 우익은 공산주

의자들의 노선전환에서, 좌익은 미군정과 우익의 반소·반공 음모에서 그 책임을 찾고 있다.

345) 이완범, 앞의 논문, pp. 161~63.
346) 좌우합작 당시 이것이 실현되어 통일정부가 수립되면, 대통령에는 여운형이, 수상에는 김일성이 될 것이라는 루머가 퍼졌다고 한다.
347) 이완범, 앞의 논문, pp. 124~32, 135~37, 163~65.
348) 최근의 어떤 논의는 지지노선이 민족문제해결의 노선이고 반탁이 신식민지화를 초래한 길이었다고 주장하기도 하나, 이승만의 친미적 반탁과는 달리 김구의 '반탁·민족' 노선은 자주적인 측면이 부각될 수도 있으며, 지지논리에 친소적이며 비자주적인 측면도 있으므로, 이러한 단선론적인 연결논리에는 토론되어야 할 문제점이 있다.
349) 연구자는 좌익의 '지지' 논리와 중간파의 '참여 후 자주적 해결' 논리, 우익의 '반탁' 논리를 ① 해방의 인식, ② 탁치·후견·위임 통치의 구별 여부, ③ 모스크바 결정 1항과 3항에 대한 해석·반대 여부, ④ 모스크바 결정과 카이로선언과의 관계, ⑤ 독립과 탁치의 관계, ⑥ 원조에 대한 인식, ⑦ 공위 찬반 여부, ⑧ 외국세력과의 관계, ⑨ 미·소협조에 대한 전망 등의 9가지 문제별로 비교했다. 이 결과 지지논리는 다소 이론적이고 반탁논리는 감정적인 것으로 드러났다. 이에 대한 자세한 설명은 다음에 나와 있다. 이완범, 앞의 논문 중 제5장 제1절 신탁통치에 대응한 국내정치세력의 인식논리, pp. 140~61. 특히 p. 158, p. 159, p. 161.
350) 당시 '반탁학련'이라는 우익학생단체의 위원장이었던 이철승도 격렬한 반탁운동을 주도했으나 탁치가 무엇인지도 모르고 맹목적으로 반대했었다고 술회하고 있으며(이철승, 『全國學聯』, 서울: 중앙일보사, 1976, p. 126) 당시『중앙신문』1월 6일자의 만화에서도 탁치가 무엇인지 모르는 조선인의 인식을 풍자하고 있다.
351) 이완범, 앞의 논문, p. 92.
352) 비슷한 맥락에서 이호재는 모스크바결정서의 내용에 '한반도중립화적 구상'이 포함되어 있었다고 전제한 후, 국내정치세력들이 이를 부각시켜 미·소의 타협을 유도하려는 노력을 적극적으로 하지 않았다고 비판한다. (李昊宰,「韓國分斷硏究의 特徵과 問題點: 分斷原因의 諸假說分析을 中心으로」, 未刊行發表論文, 韓國國際政治學會 在美學者招請 統一問題學術會議, 1987. 8. 20, pp. 10~12;

李昊宰, 『새로운 韓民族 外交』, 서울: 나남, 1987, pp. 136~37.)

353) 최근의 논의에서는 무원칙한 통일론을 비판하는 입장들이 있다. 그런데 탁치문제는 원칙적이고 계급적 이해가 걸린 문제는 아니었기에 탁치안을 둘러싼 의견통일은 그것이 반탁노선이었건 지지노선이었건 간에 전혀 무원칙했던 것은 아니었다고 주장할 수 있다.

354) 탁치안에 대한 의견통일이 이루어졌더라도 다른 근본적인 문제 때문에 좌우 간에 원칙적인 대립이 발생했을 가능성도 있다. 그러나 탁치안이 해결되어 한국이 통일독립국가의 형식을 갖추었다면 그 후의 좌우갈등은 국가적인 차원에서 어떻게든 해결되었을 가능성이 있다. 따라서 제일 중요한 문제는 탁치안을 둘러싼 갈등 때문에 통일독립국가의 수립이 어려워졌다는 데에 있다.

2

미군정기 노동운동과 전평의 운동노선 | 김태승
미군정기 농민운동과 전농의 운동노선 | 박혜숙
전남지방정치와 여순사건 | 황남준

미군정기 노동운동과 전평의 운동노선

김태승

1. 머리말—해방의 과제와 미군정의 성격

 36년이라는 결코 짧지 않은 일제식민지 시기는 한국사에서 일종의 단절과 왜곡의 시기로 규정할 수 있다. 즉 그것은 일국의 순탄한 역사발전의 외세에 의한 저지 과정이었으며, 또한 그 외세에 의한 사회 일정부분의 극심한 뒤틀림 과정이었던 것이다. 따라서 해방이란 이러한 단절의 재결합과 왜곡의 교정을 필수적인 과제로서 담아내야만 하는 것이었고, 그것도 그 성격상 반드시 민족의 주체적 역량에 의해 달성되어야만 했다. 그러나 1945년 8월 15일 이후의 한국사회는 이러한 해방의 과제를 충분히 수행하지 못한 채, 현재까지도 그 유제를 상당 부분 남기고 있을 뿐만 아니라 오히려 그 위에 새로운 민족적 문제(분단)를 현재의 짐으로 남기게 되었다.
 그렇다면 해방 직후 한국 민족의 과제는 구체적으로 무엇이었는가? 좀 포괄적으로 이야기하면, 정치적으로는 그동안의 식민지 지배구조를 완전히 척결하여 자주적인 민주정권을 수립하는 것이었으며, 경제적으로는 "식민지지배의 유산을 철저히 분쇄 청산하고 민족경제를 기반으로 국민경제의 재편성·재정립을 이룩함으로써 국민경제와 민족경제의 괴리를 없애는 것"[1]이었다. 따라서 이와 같은 과제를 달성하기 위한 실천지침으로서 '반(反)식민지·반(反)봉건'이 제시된 것은 당연한 일이었다.

먼저 '반식민지'란 정치적으로는 '반제'의 의미였으며, 경제적으로는 '반일본·반예속자본'이었다. 즉 반제를 통해 36년의 세월이 고착화해놓은, 조선총독부로 대표되는 모든 식민지적 지배기구를 배제하여 완전히 자주적인 민족정권을 수립함으로써 민족적 완전독립을 달성하고, 반일본·반예속자본을 통해 당시 국내총생산의 80퍼센트를 점유하고 있던 일본인 자본가계급과 그밖의 친일적 예속자본을 타파하는 것이 반식민지의 과제였다. 이것은 일본의 침입에 의해 뒤틀렸던 정치적·경제적 유산을 바로잡는 과정으로 인식될 수 있다.

'반봉건'이란 중단되었던 역사발전의 고리를 다시 연결하기 위한 필수적인 전제조건의 의미를 지니는 것이었다. 일본 자본주의가 자국의 재생산구조의 일부분으로 한반도를 편입함으로써 한국에는 반봉건적 지주·소작 관계가 계속 온존되고 심화되었다. 따라서 새로운 사회로의 이행은 이러한 토지문제의 완전한 해결을 필수적인 전제로 삼아야만 했던 것이다.

이러한 해방 직후의 과제를 살펴보았을 때, 노동운동이 필연적으로 직면해야 했던 문제는 계급관계의 재편성이었다. 이미 말했듯이 특히 공업부문에서 그 총재산을 90퍼센트 이상 소유했던 일본인 자본가들이 빠져나간 공백과 그외 친일자본가들이 소유했던 기업들의 처리문제가 해방 직후 노동운동이 처리해야 했던 가장 중요한 문제였으며, 또한 그 문제의 올바른 해결이야말로 당시 노동운동의 근본적 임무였다.

한편 이와 더불어 해방 직후 노동운동이 해결해야 했던 또 하나의 문제는 국민경제의 파탄에 의한 물자의 부족이었다. 해방과 함께 일본과의 경제적 단절, 38선을 경계선으로 한 남북 간의 경제단절이 발생하자 남한 내부에는 심각한 물자부족현상이 발생했다. 더구나 남한에 있던 공장들마저도 일시적으로 가동이 중단됨으로써 그 문제의 심각성은 더욱 커졌고 또한 상당수 노동자들이 실업자가 됨으로써 격심한 생활난을 겪게 되었다. 따라서 당시의 노동운동은 계급관계의 재편성이라는 근본적 임무 이외에도 공장가동을 통한 산업의 건설이라는 과제를 해결해야만 했다.

이상과 같은 해방 직후 한국사회가 해결해야 할 제반 과제를 수행하는 데 중요한 변수로 작용한 것은 미군정이었다. 해방을 통해 일본의 지배세력이 사라지자 국내에는 힘의 진공상태가 발생했다. 이러한 진공상태를 메우는 새로운 세력으로 등장한 것이 우리 국민이 해방의 은인으로 생각했던 미군정이다.

그렇다면 과연 미군정의 본질은 무엇이었을까? 이 문제에 대한 해답은 당시에 아직 독자적인 정치권력을 수립하지 못한 한국의 상황에서는 대단히 중요한 의미를 지니는 것이었다고 할 수 있다.

미군정의 성격에 대해서 우선 말할 수 있는 것은, 미군정은 처음부터 새로운, 하지만 부분적이고 과도적인 국가기구의 성격을[2] 지닌 채 한국을 점령한 '점령군'[3]이라는 사실이다. 여기에서 점령군이라는 것은, 미군정이 당시의 한국사회를 기본적으로 패배한 일본사회의 일부분으로 파악하고, 따라서 전쟁에 패한 국가 영토의 일정지역을 지배하는 형태로 한국에 진주했다는 것이다. 이와 같은 점령군으로서 미군정의 성격은 미군정 진주 당시의 일부 대표자들에 의해 제시되었던 제반 법령이나 명령을 통해 엿볼 수 있다. 우선 1945년 9월 7일 일본의 요코하마에서 맥아더 사령관 이름으로 발령된 포고령 제1호를 보면, "'전승군'은 금일 북위 38선 이남의 조선지역을 '점령'"한다고 거의 직설적으로 선언하고 있다. 또한 그 구체적인 내용에서도 "38선 이남의 조선지역 및 동지역의 주민에 대한 일체의 행정권은 당분간 나(맥아더)의 권한하에 둔다"(제1조)라든가, "일체의 주민은 나 및 나의 권한으로 발령된 명령에 대해 신속히 '복종'할 것"(제3조) 등을 규정하고 있다.[4] 그리고 9월 9일에 발령된 하지 사령관의 성명에서도 "나의 지휘하에 있는 제군(조선 국민)은 연합국군 사령관의 명령 및 그 지휘하에 발하는 나의 명령에 '엄격한 복종'하지 않으면 안 된다"고 말하고 있다.[5]

이와 같은 미군정의 성격은 당시 한국사회를 '이미 해방된 나라'로 규정하고 국내의 제반 정치·경제·사회적인 문제를 독자적으로 해결함으로써 자주적인 국가를 건설하고자 하던 일반 민중 및 정치지도자의 의도와 크게 마찰할 개연성을 충분히 지니고 있는 것이었다.[6] 좀더 적극적으로 해석한다면, 해방 후 한국사회의 과제를 수행하는 데 미군정은 이와 같은 성격 때문에 오히려 질곡으로 작용하고 있었다고 할 수 있다. 시각을 노동문제에 국한해서 보더라도 미군정은 진주와 동시에 모든 일본인 재산을 미군정에 귀속시킴으로써 국내 재산에 대한 한국인의 소유 처분권을 인정하지 않았다. 이것은 식민지 잔재의 척결을 외치던 당시 노동운동의 내용과 완전히 배치되는 것이었다.

미군정의 성격에 대해 두 번째로 이야기할 수 있는 것은 "어떻게 하면 한국이 공산주의 소련의 궤도를 향해 나가는 것을 막고 그곳에 친미적인 단일정부를 수립할 수 있느냐"[7] 하는 데에 미군정의 정책목표가 있다는 점으로부터 알아낼 수 있다. 즉 미국은 세계자본주의의 유지와 재편성을 위해 한국을 동남아 방어의 전진기지로 삼고자 했으며 이를 위한 준비작업으로 모든 방해물을 미군정의 정책을 통해 제거하고자 했던 것이다. 당시 미국 정보부의 평가에 따르면, 일본제국주의의 억압과 착취하에서 농민·어민·노동자계급을 포함한 한국 민중의 혁명의식은 고양되어 있었고 잘 조직되어 있는 것으로 미국은 인식하고 있었다.[8] 따라서 패전국의 점령지에 대한 미국의 정책은 대전 직후 격발하기 시작한 식민지체제의 붕괴, 민족해방운동의 승리, 사회주의 국가의 다수 출현이라는 세계자본조의체제의 전반적 위기의 심화에 대응한 수호자로서의 입장을 취하지 않을 수 없었고, 그 결과 미군정에 배속되어 있는 미군장교들의 의식 속에는 "조선은 이제 미국의 새 국경의 일부분이다. 이곳에서 우리는 러시아의 동방전략전선의 측면에 접촉하고 있는 것이다"[9]라는 인식이 자리 잡고 있었던 것이다. 사실 "일제와는 달리 미국은 당시 한국의 자원이나 시장, 노동력에 그다지 큰 매력을 느끼지 않았다."[10] 그들은 단지 한국을 군사적인 보루로 규정하고 이에 대한 최소한의 지배력을 확보하려 했다고 볼 수 있다.

미군정의 성격의 이러한 측면은 해방 이후 한국사회를 규정하는 대단히 중요한 요소가 되었다. 즉 자본주의와 사회주의라는 이데올로기의 냉전체제가 한국사회에 무비판적으로, 그리고 비주체적으로 수용됨으로써 남북의 각 지역에 진주한 외세의 이데올로기적 편향성이 그대로 그 지역에 고착된 것이다. 따라서 이것은 그 당시 사회변혁의 성격마저도 철저하게 제한되게 함으로써 38선 이남 지역에서는 조선공산당 계열의 세력이 철저히 배제되는 형식을 갖게 되었다. 이와 같은 사실은 노동운동에서 전평 주도하의 모든 노동행위가 철저히 봉쇄되거나 견제당하는 모습이나 적산의 처리가 보수세력 중심으로 이루어진 것 등에서 확연히 드러나고 있다.

이상과 같은 해방 직후의 객관적 상황 속에서 '반식민지·반봉건'이라는 실천과제를 안고 있는 한국 민중은 이 과제를 실천하기 위해 최선의 노력을 기울였고, 이것이 특히 초기에는 조선공산당에 의해 전적으로 주도되는 모습을 보였다. 이에 비해 미군정은 자신의 이데올로기적 입지와 상반되는 이들 세력을 노골적으로 견제하면서 동북아에서 자본주의 진영의 전진기지로서 한국을 위치지우기 위한 제반 조치들을 견고히 수행해나갔다. 따라서 특히 노동운동의 경우, 초기적인 모습은 '전평과 미군정'의 대립·갈등의 형태를 띠게 될 수밖에 없었다. 또한 그 결과는 과도적이기는 하지만 새로운 지배세력인 미군정이 전평을 소멸시켰고, 이와 더불어 해방 직후 한국사회의 과제는 이데올로기 대립의 희생물로 희석되고 말았다.

2. 조선노동조합전국평의회의 성립과 정치노선

1) 전평 성립의 객관적 조건—노동자계급의 상황

한국에서 노동자계급은 식민지시기를 통해 급격히 성장했다. 비록 일본자본주의의 체제 내에서 비정상적으로 발생한 것이기는 했으나, 이렇게 성장한 노동자계급이 해방 직후 노동운동의 주체였음을 부인할 근거는 아무것도 없다.

그렇지만 이들 노동자계급의 객관적 존재형태는 대단히 복잡한 것이었다. 이들은 그 성격상 순수한 근대적 임금노동자라기보다는 오히려 단순한 육체노동에 종사하는 노무노동자였으며 따라서 그 구성에서도 공장공업부문보다는 토목·건축이나 광산업에 취업하고 있는 경우가 많았고, 상당수는 아예 일제에 의해 강제로 노력동원된 형태였다. 또한 지리적으로는 북한지역에 편중되는 형태였으며 일본이나 만주에 취업하고 있던 경우도 상당했다. 특히 중요한 사실은 이러한 노동자들 중 상당수가 해방 직후 실업상태에 놓여 있었다는 것이다.

좀더 구체적으로 살펴보면 해방 직후 남한 인구는 1946년 1월 말 현재 1,940만 명 정도로 추산된다. 이 중에서 취업자가 약 750만으로 전체 인구의 38퍼센트, 실업자가 약 105만으로 5.4퍼센트를 차지하고 있다.[11] 취업자 중에서 공업부문과 농업부문을 비교해보면, 농업 인구가 전체 취업인구의 77퍼센트에 이르고 있다. 이것은 한국에서는 아직도 중요한 산업이 농업이라는 사실을 보여주는 것으로서 이후 사회운동의 중심세력을 어떻게 설정할 것인가 하는 문제에 대해 많은 시사점을 지니고 있다.

실업자의 경우 전체인구의 5.4퍼센트, 취업자 대비 12.5퍼센트를 차지할 정도로 광범하게 존재하고 있는데, 이것은 해방 직후에 하나의 커다란 세력으로 위치하게 된다. 특히 이들의 구성을 살펴보면, 50퍼센트 이상이 전재민이었는데(표 1 참조), 이들의 전직(前職)은 대부분 노동자였을 것으로 추정된다. 예를 들어 일제 말기 재일 한국인의 계급별 구성을 살펴보면 부양인구를 뺀 전체 재일 한국인 중 노동자의 비중이 1943년 말의 경우 70퍼센트를 넘는다.[12] 따라서 이들 재일 한국인이 종전과 함께 한국으로 돌아와 전재민화했을 경우 그 대부분은 노동자 출신임을 알 수 있다. 이밖에도 해방 직후 실업자 증가의 두 번째로 큰 원인이 일본인 공장의 휴업에 의한 것이었다고 할 때, 이들 실업자 대부분이 노동자 출신으로서 노동운동의 기반으로 작용할 것이라는 사실은 충분히 짐작할 수 있다.

한편 취업자 중에서 노동자의 비중은 어느 정도일까? 8·15해방 직전 한국에서 노동에 종사하고 있는 노동자 수는 남북한 통틀어 약 212만 정

표 1 실업 인구의 분석표(1946. 11. 30 현재)

전재민	기타	업종	남	여
125,594	84,693	농업	150,914	59,373
106,877	81,078	공산업	134,302	53,653
79,353	43,245	광업	100,126	22,472
18,794	21,171	운수업	32,313	7,652
67,599	74,185	토건업	119,271	22,513
62,983	48,364	관리및상업	80,550	30,797
126,060	110,941	기타	144,990	92,011
587,260	463,677	합계	762,466	288,471

자료: 조선은행 조사부, 『조선경제연보』(1948), p. I-9.
주: 남한만의 통계다.

도였음을 우리는 알고 있다. 남한만의 경우에는 8·15 전후에 약 100만 명 이상의 노동자가 존재했다고 추정되는바, 이것은 당시 노동자의 취업과 실업이 거의 일대일이었음을 나타내주는 것이다.

또한 이들 취업노동자 중에서 근대적 임금노동자의 전형이라 할 수 있는 공업노동자 수는 1946년의 경우 12만 2,159명이었다. 이것은 이 당시 공업노동자의 비율이 극히 낮으며, 또한 해방 이전에 비해서도 그 비율이 감소했음을 보여주는데,[13] 그 이유는 해방과 함께 일본인 공장에 취업하고 있던 상당수 노동자들이 실업상태에 놓이게 된 데에 있다.(표 2 참조)

다음으로 이 시기 공업노동자의 내부구성을 살펴보면 부문별·규모별 구성의 경우, 경공업부문의 중·대규모 공장에 집중적으로 투입되어 있음을 알 수 있다.(표 3 참조) 우선 무문별 구성을 살펴보면, 방직공업이나 식품공업 등과 같은 경공업부문에 종사하는 노동자의 비중이 금속, 기계, 화학 등과 같은 중공업부문에 종사하는 노동자의 비중보다 높은데, 이것은 식민지 말기에 군수공업화 과정에서 발전한 중화학공업이 북한에 편재되어 있었기 때문에 남북분단에 따라 남한에서는 경공업의 비율이 상대적으로 증가했음을 의미하는 것이다.

표 2   남조선 공장 노동자의 감소(1944년 6월과 1946년 11월 비교)

	1944년 6월	1946년 11월	감소수	감소율(%)
사업장 수	9,323	5,249	4,074	43.7
노동자 수(남녀포괄)	300,520	122,159	178,361	59.4
남	232,794	86,291	146,503	62.9
여	67,726	35,868	31,585	47.0
1공장당 노동자 수(남녀포괄)	32	23	-	-

 규모별로는 사업체 숫자로 따지면 소규모 공장이 압도적으로 유세하지만 전체적인 노동자의 숫자는 오히려 중·대규모 공장이 소규모 공장 보다 더 많은 노동자를 고용하고 있다. 이러한 모습은 특히 이 시기의 주요공업인 방직공업에서 더욱 확실하게 드러나는바, 이 공업에서는 대규모 공장 종사자가 전체의 반을 넘는다.[14] 이것은 남한에 아직도 소규모의 영세공장이 광범하게 존재하고 있지만, 다른 한편으로는 대규모의 근대공장이 점차 발전하고 있음을 보여준다. 특히 노동운동과 관련해서는 노동자들의 집중성이 점차 강화되면서, 그 안에서 계급적 동질성을 확보할 수 있는 계기가 주어진다는 의미를 지닌다.[15]

 성별·연령별 구성을 살펴보면 아직도 상당수의 유년노동과 여성노동이 종사하고 있음을 알 수 있다. 성별 구성을 살펴보면 여성노동자가 전체의 29.4퍼센트를 차지하고 있으며 이것은 후기로 갈수록 점차 그 절대적인 숫자가 증가하고 있다.[16] 또한 19세 이하 유년노동의 경우도 전체 노동자의 29.6퍼센트를 차지하고 있는데 이것은 1935년의 9.1퍼센트에 비해 상대적·절대적으로 크게 증가했음을 의미한다. 특히 여성 유년노동의 비중이 매우 큰데, 이것은 앞의 산업별 구성에서 남한에는 아직도 소규모 영세공장이 많다는 사실과 합치되는 면일 뿐만 아니라 당시 노동자들의 가계보충적 성격[17]을 나타내는 것이라 할 수 있다.

 이상과 같은 해방 직후 노동자계급의 상황에 대한 특징을 간단히 요약하면 다음과 같다. 첫째, 해방 직후 노동자계급의 규모는 비록 식민지시기

표 3   부문별·규모별 노동자 및 사업체 구성

부문	규모	대규모 실수	대규모 비율	중규모 실수	중규모 비율	소규모 실수	소규모 비율	합계 실수	전체공업에 대한 비율
금속	사업체(A)	7	1.8	105	25.3	302	72.9	414	9.4
금속	노동자(B)	2,290	20.8	5,026	45.9	3,626	33.3	10,942	7.0
기계	A	7	1.1	154	24.2	476	74.7	637	14.5
기계	B	5,681	29.5	8,213	42.6	5,386	27.9	19,280	12.3
화학	A	21	4.0	206	38.7	305	57.3	532	12.1
화학	B	7,738	30.3	13,848	54.2	3,956	15.5	25,542	16.3
요업	A	3	0.7	74	17.8	339	81.5	416	9.5
요업	B	1,154	13.5	3,579	41.8	3,832	44.7	8,565	5.5
방직	A	28	5.2	224	41.4	289	53.4	541	12.3
방직	B	20,578	56.3	12,021	32.9	3,965	10.8	36,564	23.3
제재	A	5	1.1	80	16.2	408	82.7	493	11.2
제재	B	2,025	19.0	4,114	38.9	4,466	42.1	10,605	6.8
식품	A	7	0.9	173	22.2	601	76.9	781	17.8
식품	B	4,126	21.1	8,453	43.0	7,046	35.9	19,625	12.5
인쇄	A	3	1.3	56	24.6	169	74.1	228	5.2
인쇄	B	1,158	18.5	3,222	51.7	1,856	29.8	6,236	4.0
토건	A	8	6.9	49	37.1	75	56.8	132	3.0
토건	B	7,431	63.9	3,179	27.4	1,005	8.7	11,615	7.4
기타	A	7	3.3	63	29.9	141	66.8	211	5.0
기타	B	2,728	33.8	3,663	45.4	1,682	20.8	8,073	4.9
합계	A	96	2.1	1,184	27.0	3,105	70.8	4,385	100.0
합계	B	54,909	35.0	65,318	41.6	36,820	23.4	157,047	100.0

자료: 조선은행 조사부, 『경제연감』(1949), pp. IV-176~77에 의함.
주: 1) 대규모는 노동자 수 200인 이상, 중규모는 25~199인, 소규모는 25인 미만이다.
   2) 5인 이하의 공장은 통계에서 제외.
   3) 1948년 1월 말 현재의 통계다.

에 급속히 성장했지만, 전체 산업에서 차지하는 비중은 아직 크지 않다. 그렇지만 이들은 90퍼센트 이상이 일본인 자본가가 경영하는 기업에 배치되어 있었으므로 당시 사회의 과제수행에서는 상당히 중요한 위치를 부여받고 있다.

둘째, 노동자계급의 거의 반은 실업상태였다. 물론 실업자 모두를 노동자라 규정할 수 없으나 앞에서 본 바와 같이 실업자의 구성이 전재민과 생산위축에 의해 발생한 경우가 주류라 할 때, 이들 실업자들은 노동자계급과 어느 정도 동질성을 지닌다고 할 수 있다. 이러한 사실은 해방 직후 노동운동의 주요한 하나의 모습이 생계유지투쟁일 수밖에 없는 근거를 제시하는 것이다.

셋째, 취업노동자라 하더라도 순수하게 근대적인 임금노동자로 규정할 수 있는 부분은 상당히 미약하다. 오히려 단순 노무노동자의 비중이 훨씬 크다. 이러한 사실은 당시 노동운동의 중심 세력이 운수노동자나 광산노동자에 있었다는 것과 잘 부합한다.

넷째, 근대적 임금노동자라 할 수 있는 공업부문 노동자의 내부구성을 살펴보면, 한편으로는 노동자의 집중성이 점차 고양되면서도 다른 한편으로는 아직도 그 균질성이 이루어지지 않고 있음을 보여주고 있다. 이것은 당시의 노동자계급이 계급적 통일성을 다져나가는 과정에 있음을 보여주는 것이라 할 수 있다. 다만 방직공업과 같은 특수한 경우에는 노동자의 집중성이 상당하여 해방 직후 노동운동을 선도할 수 있는 형태를 보이고 있다.

2) 전평의 조직구성과 성격

위와 같은 객관적 상황을 기반으로 하여 해방 직후에 최초로 전국적인 노동자조직으로 등장한 것이 '조선노동조합전국평의회'(전평)다.

해방 후 전국 각 지역에서는 산업별로 노동조합이 조직되었다. 해방과 더불어 감옥에서 나온 많은 식민지시대 지하운동가들은 각 공장에 분회를 결성했는바, 시일이 경과함에 따라 조직규모의 확대·발전으로 인해 산업별 노조를 통일적으로 지도하기 위한 중앙집권적 조직이 필요하게 되었다.

1945년 9월 26일 경성토건노동조합 사무실에 금속, 화학, 출판, 섬유, 토건, 교통운수, 식료품, 철도, 연료, 피복 등 10개 노조 대표 51명이 모여 준비대표자회의를 개최하는 것[18]을 시발점으로 하여 1945년 11월 1일부터 4일 사이에 대부분의 산별노조를 결성하고,[19] 마침내 11월 5일, 6일 이틀 동안 결성대회를 했다. 결성 당시 그 조직적 규모는 전국적으로 15개 노조에 18만 명 정도의 조합원을 거느리는 정도였다. 전평은 결성과 더불어 그 규모가 기하급수적으로 증가하여 1, 2개월 후에는 이미 전국에 223개 지부, 1,757개 지방조합에 55만 3,408명의 조합원을 자랑하게 되었다.[20]

그렇다면 전평의 기본적인 조직원칙은 무엇인가? 이것은 전평결성대회 선언문에 잘 나타나 있다.

8·15 후 전국 각 중요 산업도시를 중심으로 전개된 노동운동은 자연발생적 지역적 수공업적 혼합형적 조직체를 벗어나지 못하였나니 이것을 목적의식적 지도에 의해 전국적으로 정연한 '산업별적 조직'으로 체계화 강력화시켜야 될 것이다. 예컨대 금속, 화학, 섬유, 교통 등의 산업부분의 노동자를 전국적으로까지 '종적 조직으로 조성'시켜 이러한 전국적 산업별 단일노동조합이 총집결하여 전국평의회를 결성하는 것이다. 그러나 현하 국내·국외의 정세에 비추어 이와 같은 완전한 상향적 조직을 위한 투쟁에 힘쓰는 동시에 우선 중요 산업부분의 단일 노조를 중심으로 전평을 결성하여 그 민주주의적 중앙집권의 힘으로 다시 하향적으로 자체의 조직역량을 강화시켜 참으로 대중 위에 토대를 둔 굳센 전국평의회가 되도록 모든 힘을 집중해야 될 것이다.[21]

여기에서 보면 전평의 기본 조직원칙은 산업별 노동조합의 전국적 협의체로서의 지향을 지니고 있었음을 알 수 있다. 또한 전평이 결성될 무렵에는 아직 산업별 노동조합 조직이 완전히 결성되지 않은 상태에서 우선적으로 일부의 단일 노동조합을 중심으로 이루어졌음을 알 수 있다. 어쨌든 전평은 금속, 화학, 철도, 운수, 방직 등을 비롯한 15개 산별 노조를 중심으로 한 대체적인 중앙조직의 골간을 완성하여 당시의 노동운동을 대변할 수 있는 형식을 갖추었다.

그렇다면 전평의 지방조직은 어떠했는가? 전평 결성 당시에는 "각 지방에 있는 각 산업별 지부를 총괄하는 기능을 하는 지방평의회를 서울, 인천, 삼척, 부산, 마산, 목포, 군산, 대구, 대전, 광주, 전주 등 11개소"[22)]에 두고, 주요 지방에는 지부, 공장별로는 분회, 또 직장별로는 반을 두는 형식을 통해 "전국적으로 종적 조직을 조성"하고자 했다. 이러한 노력은 상당한 결실을 거두어, 이미 위에서 설명했듯이, 1945년 12월에는 전체 조합원 수가 55만여 명에 이르게 되었다.

이러한 전평의 지방조직에 대한 보다 구체적인 모습을 우리는 다음과 같은 커밍스의 서술에서 파악할 수 있다.

해방이 된 후 며칠 내에 13개도 전역에 건준지부가 생겨났다. 대부분의 도시에도 8월 말경이ㅁ면 지부가 설치되었다. 해방이 된 후 3개월에 걸쳐 아주 조그마한 마을까지 모든 행정조직을 갖춘 지부가 탄생하였다. 9월 6일 인민공화국이 형성된 후 비교적 쉽게 건준지방지부는 인민위원회로 개편되었다. …… 서울에서와 마찬가지로 인민위원회는 여러 방면, 즉 농민조합, '노동조합', 치안대, 학생단체, 청년단체, 부녀단체 등으로부터 보충되었다. …… '거의 모든 지역에서 인민위원회와 대중조직들을 협력하여 활동하였다.' 그리하여 대중조직과 인민위원회는 중복되는 회원이 많았으며 사무실을 같이 쓰기도 하였다. …… 지역적 특성에 따라 인민위원회는 보건후생, 귀환동포, 소비문제, 노동관계, 혹은 소작료 등의 문제를 다루는 부처를 갖고 있었다. …… 인민위원회는 조그만 집으로부터 큰 공장에 이르기까지 일본인 재산의 경영권 이전이나 명칭변경을 서약하는 증서를 떠나는 일본인들로부터 받아내는

데 성공했다.[23]

지방인민위원회를 설명하는 커밍스의 위와 같은 서술로부터 우리는 당시 전평 지방조직의 광범위성을 파악할 수 있다. 사실 엄격히 말해서 지방인민위원회와 지방의 각 산업에 존재하는 노동조합과는 구분되어야 한다. 그러나 첫째, 당시 노동운동의 주체가 순수한 근대적 임금노동자만은 아니며, 따라서 실업자들을 조직화하는 기능을 담당하는 조직도 전평의 하부조직으로 편재해야 한다는 점, 둘째, 지방인민위원회와 노동조합의 지방지부는 위에서 서술한 것처럼 인물과 사무실이 중복될 수 있다는 점, 셋째, 각 지방인민위원회의 성격이 서로 같지 않더라도 그 구체적인 활동에서는 중앙에서처럼 엄격히 분리되지 않을 것이라는 점 등으로 미루어볼 때, 각 지방인민위원회의 상당수는 전평의 지방조직으로서의 역할을 동시에 겸하거나 최소한 그 기능의 일부를 담당하고 있었다고 할 수 있다.[24]

다음으로 이러한 조직형태를 가진 전평조직의 목적성을 살펴보자. 다시 말해서 전평조직이 당시의 사회상황에서 결성되게 된 좀더 본질적인 근거가 무엇인지를 고찰해보자.

우선 전평은 당시 재건파공산당인 박헌영을 중심으로 한 조선공산당의 외곽단체였다. 전평 결성 당시 4개항의 결의사항을 보면 이와 같은 사실은 분명해지는데 그 결의사항에서 전평은, "조선 무산계급운동의 교란자 이영 일파를 단호히 박멸할 것"과 "조선 민족통일전선에 대한 박헌영 동무의 노선을 절대 지지할 것"[25]을 명시하고 있다. 또한 전평의 위원장 허성택은 조선공산당 서기국원을 겸임함으로써 조선공산당과 전평 사이의 인적 교류를 보여주고 있다. 바로 이와 같은 정치조직의 외곽단체로서의 조직이라는 이유 때문에 당시의 전평은 단순한 노동운동조직으로만 파악될 수 없는 보다 복잡한 의미를 지닌다. 즉 조선공산당이라는 정치조직의 대중조직화 기구로서의 역할을 담당함과 동시에 당시 변혁운동의 주력조직의 위치에 있었던 것이다.

그렇다면 전평의 노동운동조직으로서의 독자성은 어떠했는가? 이에 대해서는 1946년 3월 22일자 『전국노동자신문』의 사설에 잘 나타나 있다.

> 가령 당의 지령이라 할지라도 결국은 각기 지방 혹은 지역, 부락 등의 각 우호단체와 협력을 해가지고 투쟁을 전개하는 수밖에 없으며 힘 자라는 데까지 싸우는 수밖에는 없는 것이 아닌가. 당과 조합은 대립되는 것이 아니다. 당은 당으로서 조합은 조합으로서 '각기 독자적 임무와 기능'을 가지는 것이다. 따라서 조직활동도 각기 독자적으로 전개되는 것이지 조합이 당의 지령으로 활동하는 것은 아니다. 또 당은 중하고 조합은 경하다는 견해는 철저히 청산하지 않으면 안 된다. 당이 당으로서의 기능과 독자성을 발휘하고 조합이 조합으로서의 기능과 독자성을 충분히 발휘해야만 각기 조직을 확대 강화시키며 운동을 비약으로 발전시킬 수 있는 것이다.[26]

여기에서 전평의 독자성이라 하는 것은 구체적인 조직활동과 투쟁과정에서의 독자성을 의미하는 것이다. 즉 노동자 및 실업자라는 동질적인 계급집단을 조직화하여 이들의 대표기구로서 기능을 수행하고 구체적인 활동에서도 노동자계급이 당면하고 있는 계급적 이익을 대변하는 것이 주된 활동영역이라는 점에서 전평은 당으로부터 독자성을 갖는 것이다. 물론 그렇다 하더라도 이러한 활동들이 궁극적으로는 당으로부터 제시되는 일정한 지향성을 갖는 것임에는 변함이 없다.

전평과 조선공산당의 이상과 같은 관계로부터 전평 주도하의 노동운동은 이중적 성격을 지닌다. 즉 구체적인 과정에서는 노동자의 일상적인 권익을 쟁취하기 위한 투쟁의 형태를 띠지만 궁극적인 목적에서는 일정한 정치적 지향성을 나타낸다. 바로 이러한 정치적 지향성이 당으로부터 세시되어 전체 조직을 통합하는 정치노선이다.

3) 전평의 정치노선—부르주아민주주의혁명론

해방 직후 한국사회에서 혁명이론적 틀을 가지고 나타났던 좌익의 운동노선으로는 박헌영 등의 부르주아민주주의혁명론, 백남운의 연합성 신민주주의론,[27] 최익한·이청원·임해 등의 프롤레타리아혁명론[28] 등이 있었다. 여기에 프롤레타리아혁명론은 해방 직후 장안파공산당과 일본에서 귀국한 임해와 같은 일부 반박헌영그룹에서 일시적으로 제기되었으나 분파주의적이고 좌경적 오류에 젖어 있다는 비판과 함께 실천적인 운동노선으로 자리 잡지 못했고 부르주아민주주의혁명론이 중심노선으로 자리 잡게 되었다. 따라서 조선공산당의 외곽세력으로 존재했던 전평의 정치노선도 이 부르주아민주주의혁명론에 입각한 것이었다.

당시에 부르주아민주주의혁명론의 입장에서 쓰인 글은 박헌영이 1945년 8월 20일에 발표한 이른바 「8월테제」[29]다. 이 글에 따르면 해방 직후의 사회적 과제는 민족적 완전독립과 토지문제의 완전해결이라고 했다. 또한 구체적으로 언론·출판·집회·결사·가두행진·파업의 자유, 8시간 노동제의 실시, 대중생활의 급진적 개선, 일본인 소유의 모든 생산수단 몰수와 국유화, 국가부담에 의한 의무교육, 여성지위 향상 등과 같은 민주주의적 과업을 시행함으로써 진보적 민주주의 국가를 건설할 것을 주장했다. 이것이 바로 '부르주아민주주의혁명론'이다. 즉 당면한 한국사회의 모순은 전근대적 생산양식의 온존과 식민지를 통한 왜곡이므로 이것을 극복하기 위해서는 핍박받는 근로대중이 주체가 되어 모든 전근대적 생산관계를 제거하고, 모든 민주주의적 제권리를 쟁취하며, 모든 외세로부터 완전한 독립을 쟁취해야 한다는 것이다. 또한 이를 수행하기 위해서는 노동자·농민을 비롯한 근로대중을 중심으로 하여 당시 사회의 과제를 공동으로 인식하는 지식인과 양심적인 민족자본가 등 가능한 모든 계층을 연합하여 통일전선을 조직함으로써 인민정권을 수립할 준비를 해야 한다는 것이다.

「8월테제」는 또한 이상과 같은 과제를 수행하기 위해서 실천해야 할 당면임무로서 광범한 대중운동의 전개를 천명하고 있다. 그중에서도 특히 노동운동과 관련된 것으로서 노동자투쟁의 지도와 조직화를 강조하고 있다. 즉 "노동자의 일상이익을 위한 투쟁을 일으키며 그것을 지도함으로써 대중을 쟁취할 수 있다. 노동자대중 속에 들어가서 그들의 아픈 점과 불평

불만을 들어서 이것을 출발점으로 하여 투쟁을 일으키고 선동하여 그들에게 계급의식을 넣어주고 조직하며 정치적 수준을 높여야 한다"고 하여 노동자 투쟁을 낮은 단계에서 높은 단계로 연결 발전시켜나갈 것을 주장하고 있다. 그리고 노동자대중의 일상 이익을 대표하는 요구조건으로 15가지를 제시했다. 한편 실업자 문제에 대해서도 언급하여, 무수히 많은 실업자를 모아 실업자동맹, 실업자 대책위원회 등의 조직을 만들어 이들도 통일전선운동에 끌어넣을 것을 주장했다.

이러한 「8월테제」의 해방 직후의 혁명적 실천과제에 관한 내용은 전평의 실천요강과 행동강령에서 그대로 반복되고 있다.

실천요강

1. 조선의 완전독립, 즉 친일파 민족반역자를 제외한 '진보적 민주주의에 입각하는 민족통일전선 정권에 적극 참가.'
2. 민족자본의 양심적인 부분과 협력하여 산업건설을 함으로써 부족공황, 악성 인플레의 극복.
3. 이와 같은 운동을 통해서 노동자의 이익을 옹호하고 노동자대중을 교육훈련하여 자체조직을 확대 강화한다.

일반행동강령

1. 노동자의 일반적 생활을 보장할 최저임금제를 확립하라.
1. 8시간 노동제를 실시하라.
1. 성·연령·민족의 별(別)을 불문하고 동일노동에 동일임금을 지불하라.
1. 7일 1휴제와 연 1개월간의 유급휴가제를 실시한다.
1. 노동자의 이익을 위한 단체계약권을 확립하라.
1. 공장 폐쇄와 해고, 실업은 절대 반대한다.
1. 일본 제국주의자와 매국적 민족반역자 및 친일파의 일체기업을 공장위원회에서 보관하고 노동자는 그 관리권에 참여하라.

1. 언론·출판·집회·결사·파업·시위의 절대 자유. ……30)

이처럼 전평의 실천요강과 행동강령은 당시 사회의 일반적 과제와 조공의 정치적 목표를 노동운동의 입장에서 구체적으로 수용하고 있었다. 예를 들어 전평의 행동강령 중에서 최저임금제, 8시간 노동제, 실업반대 등은 당시 노동자들의 현실적 요구를 반영하는 것이었으며, 모든 일인공장 및 사업장의 자주관리 같은 것은 반식민지라는 사회적 과제의 실현을 담고 있었던 것이다. 이렇게 함으로써 한편으로는 36년간의 식민지사회가 가져다준 모든 질곡을 털어버리고 다른 한편으로는 광범한 노동자와 실업자들의 계급의식을 고양시켜 반제민족통일전선으로 규합하는 것이 전평의 당면과제였다. 이것은 궁극적으로 광범한 프롤레타리아를 중심으로 하는 인민정권의 수립을 예비하는 과정이었다.

다음으로 이러한 부르주아혁명 단계에서의 혁명주체를 어떻게 설정할 것인가 하는 문제가 대두된다. 「8월테제」는 조선혁명의 동력을 노동자·농민·도시 소시민과 인텔리겐차로 설정하고 "이 혁명에서 토지문제를 용감히 대담스럽게 혁명적으로 해결함으로써 광범한 농민계급을 자기의 동맹자로 전취하는 계급만이 혁명의 영도권을 잡을 수 있다. 그것은 곧 조선에서 가장 혁명적인 조선 프롤레타리아트만이 이 혁명의 영도자가 되는 것이다"라고 하고 있다. 이보다 좀더 확실하게 혁명의 주체를 설명하고 있는 것은 전평이 1946년 초에 노동운동의 지침으로 제시한 '지령 제6호'다.

민족통일전선 정권의 중심이 되고 그 영도권을 잡아야 할 계급은 노동자계급 이외에는 없다. 그러나 노동자는 농민과의 동맹 없이는 자기를 해방시킬 수 없고 또 농민은 노동자와의 굳센 동맹, 그 철저한 영도 하에서만 자기를 해방할 수 있는 것이다. …… 노동자계급은 농민에 비하여 수적으로는 소수이지만 정치적 경제적 문화적 중심인 대도시에 있어서 교통·통신·생산의 중심에 등질의 계급으로서 집중적 강력적으로 결합하여 존재하고 있으며 전국적인 정치적 경제적 전망을 가지고 있고

권력을 일거에 잡을 만한 지위에 있는 질적으로 가장 우월한 혁명적 계급이다.[31]

사실 식민지 한국사회는 반봉건사회였고, 따라서 가장 기본적인 모순은 지주·소작 관계였다. 그러므로 얼핏 생각하기에는, 이러한 반봉건적 생산관계를 타파하고 진보적 민주주의 국가를 이룩하기 위해서 주체가 되어야 할 것은 농민인 것처럼 보인다. 그러나 조선공산당에게 부르주아민주주의 혁명 단계란 프롤레타리아트혁명으로 나아가기 위한 하나의 징검다리였으며, 따라서 가장 진보적인 프롤레타리아트인 노동자대중이 선도적으로 토지문제를 해결하는 것을 포함한 제반 부르주아혁명을 수행하면서 인민정권 수립의 주도적 역할을 담당하는 것이 옳다는 것이다.

이상에서 살펴볼 때 전평의 정치노선은 노동자계급이 주체가 되고 농민을 동맹으로 삼으며 또한 도시 소시민과 인텔리겐차의 대표와 기타 모든 진보적 요소를 포괄하여 인민정부를 수립하는 것을 목표로 하는 부르주아민주주의혁명 노선이었다.[32] 이 노선에 따라 전평은 노동자들의 일상투쟁을 조직화해내고, 또한 이들이 보다 높은 단계의 계급적 통일성을 지니도록 지도하고자 했던 것이다.

4) 전평의 미군정에 대한 인식

그렇다면 당시의 조공 관계자 또는 전평의 책임자들은 미군정을 어떻게 인식하고 있었는가? 바꿔 말해서 당시의 좌익세력들은 36년간 식민지 통치를 해온 일본제국주의를 타도하고 조선 해방의 원조자로 나타난 미군정의 본질과 의도를 얼마나 파악하고 있었는가, 그 의도를 파악했다면 이들에 대해 어떻게 대처하고자 했었는가? 조공의 대미인식에 대한 기존의 평가 중에는, 「8월테제」의 정세분석에서 사회주의 국가인 소련과 함께 미·영·중을 진보적 민주주의 국가로 규정하고 조선 해방의 은인으로 격상시킨 것은 당시 조공의 정세인식의 결정적인 오류였으며, 이 오류가 결국 남한 내 공산주의운동의 실패로까지 연결되는 중요한 요인 중 하나가 되고 있다는 주장이 있다.[33] 이 주장에 따르면 조선공산당은 1946년 7월에 '신전술'을 통해 미군정과 정면 대립하기 이전까지 미국을 '반파쇼연합전선'의 중요한 우방으로 인식하고 있었다는 것이다. 현상적으로 보면 분명히 조선공산당은 1946년 중반까지 미군정과 대립을 피해왔다. 이미 앞에서도 논의했듯이 「8월테제」에서는 조선의 해방을 '진보적 민주주의 국가 소·영·미·중 등 연합국 세력'의 공로로 인정하고 있으며, 1945년 11월 20일에 개최된 '전국인민위원회대표자대회'의 개회 연설에서도 허헌은 미국의 태도에 대해 애써 긍정적인 입장을 취하고자 했다.[34]

그렇지만 실제로 조선공산당이 미군정의 본질을 파악하지 못했을까? 이에 대한 정확한 해명을 위해서 우리는 민주주의민족전선 결성대회에서의 '내외정세보고'를 세밀히 검토할 필요가 있다.

정세보고는 먼저 영국과 미국의 자본을 중심으로 한 제국주의 세력의 준동을 이미 파악하고 이에 대한 대처를 요망함을 밝혔다. 또한 더불어 세계 전체적으로 급격한 민주주의의 발전이 진행되고 있으며, 이 과정 속에는 식민지 민족해방운동도 중요한 한 흐름이라고 분석하고 있다.[35]

이처럼 조선공산당은 이미 미군정이라는 이름으로 들어온 새로운 제국주의 세력의 본질을 확실히 파악하고 있었다. 또한 이 새로운 제국주의 세력에 대한 대처방안도 정세보고 안에서 은연중에 밝히고 있다. 즉 새롭게 준동하는 국제독점자본주의의 반민족적 침략을 방지하기 위해서 "첫째, 침략국을 군사적 경제적 통제로써 철저히 무장해제할 것, 둘째, 연합국조직(UNO)으로 하여금 세계평화를 옹호하고 새 침략전쟁을 방지할 수 있는 명실상부한 진정한 국제안전보장기관으로 발전시키자"[36]라는 해결방안을 제시하고 있으며, 또한 이 해결방안에 대해서 상당히 낙관적인 전망을 하고 있다. 그 이유는 당시에 도처에서 "정치제도에 있어서 민주주의제도가 승리"하고 있으며, 따라서 이들 세력의 억제는 시대의 흐름이라고 파악했기 때문이다.

이렇게 볼 때, 조선공산당은 미군정의 본질을 몰이해한 상태에서 미군정에 호의를 표출했다기보다는, 미군정의 본질을 이미 파악하고 있었으나 국제정세의 흐름에 비추어볼 때, 이러한 미군정의 의도가 결코 인정될 수 없는 상황이라고 판단했으리라 추측된다.

또한 조선공산당은 국내혁명세력의 주체적인 역량이 아직 새로운 반제투쟁을 수행할 수 있는 힘을 확보하지 못하고 있음을 인식하고 있었다. 따라서 미군정이 섣불리 자신의 의도를 관철하지 못하는 이때에 미국과의 불필요한 마찰을 피하고 자체역량을 강화해 민족의 완전독립과 토지혁명의 실현이라는 과제를 수행함으로써 광범위한 전선세력을 결성하는 것이 시급한 임무라고 조공은 판단했던 것이다.

이와 같은 조공의 인식이 현실화된 것이 인민공화국 수립에서 민주주의민족전선으로 이어지는 일련의 정치과정이다. 특히 인민공화국을 미군이 진주하기 이틀 전인 1945년 9월 6일에 갑자기 수립한 것은, 미군정에 국내에 미군정에 대응할 광범한 정치세력이 존재함을 보여주고, 또 그렇게 함으로써 미약한 자체역량을 보강할 공간을 확대하고자 한 것이었다.[37]

그러나 조선공산당은 이와 같은 대미인식과 그 인식의 실천과정에서 두 가지 커다란 실수를 범했다. 첫째는 국제정세에 대한 지나친 낙관이었다. 즉 한국에 대한 미국의 의도가 국제적인 세력관계에서 어느 정도 해결되리라는 판단이 미군의 한국 진주와 동시에 빗나갔음을 확인하게 된 것이다. 그럼에도 불구하고 조선공산당은 그에 대한 대응을 탄력적으로 하지 못했다. 둘째, 새로운 반제투쟁을 수행할 내부역량의 강화가 의도대로 진행되지 않았다. 주로 조공의 외곽단체인 대중조직을 통해서 내부역량을 강화하려는 시도들이 진행되었으나 각 부분에서 뚜렷한 지침을 가지고 진행되지 못한 채, 오히려 일반 대중에게 혼란만을 가져다주는 경우도 있었다. 특히 노동운동에서 이 점은 확연히 드러난다.

3. 노동운동의 전개과정

이미 앞에서도 밝혔듯이 해방 직후 노동운동은 순수한 근대적 임금노동자의 권리쟁취운동은 아니었다. 그것은 해방 직후 심각한 경제파탄하에서 노동자와 실업자가 벌이는 생존권확보투쟁이었으며, 오랜 식민지 생활을 벗어나 새로운 사회를 건설하는 과도기에 발생하는 사회변혁운동이기도 했다. 더구나 이 운동은 특히 전평이라는 조직과 결합함으로써 대단히 복잡한 정치적 성격을 내포한 채 진행되었다.

1) 공장관리운동—자연발생적 노동운동

해방과 더불어 한국 재산의 80퍼센트 이상을 소유하고 있던 일본인들이 자신의 재산을 모두 버려둔 채 귀국하기 시작했다. 이때 일본인 사업장에서 일하고 있던 노동자들 사이에서는 다양한 반응이 일어났다. 일부는 일본인의 귀국으로 인한 직장폐쇄에 대해 항의했고, 일부는 퇴직금을 요구했으며, 또 대다수는 이와 동시에 자신의 사업장을 직접 접수하고자 했다. 이러한 노동자들의 행동양태는 비단 일본인이 주인으로 있었던 사업장에서만 볼 수 있는 것은 아니었다. 한국인이 주인으로 있는 사업장에서도 그 공장이 폐쇄되는 경우, 위와 똑같은 모습들이 보였고, 경우에 따라서는 폐쇄되지 않은 직장에서도 노동자들이 자발적으로 공장관리위원회나 혹은 노동조합을 구성하여 사업장 경영권과 근로조건을 놓고 사업주와 협상하기도 했다. 비록 상당수가 지하운동가에 의해 주도되기도 했지만, 거의 대부분 자연발생적으로 일어난 이와 같은 해방 직후의 노동운동은 그 유형에 따라 크게 세 가지로 나눌 수 있다.

첫 번째 유형은 해고반대투쟁이다. 해방과 더불어 수많은 일본인 자본가가 귀국하고 또한 정국의 불안 때문에 상당수 국내 자본가가 주인인 사업장도 문을 닫게 되었다. 이것은 노동자들에게는 실직을 의미하는 것으로서 당장의 생계에 커다란 위협을 주는 것이었다. 따라서 자신들의 실업상태를 벗어나기 위해 조업재개를 촉구하는 노동운동이 광범위하게 발생했다. 이러한 예를 하나 들어보자.

사례 1 만념기계의 경우[38]

이 회사의 사장 송창만은 해방 전에 만념미싱상회를 경영하여 수백만 원의 재산을 가지고 있었다. 50명 정도의 종업원을 보유하고 있는 이 회사는 해방과 더불어 휴업을 했다가 1945년 11월 5일 공장조업을 재개했다. 그러나 공장주 송은 사채로 신규투자를 획책하여 종업원의 임금도 지불하지 않고 주물공장을 신설했으나 결국 자금투자의 난삽과 운영방침의 불합리로 공장을 폐쇄했다. 이에 종업원은 '공장문을 열지 않으려면 우리들의 최저생활을 보장하라'고 요구하면서 비양심적 자본가 송창만에 대해 투쟁을 전개했다.

이처럼 해고반대투쟁은 주로 소규모의 비양심적이거나 매판적인 자본가의 공장에서 발생했다. 왜냐하면 이들은 혼란 상황에서 자신들의 사리사욕을 채우기 위해 문을 닫는 경우가 많았기 때문이다.

두 번째의 경우는 퇴직금요구투쟁이다. 이 경우는 거의 대부분 귀국하는 일본인 사업장에서 발생했다. 즉 일본인 자본가가 귀국해버림으로써 공장이 폐쇄되는 경우, 자신의 생계비를 일본인 자본가로부터 받아내기 위해 이 투쟁은 전개되었다. 이에 대한 예로 인천의 경우는 다음과 같다.

사례 2 인천의 경우[39]

인천에서는 9월 25일경 18개 공장의 노동자들이 일제히 퇴직금을 요구했다. 요구총액은 조선기계제작소 300만 원, 지포제작소 200만 원, 조선제강소 400만 원 등 천만 원이 넘었다. 이에 대해 인천부군정사령관 스켈만 소령은 9월 26일 "협박·공갈·구류·강청 또는 기타 부민으로부터 금전, 유가증권 등을 얻기 위한 행위는 형사사건으로 주둔 미군의 재판에 의해 엄벌에 처할 것이다"라고 포고했다. 그러나 10월 하순까지 이 움직임이 계속되었다. 한편 인천 일본인 세화회(世話會, 패전 후 한국 내 일본인 대변기관)는 응징사원호회로부터 귀환노동자 약 3천 명의 손해배상을 요구받고 10월 17일 상임위원회를 열어 100만 원을 기부하기로 결정했다. 세화회는 이 돈을 각 정회(町會)에 할당할 방침을 세우고 이것을 미군에게 보고했다.

이처럼 퇴직금요구투쟁은 주로 지역별로 그 지역에 거주했던 일본인들과 집단적으로 교섭하는 형식을 취했다.[40]

초기 노동운동 중에서 위의 두 가지 경우는 결코 지속적인 운동이 될 수 없었다. 물론 해고반대투쟁 같은 경우는 해방의 혼란기 동안에 끊임없이 지속되는 것이었지만, 단위 사업장의 측면에서 본다면, 대단히 한정적인 투쟁이 될 수밖에 없었다. 따라서 노동자들은 이 투쟁이 종료됨과 함께 거대한 실업자군에 편입되거나[41] 아니면 다른 형태의 투쟁으로 전화할 필요성을 갖게 된다. 여기에서 다른 형태의 투쟁이란 곧 노동자들이 자본가의 의사와는 상관없이 자신들의 사업장을 계속 꾸려나가는 형태를 말한다. 이것이 바로 해방 초기 노동운동을 대표하는 '공장관리운동'이다.[42]

해방 직후 공장관리운동은 두 가지 형태를 띤다. 하나는 위에서처럼 생산이 중단된 공장을 노동자들이 주체적으로 경영하여 자신의 생활기반을 유지하고자 하는 경우이며, 다른 하나는 주로 매판자본가에 의해 경영되는 대규모 공장에서 일어나는 것인데, 해방 후에도 생산이 지속되는 공장에서 노동자들이 노동조합을 조직하여 자신들의 권리를 요구하는 과정에서 공장 경영권을 노동자들에게 주도록 요구하는 경우다. 이러한 후자의 예로 대표적인 것이 경성방직이다.

사례 3 경성방직의 경우[43]

경성방직의 사장은 식민지시대 한국인 대자본가였던 김연수다. 이 회사는 해방 후에도 계속 가동이 되었는데, 노동자들은 1945년 8월 30일 종업원대회를 열고 다음과 같은 노동조건의 근본적 개선을 요구했다.

1. 야근 철폐, 8시간 노동제 실시.
2. 직원·공원 간의 물자 차별배급 철폐.
3. 식사개선.

4. 오락시설 완비.
5. 면회자유·기숙사 개선.
6. 1년분의 임금 및 상여금 지불과 장차의 생활보장.
7. 교육시설 완비.
8. 공장관리는 공장관리위원회에 맡기라.

이에 공장 측은 이 요구 중에서 야근 철폐, 8시간 노동제 등을 수락함과 동시에 미군정에 허위보고를 하여 미국이 개입하도록 만들었고, 공장 휴업과 쟁의지도자 5인의 해고를 명했다. 그럼에도 불구하고 종업원들은 공장운영위원회 지도하에 조업을 계속하면서 오히려 생산액을 증가시켰다.

공장관리운동에 관한 예는 이외에도 조선연탄, 서선전기, 조선해륙운수, 조선피혁, 조선탄닌, 삼공제역, 조선비행기, 화신백화점, 삼척탄광, 일본정공, 태창직물, 강원여객, 도옥장유, 태양피복, 화순탄광, 조선화물차 등이 있다.[44] 이러한 공장관리운동은 주로 탄광이나 경방, 화신 같은 한국인 매판자본가의 기업에서 보다 정확하고 격렬하게 일어났으며, 또한 대부분 200인 이상의 중·대규모 공장에서 주로 진행되었다는 특색을 갖는다.[45] 이것은 노동자들이 지역적으로 고립되어 있거나 단위사업장에 어느 정도 집중되어 있을 때, 계급적 동일성을 더욱 고조할 수 있었으며, 자신들의 계급적 적대세력이 존재할 때, 일반적인 노동문제의 관철과 함께 자신들의 주체적인 모습을 더욱 발휘할 수 있었다고 해석된다.

그렇다면 이러한 공장관리운동의 성격에 대해서는 어떻게 규정할 수 있는가? 우선 이 운동은 기본적으로 노동자들의 생계유지투쟁의 성격을 벗어나지 못했다고 할 수 있다. 특히 일본인 자본가의 귀국으로 자신들이 실업자로 전락하게 되었을 때, 더구나 자신들 앞에 주인 없는 공장이 놓여 있을 때, 이것을 접수하여 자신의 생활을 안정적으로 유지하고자 하는 것은 어쩌면 대단히 자연스러운 모습이었을 것이다.[46] 그러나 우리는 이것을 단순한 호구지책의 발로라고만 파악할 수는 없다. 즉 이러한 자연발생적인 공장의 접수·관리의 이면에는 지금까지 일본인 밑에서 땀흘려온 이 공장경영의 주체가 바로 자신들이라는 묵시적인 동의가 있었으며, 더구나 아직 자본가가 남아서 공장을 경영하고 있는 사업장에서도 관리권의 일부를 주장하는 것은 당시 노동자들의 새로운 사회에 대한 주체의식을 확인할 수 있는 것이라 하겠다. 즉 여기에는 전평이 주장하는 부르주아민주주의혁명의 중심세력으로서 노동자들의 계급의식의 가능성이 표현되어 있는 것이다.

한편 이상과 같은 초기의 광범한 노동운동을 기반으로 하여 성립된 전평은 그 결성과 동시에 기존의 노동운동에 대해 일종의 지침을 하달했다. 우선 퇴직금요구투쟁에 대해서는 1945년 11월 1일자의 『전국노동자신문』을 통해 이 운동의 한계와 대안을 제시했다. 즉 이 운동을 통해 "단순히 소위 해산수당만 받고 해산을 해버린다는 것은 문제의 바른 해결법이 아니다"라고 이 운동이 지닐 수 있는 오류를 통렬히 비판하고 다음과 같은 대안을 제시했다.

1. 끝까지 작업중지에 반대할 것.
2. 이미 작업을 중지하고 있는 경우에는 조선인 종업원들이 임시적으로 운영 관리하게 할 것이며 군수산업인 경우에는 평화산업으로 재편성하여 종래의 종업원 정원수의 채용을 요구할 것.
3. 노동시간의 단축을 요구하고 노동시간 단축에 따라서 노동자의 정원을 증가시키고 실업을 방지하는 동시에 현재 실업 중인 노동자를 취업시키게 할 것.[47]

이른바 「해산수당에 관하여」라는 제목으로 되어 있는 이 지침에서 제시된 대안은 이 운동을 공장관리운동으로 전환할 것과 가능한 한 실업자를 취업시켜 이들을 조직화할 것을 강조하고 있다. 이것은 가능한 한 모든 노동자를 조직화하여 반제통일전선의 대열에 참여시키고자 하는 전평의 노선에 비추어볼 때 당연한 것이었다.

다음으로 공장관리운동에 대해서는 전평의 조직부장이었던 현훈이 『전국노동자신문』에 4회에 걸쳐 연재한 논문에서 평가하고 있다.

그는 기존의 공장관리운동의 오류를 다음과 같이 비판하고 있다.

1. 전근로인민대중을 주체로 한 정권수립 없이는 노동계급의 생활은 근본적으로 개선되지 않음을 철저히 인식하지 못하고 단순한 관리권의 접수와 생산관리에 근로자대중의 관심을 집중시켰다.
2. 공장관리를 노동조합운동의 전체 문제인 듯이 생각하는 잘못된 인식에 의해 노조와 공장관리위원회를 엄격히 구별하지 않아 노동운동을 노자협조주의로 전락시켰다.
3. 조선인 개인기업에 있어서까지도 공장관리문제를 제기하여 민족통일전선의 결성을 저해하는 결과를 초래했다.[48]

이와 같은 현훈의 비판 내용은 기존의 공장관리운동이, 각 단위사업장별로 개별화되어 인민정권 수립이라는 궁극적 목적으로 집중되지 못했고, 공장관리라는 부분적인 문제를 노동운동의 전부로 착각했으며, 불필요하게 광범한 범위까지 확대되어 통일전선의 수립에 차질을 가져왔다는 것이다. 결국 이것은 기존 운동의 부분적 오류를 지적한 것으로, 기존 운동의 가능성을 명확하게 인식한 상태에서 보다 정확한 공장관리운동을 전개할 것을 주장한 것이다.

이상이 해방 초기에 나타난 노동운동의 객관적인 모습이다. 그러면 이와 같은 노동운동의 초기적 모습에 대한 미군정의 대응은 어떠했는가?

1945년 9월 8일 한국에 진주한 미군정이 이 시기에 내놓은 노동관계정책 중 중요한 것은 군정법령 제2호와 제19호다. 우선 군정법령 제2호는 '패전국 소속 재산의 동결 및 이전 제한의 건'이라는 이름으로 1945년 9월 25일 발표되었다.[49] 이 법령의 골자는 "국·공유재산은 군정부가 접수하고 일본인 사유재산에 대해서는 일정한 조건하에서 재산의 거래를 허가한다"는 것이었다. 이것은 "점령지에서도 사유재산의 보호를 제1원칙에 두는 미국적 자유의 이념에 입각한 것"[50]이라는 외형을 갖지만, 해방 후 일본인 재산을 관리 취득하고자 하는 한국인들에게 소유권의 한계를 명확히 한 것이었으며, 따라서 그것은 당시에 일본인 재산은 모두 접수하는 것이 당연하다고 생각하는 한국 민중의 의향과 행동에 정면으로 대립했다. 이러한 미군정의 정책은 동년 10월 23일부터 30일 사이에 발표된 '일본인 재산 양도에 관한 4개 조항'에 의해 더욱 명백해졌다.[51] 제1조, 제2조는 "일본인의 사유재산은 군대·경찰에 의해서 보호된다." "협박이나 강제에 의해 일본인의 상점을 접수 관리해온 한국인은 가까운 경찰서에 관리를 양도해야 할 것" 등을 명시하여 노동자의 자발적인 접수 관리운동을 불법행위로 단정하고 이를 군에 인도할 것을 요구하고 있다.

이와 동시에 군정부 자신은 상륙 직후부터 국·공유재산뿐만 아니라 사유재산에 미치는 범위까지 국내재산을 접수하고 있었다. 미군정이 접수한 사유재산의 기준은 중요산업으로 인정되는 것, 일본인 소유자가 사라져버린 것, 혹은 세금지불 능력이 없는 것 등이었다.[52]

이렇게 일본인 소유재산의 처분문제를 둘러싸고 공장관리운동의 기반을 제약하는 동시에 미군정은 노동운동 자체를 제약하는 법령을 발표했으니, 그것이 '국가적 비상시의 포고'라 명명되어 있는 군정법령 제19호다.[53]

이 법령의 제2조를 보면 "개인이나 개인의 집단이 직업을 순조로이 받아들이고, 방해받지 않고 근무할 권리를 존중 보호한다. 이러한 권리를 방해하는 것은 불법이다"라고 규정하고 있다. 이것은 개개인의 직업의 자유를 보장한다는 명목 아래, 이것을 방해하는 행위, 즉 노동자조직이 노동자들에게 공동행위에의 참가를 호소하거나 요구하는 행위를 불법으로 간주하고 있다. 다시 말해서 모든 노동쟁의를 법적으로 금지함을 시사하고 있는 것이다. 또한 같은 제2조에 "…… 쟁의는 군정청에 설치된 조정위원회에서 해결하는데, 그 해결은 '최종적'이고 '구속적'이다. 사건이 노동조정위원회에 제출되어 해결될 때까지 생산은 계속해야 한다"고 규정함으로써 모든 노동쟁의에 군청장이 개입할 예정임을 천명하고 있다.

이렇듯 미군정은 진주 초기부터 국내문제에 깊숙이 관여하기 시작 했다. 이와 같은 미군정의 태도는 조선공산당 또는 전평 관계자들을 당황하게 만들기에 충분했다. 그러나 그들은 아직 미군정과의 타협관계를 바꾸고자 하는 생각을 하지는 않았다. 오히려 보다 노골적으로 대미협력 방안을 제시했다.

2) 산업건설운동과 전평의 위기

1945년 12월에 들어서 미군정과 전평에서는 기존의 자연발생적 공장관리운동에 영향을 미칠 조치들을 제시했다.

먼저 전평은 1945년 11월 30일 '산업건설협력방침'을 제시했다. 그 내용은 아래와 같다.

1. 파업은 수단이고 목적이 아니다. 양심적이고 건전한 생산에 대해서는 파업을 행하지 않을 뿐만 아니라 생산에 적극 협력한다.
2. 조선 자주독립을 원조하는 미·소 양군에 대해 협력한다. 이번 조선해방에 있어 미·소·중의 큰 공적에 대해서는 만강의 감사와 경의를 표한다. 또한 카이로회담, 포츠담선언, 전평대회석상에서의 로빈슨 노무과장의 언명 등의 진보적 정책은 그대로 실시될 것을 기대하며, 그리하여 자주독립과 민주적 자주경제 건설을 원조하는 정책에 적극 협력하고 국내 안정을 꾀한다.
3. 양심적 민족자본가와 협력하여 부족공황을 타개한다.
4. 비양심적 악덕 모리배를 배격한다.[54]

이른바 "자주독립을 위한 견실한 통일전선 결성과 민중생활 확보를 위한 산업부흥의 필요"라는 목적에 의해 취해진 이 방침은 다음과 같은 현실인식을 그 기반으로 하고 있다.

첫째, 대중들이 당면하고 있는 일상적인 문제점 중에서 가장 심각한 것은 실업과 물자부족이라는 것이다. 따라서 해방 직후부터 가동이 중단되어 있거나, 노동쟁의로 인해 가동이 안 되는 공장들의 정상조업에 힘을 기울임으로써 광범한 실업자를 구제하여 이들의 생활위기를 타개함과 동시에 이들이 노동자계급으로서 조직될 수 있는 기반을 마련한다는 것이 전평의 첫 번째 의도였다.

전평이 이 방침을 제시한 두 번째 의도는 점차 불편해지고 있는 미군정과의 관계에 변화를 모색해보자는 것이다. 즉 진주와 동시에 자신의 점령군적 성격과 이데올로기적 목표를 노골적으로 드러내고 있는 미군정에 대해서 전평은 인공의 경제복구 노력을 적극 지지하고 있으며 이에 대해 협력을 아끼지 않을 것임을 표명한 것이다.

이와 같은 산업건설협력방침은 사실상 기존의 공장관리운동을 부정하고 있었던 것은 아니다. 이미 현훈이나 최철의 논설에서 제시되었듯이 전평이 파악하고 있는 공장관리운동이란 '공장의 재가동→실업노동자의 재흡수→계급연대의 강화'라는 형식을 모범적인 것으로 하고 있었으므로, 이것이 앞에서 이야기한 '자주독립을 위한 견실한 통일전선 결성과 민중생활 확보를 위한 산업부흥의 필요'라는 협력방침의 목적과 배치될 리 만무했다. 하지만 현실은 정반대로 나타났다. 공장관리운동을 주도하고 있던 노동자들에게 이 운동은 단순한 생존권 보장의 의미뿐만 아니라 90퍼센트 이상이나 되는 외래·매판 자본가의 척결이라는 의미를 가지고 있었다. 따라서 이 운동의 형태도 기존의 자본가들을 몰아내기 위한 파업투쟁일 수밖에 없었다. 전평이 이야기한 '양심적이고 건전한 생산'은 거의 존재하지도 않았다. 그러므로 전평이 제시한 협력방침은 기존의 노동운동 세력으로부터 방향점을 빼앗는 결과를 낳았으며, 경우에 따라서는 하부 단위에 의해 무시되기도 했다. 이것은 전평조직과 노동대중 사이에 간격이 생기게 되었음을 의미한다.

공장관리운동에 영향을 준 또 하나의 조치는 미군정 법령 제33호다. 1945년 12월 6일 '조선내 소재 일본인재산 취득에 관한 건'[55]이라는 이름으로 공포된 이 법령에서 미군정은 일본인의 "전종류의 재산 및 그 흡수에 대한 소유권은 공사유를 불문하고 1945년 9월 25일부로 한국 군정청이 취득하고……재산 전부를 유한다"고 선언함으로써 법령 제2호에 의해 발생한 모든 일본인 재산의 매매·양도를 무효화했다. 이것은 당시에 '15 내지 20억 달러로 평가'⁵⁶⁾되던 일본인 재산을 그 원래 소유자인 일본인으로부터 빼앗은 것이고, 더구나 그 재산이 아널드 군정장관에 의해 "제기관의 지배를 맡을 수 있는 적임자가 나타날 때"까지만 군정청이 "임시로 소유하고 있을 뿐"⁵⁷⁾이라고 언명됨으로써 한국인들에게 환영을 받았던 조치였다. 하지만 이것은 한국 노동자에 의해 공장이 직접 접수되는 공장관리운동을 근본적으로 부정한 것으로 일차적으로 "노동자 및 좌익 측의 움직임을 억누르기 위한 것이었다."⁵⁸⁾

이상과 같은 두 가지 조치에 의해 공장관리운동은 근본적으로 위축되고 만다. 여기에서 우리가 주목해야 할 것은 좌익노동운동을 억누르려고 하는 미군정의 조치가 아니라 전평의 조치다. 즉 전평의 협력방침을 보면, 전평이 당시 노동자들의 계급의식을 지나치게 낮게 평가하고 있음을 알 수 있다. 주체역량으로서 노동자계급의 아래로부터의 의식고양을 제대로 인식하지 못한 채, 비조직대중의 조직화라는 측면에만 집착해 있었던 것이다. 더구나 앞에서도 누차 지적했듯이, 미군정에 대한 지나친 낙관적 전망⁵⁹⁾이 여기에 결합되어 노동자계급을 통일할 수 있는 공장관리라는 핵심고리를 상실해버린 것이다.

어쨌든 전평은 1946년에 들어서면서 산업건설협력방침을 구체화한 '산업건설운동'을 표방하고 동시에 실업노동자들을 주체로 한 '식량요구투쟁'을 전개했다. 이와 같은 전평의 입장은 '지령 제6호'인 이른바 '산업건설운동을 중심으로 한 당면투쟁'에 포괄적으로 제시되어 있다.

1946년 3월 말까지를 투쟁기간으로 잡고 있는 이 운동의 목적에 대해서 지령 제6호는 다음과 같이 밝히고 있다.

> 우리는 우리 조선이 당면하고 있는 최대의 문제의 하나인 산업건설운동에 전취업노동자는 물론 실업자 대중까지를 동원하여 투쟁을 조직하는 과정에 있어서 대중을 훈련하며 대중을 교육하여 자체조직을 확대 강화하려는 것이다. 그리고 우리는 이 운동을 통해서 근로대중을 중심

으로 한 소시민·중간층 등의 국민의 대다수의 공감을 불러일으키고, 민족자본의 양심적인 부분과의 협동전선을 성취함으로써 민족통일전선에 있어서의 노동자계급의 영도권을 보장하여 그들의 반동진영으로의 이행을 방지하려 하며, 또 이와 같은 투쟁을 통해서 광범한 미조직 노동자 및 실업자 대중을 투쟁에 동원하며 조직화하려는 것이다.[60]

상당히 장황하게 제시된 산업건설운동의 목적에 대한 이 글을 축약해보면, 그 목적은 다름 아닌 노동자대중의 조직화와 다양한 대중의 공감대 형성을 통한 포섭이다. 즉 노동자계급을 영도세력으로 하는 통일전선을 형성하기 위한 대중운동이 바로 이 산업건설운동의 목적이었던 것이다.

그렇다면 이 운동의 구체적 실천방침은 어떻게 제시되었는가? 우선 기업 내의 활동에 대한 지침을 간단히 요약하면 다음과 같다.

1. 생산능률을 구체적으로 증진시키기 위한 방법을 분회나 반총회에서 토론하여 결정할 것.
2. 투쟁전략과 전술을 결정하고, 종업원대회를 개최할 것.
3. 종업원대회에서 투쟁위원회를 조직할 것.
4. 투쟁위원회는 운동 종결 후에는 자주적 공장위원회로 발전시킬 것.[61]

이상과 같은 형식을 통해서 생산의 능률을 증진시키고, 노동자의 제권리를 확보하며,[62] 노동자를 조직화한다는 것이 기업 내 산업건설운동의 형태다.

한편 휴지기업인 경우에는 공장관리운동을 전개함으로써 산업건설운동에 참여할 것을 시달하고 있다. 다만 이 경우에도 "미군정과 마찰을 피하기 위해 군정이 요구하는 합법적인 수속"[63]을 밝히거나, 관리인이 있는 경우에는 기업 내의 산업건설운동의 형식을 취하라고 하고 있다.

산업건설운동과 관련된 전평의 지침 중에서 또 하나 주목할 것은 파업의 자제를 당부하는 여러 지령이다.[64] 이 지령들의 내용은 다음과 같다.

산업을 고의로 파괴하려는 기업가와 물자자재를 방매하여 폭리를 취하려는 모리배가 있는 한편, 태업·파업을 구실로 노조를 파괴하려는 여러 음모가 있고 기타 여러 가지 정치적 관계로 보아 파업·태업 등의 전술은 될 수 있는 대로 취하지 말아야 한다.(「특별지령」)

우리의 파업은 적에게 큰 타격을 줄 수 없을 뿐 아니라 오히려 적의 정책에 이용될 위험성이 있는 것이다. 대부분의 산업에 있어서는 파업투쟁으로써 큰 효과를 얻을 수 없는 형편이니 파업 이외의 투쟁 방법을 충분히 이용하여야 한다.(「추가해설」)

군중투쟁이 결정적 판가름 싸움이 아닌 이상, 또 결정적 승리를 전취 못 하는 이상 결국은 타협되는 것이므로 투쟁이 일정한 시기에 도달하면 교섭전은 대중투쟁에 못지않게 중요한 것이다.(「특별지령」)[65]

이와 같은 여러 지침을 통해 전평은 평화적인 대중노선을 지향할 것을 결의했다.

그러나 구체적인 노동현장에서의 노동운동은 이러한 산업건설운동이 노동자들에 의해 수용되지 않고 있음을 보여준다. 이미 앞에서도 이야기 된 바와 같이 산업건설운동은 노동자들의 실질적인 요구와 부응한 것이 못 된 채 기존의 공장관리운동을 부분적으로 침체케 만들면서 전평과 노동자 사이에 일정한 골을 파놓았을 따름이다.

1946년 들어 노동자들이 중점적으로 일으킨 노동운동은 '대악덕관리인 투쟁'이다. 미군정 법령 33호와 관재령 제2호[66]에 의해 한국 내의 거의 모든 일인 재산에는 관리인이 파견되었다. 그런데 이 관리인들이 대부분 식민지시대의 관리나 매판자본가들이었으므로 노동자들은 이들에 대항하는 투쟁을 전개했던 것이다. 그러나 이것은 이미 미군정에게 그 주도권을 빼앗긴 투쟁이었다. 다시 말해서 공장의 관리권을 미군정에게 넘긴 상태에서 그 관리인의 불법행위나 가렴주구에 대항해 노동자의 기본적인 권리를 지켜내는 싸움이었던 것이다. 이에 대한 사례로는 다음과 같은 것이 있다.

사례 4 남선합동전기의 경우[67]

동사는 미국인 감독관하에 있었으며 노조간부들의 부당해고를 계기로 임금문제도 포함하여 3월 2일부터 태업이 개시되었다. 그러나 감독관 헨트는 12일에 해고자의 복직거부를 선언, 게다가 14일에는 일제강점기에 총독부 중추원 참의를 지냈던 장직상을 사장으로 임명할 것을 발표했기 때문에 사태는 일층 악화되어 노동자 측은 본격적인 투쟁태세에 들어갔다.

이처럼 대악덕관리인 투쟁은 이미 단순한 생계투쟁, 혹은 노동자들의 정상적인 권리투쟁에 지나지 않았다. 다만 공장관리운동이 가졌던 식민지 잔재 청산 의지가 관리인의 성격에 따라 부분적으로 드러날 뿐, 계급적 각성은 한결 빛을 잃은 것이었다.

한편 취업노동자를 제외한 실업자를 중심으로 한 노동운동으로 이 시기에 활발했던 것은 전평이 산업건설운동의 일환으로 제시했던 식량요구투쟁이다. 전평은 지령 제6호에서 "실업자, 즉 산업예비군이 있다는 것은 끊임없이 취업노동자의 노동조건을 열악화시킨다. 그러므로 실업자운동은 실업자뿐만 아니라 취업노동자가 선두에 서야 한다"[68]고 함으로써 이 투쟁을 산업건설운동의 일환으로 편입시켰다.

이 투쟁은 해방으로 인한 경제파탄과 1945년의 흉년이 겹치면서 기아에 시달리던 도시의 실업자들에 의해 자연발생적으로 폭발했다. 전평은 이러한 광범한 식량요구투쟁을 적절하게 조직화함으로써 하나의 대중적 역량으로 성숙시키고자 했던 것이다.

그러나 이러한 식량요구투쟁도 전평의 의도대로 정확하게 조직화되면서 진행되었던 것 같지는 않다. 즉 전평은 이 운동을 "단순히 노동조합만으로써 전개할 것이 아니라, 각기 지방 및 지역의 인민위원회, …… 청년단체, 부녀단체"⁶⁹⁾ 등의 협력하에 전개하고자 했으나, 전평이 지휘할 조직이 매우 취약했다. 이에 대한 예로 이 식량요구투쟁에 대해 이의가 제기되고 있었던 것을 볼 수 있다. 그 내용은 '첫째, 전주민의 문제이기 때문에 조합으로서는 광범한 대중을 동원하기 어렵다는 것, 둘째 조합은 공장·직장을 조직단위로 하고 있기 때문에 거주 중심인 쌀요구회 조직은 조합으로서는 불가능하므로 당에서 지령을 해야 된다는 것'⁷⁰⁾ 등으로 주로 전평조직의 한계를 지적하고 있다. 이에 대해 전평은 원칙적인 답변 이상의 것을 제시하고 있지는 못하다. 결국 아래에서부터 광범하게 진행되는 대중운동에도 불구하고 전평은 이것을 제대로 지도해내지 못한 채 대중운동을 바라보고만 있어야 했던 것이다.

이처럼 1946년에 들어서면서 전평은 아래로부터의 노동운동을 자신의 조직과 긴밀히 연결시켜 통일전선의 대열로 참여시키지 못하고, 오히려 대중운동과 일정의 간격을 두고 말았다. 더구나 미국에 대해서는 지속적으로 타협적인 자세를 취함으로써 미군정이 손쉽게 그들에 대한 공격의 기회를 잡도록 만들었다.

3) 신전술, 노동조합주의, 총파업

1946년 중반에 접어들면서 전평과 조선공산당에는 일대 위기가 몰려왔다. 먼저 미군정과 우익세력에 의한 직접적인 공세가 시작되었다. 그것은 우익 노동조합이 탄생하여 전평과 폭력적으로 대결하는 것이었고, 정판사 위조지폐사건을 계기로 미군정이 조선공산당 간부들을 체포하기 시작한 것이었다.

우익 노동조합인 대한노총은 1946년 3월 10일 서울시내 시천교당에서 용산공작소, 경성철도공장, 경전 등 15개 직장에서 45명이 참석하여 결성했다. 사실 이 단체의 원조는 1945년 11월 2일 좌익세력에 대항하기 위한 청년단체인 대한독립촉성전국청년총연맹이었다. 이 조직은 자본가의 엄호하에 임금노동자가 아닌 정치인들에 의해 위로부터의 하향적 지령을 통해 결성되었는데,[71] 이들은 제1차적 목표를 노동생활의 제조건의 개선이 아니라 반공투쟁에 두었으며, 따라서 전평조직에 대한 테러집단화했다.[72] 또한 미군정은 1946년 9월 6일에 좌익계 신문인 『인민보』『현대일보』『중앙신문』 등 3개 신문을 포고령 위반으로 정간했으며, 공산당 지도부 간부 이주하를 체포하고, 9월 7일에는 박헌영에 대한 체포령을 내렸다. 이와 같은 미군정과 우익 진영의 공세는 전평의 타협적인 노선을 재검토하게 만드는 계기가 되었다.

한편 한국을 둘러싼 국제정세에도 변화가 생겼으니, 그것은 미소공동위원회의 결렬이다. 사실 한국의 신탁통치문제를 논의하는 이 회의는 전평 또는 조선공산당이 미군정 문제를 자연스럽게 해결할 수 있는 하나의 희망이었다. 따라서 이 회의는 결렬은 미군정이 객관적인 국제정세 속에서 자연스럽게 소멸되지 않는다는 것을 의미했다. 이것은 지금까지의 조선공산당 혹은 전평의 객관적 정세판단이 결정적인 실수였음을 확인해주었으며, 따라서 전평은 특히 미군정과의 관계에서 커다란 전술의 변화를 필요로 했다. 이상과 같은 제반 상황이 '신전술'을 등장시키는 배경이다. 신전술의 내용은 다음과 같다.

1. 8·15 이후 전면적으로 전개하였던 협조합작노선을 근본적으로 변환시키지 아니하여서는 안 될 것.
2. 미국의 트루먼정책이 일반적으로 제국주의적 반동노선으로 전환되었으므로 중국공산당·일본공산당과 긴밀히 연결하여 극동에 있어서의 반미운동을 적극화할 것.
3. 남조선에 있어서 북조선과 같이 제반제도를 무조건으로 개혁할 것을 강력히 요구할 것.
4. 미제국주의 정책의 구체적 내용을 해부하여 폭로하고 대중의 강력한 투쟁을 전개할 것.
5. 북한의 제도를 선전하여 남한의 무조건적인 북한화를 도모할 것.
6. 현재까지의 무저항적 태세를 청산하고 적극적 공격태세를 취하고

우익진영에 일대 타격을 줄 준비를 갖출 것.

7. '정권을 군정으로부터 인민위원회에 넘기라'는 운동을 적극 전개할 것.

8. 이러한 새로운 전술을 실행함에 있어서는 막대한 곤란과 희생도 각오하고 자기희생적 투쟁을 사양치 말 것.[73]

이상과 같은 신전술 내용의 골간은 미국과의 비타협적·공격적 투쟁이다. 이것은 지금까지의 미군정에 대한 태도의 일대전환이었으며 파업까지도 자제했던 타협적 노선의 깨끗한 포기였다.[74]

한편 미군정은 이와 비슷한 시기에 전평의 존재 자체를 위협하는 새로운 법령을 공포했다. '노동문제에 관한 공공정책 공포, 노동부 설치'라는 제목의 군정법령 제97호가 그것이다. 1946년 7월 23일에 발표된 이 법령의 요점은 다음과 같다.

1. 민주주의적 노동조합의 발전을 장려한다.
2. 노동자는 '자율적 노동조합'을 통해 노동조합회를 조직하여 가입하거나, 다른 노동조합을 원조하고, 또한 원조를 받을 권리가 있음과 동시에, 고용주와 그 대리인의 간섭을 받지 않고, 고용계약의 기간 및 조건을 협정할 목적을 가지고 자기가 선거한 대표자를 지명할 권리가 있다.
3. 고용주와 노동조합 간에 합의된 임금·노동시간 그외 고용조건을 고용계약서에 명기하는 평화적 협정을 장려한다.[75]

매우 일반적이고 원론적인 내용을 담고 있는 이 법령은 그 이면에 전평과 같은 정당의 산하단체로서 노동조합을 부정하고자 하는 의도가 숨겨져 있었다. 이른바 '자율적'이라는 말을 강조함으로써 특정 정파로부터 독립적인 노동조합이어야 할 것을 요구한 것이다. 이와 더불어 이 법령은 노동부를 설치할 것을 규정하고 있는데, 이는 지금까지 노동조정위원회는 기구를 통해서 대처해온 노사문제를 보다 본격적으로 해결하겠다는 의지의 표명이었다.

이처럼 당면의 노동문제의 양당사자가 모두 지금까지보다 더욱 강경한 자세로 서로에 대해 대응하는 모습을 보임으로써 상황은 파국을 필연화하고 있었다. 소위 1946년의 '9월총파업'은 이러한 파국의 현상형태였다. 전평은 신전술의 원칙에 따라 10월 중에 대대적인 파업을 계획했다. 그러나 9월 6일과 7일의 조선공산당 간부에 대한 체포 및 수배령을 계기로 해서 이 시기는 9월로 앞당겨졌다.

파업의 직접적인 계기는 미군정 운수부에서 '적자타개와 노동자관리의 합리화'라는 이유를 들어 운수부 종업원 25퍼센트의 감원과 월급제를 바꾸기로 한 결정이었다.[76] 이에 전평은 9월 15일에 철도노동조합으로 하여금 군정청 운수과정과 철도국장에게 6개항의 요구조건을 기한부로 제출하도록 하고, 각 지방의 대표자회의를 소집하여 23일까지 요구조건에 대한 '성의 있는 회답'이 없을 때는 총파업 단행을 결의하도록 했다. 하지만 이것은 어디까지나 구실이었고, 총파업은 이미 오래전에 결정되어 있었다. 총파업은 1946년 9월 24일 0시를 기해서 부산철도노동자 7천여 명이 파업에 들어감으로써 시작되었고, 뒤이어 24일에는 서울을 비롯한 전철도 종업원 4만 명이 일제히 총파업에 돌입했다. 이에 전평은 "기아와 테러의 전율의 구렁텅이에서 전민족을 구출하고 생존과 자유의 길을 열고 조국의 완전한 자주독립을 위하여 남부조선 4만 철도노동자를 선두로 사생존망의 일대 민족투쟁을 실시한다"[77]라는 성명과 함께 다음과 같은 요구사항을 내걸었다.

1. 쌀을 달라! 노동자와 사무원, 모든 시민에게 3홉 이상 배급하라.
2. 물가등귀에 따라서 임금을 인상하라.
3. 전재민과 실업자에게 일과 집과 쌀을 달라.
4. 공장폐쇄, 해고 절대 반대.
5. 노동운동의 자유.

6. 일체 반동 체러 반대.
7. 북조선과 같은 민주주의적 노동법령을 즉각 실시하라.
8. 민주주의운동 지도자에 대한 지명수배와 체포령을 즉시 철회하라.
9. 검거·투옥 중인 민주주의운동자를 즉시 석방하라.
10. 언론·출판·집회·결사·시위·파업의 자유를 보장하라.
11. 학원의 자유를 무시하는 국립대학교안을 즉시 철회하라.
12. 『해방일보』『인민보』『현대일보』기타 정간 중인 신문을 즉시 복간시키고 그 사원을 석방하라.

총 12개항으로 되어 있는 요구사항 중에서 5에서 12까지의 항목은 기존의 노동운동에서 찾아보기 힘든 요구사항이었다. 특히 8, 9, 11 같은 항목은 대단히 정치적인 부분으로서 전평의 노동운동이 바야흐로 '정치투쟁과 경제투쟁의 배합'[78]이라는 결성 당시의 전술을 도입하고 있음을 보여준다.

어쨌든 파업은 계속 확대되어 9월 25일에는 출판노조, 대구우편국 종업원, 9월 27일에는 경춘철도 종업원과 서울중앙우체국 및 전화국, 광화문우체국 및 전화국이 파업에 들어갔다. 이렇게 파업에 들어간 노동자들은 전체적으로 서울에서만 295개 기업에서 3만여 명에 이르고 1만 6천여 명의 학생들이 동맹 휴학했으며, 남한 전체로 보면 25만 1천여 명의 노동자가 파업에 참가했다고 한다.[79]

그러면 이렇게 대규모로 동원된 노동자들은 누가 지도했는가? 전평의 중앙지도부는 이미 사전에 총파업을 위한 구체적인 계획들을 세워놓았다.[80] 그럼에도 불구하고 총파업의 구체적인 진행과정에서는 다음과 같은 문제점들이 지적된다.[81] 첫째, 총파업은 원래의 계획대로 진행되지 않았다. 26일에 파업키로 된 경성전기는 10월 1일에야 부분적인 파업을 실현시켰으며, 출판노조는 예정보다 일찍 파업에 들어갔다. 둘째, 9월총파업에는 산별체제가 거의 가동되지 않았다. 철도노조를 제외한 어떤 노조도 전국적인 파업을 실현하지 못했다. 셋째, 파업 당시에 내놓은 철도노동자들의 요구에는 전평 지도부가 총파업의 요구사항으로 결정한 '정치적 요구'들이 포함되지 않았다.

이와 같은 사실로 보아 총파업 기간에 전평의 통제력이 전혀 없었음을 알 수 있다. 즉 하부조직 활동가들의 개별적 활동들이 전체로서 9월총파업을 일으킨 것이다. 이것은 1946년 초기를 통해 문제점으로 지적된 전평 조직과 구체적인 노동자대중과의 거리감이 현실로 나타난 것이라 할 수 있다.

한편 이러한 총파업에 대한 미군정의 즉각적인 대응은 이 파업을 불법으로 규정하는 것이었다. 하지 중장은 1946년 9월 26일 방송을 통해 다음과 같이 말했다.

> 과격한 선동자들에게 유인되어 …… 노자조정의 상례를 과범하도록 오도된 것을 유감. 파업 자체가 불법적 행동 …… 이 철도파업은 미국을 괴롭게 하는 데에 목적이 있다고 보겠으나 …… 미군은 철도를 사용치 않고라도 지낼 수가 있는 조직과 시설을 가지고 있읍니다. 식량 재고도 풍부하니만큼 파업으로 인하여 과한 곤란은 없을 것입니다. …… 조선인은 자치할 능력이 없다고 믿도록 할 것입니다.[82]

이처럼 미군정은 총파업에 대해서 한 치의 양보도 없이 강경 대응을 하다가 끝내는 경찰 및 우익청년, 대한노총을 동원하여 최초의 파업자인 철도노조를 9월 30일에 강제해산했다. 그러나 총파업은 철도노조의 해산만으로 그칠 수 있는 성질의 것이 아니었다. 총파업이 지방으로 확산되면서 지방인민위원회 및 노동조합의 활동과 연결되자 사태는 대중봉기의 양상으로 격화되어갔다. 노동자들과 마찬가지로 농민들도 생활문제, 특히 식량난 때문에 극한상황으로 몰리고 있었으며, 특히 군정당국의 양곡강제수매 정책이 농민들의 불만과 분노를 자극하고 있었다. 따라서 총파업이 지방으로 확산되면서 도시노동자들의 파업은 바로 농촌주민들의 봉기로 이어졌다. 이러한 총파업과 농민봉기는 전국 각지를 통과하면서 한 달 이상 지속되었으나 결국 경찰과 우익세력에 의해 진압되었다.

그러면 전평은 거의 두 달을 이끌었던 긴 투쟁 기간에 무엇을 했으며, 무엇을 얻었는가? 이미 앞에서도 지적했듯이 전평(혹은 조선공산당)의 중앙조직은 이 과정 동안 전혀 지도력이나 통제력을 갖지 못했다. 오직 지방의 인민위원회나 농민조합, 또는 전평의 하부조직이 자기들의 지역에서 대중봉기를 조직했을 따름이다. 그럼에도 불구하고 전평(또는 조선공산당)은 이들 봉기에 대한 책임을 모두 뒤집어써야 했다.『주한미군사』에는 다음과 같이 기록되어 있다.

> 봉기가 가라앉았을 때, 공산주의자들의 선동과 지령이 없었다면 10월 2일의 피비린내나는 제사건들이나 혼란은 일어나지 않았을 것임은 명백했다. 간단히 말해 10월봉기는 공산주의자들이 조종한 것이었지 결코 자발적으로 일어난 것은 아니었다.[83]

결국 전평은 총파업의 실패로 인한 자신감의 결여와 봉기의 진압과정을 통한 지방조직의 상실이라는 두 가지 고통과 더불어 노동운동 세력에서 자신의 위치가 궁지에 몰려 있음을 깨닫게 되고 만 것이다.

4) 총파업 이후─전평의 급격한 몰락

9월총파업으로 조직상에 치명적인 타격을 입은 전평은 1946년 말 이후로는 거의 세력을 잃게 된다. 이렇게 허약해진 전평이 마지막으로 다시 한번 타격을 입게 되는 것은 1947년의 3·22총파업이다.

좌익세력은 1946년 11월 23일 남로당 창건을 통해 9월총파업과 10월봉기로 상실했던 합법공간과 하부조직을 다시 재건하려는 시도를 하게 된다. 그러나 자신의 이데올로기적 상대인 공산당을 합법적으로 배제할 수 있는 기회를 잡은 미군정과 우익세력은 이러한 남로당의 활동을 극도로 제약한다. 특히 1947년 2월에는 좌익계 인물들이 여러 가지 법령을 위반한 혐의로 검거되었다. 그중에서도 2월 19일에는 전평위원장 허성택과 남로당 중앙상임위원 이현상 등 51명이 전평 중앙집행위원회가 무허가집회라는 이유로 체포되어 군정재판에 넘겨갔다. 이때 전평위원장 허성택과 부위원장 박세영은 체형선고를 받았다. 바로 이러한 좌익세력에 대한 탄압에 항의하기 위해 전평은 3월 22일에 전국적으로 24시간 시간제 동시파업을 단행했다. 여기에서 전평이 내건 요구사항은 다음과 같은 것들이었다.

1. 3·1절기념대회에서 만행한 경찰관을 즉시 처벌하라.
2. 노동자의 권리를 보장하고 노동조합운동의 자유를 보장하라.
3. 박헌영의 체포령을 취소하라.
4. 허성택 등 전평 간부들을 즉시 석방하라.
5. 진보적인 노동법령을 즉시 실시하라.
6. 좌익신문 정간을 취소하라.[84]

위에 제시된 바와 같이 3·22총파업의 요구사항은 전부 정치적 요구 일색이었다. 이것은 이미 전평이 노동자의 중앙조직으로서 노동자들의 일상 이익을 위한 투쟁을 포기한 것이라 할 수 있다.

한편 이날의 파업은 9월총파업과 비교해볼 때, 그 규모가 대단히 축소된 것이었다. 서울의 경우를 보면, 상오 4시 경전을 비롯한 철도·출판 노조의 부분적인 파업이 있었고 전신, 전화 등 각 기관과 용산공작소, 종방공장 등 40여 공장에서 파업을 했다. 인천에서는 상오 10시 부두노동조합을 비롯하여 조선제강, 조선알루미늄, 인천자동차 등에서 국부적인 파업이 있었다. 그밖에 이날 파업에 참가한 곳으로는 부평의 조병창, 그리고 부산 운수관계 노동조합, 경부선 열차의 삼랑진에서의 파업 등이 있다. 비록 소규모이기는 하지만, 이렇게 파업에 동조하는 곳이 남아 있는 이유는 전평의 지도성에 의한 것이라기보다는 각 단위공장에서 활동하고 있던 좌익계 노동운동가들의 자발적 노력이 있었기 때문이다.

그러나 3·22총파업도 그 결과로 남는 것은 2천여 명에 달하는 관계자들이 피검되는 조직의 손실밖에 없었다. 이것은 9월총파업으로 인해 당한 조직의 손실과 더불어 전평의 조직을 완전히 붕괴시킨 최후의 결정타였다. 이 이후의 전평활동은 철저하게 지하화하거나 아니면 개별적인 명망가의 대외적 외교활동의 형식에 불과한 것이었다.[85]

마지막으로 비록 전평의 활동이라 할 수는 없지만 전평의 행적을 추적할 때 유의미한 것으로는, 1948년 2월 7일 민전에 의해 주도된 '2·7구국투쟁'이다. 이것은 미소공동위원회가 결렬되고 남한만의 단독선거가 확정되자 이 선거를 중지시키기 위한 일종의 정치적 폭동이었다. 2·7폭동은 전국적으로 전개되었다. 경인 일대를 비롯하여 경남북 일대와 전남북, 제주도에 이르기까지 거의 전국적인 규모로 폭동과 파업지역이 확대되었다. 그들은 파업으로 각 생산기관을 마비시키는 동시에 교통, 수송을 혼란에 빠뜨리게 하고 교량을 폭파했으며 철도에서는 기관차까지 파괴하기도 했다. 전신·전화의 파업은 물론 전신선의 절단과 전신주의 도괴로 통신을 두절시킴으로써 남한의 행정기능을 마비시켰다. 이 폭동의 규모를 통계로 살펴보면 1948년 2월 7일부터 20일까지의 종합된 자료에 따르면 파업 30건, 맹휴 25건, 충돌 55건, 시위 103건, 방화 204건 등이다.[86]

2·7폭동은 1946년의 10월봉기와 달리 사전에 계획된 조직적이고 폭력적인 투쟁이었으며 이를 계기로 무장투쟁전술로 넘어가는 주요한 계기가 되었다. 이때부터 각 지방에는 '야산대'라는 무장 게릴라 소조 등이 생기게 됐다. 2·7폭동이 지난 후로 전평이 자신의 이름을 드러낸 것은 오직 성명서를 통해서다. 1948년 2월 17일 허성택이 3·22총파업에 대한 형기를 마치고 출옥한 이후로 3월 23일, 5월 1일, 5월 18일에 단정을 반대하는 성명서만이 나왔을 뿐이다.

4. 맺음말

해방을 맞은 한국사회가 해결해야 할 가장 시급하고도 중요한 과제는 식민지 잔재의 완전한 척결과 반봉건적 생산관계의 해소였다. 그러나 해방과 함께 한국에 진주한 미군정은 이러한 한국의 의사와는 아랑곳없이 소련에 대한 동북아전진기지로서 한국을 위치지우는 신식민지적 정책을 시행하고자 했다.

조선공산당은 이러한 사회적 상황에서 해방의 과제는 근로자대중이 영도세력이 되어 진보적 민주주의 국가를 수립함으로써 달성될 수 있다는 부르주아민주주의혁명론을 실천하고자 했다. 전평은 이러한 조선공산당의 외곽집단으로서, 조공이 내세우는 반제통일전선을 통한 인민정부 수립의 영도세력으로서 노동자를 계급적 각성을 통해 조직하는 기구 역할을 수행했다. 그러나 조선공산당(혹은 전평)은 당시의 국제정세를 지나치게 낙관하는 우를 범하고 말았고 이것은 해방 직후 새로운 지배기구로 등장한 미군정과의 관계를 낙관한 것이 됨으로써 끝내는 미군정에 의해 자신들이 몰락하는 과정을 걷게 되었다.

이 글에서는 해방 직후의 사회적 과제를 둘러싼 전평(또는 노동자계급)과 미군정의 대립관계 속에서 전평의 운동노선과 이에 따른 노동운동의 전개과정과 성격변화에 대해 논의하고자 했다. 특히 이 글에서 중점을 두었던 것은 전평의 미군정에 대한 인식의 문제와 노동자계급의 조직화 과정에서 전평의 전술적 적합성 여부였다.

그러나 이 글이 이러한 문제에 대해 더 깊이 있는 논의를 전개하지 못하고 다만 기존의 연구업적을 수렴하고 정리하는 정도에 머물지 않았나 생각된다. 마지막으로 이러한 부족함을 메울 앞으로의 연구과제를 제시하면 다음과 같다.

첫째, 전평의 지방조직과 개별 사업장에 대한 보다 자세한 연구가 필요하다. 이를 바탕으로 전평의 지도력 범위를 분명히 파악할 수 있기 때문이다.

둘째, 식량문제와 관련된 식량요구투쟁에 대한 보다 심도 있는 연구가 요구된다. 이것은 1946년 노동운동의 구체적인 모습과 실업자들의 조직화 정도를 알기 위해 반드시 필요하다.

주

1) 박현채,「해방 직후 민족경제의 성격」,『한국사회연구』1(한길사, 1983), p. 369.
2) 미군정청의 하지 중장은 당시 군정청의 정의를 "일본의 통치로부터 인민의 임민을 위한 인민에 의한 민주주의정부를 건설하기까지의 '과도기간'에 38선 이남의 조선지역에 통치 지도 '지배'하는 연합군 최고사령부 지도하에 미국군으로써 설립된 '임시정부'"라고 설명했다.(『매일신보』, 1945년 10월 16일자, 강조는 인용자.)
3) 진덕규,「미군정의 정치사적 인식」,『해방전후사의 인식』(한길사, 1979), p. 38.
4) 국사편찬위원회,『자료 대한민국사』제1권(1970), pp. 72~73.
5) 神谷不二,『朝鮮問題戰後資料』제1권(1976), p. 168.
6) 비록 단편적인 근거이기는 하지만 당시 한국 민중은 미국의 이와 같은 태도를 정확히 직시하고 있음을 아래와 같은 1946년 당시 개성시장의 발언에서 알 수 있다. "…… 우리에게 제일 좋은 것은 전연 점령이 없는 것이다. 우리는 일본 항복 후 자주적으로 일인을 처리할 수 있었다……."(에드가 스노,「미·소 공동점령하의 조선의 현상」,『獨立新報』, 1946년 5월 1일자.)
7) G. Kolko & J. Kolko,「미국과 한국의 해방」,『한국현대사의 재조명』(돌베개, 1982), p. 23.
8) E. Grant Meade, *American Military Government in Korea*(N.Y., 1951), p. 34. 한국노총,『한국노동조합운동사』에서 재인용.
9) 에드가 스노, 앞의 글.
10) 김기원,「미군정의 경제정책에 관한 연구」,『한국방송통신대학 논문집』제5집(1986), p. 332.
11) 조선은행 조사부,『朝鮮經濟年報』(1948), p. I -9.
12) 한국노총,『한국노동조합운동사』(1979), p. 225.
13) 실제로 1944년 6월의 통계를 보면 공업노동자의 숫자가 남한만의 경우 300명, 520명으로 해방 직후보다 거의 3배 정도였다.(조선경제사,『朝鮮經濟統計要覽』, 1949, p. 153.)
14) 좀더 구체적으로 500인 이상의 공장을 살펴보면 방직공업이 그 사업체 수나 노동자 수에서 전체 공업의 반 이상을 차지하고 있다.
15) 이와 같은 사실은 뒤의 노동운동 과정에서 보이듯이 해방 직후에 방직공업 노동

자들의 쟁의가 가장 조직적이고 대규모적이었다는 것으로부터 정확하게 입증되고 있다.

16) 실지의 숫자를 비교해보면, 1946년에는 35,868명, 1948년에는 36,626명으로 증가하는 추세다.(조선경제사, 앞의 책, p. 159.)
17) 즉 1인의 성인노동자에 의해 가계가 완전히 꾸려지지 못하고 전가족 노동에 의해서만 생활을 영위할 수 있음을 보여준다.
18) 김남식,『남로당연구』(돌베개, 1984), p. 64.
19) 김천영,『연표 한국현대사』(한울림, 1985), pp. 58~60.
20)『현대일보』, 1946년 9월 3일자.
21) 김천영, 앞의 책, p. 62.
22) 한국노총, 앞의 책, p. 268.
23) 브루스 커밍스,『한국전쟁의 기원』下(청사, 1986), pp. 106~07.
24) 특히 일본인 재산의 접수·관리와 같은 초기 노동운동의 형태는 지방인민위원회의 중요한 역할이기도 했다. 그 예로 통영군의 경우에는 인민위원회의 강령에 "모든 토지와 공장은 노동자, 농민에 속한다"고 명시하고 있다.(B. 커밍스, 같은 책, p. 108.)
25) 김남식, 앞의 책, p. 65.
26) 김양재,「노동조합의 독자성」,『노동조합교정』(돌베개 복간, 1987).
27) 백남운,『조선민족의 진로』(1946).
28) 임해,「조선혁명의 프롤레타리아트 독재적 성격에 대하여」,『산업노동시보』, 1945. 12(창간호).
29) 김남식, 앞의 책, pp. 515~29 참조.
30) 한국노총, 앞의 책, pp. 269~70.
31) 김양재,「산업건설운동을 중심으로 한 당면투쟁」, 앞의 책, pp. 23~24.
32) 이와 같은 조선공산당의 노선은 분명히 일본인 자본, 친일 매판자본을 제거하는 것을 그 내용으로 했으나 결코 자본·임노동 관계 자체를 부정하지는 않았다. 오히려 양심적인 민족자본과 결합하여 민족적 상공업을 유지 발전시키는 것을 기본적인 강령으로 제시하고 있었다. 이러한 모습은 농업부문에서도 나타나 어느 정도 토지의 사적 소유는 인정되고 있었다. 우리가 농업에서 소작료 3·7제 운동을 평가할 때는 이와 같은 조공 노선의 내용을 명확히 파악할 필요가 있다.
33) 김남식·심지연,『박헌영노선 비판』(세계, 1986), pp. 25~60.

34) 김천영, 앞의 책, p. 70.
35) 김남식·심지연, 앞의 책, pp. 287~97.
36) 김남식·심지연, 같은 책, p. 287.
37) 자세한 내용은 서울대 현대사연구회, 『해방정국과 민족통일전선』(세계, 1987), pp. 67~69.
38) 『해방일보』, 1946년 3월 24일자.
39) 森田芳夫, 『朝鮮終戰の記錄』(東京: 嚴南堂, 1967), pp. 306~07.
40) 이러한 예는 비단 인천뿐만 아니라 목포, 부산, 인천 등 전국 각지에서 찾아볼 수 있다.
41) 이미 제2장 1절에서 설명했듯이 해방 직후에는 광범한 실업자군이 존재했다. 특히 이렇게 생산의 위축으로 실업자로 변화하는 경우의 통계를 보면, 1943년과 1946년을 비교할 경우, 8·15 전에 비해 8·15 후에는 공장이 48.4퍼센트, 공장노동자가 51.9퍼센트 감소했고, 광업은 사업장이 91.5퍼센트, 노동자는 93.1퍼센트 감소했으며, 운수업은 사업장이 65.3퍼센트, 노동자는 70.0퍼센트의 감소를 보였다.(조선경제사, 앞의 책, p. 153.)
42) 우리는 여기에서 "자본가가 모든 생산수단을 소유하고 노동자의 노동력을 구입하여 생산을 함으로써 경영의 전부분을 독점하는 전형적인 자본제적 생산관계로부터 벗어나, 경영을 노동자의 공동관리에 맡김으로써 소유의 개념을 부정하는" 서구식 노동자 자주관리운동과 이 공장관리운동을 비교할 필요는 없다. 오히려 전후 일본에서 일어난 생산관리운동이 당시의 공장관리운동과 더 유사한 개념일 것이다. 자세한 것은 성한표, 「8·15 직후의 노동자 자주관리운동」, 『한국사회연구』 2(한길사, 1984)를 참조할 것.
43) 『해방일보』, 1945년 10월 22일, 25일자, 11월 30일자, 12월 19일자.
44) 당시 각 신문에 기사화된 사건들만의 예다.
45) 실제로 위에서 든 예 중에서 서선전기만이 종업원 150명 규모로 200인 미만이다.
46) 이와 같은 사정으로부터 이 운동은 몇 가지 왜곡된 모습으로 전개되기도 했다. 『해방일보』, 1945년 12월 6일자에 따르면 이것은 ① 일본인 공장을 관리해서 나중에 그것을 팔아먹는 것, ② 거대한 퇴직금 및 기타 재고품을 여럿이 나누어 가지는 것, ③ 관리한 공장을 자본가에게 경영시키고 일정한 이윤의 배당에 참가하는 것으로 구분되는데, 이 신문은 이것을 소부르주아적 경향에 기인한 것, 또는

"대중실업을 촉진시키는 …… 천렵꾼"(같은 신문, 1945년 11월 24일자)이라 논박하고 있다.

47) 김양재, 앞의 책, pp. 68~69.
이 글은 『전국노동자신문』에는 최철이라는 이름으로 게재되었다. 그러나 두 이름 다 전평 조직의 명단에는 들어 있지 않다. 하지만 위의 책의 서문으로 보아 이 글이 전평의 공식적인 입장을 어느 정도 대변하고 있다고 추측할 수 있다.

48) 현훈, 「노동자 공장관리에 대하여」, 『전국노동자신문』, 1945년 11월 16일자~1946년 1월 16일자. 中尾美知子, 「해방과 전평 노동운동」, 『한국자본주의와 임금노동』(화다, 1984)에서 재인용.

49) 조선은행 조사부, 앞의 책, pp. II-42~43.

50) 中尾美知子, 앞의 글, p. 192.

51) 『매일신보』, 1945년 10월 24, 26, 28, 30일자.

52) 구체적인 내용은 中尾美知子, 앞의 글, p. 193을 참조할 것.

53) 『매일신보』, 1945년 11월 1일자.

54) 『해방일보』, 1945년 11월 30일자.

55) 조선은행 조사부, 앞의 책, p. II-44.

56) 에드가 스노, 앞의 글, 5월 7일자.

57) 『중앙신문』, 1945년 12월 15일자.

58) 김기원, 앞의 글, p. 337.

59) 이 시기를 전후로 하여 미군정은 인민공화국의 '국'자 사용을 부정하는 등 조선공산당 계열에 대해서 노골적으로 반대하는 모습을 보였다. 그럼에도 조선공산당은 모스크바 3상회의와 미·소공동위원회를 통해 미군정은 자연스럽게 소멸될 세력으로 파악하고, 적극적인 반대보다는 오히려 협조적인 모습을 견지했다.

60) 김양재, 앞의 책, pp. 26~27.

61) 같은 책, pp. 28~32.

62) 즉 "노동조건이 열악하여 다시 말하면 노동시간이 너무 길고 물가에 비하여 임금이 저렴하기 때문에 피곤하고 생활이 불안해서 일의 능률을 낼 수 없다"는 형식으로 노동자의 권리를 확보한다는 것이다(김양재, 같은 책, p. 32).

63) 김양재, 같은 책, p. 39.

64) 이러한 것들로는 6월 13일부의 지령 제24호 「일상 노동운동과 군정협력에 관한 지시의 건」, 6월 17일부의 특별지령 제24호 「조합활동 특히 직장내 활동태도에

관하여」 및 7월 14일부 「지령 제24호 중 파업전술에 대한 부분의 추가해설」 등이 있다.

65) 김양재, 같은 책, pp. 98~99.
66) 이것의 내용은 "모든 공업·금융·상업·주택 및 그외에 재산 또는 기업은 한국 군정청 관리인의 재산관리 혹은 …… 한국 군정청 국가기관의 관리를 통해 …… 경영 점유 사용된다"는 것으로 법령 33호에 의해 몰수된 일본인 재산에 관리인을 파견할 것을 결정한 것이다.(조선은행 조사부, 앞의 책, p. II-32.)
67) 中尾美知子, 앞의 글, p. 225에서 재인용.
68) 김양재, 앞의 책, p. 40.
69) 같은 책, p. 50.
70) 같은 책, p. 54.
71) 이에 대해서는 당시 대한노총 관계자였던 朴澤의 다음과 같은 회고담에서 엿볼 수 있다. "…… 이박사를 이 사람들이 찾아가 물었더니 전진한이라는 사람을 밀어라 이렇게 된 거야……."(노동문제연구소, 『노동공론』 창간호, 1971, p. 134.)
72) 이에 대해서도 당시 조직부장이었던 배창우의 "대한노총이 결성되는 대회장에 참석했던 대표들은 사실상 노동자가 참석했다기보다 청년운동하던 사람들……" 이라는 회고에서 알 수 있다.(노동문제연구소, 같은 글.)
73) 박일원, 『남로당의 조직과 전술』(1947, 세계 복간, 1984), pp. 31~32.
74) 파업에 대한 입장은 신전술을 전후로 한 시기에 전평상임위에 의해 정식으로 철회되었다.
75) 中尾美知子, 앞의 글, p. 236에서 재인용.
76) 김남식, 앞의 책, pp. 236~37.
77) 김양재, 「'제네스트'에 즈음하여」, 앞의 책, pp. 120~21.
78) 주 21을 참조.
79) 조선통신사, 『조선연감』(1948), pp. 257~58.
80) 자세한 것은 김남식, 앞의 책, pp. 237~38.
81) 성한표, 「9월총파업과 노동운동의 전환」, 『해방전후사의 인식』 2(한길사, 1985), pp. 384~85.
82) 김천영, 앞의 책, p. 396.
83) B. 커밍스, 앞의 책, p. 234.
84) 김남식, 앞의 책, p. 280.

85) 대외적 외교활동으로 이 시기에 눈에 띄는 것은 '국제직업연맹' 시찰단의 한국 방문이다. 자세한 것은 한국노총, 앞의 책, pp. 273~77을 참조.
86) 김남식, 앞의 책, p. 306.

미군정기 농민운동과 전농의 운동노선

박혜숙

1. 머리말

해방 직후부터 1948년 8월 남한만의 단독정부수립에 이르는 한국의 역사는 한편으로 일제 식민통치에 의해 구축된 식민지적 사회경제체제를 어떻게 변혁시켜나갈 것인가, 다른 한편으로는 미·소의 남북한 분할점령에 따른 새로운 외세의 대두에 직면하여 정치적·경제적으로 독립된 통일민족국가를 어떻게 수립해나갈 것인가라는 민족해방의 질적 과제를 안고 있었다. 이는 해방이 곧 일제하 민족해방운동의 결정물이자 동시에 직접적으로는 제2차 세계대전의 부산물로 획득한 불안정한 것이었다는 점에서 주어지는 과제였다. 이러한 과제를 실현하기 위한 실천적 과정이 조직적 역량에 기초한 노동자, 농민 등 민중운동의 폭발적 전개라는 역사적 현상으로 표출되었음은 주지하는 바와 같다. 따라서 이 시기는 '미군정기'라는 피상적인 정치사적 규정보다는 '변혁의 시대'로 올바로 규정되어야 할 것이다.

그러나 이 과정은 새로운 외세와 매판세력에 의한 단독정부수립으로 귀결되고 결국 현재 한국사회의 제문제(예컨대 분단문제, 계급문제, 민족문제)가 창출되는 과정이었다는 점에서 이에 대한 좀더 과학적이고 정확한 이해가 요청되고 있다. 이와 같은 문제의식에서 최근에는 조선공산당을 비롯한 변혁지향 정치세력들의 각각의 정치활동에서부터 정치노선에[1] 대한 분석에 이르기까지 그 규명작업이 활발히 진행되고 있음을 볼 수 있다. 하지만 그 연구영역이 대체로 해방정국의 정치세력 동향이라든가 미군정의 정치적 역할을 비롯한 정치사적 연구에 집중되면서 이 시기 역사의 원동력으로서 민중운동부문에 대한 논의는 미진한 실정이다. 더구나 이 시기 노동·농민 운동이 각각 분리된 운동으로서가 아니라 이들을 대변한 정치세력과 결합한 형태로 전개되었다고 한다면 앞서 지적한 변혁노선에 대한 객관적 평가도 그 정치세력과 민중운동의 구체상을 종합한 총체적 의식에 기초해서 조망하지 않으면 안 될 것이다. 물론 이러한 노력이 없지는 않다. 노동운동의 경우[2] 전체 변혁운동의 일환으로서 노동운동 연구뿐만 아니라 독자적인 자기발전과정에 대한 분석이 미약하나마 진행되고 있음을 볼 수 있다. 그럼에도 불구하고 당시 농민의 토지개혁문제가 농민만의 문제가 아니라 각 계급이해의 관건이 되고 나아가서는 미군정과 대립에서 결절점을 형성하면서 전체 변혁운동에 중요한 위치를 지녔던 농민운동 연구는 매우 미약한 형편이다.[3]

  농민운동에 대한 기존 연구는 조선건국준비위원회와 조선인민공화국으로 이어지는 국가권력 형성 노력의 동력으로서 농민운동의 정치적 동향을 밝혀내거나[4] 또는 농민의 구체적인 사회경제적 조건에서 표출된 민중운동의 전개라는 측면[5]에서 다루어져왔고 이러한 연구선상에서 민족해방운동으로서 농민운동의 위상이 위치지워지고 있다. 그러나 전체적으로 볼 때 무엇보다도 독자적인 농민운동 연구가 전무한 만큼 농민운동의 일관된 흐름에 대한 정리가 아쉬운 실정이다. 또한 농민운동이 민족해방운동의 일환으로 다루어지면서도 단순히 미군정의 농업정책에 대한 저항이라거나 농촌경제의 파탄에 의한 생활위기에 즉각적으로 대응한 것으로만 서술되는 데 그치고 있다. 이로 인해 전체 변혁운동의 내적 논리가 농민운동의 전개과정에 어떻게 관철되고 있고 이에 농민운동이 추구하게 된 경제적·정치적 지향점은 무엇인가, 그리고 어떠한 역동성을 지니며 전개되고 있는가가 분석되고 있지 않은 것이다.

　이러한 문제점을 극복하고 농민운동의 전체적인 모습을 올바르게 규명하기 위해서는 아직도 많은 예비적 작업이 필요하다. 이것을 간략히 보면 첫째로 해방 이후 농민운동의 성격규정의 일차적 관건으로서 한국사회의 성격과 좁게는 이 시기 농민층의 상태, 모순·대항 관계 및 그 변화과정에 대한 규명이다. 둘째, 변혁지향의 주체세력들이 미군정기라는 객관적 조건하에 농업·농민 문제를 어떻게 인식하고 또한 이를 어떻게 해결하려고 했는가에 대한 분석이다. 마지막으로 이러한 주·객관적 조건하에서 발현된 농민운동의 구체적 전개양상에 대한 실증적이면서도 일관된 차원에서의 정리다. 그러나 이러한 점들은 아직 논의의 출발단계이고 또한 많은 지면을 요하는 광범위한 주제들이다. 이 글은 이러한 사항들을 염두에 두면서 해방 후 3년간에 이루어진 농민운동의 전체적 흐름과 윤곽을 파악해보고자 한다. 이 과제를 위해 이 글은 주로 농민의 총체적 요구를 표현해준 지방인민위원회와 전국농민조합총연맹(이하 전농으로 줄임)의 활동에 초점을 맞추고자 한다.

2. 해방 전후 농민운동의 주체적 조건

　8·15로 인한 식민지 국가권력으로서 조선총독부의 몰락이 곧 그것이 정치적·제도적으로 뒷받침했던 한국사회 내부의 식민지 사회경제적 제관계의 해체를 의미하는 것은 아니었다. 주지하다시피 일제의 식민지로 편입된 조선사회는 일본독점자본의 이윤을 최대한 보장하려는 조선총독부를 지렛대로 하여 일제의 자본투자 및 생산물의 판매시장이자 원료 및 식량공급지로 재편성되었다. 그 결과 한국의 사회구성은 기본적으로 일본제국주의에 의해 규정되는 식민지자본주의체제로 구축되었다. 구체적으로는 주로 일본독점자본의 운동으로 형성되는 식민지적 자본·임노동 관계와 토지소유를 매개로 한 지주·소작 관계를 토대로 일제의 조선지배가 이

루어진 체제다. 물론 이 과정은 일제에 의한 식민지적 수탈의 확대과정이었지만 동시에 일제와 지주, 자본가 등 매판세력에 대항하여 제국주의로부터의 완전한 해방과 토지개혁을 기본과제로 한 식민지 민중의 민족해방운동이 양적·질적으로 발전해온 과정이기도 하다.

하지만 한반도의 해방은 이러한 민족해방운동의 최종적 승리의 결과물이 되지 못하고 직접적으로 제2차 세계대전의 승리자인 연합국 간의 전후처리의 산물로서 주어진 것이었다. 이 때문에 8·15는 식민지적 질서를 지탱했던 일제는 제거되었지만 그 자체가 곧 식민지적 제질서의 청산을 의미하는 것이 될 수 없었다. 해방과 동시에 구식민지 동조세력으로서 지주·매판자본가 계급은 정치적 지도력은 상실하게 되었지만 경제적 토대에 관한 한 그들의 물질적 기초는 유지되고 있었고, 그 결과 해방 직후 한국사회의 모순관계는 이들 친일세력과 식민지적 수탈에 가장 직접적으로 노출되었던 노동자·농민을 비롯한 광범한 민중세력의 모순으로 현상화되기에 이른다.

그렇다면 해방 직후 이러한 한국사회의 모순구조가 어떻게 조선 농업에 관철되고 있었으며 그로 인해 농민의 존재형태는 어떠했는지를 먼저 살펴보기로 하자. 주지하다시피 해방과 함께 민족적·민주주의적 변혁의 중심과제로서 제기되는 조선 농업·농민의 문제는 식민지 조선의 자본주의화 과정에서 재생산되어온 토지소유를 매개로 하는 식민지적 지주·소작 관계의 온존이다.

해방 직후인 1945년 말 남한 농민의 존재양태를 이러한 지주·소작 관계를 통해 살펴보면 전농가 206만 호 가운데 농업노동자와 순소작이 101만 호, 자소작이 71만 6천 호를 차지하고 있다. 자소작농의 경우도 그 과반수가 50퍼센트 이상을 소작하고 있는 것을 보면 토지가 없거나 적은 농가가 전농가의 85퍼센트나 되고 있었던 것이다. 자작농은 자작지주까지 포함해도 전농가의 14퍼센트인 28만 5천 호에 불과하다(표 1, 2 참조).[6]

이를 다시 토지소유 측면에서 보면 총경지 232만 정보 가운데 직접적 생산자인 이들 경작농가의 소유지는 33.6퍼센트인 83만 정보에 지나지 않

표 1 　　　　남한의 자작·소작별 농가호수(1945년 말)　　　(단위: 호, %)

구분	농가호수	비율
자작농	284,509	13.8
자소작농	716,080	34.6
소작농	1,009,604	48.9
화전·피고용농	55,284	2.7

자료: 조선은행 조사부, 『조선경제연보』(1948), pp. I-28~29.

표 2 　　　　남한의 자소작지별 경지면적(1945년 말)　　　(단위: 만 정보)

구분	논	밭	합계
1. 총경지	128(100.0)	104(100.0)	232(100.0)
2. 소작지	89(70)	58(56.0)	147(63.4)
(ㄱ) 전일인 소유	18(14.5)	5(5.0)	23(9.9)
(ㄴ) 조선인지주 소유	71(55.5)	53(51.0)	124(53.5)
a. 5정보 이상 소유지주(5만 호)	43(33.6)	14(13.5)	57(24.6)
b. 5정보 이하 소유지주	28(21.9)	39(37.5)	67(28.6)
3. 자작지	39(30.0)	46(44.0)	85(36.0)

자료: 조선은행 조사부, 『조선경제연보』(1948), pp. I-29.

고 더욱이 이것도 생산성이 낮은 밭의 비율이 크다. 생산성이 높은 논의 70퍼센트 이상은 지주 소유지이며 여기에서도 퇴거한 일인 지주의 소유지를 포함하여 5정보 이상 지주 소유지의 비중이 크다. 이것은 전자본의 80 내지 90퍼센트를 차지하고 있던 일본인 자본가가 퇴각하자 그 계급관계가 붕괴된 것처럼 현상화된 공업부문과 비교해볼 때 토지소유를 매개로 하는 지주의 식민지적 지배력이 여전히 관철되고 있었음을 의미한다.

경작지 규모의 측면에서 보면 자작·소작을 막론하고 전농가의 60퍼센트 이상의 압도적 다수가 1정보도 안 되는 적은 농지를 경작하는 영세농으로서 이는 대다수 농민이 빈농으로 존재하고 있음을 말해주는 것이다.

표 3 해방 후 한국농촌의 계급구성(1945년 말) (단위: 호)

구분	자작농	자소작농	소작농	합계	비율(%)
부농	8,242	2,371	2,259	12,872	0.6
중농	87,127	259,803	87,755	346,930	15.9
빈농	191,455	455,335	914,730	1,561,520	71.8
지주				200,000	9.2
농업노동자				55,284	2.5
합계				2,176,606	100.0

자료: 조선은행조사부, 『조선경제연감』(1948), p. I-29, p. I-31.
주: 부농-자작농 3정보 이상, 자소작농 5정보 이상, 소작농 5정보 이상.
  중농-자작농 1~3정보, 자소작농 1~5정보, 소작농 2~5정보.
  빈농-자작농 1정보 미만, 자소작농 1정보 미만, 소작농 2정보 미만.

요컨대 조선 인구의 80퍼센트 이상이 농업에 종사하고 있던 해방 직후에 극소수의 자작농을 제외한 거의 모든 농민이 식민지적 지주와 직접적으로 계급적 대항관계를 취하고 있었던 것이다.

한편 이러한 지주·소작 관계의 존재와 더불어 식민지자본주의의 전개 과정에서 자본주의적 제계층으로 분해해온 남한 농민의 계급구성을 기왕의 연구성과에 의거해보면[7] 그 실상은 표 3과 같이 제시된다. 표 3에서 볼 수 있듯이 임노동을 고용, 자본주의적 농업경영을 영위하는 부농은 전농가 가운데 자작지주 등에 0.6퍼센트라는 극소수의 비율로 존재할 뿐이다. 그리고 가족의 생계를 유지할 정도의 자기 경영을 하는 16퍼센트 정도의 중농을 제외하곤 70퍼센트 이상의 압도적 비중이 농업경영의 단순재생산 조차 어려운 빈농이다. 이러한 사실은 일제하 식민지 조선의 상품화폐경제 발전과정에서 농민층분해가 자본주의적 분해, 곧 부농과 임노동자층으로 경영분해를 밟아온 것이 아니라 지주·소작 관계의 존재를 기초로 끊임없이 빈농층이 확대재생산되어왔음을 보여주는 것이다. 이와 같은 농업생산관계가 1910년대 토지조사사업을 기점으로 형성되기 시작한 것임은 주지하는 바와 같다.

일제 식민지하에서 조선 농촌과 농민지배를 담당한 사회경제적 지주로서 역할했던 조선인 지주 및 일본인 지주계급은 이미 한일합방 이전부터 형성되기 시작했고 또한 농민의 생산수단인 토지로부터의 분리도 진행되고 있었다. 그러나 일제의 식민지 지배에서 결정적 획을 그으면서 식민지 조선의 원시축적과정이 되었던 것은 토지조사사업이다. 조선 경제의 근간인 토지제도를 식민지 지배방식으로 변화시키려는 목적으로 수행한 토지조사사업은 토지의 자본주의적 소유제를 확립함으로써 농민적 토지소유와 이에 기초한 농업발전을 저지하여 조선 농업의 생산관계를 일본독점자본 및 대지주의 자본투자 대상이자 일본독점자본의 생명선이라 할 수 있는 저곡가의 농산물 대량 상품화에 적합한 식민지적 지주제로 편성시켰다. 이 과정에서 직접적 생산자인 농민 대다수는 토지에서 이탈된 식민지적 소작농으로 재편되는 한편 농촌 수공업이 파괴되어 물질적 기반 없이 상품화폐경제로 깊숙이 편입되면서 자본의 수탈대상으로 전락했던 것이다. 이리하여 지주와 자본의 이중적 수탈을 받게 된 토지가 없거나 적은 농민은 그 생활로를 다른 곳에서 구해야만 하는, 사실상 무산자적 존재나 다름없게 되었다.

그러나 이들은 식민지공업이 미발달하여 노동시장 형성에 의한 타산업 부문의 노동력으로 흡수되지 못하는 조건하에서 농촌의 과잉인구로 정체, 지주·소작 관계로 재편성될 수밖에 없었고 그 결과 1920년대에는 소작농 비율이 비약적으로 증대했다. 이러한 상황은 결국 농민들 간에 소작지를 둘러싼 경쟁을 가속화해 식민지적 지주경영을 강화함으로써 경작지 규모가 축소되고 소작권이 극도로 불안해진 소작농들은 적자영농에 시달리면서 빈농화·빈민화할 수밖에 없었다. 반면에 지주는 생산량의 최고 90퍼센트까지 소작료로 착취할 수 있었을 뿐 아니라 이처럼 고율소작료의 수취가 보장되는 조건하에서 농업증산을 위한 신기술의 도입, 농지개량 등에 자본을 투입하기보다는 그 자본으로써 토지를 확대하면서 토지경영을 통해 자본주의적 이윤증대를 추구하게 되었다. 또한 소작농으로부터 수탈한 경제잉여를 고리대, 상업 등에 투자하여[8] 저곡가로 인한 손실을 보완할 수 있었고 식민지 조선의 안정적 지배를 꾀한 일제의 비호로 해방 직전까지 자신들의 물질적 기초를 유지할 수 있었다. 더구나 일부 대지주들은 1920년대부터 토지자본을 산업자본으로 전화해 농촌의 방대한 과잉인구를 배경으로 저임금과 가혹한 노동조건으로 노동력을 초과착취할 수 있게 됨으로써 매판자본가로 자리 잡아가게 되었다.

이상 살펴본 바와 같이 식민지 조선의 상품화폐경제의 확대 속에서 농민층 분해·분화는 가속화되었으나 그 양상은 지주·소작 관계의 확대로 현상화되면서 대부분 농민이 하강분해해왔다. 그 결과 식민지시기 전농가의 70 내지 80퍼센트에 달하는 소작농을 중심으로 한 대다수 농민은 지주의 고율소작료 징수에 자본의 수탈과 일제의 조세수탈이 추가되어 만성적인 기근과 부채에 시달리는 빈농으로 존재할 수밖에 없게 되었다. 이로 인해 대다수 빈농은 생계유지를 위해서는 출가형 임노동자 등을 겸해야만 했고 소작지마저 잃으면 농촌을 떠나 임노동자화하거나 유랑민, 화전민, 토막민 등으로 몰락해갔다.

식민지하의 이와 같은 객관적 조건 속에서 농민들의 주체적 대응양상은 1920년경부터 소작쟁의 형태로 표출될 수밖에 없었다(표 4 참조). 초기의 소작쟁의는 소작료인하를 요구하는 차원에서 지주적 수탈체계에 대항하는 경제투쟁으로 전개되기 시작했다.[9] 더구나 당시 소작농은 임노동자와 다를 바가 없었으므로 소작쟁의를 중심으로 한 농민운동은 노동운동단체인 조선노동공제회의 영향력하에 소작인조합 등의 조직을 결성해가면서 그 조직적·이념적 성격을 구체화하게 되었다. 비록 농민의 공제회 참여는 사회주의적 경향의 지식인이 주도하는 계몽운동에 참여하는 형식을 벗어난 것은 아니었지만 이로부터 농민운동은 노동운동과 함께 민족해방운동의 주류를 형성하면서 보다 조직적인 사회운동으로 발전해갈 수 있게 되었다.

한편 1923년경부터는 소작쟁의도 소작권확보를 목표로 하는 소작권 이동반대투쟁이 압도적으로 증가하는 추세를 보이기 시작했고 또한 농민조직이 100개 이상 결성되면서 그 양상도 좀더 조직적인 경제투쟁으로 진행

표 4   연도별 소작쟁의 건수의 증가(1920~39)

연도	건수	연도	건수	연도	건수
1920	15	1927	275	1934	7,544
1921	27	1928	1,590	1935	25,834
1922	24	1929	423	1936	29,975
1923	176	1930	726	1937	31,799
1924	164	1931	667	1938	22,596
1925	204	1932	305	1939	16,452
1926	198	1933	1,975		

자료: 조선총독부 농림국, 『조선농지연보』 제1집(1940), pp. 8~9에 의함.

되었다. 그리고 이를 반영하여 지주에 대한 진정, 소작인대회 개최 등의 투쟁형태가 점차 조직적인 불경작동맹, 불납동맹 등이 일반적인 형태로 되고 있었다. 이러한 소작쟁의의 직접적 목적, 투쟁형태의 변화는 지주 수탈의 강화를 반영하는 것이면서도 소작쟁의가 토지관계쟁의로 옮아가면서 농민들의 생산력 증대라는 요구에서 점차 지주제의 철폐에 관심을 갖게 되는 것으로 나타난다.[10] 이와 병행하여 농민들은 그 사회경제적 조건으로 인해 조선노동공제회에 이어서 일층 사회주의자들과 조직적·이념적으로 결합하기 시작하는데 그 구체적 실현태가 1924년 민족해방운동의 기층조직역량 강화를 위해 사회주의자들에 의해 결성된 조선노농총동맹에의 조직적 참여다.

한편 이 무렵 천도교를 중심으로 한 민족개량주의 세력도 조선농민사를 만들어 자작농을 대중적 기반으로 하여 주로 계몽운동을 중심으로 하는 별개의 운동영역을 형성하기에 이른다.[11] 이로써 농민운동은 1920년대 중반부터 이념과 지도방향을 달리하는 조선노농총동맹 대 조선농민사라는 양대노선으로 분리 전개되었던 것이다. 그러나 자작농을 중심으로 한 조선농민사의 농민운동은 일제의 산미증식계획 등으로 자작농이 점차 빈농화하면서 쇠퇴하고 그 대중적 기반은 소작농을 중심으로 한 농민운동에 흡수되어갔다. 이러한 객관적 모순의 심화와 더불어 일제의 탄압이 강화되면서 소작인을 중심으로 한 농민조직은 1926년경부터 빈농화한 자작농까지 포괄하는 농민조합, 농민연맹 등 농민 일반의 대중조직으로 개편 또는 새로이 조직되면서 농민운동의 대중적 기반은 확대되어갔다. 이에 대응하여 1926년경부터 농민운동은 합법적 경제투쟁의 성격을 벗어나 일제의 식민정책과 지주의 수탈에 대항하는 대중적 폭동형태로 이행하기 시작했다. 1928년에만도 소작쟁의 건수가 1,590건을 헤아렸고 그 투쟁형태도 더욱 격렬하고 대량적인 형태로 진행되고 있었다. 더욱이 빈농이 주된 투쟁세력으로 되고 있던 수리조합반대운동이 일층 이를 가속화하고 있었다. 이 과정에서 농민출신 운동가가 출현하는 한편 농민운동도 경제적 요구에 그치지 않고 일제타도라는 정치적 구호를 직접적으로 내걸기 시작한다. 이같이 진행되어온 농민운동은 반제민족해방통일전선인 신간회의 결성에 합류하게 되었지만 농민운동은 소작쟁의 형태로 치열하게 전개되어 1929년과 1930년에 걸쳐 그 건수만도 3,212건에 이르고 있었다.

특히 1920년대 후반부터 농민운동은 농업공황으로 인한 농민 빈농화의 심화와 일제의 탄압강화라는 주·객관적 조건의 변화에 대응하여 그 조직적·이념적 측면에서 새로운 방향을 모색하게 되면서 일정한 변화를 겪게 된다. 농민운동의 전국적 지도기관임을 표방했던 조선농민총연맹이 지도부의 우경화로 인해 대중적·폭동적으로 발전해온 농민운동을 지도하지 못하면서 무력화되고 또한 재건운동에 계속 실패해온 조선공산당이 해체되자 이제 사회주의자들이 대중 속으로 직접 들어가 이들과 결합하면서 빈농 중심의 적색농민조합운동을 전개함으로써 이것이 1930년대의 농민운동을 주도하게 되었던 것이다.

식민지공업이 어느 정도 진전되면서 이들 빈농은 공업노동자로 흡수되어 임노동자화되거나 일용노동자 등으로 전화하여 자본의 직접적 수탈대상이 되는 한편 노동운동의 양적·질적 발전이 이루어지면서 적색농민조합운동은 적색노동조합운동과 함께 그 계급 투쟁으로서의 성격을 강화하게 되었다. 이 시기에 이르면 민족개량주의 세력이 적극적으로 친일화하는 한편 비타협주의 세력도 무력화되면서 민중의 헤게모니에 의한 민족해방운동이 정착하기에 이른다. 이에 적색농민조합운동은 일제의 농업정책을 반대하는 일상적 요구에서부터 '토지혁명'과 '일제타도'를 내걸고 경찰서, 군청 등 식민지통치기구를 조직적으로 공격하는 대중적 정치투쟁을 전개해나갔다. 즉 농민운동의 목표도 소작료와 소작권문제를 넘어서서 토지혁명이라는 계급적 과제와 식민지체제의 타파라는 민족적 과제를 결합한 형태로 제기되었던 것이다.

이와 같이 1920년대 이후 국내의 농민운동이 대체로 사회주의 세력에 의해 지도되면서 그 목표도 1930년대에는 토지혁명을 비롯한 근본적인 사회경제적 변혁요구를 보다 명확히 하게 되었지만 이들 사회주의세력과의 정치적 결합은 농민의 객관적 조건에 기반하는 것이라고 할 수 있다. 예컨대 1930년대 이후에 와서는 상해임시정부를 중심으로 한 우익세력도 토지 등의 생산수단을 국유화할 것임을 강령화하고 있었다.[12] 이를 보면 민족해방운동전선의 우익노선까지도 생산수단을 잃고 빈농화·빈민화해간 농민의 사회경제적 현실을 직접 반영하지 않을 수 없었던 것이라고 할 수 있다. 이러한 상황에서 적색농민조합 조직은 한반도의 거의 전역에 걸쳐 조직될 수 있었고[13] 가장 활발히 진행되었던 평안남북도, 함경남북도의 경우 그 조직이 촌락단위까지 깊게 뿌리를 내릴 수 있었던 것이다.

그러나 일제의 전시체제가 강화되는 1930년대 후반에 이르자 적색농민조합운동도 국내에서는 거의 표면에서 사라지게 되었다. 그렇지만 이 과정에서 배출된 지역운동가와 이들의 영향하에 있던 농민들의 조직적 결합은 전시체제의 강화로 농민의 사회경제적 조건이 더욱 열악해지면서 언제든지 진행될 수 있는 가능성은 점점 높아져가고 있었다.[14] 즉 일본독점자본의 전면적 수탈 강화와 지주의 수탈로 1935년에서 1939년 사이에만도 이농·탈농화한 인구수가 총 148만 명에 달하고 있었다. 이들 가운데 100만 명은 국내의 군수공업 노동자로 또는 광산·토목 노동자로 흡수되었고 조선 밖으로 이주한 나머지 빈농들은 대부분 일본의 공장·광산으로까지 흘러들어가고 있었다. 이는 말하자면 빈농이 노동자적 존재로 옮아가고 있음을 의미하는 것이다.

다른 한편으로 농촌 내부의 방대한 잠재적 과잉인구의 존재는 여전히 지주의 수탈을 가능케 하여 비록 농민운동의 개량화를 꾀하는 일제의 각종 소작에 관한 법규들로 묶이고 있었지만 소작쟁의가 1939년에도 거의 2만 건에 달할 만큼 항상적 대(對)지주투쟁으로 진행되고 있음을 볼 수 있다. 이와 같은 상황에서 이농민의 대량 축출은 1940년대를 전후하여 일제가 침략전쟁을 노골화하면서 더욱 확대된다. 일제는 전쟁수행을 위해 1937년의 군사공업동원법, 1938년의 국가총동원법, 1939년의 국민징용 등과 같은 제반 법령을 제정하여 조선인 노동력을 강제동원했는데 그 총수가 1938년에서 1945년 사이에 500만 명이나 되고 있었다. 이와 같은 일제 강제동원의 주된 대상은 농촌의 농민들이 될 수밖에 없었고 이로 인해 농촌의 노동력이 고갈될 정도였지만 해방 후 이들이 귀향하여 다시 잠재적 과잉인구화함으로써 이들의 문제는 해방의 과제로 남겨지게 되었다.

더욱이 중일전쟁 이후 실시된 소비감축을 위한 배급, 미곡의 강제공출과 화학비료의 부족 등은 해방 직전의 농업생산력을 일층 파괴하는 한편 농민경제의 전반적 파탄을 심화하고 있었다. 이와 같은 객관적 조건하에서 해방 직전의 농민운동은 거의 조직적 표현을 하지 못하고 있었으나 일제의 경제외적 수탈에 저항하는 투쟁은 개별적·단편적 형태로 진행되고 있었다. 오히려 일제와의 민족적 모순이 심화되는 종전기에 농민의 항일의식은 일층 고조되어 있었고 이에 전국 각지의 비밀학생조직이 농촌에 근거를 두고서 농민과의 조직적 결합을 계속 추구한 것으로 나타나고 있다.[15]

이상 살펴볼 바와 같이 해방을 전후한 시기에 농촌인구 대다수가 토지가 없거나 적은 빈농으로서 재해를 한번 만나기만 하면 빈민으로 떨어지는 존재였던 한편 식민지자본주의의 특수성·취약성 때문에 이들 모두가 농촌의 과잉인구로 정체되어 있었지만 생산수단을 상실한 이들은 임노동자적 존재로 옮아가고 있었음을 알 수 있다. 그리고 이들의 광범위한 존재는 일본독점자본을 핵으로 하여 지주 및 매판자본의 초과착취를 가능케

한 전제조건을 이루고 있었다. 따라서 소작농을 중심으로 한 빈농과 더불어 대부분 농민은 우선 그들의 활로를 식민지적 지주·소작 관계를 타파하는 데서 구할 수밖에 없게 되었다.

그리하여 일제하 농민운동은 일제의 탄압강화와 식민지경제구조의 모순심화라는 객관적 조건의 변화에 상응하여 그 목표도 소작료인하와 소작권확보를 넘어서서 토지혁명을 요구하는 방향으로 나아갔던 것이다. 그리고 이 과정에서 소작농을 중심으로 한 빈농이 농민운동의 주된 대중적 기반이 되면서 그 역량을 강화해오는 한편 민족해방운동과 불가분한 관계를 맺고 전개되었던 것이다. 하지만 이와 같이 양적·질적으로 발전해온 농민운동이 그 계급적 과제를 실현하지 못한 채 해방을 맞이하게 되었고 또한 조직된 역량으로 존재하지 못하게 됨으로써 해방공간에서도 그 운동양상은 자연발생적 성격을 벗어나지 못했다. 그러나 일제를 핵으로 한 식민지 경제구조의 모순심화와 이에 대항하여 축적되어온 농민운동역량은 해방공간에서 폭발적인 조직화 과정을 밟으면서 근본적인 사회경제적 변혁과 이를 실현해줄 수 있는 자주적 국가권력수립운동에의 참여를 가속화하는 주체적 조건을 마련하고 있었다고 할 수 있다.

3. 해방정국과 농민운동의 출현

한반도의 해방은 미·소에 의한 남북분할점령과 세계냉전체제로의 강제적 편입이라는 세계사적 규정성을 지니고 있다. 그 결과 미군정통치의 대상이 된 해방 3년의 한국 역사는 흔히 미군정기라는 시대적 규정이 덧붙여지고 있다. 그러나 일제총독부권력의 붕괴가 한국사회에 무정부상태로 이어진 것은 아니다. 해방과 동시에 건국준비위원회(이하 건준으로 줄임)가[16) 조직되어 전국 각지에 자발적 자치기구를 조직할 것을 호소하는 한편 치안대조직, 식량대책수립, 정치범석방 등 모든 행정부문에 걸친 활동을 시작함으로써 해방의 최대 과제가 독립국가의 건설에 있음을 분명히 했다. 건준은 민족적 총역량의 일원화를 내세운 여운형에 의해 결성 주도되면서 그 계급적·이념적 성격을 명확히 드러내지는 않았으나 그 내부에 친일파를 제외하고 좌익·우익 정치세력을 망라한 민족연합전선으로서 건국을 위한 준비기관임을 표방하며 해방정국을 주도해나가게 되었다. 이에 건준에 호응하는 지방지부가 속속 결성되어 해방 2주일 만인 1945년 8월 말에는 145개 지부가 결성되기에 이른다. 지방지부 역시 그 이념적 성격이나 활동 내용은 중앙과 다르지 않았다. 이처럼 건준을 중심으로 해방정국이 주도되고 그 영향력이 전국 각지에 미치는 가운데 식민지적 수탈에 가장 노출되었던 농민들의 움직임은 어떠했는지 먼저 그 양상부터 살펴보자.

해방과 동시에 1930년대 후반 이래 거의 조직적 표출이 금지되어왔던 농민운동은 특정한 조직 없이 자연발생적으로 전개되기 시작한다. 그 가운데 조직적인 모습을 보였던 것이 일인 농지 경작농가들에 의한 토지의 접수 및 관리다. 당시 동척을 비롯한 일인 농지 경작농가만도 전농가의 27퍼센트에 달하고 곡창지대인 전남북의 경우는 40퍼센트 이상이나 되었다. 이들 경작농들이 동척을 비롯한 농장에서는 자치위원회를 구성, 대표를 뽑아 농지를 관리했고, 일인 개인 지주지(地主地)의 경우도 일인의 토지매매방지에 주력하면서 자신들의 소유권을 확보하려고 했다. 이러한 양상을 농민적 토지소유의 실현을 요구하는 토지획득운동으로 규정할 때 이것은 단순히 그 경제적 기초에 근거하는 것만은 아니었다. 즉 일인 지주의 토지확대과정에서 자신들의 토지가 일인 토지약탈의 대상이 되었다는 점, 더욱이 자신들이 토지 개간·경작을 직접 담당했다는 점에서 이러한 권리의 표현은 매우 자연스러운 귀결이었다. 이 운동이 어느 정도 범위에서 이루어지고 있었는지는 확실하지 않다. 다음과 같은 단편적 사례를 예로 들어보자.

안양의 만안·조일 농장은 각 2만 평의 농지와 목축장 그리고 각 60두, 40두 정도의 소를 소유한 소규모 농장이다. 여기에 소속되어 있던 농장 일꾼들은 자영위원회를 구성하고 대표를 뽑아 일인이 이를 매매하려는 것을 힘으로 저지하여 접수하고 공동관리 소유하였다.[17]

위의 사례가 보여주듯 일인 농지 경작지들에 의한 토지획득운동은 일인의 토지매매 방지에 힘쓰면서 보다 조직적으로 진행될 수 있었다. 더욱이 미군정의 접수방침에 "우리는 조선 건국을 위해 모든 곤란을 무릅쓰고 이 농장을 지켜왔다"고 주장하는 것을 보면 이러한 토지획득운동으로 표현된 농민의 사회경제적 변혁 요구가 새로운 국가건설을 위한 건국운동으로 인식되고 있었음을 알 수 있다.

한편 이와 동시에 전국 각지에서 표출되고 있던 것은 식민지 억압의 물리력을 직접 자행했던 경찰관리들에 대한 구타·살해와 주재소를 비롯한 식민지관료기구에 대한 습격·파괴의 양상이다. 주로 마을단위에서 행해진 이러한 식민세력과 식민통치기구에 대한 청산요구는 매우 즉자적인 것이나 이들 주체는 농민들일 수밖에 없었다. 또한 식민지적 경제질서의 마비로 생계위기에 직면한 농민들의 공출미창고를 습격, 쌀을 분배하는 생계투쟁[18]도 각지에서 폭발하고 있었다. 이러한 사례를 통해 본 해방 직후 농민들의 움직임과 그 요구의 표현은 자연발생적인 것이었지만 농민의 건준 참여와 각지에서 출현하기 시작한 농민운동조직에 의해 보다 구체적·독자적인 요구를 내걸고 진행되기 시작했다.

건국운동을 지향한 중앙 건준은 결성 당초부터 그 활동의 대중적 기반으로 청년·학생과 노동자·농민을 동원 조직할 것을 꾀하고 있었고 이에 결성 직후부터 농촌으로 선전반을 파견하고 있었다. 그리고 그 자체 조직으로서 치안대조직을 주도했는데 각지에 파견한 청년·학생 세력이 마을단위까지 치안대조직을 결성하고 있는 것을 보면 농민의 건준 참여가 치안대 등의 자치기구를 통해 적극적으로 이루어지고 있음을 알 수 있다. 그리고 무엇보다 건준 지방지부의 결성과정을 보면 주도세력들 주최로 해방축하 도·군민대회를 거쳐 치안유지를 비롯한 본격적인 행정활동에 들어가고 있는데 그 대중적·조직적 기반은 광범위한 민중세력에 의해 자발적으로 조직된 치안대, 청년조직 등의 자치기구였다. 이리하여 농민은 건준을 중심으로 하는 건국운동에 참여하게 되었고 이 과정에서 농민계급의 독자적 요구를 표현하는 농민조직을 창출해나갔다.

이와 같은 농민역량의 자발적 표출을 배경으로 출현하기 시작한 농민조직은 농민위원회, 농민조합, 농민연맹에서부터 노농동맹, 노농협의회에 이르기까지 다양한 성격의 조직형태를 띠고 있다. 이러한 초기 농민조직의 출현과정은 구체적으로 파악하기 어려우나 그 조직화 과정에 따라 다음과 같이 상정해볼 수 있다. 먼저 앞서 본 자치위원회와 같이 농민의 자발적인 준조직 형태로 이는 곧 건준의 활동과 연결되면서 농민조직의 형태로 체계를 갖추게 되는 것으로 보인다.

다음 일제 말기 지하농민운동조직이 공개조직으로 전환한 예는 확인할 수 없으나 일제하 농민운동의 맥을 잇고 있던 농민운동의 활동가와 건준에 의해 석방된 정치사상범들이 건준에 참여하거나 독자적으로 농민의 조직화에 주력했음을 알 수 있다. 예컨대 1945년 8월 17일 조직된 광양건준지부의 경우 그 산하에 농민위원회조직을 두고 있다. 이 조직의 위원장인 정진무란 인물은 건준의 부위원장을 겸하고 있는데 일제하에서 농민운동을 주도하다가 수차례 투옥당한 경력이 있는 사회주의적 경력의 인물이다. 여기에서 해방 이후 농민조직의 신속한 결성이 압도적으로 이들 일제하 농민운동 활동가들의 항일경력과 농민계급의 이해를 대변하는 구체적 요구를 매개로 그 대중적 기초 위에서 이루어지고 있음을 짐작할 수 있다.

마지막으로 들 수 있는 것이 조선공산당(이하 조공으로 줄임)과 직접적 연결을 갖는 사회주의자들에 의한 농민의 조직화다. 조공이 아직 각지에 당 기반을 구축한 단계는 아니었던만큼 출옥한 정치사상범들과 지방 사회주의세력과 조직적 연결을 맺고 있는 것은 아니었다. 그러나 다른 정치세력들과 달리 조공은 당의 초기지침인 「8월테제」[19]를 통해 농민계급의 이해를 대변하면서 농민과의 조직적·이념적 결합을 꾀하고 있었다. 「8월테제」에서는 조선혁명의 성격을 부르주아민주주의 단계로 설정하고 그 기본과업이 민족의 완전독립과 토지문제의 혁명적 해결에 의한 지주·소작 관계의 철폐에 있음을 규정하고 있다. 그러나 조공은 당면과제로 설정한 민족통일전선 형성과 노농동맹에 기초한 인민정권수립을 위해 토지개혁의 일차적 대상은 일제 및 민족반역자의 토지로 한정했다. 그리고 노농동맹의 형성과 이를 강화해야 한다는 방향에서 농민운동의 당면과제도 소작료 3·7제인하를 비롯한 농민의 일상이익을 대표하는 요구조건을 제시하고 있을 뿐이지만 대중운동의 조직적 고양을 위해 '농민조합' '농민위원회' '농촌노동자조합' 등의 농민조직을 결성할 것을 제시하고 있다. 이에 해방 직후부터 중앙 조공과의 조직적 연결이 가능했던 각지 사회주의자들이 주로 독자적인 대중조직활동에 주력했던 것으로 나타난다.

이상 살펴본 여러 형태의 초기 농민운동조직은 조직화과정이나 사회주의자들의 영향력 등에 차이가 있고 구체적인 요구도 파악하기는 어렵다. 그러나 '토지의 분배, 세금불납, 농민을 위한 정권수립'을 내걸고 있는 전북지방 농민위원회의 실례를 보면[20] 농민운동은 기존의 사회경제적 제관계의 변혁을 요구하는 선상에서 이를 실현해줄 수 있는 국가권력의 수립을 지향하는 변혁운동의 일환으로 시작되고 있음을 알 수 있다. 요컨대 농민운동은 민족통일전선에 기초한 건준의 대중적 기반으로 참여하여 건국운동으로 출발하는 한편 농민조직을 결성해 좀더 근본적인 사회경제적 변혁을 요구하고 있었던 것이다.

그런데 초기의 중앙 건준을 보면 이러한 농민의 토지문제를 비롯한 민중세력의 사회경제적 변혁요구를 정치적으로 수렴할 명확한 방침을 제시하고 있지는 못했다. 따라서 그 활동도 치안유지를 비롯한 당면의 국면수습에만 주력하여 오히려 건준이 표방한 식민지잔재 청산작업도 적극화하지 못했다. 그리고 자연발생적 성격이 강한 건준지부도 전남지방의 건준 활동을 조사한 바에 따르면 대부분의 경우 '지방의 유지급인사들'에 의해 주도되면서 노동자, 농민 등 민중세력의 구체적 요구를 수렴할 수 없었던 것으로 보인다. 따라서 다음의 예가 보여주듯 밑으로부터의 변혁열기가 고조되면 건준은 그 계급적 갈등이 표면화될 내적 요인을 지니고 있었다고 할 수 있다.

전남 보성군 벌교읍에 사는 서민호란 자는 미국에 유학한 일도 있는데 악덕지주·고리대금업자로 유명하다. 그러나 극도의 배일사상이 있었던 것만은 장점이다. 8·15 이후 그는 그곳의 건준위원장이 되어 일인과의 투쟁에는 상당히 맹렬하였다. 그러나 늘 지위를 유지하여 치안대를 자기의 부하로서 조직하여 이것으로써 농민을 상당히 박해하였다. 그는 노농협의회를 해산시키려 하였고 부인회석상에서 나의 명령에 복종하지 않는 년은 엄중히 처벌하겠다고 폭언한 사실도 있다.[21]

위의 사례에서 알 수 있듯이 농민의 식민지적 질서의 근본적 변혁요구를 실행해나가기 위해서는 건준의 이에 대한 명확한 방향제시가 밑으로부터 요청되고 있었다고 할 수 있다.

다른 한편으로 이것은 건준으로 결집된 민족연합전선에서 자주적 국가권력의 수립과 식민지 경제구조의 청산문제가 불가분한 문제로 제기되면서 자체 내 동요를 하게 되었음을 의미한다. 결국 중앙 건준과 노동자·농민 조직에 기반한 사회주의자들의 건준지부 참여 확대로 그 영향력이 확대되는 한편 미군 진주 소식에 우익세력들이 건준에서 분리되는 가운데 건준은 9월 6일 전국인민대표자회의를 통하여 해소되고 조선인민공화국(이하 인공으로 줄임) 수립에까지 이르게 된다.

이리하여 인공은 '노농동맹에 기초한 인민정권'을 수립하려는 조공의 민족통일전선전술과 긴밀한 관계를 가지면서 노동자·농민을 비롯한 모든 진보적 요소의 연합에 기초한 인민정권을 지향하게 되었다. 그리고 그 중앙에는 좌우익인사들을 망라했지만 우익인사들이 참여를 거부하여 인공은 사회주의자들이 주축을 이루게 되었다. 이에 건준지부들도 인공 산하의 인민위원회로 개칭하거나 일부 해체되었고 또는 인민당지부로 전환해 갔다. 미군의 진주 후 곧 인공의 존재는 부정되었지만 아직 군정이 확고히 실시되지 않은 지방의 상황에서는 각지에서 새로운 인민위원회 조직이 급속히 진행되었고 11월에는 마을 수준까지 확대됨으로써 인공 및 인민위원회는 미군정과 함께 '이중권력의 시대'를 창출하기에 이른다.

표 5 　　　　　　　　　　지방인민위원회 조직상황(1945년 11월)

	전국총수	38선 이남			38선 이북		
		총수	기조직	미조직	총수	기조직	미조직
면	2,244	1,680	1,667	13	564	564	
읍	103	75	75		28	28	
도	2	2	2				
군	218	148	145		70	70	
시	22	12	12		9	9	
도	13	9	7		7	6	1

자료: 김남식, 『남로당 연구』(돌베개, 1984), p. 127.

표 5에서 볼 수 있듯이 세 달이라는 짧은 기간 내에 남한에서만도 도단위로 7도에, 시단위로 12시에 그리고 총 1,680면 가운데 1,667면, 총 148군 가운데 145개 군이 조직되고 있는 것을 보면 '인민정권'의 기반이 급속히 구축되었음을 알 수 있다.[22]

그런데 지방인민위원회도 이처럼 조직과정상 자연발생적 성격이 강하여 중앙과의 조직적 연결이 미흡했고 민족의 완전독립을 위한 민족통일전선을 표방하고 있던만큼 그 주도세력 역시 사회주의 세력에서부터 토착지주 등의 우익에 이르기까지 다양하여 그 조직구성과 성격에서 지역적 편차가 드러난다. 그러나 분명한 것은 그 주요한 기반이 건준과 같이 노동자, 농민 등 식민지적 수탈에 가장 노출되었던 광범위한 민중세력이었다는 점, 그리고 (건준과는 달리) 중앙집권체제를 형성하지는 못했으나 전국적 수준에서 토지문제를 비롯한 기존의 사회경제적 모순을 타파할 권력주체임을 표방한 인공이 이를 총괄하게 되었다는 점이다. 이리하여 각지 인민위원회는 자기 논리에 입각한 토지개혁안 또는 인공의 토지에 관한 부분적인 개혁안을 실시함으로써 농민의 급속한 조직화를 추구하는 한편 이러한 대중적 기반 위에서 지방의 행정기능을 담당하여 지방권력체의 형성을 지향하게 된다. 이들 농민조직 대부분이 인민위원회의 농업·농민 문제를 담당하는 하부조직으로 편재되거나 또는 인민위원회와 횡적 연결을 갖게 됨으로써 농민들은 인민위원회의 중추적 기반세력이 되었다. 또한 농민조직이 없는 지역에서도 농민들은 인민위원회 산하의 치안대 등 여러 단체에서 활동함으로써 지역 농민운동을 주도하게 된다. 농민운동역량이 강력한 지역에서 인민위원회운동이 미군정과의 직접적 대결 속에서도 오랫동안 지역권력체로서 유지할 수 있었다는 커밍스의 연구[23]에 따르면 농민운동이 인민위원회운동력의 원동력이 되고 있었음을 알 수 있으며 이는 다음과 같은 지역사례에서 엿볼 수 있다.

(전남)도내 각 군은 광주부, 광주군 등 수삼군을 제외하고는 군수 이하 면장 등에 농민의 의사를 대변하는 인민위원장이 취임하고 보안서장도 인민위원회 관계자가 취임해갔다. 두려운 것은 과거의 관리들이 서로 선동하여 이 기초를 파괴하려는 것이다. 면 부락에 있어서 주재소 등은 농민 영도하에 있다. 일례를 들면 면장이라는 관칭으로 농민은 불종(不從)하나 인민위원장의 명칭으로 공문을 내면 농민들은 절하고 받아간다고 한다.[24]

이상 살펴본 바와 같이 해방 직후 고양된 농민운동이 건준 참여를 통해 근본적인 사회경제적 변혁을 실현해줄 수 있는 국가권력수립운동의 일환으로 출발하게 되었고, 인민위원회운동 단계에 이르러 변혁운동으로서 전국적 통일의 기초를 획득하게 되었다. 요컨대 농민운동은 형식적 해방으로 인해 이월된 민족적·계급적 과제해결의 담당체로서 재등장하지 않을 수 없었던 것이다. 이러한 성격으로 출발하게 된 농민운동은 자주관리운동으로 표출된 노동운동을 비롯한 타운동과 동시적으로 진행되면서 변혁운동의 주체적 조건을 창출하고 있었다.

4. 미군정의 농업·농민 정책

1) 미군정의 초기 토지정책

토지개혁 문제를 초점으로 하는 한국의 농업·농민 문제에 대한 미군정 정책의 기본방향은 몇몇 법령을 통해 살펴볼 수 있다. 그 최초 정책으로 표명된 것이 1945년 9월 25일 발표된 '패전국 일인 재산의 동결 및 이전 제한의 건'[25]이다. 이에 앞서 9월 23일 미군정은 "토지소유권과 납세율은 종전과 변화가 없다"고 하여 그 기본방침을 암시하고 있었고 이 법령이 최초로 공식화되었다. 이 법령의 골자는 일인이 남기고 간 "국공유재산을 군정부가 접수한다. 일인 사유재산은 (일상의 생활필수품으로부터 토지·광산·공장에 이르기까지) 일정한 조건하에서 재산거래를 허가한다"는 것이었다. 결국 이는 토지문제를 비롯한 식민지 경제구조의 재편을 미군정이 직접 주도할 것임을 밝힌 것이자 그 재편의 기본방향은 사유재산의 보호를 제1원칙에 두는 자본주의체제의 이념에 입각할 것임을 명백히 한 것이다. 이러한 체제의 이념은 1945년 11월 미군정 아널드 장관의 "미국은 설령 적산이라 할지라도 사유재산을 존중한다는 국제공법을 준수하여 그 관례대로 시행할 뿐이다"라는 발언[26]으로 재차 확인된다.

그러면 이 법령이 담고 있는 본질적인 의미가 무엇인지 살펴보자. 먼저 지적할 수 있는 것은 토지개혁을 비롯한 식민지적 질서의 재편을 주도할 국가권력임을 스스로 표방하고 각지 인민위원회를 통해 이를 실행하고자 한 인공의 정치적 권위를 부정하고 있다는 점이다. 따라서 인민위원회를 인공산하의 지방기구로 파악하고 있던 미군정의 인공에 대한 이러한 부정은 곧 일인 농지 경작자들에 의한 토지몰수와 지방인민위원회를 통해 이를 분배하며 부분적으로 토지개혁을 실행해나가는 밑으로부터의 움직임에 대한 불법선언과 다름없었다. 어쨌든 이 법령에 의한 일인농지접수는 1945년 12월 6일 법령 33호 '조선내 소재 일인 재산권 취득에 관한 건'으로 공식화되었다. 그리하여 동척에 속해 있던 모든 토지와 기타 일인의 회사 및 개인 10만 2천 명 소유의 토지, 19개 공업·기술·광산회사에 속한 모든 토지를 접수한 다음 1946년 2월 21일 법령 제52호에 의한 신한공사의 설치로 완료된다. 그러나 이것은 단순한 법적인 절차에 지나지 않았고 미군정은 법령 19호의 발표 직후부터 동척의 사무원을 재고용하여 일인 지주와 사적으로 거래한 토지까지 추적 회수하고 있었다.[27] 그리고 이를 일인 농장의 마름 또는 중간관리인이었던 자들에게 관리를 위임하는 형식으로 이미 1945년 11월부터 신한공사 조직을 운영하고 있었다. 이에 미군정은 신한공사의 설치로 남한 농업인구의 24.1퍼센트를 지배하는 거대지주일 뿐 아니라 1년에 13억 이상이나 되는 소작료수입을 남한 통치의 물적 토대로 이용할 수 있게 되었다. 결국 신한공사 설치 과정은 동척을 비롯한 일인 농지 분배운동에 쐐기를 박는 것인 동시에 사유재산을 불법으로 소유 점거했다는 구실로 인민위원회를 탄압 불법화하고 구식민지통치기구를 부활하는 출발점이 되었다. 다음과 같은 미국 트루먼 대통령 고문관의 발언은 이 일련의 법령이 갖는 본질적 의미가 무엇인가를 잘 밝혀주고 있다.

한국에서 공산주의는 어느 지역에서보다도 쉽게 출발할 수 있게 되었다. 일본은 철도·전력을 포함한 모든 공공설비, 모든 대기업 및 천연자원을 소유하고 있었다. 따라서 이것들이 별안간 '인민위원회'(공산당) 소유가 된다면 그들은 아무런 투쟁도 하지 않고 이를 발전시키는 데 아무런 일도 하지 않고 이들을 얻는 것이 된다. 이것이 미국이 민주주의적 (자본주의적) 형식의 정부가 수립될 때까지는 한국에 있는 일본인의 해외 재산의 소유권을 포기해서는 안 되는 이유이다.[28]

요컨대 이는 미군정의 최대과제가 밑으로부터의 식민지 경제구조의 변혁을 분쇄하고 한국사회에 안정적인 자본주의체제의 구축에 있음을 명백히 보여주는 것이다. 이러한 전략의 연장선상에서 결정된 농업정책이 1945년 10월 5일 발표된 법령 제9호 '3·1제 소작료 실시 및 소작조건의 개선건'이다. 이 법령은 다음과 같이 발표되었다.

압제적인 소작료와 기존 계약에 따라 소작인들이 지불해야 될 금리는 준노예적 상태와 군정이 목표하는 바보다 낮은 생활수준을 초래하고 있기 때문에 이에 한국에서의 국가적 비상사태를 선포하는 바이다. 어떠한 소작안이 어떠한 사람에게 지불하는 현물, 현금 혹은 어떠한 지불 가능한 형태이든 간에 그 최고 지불한도는 이제부터 어떠한 소작인에 의해서 경작되고 그 후에 누구에 의해 수확되었든 간에 경작된 곡물, 농산품 및 과일의 3분의 1을 초과해서는 안 된다.[29]

이와 같이 국가비상사태를 선언하며 발표된 3·1제법령은 이밖에도 지주의 부당한 소작계약 폐기금지 등의 조항을 포함하고 있지만 주로 소작료 인하에 중점을 두고 있다. 따라서 이 조치는 주로 고율소작료문제로 현상화되어온 지주·소작 관계의 모순심화에 대해 지주의 횡포를 공적으로 제한한다는 외형을 갖춘 것이어서 당시에는 획기적인 것으로 받아들여지고 있었다. 이 때문에 당시 3·7제소작료인하를 주장하던 좌익 내부에서도 처음에는 3·1제를 '진보적 법령'으로 평가[30]할 정도였다.

그러나 3·1제는 본질적으로 식민지적 지주제의 현상유지라는 미군정의 공식 입장을 표명한 것이나 다름없었다. 3·1제법령은 농민운동, 나아가서는 좌익 주도 변혁운동의 급속한 진전 가능성에 대한 임시대응조치, 즉 농민운동의 개량화를 목적한 정책이었다는 점에서 찾을 수 있다. 추수기를 전후한 이 무렵은 전국 각지에서 인민위원회를 비롯한 변혁지향세력이 자기 논리에 입각한 토지개혁안 또는 인공의 시정방침인 토지개혁안, 즉 일제 및 민족반역자의 토지몰수와 3·7제소작료인하를 내걸고 농민을 조직화하고 있었다.

이에 앞서 고율소작료인하는 이러한 조직적 과제로 제기되기 이전에 농민의 자연발생적 운동으로 충분히 전개될 수 있는 성질의 것이었다. 오히려 해방 직후 농민의 동향을 보면 즉각적인 소작제 폐지를 내걸고 이를 기정사실화하고 있었음을 알 수 있다. 즉 이러한 조직적·비조직적 농민운동의 고양은 지방인민위원회운동과 더불어 변혁운동의 주체적 조건을 조성하고 있었음을 의미하는 것이다. 이에 미군정은 '토지소유권과 납세율은 종전과 다름없다'는 최초 입장을 후퇴시키고 '1945년의 수확만을 위한 잠정조치'로서 3·1제법령으로 대응한 것이라고 할 수 있다. 이러한 3·1제의 성격은 농민운동이 미약한 지역에서는 1946년 중반까지도 3·1제가 전혀 실시되지 않았다는 사실[31]에서도 잘 드러나고 있다.

3·1제가 지주의 토지소유권을 확인해준만큼 농민운동과 인민위운동이 활발한 지역에서 지주제에 대한 조직적 공격으로 위축되어 있던 지주세력이 계급적 위기를 모면하면서 재등장할 수 있는 계기가 되고 있었다. 이는 "당초에는 확실히 무력했던 이들(지주)이 군정청에서 3·1제를 발표한 이후 득세하여 고집을 부리게 되었다"는 전남지역 사례[32]에서 확인된다.

그런데 이러한 3·1제는 1946년 2월부터 실시된 미곡공출제와 결합되면서 전반적으로 시행된 것으로 보이는데 이 경우에도 농민에게 불리했던 것은 소작조건, 특히 현물납을 그대로 방치했다는 점이다. 이에 소작료인하와 저미가, 물가앙등으로 인해 경제적 잉여를 확보할 수 없게 된 지주들이 종전에는 소작료부과대상이 아니었던 이모작·간작에까지 3·1제를 적용하고 현물납을 강요할 수 있게 되었던 것이다.[33]

이러한 3·1제의 부당한 적용과 현물납 강요는 "농민의 적극적 대항을 저지하는 한편 미곡수집의 원활을 기한다"는 미군정의 방침으로 각각 1946년 5월,[34] 8월[35]에 공식적으로 폐지된다. 그러나 이러한 소작료율뿐 아니라 소작권이동문제까지 직접적으로는 지주와 소작인 간의 계급적 힘관계에 의해 결정되는 것이라고 했을 때 이는 계속 농민의 당면한 생활상의 요구로 현실화될 수 있는 것이었다.

위에서 본 바와 같이 적산의 직접 접수와 3·1제법령으로 이어지는 미군정의 초기 농업·농민 정책은 변혁운동의 고양에 대해 지주의 이익을 옹호하는 방향으로 대응하면서 토지개혁을 둘러싼 미군정 대 농민의 대항관계를 농촌 내부의 계급적 대항관계로만 은폐하고 있음을 보여주고 있다. 그리하여 이것은 한편으로 농민운동의 개량화를 꾀하면서 변혁운동의 물적·대중적 기반의 박탈을 의도하고 있지만 토지개혁의 지연에 대한 밑으로부터의 토지개혁의 요구는 농민운동 고양의 기본적 동인이 되고 있었다.

2) 미곡공출제와 농민경제 파탄의 심화

미군정의 식량·미곡 정책은 1945년 10월 5일 일반고시 제1호로 건준에 의해 조직된 식량대책위원회의 기능을 정지시키는 동시에 일제의 배급제 폐지 및 미곡자유판매주의를 선언하면서 출발한다. 이에 미군정은 미곡의 자유시장을 허용하는 한편 벼의 최저가격을 가마당 32원으로 결정 공표하여 쌀의 생산·수집·분배에 관한 일제의 모든 통제를 철폐했다. 그러나 이 정책의 귀결은 미군정의 일본으로의 미곡 밀수출, 귀환동포의 증대에 따른 수요증대, 투기꾼의 매점매석으로 인한 쌀값의 폭등으로 나타났다. 쌀값의 폭등은 곧 일반물가의 폭등을 더욱 가속화했고 이는 결국 1946년 초 기층민의 전반적·경제적 파탄과 첨예한 식량문제를 야기했다. 이에 미군정은 식량위기로 인한 기층만의 반군정의식의 고양을 저지하기 위해 1946년 1월 미곡수집령을 발표 시행하는 한편 5월의 소맥 8천 톤 수입으로 미국의 과잉농산물을 수입하기 시작한다. 이로써 부활된 미곡공출제는 농민의 거센 저항을 받으면서 부분적으로 수정되나 결국 농업생산력의 감소, 농민경제의 전반적 파탄, 폐농·이농을 일층 가속화함으로써 남한 농업의 파행성과 붕괴를 만들어낸 또 하나의 원인이 되었고 농민의 반군정운동의 초점이 되었다.

미군정의 미곡수집상황을 보면[36] 1945년에는 목표의 12퍼센트, 생산량의 5퍼센트밖에 달성하지 못했던 것이 1946년 후반부터는 생산량의 30퍼센트, 목표량의 80 내지 90퍼센트를 달성할 만큼 농민의 미곡을 수집해내고 있다. 이러한 미곡수집정책의 문제는 무엇보다 공업노동자의 저임금정책 실시를 위해 저미가로 수집되고 있었다는 점이다. 즉 해방 직후 급격한 인플레이션의 진행에 힘입어 비료 등의 가격이 상승함으로써 양곡수집가격이 생산비의 6분의 1 내지 7분의 1에도 미치지 못하는 가격으로 수집함으로써 농민들은 농업의 재생산이 불가능할 정도가 되고 있었다. 이에 주수입원을 미곡판매에 의존해야 하는[37] 대부분 농민은 다시 공업생산의 급격한 위축으로 인해 폭등한 생활필수품 등을 고가로 구입해야 함으로써 농민경제의 파탄은 극도로 심화될 수밖에 없었다.

당시 조선은행의 조사에 따르면 해방 후 2, 3년간의 평균 물가지수는 1936년을 100이라 할 때 1945년의 2,817, 1946년의 1만 3,479, 1947년의 4만 203으로 매년 엄청난 폭등을 보이고 있었다. 이러한 상황에서 영세농들은 자가식량조차도 궁핍판매를 하지 않을 수 없게 되었다. 더욱이 자급조차 힘들어 미곡 암시장에 의존해야 하는 중농 이하 빈농, 그리고 전혀 식량배급을 받지 못하는 비농가는 수집가격의 3 내지 4배에 달하는 미곡의 가격등귀로 인해 항상 생계위기에 시달리지 않을 수 없게 되었다. 1949년의 조사에 따르면 춘궁농가가 전농가호수의 7할 이상에 달하고 있었음은 이를 잘 입증해준다.

한편 자작농을 중심으로 한 중농이나 부농도 이러한 저농산물 가격정책과 함께 1946년 이래 1948년 4월 말일까지 474만 5천 석에 달하는 미국의 잉여농산물 수입으로 인해 잉여축적 기회를 상실하고 전반적으로 빈농화해갔다. 요컨대 일제시대에 비해 공출량은 상대적으로 감소했어도[38] 이 법령의 실시로 인한 농가경제 파탄의 가속화는 전농민에게 일률적일 수밖에 없었던 것이다. 한편 중소지주는 3·1제와 공출제 그리고 물가앙등으로 인해 잉여축적 기회를 상실하고 경제적으로 타격을 받게 되나 결국은 고율소작료, 고리대,[39] 소작권박탈 등으로 농민에 대한 수탈을 강화해나갈 수밖에 없었던 것으로 보인다. 반면 대지주들은 미곡의 매점매석을 통해 더욱 부를 축적할 수 있게 되었다. 이와 같이 공출로 인한 농민경제 파탄의 가속화가 미곡공출반대운동에 전농민이 참여하게 된 경제적 기초라면 미곡공출과정에서 드러난 구식민지기구의 온존[40]과 이를 통한 영세농에의 부담 과중과 강제적 수집은 농민이 극도의 불만을 표출케 하는 것이었다.

공출할당량 결정이 지주를 중심으로 한 하급 행정단위에서 행해진 것과 관련하여 소작인에게 보다 과중한 부담이 강요될 수 있게 되었다. 미곡공출에 대한 농민의 저항이 격렬해지자 강제공출을 강행하기 위하여 식량사찰본부까지 설치하여 수색, 압수, 투옥, 처벌 등을 강행하는 등 수집과정은 폭력성을 더해갔다. 더욱이 공출량의 부과는 인민위원회 혹은 농민조합에 소속된 농민, 즉 변혁운동세력에 대한 탄압수단으로 이용되어[41] 미곡정책의 식민지성을 더욱 노골화했다.

결국 미군정의 미곡정책은 지주제 유지와 함께 농가경제의 피폐, 그로 인한 이농·폐농을 속출시켜 농업생산력의 급속한 감소와 경지면적의 축소를 가져왔다. 예컨대 1940년에서 1944년을 100으로 하는 경지면적이 1947년에는 78.7로, 곡물수확고는 81.1로 저하되었다. 또한 1949년 3월 실업자를 전직별로 조사한 사회부 노동국 통계에 의하면 총실업자 89만 5,468명 가운데 전직이 농업인 자가 46만 명으로 52퍼센트나 되어 방대한 실업자군을 창출하고 있음을 알 수 있다. 이와 같이 하여 미국은 남한을 미국의 잉여농산물 처리시장으로 편성할 수 있게 되었다면 이는 한편으로 농민운동이 급속히 발전하면서 정치적 지향성을 강하게 한 사회적·경제적 조건이 되고 있었다.

5. 전농의 결성과 농민운동의 전국적 조직화

1) 농민운동이 전농으로 결집하는 과정

앞서 살펴본 인민위원회로의 농민운동역량의 결집 및 농민운동의 전국적 통일조직인 전국농민조합총연맹(이하 전농으로 줄임)으로의 결성과정은 농민의 활발한 소작료불납투쟁과 3·7제소작료인하, 금납제투쟁(3·7제투쟁)의 폭발적 전개에 기반한 것이라고 할 수 있다. 그리고 1945년 11월 중순 조공 주도로 전농의 결성방침이 구체화되면서 농민운동의 당면과제는 토지개혁의 주체역량 강화를 위한 준비투쟁으로서 3·7제투쟁을 비롯한 소작료인하투쟁으로 통일되어간다. 먼저 이러한 농민운동노선의 정립과정에 대해 검토해보자.

농민·노동자 등 민중세력의 토지개혁을 비롯한 식민지적 질서의 변혁요구에 대한 구체적인 해결 방향은 1945년 9월 10일 인공의 시정방침[42]에서 공식적으로 제시된다. 인공은 토지개혁을 위한 당면의 실천과제로서 '일제와 민족반역자의 토지를 몰수하여 농민에게 무상분배'하며 '비몰수토지의 소작료는 3·7제를 실시'한다고 하여 토지에 관한 부분적 개혁을 주장하고 있다. 이는 곧 인공이 식민지적 질서개편의 권력주체이고 각지 인민위원회를 통해 이를 실시할 것임을 표방한 것이라고 할 수 있다. 그러나 인공의 이러한 정치적 권위는 이미 우익의 인공타도선언과 미군정의 등장으로 부인되고 있었다.

한편 군정점령이 부분적으로 이루어지고 있는 가운데 각지에서 결성된 인민위원회는 대부분 토지개혁안을 내걸었고 또한 자기 논리에 입각한 토지개혁을 실시하고 있었다. 그러나 그 내용을 보면 울산인민위원회와 같이[43] 인공 중앙의 방침을 충실히 따르고 있는가 하면 통영인민위원회의 경우[44] "모든 토지와 공장은 노동자와 농민이 소유한다"고 하여 인공 방침과는 달리 보다 근본적인 개혁안을 내걸고 있는 등 지역적 편차가 드러나고 있었다. 한편 조공에서도[45] 토지개혁문제가 쟁점화된 추수기를 전후한 10월 3일「토지는 농민에게 적정분배: 공산당의 토지문제에 대한 결의」를 발표하여 인공의 토지개혁안 및 당면과제를 좀더 구체적으로 제시하고 있다. '결의'의 내용은 인공의 방침과 유사하다. 다만 일인 및 민족반역자의 토지몰수는 소작료불납을 무기로 관철하되 인민위원회 및 농민위원회가 관리해야 할 것임을 덧붙여 명시하고 있다. 여기에서 몰수대상인 일인 소유지에 대한 소작료불납 지침은 미군정의 적산접수방침에 대한 대응인 듯하다. 이상과 같이 인공과 조공에 의해 제시된 당면의 농민운동노선은 즉각적인 토지개혁의 실시가 아니라 소작료불납투쟁을 통한 부분적인 토지개혁과 소작료인하라는 차원에서 대(對)지주 경제투쟁을 전개해 나간다는 것이다.

그러면 조공이 절대 다수 민중인 농민의 토지문제 해결을 토지개혁의 전면적 실행이 아니라 소작료인하를 내용을 하는 3·7제투쟁을 당면과제로 채택하게 된 근거는 무엇이었는가. 이것은 이미 「8월테제」에서도 명시되고 있었지만 조공은 1945년 10월 중순 다음과 같은 입장을 밝히고 있다.

    1. 일반 근로농민, 특히 빈농의 경제생활의 향상을 기한다.
    2. 농민의 투쟁역량을 집중시키기에 적당한 과업을 규정하여 그것을 승리함에서 다음 단계에 오는 요구에 대한 투쟁에 자신과 용기를 굳게 하는 전술적 의미가 큰 것.
    3. 식민지잔재 청산을 위한 민족통일전선결성에 중소지주를 결집시키기 위한 것.[46]

그러나 이러한 노선은 전농 결성이 구체화되면서 조선인 지주뿐만 아니라 일인 농지에 이르기까지 전토지에 대해 3·7제투쟁방침으로 통일되는데 소작료불납투쟁을 투쟁방침으로 정하는 것에 대해서는 "농민의 종속관념과 무자각한 현상을 과소평가하는 것"[47]이라고 하여 극좌적 오류라고 규정하기에 이른다. 이러한 좌익 측의 3·7제투쟁 채택 및 통일의 이론적 근거는 다음과 같은 글에서 확인해볼 수 있다.

    3·7제투쟁은 농민의 절실한 요구인 토지개혁의 근본과업을 방기하거나 봉건잔재세력을 용인하는 것이 아니고 철저한 청소를 하기 위한 준비투쟁의 표현이며, 이 투쟁을 통해 광범위한 농민대중을 일상 경제적인 이해와 해방과 정권수립이라는 정치적 문제와의 불가분리의 관계를 그들에게 인식하게 하는 문제이며, 그 세력을 의식적 자각과 고도의 조직화에 결성시키면서 조선의 진보적 세력의 막대한 주체적 역량을 구성하는 데 의의가 있는 것이다.[48]

이상을 종합해보면 3·7제투쟁노선은 빈농을 중심으로 전농민의 소작료를 비롯한 일상적 이해에 기반한 일상투쟁·경제투쟁을 전개하여 농민의 조직역량을 강화하는 한편 이 조직된 역량을 인민위원회를 중심으로 한 정치투쟁 역량으로 끌어올린다는 것이다. 또한 친일파 민족반역자가 소유한 토지에 대한 토지개혁 실시는 「8월테제」에서 이미 제기된 위로부터의 민족통일전선 결성을 지향하는 선상에서 일제잔재세력이 지닌 경제적 토대를 제거, 정치적 재등장을 저지하는 한편 인민위원회의 물적 토대를 확보하고 인민위원회를 중심으로 한 민족통일전선을 강화하여 인공의 계급적 기반을 구축한다는 전략에 의거한 것이라고 할 수 있다. 이상 살펴본 「8월테제」에서부터 전농의 결성에 이르기까지 제시되고 있는 농민운동노선은 조공의 변혁노선에 대한 좀더 구체적인 이해를 필요로 한다.

조공의 초기 지침인 「8월테제」에 따르면 조공은 조선의 해방이 직접적으로는 연합국의 승리에 의한 것이므로 완전독립국가의 실현문제는 결정적으로 외세의 영향을 받지 않을 수 없는 한편 조선혁명의 과제를 직접 실행해나가기에는 그 주체역량이 미약하다고 분석하고 있다. 그리고 조공은 제2차 세계대전으로 형성된 미·소 간의 협력관계가 상당기간 지속될 것이므로 미국과의 협력을 통해 부르주아민주주의혁명의 과제를 달성한다는 정치노선을 수립하고 있었다.[49] 그리하여 조공은 미군정을 반파시즘세력으로 받아들였고 더욱이 이들을 진보적 민주주의세력으로 인식하고 있었던 것이다. 따라서 그 실천요강에서도 민족문제의 해결을 일차적으로 일제잔재의 청산에 두었고 이를 실행하기 위한 민족통일전선을 결성하기 위해 토지개혁의 일차적 대상도 대지주 일반이 아니라 민족반역자로만 규정했던 것이다. 조공은 외적 규정력으로 등장한 미군정이 인공 부인 및 인민위원회에 대한 탄압과 이에 병행하여 우익세력의 역공세가 강화되는 상황에서도 이러한 노선을 계속 견지했다. 즉 적산의 직접 접수를 비롯한 제반정책에서 미군정의 성격이 드러나자 조공은 이에 대응하여 한편으로 미군정책에 협력하면서 노동자, 농민 등 기층조직의 강화와 전국적 통일조직으로의 체계화에 주력하고 위로부터의 인공을 중심으로 한 민족통일전선 결성을 계속 추구해나갔다. 이러한 방침에 따라 조공은 1945년 11월 13일 임시조직요강을 발표, 빈·중농을 중심으로 한 조합 결성의 원칙과 군·도의 조직단위를 제시하여 전농 결성을 추진50)하는 한편 일제 및 비친일적 대지주에 대한 소작료불납투쟁을 극좌적 오류로 규정했던 것이다.

그러면 이와 같이 조공을 중심으로 토지개혁의 방향과 농민운동의 당면과제가 정립되어 각지에 영향력을 미치고 있는 가운데 추수기를 맞은 농민운동의 양상은 어떠했는지 살펴보자.

충남 아산군 선장면의 농민들은51) 서울에 사는 지주들이 소작료를 요구하자 몽둥이로 쫓아버렸으며 그 기세에 눌려 지역에 사는 지주들도 소작료를 제대로 받지 못했다고 하며 전북 옥구군에서는52) 해방 후 농민조합이 잠시 동안 있다가 해산되었는데 농민조합은 소작인들에게 생산량의 10퍼센트만 소작료로 지불하라고 지도했다고 한다. 경북의 안동, 영덕 등지에서는53) 지주들이 자진하여 토지를 농민조합에 들여놓아 분배케 했으며 강원도 남부에서는 인민위원회에서 민족반역자의 토지를 몰수하여 관리위원회를 조직하고 관리했다. 이처럼 소작료불납을 무기로 하거나 직접 토지몰수를 하는 방식으로 토지개혁을 즉각 실시하고자 했던 곳이 어느 정도인지는 확실하지 않다. 그런데 "전북지방에서는 농민조합이 농민을 선동하여 일을 하지 못하게 하고 소작료불납을 선동했다"54)는 것을 보면 전북을 비롯하여 해방 직후 토지분배를 내걸었던 지역에서는 소작료불납뿐만 아니라 추수거부를 무기로 하여 이를 관철하고 있음을 알 수 있다.

또한 1945년 11월 중순에 개최된 전국인민위원회대표자대회에서 "지방에 따라서는 2·8제 혹은 전혀 불납을 주장하는 곳이 있다"55)는 박문규의 발언 등에서 소작제폐지운동이 각지에서 산발적으로 수행되고 있었음을 짐작할 수 있다. 대체로 아직 군정의 지방점령이 농촌수준까지 확고히 미치지 않은 가운데 일찍부터 인민위원회를 중심으로 한 변혁세력이 조직적 결집을 달성할 수 있었던 지역에서는 이러한 경향이 두드러졌던 것으로 보인다.

그러나 전농 결성방침이 구체화되면서 농민운동의 과제는 점차 3·7제 투쟁으로 통일되어간다. 해방 직후 소작료불납운동을 전개했던 것으로 보이는 전남지역에서는56) 소작료불납투쟁이 극좌적 오류로 비판되면서 3·7

제투쟁으로 전환하고 있는데 토지개혁을 기정사실화하고 있던 농민들은 불만을 표출했다. 경남 하동[57] 등지에서는 미군정의 3·1제방침에 힘입은 지주들이 3·7제를 부정하고 예전의 소작료율을 고집하자 인민위원회 산하의 농민들이 지주를 피습 구금하면서 3·7제를 관철시켰다. 경북지역의 경우 70퍼센트 정도 3·7제를 관철시켰다고 하며 대부분의 경우 3·7제와 미군정의 3·1제가 비슷한 비율로 병행된 것으로 보인다. 그러나 농민운동 역량이 미약한 곳에서는 미군정의 3·1제조차 획득하지 못하고 예전의 소작료율을 그대로 지불했다.

한편 일인 농지를 몰수 분배하고 있던 인민위원회 산하 농민들은 미군정의 적산 접수가 본격화되면서 양자 간의 대립은 필연적인 것이 되었다. 전남 담양군인민위원회의 경우[58] 일인 농지를 농민에게 분배하여 이 부분의 토지개혁을 진행시키고 있었으나 미군정이 소작료지불을 강요하자 인민위원회는 무력에 의해 비합법화되는 것을 피한다는 방침하에 소작료징수에 응하여 군정정책에 협력하는 한편 기층조직 강화에 주력해나갔다. 그러나 일부 지역에서는 미군정의 소작료지불에 응하지 않고 토지획득운동을 계속 수행해나갔다. 한편 3·7제투쟁과 병행하여 활발히 진행되었던 농민운동의 한 부분은 야학을 통한 계몽, 교육운동이었다. 이를 통해 농민들은 민주적 계급의식 훈련에 주력하고 있었고 또한 이 과정에서 많은 지역운동가가 배출되었다.

이처럼 농민운동의 폭발적 고양에 힘입어 전국 각지 인민위원회는 농민의 조직화에 주력하는 한편 농민운동의 자연발생적 성격에 일정한 방향성을 부여하면서 인민위원회를 중심으로 한 국가권력수립운동의 기반으로 수렴해갔다. 그리하여 전농 결성방침에 의한 조직작업이 병행되어 미조직 지역에서의 농민조합 결성, 기존 조직의 농민조합으로의 개편이 속속 진행되고 하향조직방식에 의한 군·도연맹의 결성으로 농민의 전국적 조직화가 완성되었던 것이다. 일제가 항복한 이후 채 3개월이 못 된 1945년 11월 말에 농민조직은 군단위 188개 조직, 면단위 1,745개, 마을단위 2,588개가 조직되었고 이에 가입한 조합원이 약 330만 명에 달하게 된다(표 6

표 6 　　　　　　　　　농민조합 조직상황(1945. 11)

도	도연맹	부·군·도·지부	면지부	리·부락반	조합원수
전남	1	14	110	3,019	369,414
전북	1	12	103	2,075	301,645
경남	1	15	182	1,877	459,759
경북	1	17	127	2,598	275,913
충남	1	12	97	1,890	122,563
충북	1	6	57	1,750	116,978
경기	1	15	134	3,239	193,549
강원	1	21	179	1,857	175,852
황해	1	17	227	981	204,277
평남	1	14	140	1,640	173,545
평북	1	19	178	1,600	279,424
함남	1	15	135	1,979	450,746
함북	1	11	76	783	199,532
합계	13	188	1,745	25,288	3,322,937

자료: 민주주의민족전선 편, 『조선해방연보』(1946), p. 167.

참조).

이는 해방 직후 남북한의 농가호수가 299만 호였다[59)]는 점에 비추어보면 전농민적 참여가 이루어지고 있었음을 알 수 있다. 여기에는 물론 남한 농민의 70퍼센트 이상에 달했던 소작농을 중심한 빈농이 주력으로 결집되었겠지만 해방 이후 농민들이 당면하고 있던 경제적 파탄이 가중되는 상황에서 생활상의 요구에 기초하여 전농민의 자발적 참여가 폭발적이었음을 짐작할 수 있다. 이러한 농민조합은 회원수만으로 볼 때 어떤 조직보다도 방대한 것이었고 이 조직력은 경남북·전남북 지역에서 상당한 정도로 유지되었다.

그러나 3·7제투쟁을 통한 농민운동이 전농으로 결집하는 과정은 각지를 점령해간 미군정의 존재와 이에 힘입은 지주세력의 공세, 그리고 이에 대항하는 인민위원회를 중심으로 한 농민역량의 힘관계에 의해 규정되면서도 그 지도에서는 여러 문제점을 갖고 있었다. 첫째, 농민운동노선의 통일과정에서 조공 및 인공에 의한 농민운동노선 정립이 위로부터의 통일전선 결성에 중점이 두어지면서 밑으로부터의 토지개혁 요구에 대한 명확한 방침제시가 제대로 관철되고 있지 않았다는 점이다. 또한 조직적인 면에서 보면 지방인민위원회와 농민조직은 농민의 자발적 역량의 표출에 힘입어 급속히 전농으로의 결집 토대를 형성할 수 있었지만 조직과정상 자연발생적이고 지역분산성이 강한 만큼 전농을 비롯한 중앙과의 조직적 연결을 완성한 것은 아니었다. 이는 결국 미군정의 인민위원회를 중심으로 한 변혁세력의 조직 파괴작업을 용이하게 한 요인이 되었다.

둘째, 미군정과 농민운동역량의 직접적 충돌이 시작되고 있으나 이에 대한 대응방침을 제대로 강구하지 못했다는 점이다. 미군정의 인민위원회에 대한 탄압은 해산을 명령하거나 또는 주도세력을 체포하는 방식으로 진행되었고, 1945년 11월에 들어서는 이를 본격화하게 된다. 이에 우익세력이 지도권을 장악하거나 대중적 기반이 미약한 인민위원회의 경우는 사실상 무력화하기 시작했다. 결국 이에 잇따른 구식민지기구를 중심으로 한 군정통치기구의 정비와 경찰을 비롯한 친일세력의 등용, 그리고 현상유지를 강요하는 군정의 경제정책은 미군정과 농민운동 역량의 충돌을 불가피하게 했다. 그 결과 1945년 말부터 농촌에서 변혁세력과 미군정의 직접적 충돌이 산발적 형태로 전개되기 시작한다. 이로써 농민운동은 미군정의 각지 점령이 완료되면서 해방 직후와는 변화된 조건에 직면케 되었다. 따라서 농민의 토지개혁을 비롯한 변혁요구의 실현은 그 과정 자체가 미군정, 그리고 그의 비호를 받는 우익세력과의 격렬한 싸움을 전제로 하지 않을 수 없게 되었다.

2) 전농결성대회와 전농의 운동노선

농민의 급속한 조직화에 힘입어 330만의 지역농민조합원을 대표한 556명의 대의원이 모인 가운데 1945년 12월 8일 전농이 결성되었다.[60] '인공만세' '전농민은 전농의 깃발 아래로'라는 슬로건을 내걸고 진행된 대회 첫날에는 정치노선을 달리하는 각 대표들이 나와 '소작제의 즉각 폐지' '토지는 농민에게로' '대지주와의 타협불가'로 슬로건을 전환하자는 주장을 하는 등 토지문제를 초점으로 하는 농민문제가 어느 한 정당의 문제가 아님을 보여주었다. 이튿날의 지방정세보고에는 미군정의 지방점령에 잇따른 변혁세력에 대한 탄압, 우익세력의 등장이 표면화되는 정세를 배경으로 개최된만큼 미군정에 대한 대응방침이 주요한 과제로 제기되었다. 이밖에도 식량문제와 귀향민 증대에 따른 토지개혁요구, 소작권문제, 물가폭등문제를 비롯한 농민의 당면한 일상적·경제적 요구들이 해결과제로서 제기되었다.

그런데 위에서도 언급했듯이 전농 결성은 조공재건파가 주도했고 또한 대회에서 박헌영을 명예의장으로 추대하고 있는 것은 조공이 대회를 통해 농민운동에 대한 통일적 지도권을 획득했음을 의미한다. 따라서 대회에서 결의 표명된 전농의 운동노선은 조공에 의해 추진되어온 3·7제투쟁노선을 비롯한 기존의 노선을 전반적으로 재확인하고 구체화한 것과 다름없다. 이는 조공이 농민운동과의 정치적 결합을 완료한 후의 농민운동에 대한 지도방침과 이후 전개될 농민운동의 방향성을 일차적으로 규정하게 되는 것이므로 이를 간략히 검토해보기로 한다.

우선 결성대회에서 처음 발표된 행동강령을 보자. 여기에서 농업·농민문제는 일제와 민족반역자에 의해 유지되어온 반봉건적 토지소유관계에 있다고 규정된다. 따라서 농민의 절박한 토지문제는 일제잔재를 청산하고 민족의 완전독립을 달성하는 부르주아민주주의혁명의 완수에 의해서 가능하다고 규정된다. 그러나 이러한 과제는 "우리의 주체적 역량이 능히 이것을 실행할 수 있는 실력을 가질 때만이 가능하다"고 하여 당면과제는 광범한 민족통일전선 결성에 의한 민주주의정권수립에 있음이 표명된다. 따라서 전농의 최대 과제는 부르주아민주주의혁명을 완성하는 데 있으며 당면과제는 민족통일전선 결성에 농민의 정치적·경제적 요구를 표현하는 담당체로 규정되는 것이다.

'대회결정서'에는 근로농민이익을 대표해줄 수 있는 인공을 지지 옹호할 것임을 명시하여 그 정치적 성격을 명확히 하고 있다. 이러한 임무에 기초하여 제시되는 전농의 실천과제는 첫째, 일제와 민족반역자 및 대지주의 토지몰수와 빈농에의 토지분배, 둘째, 양심적 조선인 대지주에 대한 3·7제소작료, 셋째, 일인 토지수확물의 3할을 잠정적으로 일정한 기관에 납부할 것, 넷째, 하천·산림·소택의 국유화와 농민의 자주관리 등을 제시했다. 그러나 '당면요구조건'과 '운동방침' '대회결정서'에는 대지주에 대한 토지몰수규정이 삭제되어 있다. 이와 더불어 농민의 당면한 경제적 요구로서 소작권이동금지, 고리대채권채무의 해결 등 일상투쟁의 과제가 제시되며 정치적 요구로서 정부조직에의 농민대표 참가, 노동운동과의 동맹에 주력해야 한다는 정치적 과제가 제시되었다.

다음으로 빈·중농 중심의 조합결성 원칙과 경제투쟁과 정치투쟁의 결합에 대해서는 다음과 같은 '전농결성의 필요성'을 통해 확인할 수 있다. 첫째, 토지문제의 해결로서 농민대중의 특수한 사회적·경제적·정치적 이익을 위하여, 둘째, 농민대중의 강력한 조직적 훈련을 위하여, 셋째, 당면하고 있는 민족통일전선에 농민대중이 적극적으로 참여하며 나아가서 그의 강력한 추진력이 되기 위해, 넷째, 반동분자들의 전국적 농민단체 결성 기도를 봉쇄하며 그 공작에 압력적으로 항쟁키 위한 것이다.

요컨대 전농 산하의 농민조합은 농민대중의 일상적 이해에 기초한 대중적 경제투쟁을 수행함으로써 토지혁명을 위한 농민의 조직적 역량을 강화하는 한편 현단계 과제인 민족통일전선에 기초한 민주주의국가수립을 위해 정치투쟁을 수행해나간다는 것이다. 이에 따라 농민조합의 계급적 기초는 "빈·중농을 중심한 농민의 계급적 단결체"이며 "반동에 서지 않는 한 부농이라도 가입시킨다"고 하여 농민 일반의 대중조직으로 규정되었다. 그러나 "빈농에 중점을 둔 빈농 중농이어야 한다"고 하여 빈농을 중심으로 토지개혁을 위한 농민의 주체역량을 강화할 것임을 표명하고 있다.

그런데 조직단위는 농민조합이 대(對)지주 투쟁을 비롯한 경제투쟁에 주력하는 조직이니만큼 '생산구역별'이 되어야 하나 '인민주권 확립투쟁'

에 당면한 현정세하에서 '행정구역'과 합치되는 지역별 조직이 되어야 한다고 규정했다. 이는 농민조직의 횡적 결합이 군단위로 총괄되어야만 인민위원회 중심으로 농민운동이 노동운동을 비롯한 진보적 단체와 상호결합이 가능하고 또한 이를 통해 인민위원회의 역량을 강화할 것을 꾀한 것이라고 할 수 있다.

이상 살펴본 바와 같이 전농의 운동노선은 조공의 「8월테제」를 기본 골간으로 하여 정립되어온 3·7제투쟁노선을 구체화한 것이다. 전농은 일차적으로 식민지잔재 청산을 위한 민족통일전선에 참가하는 한편, 토지혁명의 실행을 위해 빈농을 중심으로 조직적 역량을 강화하여 변혁의 최종적 승리를 담보해줄 수 있는 노농동맹 강화에 주력한다는 것이었다. 이를 위해 전농은 농민의 당면한 경제적 이익을 둘러싼 경제투쟁과 인공을 중심으로 하는 국가권력수립을 위한 정치투쟁을 결합하여 수행해나갈 것임을 표명했던 것이다.

전국 각지에서 제기되고 있는 미군정과의 모순의 현재화에 대해서는 대체로 군정을 협의대상으로 하는 방침을 앞으로의 실천과정에서도 그대로 견지할 것임을 밝히고 있다. 이는 물론 민족통일전선 결성을 계속 시도하기 위한 태세를 정비해가는 한편 기층조직 역량 강화에 일차적 과제를 둔 방침에 의한 것이었음은 앞서 본 바와 같다. 그러나 미국을 '평화애호국'으로 표현하고 따라서 미군정과 우익의 결합을 파악하지 못하는 좌익의 대미인식의 틀을 벗어나지 못하고 있음을 보여준다. 이러한 인식은 '각지에서 빈발하고 있는 농민과 미군정의 직접적 충돌의 책임은 민족반역자의 재등장에 기인하는 것이기 때문에 이들의 실체를 폭로함으로써 미군정 측에 사실을 인식시킨다'고 하는 대응방식에서도 드러나고 있다. 그 결과 전농은 미군정에 대해 '현재 발생하고 있는 불상사 및 농민의 여러 가지 문제를 해결하고 지도하기 위해서는 전농 및 농조에 혹종의 권한을 부여해줄 것'을 요청하기에 이른다.[61] 이에 우익의 역공세와 미군정의 탄압에 대한 공동방어전선이 밑으로부터 요청되고 있음에도 불구하고 농민운동의 전국적 통일을 완료한 이 시점에도 전농은 이에 대한 방침을 명확히 제시하지 못했다. 결국 전농은 각지 농민조합과의 조직적 연결의 미비와 운동노선의 미통일을 해결해야 하는 조직적 과제와 더불어 실천의 장에서 제기되고 있는 미군정과의 대립에 대한 대응방침을 제시해야 하는 과제를 안고서 출발했다고 할 수 있다.

3) 전농의 민전 참여와 행동강령의 전환

전농은 결성되자마자 '모스크바삼상안'을 초점으로 하여 좌우익의 제 계급적 관계가 급속히 재편되는 변화된 국내정세에 직면케 되었다. 한반도에 대한 신탁통치 실시 및 통일임시정부수립을 골간으로 하는 모스크바삼상안이 전해지자 임정을 중심으로 한 우익은 반탁진영인 비상국민회의(1946. 1. 21)로, 조공을 중심으로 한 좌익 측은 찬탁통일전선인 민주주의민족전선(이하 민전으로 줄임)으로 결집되기에 이른 것이다. 이러한 좌익 측의 입장은 당시 국제정치의 현실에서 일정한 신탁통치는 불가피하다는 인식하에 '모스크바삼상안의 총체적 지지'를 표명함으로써 미·소 간의 타협을 통해 조선혁명의 과제를 실현한다는 것이었다. 이로써 민전은 서울에서는 인공을 대신하게 되었고 민전지부도 각지 인민위원회 조직에 근거하여 조직되어갔다.

한편 신탁통치를 구상한 본국의 의도와 달리 국내 변혁세력의 공세에 직면해야 했던 미군정은 우익인사들을 중심으로 미군정 자문기관인 민주의원(1946. 2. 14)을 구성하여 그들의 동반자가 누구인지를 분명히 하며 신탁통치의 실현 가능성에 회의를 표현했다. 더욱이 지방인민위를 파괴 또는 무력화하면서 구식민지통치기구를 재정비해온 미군정은 정당등록법(1946. 2)을 제정, 좌익세력에 대한 합법적인 탄압근거를 정교화했다. 이러한 국내외 정세변화를 배경으로 전농은 조공·전평과 함께 최대 세력으로 민전에 참가하게 된다.[62]

전농의 민전 참여는 농민의 경제적·정치적 제요구를 담보로 한 것으로 이로써 전농은 민전으로 대표되는 좌익의 총체적 노선을 관철하는 담당체로 자리 잡게 되었다. 민전은 반탁진영을 "조선 내의 대지주 및 대자본가의 계급적 본질에 근거를 둔 반민주주의 세력"이며 현재 민족해방운동의 중요 내용인 농민해방운동에 대하여 대항형태로 나타나지 않을 수 없는 세력이라고 규정하여 농민운동의 직접적 투쟁대상을 밝히고 있다. 그리하여 민전은 농민의 토지개혁요구에 대하여 '적산·역산 및 대지주의 토지몰수'에 의한 '토지문제의 평민적 해결'을 행동강령화하고 있으나 이의 직접적 실시는 통일임시정부의 과제로 제시하고 있다.

한편 민전은 미군정의 제반 정책으로 인한 기층과의 대립에 대해서도 그 정책에 대한 비판 내지는 새로운 정책을 건의하는 수준으로 대응할 것임을 표명하고 있다. 따라서 민전을 중심으로 하는 전농의 운동노선은 기존의 3·7제를 비롯한 농민의 경제투쟁을 잠정적으로 지속하면서 조직역량을 강화하는 한편, 토지개혁을 비롯한 농민적 요구를 실현해줄 수 있는 민전 주도하의 모스크바삼상안에 의한 통일임시정부수립운동에 참가하는 정치투쟁을 결합해나가게 되는 것이다.

민전을 중심으로 전농의 운동노선이 재정립되는 가운데 농민이 당면한 현실은 미군정의 인민위원회 및 그 산하조직에 대한 해체, 경찰을 비롯한 우익세력의 테러가 가중되는 정치적 탄압과 경제적으로는 미곡공출과 물가앙등으로 인한 식량부족, 신한공사설치에 의한 토지박탈과 지주의 횡포 등으로 인해 일층 열악해져갔다. 이러한 현실에서 민전과 전농에서는 농민의 경제적 곤궁을 해결해줄 수 있는 제권리, 즉 미곡수집 배급권, 지주와의 단체계약권 등을 인민위원회와 농민조합 등에 일임해줄 것을 미군정에 요구하는 것[63] 이상의 대응을 하지 못했다. 그 결과 전농은 정치적·경제적 파탄에 기인하여 전면화하는 농민의 반군정의식을 수렴하면서 농민의 일상적 요구에 일치하는 농민운동을 전국적·대중적 형태로 계획 지도하지 못하게 되었다. 이에 각지 농민운동은 전농의 방침에 따르면서도 미군정 및 우익과의 대결 속에서 지역단위의 인민위원회와 농민조합을 중심으로 분산적 형태로 전개될 수밖에 없게 되었다.

미군정의 집요한 인민위원회 해체와 식민지관료기구의 부활은 이미 1946년 초반에 표면적으로 성공한 듯이 보였으나 인민위원회와 그 산하의 농민조합 등을 중심으로 한 대중과의 결합이 강고한 곳에서는 군정청을 직접 습격하는 등 변혁세력과 미군정과의 직접적 대결로 나아가 1946년 전반에는 마을단위까지 농민폭동으로 휩싸이게 했다. 좌익계에 의해 대부분의 인민위원회가 주도되었던 경남지역의 경우 자신들의 새 질서가 미군정에 의해 전복되는 것을 거부하며 미군정의 무력에 무력으로 맞서는 상태를 계속 되풀이하고 있었다.

한편 각지 인민위원회와 농민조합에서는 소작지이동과 지주의 토지매매를 반대하는 대(對)지주투쟁을 전개했고, 미곡의 밀수출·암매를 적발하거나 미군정의 수집을 직접 방해하는 형태로 미곡수집반대운동을 전개하여 45년산 미곡공출의 성과를 12퍼센트에 그치게 했다. 그러나 그 결과는 모두 잇따른 미군정의 좌익박멸작전의 희생물로 귀결되었다.

또한 토지개혁, 나아가서는 이를 실현해줄 수 있는 정부수립을 열망하는 농민들의 요구는 미소공위를 지지하는 각종 대회에의 농민의 조직적 참여로 표출되고 있으나 반탁운동을 계기로 차츰 결집하기 시작한 우익의 테러, 공격의 대상이 되기 시작했다.[64] 특히 4월에 들어서면서 미군정은 정당등록법 위반 등 각종 군정법령을 위반했다는 명목으로 대중조직 구성원에 대한 대량검거를 전국적으로 자행했고, 인민위원회를 비롯한 대중조직의 활동은 봉쇄 위축되어갔다. 이와 같이 농민의 일상생활의 방위를 과제로 하는 합법적·공개적 활동조차 저지되면서 농민의 반군정투쟁은 일층 폭력적 형태로 고양되어갔다.

한편 농민의 토지개혁요구를 어떠한 형태로든 수렴해야 했던 좌익 내부에서는 미소공위 개최와 북한의 토지개혁 실시를 계기로 소작제의 철폐를 내용으로 하는 토지개혁안을 1946년 3월 중순[65] 민전을 통해 공식 제기하기에 이른다. 이 토지개혁안은 4월 26일 제2차 인민위원회대표자대회를 통해 공식 채택되었으나 그 과정은 좌익 내부의 조공을 중심으로 한 중소지주몰수론과 인민당의 몰수제한론의 대립을 내포하고 있는 것이었다.[66] 이러한 좌익 내부에서의 토지개혁안 논의에 상응하는 한편 북한의 토지개혁 실시 소식으로 다시 폭발한 농민들의 소작료불납운동에 대해 북한의 토지개혁 내용을 담은 삐라, 전단 등의 출판물을 통한 선전활동에 주력해왔던 전농[67]에서도 1946년 5월 4일 확대집행위원회를 개최하여 행동강령을 '무상몰수와 무상분배에 의한 소작제 폐지'로 수정 채택하기에 이르렀다.

전농은 남한의 주·객관적 조건은 북조선과 달라 토지개혁을 바로 실시할 수는 없으나 이를 실현해줄 수 있는 통일임시정부수립운동에 농민의 총역량을 집결할 것을 주장[68]하며 다음과 같은 토지개혁안을 채택했다.

1. 일제친일파 민족반역자의 토지를 몰수하여 고용자, 토지 없는 농민, 토지 적은 농민에게 무상분배하라.
2. 5정보 이상의 중소지주 및 자경치 않는 지주 및 성당 기타 종교단체의 토지와 면적을 불구하고 계속적으로 소작을 주는 전토지를 몰수하여 고용자, 토지 없는 농민, 토지 적은 농민에게 무상분해하라.
3. 농민이 소유한 소산림을 제외한 전산림과 하천, 소택 등을 몰수하여 국유로 하고 이용권을 농민에게 공개하라.[69]

이상에서 보는 바와 같이 전농은 5정보 이상 지주의 소유지와 자경치 않는 지주의 토지도 무상몰수 무상분배에 의한 토지개혁의 대상임을 공식화하게 된 것이다. 전농은 소작제 철폐를 행동강령으로 채택하게 된 것을 농민의 토지개혁 역량의 고양이라는 측면에서 다음과 같이 제시했다.

기존의 행동강령이 3·7제투쟁을 통하여 농민들의 잠자던 자기 해방의식을 눈뜨게 해주었다. 북조선에서 실시된 토지개혁은 이 앙양된 농민들의 투쟁의식을 기초로 하여 일보 전진한 것이다. 남조선에 있어서도 농민들의 토지분배에 대한 자기 해방의식은 급속히 성장하였다. 따라서 전농 제1차 확대집행위원회는 기존의 행동강령을 전면적으로 수정하여 농민의 토지개혁에 대한 절실한 요구를 전면적으로 거둬들이게 된 것이다.[70]

전농은 조직에서도 경제투쟁을 목적으로 하는 빈·중농 중심의 농민조합을 전농민(고용자·빈농·중농·부농)을 광범위하게 포괄하는 농민위원회 형태로 변경할 것을 잠정적으로 결정했다. 농민위원회는 농민조합과 달리 토지문제의 해결=무상몰수 무상분배에 의한 토지개혁을 내걸고 토지개혁을 직접 실행하게 되는 부락단위의 조직형태로.[71] 이러한 농민조합의 농민위원회로의 해소는 1946년 9월에 공식화된다. 이와 같이 전농은 3·7제투쟁을 통해 구축된 농민의 조직역량을 기반으로 무상몰수 무상분배에 의한 토지개혁안을 내걸고 미소공위를 통한 통일임시정부수립운동에 적극적으로 참여할 것임을 표명하게 되었으나 기대했던 제1차 미소공위는 무기한 휴회됨으로써 전농을 중심으로 한 농민운동은 다시 새로운 상황에 직면해야만 했다.

6. 10월항쟁과 농민운동

1) 미군정의 탄압강화와 농민운동

미소공위의 무기한 휴회 그리고 강화된 미군정의 좌익탄압책으로 좌익은 새로운 방향을 모색해야 하는 현실에 직면케 되었다. 전농 또한 모스크바삼상안의 실현을 통한 토지개혁 실시를 내걸고 진행해온 운동노선에 혼란과 동요를 겪게 되었다. 이것은 무엇보다 약속했던 토지개혁이 무산됨으로써 농민대중과 유리될 위기에 직면하게 되었다는 점이다. 이러한 상황은 각지 농민조합에서의 농민 이탈로 나타나고 있었다.[72] 더구나 전농은 미군정에 대한 타협적인 노선에 의해 스스로 제약당함으로써 전농과 농민조합의 분리, 농민조합과 농민의 분리에 대해 명확한 대응책을 강구하지 못하고 있었다.

전농과 농민의 분리를 꾀하는 미군정의 정책은 일면 탄압, 일면 개량화를 꾀하는 토지정책안의 발표를 통해 이중적으로 시도되었다. 본격화되지는 않았지만 토지개혁안에 대한 여론조작 및 자작농창설안을 비롯한 토지개혁안의 발표가 후자에 해당된다면 각종 군정법령을 무기로 농민조직의 와해를 꾀하여 우익의 농민조직에 대한 테러·파괴를 방조하는 것이 전자의 방법이었다. 이에 좌익 측은 효과적인 대응책을 강구하지 못했고 그 결과 전농은 광범한 조직력을 확보하고 있음에도 불구하고 점차 합법적 활동이 봉쇄됨으로써 조직역량 강화를 기할 수 없게 되었다. 이 같은 상황에서 각지 인민위원회, 농민조합 등은 미군정의 반농민적 경제정책을 비롯하여 식민지적 질서의 온존에 대한 저항을 계속 시도했고 이에 대한 미군정의 탄압이 격증해짐에 따라 기층에서의 반군정의식은 더욱 고양되어 갔다.

 좌익은 이러한 밑으로부터의 반군정의식의 고양 및 자연발생적 반군정 투쟁을 조직적으로 수렴하지 않을 수 없게 되었다. 이것은 또한 미군정에 대한 좌익의 대응방침의 전환을 요구하는 것이기도 했다. 이 같은 미군정과의 모순 심화라는 객관적 조건의 첨예화 그리고 조공 내부의 분파문제와 좌우합작운동으로 인한 좌익의 분열이라는 복합적 요인의 작용을 받으면서 조공은 '정당방위의 역공세'[73]라는 신전술을 채택하게 되었다. 이 전술은 미국을 제국주의로 규정하면서도 합법적·대중적인 형태로 반미·반군정투쟁을 조직하여 미국에 압력을 가하는 실력행사를 통해 미소공위에 재개를 목적으로 하는 것이었다. 따라서 그 투쟁형태도 초기에는 공개적으로 미군정과 정면 충돌을 시도하는 것은 아니었다고 할 수 있다. 이 전술은 미소공위촉진대회 개최, 언론기관을 이용한 반군정 선전활동, '정권을 인민위원회로' 넘길 것을 요구하는 박헌영의 공개서한으로 구체화되었다.

 이러한 상황 속에서 농민운동의 추세는 어떠했는가? 쌀획득투쟁이 전국 각지 대중운동의 초점이 되고 있던 1946년 7, 8월에 농촌에서도 식량문제는 농민생활을 극도로 위협하고 있었다. 그런데다가 6월의 홍수로 생산량의 20퍼센트나 감소한[74] 하곡에 대한 수집은 농민의 격렬한 저항을 불러일으키기에 족한 것이었다. 이것은 무엇보다 하곡 공출이 일제강점기에도 없던 정책이었고 여기에다 이러한 미군정정책을 이용한 지주의 소작료부과까지 가중되고 있었다는 데 기인하는 것이었다. 더구나 미군정은 전국의 식량위기를 해결한다는 명목으로 하곡수집기간에는 각 정미소와 일반 가정의 도정까지 금지한 데다가[75] 수집과정상의 폭력성은 농민의 불만을 폭발시키는 결정적 계기가 되었다.

하곡수집문제에 대해 전농은[76] 하곡을 내놓되 가을까지의 식량을 제외한 나머지를 공출하고 공출은 생필품과 교환하도록 하는 방침을 전달했다. 이러한 전농의 지침은 이전과 비교해볼 때 미군정에 대한 강경노선으로의 전환이라고는 할 수 없다. 다만 이전의 미군정에 대한 타협적 차원에서 벗어나 미군정의 식민지적 경제정책에 대해 농민의 일상적 요구에 기초하여 대중적 반군정투쟁을 합법적 형태로 전국적으로 수행해나간다는 것이었다. 그러나 전농의 이러한 방침과는 달리 살인과 무력을 동반한 미군정의 공출에 맞설 수밖에 없는 농민의 하곡수집반대투쟁은 하의도 농민의 신한공사습격의 투쟁형태가[77] 보여주듯이 대중적·자위적 공세형태를 취할 수밖에 없게 되었다. 하의도 농민투쟁의 경우 미군정의 하곡수집 강행이 그 직접적 계기가 되었지만 근본적으로는 해방 직후 일제에 빼앗겼던 토지를 자신들의 소유로 할 수 있었던 농민들이 이를 다시 박탈한 미군정에 대한 분노가 그 배경을 이루고 있었던 것이다. 농민들의 투쟁형태의 첨예화는 미군정의 농민운동탄압에 의한 합법적 활동의 저지, 즉 변혁을 요구하는 농민대중의 조직적 활동에 대한 탄압에 관련된 것이었다. 전북 삼례면 와리부락의 예가[78] 보여주듯 변혁세력의 대중조직에 대한 파괴작업은 이미 마을단위까지 미치고 있었고 그것은 마을사람 전체를 대상으로 살인·체포·구금을 자행함으로써만 가능한 것이었다.

요컨대 미군정 및 우익의 무력 공세에 대해 농민들은 자발적으로 자위태세를 갖추어나가지 않을 수 없었던 것이다. 그리고 하곡수집반대투쟁은 곧 추곡수집반대투쟁으로 연결되어 농민들은 추곡수집을 피하기 위해 미리 벼를 베는 등 합법·비합법 반군정 투쟁을 계속 수행해나가고 있었다.[79] 그러나 이러한 행위는 곧 군정청의 계획을 수포로 돌아가게 하는 것이라 하여 군정법으로 처벌되었다.

이상과 같이 미소공위 결렬 이후 토지개혁의 좌절, 미군정의 미곡정책으로 인한 농민경제 파탄의 가속화, 그리고 보다 근본적으로 변혁운동에 대한 탄압의 강화에 직면해야 했던 농민의 경제·정치적 위기가 10월항쟁에서 농민투쟁의 추동력을 형성케 하는 요인으로 작용하게 되었다.

2) 10월항쟁에서 농민투쟁

신전술에 의해 조직된 노동자의 9월총파업이 대구지방에서의 가두진출로 도시의 기층민과 결합하고 곧 농민의 투쟁과 결합하게 되면서 전국적으로 전민중이 참여한 '10월항쟁'으로 확산되었는데 그 양상은 "수만의 (비록 수백만은 아니지만) 민중이 가담한 전면적인 혁명"이었다고 기록[80] 되어 있다.

이리하여 농민운동 역시 대중적인 무장공세의 양상을 띠게 되는데 간략하나마 각지 농민운동의 상황을 개괄해보기로 하자. 참고로 표 7은 10월항쟁이 전개된 지역을 표시한 것이다.[81]

1946년 10월 1일의 대구봉기를 직접적 계기로 점화된 경북지역의 항쟁은[82] 거의 동시적으로 전군(郡)적으로 폭발했으나 그 양상은 경찰 및 우익 대 좌익 및 봉기민과의 결합 정도에 의한 힘의 관계에 따라 다양하게 표출되었다. 그 최초에는 대구봉기에서 밀려나 주변지역으로 진출한 좌익단체원들과 그 지역의 인민위원회 및 농민조합 조직과 결합한 최저 수백명에서 수만 명에 이르는 지역민들이 대구항쟁에 호응하는 집회를 열고 일제히 봉기하여 무장단계로 진출하는 양상을 띠고 있다. 봉기민들은 농기구를 무기로 삼아 경찰서, 면사무소 등의 군정통치기구를 공격 접수하는 한편 경찰서의 무기로 무장하고 이어서 지주부호·우익인사·관리의 가옥을 습격 방화하고 이들을 살해 구타했으며 나아가 신한공사의 미곡창고를 습격, 미곡수집기록을 불태우고 쌀을 분배하는 양상이 곳곳에서 벌어졌다.

이러한 경북지역의 투쟁양상은 거의 다른 지역에서도 거의 유사하게 나타나고 있다. 경북지역의 항쟁은 각 지역의 인민위원회를 비롯한 대중조

표 7 10월항쟁 발생지역

경상도	대구, 예천, 약수, 통영, 영천, 군위, 왜관, 성주, 연일, 상주, 의성, 고성, 거창, 합천, 마산, 창녕, 경산, 고령, 울산, 양산, 동래, 청도, 진주, 경주, 봉화, 영주, 안강, 하동, 화정, 포항, 부산, 구미, 의령, 남지, 밀양, 거제, 진해, 구룡포 등.
경기도	서울, 개성, 장단, 연천, 연백, 광주, 강화, 신장, 동부, 봉동, 상도. 풍덕, 임한 등.
충청도	충주, 제천, 영동, 예산, 청주, 대전, 당진 등.
강원도	횡성, 삼척, 강릉, 묵호 등.
전라도	화순, 광주, 목포, 순천, 함평, 나주, 전주, 군산, 무안, 광산, 주포, 월야, 다시, 고막원, 번남, 세기, 동강, 영산, 왕곡, 영산포, 풍양, 해남 등.
황해도	연안, 백천 등.

자료: 하성수 엮음, 『남로당사』(세계, 1984), p. 163; 박헌영, 「10월 인민항쟁」, 『박헌영노선비판』(세계, 1986), pp. 431~55.

직 또는 대구에서 파견된 좌익원들이 투쟁을 계획 선동하고 이에 민중들이 호응하는 형태를 띠었으나 그 투쟁과정을 지도할 통일적 구심체는 존재하지 않았다. 그 결과 경북지역의 항쟁은 군 이상으로 지역적 연결은 없었을 뿐 아니라 무장진출로 폭발한 민중항쟁의 역동성이 조직의 통제력을 넘어 항쟁을 주도하기에 이른 것이다. 특히 경북지역 항쟁의 특징적 지표라면 징병귀환자로 보이는 농촌무산자가 항쟁과정의 선두에 서서 적극적 역할을 담당하고 있다는 점이다. 이들이 자신들을 강제징집했고 미군정하에서도 식민지성을 노골화한 경찰·관리들을 살상함으로써 항쟁의 폭력성을 일층 상승시키고 있었다고 할 수 있다.

봉기민들은 친일파 배제와 함께 대부분 지역에서 미곡공출반대를 내걸어 미군정의 식민지적 경제정책에 대한 분노를 폭발시켰다. 또한 이러한 대중적 열기를 바탕으로 인민위원회에 의한 치안행정의 담당을 요구함으로써 미군정의 반동화정책에 대한 저항을 표출시키고 있음을 볼 수 있다. 이러한 요구는 인민위원회와 보안서가 행정 치안을 맡고 인사까지 결정했던 선산, 예천 등지에서는 일시 실현되기도 했다. 그러나 경북지역의 항쟁은 군정청을 중심으로 한 경찰·우익단체의 재정비에 의한 대대적인 검거, 색출작전 그리고 미군의 지원을 받은 진압작전이 시작되자 곧 가라앉기 시작했고 1946년 10월 7, 8일쯤 경남지역으로 확대되어갔다.

이미 노동자의 총파업에 대한 선원들의 동정파업으로 봉기정세가 고조되고 있던 마산·통영 지역에서는 쌀을 요구하는 대중들의 시위가 경찰의 발포로 저지되면서 이에 맞선 대중적 항쟁으로 전화되었다. 진주, 하동, 의령 등지에서는 대중시위가 저지되자 좌익원들로 조직된 소규모의 전투부대가 경찰서를 습격 파괴하는 양상이 몇 차례 되풀이되었다. 이와 같이 경남지역의 항쟁도 지역적·고립적으로 진행되었는데 이것은 이미 경찰·우익단체가 미군정의 지휘하에 각 군에서 폭동예비혐의로 농민들을 구금하거나 마을마다 가폭동진압조직을 만들어 사전 저지하고 있었던 데도 기인한다.[83] 그 결과 마산 등의 도시를 제외하고는 그 항쟁이 인민위원회 등의 조직원들의 무장공세 양상을 띠게 되었던 것이다.

경남북 항쟁이 진압될 무렵인 1946년 10월 중순 이후 경기도의 개풍, 광주와 황해도의 연안, 백천 등지 그리고 충청도의 예산을 비롯한 5군에서 항쟁이 폭발했다. 충남지역의 경우 이들 항쟁지역은 이후에도 좌익세력이 상당한 기간 뿌리를 내리고 있을 만큼 좌익과 대중의 결합이 강고한 곳이었다. 이 지역에서는 '남조선과도입법의원과 미군정'을 폐지하라는 미군정 통치에 정면 도전하는 슬로건이 제창되기도 했다. 경기도 개풍군의 항쟁을 보면[84] 인민정권수립을 위해 봉기한 영남항쟁과 보조를 같이 하여 공동전선을 펼 것을 표방하고 있고 그 투쟁대상을 우익 그리고 항쟁의 성격을 제2차 해방을 요구하는 투쟁으로 규정하고 있다. 이러한 투쟁계획에 따라 농민조합 등의 조직을 중심으로 인민항쟁투쟁위원회를 결성하여 경찰서를 집중 공격하는 소규모 게릴라식 항쟁을 계속했다.

전국 각지의 항쟁이 강원도 횡성·묵호에서의 산발적인 소요양상 외에 거의 진압되어가는 10월 말에 이르자 전남지역 항쟁이 대규모적으로 폭발했다. 화순탄광 노동자들의 배고픔을 호소하는 시위를 폭발점으로 시작된 전남지역의 항쟁은 민중의 봉기에 미군정·경찰이 발포로 맞서는 양상이

50여 차례 반복되었다. 특히 나주·해남의 항쟁은 시위를 알리는 북소리를 신호로 하여 각 면의 농민들이 농기구와 칼 등을 휘두르며 사방에서 경찰서를 공격하는 대중적·조직적인 무장공세의 형태를 띠었다. 그러나 전남지역의 항쟁 역시 이미 미군정·경찰 및 우익의 효과적인 사전 저지책으로 11월 중순에는 거의 진압되어갔다. 전남의 경우 합법적인 투쟁대상이었던 미군에 대한 조직적인 공격이 나타나기도 했다. 이처럼 들불처럼 타오르던 항쟁도 전북의 남원·순창에서의 산발적인 소요 외에는 거의 가라앉아 갔다.

그런데 봉기의 고양이 보이지 않던 전북지역의 경우 농민의 항쟁은 미곡수집반대투쟁으로 나타났다. 전북의 미곡수집실적을 보면[85] 1946년 12월 중순에 목표량의 9퍼센트 실적이 1947년 1월 중순에 이르러서도 29퍼센트에 지나지 않았다. 이것은 소작권이동으로 협박하는 살인적인 강제수집과 2천여 명에 달하는 대량체포의 상황에서 전개된 것이었다.

이상과 같이 진행된 10월항쟁은 미군과 경찰의 무장력에 의해 진압되었지만 또한 그 과정은 '서울에서 급파된 우익청년단과 조합원들이 현지의 군·경과 협동하여 좌익계로 보이는 사람들의 집을 습격하고 부녀자에 대한 능욕·폭행'으로 점철된 것이었다. 이리하여 계속된 봉기에 발포와 체포로 맞선 경찰, 미군의 진압으로 민간인 1천여 명, 경찰 200명이 사망하고 부상자는 수천 명에 달했던 것으로 추산되고 있다. 체포된 자들은 1만 명 이상이었는데 주동급은 사형, 나머지 대부분은 점령군을 반대했다는 죄명, 즉 미군정 포고령 위반으로 유죄선고를 받았다.

이상 살펴본 바와 같이 10월항쟁은 노동자들의 총파업으로 주도되었고 '전민중적' 성격을 띠는 것이었지만 농민들의 투쟁이 결합되면서 전국적으로 확산되는 한편 그 투쟁양상도 무장적 공세형태로 나아가게 되었던 것이다. 이 항쟁의 과정에서 표출된 요구와 투쟁양상을 통해 항쟁의 성격을 보면 먼저 전국 각지에서 통일된 구호로 표출되고 있지는 않지만 미군정 점령 이래 제기되어왔던 민중의 구체적인 생활상의 요구를 포괄하는 변혁의 요구들이 총괄되고 있음을 볼 수 있다. 민중들은 미곡수집과 식량정책으로 노골화된 반민중적 경제정책, 친일파 경찰의 재등용과 토지개혁의 지연으로 나타난 식민지적 질서 온존, 그리고 미군정과 지주, 군정청 관리, 경찰의 야합에 의한 탄압에 대한 저항을 표출하고 있었던 것이다. 이러한 식민지적 질서에 대한 거부를 경찰서를 비롯한 군행정기구를 점거함으로써 표현하고 나아가 '인민위원회에 권력'을 넘길 것을 요구하며 미군정에 의해 빼앗긴 인민위원회의 치안권과 행정권을 재수립하려고 했다. 이에 폭발한 역량을 일제강점기부터 미군정 점령 이후까지 구식민지적 질서의 강요·억압을 직접 담당해온 경찰, 우익 등 친일파, 친미파에 대한 대중적이고 폭력적 투쟁으로 집중시키기에 이른 것이다.

한편 민중역량의 폭발이 전면화된 상황을 전후하여 중앙의 좌익 및 전농은 어떤 역할을 담당했는가를 보자. 인민항쟁의 양상은 전국적이고 대규모적이면서도 항쟁지역은 군단위를 벗어나지 못했고, 경북·전남을 제외한 대부분 지역에서는 고립 분산적으로 진행되었다. 이러한 양상은 조공 중앙의 항쟁에 대한 총체적인 계획이 없었음을 의미한다. 9월총파업이 확산되는 과정에서 추수기에 직면한 농민들의 투쟁이 결합하게 되면 전국적 항쟁으로 확산될 것이라는 점은 누구나 예상할 수 있는 것이었다. 그러나 당시 조공은 3당합동을 앞두고 당 내부의 모순·대립이 격화되고 있었고 당대회 소집파의 지방간부 대부분은 서울에 집중하고 있어서 각지의 동시적 항쟁을 계획할 수는 없었다고 할 수 있다.

전농 또한 하곡수집반대투쟁을 합법적 투쟁형태로 전국적으로 전개할 것을 제시하는 한편 1946년 9월에 농민조합의 조직형태를 농민위원회로 변경할 것을 제시하고 있을 뿐이다. 이 같은 지침 외에 항쟁의 양상에서 보면 조공·전농과 각지 농민조합의 연결은 보이지 않는다. 이것은 미군정의 탄압으로 인한 전농 중앙기관의 마비에 기인하는 것이겠지만 무엇보다 전농이 각지 농민조직에 미칠 수 있는 영향력의 한계를 보여주는 것이라 하겠다. 즉 전농의 운동노선은 지방 농민운동의 구체적인 상황에 대응하지 못했고 따라서 10월항쟁의 양상은 실천의 장인 지방에서의 농민운동이 인민위원회와 농민조합을 중심으로 지역단위로 총괄되어온 과정을 반영하는 것이라 하겠다. 그 결과 미군전술단 및 경찰의 무장력은 각각 치안과 진압으로 역할을 분담하면서 10월항쟁을 순조롭게 진압할 수 있었고 또한 효과적인 저지책을 사용할 수 있었던 것이다.

10월항쟁은 앞서 본 바와 같이 지역단위의 농민조합·인민위원회에 의해 주도되었다. 그러나 이들 역시 폭발한 농민역량을 조직적으로 수렴할 지도역량을 발휘하기에는 미흡했고 더구나 이것은 미군정·경찰을 비롯한 우익의 탄압으로 철저히 저지되고 있었다. 이 때문에 농민의 자위적 공세가 폭동적으로 행해진 후 조직적 수습을 할 수 없었고 이에 농민들은 우익·경찰·테러단체의 보복적인 테러·탄압의 희생물이 될 수밖에 없게 되었다. 따라서 10월항쟁은 미국의 식민지화정책에 반대하는 항쟁의 확고한 방향을 가진 목적의식적 투쟁이었다는 조공 스스로의 평가와 달리 미군정과의 직접적 대결 속에서 민족해방운동의 성격을 강화해온 민중운동의 맥락과 민중들의 변혁요구에 기초하여 폭발한 것이라고 할 수 있다.

10월항쟁의 패배는 결과적으로 좌익과 대중의 결합이 강고하게 유지되어왔던 지역에서의 전면적인 대중조직의 파괴를 가져와 이후 농민운동의 공개적 조직활동은 더욱 위축될 수밖에 없게 되었다. 그럼에도 불구하고 10월항쟁에서 나타난 변혁세력의 강력한 힘은 여전히 유지되고 있었다. 한편 10월항쟁 과정에서 농민의 반군정의식의 폭발에 직면한 미군정은 이후 토지개혁을 검토하기 시작했다. 이것은 미군정이 10월항쟁의 진압과정에서 좌익과 농민대중의 분리에 어느 정도 성공했음을 의미하는 것이자 농민운동에 대한 일면 탄압 일면 회유의 정책을 본격화하게 되었음을 말하는 것이다. 미군정의 토지개혁안은 본국의 남한만의 단정수립안에 상응하면서 적극화되었고 이는 1948년 3월 단정수립선거를 앞두고서 일인 농지 유상불하의 직접적 실시로 나타난다.

3) 10월항쟁의 결과와 전농의 노선전환

10월항쟁의 과정에서 변혁운동세력이 대거 파괴된 후 모든 정치영역, 예컨대 과도입법의원, 언론 등의 분야에서 한민당과 우익세력을 중심으로 한 극우세력이 그들의 반공정책의 현실적 기초를 획득하기에 이르렀다. 더욱이 이들은 반탁운동을 반공운동의 이데올로기로 이용하면서 미군정의 지원하에 좌익산하의 대중조직에 대한 대담한 파괴작업에 나섰다. 이를 위해 대한노총을 비롯한 각종 우익단체를 결성했고 이로써 분단지향세력을 강화해나갈 수 있게 되었다. 이러한 정세를 배경으로 좌익 측은 1946년 11월 26일 결성된 남로당을 중심으로 10월항쟁의 무력진압과정에서 파괴된 각종 대중조직을 재건하는 한편 모스크바삼상안을 관철함으로써 인민정권을 수립한다는 종래의 전술을 보다 적극적으로 추진하면서 새로운 투쟁의 고양을 계획하기 시작했다.

그러나 이러한 계획은 미군·경찰·우익단체의 노골화된 테러·탄압하에서 진행될 수밖에 없었다. 이에 좌익은 공개적인 집회시위와 파업을 조직하는 합법투쟁과 무력투쟁의 비합법투쟁을 결합하는 투쟁노선을 견지해 나갔다. 그리고 조직활동도 1947년에 들어서는 그 전기간을 통해 지방당의 조직력 강화, 농촌에서의 지하조직 확보, 비합법 노동자조직의 결성 등 비합법체계 위주로 그 대중적 기반을 재조직해나가는 방식을 취했다. 이에 따라 남로당 지지를 표명하며 10월항쟁 이후 합법적 활동을 계속해온 전농도 1947년 2월 21일 제2차 확대집행위원회를 열어 제1차 확대집행위에서 결정된 이래의 토지개혁안, 즉 무상몰수 무상분배안을 남로당의 강령에 준하여 보다 구체화한 「남조선토지개혁안에 대한 법령초안」을 채택 공식화했다.[86] 이 안은 토지개혁에만 그치지 않고 5정보 이상 지주의 가축, 농구, 주택 등 일체의 생산수단을 몰수한다고 규정하여 지주 대 빈농을 중심으로 한 농민과의 계급적 대항관계를 더욱 명료히 하고 있다. 따라서 이 단계에 이르면 전농을 중심으로 한 농민운동은 무상몰수 무상분배에 의한 토지개혁을 내걸고 전평을 중심으로 한 노동운동과 조직적인 연대투쟁을 전개하는 방식으로 인민정권의 계급적 기초로서 노농동맹을 일층 강화해나가게 되었던 것이다.

이러한 전농의 운동노선은 3·1절기념시민대회를 거쳐 전평 주도로 전개된 3·22총파업에의 조직적 참여로 구체화되기 시작한다. 격증하는 미군정의 탄압과 극우단체의 테러에 대항하는 한편 공위재개를 촉진하기 위해 조직된 3·22총파업은[87] 전평산하의 철도체신기관, 공장의 노동자 50여 만 명이 참여하여 전평 간부의 석방, 1일 4홉의 쌀배급, 박헌영 체포령의 취소 등을 요구하며 시작되어 3월 말까지 계속되었다. 이처럼 본격화된 조직적인 총파업이 민전, 전농 산하 17만 명의 농민, 8만여 명의 학생, 시민들이 이에 호응하면서 전국적인 민중항거로 확산되는 가운데 '삼상회의 결정을 즉각 실시할 것' '정권을 인민위원회로 넘길 것'을 내세우며 미군정에 대한 정치투쟁의 양상을 보였다. 이 과정에서 노동자, 농민 등이 경찰, 관공서를 직접 공격하는 등 그 투쟁형태도 조직적 무장공세의 형태를 띠게 되었다.

요컨대 10월항쟁 이후 전농을 중심으로 한 농민운동은 대중조직으로서의 독자적 활동에서 벗어나 노동운동과 연대를 강화하면서 정치투쟁·무장투쟁으로 나아가게 되었던 것이다. 3·22총파업에서 농민의 구체적 요구가 어떻게 표현되고 있었는지는 확실하지 않다. 그러나 총파업에의 농민의 조직적 참여는 토지개혁을 비롯한 변혁요구와 이를 실현해줄 수 있는 인민정권수립을 지향하는 농민들의 조직역량이 미약하지 않았음을 보여주는 것이다. 하지만 당시 조직원 수가 200만 명 이상에 달했다는 전농의 발표[88]와 비교해보면 미군정 우익의 노골화된 테러·탄압에 조직적인 자위책을 강구하지 못한 채 운동을 지도해온 전농이 직접적 영향력을 발휘할 수 있는 산하 농민위원회 조직은 대거 축소되고 있었음을 알 수 있다. 그러나 3월총파업 역시 좌익에 대한 탄압과 검거를 강화했을 뿐으로 미군정이 파업을 불법이라 선언하고 대대적인 검거를 실시하여 검거자 수가 2천여 명에 달하는 등 적지 않은 파급을 미치는 것이었다. 이에 총파업 계획에 참가한 전농 간부도 남로당, 전평 간부들과 함께 검거되어 합법활동이 저지되는 한편 산하의 농민위원회도 농민들의 검거로 파괴 약화되어 갔다.

1947년 5월 21일에 개최된 미소공위가 진행되고 있는 가운데서도 반탁을 내건 우익단체에 테러가 일층 격심해지면서 농민들이 영농조차 할 수 없게 되는 등 농민운동에 대한 탄압은 더욱 강화되었다. 특히 이러한 양상이 극심했던 곳은 좌익과 농민의 결합이 강고하여 이른바 소비에트지구라고 불리는 마을이 많았던 호남북지방이었다.[89] 그 대표적 사례가 와리·만경·이서부락 사건이다.

와리부락의 경우 앞서 보았듯이 부락민들 대개가 자소작을 하는 중농 이하 빈농으로 이미 10월항쟁 이전에 대대적인 집중 테러를 받았던 곳이었다. 이들 부락을 침입한 독촉을 비롯한 우익백색테러단은 부락민들에게 사상전환서·독촉가입·기부금을 강요하는가 하면 이에 응하지 않으면 집중 구타하거나 소작권을 박탈하는 방식으로 온존된 농민운동 역량까지 파괴해나갔다. 이러한 호남북지방에서의 테러 집중은 10월항쟁 과정에서 조직역량의 파괴를 면할 수 있었던 지역에 대한 미군정 및 우익의 좌익박멸작전이 계획적으로 진행되고 있었음을 의미하는 것이다.

결국 10월항쟁 이후인 1947년 초에 미국은 소련과의 냉전체제가 전면화되는 상황에서 미소공위를 재개, 참가하는 형식을 취하면서도 남한만의 단독정부수립을 준비하고 있었고 미군정은 좌익과 변혁역량의 끊임없는 분리작업을 통해 이를 충실히 준비하고 있었던 것이다. 이 같은 사태에 대해 전농은 '당국은 테러에 방어하기 위한 농촌자위대조직을 허용할 것'을 요구하는 진정서를 미군정에 제출하는[90] 형식적인 대응밖에 취할 수 없었다.

오히려 이 기간에 전농은 그 영향력하에 있는 농민조직을 총동원하여 '전농의 토지개혁안 실시' '민전 선거강령에 의한 인민정권 수립' '애국자 석방' 등 정치적 요구를 담은 연판장을 미소공위에 제출하는[91] 등 합법적인 정치투쟁에 주력했다. 이러한 전농의 노선은 공위진전을 위한 보다 적극적 투쟁으로서 조직된 7월 27일 인민대회에의 대대적 참여로 이어졌다. 미소공위의 성공관철을 비롯하여 인민위원회의 정권형태인 임시정부수립, 토지개혁, 산업국유화, 테러단 해산 및 좌익인사의 석방 등을 요구하며 전국적으로 거행된 이 대회에 각지 농민의 조직적 참여는 두드러졌던 것으로 나타난다. 그러나 미군정이 집회허가를 내주지 않거나 경찰이 나서서 조직적인 농민의 참여를 사전에 차단하는 등의 간섭 때문에 좌익세력과 정면 충돌하여 많은 사상자를 내고 검거 투옥되었다. 더구나 이를 계기로 미군정은 좌익제거작업의 전면에 나서 좌익요원을 대량 검거하고 아울러 민전, 남로당, 전농, 전평 등 좌익 정당단체의 사무소를 폐쇄하기에 이른다.

이후 전농은 형식적으로 비합법화되지는 않았지만 미군정에 의해 그 활동이 봉쇄됨으로써 실질적으로는 불법화된 것이나 다름없게 되었다. 이러한 상황을 틈타서 우익진영은 전농에 대항 분쇄하기 위해 1947년 8월 31일 반공청년단체를 모체로 대한독립촉성농민총동맹을 결성하여 농민운동의 합법적 헤게모니를 탈취했다. 이 단체는 유상매수 유상분배의 토지개혁안을 주장하고 있었던 데서도 확실히 드러나고 있듯이 농민의 객관적인 현실과는 거리가 먼 반공투쟁을 위한 이승만계의 정치단체로서 미군정과 우익의 강력한 후원 아래 전농에 대한 파괴활동에 거의 전념했다. 남한단정론 확정 후에는 5·10선거에 농민들이 참여하도록 선전하면서 강제동원에 주력하는 등 반농민적 성격을 노골화했다.

중앙 전농의 활동이 마비되고 그 산하의 농민위원회 조직이 대거 파괴되는 가운데 농촌 내부에서는 지주들의 토지방매로 인하여 소작권이동을 반대하는 소작쟁의가 1947년에 들어와서는 월평균 3천여 건에 이를 만큼 급속히 증가했다. 이것은 한편으로 10월항쟁 이후 토지개혁의 필연성을 인식할 수밖에 없었던 지주들이 대거 토지방매를 하기 시작한 것이며 다른 한편으로 소작농들이 개별적으로 자작농으로의 상승을 꾀하게 되었음을 의미한다.

한편 이미 1947년 초 격렬한 미곡수집반대투쟁으로 1만 명 이상이 구속 검거되었던 농민들은 6, 7월에 들어 다시 경찰력을 동원한 하곡수집이 강행되자 하곡수집반대투쟁을 전개했다. 농민의 하곡공출에 대한 저항은 불납동맹을 결성하거나 영농을 거부하여 수집에 불응하거나[92] 무력으로 방해하는 등 합법적·비합법적 형태로 지속되었다. 이는 1948년 초의 미곡수집반대투쟁으로 이어져 수집해놓은 미곡을 방화하거나 구장과 면서기 집을 습격하는 등 끈질기게 전개되고 있었다. 그러나 이러한 농민의 경제투쟁도 곧 미군정 및 우익단체의 무력탄압 대상이 되었고 더욱이 조직력을 대거 상실한 가운데서 산발적으로 진행될 수밖에 없었다.

이상 살펴본 바와 같이 전농을 중심으로 한 농민운동은 10월항쟁 이후에도 미소공위 관철을 통한 인민정권수립을 목표로 정치투쟁을 본격화하면서 노동운동과의 연대를 일층 강화하고 있었다. 한편 지역단위에서는 미군정의 미곡정책, 지주의 횡포에 맞서는 항쟁도 끈질기게 전개되고 있었으나 그 귀결은 모두 미군정 및 우익의 탄압 테러에 이한 조직역량의 파괴·약화로 이어졌다. 그 투쟁양상도 정치투쟁을 앞세운 남로당의 전술로 인해 폭동적 공세를 강화해나가게 되나 가중되는 탄압·테러로 합법적 투쟁이 허용되지 않고 주·객관적 조건으로 인해 점차 조직력을 상실해온 자연발생적 농민의 투쟁도 폭동적인 형태를 띠지 않을 수 없었던 것이다.

7. 분단의 구축과 농민운동의 전환

1947년 중반에 열린 제2차 미소공위는 아무런 합치점 없이 결렬됨으로써 좌익이 추구해왔던 미소공위 관철을 통한 인민정권수립의 길은 차단되기에 이르렀다. 그리고 극우세력의 정치력 강화와 좌익과 대중의 분리작업을 동시에 수행하면서 남한만의 단독정부수립을 추진해왔던 미국은 한국문제를 유엔에 이관함으로써 남한단정수립정책을 본격화했다. 이렇게 정치정세가 미군정 및 한민당을 중심으로 한 극우세력에 의한 단정수립으로 진행되어가자 남로당을 중심으로 한 좌익은 1948년 1월 15일 민전 성명서를 통해 양군동시 철퇴 후 남북총선거 실시에 의한 통일임시정부수립을 위하여 과감히 투쟁할 것이라고 선언하는 한편 인공수립을 목표로 민중봉기를 계획했다. 이로써 좌익은 미군 진주 이후 처음으로 미국을 제국주의 세력으로 공식화하고 반제민족해방투쟁에 나설 것임을 선언하게 되었던 것이다.

1947년 12월 8일 창립 2주년을 맞아 단정단선분쇄와 민족해방운동을 전개할 것임을 결의한 전농도[93] "우리는 전인민과 더불어 이땅을 모든 제국주의적 침략으로부터 결사 수호할 것이며 남북을 통일한 자주독립을 전취할 때까지 끝까지 싸울 것"이라고 하여 반제민족해방투쟁에 나설 것임을 공식화했다. 그리하여 유엔한국임시위원단의 입국을 반대하여 조직된 2·7총파업을 계기로 전농 및 그 산하의 농민위원회는 조직역량을 총동원하여 '구국투쟁'에 전면적으로 돌입하기에 이르렀다.

　2·7총파업은 유엔위원단 절대반대, 남한단독정부수립반대, 단선반대, 친일파 타도, 양군철수와 조선인에 의한 통일정부수립, 노동법과 사회보장법 실시, 1일 4홉 쌀 배급, 정권을 인민위원회로 넘길 것, 지주의 토지를 몰수하여 농민에게 무상분배할 것 등 10개 항의 정치적·경제적 요구를 내걸었고 '공식적으로는 조국의 주권을 방어하기 위한 평화적이며 건설적인 대중투쟁'으로 규정되었다.[94] 이리하여 2·7구국투쟁은 전국의 도시에서는 노동자들의 총파업과 대중시위로 전개되고 농촌에서는 농민시위대가 총파업 지지의 구국투쟁 궐기대회를 열고 미군정 경찰기관을 습격하는 등 조직적인 민중항거로 전국적으로 확산되어갔다. 경인일대의 가평·파주·포천·양주·양평을 비롯하여 경남북일대와 전남북일대에서 조직적으로 전개된 2·7구국투쟁은 그 과정에서 인민봉기 70건, 데모 103건, 봉화 204건, 파업 50건, 맹휴 34건이 발생했으며, 그 결과 8,409명이 체포되는 등 잇따른 조직역량 파괴로 이어졌다.

　2·7구국투쟁은 좌익산하의 대중조직들이 불법화되고 그 조직역량이 대거 파괴된 조건하에서 진행된 것으로 10월항쟁과 같이 대규모적일 수는 없었다. 더구나 변혁세력의 조직역량이 붕괴되어가는 상황에서 경남 합천군의 4천여 명, 경기 양평군의 5천여 명의 농민이 참여하고 있는 것은 농민의 조직역량이 총동원되는 전면적인 대결 양상을 띠고 있는 것을 의미하나 이는 곧 조직의 파괴로 이어지는 것이었다. 이에 남로당은 이처럼 미군정과 우익의 탄압에 쫓기게 된 역량들을 수습하여 지방당별로 야산대를 조직하고 경찰기관, 극우단체 사무실, 극우인물 등을 습득하는 등 비합

법 무장투쟁전술로 단정단선반대투쟁을 산발적으로 확산해나갔다. 이미 10월항쟁 진압과정에서 부분적으로 무장투쟁세력으로 전화해간 농민운동 역량은 이를 계기로 본격적으로 반제무장투쟁의 대중적 기반으로 전화해 가게 되었다.

'5·10선거'를 이틀 앞둔 1948년 5월 8일 남로당은 남조선단정반대 투쟁총파업위원회를 조직하여 전국적인 선거반대투쟁을 전개했다. 전면적인 반제·반우익투쟁임을 내걸고 정권을 인민위원회로 넘길 것과 전평의 민주노동법, 전농의 토지개혁안 실시 등을 요구하며 시작된 총파업은 5·10선거를 전후해서 봉화투쟁, 동맹휴학, 파업, 전신·철도·교량의 파괴 및 선거위원에 대한 테러, 단선무효시위 등의 형태로 전국 각지에서 조직적으로 전개되었다. 이 총파업은 5월 24일까지 총 8,393건이 발생했으나 그 참가인원수는 노동자, 농민, 학생들 약 10만 명으로 이전의 투쟁에 비교하면 상당히 축소된 규모다. 그러나 이 시기 제주도의 4·3민중봉기는 전면적인 반제무장투쟁으로까지 발전하기에 이르렀다.

한편 5·10선거반대투쟁 이후에도 전농은 하곡수집령이야말로 미제국주의의 식민지예속정책의 구체적 표현이라고 규정하고 이를 철회할 것을 강력히 요구하며 하곡수집을 계기로 본격적인 대중적 반미투쟁을 전개해 나갈 것임을 선언하고 있으나 단독정부가 들어서면서 그 공개적인 활동은 정지해버렸다.

이같이 10월항쟁 이후 좌익세력과 결합한 농민의 투쟁은 그 격렬성에도 불구하고 미군정·우익의 탄압과 좌익의 정치적 요구조건에 치중한 지도 때문에 폭동으로 일관됨으로써 변혁운동은 끊임없이 약화되고 농민대중과 유리되어갔다. 그 결과 반제무장투쟁으로 전화해간 농민운동세력도 단정수립 이후 군경의 포위섬멸작전에 의해 1950년 6·25 이전에 거의 소멸되었다.

8. 맺음말

 운동노선을 간략하게 검토함으로써 이 글을 마무리하려 한다. 먼저 해방 직후 그리고 미군정기 농민운동의 기본적 성격은 토지문제를 비롯한 식민지적 제질서의 근본적 변혁을 요구하는 선상에서 이를 실질적으로 확보할 수 있는 국가권력을 수립하려는 변혁운동의 일환으로 전개되었다는 점에서 찾아야 할 것이다. 그 구체적 형태가 농민계급의 독자적 이해의 실현으로서 토지획득운동의 전개와 건준·인민위원회로 이어지는 민족통일전선에 기초한 자주적 국가권력수립운동에의 합류다. 지방인민위원회는 바로 이러한 농민운동 역량을 원동력으로 하여 지방통치권을 행사하고 비록 짧은 기간이나마 사실상의 지방권력체로서 존재할 수 있었던 것이다. 농민운동은 형식적 해방으로 인해 이월된 민족적·계급적 과제 해결의 담당체로 재등장하지 않을 수 없었던 것이었고 이러한 점에서 농민운동의 출발은 명백히 국가권력 형성을 지향하는 정치적 성격을 갖게 되는 것이었다.
 한편 농민운동의 이러한 성격은 조선공산당을 주축으로 하는 좌익의 변혁노선과 결합하여 그 이념적·조직적 기반을 제공받으면서 3·7제투쟁을 통한 전농으로의 결집으로 구체화되어갔다. 즉 전농의 농민운동은 토지문제의 혁명적 해결과 자주적 국가권력의 수립을 위한 부르주아민주주의혁명의 완수를 최대과제로 하여 전개된 운동이었다. 이같이 좌익 노선에 기반한 전농이 광범한 조직역량을 기초로 농민운동을 주도할 수 있었던 것은 무엇보다 농민의 압도적 다수가 소작인을 중심으로 한 빈농이었다는 계급적 기초와 미군정하에서 가중된 식민지경제의 마비로 인한 농민의 경제적 파탄을 기본적 요인으로 하는 한편 일제하 농민운동의 역사적 맥락에 기반한 것이라고 할 수 있다.
 그런데 이처럼 민족모순과 계급모순이 중층적으로 작용한 주·객관적 조건하에서 농민운동의 지도권을 장악했던 전농의 운동노선을 검토해보았을 때, 전농은 농민의 일상적 이해에 기반한 경제투쟁과 자주적 국가권력수립을 위한 정치투쟁의 결합을 강조하고 있음에도 불구하고 거의 전기간에 걸쳐 합법적·비합법적 정치투쟁에 편향된 모습을 보여주고 있다. 구체적으로는 인민위원회와 민전을 중심으로 진행된 모스크바삼상안의 총체적 실현을 통한 인민주권수립운동에 주력하고 있는 것이다. 이 같은 전농의 운동노선은 그 투쟁형태를 달리하면서도 미군정 및 극우세력의 단정노선이 전면화되는 1947년 말에 이르기까지 견지되고 있었다. 즉 10월항쟁의 무력진압과정에서 대대적으로 파괴된 농민조직을 일정하게 재조직해내고 있지만 전농은 전평이 주도하는 정치투쟁과의 조직적 연대투쟁을 위주로 그 역량을 총동원함으로써 인민정권의 계급적 기초로서 노농동맹을 강화하는 방향으로 나아갔던 것이다. 물론 이 과정에서의 토지개혁을 비롯한 사회경제구조의 근본적 변혁을 요구하는 농민들의 적극적 참여는 결코 농민운동 역량이 미약하지 않음을 보여주고 있다. 그러나 결과적으로 미군정기 농민운동의 이러한 전개과정은 미군정 및 우익세력의 탄압, 조직파괴로 귀결되는 한편 변혁운동과 농민대중과의 점차적 분리로 현상화되었다.

이 같은 전농 노선의 정립·변화 과정은 당시 조공을 주축으로 한 좌익의 변혁노선에 근거한 것이고 그 가운데서도 조공과 남로당의 변혁노선이 관철된 것이었다. 따라서 전농의 운동노선에 대한 평가는 조공의 변혁노선에 직결되는 문제이나 다른 한편으로 전농과 그 산하의 농민조직 및 농민대중과의 조직적·이념적 결합의 강도를 재검토함으로써도 가능한 것이다. 전농의 경우 농민운동의 자발적 분출에 힘입어 농민역량의 총집결에는 일단 성공했지만 결성 초기부터 산하 농민조합에 미칠 수 있는 영향력에는 한계가 있었던 것으로 보인다. 이것은 한편으로 농민조합의 자연발생적 성격과 농민조직 자체의 분산성으로 인해 각지 농민 조직과의 종적 연결을 구축할 수 없었던 데 기인한다.

그러나 전농이 이러한 조직적·이념적 과제를 실현하는 데는 민족문제와 계급문제에 대한 불철저한 인식이 근본적인 장애요인으로 작용했다. 그 초기에는 민족문제에 해결을 일제잔재세력의 구축에만 두어 위로부터의 민족통일전선 결성에 치중한 결과 농민의 토지에 대한 투쟁, 소작료불납투쟁에 대해 명확한 지도를 관철하지 못했다. 또한 전농은 토지문제뿐만 아니라 미곡정책을 비롯한 미군정의 식민지적 경제정책을 직접적 계기로 하여 전면화한 농민의 반군정의식을 조직적으로 수렴하지 못했다. 농민운동이 전국적 조직화를 완료한 시점에서 좌익은 모스크바삼상안의 실현이라는 미·소 간의 국제적 협력을 통해 해방 조선의 과제를 해결한다는 정치노선을 견지해나갔다. 이 때문에 전농은 적산의 직접 접수를 기점으로 하는 미군정의 제반 식민지적 정책에 대해 직접 대항해나가기보다는 미군정에 일면 협력하는 방향으로 대응하면서 기층조직의 역량강화에 주력하고자 했던 것이다.

그러나 그 결과는 기층농민의 일상적 이해와 일치하는 경제투쟁을 대중적·전국적 형태로 전개하면서 민족해방운동의 조직역량을 질적으로 강화해나갈 수 없었다. 다른 한편으로 전농 스스로의 타협노선에 의해 제약당하면서 미군정의 탄압 강화, 우익세력의 역공세로 인한 농민조합의 조직적 활동의 위축에 대해 대응방침을 제대로 구축하지 못함으로써 지방의 농민운동 상황과는 일정하게 유리된 채 진행되고 있었다. 10월항쟁의 과정이 보여주듯이 전농이 합법적인 형태로 반미 경제투쟁을 전개하려고 했던 이 단계에서 농민운동은 이미 그 투쟁형태가 무장적 자위공세의 양상을 띠며 전개되었던 것이다.

요컨대 미군정기 농민운동은 외형적으로는 경제투쟁과 정치투쟁의 결합, 무장투쟁으로의 전환 등 질적 발전의 모습을 보이면서도 내부적으로는 지역단위의 인민위원회와 농민조직에 의해 총괄되면서 미군정 및 우익의 식민지적 제정책과 탄압 강화에 직접적으로 대결하며 민족해방운동으로서의 성격을 강화해갔던 것이다. 이러한 기층 민중운동의 동향과 단정노선이 전면화된 단계에 가서야 반제민족해방운동을 선언했던 중앙과의 불일치는 결국 해방 후 농민운동의 민족적·계급적 과제를 미해결인 채로 남겨두었던 것이다.

주

1) 김남식, 「박헌영과 8월테제」, 강만길 외, 『해방전후사의 인식 2』(한길사, 1985), pp. 104~42; 심지연, 「해방후 좌익진영 내부의 노선투쟁 분석」, 『조선혁명론연구』(실천문학사, 1987), pp. 40~69; 김성민, 「분단고착화의 내적 요인분석: 해방 3년 좌익운동비판」, 『연세』 24호(연세대학교 교지, 1986), pp. 56~71.
2) 김익진, 「운동노선을 통해 본 한국노동운동」, 김금수·박현채 외, 『한국노동운동론 I』(미래사, 1985); 김태승, 「해방 직후 노동운동의 성격에 대한 소고: 공장관리권을 둘러싼 운동을 중심으로」(서울대 경제학과 석사학위논문, 1987).
3) 미군정기 농민운동에 대한 연구성과는 다음과 같다. 김낙중, 「한국농민운동소사」, 박현채 외, 『한국농업문제의 새로운 인식』(돌베개, 1983); 이우재, 『한국농민운동사』(한울, 1986), pp. 61~68; 김광식, 「해방 전후 농민운동에 대한 일고찰」, 『연세』 19호(연세대 교지, 1984); 김창진, 「해방 후 농민운동」, 『고대신문』 1029호(고려대, 1985); 브루스 커밍스, 김주환 역, 『한국전쟁의 기원』 下(청사, 1986) 제9장, 10장; 佐佐本隆爾, 「제2차 세계대전 후 남조선해방투쟁에서의 토지개혁요구에 대해서」, 『조선사연구회논문집』 제4집(동경, 1968).
4) 위의 커밍스·佐佐本隆爾의 연구가 기본적 관점을 달리하면서도 이에 해당된다고 할 수 있다. 커밍스의 연구시각의 한계에 대해서는 평가를 달리하고 있는 다음의 두 논문을 참조하라. 김승철, 「8·15 직후사를 바라보는 두 가지 관점」, 『녹두서평』 I(녹두, 1987); 和田春樹, 「해방 전후사 연구의 시각과 과제」, 『조선사연구회논문집』 제27집(동경, 1987).
5) 이우재의 연구가 대표적인 것이라고 할 수 있다.
6) 해방 전후 조선농업생산관계의 성격에 관한 연구성과 및 논쟁에 관한 정리는 이호철, 「미군정기 농업정책과 농지개혁 연구의 재검토」, 지방사회연구회 엮음, 『지역사회와 민족운동』(한길사, 1987), pp. 316~42 참조.
7) 이경숙, 「한국 농지개혁 결정과정에 관한 재검토」, 김홍상 외, 『한국자본주의와 농업문제』(아침, 1987), pp. 88~93.
8) 조선총독부, 『조선의 소작관행』(속편, 1932). 1930년 조사한 바로는 생활곤란 때문에 임노동을 하는 소작농은 평균 37퍼센트나 되고 특히 전남북, 충남 등은 거의 50퍼센트나 되었다.
9) 일제하 농민운동의 전개과정과 성격에 대해서는 淺田喬二 외, 『항일농민운동연

구』(동녘, 1984) 참조.
10) 김광식, 앞의 논문, p. 38.
11) 조동걸, 『일제하 한국농민운동사』(한길사, 1979), pp. 169~80.
12) 강만길, 『일제시대 빈민생활사 연구』(창작사, 1987), p. 18.
13) 적색농민조합의 지역별(남한) 분포상황을 보면 전남(광양, 순천, 강진, 남해, 광주, 장성, 여수, 무안, 제주, 영암), 전북(옥구, 정읍, 부안, 전주, 김제), 경남(양산, 김해, 함안, 의령, 진주, 창원, 고성, 울산, 삼천포, 통영, 남해), 경북(봉화, 영주, 김천, 안동, 왜관, 의성, 영주, 예천), 충남(논산), 충북(영북), 경기(수원, 평택, 양평), 강원(양양, 삼척, 강릉, 월진, 고성, 통천) 등이다. 이는 유세희, 「한국농민운동사」, 고려대 아세아문제연구소 편, 『한국문화사대계』 IV; 조선총독부 편, 「최근에 있어서 조선의 치안상황」, 『1930년대 민족해방운동』(거름, 1984); 淺田喬二 앞의 논문을 참조하여 작성한 것임.
14) 김광식, 앞의 논문, p. 41.
15) 조동걸, 앞의 책, p. 302.
16) 홍인숙, 「건국준비위원회의 조직과 활동」, 강만길 외, 『해방전후사의 인식 2』, pp. 57~103 참조. 건준지부의 활동과 그 이념적 성격에 대해서는 전남지방의 건준지부를 분석한 안종철, 「조선건국준비위원회의 성격에 관한 연구: 중앙과 지방조직을 중심으로」(서울대 정치외교학과 석사학위논문, 1986) 참조.
17) 『해방일보』, 1946년 6월 25일자.
18) 森田芳夫, 『조선종전의 기록』(동경: 암남당서점, 1964), pp. 380~95.
19) 「조선공산당 1945년 8월테제: 현정세와 우리의 임무」, 김남식·심지연 편저, 『박헌영노선 비판』(세계, 1986), pp. 179~95.
20) 「전국농민조합총연맹결성대회의사록」(조선정판사 간), 김남식 편, 『남로당연구 자료집』 제2집(고려대 아세아문제연구소, 1974), pp. 156~57.
21) 같은 자료집, pp. 159~60.
22) 지방인민위원회에 대해서는 이를 조직과 성격에 따라 분류하고 있는 서울대 한국현대사연구회, 『해방정국과 민족통일전선』(세계, 1987), pp. 84~95를 참조할 수 있다.
23) 브루스 커밍스, 앞의 책, p. 130.
24) 「전국농민조합총연맹결성대회의사록」(조선정판사 간, 1946), p. 158.
25) 조선은행 조사부, 『조선경제연보』(1948), pp. II-42~43.

26) 『매일신보』, 1945년 11월 7일자.
27) C.Clkyde Mitchell, "Land Reform in Asia"(National Planning Association Pamphlet, no. 78, February, 1952), pp. 5~8.
28) 브루스 커밍스, 앞의 책, p. 336.
29) 브루스 커밍스, 같은 책, p. 339.
30) 「3·7제의 의의」, 『해방일보』, 1945년 10월 15일자. "(미군정이)소작료 3·1제를 발표한 것은 금년 소작료문제에 있어 거의 접근된 것을 말하는 바 …… 이 같은 3·1제법령에 대한 좌익의 긍정적 평가는 미군정 초기 좌익의 대미인식을 반영한 것이라고 볼 수 있다.
31) 마크 게인, 까치 편집부 옮김, 『해방과 미군정』(까치, 1927), p. 94, 대구 부근 고산면의 예 참조.
32) 「전농결성대회의사록」(조선정판사 간, 1946), p. 159.
33) 조선통신사, 『조선연감』(1948), p. 181.
34) 민주주의민족전선 편, 『조선해방연보』(1946), pp. 329~30.
35) 『조선인민보』, 1945년 8월 14일자.
36) 新納豊, 「해방 후 한국경제의 구조」, 최장집 편, 『한국현대사 I』(열음사, 1985), pp. 459~65.
37) 조선은행 조사부, 앞의 자료, pp. II-365~67. 1947년 8월에서 48년 3월까지를 대상으로 실시한 농가경제조사를 보면 미곡판매가 전농가 수입의 67퍼센트를 차지하고 있는 것으로 나타난다.
38) 김한주, 「농촌의 실태를 찾아서」, 『협동』, 1947년 3월호, pp. 40~44. 경기도 파주군 아동면 아동리의 일제시대와 1946년의 공출상황을 비교 조사한 것을 참조.
39) 마크 게인, 앞의 책, p. 94. 대구 부근 고산면의 예, "일제하에서 금융조합에서 1년에 24퍼센트의 이자로 돈을 빌릴 수가 있었다. 그러나 일인들이 귀환해버린 지금 돈을 빌릴 수 있는 유일한 구멍은 지방지주들뿐인데 그들은 연 60퍼센트의 이자를 요구한다."(「고리에 우는 영세 농가」, 『독립신보』, 1947년 10월 1일자 참조.)
40) 예산의 한 농민, 「양곡문제 해결의 길」, 『해방일보』, 1946년 3월 11일자.
41) 브루스 커밍스, 앞의 책, p. 334.
42) 『매일신보』, 1945년 9월 14일자.
43) 브루스 커밍스, 앞의 책, p. 334.

44) 서울대 한국현대사회연구회, 앞의 책, p. 93.
45) 『해방일보』, 1945년 10월 3일자.
46) 『해방일보』, 1945년 10월 25일자.
47) 민주주의민족전선 편, 앞의 자료(1946), pp. 329~330.
48) 같은 자료, p. 177.
49) 조선공산당의 국내외 정세인식 및 정치노선에 대한 분석은 양동주,「민주주의민족전선 연구」(고려대 정치외교학과 석사학위논문, 1986), pp. 7~18 참조.
50) 「전농결성대회의사록」(조선정판사 간, 1946), pp. 187~89.
51) 장상환,「농지개혁과정에 관한 실증적 연구」, 강만길 외, 『해방전후사의 인식 2』, p. 301.
52) 장성환, 같은 논문, p. 301.
53) 「전농결성대회의사록」(조선정판사 간, 1946). p. 154, 경북지방대표의 정세보고.
54) 같은 자료, p. 159.
55) 「전국인민위원회대표자대회의사록」(조선정판사 간, 1946), 김남식 편, 앞의 자료집 제2권, p. 73. 한편 이 대회에서는 조공의 농민운동노선을 이론화한 박문규가 소작료불납투쟁에 대한 금지방침을 다음과 같이 강조하고 있다. "지금에 있어서는 민족반역자가 아닌 한 대지주의 토지라도 이것을 불납한다든가 하는 것은 옳지 못하다는 것이다. 해방된 오늘날에 지주들도 다 같이 환희를 맛보아야 할 것이다. 3할 정도는 일반적으로 지주의 생활을 보장하는 데 필요하다고 생각한다. 물론 대지주 중에는 오히려 3할만으로도 수천 석을 할 수 있는 지주들이 있을 것이다. 그러나 그것은 우리가 행정권을 가질 수 있을 때에 별개로 세금정책 등에 의하여 적당하게 교정할 수 있을 것이다. 그러므로 우리는 첫째로 조선인 지주의 소작관계에 있어서는 금년에는 3·7제를 실시하되 3할소작료는 지주로서도 받을 권리가 있고 소작인도 내야 할 의무가 있다고 주장한다."
56) 「전농결성대회의사록」(조선정판사 간, 1946), p. 155.
57) 브루스 커밍스, 앞의 책 下, p. 169.
58) 佐佐本隆爾, 앞의 논문, p. 167~69.
59) 조선통신사, 『조선연감』(1947), pp. 6~9.
60) 전농의 결성대회와 운동노선에 대해서는 「전농결성대회의사록」(조선정판사 간, 1946) 참조 인용.
61) 『해방일보』, 1945년 12월 14일자.

62) 「민주주의민족전선결성대회의사록」, 김남식 편, 앞의 자료집 제2권, pp. 216~79.
63) 『해방일보』, 1946년 3월 16, 20일자; 『독립신보』, 1946년 3월 26일자, 5월 29일자 참조.
64) 『해방일보』, 1946년 4월 24, 25, 26일자, 5월 6일자.
65) 『해방일보』, 1946년 3월 21일자.
66) 중소지주지몰수론에 대한 좌익 내부의 논쟁 상황에 대해서는 김한주, 「8·15 이후의 국내정치정세」, 『과학전선』, 1946년 2월호; 이광, 「토지문제논고」, 『해방일보』, 1946년 5월 7, 9, 11일자의 기록에서 엿볼 수 있다.
67) 조선통신사, 『조선연감』(1948), p. 263.
68) 『해방일보』, 1946년 5월 5일자. 전농에서도 5월 3일 담화를 통해 미소공위 7호에 대한 지지를 표명하며 연합국에 적극 협력해야만 정부 수립에 참가할 수 있다고 거듭 강조하고 있다.
69) 민주주의민족전선 편, 앞의 자료, pp. 331~34.
70) 같은 자료, pp. 177~78.
71) 이태석 편, 『사회과학대사전』(1948년, 한울림 영인본, 1986), p. 128.
72) 마크 게인, 앞의 책, pp. 75~76. 부산 주변 어느 군의 군수 발언을 기록한 바에 따르면 군수는 전농이 과거 매우 중요한 비중을 차지했었고 이 군 지역에서만도 거의 2만에 달하는 소작인들이 거기에 속해 있었다고 말했다. "그러나 그것은 토지개혁, 깨끗한 정부 등과 같은 많은 성급한 약속을 했지요. 그러나 결국 약속을 지키지 못했고 점차 지지자들을 잃었지요. 지금에 와서는 전농은 활동을 못 하고 그 지도자들은 감옥에 갔습니다."
73) 박일원, 『남로당의 조직과 전술』(복간, 세계, 1984), pp. 31~32.
74) 김종범, 『조선식량문제와 그 대책』(돌베개 영인본, 1984), pp. 29~30.
75) 『독립신보』, 1946년 8월 22일자.
76) 김천영 편, 『한국현대사연표 2』(한울림, 1984), 1946년 9월 4일자.
77) 해방 전후 하의도의 농민운동에 대해서는 E.G. Mead, *American Military in Korea*(New York: Columbia University, King's Crown Press, 1951), pp. 230~33; 『조선인민보』, 1946년 8월 21일 참조.
78) 『독립신보』, 1946년 7월 27일자; 와리부락사건은 직접적으로는 농민조합의 간판을 뗄 것을 지지하는 경찰의 요구에 불응하자 독촉원들이 이 마을을 습격하면서

발생한 것이다.

79) 『독립신보』, 1946년 9월 25일자.
80) 마크 게인, 앞의 책, pp. 65~66.
81) 10월항쟁의 전개과정과 성격에 대한 분석은 간략하나마 정해구, 「'영남소요'(10월폭동)에 관한 연구」(역사문제연구소 주최 제6회 월례 발표 요지문, 1987.6)를 이용할 수 있다.
82) 경북지역의 항쟁에 대해서는 정해구, 「10월항쟁의 전개과정과 성격에 관한 한 연구: 경북지역을 중심으로」(고려대 정치외교학과 석사학위논문, 1987) 참조.
83) 마크 게인, 앞의 책, p. 74, p. 90.
84) 대검찰청 편, 『좌익사건실록』 1권(1980), p. 254.
85) 『독립신보』, 1946년 12월 15일자, 1947년 1월 14, 21일자.
86) 『독립신보』, 1947년 2월 21일자.
87) 김남식, 『남로당연구』(돌베개, 1984), p. 281 참조.
88) 박일원, 앞의 책, pp. 82~83.
89) 『노력인민』, 1947년 6월 21일자, 7월 6일자; 『독립신보』, 1947년 6월 18일자, 7월 9일자.
90) 『해방일보』, 1947년 8월 31일자.
91) 『독립신보』, 1947년 6월 11일자.
92) 『새한민보』(1-3), 1947년 7월 하순, p. 7. 전남 나주, 함평, 청평 등지의 예.
93) 『노력인민』, 1948년 1월 24일자.
94) 『노력인민』, 1948년 2월 28일자.

전남지방정치와 여순사건

황남준

1. 머리말

한국현대사 특히 해방을 전후한 한국사회구성체에 대한 연구는 현한국 사회의 주요 문제들에 대한 실천적 인식의 결과물이라 할 것이다. 그러나 그것은 동시에 해방을 전후한 시기의 사회경제적 변동, 이와 상호작용한 정치변동의 기본양식들이 현재까지도 지속적으로 관철되고 있다는 이론적 인식의 결과이기도 한 것이다.[1]

이 양식들의 형성과정은 적어도 한국전쟁을 포함하는 시기까지 지속된다고 볼 수 있는데 이것은 다시 '정치집단 간의 갈등'의 시기와 '정치체제 간의 갈등'의 시기로 대별해볼 수 있다. 여순사건은 바로 이 두 시기를 잇는 하나의 커다란 '연결고리'로서, 한미관계, 남북관계의 구조뿐만 아니라 분단국가의 구체적 성격까지도 결정짓는 계기였으며, 또한 '한국전쟁'에 이르는 하나의 발판 구실을 했다는 점에서 매우 중대한 사건이었음이 틀림없다.

1948년 10월 19일 밤 여수에서 폭발하여 그 주변 군으로까지 확산된 '여순사건'을 다룰 이 글은 그 전개과정과 성격을 분석해보고자 하는 하나의 초보적이고 시험적인 시도다. 이 글에서는 여순사건이 '극우'와 '극좌'가 결탁하여 발생한 '쿠데타'나, 혹은 '제주 4·3사건' 진압차 출동명령을 받은 제14연대 내의 소수 좌익계 사병집단에 의해 주도된 '군부반란사건'이라기보다는 제1공화국 출범 당시의 사회경제적 조건 및 정치적 상황과 해방 이후 건국에 이르기까지 전남지방정치 과정에서 생성된 제조건이 결합되어 폭발한 보다 근본적인 성격의 사건이었음을 밝히려는 데 초점을 맞추어보았다.

여순사건을 해석하는 기존의 입장은 크게 두 가지 견해, 즉 '반란계획설'과 '상황폭발설'로 요약해볼 수 있다. 전자에는 당시 정부 혹은 군부의 입장으로 이른바 '혁명의용군'사건과 관련시켜 '극우'와 '극좌'가 결탁하여 쿠데타를 일으켰다는 견해[2]와 제주도에 이어 육지에 제2전선을 형성하여 제주도 내 게릴라에 대한 군·경찰의 압력을 완화하는 동시에 육지에 제2전선을 확대해 궁극적으로 정권탈취를 목표로 반란쿠데타를 일으켰다는 견해[3]가 있다.

한편 후자는 1948년 말로 예정된 미군철수를 전후해서 남로당이 본격적인 '무장투쟁'을 통해 정권전복·탈취를 획책하려 했으나, '제주도 출동명령'이라는 상황적 요인이 때이른 반란을 촉발했다는 입장이다. 이 입장은 당시 사건진압에 직간접적으로 참여했던 한국인 장교 및 미국인 군사고문관들의 견해로서 사건의 발발을 설명하는 데 거의 정설(定說)로 받아들여지고 있다.[4]

그러나 위의 견해들은 여순사건을 당시 군부와 남로당이 처해 있던 상황적 요인들을 중심으로 해서 설명하고 있다는 점에서 사건 전개과정 및 그 성격을 규명하는 데 일정한 한계를 지닌다고 볼 수 있다.

여순사건은 제1공화국 출범 당시의 사회경제적 조건 및 정치적 '상황'의 산물이면서, 동시에 해방 이후 전개된 전남지방정치와 직접적으로 맞물려 나타났던 '역사적 산물'이기도 한 것이다. 이와 같은 측면들을 고려해서 여순사건을 파악할 때 사건의 구체적 전개과정 및 그 성격에 대한 정확한 이해가 가능하다.

따라서 이 글에서는 먼저 제1공화국 출범 당시의 상황(국가통제기구 내의 문제, 남로당 내부의 문제, 사회경제적 상황)을 검토할 것이다. 그다음 해방 이후 여순사건에 이르기까지 전남지방의 정치투쟁과정과 이것을 토대로 여순사건의 전개과정 및 그 성격을 분석하려 한다. 마지막으로 여순사건의 결과로서 전남지방의 반공체제가 어떻게 성립되는지를 살펴보려 한다.

2. 분단국가의 출범

미군정기를 거쳐 1948년 8월 15일 대한민국이 수립되면서 비록 분단국가였지만 남한지역은 비로소 일제식민통치와 미군정통치로부터 벗어나 정치적 독립을 달성할 수 있게 되었다. 그러나 이승만을 수반으로 하는 제1공화국의 출범은 결코 순탄한 것이 아니었다.

제1공화국은 해방 직후 미군정에 의해 부활되고, 해방정국에서 팽창을 거듭해온 일제총독부 관료조직 및 경찰조직, 해방 당시 남한에 있는 총재산의 80퍼센트를 차지했던 귀속재산의 보유, 취약한 지배계급(즉 미성숙하고 동시에 부일협력의 대가로서 정치적 헤게모니를 행사하지 못했던 토착산업자본가와 지주), 정치적 반대세력의 취약함(즉 정치적 양극화로 인한 중도세력의 궤멸, 미군정 및 경찰의 강력한 탄압에 의한 좌익세력의 약화) 등으로 말미암아 출범 당시부터 구조적이고 잠재적으로는 강력한 자율성을 지닐 수 있었다.[5]

그러나 이승만의 정치적 지지기반은 매우 취약했다. 그것은 지주, 토착산업자본가, 보수적 언론인과 지식인을 주축으로 한 한민당, 일제강점기 때의 친일경력을 갖고 있던 관료들, 단결심이 강하고 외부의 통제를 받지 않는, 좌익탄압에서 '선봉장' 역할을 한 경찰, 민족청년단, 대동청년단, 서북청년단 등 준군사단체로서 우익청년단체, 이승만을 추종하는 관료·친미지식인·농촌지주층을 중심으로 한 독촉국민회 등의 정치·사회 단체 등이었다.[6]

동시에 국가형성의 동반자로서 한민당이 이승만의 각료선임에 불만을 품게 됨으로써 양자 사이의 갈등이 표면화되기 시작했다. 또한 국회는 9월 7일 반민족행위자 처벌법을 통과시킴으로써 사회 내의 친일분자뿐만 아니라 미군정으로부터 계승된 행정조직과 경찰조직 내부의 친일파 숙청을 요구하고 있었으며, 10월 13일 김구를 추종하는 임정계 및 무소속 혁신파의원 44명이 미군철수를 요구하는 결의문을 채택함으로써 제1공화국의 권력기반을 위협하고 있었다.[7]

무엇보다도 제1공화국에 위협적인 세력은 공산주의자들이었다. 국방경비대 및 경찰·관료 조직, 그리고 중도·우익정당·사회단체, 학원 등에는 공산주의자들이 널리 뿌리박혀 있었다. 제주도에서는 아직까지 '폭동'이 진압되지 않고 있었으며, 미군정기 '가을항쟁'과 '단정단선반대투쟁'이 가장 치열하게 전개된 바 있던 전라도와 경상도 지방에는 좌익동조세력이 널리 잠재해 있었으며 동시에 공산주의자들은 산악지대에서 '결정적 시기'에 대비한 '무장투쟁'을 준비하고 있었다.

더욱 중요한 것은 해방 이후 절정에 다다른 민중들의 '민생문제'였으며, 이것은 한편으로 제1공화국의 정당성 위기를 지속시키고 있었으며, 다른 한편으로 공산주의자들의 선전·선동에 민중들이 쉽게 동조할 수 있는 조건을 형성하고 있었다.

1) 국방경비대 내부조직의 취약성과 군·경관계

1945년 11월 13일 국방사령부(1946년 6월 소련의 이의제기로 '국내경비대'로 명칭 변경)의 설치는 해방 직후의 정치적 상황, 이에 대응한 미군정의 정책적 맥락에서 올바로 이해될 수 있다.

1945년 10월 남원인민위원회 및 국군준비대와 경찰 및 미 전술부대가 충돌했던 '남원사건'[8]은 당시 남한 거의 전지역에 걸쳐 인민위원회, 농민조합, 국군준비대 등과 같은 조직이 압도적이었던 해방 직후의 정치상황을 말해주는 한 예에 불과하다. 미군정은 11월 현재 205개에 달하는 정당·사회단체, 그중에서도 30여 개에 달하는 사설군사단체[9]에 대한 적절한 조치 없이는 남한에 '질서정연하고 효율적이며 정치적으로 우호적인' 정권을 수립할 수가 없었다.

따라서 미군정은 아직까지 취약했던 경찰과 한민당을 보조하는 우익군사단체에 합법적 공간을 마련해주고 동시에 좌익적 성향을 띠는 군사단체를 불법화 해체하고, 다른 한편으로 이들 인적 자원을 흡수하여 정치적 안정을 도모할 수 있는 합법적·제도적 장치가 필요했다.

그러나 민군정은 경비대 확장에 적극적일 수 없었다. 왜냐하면 강대국들 사이의 협조를 통한 '통일정부수립'이 워싱턴에 의해 공식적으로 포기된 상태가 아니었으며, 동시에 남한에서 경비대를 장차 국군의 '모체'로 창설한다는 것을 공식적으로 천명할 수도 없었기 때문에, 미군정은 단지 경찰력을 보조한다는 명분으로 경비대 창설과 확장에 임할 수밖에 없었다. 이와 같은 경비대 창설의 목적과 그 한계는 군의 하부조직의 구성과 군·경관계에 기본적 제약으로 작용했다.

군정법령 제42호(1946년 1월 12일 공포)에 의해 조선국방경비대가 설치되고 태릉에 '조선국방경비대 총사령부'가 설치(1946년 2월 7일)되면서, 연대창설 및 모병업무가 본격적으로 시작되었다.

표 1에서 보는 바와 같이 각 연대는 도청소재지별로 창설되어 '향토경비대'로 불리게 되었으며, 8개 연대 창설작업은 서울에서 시작하여 춘천에 제8연대를 창설함으로써 마무리된다. 모병은 홍보활동, 가두모집, 행정관서와의 협조 등으로 활발히 전개되었지만 "경비대는 경찰의 보조기관이며, 정식군대는 나중에 모집할 것"이라는 대중의 인식으로 많은 어려움이 따랐다.[10]

초창기의 부대편성은 서울을 제외하고는 대대 규모의 충원조차도 어려웠으며, 탁치에 대한 찬반대립, 입대 전의 군사단체(즉 국군준비대, 광복군계, 일본군 출신계) 간의 상호 대립과 갈등, 일본식 군내무생활 및 훈련[11] 등으로 탈영과 충원이 계속되었다.[12] 이에 따라 사상적 성향과 관계없이 사설군사단체 출신자가 주모병대상이었으며, 경찰의 추적을 받는 정치범과 일반 범죄자, 깡패, 실업자 등의 입대도 허락되었다.[13]

표 1 　　　　　　　　　　　연대창설 현황

부대명	창설시기·장소	부대편성	비고
제1연대	1946. 1. 15 태릉	1946. 9. 18 연대편성 완료	자원이 많아 당대 완료
제2연대	1946. 2. 28 대전	1946. 12. 25	4대 정위 최홍희 완료
제3연대	1946. 2. 26 이리	1946. 12. 25	3대 정위 김백일 완료
제4연대	1946. 2. 15 광주	1946 12. 25	2대 정위 정일권 완료
제5연대	1946. 1. 29 부산	1947. 1. 1	2대 부위 백선엽 완료
제6연대	1946. 2. 18 대구	1948. 6. 15	6대 소령 김종갑 완료
제7연대	1946. 2. 7 청주	1947. 1. 15	당대 편성 완료
제8연대	1946. 4. 1 춘천	1946. 12. 7	
제9연대	1946. 11. 16 제주	1947. 3. 20 대대편성 완료	1948. 5. 15 제11연대 편성
제10연대	1948. 5. 1 강릉	8연대 3대대 기간	1948. 7. 1 태백산 공비토벌 참가
제11연대	1948. 5. 4 수원	2·3·4·5·6연대에서 1개 대대씩 차출 편성	1948. 5. 15 제9연대 흡수
제12연대	1948. 5. 1 군산	3연대 2대대 기간	1948. 11 여수반란 진압 출동
제13연대	1948. 5. 4 온양	2연대 일부병력 기간	1949. 7. 5 옹진전투 참가
제14연대	1948. 5. 4 여수	4연대 1개 대대 기간	1948. 10. 28 부대해체
제15연대	1948. 5. 4 마산	5연대 1개 대대병력 기간	1948. 11. 3 여수반란 진압 출동

자료:『육군발달사』(상권),『육군역사일지 1945~50』,『창군』(박영사, 1984), p. 96에서 재인용.

한편 표 1에서 알 수 있는 바와 같이 미군정은 1948년 5월 초 6개 연대를 신설, 2개 여단을 보강함에 따라 경비대는 비약적인 팽창의 계기를 마련할 수 있었다. 그러나 이러한 양적인 팽창에도 불구하고 경비대는 여전히 내부적인 취약성을 지닐 수밖에 없었다. 모병작업은 이전과 마찬가지로 지원자가 부족했지만 그나마 덜 어려웠다고 판단할 수 있다. 왜냐하면 분단을 확정짓는 '5·10 선거'를 전후해서 모병작업이 진행되었기 때문에

'경찰예비대'로서가 아니고 '국군의 모체'로서 경비대를 선전할 수 있었으며 '단정단선반대투쟁' 과정에서 대량으로 발생한 경찰의 지명수배자들이 거의 모두 입대가 허용되었기 때문이다.[14] 동시에 모병은 해외귀환 혹은 월남동포가 대부분을 구성하는 대규모 실업자군, 춘궁기의 식량부족까지 겹친 상황에서 전개되었기 때문에 이전보다 훨씬 용이하게 진행되었다고 볼 수 있다. 따라서 1946년 '가을항쟁' '단정선거반대투쟁'이 격렬하게 나타나던 지방에서 창설된 연대일수록 그 하부조직이 좌경화될 수밖에 없었으며, 이것은 남로당의 군침투공작에 의해 더욱 촉진되었다. 제14연대의 경우 반수 이상이 남로당 전남도당에 의해 침투되어 있었다.[15] 또한 낮은 대우, 수직적 상승기회의 결여 등에 불만이 누적된 사병들은 잦은 인사이동, 높은 상승기회를 가진 장교들보다는 자신들과 지연으로 맺어져 있으며 자신들의 군대생활을 직접 통제하는 인사계의 하사관들과 친밀감을 가지고 있었다.[16] 따라서 장교와 사병 사이에는 마찰의 소지가 많았으며 이것은 정치적 입장의 차이, 장교들의 부패 등에 의해 더욱 촉진되었다.[17]

한편 좌익탄압의 '선봉장'으로서 응집력 있는 경찰은 '경찰예비대'로서의 경비대를 사상적으로 불순하고 향토적 색채를 띠는 '오합지졸'로 인식할 수밖에 없었다. 또한 무기지급·계급장·복장·급식문제에서 불만을 품고 있던 경비대[18]는 과거 '일제의 주구'로서 자신들보다 높은 대우를 받고 있으면서 자신들을 멸시하는 경찰을 증오할 수밖에 없었다. 그 대표적인 예가 1947년 6월 3일 전남 영암에서 발생한 대규모 군경 간의 충돌사건이다. 영암사건은 6월 1일 오전 7시 영암경찰서 관내 신북지서에서 외박 나온 제4연대 소속 하사관이 신북지서장과의 사소한 '모표(帽標) 언쟁'으로 구속되자 이를 수습차 출동한 군기병 4명 중 1명이 심하게 구타당하고 3명이 구속당하는 사태로 발전했다. 이 소식을 듣고 흥분한 제4연대 사병 약 300명은 연대 내의 최철기 상사, 김근배 중사, 김정길 하사 등의 주동으로 6월 3일 오전 2시경 출동하자 여기에 장교까지 가세하여 동일 오전 3시경 신북지서·덕진지서를 습격 파괴했고 동일 오전 4시경 영암경찰서를 포위하여 경찰과 2시간가량의 총격전이 벌어졌다. 이 전투에서 경찰은 망루대에 설치된 기관총으로 응사하는 데 비해 일제 99식 소총으로 무장한 제4연대 병력은 탄약부족, 지휘관의 무능으로 참패를 면치 못했다. 이 사건은 제4연대와 광주기동경찰대의 전투로까지 비화될 조짐을 보였으나 경찰고문관, 제4연대 고문관, 영암군수가 중재하여 일단락되었다. 이 사건으로 경찰 측은 사망 1명, 중상 2명, 경상 2명의 피해가 생겼으며, 경비대 측에서는 사병 6명이 사망하고 10여 명이 부상당했다.[19]

2) 남로당의 조직과 한계

1946년 5월 정판사 위폐사건을 계기로 미군정과 경찰의 탄압정책 및 우익청년단체의 습격이 본격화되고, 다른 한편으로 미군정에 의해 적극 추진되고 있던 좌우합작운동으로 좌익세력의 내부분열이 촉진되자, 공산주의자들의 집결체인 조공은 대내외적으로 일대 위기에 직면하게 되었다. 이러한 상황을 타개하기 위해 '조공'은 미군정·경찰·우익세력에 대한 이른바 '정당방위의 역공세'를 기치로 내건 '신전술'을 채택하게 되는데, 이 '신전술'은 동시에 '좌우합작운동'에 대항할 좌익세력을 집결할 수 있는 신당(남로당) 결성과 표리일체를 이루는 것이었다. 그러나 남로당 형성과정에서 조공은 대회파의 반발로 내부 분열에 빠지지 않을 수 없었으며, 좌익세력 내부의 분열은 남로당 창당과정에 참여한 인민당과 신민당 내부에서도 일어나게 되었다.[20]

'9월총파업' 그리고 '10월항쟁'에는 조공 박헌영파의 세력과시를 통해 남로당 창당과정에서 생긴 좌익세력 내부분열 문제의 해결이라는 측면과 미군정·경찰·우익세력의 '탄압정책'에 대항한다는 양면전술이 내포되어 있었다.[21] 따라서 남로당은 형성과정에서 두 가지 기본적인 제약, 즉 지도그룹 내의 이질성(급진적인 조공 박헌영파, 온건한 인민당과 및 신민당과의 결합), 9월총파업 및 10월항쟁에 따른 당조직의 과다노출이라는 조직 내적 문제를 안고 있었다.

한편 합법적 정당으로 미군정에 등록한 남로당은 기본적인 핵심조직에서는 전위정당의 골격을 유지해야 하면서 동시에 대중정당의 형식을 취하지 않을 수 없었다. 이에 덧붙여 남로당은 '10월항쟁'의 여파로 인한 당조직의 정비, 미소공위 재개에 대응할 당세확장을 위해서는 많은 인적 자원이 필요했다.[22] 따라서 외곽정당에 프락치로 나가 있던 당원들,[23] 그리고 과거 공산당에 입당하지 못했던 민청원들이 대거 남로당에 가입하게 됨으로써[24] 당 하부조직이 매우 이질화되고 복합적으로 되었다. 이러한 측면은 1947년 4월 미소공위 재개를 앞두고 지역구 간부를 분할 확대하고[25] 공위재개 중 협의대상 문제가 구체화되자 당원 5배가운동을 전개, 조직을 무모하게 확산함으로써[26] 남로당은 외형적인 팽창에도 불구하고 매우 취약한 조직내적 측면을 내포하고 있었다.

1947년 7월 미소공위가 재결렬되자 남로당은 중간정당 및 우익정당 단체에 대한 정치공작을 강화해나갔다.[27] 우익·중간 정당과 사회단체에 대한 정치공작의 목표는 우익·반탁 세력을 고립시켜 남북협상의 추진과 단정수립 계획을 좌절시키는 데 있었으며, 군부 내 침투공작은 정부수립 후 큰 사건과 소요가 일어났을 경우 권력을 장악키 위한 것이었다.[28]

경비대 침투공작의 경우 1947년 말과 1948년 초 이른바 '인민혁명군사건'으로 폭로된 바 있었으며,[29] 1948년 전반기 '단선단정반대투쟁' 과정에서 많은 좌익 검거자가 생기면서 활발해지고 5월 이후 6개 연대의 경비대가 창설되면서 절정에 다다른다고 볼 수 있다. 지역적으로는 '단선단정반대투쟁'이 가장 치열하게 전개되었던 전라도와 경상도 지방에서 가장 활발하게 전개되었다. 남로당의 군부침투공작은 1948년 3월과 4월에 미군정 정보보고서에 다음과 같이 적혀 있다.[30]

경상북도와 전남의 공산주의자들은 국방경비대 침투를 목적으로 하고 있다. 이들은 경비대가 남한에서 권력탈취에 결정적인 요소가 될 것으로 생각하고 있다.

경찰의 추적을 받고 있던 대구의 민전(민주주의민족전선) 부의장이 조선경비대에 입대했으며 그외 다수가 침투해 있다.

남로당의 군침투공작은 이원적으로 진행되었는데, 원칙적으로 장교는 당중앙군사부가, 사병은 지방당부가 담당했다. 당중앙이 장교를 담당한 것은 장교의 선발과 교육, 배치 등의 권한이 중앙사령부에 있고 근무지 이동이 심했기 때문이며, 그 방법은 남로당이 추천한 자를 경비사관학교에 무조건 입교시키고 이미 임관된 장교는 동창, 혈연, 지연 등의 인간관계를 이용하여 포섭하는 식이었다. 각 도당이 사병을 담당한 것은 사병모집이 도 단위로 행해지고 또 연대의 이동이 거의 없었기 때문이다.[31]

여수 제14연대의 경우 남로당의 침투공작은 당시 전남도당 조직부과장이었던 박춘석의 증언을 통해 알 수 있다.[32]

…… 도당 군사부에서 광주·목포를 비롯한 각 시·군당 군사령부에 사병추천 지시를 하달하면 이들은 면·리에까지 다시 지시를 하여 입대자 명단을 받아 도당 군사령부에 제출한다. 도당에서는 이 명단을 연대공작을 직접 담당하고 있는 오르그(도당에서 파견된 조직원)에 준다. 이들 오르그는 연대 인사계(포섭된 자, 당시 지창수)에 지시하여 대대·중대·소대로 배치한다. …… 여수 14연대는 약 반수의 사병이 전남도당에 의해서 침투되었다.

남로당의 군부 침투공작은 사병조직과 장교조직 간의 분절, 도당지도부와 장교조직 간의 분절성을 안고 있었으며, 그 결과 효과적인 통제가 이루어질 수 없었다. 더구나 남로당의 침투공작은 미군정에 의해 탐지되고 있었다.

"유엔한위(한국임시위원단) 반대, 남조선 단독정부수립 반대, 양군 동시 철수, 인민공화국 만세" 등을 구호로 민전(민주주의민족전선)과 남로당에 의해 주도된 이른바 '2·7구국투쟁'(1948년 2월 7일~3월 말)은 선거반대를 위한 선전과 선동, 파업, 파괴, 시위, 맹휴, 그리고 경찰서 및 관공서 습격, 우익에 대한 테러 등을 통해 남한을 혼란의 소용돌이로 몰아넣었다. 이 과정에서 남로당은 대규모 검거, 전향자의 속출, 이에 따른 당조직의 노출과 파괴로 말미암아 '5·10단선단정저지투쟁'을 계속 수행하기 위해서는 당조직의 수습·강화를 모색하지 않을 수 없었다.[33]

남로당은 조직확대 및 군중적 조직형태를 탈피하고 조직 내의 '핵심체 구성' 및 '전위조직 형태'로 전환하지 않을 수 없었다. 즉 비합법태세와 규율강화를 강조하는 중앙집권식 하향조직체계로 전환하고 동시에 정상조직체계와 특수조직체계를 엄분하여 정당으로서의 남로당 조직을 유지하려 했다. 4월 1일 특수조직체계로서 중앙당의 지시를 받는 선전선행대와 도지도부의 지시를 받는 자위대, 백골대, 별동대, 인민청년군행동대, 야산대, 유격대 등의 조직에 착수하여 파괴·습격 테러의 주동체로 삼았다.[34] 또한 남로당은 계속된 파업시도로 인한 조직파손, 폐쇄 공장의 증가, 대한노총의 공세 강화, 춘궁기라는 현실을 감안해서 노동자보다는 농민층에 중점을 두어 조직공작을 추진해나갔다.

그러나 남로당의 중앙집권식 하향체계로의 전환은 일정한 한계를 지닐 수밖에 없었다. 그것은 지역적으로 서울 지도부에서 멀리 떨어진 지역일수록 그리고 남로당보다는 토착조직의 영향력이 큰 지역일수록 통제가 제대로 되지 않았다. 그 대표적인 예가 '제주 4·3사건'이라고 볼 수 있다. 1948년 3월과 4월의 시점에서 남로당은 투쟁형태를 비합법적 투쟁을 주(主)로 하고 합법적 투쟁을 종(從)으로 하는 이른바 배합투쟁으로 전환한 것이지, 전면적인 '무장투쟁'으로 전환된 것은 아니었다. 따라서 '단선단정반대투쟁' 과정에서 폭발한 '4·3폭동'은 당시 남로당의 투쟁노선에 배치되는 '모험주의적' 경향의 표출로서 중앙에서 계획되고 통제되지 않은 일종의 '돌출물'이었다.[35]

단선단정저지투쟁 과정에서 변형된 남로당은 남북에 적대적인 두 개의 분단국가가 성립됨으로써 다시 한번 변화의 계기를 갖게 되었다. 남·북노동당은 1948년 8월 25일 '남북노동당 연합중앙회'를 만들었다. 이것은 남북노동당의 완전한 합당이 아니었고, 당의 하부조직은 그대로 두고 중앙위원회만 연합하여 남북의 모든 문제를 토의한다는 것이었다.[36] 김일성을 수반으로 하는 '연합중앙위원회'의 설립으로 남로당의 서울중앙위원회는 서울지도부로 바뀌어 단순한 정책수행기구로 변형되었다. 따라서 적대적인 두 개의 분단국가가 형성된 시점에서 남로당의 활동은 그 이전보다 훨씬 제약되었음을 알 수 있다. 먼저 남로당은 독자적인 중앙위원회의 상실로 북로당의 영향을 많이 받을 수밖에 없었고, 둘째 정책수행에서도 38선 이북의 연합중앙위원회의 지시를 따라야 했기 때문에 이전보다 기동성을 상실할 가능성이 훨씬 높았으며, 셋째 이전보다 훨씬 적대적이고 열악한 조건에서 보다 힘든 투쟁, 즉 북한 공산정권의 정통성선전(예로 8월 지하선거, 인공기 게양투쟁 등), 중도·우익과의 연합모색(예로 정당·사회단체에 대한 프락치 공작, 미군철수 공작), 정권전복을 위한 무장력의 확보 등을 전개해야만 했다.

따라서 분단국가 성립 후 남로당은 상부조직에서 정책수립 및 수행의 혼선, 지방의 하부조직에서 말단조직의 이탈, 혹은 '모험주의적 경향'을 동시에 노정할 수밖에 없었고, 동시에 경비대 내의 무절제한 프락치공작, 경비대 내 남로당 조직의 분절성 등으로 '모험주의적 경향'은 더욱 촉진되어갔다.

3) 민생문제

해방 후 남한의 경제는 줄곧 구조적인 위기에서 벗어날 수 없었으며, 그것은 1948년 중반 이후 절정에 도달했다. 자기완결적인 경제질서를 갖지 못한 한국자본주의 경제체제는 일제의 패망으로 일본 본토와 만주공업지대로부터의 분업연관 단절, 일제기술자의 본국귀환, 통화남발 등으로 그 기능이 거의 마비되었다. 게다가 경공업(소비재)과 중공업(생산재)으로 산업구조가 편중해서 분포되어 있는 남북 간 분단의 고착화, 국가권력을 둘러싼 좌우익의 치열한 정치투쟁은 경제적 파탄을 더욱 가속화했다. 이러한 경제구조적 위기는 300만에 달하는 귀환동포 및 월남동포의 유입, 물자부족에 따른 매판자본가들의 매점·매석, 누적된 미군정의 재정적자 및 통화팽창, 북한으로부터의 단전 등으로 1948년 중반 이후 여순사건에 이르기까지 대다수 민중은 세계에서 중국 다음 가는 높은 물가상승, 실업

표 2　　　서울의 생필품 소매물가 지수표(1948년 1월 현재)

	1936년 기준(100)	1945년 8월 기준(100)
곡물	54,887	1,160
식료품	66,217	1,898
직물	150,864	5,423
연료	42,269	1,462
잡품	114,349	2,674
평균	85,717	2,524

자료: 조선은행 조사부, 물가지수표, 홍한표,「물가, 임금, 생활」,『민성』, 1948년 5월호, p. 28에서 재인용.

난, 식량문제 등의 민생고를 겪지 않을 수 없었다.

표 2에서 볼 수 있는 바와 같이 1945년 8월 이후 1948년 1월 현재까지만 2년 5개월 동안 서울시 생필품가격은 평균 25.2배나 급등했다는 것을 알 수 있다.(도매물가상승률은 동기간 동안 평균 73.2배에 달했다.) 그중 직물값이 최고로 무려 54.2배나 상승한 반면 곡물가는 가장 낮은 11.6배가 올랐다. 도매물가상승률과 소매물가상승률의 차이, 그리고 소매물가에서도 경공업제품과 농산물의 상승률에서 현격한 차이를 보이고 있는 것은 미군정의 농업정책(저곡가정책 및 미곡수집정책)에 따른 농민 대중의 희생이 상대적으로 컸다는 것을 반증해주는 것이다.

또한 표 3에서 볼 수 있는 바와 같이 당시의 근로자들은 높은 물가상승률뿐만 아니라 급격한 실질임금의 하락도 감수해야만 했다. 일제강점기 말기에는 임금상승률이 물가상승률과 거의 비슷하거나, 높은 수준을 기록했으나, 해방 후 3년도 못 되어서 실질임금상승률은 물가상승률의 5분의 1 이하로 떨어지고 있었다. 1936년 일제강점기의 100원 이상의 봉급생활자(고등관 이상의 관리, 기업체의 과장금 이상의 고급기술자)는[37] 1948년 1월 현재 1만 8,715원을 받는다 해도 물가상승률로 인해 생계를 겨우 꾸려나갈 정도밖에 안 될 것이다. 그러나 실제로 그들은 당시 5천 원 정도의 월

표 3   서울시 물가·임금 지수표(1936년을 100으로 기준)

		소매물가	임금	실질임금
1944년	1	212	210	99.05
	6	266	220	97.34
1945년	1	238	246	·
	6	259	282	·
1946년	1	10,913	3,386	·
	6	19,876	7,251	·
1947년	1	45,912	12,580	·
	6	51,121	15,812	·
	12	76,998	17,704	22.99
1948년	1	85,717	18,715	21.83

자료: 조선은행 물가·임금 지수표. 홍한표, 앞의 논문(pp. 28~31)에서 재작성.

급을 받고 있었으며, 그것은 당시 5인 가족의 한 달 쌀값(배급 쌀+자유시장 쌀 구입비) 비용이 최소한 2,800원에 달했으니 최저생계비 정도밖에 안 되었을 것이다.[38] 이러한 상황에서 그들은 부정부패에 대한 유혹을 느끼지 않을 수 없었을 것이며, 대다수 봉급생활자의 상태가 어떠했는지는 미루어 짐작할 수가 있다. 군정청의 조사는 1947년 말 현재 부양가족 5인의 대학교수의 월수입은 2,125원, 지출은 2만 2,518월, 매달 적자액이 2만여 원에 달하는 것으로 나타나 있다.[39] 따라서 당시의 봉급생활자 대부분은 집안의 귀중품, 가구 등의 살림도구를 팔아서 가계를 꾸려나가야 했다.

그러나 적자가계에 허덕이는 봉급생활자의 경우는 그나마 다행이었던 것 같다. 미군정 광공국 통계에 따르면 1947년 11월 현재 남한의 공장 조업률은 최저 4퍼센트에서 최고 40퍼센트 정도였으며 이에 따라 실업률 또한 심각한 상태였다. 당시 경기도에만 8만 이상의 실업자가 존재하고 있었으며 서울 시내의 경우(총인구 150만) 10인 이상의 사업체 노동자 수는 3만 2,392명, 사무직원 5만 2,392명, 그외의 정업자(定業者)는 4만 5천여 명에 불과했다고 한다.[40] 당시 서울 시내의 가옥 중 8할 정도가 금융기관에 저당잡혀 있다는 말까지 금융계에서 공공연히 나돌고 있었다.[41]

한편 당시 인구의 80퍼센트가 농업에 종사하고 있던 해방 후 남한사회에서 서울 등 도회지의 민생고는 오히려 부차적이었다고 볼 수 있다. 농업생산(특히 미곡생산)은 해방 이후 공업과 달리 오히려 생산이 계속 증가하고 있었다. 그러나 농촌의 민중들은 미군정의 미곡수집정책, 저곡가정책에 의해, 그리고 자신들의 이익을 대변해줄 수 있는 자발적인 결사체를 파괴당함으로써 기아·폭력에 맞서야만 했다. 대부분 지방에서 그들의 저항은 1948년 전반기까지 계속되었지만, 자신들의 결사체가 파괴되고 그 대신 경찰력·행정력·우익단체가 침투함으로써 점차 그 힘과 규모는 쇠퇴해 갔고 이에 비례해서 그들의 생계조건은 역시 악화되어갔다.

1946년 '가을항쟁', 1948년 '단정단선반대투쟁'에서 "쌀을 다오! 공출반대!" 등의 구호가 반복되었고 습격대상도 쌀창고, 그리고 공출과 직접 관련을 맺는 경찰, 관리, 지주였던 점을 감안해볼 때 농민들은 '이데올로기'보다는 자신들이 피땀 흘려 생산하면서도 굶주려야 했던 '쌀'을 위해 저항했는지도 모른다.

미군정의 미곡수집정책은 1946년 5월 식량규칙 제2호 '미곡수집'(1946년 8월 25일 공포)에 의거 10월 말부터 본격적으로 실시되었다. 동규칙의 가장 큰 특징은 소작료 미곡을 전량 공출하게끔 규정하고 수집량은 지주, 소작인 등의 자주적 신고에 근거해서 구·읍·면장 등 주로 지주와 밀접한 관계를 유지하고 있는 지방의 말단관리에 의해 할당을 규정한 점이었다.[42] 따라서 기본적으로 소작농이나 빈농에게 매우 불리했으며, 실제 할당과 수집에서 친분관계, 정치적 고려 등의 여지가 많았으며, 미곡수집실적을 올리기 위해서 경찰과 관리에 의해 강제적으로 실시되었다. 따라서 평소 감정이 있다거나, 토지개혁을 주장하고 미곡공출을 반대하는 좌익활동과 관련이 있다고 판단되는 농가는 대개 미곡수집량을 부당하게 할당받는 대신 배급량은 조금밖에 받지 못했으며, 경찰과 관리들이 부여한 할당량을 채우지 못한 농가의 가축과 재산을 몰수해서 차액을 메우기도 했다.

특히 미곡수집은 1946년 '가을항쟁'이 한창 진행 중이었던 10월말부터 본격적으로 실시되었기 때문에 농민들의 저항이 컸으며, 여기에 경찰·청년단·관리가 강제적으로 실시했고, 그 과정에서 부패까지도 극도로 심했다.[43]

1947년도산의 미곡수집(1947년 10월부터 시작)은 전년도 미곡수집 과정에서 나타난 농민들의 저항을 극소화하고, 더욱 효율적으로 하기 위해 지방관리의 자문기관으로 '미곡수집대책위원회'를 구성하고 할당대상 농가를 자·소작농, 자작지주까지 고려하여 세분함으로써 미곡수집의 공정과 효율을 기하려고 노력했지만 이것이 결코 소작농이나 영세농민의 부담을 경감시켜주지는 않았다. 1946년의 경찰력과 우익단체의 보강, 기술적·제도적 보완, 이에 따른 농민의 저항감소로 미군정은 1948 미곡연도에 괄목할 만한 97.1퍼센트의 수집실적을 올렸다.[44]

표 4에서 볼 수 있는 바와 같이 쌀 생산량은 1946년 '가을항쟁' 시기와 1950년 한국전쟁시기를 제외하고는 증가추세에 있었으며, 이에 비례해서 미곡수집량도 계속 증가했음을 알 수 있다.[45] 1948 미곡수집년은 미곡수집에서 절정을 이룬 해였으며, 미군정은 전년에 비해 144만 석 증가한 500만 석을 증수했는데, 이것은 전체 총생산량의 36.1퍼센트에 달하는 양이었다. 그런데 표 5에서 볼 수 있는 바와 같이 1948년의 수집가격은 자유시장 가격에 비해 현저히 낮았으니, 1948년에 농민은 최대의 부담을 안고 있었다. 이러한 농민의 부담은 실제로는 더욱 막중했는데, 왜냐하면 1948 미곡연도 최고수집가격은 정조 한 가마니당 660원으로 전년보다 불과 10퍼센트 인상된 가격이었다. 이 가격은 군정청 농무부 조사부의 계산에 따르면 실제 생산비의 3분의 2, 일반 농가의 계산으로 2분의 1에 해당하는 것이었기 때문이다.[46] 즉 농민은 10분의 1정도의 가격을 받고 쌀을 미군정에 팔아야만 했다.

1948 미곡연도의 높은 미곡수집실적, 낮은 미곡수집가격은 1948년 춘궁기에 심각한 '식량문제'를 야기했다.[47] 그 이유는 1947년 말 현재 전농가호수 중 지주·자작농이 18.6퍼센트, 자소작농이 38.8퍼센트, 소작농이

표 4　　　　　　　　　　미곡수집 실적의 추이　　　　　　　(단위: 천 석, %)

	수확고 (A)	목표(B)	수집실적 (C)	(B)/(A) ×100	(C)/(B) ×100	(B)/(C) ×100
1946년도	12,836	5,511	694	42.9	12.6	5.1
1947년도	12,050	4,296	3,558	35.7	82.8	29.5
1948년도	13,850	5,156	5,005	37.2	97.1	36.1
1949년도	15,486	7,500	3,852	48.4	51.4	24.1
1950년도	14,734	3,500	3,256	23.8	93.0	22.1

자료: 한국은행 조사부, 『경제연감』(1965년판), 통계편, p. 15; 한국산업은행 조사부, 『한국산업경제 10년사』(1955), p. 970. 新納豊, 「해방후 한국경제의 구조」, 최장집 편, 『한국현대사 I』(열음사, 1985), p. 460에서 재인용.
주: 연도는 미곡연도(전년 12월~당년 11월)다.

표 5　　　　　　쌀의 자유시장가격 및 수납가격　　　　　　(단위: 원, %)

	(A)자유시장가격	(B)수납가격	(B)/(A)×100
1946년도	1,078	1,184	11
1947년도	6,567	2,146	32
1948년도	11,192	2,368	21
1949년도	17,652	4,440	25
1950년도	19,108	9,620	50

자료: 한국은행 조사부, 『경제연감』(1955년판), I, p. 84. 新納豊, 앞의 논문, p. 461에서 재인용.
주: 1) 자유시장가격은 200리터당, 수납가격은 석당(1석=180리터).
　　2) 자유시장가격은 연평균이다.
　　3) 연도는 미곡연도.

42.5퍼센트를 차지하고 있었고, 또 자작지와 소작지 논[畓]이 각각 32.7퍼센트와 67.3퍼센트의 비중을 차지[48]하고 있는 상태에서 1948 미곡연도의 총수확고의 36.1퍼센트 수집량은 소작농과 빈농의 식량문제를 보편화했으며, 1948년 3월 춘궁기에 절량농가는 최소한 4할 이상이나 되었던 것이다.[49] 이들 농가는 식량문제를 해결하기 위해서 지주에게서 고율로 쌀을 빌리거나, 고율의 사채를 얻거나 가축을 팔아서 생계를 유지했고, 그렇지

않으면 들이나 산에서 식량채집을 해야만 했다. 그러나 식량문제가 심각하고 좌익세력이 강한 지역에서는 농민들의 시위, 지주집 혹은 쌀창고 습격 등의 사례가 빈번하게 나타나고 있었다. 1948년 4월 전남 광주부의 식량계는 "식량배급 신청자가 급증하고 있다"는 담화를 발표하고[50] 있으며, 전남 영암에서는 3월 이후 6월까지 '기아군중이 식량창고를 습격하여 수집미를 탈취하는 사건이 빈발'[51]하고 있었다.

미군정은 우익세력의 반대를 무릅쓰고, 1948년 3월 춘궁기의 5·10선거를 앞두고 '공산주의의 영향력을 감소시키기 위해서' 귀속농지의 불하를 실시해서 8월 15일까지 신한공사 소유 전·답 총필지의 85퍼센트를 불하함으로써 소작농의 자작농화를 촉진했다.[52] 구속농지 불하는 해당 농민들에게 커다란 희망을 안겨주었는지는 몰라도 단기적 측면에서는 오히려 농민들에게 부담을 가중하는 결과를 낳았다. 왜냐하면 농민은 매년 연생산고의 2할을 15년간 현물로 납입해야 하며, 이전과는 달리 지세, 수리세, 농지수선비, 기타 생산에 필요한 비용을 스스로 부담하게 됨에 따라 거의 2분의 1에 가까운 생산물을 부담해야만 했기 때문이다.[53] (불하하기 전에는 3·1제 소작료만 지불하면 되었다.) 더구나 미군정 재무부는 지세와 지방세의 대폭 인상을 발표했는데[54] 이것은 신한 공사의 토지가 밀집되어 있는 전남과 전북의[55] 농민에게 커다란 부담이 되었다.

한편 전남의 농민은 하곡(보리) 수집배당량을 수확량이 전년보다 4할이나 감소한 상태에서 전년보다 3만 5천 석이 증가한 19만 8천 석을 배당받았다.[56] 설상가상으로 6월부터 7월 말까지 계속된 태풍과 장마로 전남(전북, 경남)지방은 막심한 피해를 입게 되었으며, 이에 따라 그들의 '민생고'는 극한상황으로 치닫고 있었다.[57]

3. 해방 후 전남지방정치

여순사건은 앞장에서 살펴본 바와 같이 국가통제기구 내의 문제(경비대와 경찰의 모순관계), 남로당 내부의 문제, 그리고 당시 민중들이 처한 사회경제적 상황이 응축되어 표출된 것이었지만, 이것들은 해방 후 전남지방의 정치투쟁과정과 직접적으로 맞물려 나타난 것이었다. 따라서 해방 후 전남지방의 정치과정을 살펴볼 때에만 사건의 발발뿐만 아니라, 구체적 전개과정과 그 성격에 대한 올바른 이해의 기초를 마련할 수 있을 것이다. 따라서 해방 후 전남지방 정치과정에 대한 이해는 여순사건의 분석을 위해 필수적 작업인 것이다. 여기서는 먼저 해방 직후 전남지방의 정치적 상황, 이에 대응한 미군정의 점령정책을 살펴보고, 그다음 이것들이 결과한 전남 동부지방 정치의 특수성, 마지막으로 1948년 전남지방의 정치상황을 살펴본다. 이를 통해 우리는 여순사건이 어떻게 전남지방정치와 직접적인 연관성을 가지는지를 이해할 수 있고, 동시에 사건 전개과정에 어떠한 영향을 미쳤는지를 이해할 수 있는 기초를 마련할 수 있을 것이다.

1) 미군의 초기 점령정책과 인민위원회

일제 패망에 따른 해방 직후 정치적 공백상태에서 '인민위원회'는 전남의 전반적 정치상황을 지배하고 있었다. 9월 23일 미전술점령군(제40사단 2개 대대)이 전남에 도착하여 광주와 순천에 주둔하기 시작했을 때 일제의 행정 및 경찰기능은 완전 마비되어 있었고 인민위원회는 전남을 통치하는 '실제적인 정부'(de facto government)로서 기능하고 있었으며,[58] 어떠한 정치집단도 '인민위원회'의 활동에 대항할 수 있을 정도로 강력하지 못했다.[59]

그림 1에서 보는 바와 같이 인민위원회는 전술군이 주둔했던 광주와 순천 주변의 몇몇 군을 제외하고는 도 전체에서 질서유지, 세금징수, 적산관리, 심지어는 학교까지 운영하고 있었다.[60]

이와 같은 해방 직후 전남지방의 정치상황은 10월 말부터, 즉 미제6사단 20보병연대가 10월 20일 강력한 점령기능을 수행하지 못했던 제40사단 2개대대를 대치하고, 제101군정단이 10월 23일 광주에 도착한 직후부터 급격한 변화의 계기를 갖는다.[61] 미군정은 점령 초기부터 서울에서뿐

그림 1   해방 직후 전남인민위원회 분포상황

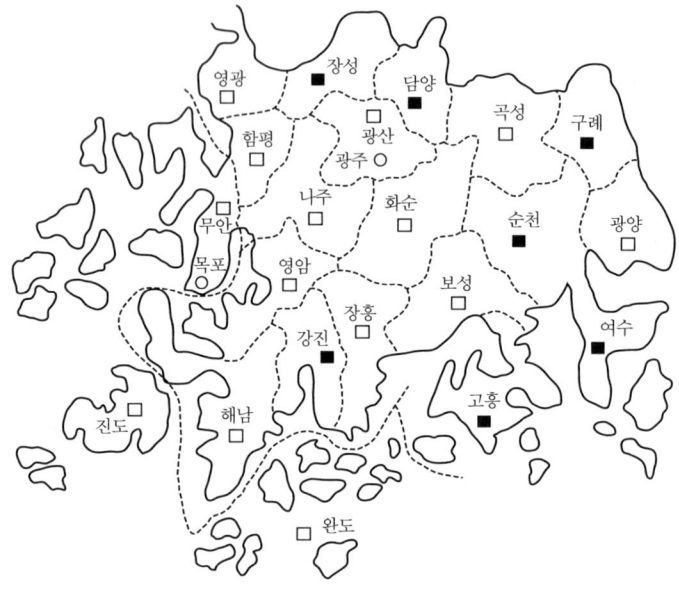

자료: Bruce Cumings, *The Origins of Korean War*, p. 297에서 재인용.
주: ■ 인민위원회가 존재했던 지역.
   □ 인민위원회가 정부기능을 행사했던 지역.
   ○ 부(시) □ 군

만 아니라 지방의 말단부락에까지 '효율적으로 기능하는' '자신의 영향력이 쉽게 침투할 수 있는' 정치질서를 수립하기를 원했으며, 이를 위해서는 '회색빛'으로 보이는, 즉 공산주의자들의 영향력이 쉽게 침투할 것이라고 판단했던 인민위원회를 철저하게 부정하고, 이에 대항할 수 있는 '유능한' 집단으로서 일제하 경찰과 관리, 친일세력 등을 정치적 대리세력으로 내세워 이들을 육성 강화해야만 했던 것이다.

제101군정단이 10월 27일 전남도 내에 군정을 선포하면서 제일 먼저 착수한 것은 기존의 일본인 관리를 약 3주 동안 유임시키면서 그들의 자문을 통해, 한편으로 친일경력 여부에 상관없이 보수·우익인사 혹은 일제하의 한국인 관리 및 경찰을 도행정기구에 충원하고, 다른 한편으로는 11

월 초 전남도인민위원회 및 치안대를 해산하는 것이었다.[62] 이와 같은 미군정의 초기정책은 광주에서 전혀 존재하지 않았던 주요 우익단체의 출현을 촉진한 반면, 도인민위원회는 11월 20일 한 개의 정당으로 등록하지 않을 수 없었다.[63]

광주에서 도인민위원회를 약화시킨 미군정은 다음 단계로 군인민위원회 분쇄정책을 전개했다. 미군정은 12월 도경찰의 재편성이 완료될 무렵 제20보병연대 일부 병력과 도경찰로 편성된 기동타격부대를 구성해서 '급진적' 성향을 지닌 군경찰 혹은 치안대, 지방관리들을 습격했다. 대부분의 경우 도고문회의를 통해 추천된 인민위원회 출신 군수, 읍장, 경찰서장 등이 적산을 '불법적'으로 관리했다거나 '월권행위'를 했다는 명분으로 체포되었다.[64]

이러한 미군정의 정책은 12월 초 광주와 인접한 나주군에서 시작해서 이듬해 3월까지 거의 마무리됨으로써 몇몇 군(무안, 진도, 광양 등)을 제외하고는 군행정 및 경찰기구는 거의 우익인사 혹은 일제하 관리·경찰로 충원되었다. 이에 힘입어 1946년 6월경이면 보수우익세력은 대부분의 군 수준에서 지배적인 정치세력으로 성장할 수 있었다.[65] 그러나 군인민위원회는 1946년 11월 '가을항쟁' 이전까지 농민조합, 노동조합, 학생단체, 청년단체, 부녀단체 등의 조직적 자원 및 민중의 지지기반을 가진, 면·리·부락 수준에서 여전히 지배적인 정치집단으로 존재했다.[66] 군차원에서 강력한 정치집단으로서 인민위원회 조직이 파괴되는 것은 1946년 10월 말부터 12월 중순까지 전개된 '전남 가을항쟁'[67]을 통해서다.

2) 1946년 '가을항쟁'과 전남 동부지방

전남 동부지방(여수, 순천, 광양, 구례, 곡성)은 그림 2에서 볼 수 있는 바와 같이 '민중항쟁' 기간에 경찰, 지방관리, 지주, 우익요인 및 청년단에 대한 습격이 거의 나타나지 않았다. 그 주된 이유는 해방 직후 전남 동부지방의 정치적 상황, 그리고 이에 대응한 미군정중대의 점령정책에서 비롯된다고 볼 수 있다.

표 6은 해방을 전후한 시기로부터 1946년까지 전남지방의 주요 사회·정치적인 지표다. 전반적으로 인구변동률(사회적 불안정성), 소작률(지주의 수취율) 등에서 전남지방은 항쟁이 발생할 수 있는 가능성이 매우 높았음을 알 수 있다. 그러나 표에서 알 수 있는 바와 같이 인구변동률과 소작률과 같은 사회경제적 지표의 차이성만 가지고는 전남지방의 항쟁 발생 여부를 설명할 수는 없다.[68]

한편 논농사비율이 60퍼센트 이하인 지역(대부분이 해안선을 끼고 있는 반도나 섬) 7개군(여수, 고흥, 진도, 해남, 함평, 무안, 화순) 중에서 3개군(여수, 고흥, 진도)에서 항쟁이 발생하지 않았다. 이것은 상대적으로 어업종사자가 많은 군들, 혹은 광주로부터 멀리 떨어진 지역에서 항쟁이 발생할 가능성이 적었음을 알 수 있다. 또한 인민위원회가 통치기능을 발휘하지 못한 7개군(여수·순천·구례·고흥·강진·장성·담양) 중에서 4개군(여수·순천·구례·고흥)에서 항쟁이 발생하지 않았다. 이 점은 해방 직후 각 군의 정치적 상황이 항쟁발생 여부와 깊은 인과적 관련성을 갖고 있다는 점을 가리킨다.

그러나 무엇보다도 중요한 점은 항쟁이 발생하지 않은 8개군 중 5개군이 제69군정중대가 통치했던 지역과 정확히 일치하고 있다는 것이다. 이것은 제69군정중대의 점령정책 수행과 항쟁의 발생 여부 사이에 밀접한 인과관계가 존재하고 있음을 알려준다.

위의 사실들로부터 미루어 판단해볼 때 전남 동부지방은 해방 직후의 정치적 상황, 제69군정대의 점령정책, 지리적 위치 등에서 전남도 내의 다른 시·군과 어느 정도의 차별성이 존재하고 있었다는 점을 알 수 있다. 바꾸어 말하면, 타도(他道) 혹은 전남도 내 다른 지방과 마찬가지로 열악한 사회경제적 조건하에서도 전남 동부지방에서 항쟁이 발생하지 않은 주요한 이유는 해방 직후의 정치적 상황, 이에 대응한 미군정의 점령정책, 그리고 도중앙인 광주로부터 멀리 떨어진 지리적 위치 등에 기인한다고 볼 수 있다.

해방 직후 전남 동부지방의 인민위원회는 전반적으로 구성인원의 과거

그림 2   1946년 '가을항쟁' 발생 분포

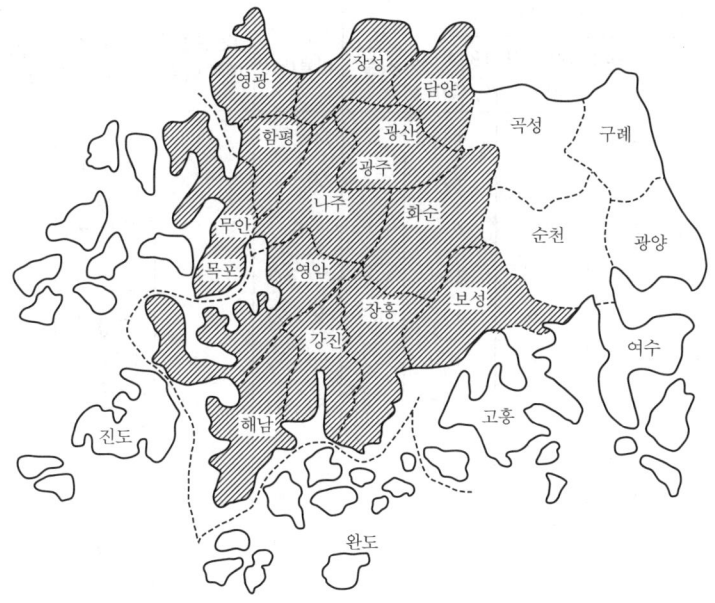

자료: USAFIK,"G-2, P. R.", "46년 10월~46년 12월.
　　　USAFIK, "G-2, weekly summary", 46년 11월 7일~46년 12월 21일.
　　　『동아일보』, 46년 11월 1일자~11월 30일자.
주: 빗금 친 부분이 발생한 지역을 나타냄.

경력, 직업적 출신배경, 정치적 성향이 매우 다양 복잡하고 좌우익이 공존하고 있었으며, 통치기능을 행사하지 못하고 있었다.

1945년 8월 20일 결성된 여수 건국준비위원회의 경우 위원장 정재완은 만주에서 독립운동을 하던 우익인사였으며(후에 초대군수, 제2~5대 국회의원), 부위원장 이우현은 큰 정미소를 경영하는 갑부였으며, 관리부장 김경택은 일제강점기에 도평의원을 지낸 친일유지였으며, 노동부장 이창수는 좌익계 독립운동가였으며(후에 여순사건 때 참가), 치안부장 김수평은 일본 명치대를 졸업한 좌익계 지식인이었다(한국전쟁 때 좌익적 성향을 나타냄). 또한 여수인민위원회는 군청을 접수하지 않은 채 진남관에 본부

표 6 해방 직후~1946년까지 전남의 주요 사회·정치적 지표

군	인구변동*			소작률*	논농사* 비율(%)	인민위원회* 통치 여부	군정중대의** 통치방식	항쟁의 발생 여부
	1930~40 (%)	1930~46 (%)	1944~46 (%)					
광산	-2.3	+21	+14	72	60~70	○	53중대 (군별― 직접통치)	○
장성	+2.5	+27	+17	72	60~70	×		○
영광	+9.6	+30	+7	n	n	○		○
담양	-3.5	+24	+20	72	60~70	×		○
무안	+2.2	+29	+15	68	50~60	○	55중대 (군별― 간접통치)	○
영암	+8.3	+42	+20	72	60~70	○		○
함평	+9.7	+44	+17	68	50~60	○		○
해남	+23.1	+51	+14	68	50~60	○	45중대 (군별― 직접통치)	○
강진	+10.1	+45	+19	80	70~80	×		○
완도	+20	+37	+10	72	60~70	○		×
진도	+5.7	+26	+15	60	40~50	○		×
장흥	+10.3	+36	+19	80	70~80	○	61중대 (일괄― 간접통치)	○
화순	-1.9	+14	+10	68	50~60	○		○
나주	+5.4	+41	+22	72	60~70	○		○
고흥	+22.5	+43	+13	68	50~60	×		×
보성	+4.0	+36	+22	80	70~80	○		○
순천	+7.4	+41	+22	80	70~80	×	65중대 (감독 통치)	×
여수	+25.0	+59	+16	60	40~50	×		×
구례	-6.2	+19	+19	80	70~80	×		×
곡성	-7.5	+20	+14	72	60~70	○		×
광양	+4.0	+31	+22	80	70~80	○		×

자료: * B. Cumings, 앞의 책, p. 450, p. 297.
　　　** G. Meade, 앞의 책, pp. 165~85.
주: 목포와 광주는 제외되었음.

를 따로 두고 업무를 수행하고 있었으며 치안대(대장 김수평)도 경찰서를 접수하지 않고 독자적으로 업무를 수행하여 당시 여수읍민, 그후 미군정 장교들로부터도 상당한 호평을 들었다 한다.69) 여수인민위원회는 그 구성과 활동에서 좌·우익이 공존하고 있었으며, 경찰 및 지방관리와 큰 마찰 없이 활동할 수 있었다.

여수와 더불어 전남 동부지방의 전반적 정치상황에 강력한 영향력을 미쳤다고 판단할 수 있는 순천 건국준비위원회의 경우 여수건준(혹은 인민위원회)과 어느 정도 대조적인 측면을 지니고 있었고, 좌우익 간에 갈등이 빈발했던 지역이었다. 순천건준은 1945년 8월 17일경 좌익이 배제된 채로 김양수, 박영진 등의 우익인사에 의해 전격적으로 결성되었다. 좌익은 건준에서 배제되자 노동조합을 조직, 우익 일색인 건준을 습격하기도 했으며, 9월 23일 미전술군이 순천에 진주하자 건준에 참여했던 우익계 인사들이 9월 25일경 서울을 제외한 전국 지방지부로는 처음으로 한민당을 결성했다. 이에 따라 좌익계 인사들은 김기수(여순사건 때 참가)를 중심으로 건준을 인계받아 인민위원회로 명칭을 바꾸었다. 순천의 경우 우익세력은 매우 결집력이 높아, 군중앙에서 전반적 정치상황을 지배하고 있었고, 좌익세력도 상대적으로 결집력이 강했으며 주로 면단위 이하에서 농민조합 등과 같은 조직을 통해 강력한 영향력을 행사했던 것 같다. 따라서 순천의 경우 좌우익 간의 갈등 정도가 동부지방에서는 상대적으로 가장 높았지만 어느 정도 공존할 수 있는 조건도 갖추고 있었다.70)

그외 광양 건국준비위원회는 8월 17일 좌우합작으로 군민대회를 치른 직후 김완근(1946년 전남도 민전위원장)을 위원장으로 결성되었으며 경찰서를 접수해서 치안을 담당할 정도로 강력했다. 광양의 전반적인 정치상황도 좌익세력이 군중앙과 면단위 이하에 걸쳐 지배적인 영향력을 행사한 것 같으며, 우익세력의 경우 이은상(한독당계 인사)을 중심으로 결집되어 좌우세력과 커다란 마찰 없이 공존할 수 있었다.71)

곡성 건국준비위원회의 경우 8월 22일경 신태윤(우익계 인사)을 위원장으로 좌우합작으로 건준이 결성되었으며, 경찰서와 군청을 접수해서 활동하고 있었다. 그러나 다른 지방에 비해 활발한 활동을 한 것 같지 않으며, 좌우익 간의 커다란 갈등이 별로 심하지 않았고 우익세력의 힘이 상대적으로 강했던 것 같다.[72]

구례 건국준비위원회의 경우 그 구성과 활동에 대해 자세한 기록이 보이지 않는다. 그러나 전반적으로 살펴볼 때 보수적 인사들이 군중앙에서 지배적이었던 것 같으며, 반면 좌익세력은 잘 조직된 노동조합, 농민조합을 통해 면수준 이하에서 지배적이었던 것 같다. 전체적으로 건준 혹은 인민위원회의 활동이 활발하지 않은 것 같으며, 좌우익이 커다란 갈등 없이 공존했던 것 같다.[73] 전남 동부지방 5개군의 정치적 상황을 정리해보면 표 7과 같다.

또한 동부지역의 인민위원회는 중앙 혹은 광주의 지시를 거의 따르지 않았으며, 동시에 정치적 문제보다는 일상적인 정치적 문제에 민감했던 것 같다.[74] 이러한 상황은 도중앙인 광주로부터 멀리 떨어져 있는 지리적 위치의 영향이 큰 것 같으며, 이 지리적 조건은 해방 직후의 정치적 상황뿐만 아니라, '가을항쟁'의 발생 여부에도 중요한 영향을 미쳤다고 볼 수 있다. 왜냐하면 당시 사용할 수 있는 통신수단은 구전(口傳), 봉화 등과 같은 원시적인 것이 주로 사용되었으며, 따라서 인접지방에서 봉기가 일어났을 경우 경찰과 청년단, 관리 등은 발달된 통신수단을 이용해 사전에 방비할 태세를 갖추거나 예방할 수 있는 시간적 여유를 가질 수 있었기 때문이다.

이러한 지리적 위치뿐만 아니라 지역적 특수성도 동부지방의 정치적 상황에 커다란 영향을 미쳤던 것 같다. 즉 서쪽(순천)으로는 조계산 줄기가, 동쪽(광양)으로는 백운산과 섬진강이, 북쪽(구례, 곡성)으로는 지리산이 막혀 있어 전남 서북지방, 전북 동남지방, 경남 서남지방으로부터 고립되어 여순·순천은 광주로부터 상대적으로 독자적인 경제·문화권을 형성하고 있었다. 순천은 당시 풍부한 미곡생산지 및 교육도시였으며, 여수는 해방 전까지 주요 미곡·수산물 수출항이었고 동시에 일본인들이 토지와 소비재산업에 투자한 교역 산업의 중심지였다.[75] 이러한 측면들은 동부지방

표 7   해방 직후 전남 동부 5군의 정치현황

	여수	순천	광양	구례	곡성
인민위원회 통치 여부	-	-	+	-	+
좌·우익 힘의 우열	우익우세	우익우세	좌익우세	우익우세	우익우세
좌·우익 간의 관계	공존	갈등	공존	공존	공존

자료: 『여수·여천 향토지』, pp. 300~01; 『순천·승주 향토지』, pp. 78~79; 『광양 군지』, pp. 336~37; 안종철, 「조선건국준비위원회의 성격에 관한 연구」(서울대 정치학과 석사학위 논문, 1985); G. Meade, 앞의 책, pp. 182~85.

인민위원회의 토착적 성격에 일정한 영향을 미쳤던 것 같다.

동부지방 인민위원회의 복합적 구성, 덜 급진적인 성격, 지방적·토착적 활동 등은 이 지역의 점령정책을 담당했던 제69군정중대가 세부적인 지방적 문제에 깊이 개입함이 없이 군차원에서 행정을 감독하는 형식의 점령정책을 실시하게끔 했다.[76]

제69군정중대의 이러한 정책은 동부지방의 정치적 분위기뿐만 아니라 군정중대 내부의 문제점에서도 비롯되었다. 즉 제69군정대는 비교적 많은 해군장교로 구성되어 있었으며, 이에 따라 육군이 주도권을 쥐고 있는 상황에서 해군장교의 반발, 육군장교와의 잦은 마찰, 해군장교의 본국귀환에 따른 잦은 인원교체 때문에 광주군정단의 지시에 충실한 강력하고 일관성 있는 점령정책을 실시하는 데 일정한 한계를 지니고 있었다.[77] 따라서 전남 동부지방의 인민위원회는 1945년 12월에서 1946년 2월에 걸쳐 다른 지방에서처럼 광주 기동타결부대에 의한 치안대 해산도 겪지 않았고 더구나 이 지역의 경찰은 1946년 5월이 되어서야 재구성되었다.[78] 이 기간 동부지방 인민위원회와 이에 연계된 좌익조직은 다른 지방에서와 같이 미군정과 경찰로부터 심한 탄압을 받지 않았으며, 따라서 '숨쉴 공간'과 자기 뿌리를 내릴 수 있는 '시간적 여유'를 가질 수 있었다.

이에 덧붙여 '가을항쟁'을 통해 대부분의 전남도 내 인민위원회는 한편으로 인민위원회와 이에 연계된 조직들이 치명적인 타격을 받았으며 다른 한편으로 좌우익 간의 갈등이 더욱 첨예하게 나타나게 된 반면, 항쟁이 발생하지 않았던 전남 동부지방은 인민위원회와 이에 연계된 좌익조직이 거의 아무런 손실을 입지 않았으며, 좌우익 간의 갈등도 심하게 악화되지 않았던 것 같다. 따라서 가을항쟁 이후도 동부지방의 인민위원회는 군 이하의 단위에 걸쳐서도 여전히 지배적인 영향력을 행사할 수 있었다고 볼 수 있다.

3) '단정단선반대투쟁'과 전남 동부지방

해방 초기 전남 동부지방의 좌우익 간의 갈등·공존 관계는 1948년 초까지도 지속되었다. 이때까지 전남 동부지방 인민위원회 및 그에 연계된 조직들의 변화과정은 앞으로 연구되어야 하겠지만, 전체적으로 유추해보면 남로당의 영향력이 전남도 내 다른 지역과 비교해볼 때 매우 미약했다고 할 수 있다.

전남 동부지방의 좌우익 간 갈등·공존 관계는 계속되는 인플레, 강제적인 미곡수집 등의 누적으로 민중의 삶의 조건이 극도로 악화되고, 동시에 '분단'이 기정사실화되기 시작한 1948년 봄부터 와해되기 시작했다.

여기에서는 이른바 '단정단선반대투쟁' 과정을 '2·7구국투쟁'과 '5·10 선거저지투쟁'(1948년 4월 초~5월 말)으로 세분해서 살펴보려 한다.

(1) '2·7구국투쟁'

1948년 2월 6일 유엔한국임시위원단(UNTCOK)이 "…… 소련군 당국의 부정적 태도로 인하여 …… 업무진행상 1947년 11월 14일 유엔총회 결의를 적용함에 소총회와 협의할 것"[79]을 발표함으로써 남한만의 단독선거가 거의 확실해지자 민전(민주주의민족전선)과 남로당은 2월 7일을 기해 '유엔한위반대남조선총파업위원회'의 명의로 전국적 파업과 파괴, 시위, 맹휴 등을 선전 선동해나갔다.[80]

경인지역 일대를 비롯하여 경남·북, 전남·북, 제주도에 이르기까지 전국적인 규모로 파업·파괴·시위·맹휴 지역이 확대되어갔으며, 이에 따라 전국적인 교통과 통신망, 각 생산기관, 행정기능이 일시 마비되었다.[81]

전기 '구국투쟁시기'(2월 7일~2월 24일)에는 주로 파업, 파괴, 맹휴, 삐라 살포, 시위 등이 주(主)를 이루었으며, 경남 일대와 수원에서는 경찰서 및 관공서 습격, 우익테러로까지 발전했다.[82]

이 시기에 전남지방에서는 습격과 테러사건은 거의 발생하지 않았다. 이 기간 전남에서 발생한 확인 가능한 사건은 다음과 같다.[83]

광주: 조선운동, 미창(米倉), 인쇄공장의 노동자파업, 학생 3천 명 맹휴, 삐라 52만 장 살포.
목포: 해운, 미창, 대동고무공장 파업.
여수: 철도와 조선운송노동자 5천 명 파업, 삐라 2만 장 살포.

그외 장성탄광과 화순탄광의 노동자들이 파업을 했으며, 목포의 기상관측소 일부 직원이 파업했다는 기록이 보인다.

2월 말에 들어서면서 전국적인 소요사태는 새로운 국면으로 접어들고 있었다. 2월 26일 유엔소총회가 "선거가 가능한 지역 내에서 선거를 실시할 것"을 결의하는 것을 전후해서 전북에서부터 전국적으로 경찰서 및 면사무소 습격, 우익에 대한 테러가 속출했다. 25일부터 27일 사이 전북에서만 34건의 경찰지서 습격사건이 발생하고 24명의 사망자가 발생했다.[84]

전남에서는 3·1절 국경일에 주한미사령관 하지 중장이 '남한 내에서 총선거 실시'를 발표하는 것과 때를 맞추어서 폭력적인 소요사태가 발생하기 시작했다. 전남에서의 폭력사태는 3월 1일에서 8일 사이(광주, 목포, 장성, 함평, 무안, 강진, 장흥, 고흥, 순천, 구례, 진도)에, 그리고 3월 13일에서 27일 사이에(광산, 장성, 담양, 나주, 영암, 장흥, 보성, 구례) 발생했다. 이를 종합해서 지도로 나타내면 그림 3과 같다.

그림 3에서 알 수 있는 바와 같이 1948년 3월에 들어 전남도 내 2부 14개군에서 폭력사태가 발생했으며 전남 동부지방에서도 구례와 순천이 포함되고 있다.

사건이 발생한 대부분 지역에서 군중들의 습격목표는 경찰지서, 대동청

그림 3   전남의 '2·7구국투쟁' 발생도(1948년 3월 1일~3월 말)

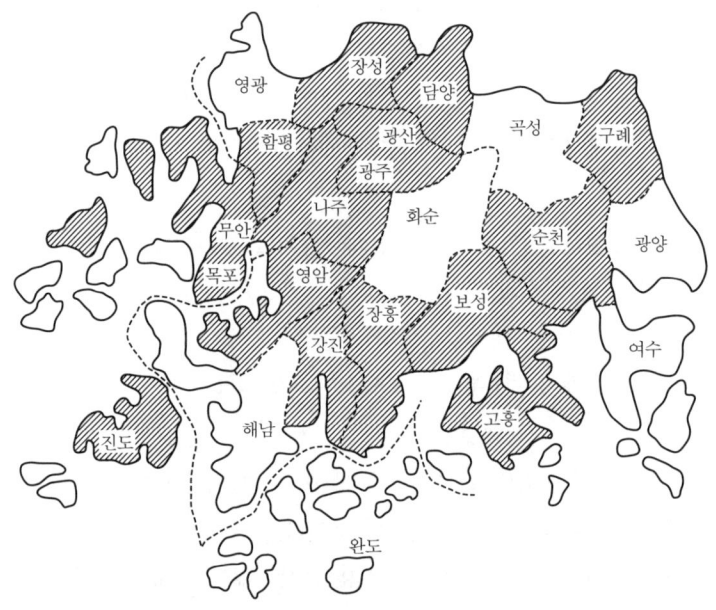

자료: USAFIK, "G-2, P.R"., 48년 3월 2일~4월 1일; 6th Div., "G-2 P. R.", 48년 3월 2일~3월 26일; 『동광신문』, 48년 3월 1일자~4월 1일자; 김석학·임종명, 『광복 30년 제2권: 여순반란편』(전남일보사, 1975), pp. 20~21.
주: 빗금 친 부분이 발생한 지역을 나타냄.

년단, 족청(민족청년단), 학련(민주학생연맹) 학생이었으며, 그외 지방관리와 지방유지, 한민당원, 미곡창고에 대한 습격·테러사건도 빈번했다. 이와 관련해서 주목할 점은 한독당원이나 사무소에 대한 테러나 습격은 발생하지 않았다는 것이다. 이 시기에 군중들은 수백 명에서 수천 명 정도가 집결해서 '유엔한위 반대' '양군 동시철수' '단선반대' '인공만세' 등의 구호를 외치며 돌, 곤봉, 죽창, 도끼, 일본도, 그외 휘발유, 다이너마이트를 사용하여 경찰지서를 습격했으며, 이때 총과 탄약이 탈취되는 사례도 빈번하게 나타나고 있었다.
이 시기에 구례에서는 3월 1일 지서습격 2건, 테러가 3건 발생하여 대동청년단원이 4명 부상, 군중 측에서는 사망 12명, 중상 7명, 경상 2명의 사상자를 냈다는 기록이 보인다. 또한 3월 14일에는 산동면 예안리에서 50명의 군중이 10명의 경찰과 투석전에 벌여 경찰의 발포로 1명이 사망한 기록이 보였다.[85]

한편 순천에서는 "3·1절기념식행사를 마친 남로당원들이 주동이 되어 대대적인 데모사태가 벌어졌다. 이와 때를 같이하여 순천중학을 비롯각 남녀 중학교의 민청(민주청년동맹) 학생들이 '단독선거 반대' 구호를 외치며 거리로 쏟아져나와 학련 학생들과 대치 ……, 남로당에 선동된 농민·노동자들은 삽, 곡괭이, 몽둥이 등을 들고 순천중의 학련 학생들을 포위했다. 사고현장에 긴급출동한 경찰 ……의 발포로 2명의 남로당원이 쓰러져 이날 …… 사태는 가까스로 수습됐다"는[86] 기록이 보인다.

후기 '구국투쟁'기간 구례와 순천에서 폭력사태가 나타나고는 있었지만, 사태가 발생하지 않은 6개군(영광, 해남, 화순, 여수, 광양, 곡성) 중 3개군이 여전히 전남 동부지방에 속하고 있었다. 또한 순천의 경우는 시위사태에 가까운 것으로서 1948년 3월의 시점에서 전남도 내 다른 지방에 비해 대규모 군중동원을 하고 있었지만, 폭력은 낮은 정도에 머무르고 있었다.

(2) '5·10단독선거저지투쟁'

'5·10제헌선거'를 위한 유권자 및 입후보자 등록이 1948년 3월 30일부터 시작됨으로써 남로당을 중심으로 한 '단선단정반대투쟁'은 새로운 국면으로 접어들고 있었다. 2월과 3월에 걸쳐 전개한 이른바 '구국투쟁'은 주로 유엔한위 및 미군정에 '단선불가'를 주장하는 방어적 측면이 강조된 것이었으나 4월에 들어서는 선거를 강행하려는 미군정과 이승만, 한민당 등의 우익세력에 정면으로 대항해서 실력으로 단독선거를 저지한다는 공격적 측면이 강조되지 않을 수 없었기 때문이다. 따라서 남로당은 이러한 전술적 전환, 그리고 '구국투쟁' 과정에서 생긴 조직력의 손실을 감안해서, 정상적인 당조직과는 별도로 중앙당의 지시를 받는 선전선행대와 도당의 지시를 받는 '유격대' '백골단' '인민청년군' 등과 같은 특수조직을 4월 1일부터 편성하기 시작한다.[87]

한편 미군정 경무부장 조병옥은 예상되는 남로당의 '단독선거파괴공작'을 효과적으로 저지하기 위해 4월 중순 선거를 한 달 가량 앞두고 "향토방위를 견고히 하기 위해 외래의 불순분자 내지 모략선동의 여지를 봉쇄하는" 것을 주목적으로 각 경찰지서 혹은 동(洞), 리(里), 가로(街路) 단위로 경찰보조력으로서 '향보단' 설치를 지시했다.[88]

전남지방에서 남로당의 '선거저지투쟁'은 4월 5일 시작해서 4월 29일까지 3월에 비해 비교적 산발적으로 나타났다(광주, 나주, 함평, 영광, 담양, 영암, 보성, 고흥, 구례 등). 공격대상은 초기에는 선거등록사무소 습격이, 후기에는 우익 및 지방관리에 대한 테러가 다수를 차지하고 있었으며, 경찰지서 습격은 상대적으로 덜 빈번하게 나타나고 있었고, 경찰서를 습격하는 경우 3월과 마찬가지로 총과 탄약을 탈취해갔다. 습격군중의 규모는 수십 명에서 수백 명 규모가 대부분을 차지했다.[89]

이 시기에 전남 동부지방에서는 구례군에서 3건의 테러사건이 기록되고 있다. 4월 28일 구례군 토지면에서 숫자 미상의 군중이 우익인사를 타살했으며, 동일 광의면에서도 숫자 미상의 군중이 대동청년단 단장과 선거사무원을 습격했으며, 4월 29일에는 구례군에서 20명의 군중이 4명의 우익인사의 집을 습격하여 타살했다.[90]

남로당은 '남북연석회의'의 결정에 따라 '남조선단선반대투쟁전국위원회'를 각 시·군에 조직하고 선거저지공작을 2단계로, 즉 선거실시까지는 이를 '파괴 파탄시키는 투쟁'을, 선거가 실시되면서부터는 '무효화투쟁'으로 전개해나갔다.[91]

본격적인 '5·10선거 저지공작'은 김구, 김규식 등 단선을 반대하는 우익·중도계 정당, 사회단체들이 남북연석회의에서 돌아온 직후 김구·김규식 명의로 공동성명서를 발표한 5월 6일 이후 시작되었다. 남로당은 5월 7일을 전후해서 전국적인 파업, 파괴, 맹휴, 시위, 삐라 살포, 경찰서 습격, 투표소 습격, 우익요인 및 청년단 테러 등을 통해 격렬한 '선거저지투쟁'

을 선전 선동해나갔다.

전남지방에서는 5월 초부터 5월 말까지 전화선·전선·전신주 절단, 입후보자·선거요원·우익인사·청년단원·향보단원에 대한 테러, 투표사무소·경찰지서 습격사건이 계속되었다. 전남도 내에서는 2부 13군(광주, 목포, 광산, 무안, 장성, 화순, 나주, 함평, 장흥, 강진, 영암, 보성, 순천, 광양, 여수)에서 발생했으며 수십 명 규모의 군중은 카빈총, 일체식 소총, 공기총, 권총 등의 총기류까지 사용하여 선거사무소, 투표소, 경찰지서 등을 습격했으며, 선거사무소 및 투표소 습격, 우익인사에 대한 테러가 경찰서 습격보다 더 빈번하게 나타났다.[92] 또한 나주와 보성군에서는 조직적인 무장단체가 경찰지서, 투표소 등을 습격하는 사례까지 나타나고 있었다. 산악지역에 본거지를 두고 훈련까지 받고 있던 이들 단체는 남로당이 4월 초에 조직한 선전선행대 혹은 백골단, 유격대 등이었던 것 같다. 이들 무장단체는 산악지대 혹은 경찰지서에서 경찰과 총격전을 벌이기까지도 했다.[93]

5월 전남 동부지방에서는 순천·광양·여수에 습격사건이 발생했다. 순천의 경우 가장 빈번하게 나타났는데 5월 19일 새벽 1시경 상사면에서 숫자 미상의 군중이 대동청년단의 집을 습격 살해하는 사건이 발생했으며, 같은 시각 별량면에서는 마을유지의 집이 습격당하여 유지가 살해당하고 그의 아내와 아들이 구타당하고 집이 불탄 사건이 발생했으며, 다른 곳에서도 새벽 1시 40분경 10여 명의 군중이 향보단원의 집을 습격하여 방화하는 사건이 발생했다.[94]

광양의 경우 5월 9일 새벽 4시경 20명의 군중이 지서를 습격하여 경찰 2명을 부상시키고 2정의 카빈총과 1정의 일식 장총을 탈취 도주했으며 군중 측에서는 1명이 사망하는 사건이 발생했다.[95]

여수의 경우 5월 10일 돌산면 죽포리에서 수십 명의 군중이 투표소를 습격하는 사건이 발생했는데 경찰이 출동하여 30명이 체포되었다.[96]

그림 4에서 알 수 있는 바와 같이 4월 초부터 5월 24일 사이에 전남도 내에서는 총 2부 17개 군에서 군중들의 습격·테러사건이 발생했다. 이 숫

그림 4   전남 단선저지투쟁 발생도(48년 4월 5일~5월 말)

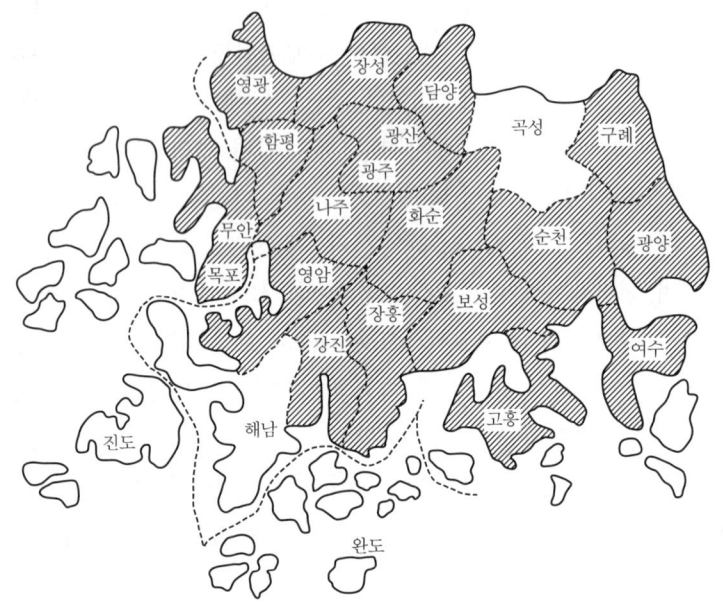

자료: USAFIK, "G-2, P. R.," 48년 4월 7일~5월 27일; 6th Div., "G-2, P. R.," 48년 4월 5일~5월 17일;『동광신문』, 48년 5월 8일~5월 29일자.
주: 빗금 친 부분이 발생지역을 나타냄.

자는 '구국투쟁' 과정에서 발생한 2부 14개군보다 3개군이 더 많은 기록이며, 이것은 그만큼 '5·10선거저지투쟁'이 광범위하고 치열하게 전개되었음을 의미한다.

한편 전남 동부지방에서는 '구국투쟁' 과정의 2개군(구례, 순천)보다 2개군이 더 많은 4개군(구례, 순천, 광양, 여수)에서 '5·10선거저지투쟁'이 발생했다. 즉 1948년 3·1절을 계기로 구례의 경찰지서 및 우익습격사건, 순천의 시위군중과 우익학생의 충돌사건을 계기로 전남 동부지방의 군중들은 점차 급진화되고 있었으며 이러한 경향은 5월 10일 '제헌선거'를 전후로 해서 더욱 촉진되고 있다. 5월에 들어 3·1절에 격렬한 대규모 시위양상을 보인 순천은 우익테러로까지 발전하고 있으며, 1946년 '가을항쟁'과 1948년 '구국투쟁' 과정에서 거의 아무런 군중 폭력사건이 나타나지 않았던 광양과 여수에서는 각각 경찰지서와 투표소 습격사건까지 발생했다.

(3) 여수의 정치적 상황과 여순사건

전남 동부지방은 1948년 초까지 도내 다른 지방에 비해 좌익과 우익이 어느 정도 공존관계를 유지할 수 있었던 지역이었다. 따라서 '5·10선거저지투쟁' 과정에서 이 지방에서 나타난 군중들의 습격과 테러사건의 빈도와 정도는 다른 지방보다 높게 나타나지는 않았다. 따라서 해방 이후 인민위원회와 그에 연계된 조직이 완전히 파괴되지 않고 계속 온존할 수 있었던 전남 동부지방에서는 다른 지방에 비해 1948년 중반기 시점에서도 온건좌익세력 혹은 그 동조세력이 적지 않게 존재하고 있었다고 평가할 수 있으며, 이러한 측면은 여순사건 직전 여수와 순천은 '빨갱이의 소굴'이었다는 기록을 설명해줄 수 있는 단서가 된다.[97]

1948년 전반기의 정치투쟁을 여순사건의 진원지인 여수에 국한해 살펴볼 때 민전과 남로당이 주도한 '2·7구국투쟁'의 전국적인 총파업(2월 7월~2일 10일)에서 철도 및 항만 노조 5천 명이 대규모로 참가했을 뿐 폭력사건은 거의 나타나지 않았다. 그 후 남로당이 주도한 '5·10선거저지투쟁' 과정에서 '5·10'선거 당일 투표소 습격사건 1건이 기록되고 있을 뿐이며, 그나마 군중동원의 정도나 폭력의 정도에서 낮은 수준에 머물고 있었다.

그러나 학생들의 맹휴는 다른 지방에 비해 매우 조직적이고 광범위한 양상을 보였다. 5·10선거 직전에 전남에서 13개 학교가 맹휴에 참가했는데 그 학교명과 참가자 수는 다음과 같다.[98]

- 광주사범: 10일, 30여 명 시내에서 시위.
- 광주서중: 7일, 2,080명 맹휴.
- 송정리중학: 1일, 전교생 맹휴.

- 송정리여중: 전교 맹휴.
- 목포사범: 학생·직원 9명 체포.
- 영광여중: 8일, 전교생의 절반 맹휴.
- 함평농중: 6일, 일부 학생 맹휴.
- 예학중: 전교생 맹휴.
- 여수중학: 8일, 전교생 맹휴.
- 여수농업: 8일, 전교생 맹휴.
- 여수여중: 8일, 3학년 맹휴.

이와 같이 '5·10선거저지투쟁'에서 나타난 매우 조직적이고 광범위한 여수의 중학교 학생들의 맹휴 참여는 여순사건 폭발 시 학생들이 선도적 역할을 담당했다는 사실과 결코 무관하지 않다.

1948년 전반기의 '정치투쟁과정'에서 여수지방은 전남도 내 다른 지방에 비해 온건좌익 및 그 동조세력이 광범위하게 존재하고 있었으며, 상대적으로 남로당의 영향력이 미약했다고 평가할 수 있다. 그러나 여수지방의 온건좌익 및 그 동조세력은 5·10선거 후 남로당의 이른바 '지하선거' (7월 15일부터 실시), 9월 이후 본격화되기 시작한 이른바 '인공기 게양투쟁'과 '양군 철수' 주장을 통해 어느 정도 급진화되었던 것 같다.

한편 5·10선거 이후에도 6월과 7월에 걸쳐 군중들 혹은 무장단체들의 경찰서 습격·우익테러가 계속 나타나고 있었는데, 이러한 사건들이 빈발하던 지역에서는 5월 22일 '향보단'이 공식적으로 해체명령을 받은 이후에도 '평화유지단'(보성) '의용단'(담양)⁹⁹⁾ 등으로 계속 존속했는데, 여수에서는 이러한 경찰보조력 혹은 민간통제조건이 존속했다는 기록이 보이지 않는다. 이 점은 여순사건 발발 시 여수에서 군중들이 광범위하게 참여할 수 있었던 이유를 부분적으로 설명해줄 수 있다.

그러나 무엇보다도 중요한 점은 '단정단선반대투쟁'이 절정에 달했으며 동시에 춘궁기까지 겹치는 1948년 5월 초에, 광주의 제4연대 1개대대를 기간으로 하여 여수에 제14연대가 창설되었다는 점이다. 이것은 여순사건과 직접적인 연관성을 가진다. 그 이유는 첫째, 제4연대 1개대대 병력 중에는 영암 군·경충돌사건을 경험했던 사병들, 그리고 그 기간요원 가운데도 여순사건의 주모자인 지창수 상사를 비롯 김지회, 홍순석 중위 등 좌익계 간부들이 적지 않게 있었고, 둘째, 사병의 모병작업이 전남일원의 장정들을 대상으로 철저한 신원조회 없이 실행됐던 결과 '5·10선거저지투쟁'이 가장 치열했던 지방의 하나인 전남도 내의 경찰수배자가 다수 입대할 수 있었고, 또한 실업자, 일반 범죄자도 입대할 수 있었기 때문이다. 따라서 제14연대는 전남도 내 좌익들의 은둔처였고, 동시에 좌익의 선동에 쉽게 동조할 수 있는 계층 출신의 사병들이 대부분을 차지했으며, 따라서 어느 집단보다도 반경(反警)사상이 높았다.[100]

여순사건 직전 제14연대 사병들과 경찰 사이에는 잦은 충돌사건이 발생했다. 그 대표적인 예가 여순사건 발발 채 한 달 전도 안 되는 9월 24일 발생한 '구례 군·경충돌사건'[101]이다. 이 사건으로 제14연대 사병들의 반경 감정은 한층 더 높아지고 있었다.

4. 여순사건의 전개과정과 특성

1) 사건의 전개

여순사건의 전개과정은 그것이 발생되어 확산되는 과정, 그리고 진압군(국군, 경찰, 미군사고문단)에 의해 확산이 차단 진압되는 과정으로 나누어 살펴볼 수 있다. 전자는 제14연대 병영 내에서 사건이 발발하여 여수읍으로 파급되고, 다시 순천 및 그 주변군으로 확산되는 과정으로 세분해볼 수 있다. 후자는 진압군의 사건진압에서 중요한 전환점들이었던 순천탈환전과 여수탈환전을 중심으로 살펴보려 한다.

(1) 사건의 발생과 그 확산과정

① 사건의 발생과정

제14연대 내의 좌익들은 10월 들어 동요하고 있었다. '제주 4·3사건' 당시 제주도에 주둔하고 있던 제11연대장 박진경 중령의 암살사건을 계기로 미군정은 숙군을 시작하고 있었으며, 숙군은 제1공화국 출범 이후도 계속되어 여순사건 직전에는 제4연대 및 제14연대에도 파급되고 있었고,[102] 이미 전(前) 제14연대장 오동기 소령은 이른바 '혁명의용군사건'에 연루되어 구속되어 있었기 때문이다.[103]

이와 같은 숙군의 와중에 갑자기 제14연대에 10월 15일 혹은 16일경 여수우편국 '일반전보'로 10월 19일 20시를 기해 1개 대대를 제주도로 출동시키라는 명령이 하달되었다.[104] 당시 제14연대에는 '제주폭동' 진압을 위해 미군으로부터 신식무기(M1, 기관총, 61mm 박격포)와 풍부한 탄약·포탄이 지급되었으며, 무기고에는 반납해야 할 구식무기(일제식 소총, 카빈 소총)와 탄약이 그대로 남아 있었다.[105] 이러한 상황하에서 갑작스러운 제주도 출동명령은 제14연대 내 좌익계 사병들에게 '동족상잔'과 '반란' 중 양자택일을 강요하는 결과를 낳았다. 제14연대 장병들이 '반란군'으로 돌변하는 상황에 대해서 군부 측 자료에는 다음과 같이 기록되어 있다.

제1대대는 식사 후 출동준비를 하고 있었고 잔류부대인 제2대대는 출동부대의 식사를 준비하고 있었다. 이 무렵 연대 인사계 지상사는 대내 핵심세포 40여 명에게 사전의 계획대로 무기고와 탄약고를 점령케 하고 비상나팔을 불게 하였다. 이때 시각이 20시경이었다.(본래 부대 출동시각은 21시로 예정되고 있었다.)

지상사가 나타나서 말하기를 "지금 경찰이 우리한테 쳐들어온다. 경찰을 타도하자. 우리는 동족상잔의 제주도 출동을 반대한다. 우리는 조국의 염원인 남북통일을 원한다. 지금 조선인민군이 남조선해방을 위해 38선을 넘어 남진 중에 있다. 우리는 북상하는 인민해방군으로서 행동한다"는 등의 선동을 하자 대부분이 "옳소" 하면서 찬성을 하였다. 이를 반대한 3명의 하사관은 즉석에서 사살되었다.

이미 탄약고는 점령되었고 실탄을 최대한으로 휴대하라고 지상사는 외치면서 "미제국주의의 앞잡이 장교들을 모조리 죽여라" 하였다.[106]

이리하여 출동부대는 '반란군'으로 돌변했다. 여기에 나머지 2개 대대도 합류하여 '반란군'은 2,500명[107]으로 불어났고 영내에서 '반란'이 성공하자 제14연대 부근에 잠복해 있던 민간인 23명[108]이 합세하여 이른바 '인민군'으로서 편성을 끝마치고 23시 30분경 여수읍내로 진격했다.[109]

20일 새벽 1시 20분경 읍내로 진입하기 시작한 반군은 여수읍내 좌익단체 및 학생단체 600여 명에게 무기를 지급했다. 이들 폭동군(제14연대 반군, 좌익 청년단체원 및 학생)은 오전 3시경 22명이 지키는 여수경찰서를 점령하고, 5시경 여수읍내 각 관공서 및 중요기관을 점거, 날이 새기 전 이미 여수읍은 완전히 폭동군 치하에 들어갔다.[110] 이어 10시경부터 '보안서' 및 '인민위원회'를 구성하고 좌익 청년·학생들의 선도로, 피신한 경찰, 우익요인, 우익 청년단원 등을 색출하기 시작했다.[111] 거리에는 '인공기'가 게양되기 시작하더니 오후에는 전읍내가 인공기의 물결을 이루었다고 한다.

② 순천 및 그 주변군으로 확산

여수를 점령한 폭동군 가운데 약 700명은 오전 8시 30분경 순천행 통근열차로 나머지, 1,300여 명은 각종 차량으로 순천으로 향했다.[112] 20일 새벽 1시경 여수의 교환수로부터 제14연대 사병들의 반란소식을 들은 순천경찰은 한편으로 비상경계태세에 들어가 지서원 전원을 소집하고 인접군(벌교, 보성, 고흥, 장흥, 광양, 구례, 곡성) 경찰 병력의 지원을 받아 약 500명의 경찰력으로 폭동군의 공격에 대비하면서, 다른 한편 당시 빈번하던 군·경 간의 단순한 충돌사건일지도 모른다는 생각 아래 공공기관의 기관장 및 지방유지들을 소집하여 군·관·민의 친선을 도모하는 '주연' 준비를 의논하고 있었다.[113]

당시 순천에는 경찰력과 더불어 순천 경비임무를 띠고 파견된 제14연대

2개 중대(선임중대장 홍순석 중위) 병력이 주둔하고 있었으며, 제4연대 1개 중대 병력이 20일 새벽 광주로부터 파견돼 순천을 방어하고 있었다. 오전 9시 30분경 폭동군 700여 명이 기차로 순천역에 도착하자 순천을 경비 중인 제14연대 2개 중대가 폭동군에 합류하여 함께 순천읍을 공격하기 시작했으며, 또 동천강변을 사이에 두고 폭동군을 방어하던 제4연대 1개 중대도 사병들이 폭동을 일으켜 폭동군에 합류, 12시경 순천읍을 완전 포위했다.[114] 또한 순천읍내 좌익들은 폭동군이 순천에 도착하자 폭동군으로부터 무기를 지급받고 함께 경찰·우익요인·청년단원들을 습격했다.[115]

순천읍을 지키던 500여 명의 경찰은 폭동군에 밀리면서 약 50명은 경찰서로, 나머지는 대부분 피신했으며, 일부(약 11명)는 전투 중 사망했다. 오후 3시경 순천은 폭동군에 완전 점령당했다.[116] 순천이 점령되자 좌익 학생, 노동자들에게도 무기가 지급되었고 이들은 경찰, 우익요인, 기독교도 등을 적발 처분하는 데 앞장섰다.[117]

순천을 완전히 점령한 폭동군은 3개 부대로 재편성하여 주력 1천여 명은 구례·곡성·남원 방면으로, 일부는 벌교·보성·화순·광주 방면으로, 나머지 일부는 광양·하동 방면으로 분진해나갔다.

남원 방면으로 진출한 폭동군은 20일 19시 45분 제3연대 1개 대대와 남원 남쪽지점에서 접전을 벌이고 있었으며, 광주 방면으로 진출한 폭동군은 보성 북쪽 4킬로미터 지점에서 20일 밤과 21일 아침 사이 제4연대 2개 중대 병력을 매복 기습하고 있었으며, 하동 방면으로 진출한 폭동군은 광양 동쪽 8킬로미터 지점에서 21일 아침 제15연대 1개 대대 병력을 매복 기습하고 있었다.[118]

여순사건은 지역적으로 급속히 확산되면서 새로운 양상을 띠기 시작했다. 즉 폭동군이 진출한 중간지점에 위치한 군들에서는 한편으로 폭동군이 도착하기 전 경찰관 및 우익인사들이 미리 도주하는 사태가 벌어지고 있었으며, 다른 한편 지방 토착좌익들은 군중들을 선동해서 경찰서를 공격하는 양상으로 발전하고 있었다. 즉, 20일 저녁과 21일 사이 남원에서는 반군의 도착과 더불어 폭동이 일어나고 있었으며, 구례구(求禮口) 경찰지

그림 5   여순사건 파급지역표

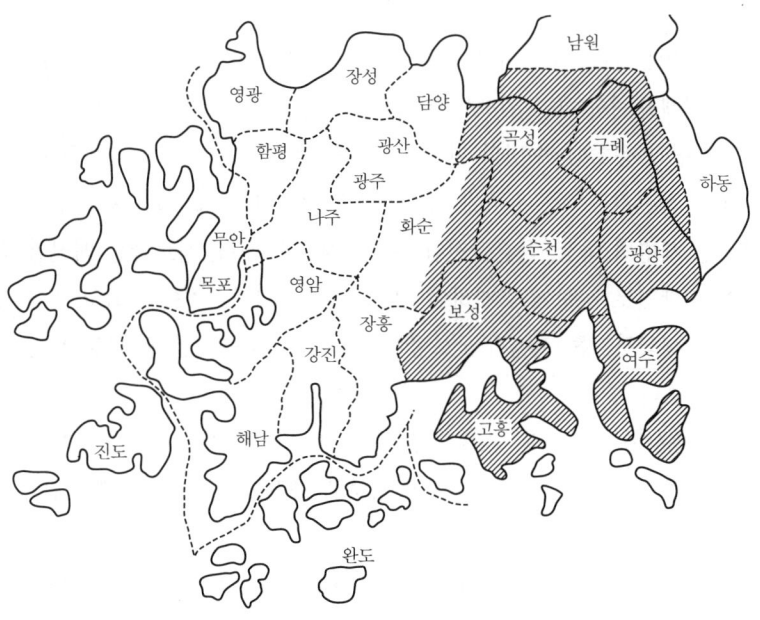

주: 빗금 친 부분이 발생한 지역을 나타냄.

서는 토착좌익들에 의해 폭동군이 도착하기 전 이미 수명의 경찰이 피살되어 점령당하고 있었으며, 보성에서는 지방토착좌익들이 경찰서를 공격하여 경찰 및 우익요인들이 피신하자 폭동군에 의해 무혈점령당했다는 기록이 보인다.[119] 또한 사건파급과정에서 벌교와 조성 사이에 있는 새재터널을 경비하는 제14연대 병력, 그리고 보성에 주둔하는 제4연대 1개 중대 병력도 폭동군에 합류했다.[120]

그림 5는 21일에서 22일 사이 여순사건이 최대로 확산된 상황을 도표로 나타낸 것이다. 이 지역 중 화순, 남원, 하동군을 제외하고는 각 군의 경찰서가 폭동군에 의해 점령당했다.(그외 장흥과 담양까지 사건이 확산되었다고 추정되나 정확하고 상세한 기록은 찾아볼 수 없었다.)

(2) 사건의 진압

① 순천탈환전(제1국면)

　20일 이른 아침 주한미군 임시군사고문단장 로버츠 준장은 여순사건에 대한 대책을 수립하기 위해 비상회의를 소집했다. 국방장관 이범석, 경비대총사령관 송호성, 수명의 미군사고문관 및 한국인 장교가 참석한 이 회의에서 작전지도부를 광주에 파견키로 결정했다.121) 20일 군수뇌부는 참모총장 채병덕 준장, 육본작전참모부장 정일권 대령, 정보국장 백선엽 중령이 비행기로 광주에 도착하여 현지사찰 및 임시조치를 취하고, 백선엽 중령을 제외하고는 전반적 군사상황 및 진압작전 준비를 위해 같은 날 다시 귀경했다.122)

　육군총사령부는 다음 날인 10월 21일 '반군토벌사령관'에 송호성 준장을 임명하고 동사령부를 21일 오후 광주에 파견했다.123) 이에 따라 본격적인 작전계획이 수립되었다.

　원래의 진압작전 개념은 광주·남원·하동을 포위하여 사건의 확산을 방지하고 폭동군을 여수반도로 압축함으로써 산악지대인 동북방으로의 도피·침입을 차단하고 해안으로 압박하여 섬멸한다는 것이었다.124) 그러나 20일 저녁과 21일 오전의 상황은 극히 불안했다. 즉 남원 방면에서만 20일 19시 45분경 제3연대 1개대대가 1천여 명의 폭동군과 남원 남쪽에서 조우하여 21일 05시 30분경 순천 방면으로 후퇴시키기는 했으나 그나마 진압작전에 매우 소극적이었다.125) 보성 방면에서는 20일 광주에서 파견된 제4연대 2개 중대 병력이 보성 북쪽 4킬로미터 지점에서 폭동군의 매복기습을 받아 서쪽 포위망이 무너졌으며, 광양 방면에서도 20일 밤 하동에 도착한 제15연대 1개 대대가 21일 아침 광양 동쪽 8킬로미터 지점 옥곡면에서 폭동군의 매복기습을 받아 심각한 타격을 받았을 뿐만 아니라 연대장 최남근 중령과 제1중대장 조시형 소위가 반군에서 포로가 됨으로써 동쪽의 포위망도 무너지고 있었다.126) 즉 21일 오후 '반군토벌사령부'가 광주에 도착했을 때, 진압군 내부에서는 작전지휘체계 및 통신의 불비(不備), 지휘능력과 전투능력의 미숙, 인접부대와의 협동이 부조(不調)한

표 8   여순사건 발발 시 병력현황 및 출동상황표

여단	연대	상황(대대수는 출동가능 병력)		출동병력
제1여단 (水色)	제1연대(碩村)	서울 경비	대북 경계	
	제2연대(水原)	48. 5. 1 편성 5.~7. 24 제주도 공비토벌		
	제13연대(溫陽)	48. 5. 4 편성완료		
제2여단 (大田)	제2연대(大田)	(2개 대대)		1개 대대
	제12연대(君山)	48. 10. 1 편성완료(2개 대대)		2개 대대
제3여단 (釜山)	제5연대(釜山)	1개 대대를 제주도에 파견 중(1개 대대)		1개 대대 (24일 이후)
	제6연대(大邱)	1개 대대를 제주도에 파견 중(1개 대대)		1개 대대
	제15연대(馬山)	48. 5. 4 편성완료(1개 대대)		1개 대대
제4여단 (淸州)	제7연대(淸州)		대북 경계	
	제8연대(春川)			
	제10연대(江陵)	48. 6. 1 편성완료		
제5여단 (光州)	제3연대(全州)	(3개 대대)		2개 대대
	제4연대(光州)	(3개 대대)		3개 대대
	제9연대(濟州道)	제주도에서 토벌작전 중		
	제14연대(麗水)	반란		
기갑연대 (金浦)		M-8형장갑차 27輛		主力
항공대 (金浦)		L-4형연락기 10기		10기

자료: 사사키, 『한국전비사』 제1권(병학사, 1977), pp. 330~31.

상황과 더불어 일종의 병력붕괴현상까지 나타나고 있었다.[127)]

따라서 초기진압작전 개념과 더불어 순천과 여수에 대한 '종대형돌입' (縱隊型突入)작전 개념[128)]을 보완해야 할 필요가 있었고, 이 작전 개념을 수립 수행하는 데 미군사고문관의 조언은 결정적이었다.[129)] 이에 따라 표 8에서 볼 수 있는 바와 같이 총 10개 대대 병력, 장갑차부대, 항공대를 광주·남원·하동에 집결시켜 동일 18시경 반군을 포위 완료[130]하는 한편, 한편, 한국인 장교들의 만류에도 불구하고 미국인 고문관들[131]에 의해 재편된 제4연대 1개 대대 병력이 순천점령을 위한 요충지인 학구에서 21일 자정 무렵 폭동군과 조우함으로써 진압작전은 일단 실마리를 잡는 데 성공하게 되었다. 그러나 쌍방 간의 전투는 교착상태에 빠졌다. 왜냐하면 진압군과 폭동군 양쪽에는 몇 개월 전까지 같은 전우였던 병사들이 적지 않았기 때문이다. 22일 오전까지 초기진압작전은 큰 성과가 없었으며 오히려 병력붕괴현상까지 나타나고 있었다. 이에 따라 정부는 22일 여순지구에 계엄령을 선포하지 않을 수 없었다.

순천탈환공격은 군산에서 출동한 제12연대 2개 대대(백인엽 소령 지휘)가 학구에서 폭동군과 대치하고 있던 제4연대를 지원하여 폭동군을 순천읍내로 격퇴시키면서 시작되었다. 22일 15시 제12연대 2개 대대가 순천읍내로 공격을 개시하고 1시간 후 남원 방면에서 도착한 제3연대 1개 대대 병력이 이에 가세했다. 이때 순천은 약 2개 대대의 폭동군이 방어하고 있었으며 이들은 진압군과 약 2시간에 걸친 치열한 전투로 순천을 지키고 있었다. 날이 어두워지자 진압군은 전투를 중지하고 순천 북방입구를 점령한 채 폭동군과 200 내지 300미터 사이를 두고 대치했다. 이러한 대치상태에서도 폭동군은 진압군에 선전 혹은 타협안을 제시하면서 진압군 내부의 붕괴를 유도하고 있었으나 진압군은 동요가 없었다.[132]

이튿날 새벽까지 제2연대 1개 대대, 제4연대 1개 대대, 장갑차부대, 경찰부대로 증강된 진압군은 순천 주변의 산과 이른바 '인민군사령부'로 되어 있던 동순천역을 일시에 포위하고 오전 7시 미군으로부터 새로 지급된 81밀리(mm)박격포 사격, L-4정찰기의 공중지원하에 장갑차부대를 선두로 총공격을 개시했다. 진압군의 총공격으로 폭동군 주력(김지회 등의 반군지휘관, 순천의 주요 좌익간부)은 광양방면 혹은 인근 산악지대로 후퇴했으며, 읍내에는 총으로 무장한 '치안대' '민애청원'(민주애국청년동맹원), 학생들이 치열한 시가전으로 맞서고 있었다. 오전 11시 진압군은 순천시가를 탈환하고 오후에 시가소탕전을 완료했다.[133]

한편 구례와 곡성도 제3연대 1개 대대가 순천탈환전에 합류하는 과정에서 22일 오전 11시경과 15시경 각각 탈환되었다.[134)]

② 미평전투(제2국면)

폭동진압에서 전략적 요충지인 순천탈환에 성공한 진압군은 제2단계 진압작전으로 한편으로 광양 방면의 폭동군 주력을 포착 섬멸하는 것에 주안점을 두고 다른 한편으로 사건의 진원지인 여수를 신속히 탈환하는 동시에 벌교·보성 방면의 폭동군을 진압하려 했다. 이에 따라 23일 순천에는 제2연대 및 제4연대 1개 대대를 잔류시켜 경비를 담당케 하고, 광양 방면 공격에는 제12연대 2개 대대와 하동에서 재편성한 제15연대 2개 대대로 광양 부근을 협격하여 반군주력을 철저히 추격 토벌케 했다. 또한 여수공격을 위해서는 제3연대 1개 대대와 장갑차부대로 여수탈환을 준비했으며, 벌교·보성 방면 공격에는 제3연대와 제6연대 2개 대대를 배정하고, 보성 방면 공격에는 제4연대 1개 대대를 재정비하여 공격하게끔 했다.[135)]

여수에 대한 제1차 공격은 이미 13일 오전 9시 30분에 부산에서 22일 밤에 LST로 여수에 급파된 제5연대 1개 대대의 선상 박격포사격 및 상륙작전으로 시작되었다. 그러나 박격포사격의 미숙, 상륙작전의 무모함, 여수폭동군의 치열한 저항으로 많은 사상자를 내었으며, 오후에는 공격을 포기했다.[136)]

제2차 여수공격은 24일 반군토벌사령관 송호성 준장이 직접 진두지휘하고, 내외신기자가 종군하여 취재를 하는 가운데 장갑차부대 및 제3연대의 증강된 1개 대대 병력으로 전개되었다. 그런데 진압군은 여수읍 4킬로미터 전방지점인 미평고지에서 폭동군의 매복기습을 받아 송호성 준장이 철모에 총탄을 맞고 장갑차에서 떨어져 고막이 터지고 허리를 다치는 중상을 입고 순천으로 후송당했으며, 200여 명의 사상자를 내고 심지어 일부는 포로가 되기도 했다.[137)] 이 와중에 에이피(AP)통신 종군기자 크린튼이 몸에 2발의 총탄을 맞아 사망했다.

23일 여수상륙작전의 실패에 이어 24일 내외신기자가 함께 종군한 미평전투에서의 패배로 새로 출범한 제1공화국 정부는 국내외적으로 그 존립자체를 의심받게 될 정도로 궁지에 몰리게 되었다.[138] 이에 따라 여수탈환은 초미의 정치적 관심사가 될 수밖에 없었고, 진압군은 주공격목표를 광양 방면의 폭동군 주력의 포착·섬멸로부터 여수탈환으로 전환치 않을 수 없었다.[139]

25일 반군토벌사령부에서는 광양 방면에서 폭동군 주력을 추격하고 있던 당시 최정예부대인 제12연대 2개 대대를 여수탈환작전에 전용하는 결정을 내렸다. 그 결과 김지회가 지휘하는 폭동군 주력은 진압군의 추격을 물리치고 섬진강을 건너 백운산으로 입산함으로써 지리산에서 장기적이고 끈질긴 '유격전'을 전개하게 되었다.[140]

또한 미평전투의 패배로 여수반도의 진압군 포위망이 무너져서 24일 밤 여수반도 내의 폭동군 주력 일부는 지리산과 벌교 방면으로 탈출하게 되었으며, 여수읍내는 제14연대 반군 일부(약 200명), 무장좌익세력(1천여 명의 좌익 청년, 학생, 노동자 등)이 방어하게 되었다.[141]

한편 24일까지 다른 방면에서의 진압상황은 어느 정도 진척을 보이고 있었다. 보성 방면은 24일 12시 30분 제4연대와 수도경찰대에 의해 진압되었으며, 벌교 방면은 제6연대와 제3연대에 의해 13시 50분경 탈환되었다. 고흥 방면은 보성과 벌교 방면에서의 폭동군이 몰려와 25일 10시에 탈환되었으며, 광양은 24일 17시 20분 제12연대와 제4연대에 의해 탈환되었다.[142]

③ 최후의 여수탈환작전(제3국면)

제3차 여수탈환작전은 25일 아침 550명의 병력으로 재개되었다. 진압군은 박격포사격의 지원을 받으며 오후 늦게 여수읍 외곽고지를 점령할 수 있었으며, 장갑차를 앞세우고 폭동군의 치열한 저항을 무릅쓰고 잠시나마 여수읍내에까지 진격할 수 있었다. 그러나 날이 어두워지자 진압군은 곧 철수함으로써 외곽고지는 다시 폭동군에 의해 재점령되었다.[143]

진압군이 철수한 상세한 이유는 알 수 없지만, 첫째 전날의 병력손실에 덧붙여 아직 병력증강이 이루어지지 않았으며,[144] 둘째 진압군이 진군 도중 촌락마다 수색해야 할 정도로[145] 다른 지방에 비해 좌익동조세력이 광범위했다는 점, 셋째 배수진을 친 폭동군의 저항이 결사적이었고, 넷째 전날과 같은 매복기습을 염려했다는 점 때문인 것 같다.

최후의 본격적인 여수탈환작전은 26일 정오경 광양으로부터 전용한 제12연대 2개 대대, 순천을 경비 중이던 제4연대 일부 병력, 제3연대 1개 대대, 제2연대 1개 대대, LST에 승선 중인 제5연대 1개 대대, 장갑차부대, 경찰지원부대, L-4항공기 10대, 진해에서 급파된 충무공호를 비롯한 6정의 경비정이 여수반도를 포위한 가운데 개시되었다.146) 장갑차부대를 선두로 제12연대 2개 대대가 주공(主攻)이 되어 시가지 동쪽을, 제3연대 1개 대대는 옹호부대로서 종고산을, 제2연대 1개 대대는 예비대로서 해안 방면을 경계하면서 시가지로 진격했다. 이즈음 여수에는, 당시 호남지구 전투사령부의 발표에 따르면, 반란병사 200명, 민간무장폭도 1천여 명, 동조세력까지 합쳐 총 1만 2천여 명이 진압군에 대항하고 있었다 한다.147)

15시경 구봉산, 장군산, 종고산 등의 외곽고지를 장악하자, 진압군은 곧이어 시가지에 대한 박격포사격을 고지와 바다로부터 개시했다. 이 박격포사격으로 진압군의 일부가 사상당하기도 했으며 여수읍내의 서동과 교동에서 화재가 발생하여 주택가로 번져서 여수시가는 밤새껏 잿더미로 변하고 있었다.148)

박격포사격에 이어 제12연대는 장갑차를 선두로 시내에 돌입했고 제2연대와 제3연대는 여수읍을 압축하면서 민가와 시민들을 닥치는 대로 수색했다. 진압군은 대대별로 소탕전을 전개하여 시민들을 서국민학교, 혹은 진남관 같은 공공시설 등으로 집결시키면서 소탕전을 전개했다. 그러나 시내에는 아직까지 폭동군 동조세력이 적지 않게 존재하고 있었으며 폭동군의 저항이 결사적이었고 반란병사 1명이 민간폭동군 10명 내지 20명을 지휘하는 식으로 매우 조직적으로 저항하고 있었으므로 밤이 되자 진압군은 소탕전을 중지하고 본부를 서국민학교에 두고 지역경계에 들어갔다. 이때 반란군 일부와 여수 좌익지도자는 미평 쪽으로 퇴각했다.149)

27일 새벽 12량의 장갑차를 선두로 진압군은 여수읍 한복판에 위치한 이른바 '인민군사령부'를 향하여 4방면에서 포위·공격을 개시했다. 한편 아직 부두에서는 여전히 폭동군의 저항이 치열하여 제5연대가 승선한 LST 가 상륙을 못 하고 있었으며, 제5연대는 적전상륙을 위해 81밀리(mm) 박격포 2문을 갑판에 설치해놓고 사격을 시작했다. 그러나 갑판의 반동으로 탄착점이 형성되지 않아 여수읍내를 더욱 초토화했을 뿐만 아니라 진압군 측의 사상자까지도 내게 되었다. 결국 제5연대는 진압이 완료된 후 무혈상륙을 하지 않을 수 없었다.[150]

폭동군은 진압군의 공격에 의해 읍사무소 자리에 설치되어 있던 '인민위원회' '보안서' 쪽으로 몰리면서도 저항을 계속하며, 중앙동·교동 방면으로 주도했다.[151] 백인엽 소령이 지휘하는 제12연대는 폭동의 진원지인 제14연대 병영으로 돌입했다. 여수는 15시 30분경 시내가 점령되고 18시 소탕전이 완료됨으로써 완전히 재탈환되었다.[152] 진압군은 여수시내에서 10여 명의 반란병사와 민간폭동군 500여 명을 체포했다.[153]

표 9에서 보는 바와 같이 여수탈환을 마지막으로 여순사건 진압은 일단락되었다. 경찰은 보성 24일 14시, 벌교 25일 오전 10시, 고흥 25일 오전 10시, 광양 26일 19시, 구례 27일 14시, 여수 28일 오전 8시에 각각 업무를 재개할 수 있게 되었다.[154]

그러나 무장폭동군(반란군인, 남로당원 및 좌익간부, 좌익 청년, 학생, 노동자, 농민 등)은 진압군에 사살 체포되기도 했지만 주력은 지리산 방면으로, 나머지는 주변 산악지대로 도주해서 '유격전'을 전개하게 되었다. 광양 방면의 반군 주력은 백운산·지리산 방면으로, 구례와 곡성 방면의 폭동군은 지리산 방면으로, 순천·벌교·보성·고흥·여수 방면은 주변 산악지대 및 해안지방으로 도주했다. 이에 따라 정부는 여순지역에 국한해서 선포했던 계엄령을 11월 1일을 기해 전남북 일원으로 확대 선포하지 않을 수 없었다.[155]

미군정보보고서에는 11월 16일 현재 여순지구 무장폭동군이 백운산 방면에 350명, 벌교 200명, 고흥 150명, 보성 300명 정도가 산재한다고 기록되어 있다.[156] 이들은 주로 '단정단선반대투쟁' 과정에서 입산한 '유격대'와 합류, 군·경·우익요인에 대한 습격을 계속 전개했으며, 1949년 초순에

표 9   여순사건 군별 파급·진압 시각표(1948. 10. 20~10. 27)

	폭동군 점령시각	진압군 탈환시각
여수	20일 03시	27일 18시
순천	20일 15시	23일 11시
벌교	21일 16시 30분	24일 13시 50분
보성	21일 16시 30분*	24일 12시 30분
고흥	21일 16시 30분*	25일 10시
광양	21일 08시	24일 17시 20분
구례	① 21일 22시 ② 26일 09시	① 22일 11시* ② 27일 06시 30분
곡성	22일 06시	22일 15시*

자료:『제1대 국회 1회 속기록』, pp. 649~50;『순천·승주 향토지』(순천문화원, 1975), p. 108;
『호남신문』, 1948년 10월 30일자;『동광신문』, 1948년 10월 27일자.
주: 기준은 경찰서 점령·탈환 시각.
*는 추정시각임. ① 은 1차, ② 는 2차 점령 혹은 탈환시각.

들어서는 군·경의 추격으로 점차 소규모화되어 진도와 무안 등의 섬지방을 제외한 거의 대부분의 전남 일원에서 출몰하고 있었다.[157]

 진압작전을 전반적으로 평가해볼 때 미군의 역할이 결정적이었다고 볼 수 있다. 즉 창군된 지 얼마 안 되는 경비대는 군장비(특히 통신장비)의 부족, 부대전투 능력의 부족, 유능한 지휘관의 부족, 부대 간 협동작전의 부조(不調), 부대 내의 좌익침투, 장교와 사병 간의 일체감 부족 등에도 불구하고 미군사고문관의 작전지원(즉 전반적인 작전계획 수립, 병력집결지 선정, 순천전투에서의 전기포착)과 장비지원(진압부대에 M1소총 지급, 81mm 박격포 지급, 1948년 11월 현재 한국군 개인화기 및 자동화기의 60 내지 80퍼센트가 미군이 지급한 장비였음)에 힘입어 여순사건을 그나마 신속하게 종결할 수 있었다.[158] 그러나 경비대의 이념적·조직적 취약성, 제1공화국의 정치적 취약성은 결국 반군 주력이 지리산으로 도주할 수 있게 함으로써 유격전구를 마련해주는 역할을 했다고 볼 수 있다.

 그러나 국군은 여순사건을 통해 대규모 군사훈련 이상 가는 실전 경험을 쌓게 되었으며, 동시에 사건 직후 계속된 숙군작업으로 이념적·조직적 취약성을 극복할 수 있게 된다.

2) 사건의 특성

여기서는 앞에서 논의된 사실들을 토대로, 그리고 폭동군 치하에서 나타났던 구체적 상황과 사실들에 대한 기록을 통해 여순사건이 해방 후 발생했던 다른 사건과 구별되는 특징들을 분석하려 한다.

(1) 사건파급의 양상

해방 이후 건국에 이르기까지 발생했던 주요한 폭동사건들과 비교해 볼 때, 여순사건의 가장 특징적인 측면의 하나는 '무장력'에 의해서 사건이 발생했으며, 또한 무장력을 바탕으로 사건이 파급되었다는 점이다. 즉 제14연대 병영 내에서 사건이 발생하여 여수읍으로 파급되었고, 여수에서 다시 순천 및 그 주변 군으로 사건이 확산되었다는 점이다.

그러나 여순사건은 정권탈취를 목표로 전국적 차원에서 사전의 포괄적이고 치밀한 계획 아래 무장력을 사용하는 일반적 의미의 쿠데타와 다음과 같은 점에서 차이가 난다고 볼 수 있다.

첫째, 이미 사건의 발생과 전개과정에서 살펴보았듯이 군부 내의 군(고위)장교(심지어는 제14연대 내의 장교까지 포함해서) 혹은 다른 연대의 사병집단들과 전혀 연계를 가지지 않고 제14연대 내의 일부 사병집단들에 의해 독자적·고립적으로 사건이 발생했다는 점이다. 1948년 11월 2일 발생한 '대구 제6연대반란사건'은[159] 여순사건과 직접적인 관련을 가지고 발생한 것이 아니었다. 둘째, 사건의 확산을 지역적으로 살펴볼 때 전남도 내 7개군과 그 인접 군(화순, 남원, 하동)에서 발생한 것이며, 이 지역 내의 파급과정을 살펴볼 때 다원적·일시적으로 발생한 것이 아니고 일원적·계기적으로 파급되었다는 점이다. 즉 20일 여수에서 순천으로, 20일과 21일에 순천에서 다시 그 주변 군들로 사건이 계기적으로 파급되었다는 점이다.

한편 여순사건은 제14연대 병사들이 주축이 된 무장력뿐만 아니라, 민간인 폭동가담자(남로당원, 지하좌익 청년, 학생단체, 농민, 노동자 등)에 의해서도 사건이 파급되었다. 이것은 여순사건이 지닌 성격의 다른 일면을 보여주는 것으로서, 순천점령을 계기로 사건은 무장력의 이동에 의해서뿐만 아니라 토착좌익과 이들에 선동된 군중들의 경찰서, 우익요인 등에 대한 습격을 통해서도 확산되었다. 이러한 측면은 순천점령을 계기로 사건은 파급이 가속화되었으며, 동시에 지역적으로 확산되었다는 점을 보여준다.

그러나 사건의 전개과정을 전반적으로 살펴볼 때 여순사건은 이전에 발생했던 폭동과 일정한 차이점을 지니는데, 그것은 사건의 파급이 기본적으로 무장력의 이동에 의해 전개되고, 무장력의 한계에 의해 파급이 저지되었다는 점이다. 이러한 측면은 이른바 '단정단선저지투쟁' 과정에서 전남 동부지방이 전남도 내 다른 지방에 비해 상대적으로 좌익조직이 심각한 타격을 입지 않았고, 동시에 경찰의 민간통제력이 강하지 않았음을 설명해준다고 볼 수 있다.

(2) 선전·선동 구호와 주장

여순사건에서 나타난 구호와 주장을 전반적으로 살펴볼 때 가장 큰 특징은 경제적 구호보다는 정치적 구호가 지배적이었다는 점을 알 수 있다. 그 내용을 보면 경찰에 대한 증오감, 제주도 출동반대와 같이 사건의 발발과 직접적인 관련을 가지는 것으로부터 이른바 '단정단선반대투쟁' 과정에서 나타났던 정치적 구호들, 즉 '남북통일' '양군 철수' 등이 반복되어 나타나고 있다. 또한 가장 주목할 만한 것은 '38선이 터졌다'는 허위선전과 더불어 '대한민국을 부정하고 인공을 찬양하는' 반란적(체제전복적) 구호까지도 대두하고 있다는 점이다.

다음에서는 폭동·반란군에 의해 점령기간이 가장 길었던 여수에서 나타난 구호와 주장의 구체적 내용들을 살펴보고 이에 대한 분석을 해보려 한다.

㉠ 제14연대 병영 내의 선동구호[160]: '경찰타도' '제주출동반대' '남북통일' '인민군 38선 넘어 남진' 등.

㉡ 여수읍 장악 후 '제주도출동거부병사위원회' 명의로 된 벽보[161]: '제주도출동절대반대' '미군도 소련군을 본받아 즉시 철퇴하라' '인공수립만세' 등.

㉢ 선동연설, 구전, 벽보, 선전문을 통한 허위선전[162]: "인민군은 38선을 돌파하여 서울점령을 목표로 남진 중에 있다. 여수에 상륙한 인민해방군은 여수·순천을 해방하고 목하 북상 중이다. 남조선해방은 눈앞에 다가왔다."

㉣ 20일 오후 3시 반 이른바 '여수인민대회' 결정서[163]: '인민위원회의 여수 행정기구 접수' '인공수호와 충성맹세' '대한민국의 분쇄맹세' '남한정부의 모든 법령 무효선포' '친일파 민족반역자, 경찰관 등을 철저히 소탕' '무상몰수 무상분배의 토지개혁실시' 등.

먼저 ㉠과 ㉡, 즉 제14연대 병영 내에서 그리고 여수읍 점령 직후 벽보 등을 통해 나타난 구호와 주장을 살펴볼 때 '동족을 무차별하게 학살하는 행위'로 사병들에 의해 인식된 '제주출동명령'이 '경찰에 대한 증오감'과 함께 여순사건을 촉발하고 확산시킨 직접적 요인이었음을 알 수 있다.

한편 해방 이후, 특히 '단선단정반대투쟁' 과정에서 계속 나타난 바 있던 '미군철수' '남북통일'이라는 주장이 계속 반복해서 나타나고 있는 것을 볼 때, 당시 민중들에게 매우 민감한 정치적 쟁점이 무엇이었는가를 시사해준다. 이러한 주장은 제14연대 내 병사들의 선동현장에서, 그 후 여수읍내(그리고 순천 및 그 주변 군에서도)의 벽보, 선전문, 인민대회의 선동연설, 구전 등을 통해 확산된 '38선이 터졌다'는 것으로 요약되는 '허위선전'과 더불어 군중들의 광범위한 참여를 자극하는 역할을 했다고 볼 수 있다. 이러한 사실은 다음과 같은 기록에 비교적 잘 나타나고 있다.[164]

반군이 가는 곳마다 그들은 더 많은 봉기민중을 얻었고 이는(반군 측의) 위협감과 아울러 '양군철퇴' '남북통일' '제주토벌반대' 등 반군 측이 부른 구호가 민중에 대한 호소력이 거당(拒當)하였다는 것을 말하는 것같이도 보였다.

이 점은 당시 민중들이 이데올로기적 쟁점 혹은 체제선택의 문제보다는 오히려 분단문제 혹은 민족주의적 쟁점에 더욱 민감하게 반응했다는 것을 시사해준다고 볼 수 있다.

한편 ㉣의 주장은 '대한민국'을 완전히 부정하고 구체적인 정책까지도 제시하고 있다는 점에서 소극적·자기방어적인 ㉠㉡보다 훨씬 적극적·공격적인 성격을 나타내는 것이라 볼 수 있다. 그러나 ㉣의 주장을 분석할 때 유의해야 할 점은 ㉣의 주장이 나온 오후 3시 반의 시점(즉 폭동군이 순천을 완전히 점령해서 사건이 이미 그 주변 군으로까지 확산 중이었다), 그리고 당시 남로당이 설정한 '투쟁목표'(즉, 인공기 게양투쟁, 양군철퇴 등을 통한 북한공산정권의 정통성 선전)를 함께 고려해야 한다는 것이다. 달리 말해서 ㉣의 주장은 폭동 초기부터 공산주의자들이 미리 계획하고 있었던 것이 아니라, 사건의 급속한 확산과 더불어 남로당이 사건에 개입하게 되면서 나타난, 즉 사건의 확산과 남로당 투쟁목표의 상호결합의 산물이었다는 점이다.

여순사건에서 나타난 구호 및 주장과 여순사건의 성격을 관련지어 살펴볼 때, 폭동적 성격과 반란적 성격이 혼재되었음을 볼 수 있다. 즉 '경찰에 대한 증오감' '제주출동반대'와 같은 체제내적인 것, '미군철수' '남북통일' 등과 같은 체제위협적인 것, '대한민국분쇄' 등과 같은 체제전복적인 것까지 매우 다양하고 폭넓게 표출되고 있음을 볼 수 있다. 그러나 이러한 정치적 구호의 다양성에도 불구하고 ㉣의 주장이 상황적 산물임을 고려해 볼 때 여순사건의 성격을 기본적으로 특징지워주는 것은 ㉠과 ㉡, 즉 체제내적인 것과 체제위협적인 것이라고 볼 수 있다.

(3) 폭동·반란군 치하의 여순지구

폭동·반란 지구에서는 대부분 다음과 같은 세 가지의 공통적 현상이 나타났다. 첫째, 폭동군이 경찰서를 공격하여 한 지역을 점령한 후 지배토착좌익과 합세하여 경찰, 우익요인, 우익 청년·학생 등을 색출하여 즉결처분[165]하거나 혹은 주요 경찰간부, 우익요인 등은 구금하여 며칠 후 인민재판을 통해 처분하는 양상을 띠었다. 둘째, 그 직후 폭동군은 남로당 및 지방좌익과 합세하여 이른바 '인민위원회' '보안대' '의용군' 등을 구성했으며, 폭동군과 '의용군'은 전투를 담당하고, 인민위원회(및 '보안대')는 이른바 '인민행정'과 '인민재판'을 실시했다는 점이다.[166] 폭동군 및 공산주의자들의 이러한 행위들, 특히 가장 조직적으로 보였던 '인민행정'조차도 사전의 치밀한 계획을 가지고 실시된 것이 아니었다. "38선이 터져서 남조선해방은 눈앞에 다가왔다" 등과 같은 자신들의 허위선전을 은폐 합리화할 필요성에서, 그리고 진압군의 진압진척상황에 대응해서 나타난 상황적·즉흥적인 성격의 것이었다.[167] 셋째, 위의 두 과정에서 대부분 군중이 대규모로 참여했다는 것이다.

① 경찰, 우익요인·청년 등의 색출 및 즉결처분

여수의 경우 폭동군이 좌익 청년·학생들을 앞세우고 본격적으로 경찰, 우익요인·청년 등을 색출하기 시작한 것은 20일 새벽 3시 여수경찰서를 점령한 후 7시간가량 지난 오전 10시부터였다.[168] 경찰은 군중들에게 잡히면 마구 밟히거나 구타당하여 살해되었고, 반란병사에게 잡히면 그 자리에서 총살당하기 일쑤였다.[169] 체포당한 사람 중 '극우'에 해당하는 자는 경찰서 유치장에, 나머지는 읍사무소 2층에 가두었다.[170] 체포된 경찰이나 우익인사들이 모두 처형된 것은 아니었다. 즉결처분이나 '인민재판'에 의해 죽은 사람들은 대부분 그들이 이른바 '악질반동'이라고 낙인 찍은 사람들로서 평소에 충돌이 잦았던 자, 경찰간부(서장, 사찰과장, 수사과장 등) 혹은 우익요인(갑부, 우익단체 간부 등)이었으며, 23일 밤에는 즉결처분 혹은 인민재판에서 처형을 면한 경찰과 우익요인 등 200여 명이 석방되기도 했다.[171] 폭동·반란군의 여수 점령기간 중 즉결처분 및 '인민재판'

에 의해 피살된 인원수는 200여 명이었으며, 그중 경찰이 74명 포함되어 있다.[172]

순천의 경우 여수보다 점령기간이 짧았음에도 불구하고 400여 명의 관민(官民)이 사망했으며, 그중 경찰은 전사자 11명을 포함하여 186명이 피살되었다.[173] 폭동·반란군에 피살된 경찰은 주로 신참 혹은 인접 군의 응원경찰이 대부분이었고 고참경관이나 간부는 대부분 피신했다.[174] 여수보다 순천에서 경찰 혹은 우익요인들은 더욱 무참하게 살해되었는데 그것은 다음과 같은 기록에 비교적 잘 나타나 있다.[175]

제일 먼저 반란군에게 체포됐던 경찰관들은 무조건 총살되었으며 나중에 체포된 70여 명의 경찰관은 순천경찰서 앞마당에서 군중들을 모아 놓고 집단학살을 하였다. 또 반도들은 체포된 경찰관을 산 채로 모래구덩이에 파묻어 죽이기도 했다. 모래구덩이에 묻힌 뒤 미처 죽지 않고 꿈틀거리는 경찰관은 위에서 죽창으로 쿡쿡 찔러 죽였다.

여수보다 순천에서 피살된 경찰의 수가 더 많고, 더욱 비참하게 살해된 점은 해방 이후 여순사건에 이르기까지 여수보다 순천이 정치적 갈등이 심했음을 반증하는 것이라 볼 수 있다.

한편 여수와 순천을 제외한 나머지 군들에서 경찰, 우익요인, 청년단원들은 폭동·반란군의 처형소식을 듣고 대부분 도주했다. 따라서 벌교, 고흥, 보성, 광양 등지의 경찰서는 폭동군 혹은 지방토착좌익에 의해 거의 무혈점령당했으며 그만큼 여수와 순천보다 피해자가 적었다.[176] 이 중에서 보성 방면의 피해자 수에 대한 기록이 보이는데 경찰은 전사 5명, 피살 39명(이 중 벌교서 관내 조성지서에서 나체로 총살된 30명 포함) 총 44명이, 민간인은 15명이 피살되었다.[177]

② '인민행정'의 실시

폭동·반란 지구에서는 대부분 '보안서' '인민위원회'가 조직되고 '인공기'가 게양되었다. 그러나 '인민위원회'의 행정이 견실성을 보인 곳은 여수뿐이었으며, 그나마 상황적·임기응변적 형태를 벗어나지 못했다. 즉 '인민행정'은 '38선이 터졌다'는 허위선전을 합리화하기 위한 필요성에서, 군·경의 진압작전에 대항하기 위한 민중흡인책으로서,[178] 사건의 파급과정에서 참여하게 된 남로당의 당시 투쟁목표(북한공산정권의 정통성 선전)의 적극적 수행방법으로 나타난 것이었다. 폭동군 치하 여수의 상황을 날짜별로 보면 다음과 같다.[179]

10월 20일: 폭동군과 좌익에 의해 여수 전시가 점령되자 제일 먼저 읍사무소 자리에 보안서가 설치되고 10시경부터 폭동군은 좌익청년·남녀 학생, 그리고 라이터 돌이나 양담배 등을 파는 날품팔이 소녀 등의 안내로 이른바 '반동경찰' '반동분자'라고 그들이 부르는 경찰과 우익요인 등의 수색에 나섰으며 각 동에서는 적발·고발이 들어오기까지 했다. 체포당한 경찰은 흥분한 군중에게 밟히거나 몰매를 맞고 폭동군에게 잡힐 경우 그 자리에서 총살을 당하기까지 했다. 경찰의 가산은 개방되어 마음대로 가져가게 했다.

또한 인민위원회 간판도 나붙고 각 기관이 좌익들에 의해 접수되기 시작했으며 거리에는 '인민대회 포스터' '제주도출동거부병사위원회'의 성명서가 나붙었다. 오전에는 이따금 보이던 '인공기'가 오후에는 전 시가에 펄럭였다.

오후 3시 반경 중앙동광장에서는 지하에서 비합법적으로 활동하던 민애청(민주애국청년동맹), 학통, 민주여성동맹, 합동노조, 교원노조, 철도노조 등이 깃발을 들고 참석한 것을 비롯하여 약 3만 명의 군중이 모인 가운데 '인민대회'가 「추도가」 「해방의 노래」 등으로 시작되었다. 이어 노동자대표, 학생대표, 여성대표, 남로당대표 등이 번갈아 "이제 38선은 터졌읍니다" 하는 선동연설을 할 때마다 박수가 있었고 청중 가운데 우는 사람도 허다했다. 그들은 순진하게 남북이 정말 터진 것으로 믿었던 것이다. 이용기, 박채영, 김귀영, 문성휘, 유목윤, 송욱 등 인민위원회 의장단과 간부가 선출되었고 '인공에 대한 수호와 맹세'등 6개 항목의 결정서를 채택했다. 또한 민청원, 남녀 학생, 30세 내외의 장정들에게 경찰의 총 약 200정, 제14연대에서 트럭 3대로 날라온 총을 마구 분배하여 소위 '의용군'을 조직했다. 마지막으로 「최후의 결전가」로 대회를 끝마치고 군중시위에 들어갔다.

10월 21일: 인민위원회가 기능을 시작, '친일파' '모리배' 등의 은행예금 동결령 및 재산몰수령이 내려지고, 이른바 '반역자' 적발·색출이 계속되었다. '보안서'에서는 한독당을 제외한 한민당, 독촉(대한독립촉성국민회), 대청(대동청년단), 족청(민족청년단), 서청(서북청년단)의 간부 혹은 단원의 문초가 시작되었다. '인민위원회'에서는 인구조사와 적산가옥조사를 실시했으며, 초저녁에는 경찰서 뒤뜰에서 고인수 서장 이하 사찰계 형사 등 약 10명에 대한 총살(형)을 집행했다. 이날 "2시간의 여유를 준다"는 국군의 귀순전단이 살포되었지만 "38선이 터졌다"는 허위선전에 워낙 흥분한 시민들은 동요가 없었다.

10월 22일: 식량영단의 창고를 개방하여 1인당 쌀 3홉씩 배급을 시작했다. 이날도 이른바 '반역자'의 체포와 문초가 계속되었다. 군청 이하 전행정기관의 접수를 끝마쳤는데 과장급 이상의 관리는 파면시켰다. 여수역 대합실에서 철도노조의 대회가 있었는데 회의 도중 "신성한 대회를 '악질반동'을 섞은 채 할 수 없다"고 하여 그들을 추려내어 '보안서'에 고발했다. 이날 비로소 국군의 해군함선이 모습을 나타냈다.

10월 23일: 오후 2시 이른바 최고심사위원회에서 '요처단 반역자'로 결정된 우익인사의 사형이 오후 2시 '보안서' 앞에서 거행되었다. 처형된 사람은 김영준(천일고무 사장, 한민당 여수지부장), 박귀환(대한노총 여수지구위원장), 연창희(경찰서 후원회장), 차활인(한민당 간부), 이광선(CIC〔미군방첩대〕 여수주재원), 최인태(CIC요원), 김수곤(CIC요원), 박창길(사찰계 형사), 박귀남(사찰계 형사) 등 9명이었다. 한편 체포된 경찰관과 민간인 200여 명이 일단 석방되었다(후에 국군의 공격이 치열해지자 그중 일부는 재구속해서 즉결처분함). 쌀 배급을 계속했으며 이른바 '인민군' '의용군' '공무원' 등에게 천일고무 창고에서 찌까다비

(흰 운동화)를 분배했다. 각 금융기관에서는 융자까지 했으며, 산업기관은 종업원에게 운영권을 위임하기도 했다. 폭동군에게 전매국에 있는 담배를 배급했으며, 돌산도에서는 인민재판이 열렸다.

10월 24일: 순천 방면으로부터 국군의 공격이 시작되었는데 폭동군이 워낙 수적으로 압도적이어서 국군은 꽤 큰 피해를 입고 후퇴하지 않을 수 없었으며, 몇 명은 포로가 되었다. 폭동군 측에서도 피해가 있었는데 그중 탄약을 운반하던 '민주여성동맹원' 정기덕(18세)이 사망했다. 이날도 식량배급이 계속됐으며 각 기관의 사무인계가 완료되었다. 이날 여수인민위원회를 발행인으로, 박채영을 편집인으로 『여수인민보』라는 신문이 21일자로 발행되었다.

10월 25일: 국군의 본격적인 공격이 이날로 개시되었는데 맹렬한 교전 끝에 일단 후퇴했다. 폭동군은 병력을 보강, 전력을 재정비했으며, 오후 1시 보안서 앞 광장에서 '정기덕'의 이른바 '인민장'이 수천 명의 시민이 동원된 가운데 진행되었다.

10월 26일: 국군의 맹공격으로 가장 치열한 전투가 진행되었다. 읍 주변의 미평 오림리 부근 주민들은 피신을 해야만 했다. 폭동군(그중 반란병사와 좌익간부들)은 국군의 공격에 견디지 못해 구례 방면으로 퇴각했으며, 여수시내는 대부분 좌익 청년·학생들이 지키게 되었다. 밤이 되자 여수 쪽 하늘이 붉었다. 이날 밤 시장동 일대가 재가 되었다.

10월 27일: 26일 저녁부터 불이 계속 타오르는 가운데 오전 10시에 국군의 장갑차가 시내에 돌입했다. 총알과 박격포탄에 죽은 사람, 다친 사람이 속출했으며, 집이라는 집에는 모두 구멍이 뚫렸다. 반란병사들은 거의 다 없어지고 학생·청년들 10 내지 20명이 한 조씩을 맡아 지휘하는 극소수가 남아 있을 뿐이었다. 오후 2시경 시내를 완전 탈환하고 3시 반경 전여수읍이 재탈환되었다.

위의 기록을 토대로 이른바 '인민행정'이 폭동 파급과정에서 나타난 상황적 산물이었다는 것과 관련해서 다음과 같은 측면들을 확인해볼 수 있다. 첫째, 새벽 3시 여수경찰서 점령 후 10시경이 되어서야 '보안서' '인민위원회' 간판이 나붙기 시작했다는 점을 들 수 있다.(폭동군의 순천 이동은 8시 20분부터.) 이 시간적 공백상태에서 남로당 여수지부 간부(보안서장을 맡았던 유목윤 등)들이 여순사건에 가담하게 되고 구체적인 계획이 비로소 수립되었던 것 같다. 둘째, 즉결처분대상이 주로 자신들에게 반격을 가할 수 있는 경찰이었고, '인민대회' 개최 후 총을 특별한 자격을 요구함이 없이 청년·남녀 학생, 30세 전후 장정들에게 분배 이른바 '의용군'을 조직한 점을 들 수 있다. 이러한 행위들은 여수 점령 후 즉각적으로 국군의 진압작전에 대비하는 데 역점을 두었다는 점과 관련이 있다고 볼 수 있다. 셋째, '인민행정'이 짧은 시간 내에 광범위한 군중의 참여를 촉발할 수 있는 선심정책(쌀배급, 물자배급, 금융대출), 혹은 보복정책(즉결처분, 인민재판 등)의 범주를 벗어나지 못하고 있었다는 점을 들 수 있다. 이러한 선심정책과 보복정책은 아울러 커다란 선전효과까지도 의도했던 것 같다.

따라서 이른바 '인민행정'은 여순사건 폭발 전에 미리 치밀하게 계획된 것이라기보다는 폭동이 급속히 여수읍으로 확산되자 권력의 공백상태를 메우고 앞으로 전개될 국군의 진압공격에 대처한다는 측면이 내재된 것이었다고 볼 수 있다. 또한 '인민행정'은 사건의 파급과정에서 참가한 남로당의 그 당시 '투쟁목표'(북한공산정권의 정통성 선전)를 적극적으로 전개한다는 측면도 지니고 있었다고 볼 수 있다.

③ 참여자의 구성

사건의 파급양상, 폭동군 치하 여수의 상황과 아울러 여순사건의 특성을 보여주는 또 다른 현상은 광범위한 군중참여현상이다. 이러한 현상은 여수의 경우 가장 전형적인 형태로 나타나고 있는데 이와 관련해서 폭동군 치하의 여수에서 참여자의 구성을 살펴볼 필요가 있다.

참여자의 구성을 편의상 지도층, 행동층, 단순가담층으로 세분해볼 경우, 지도층은 인민위원회의 6인의 의장단, 지하좌익단체의 대표 등으로, 행동층은 지하좌익단체·청년단체·학생단체, 그리고 30세 내외의 장정, 날품팔이 행상(청소년) 등으로, 단순가담층은 다수의 읍민으로 구성되어 있었다고 볼 수 있다. 이 중 참여자 대부분을 구성하는 행동층과 단순가담층의 경우 다른 지역에 비해 매우 광범위한데 이것은 10월 20일 오후에 열렸던 이른바 '인민대회'의 3만의 군중수, 그리고 10월 25일 정기덕의 '인민장'에 참여한 수천의 군중수에서 어느 정도 짐작이 가능하다. 여수의 행동층의 경우 다른 지방에 비해 매우 광범위한데 그중 특히 여수수산중, 여수여중, 여수중, 여수야간중, 여수공업 등 여수읍내의 거의 모든 중학생이 참여하고 있다.[180] 사건진압 직후 군·경의 발표에 따르면, 여수수산중학의 경우 거의 전교생이 폭동에 적극 가담했으며, 이것은 순천의 순천사범 4할, 순천농중의 3할의 가담률에 비교해볼 때 여수 중학생의 참여가 어느 정도 광범위했는가를 알 수 있다.[181]

그리고 좌익청년, 30세 내외의 장정은 그 직업 및 소속단체별로 확인할 수 있는 기록이 보이지 않지만, 추측건대 민애청원, 합동노조, 철도노조, 교원노조, 실업자 등이 주축이 되었던 것 같다. 군·경의 여수탈환전이 수차례 시행착오를 거친 것은 남녀 중학생과 좌익청년, 30세 내외의 장정으로 구성된 광범위한 행동층이 무장을 하고 있었기 때문인 것 같으며, 이것은 10월 27일 '호남지구전투사령부'의 발표내용, 즉 여수를 방어하고 있는 "경비대 공산주의자 및 그 동정자의 수"를 1만 2천 명으로 추산한 것[182]과 어느 정도 일치점을 찾아볼 수 있다.

폭동·반란군 치하의 여수·순천 상황은 다른 사건파급지역과 비교해볼 때 어느 정도 차이점이 나타난다는 점을 알 수 있다. 이것은 기록이 많이 나타나 있지 않으므로 자세한 비교가 어려운데 군·경의 제1차 진압목표였던 여수·순천을 제외하고는 대규모 군중동원, 인민행정의 견실성의 정도에서 상대적으로 저수준이었던 것 같다. 이것은 당시 여수와 순천이 광주, 목포에 버금가는 도시였기 때문에 그만큼 많은 군중동원이 가능했다는 측면과 더불어 벌교·보성·고흥 지방은 해방 이후 여순사건에 이르기까지 빈번했던 경찰 및 우익인사 등의 습격과 테러사건으로 여수, 순천 등에 비해 좌익지도자, 혹은 좌익단체가 상대적으로 약화되었다는 점을 나타내준다고 볼 수 있다. 즉 이들 지방에서는 1946년 '가을항쟁', 1948년 전반기의 '단정단선반대투쟁' 과정에서 군중을 동원할 수 있는 좌익단체가 철저히 붕괴되거나, 그 지도자들이 경찰의 추적을 피해 입산, 입대 혹은 타지방으로 도주했기 때문인 것 같다. 따라서 폭동군의 무장력이 확산되지 않은 그 인접지방, 화순, 장흥, 강진 등에서 지방토착좌익에 의한 경찰서 점령현상이 나타나지 않았던 것은 기본적으로 지방토착좌익세력의 힘이 그만큼 약화되어 있었기 때문이었다고 볼 수 있다.

④ 사건의 특성

여순사건의 특성을 전반적으로 살펴볼 때, 그것은 쿠데타라기보다는 오히려 무장폭동(혹은 봉기)에 가까운 것이었으며, 그 파급과정에서 남로당이 적극가담함으로써 어느 정도 반란적 성격까지 내포하고 있었다고 볼 수 있다. 먼저 사건발생 측면에서 여순사건을 '제주도출동' '숙군'의 상황에서 제14연대의 일부 좌익계 사병과 여수읍내의 좌익세력이 어느 정도 연계하여 발생한 것이며, 다른 연대 혹은 군수뇌부의 좌익분자들과 연계된 흔적은 전혀 보이지 않는다. 즉 1948년 11월 2일 발생한 '제1차 제6연대반란사건'의 경우 여순사건과 직접적 관련을 가지고 발생한 것은 아니었다. 또한 남로당과 관계를 살펴볼 때 당중앙이나 전남도당, 심지어는 여수당지부와 연계된 흔적도 보이지 않으며, 제14연대 내의 남로당 하부조직 혹은 그 동조세력이 독자적으로 사건을 일으켰다고 볼 수 있다. 이것은 다른 측면에서 보면 '단정단선반대투쟁' 과정에서 나타난 여수지방 좌익세력 내에서의 남로당의 미약한 영향력, '5·10선거저지투쟁'을 전후한 부분별한 국내 침투공작, 군내 남로당 조직의 분절성 등이 결과한 것이며, 따라서 여순사건은 남로당의 조직적 능력과 관련해볼 때 그 한계를 명백히 노정한 것이었다.

사건의 파급이라는 측면에서 여순사건은 전형적으로 폭동적 성격을 띠고 있지만, 파급과정에서 남로당이 가세함에 따라 이른바 '인민행정'을 통해 체제전복적 성격(즉 반란의 성격)으로까지 발전했다는 점을 알 수 있었다.

구호와 주장의 측면에서 볼 때 사건의 발발요인이었던 '제주출동반대'

'경찰에 대한 증오감' 이외에 해방 이후 건국에 이르기까지 발생했던 사건들에서 나타났던 것들(양군철수·남북통일)이 반복되어 나타나고 있다. 또한 "38선이 터졌다"는 허위선전이 사건의 파급에 중대한 영향을 미쳤는데 그것은 '이데올로기적·체제선택적 문제'보다는 오히려 '민족주의적 감정'이 더 큰 역할을 한 것 같다. 그러나 사건 파급과정에서 남로당이 가세함으로써 '대한민국의 분쇄'와 '인공찬양'으로까지 급진화됨으로써 반란적 성격의 구호와 주장으로까지 발전했다. 그러나 이러한 구호는 사건의 파급에 중대한 영향을 미쳤던 "38선이 터졌다"는 허위선전과 함께 지속적인 대중동원을 위해서 쓰였다는 측면도 아울러 내포하고 있다고 볼 수 있다. 마지막으로 폭동·반란군 치하 여순지구의 상황을 살펴볼 때 이른바 '인민행정'이 가장 견실성을 보였던 여수의 경우도 무계획적이고 상황적인 측면들이 지배적으로 나타나고 있었음을 알 수 있다. 또한 여수에서 광범위한 행동층과 군중참여현상이 나타났는데 이것은 여수가 전남에서의 목포와 광주에 버금가는 도시였다는 것과 아울러, 해방 이후 건국에 이르기까지 온건좌익세력이 광범위하게 잔존하고 있었던 이유에 기인했다고 볼 수 있다.

여순사건의 이와 같은 성격에도 불구하고 그 당시 제1공화국이 직면하고 있었던 정치적 취약성 그리고 잇따른 진압작전과정에서의 시행착오 등은 제1공화국의 지배적인 정치세력들로 하여금 여순사건을 체제 자체의 존립을 위태롭게 하는 일대 위기로 받아들이게 했다. 여순사건은 단순히 '반란사건'으로밖에 인식되지 않았다고 볼 수 있다. 이러한 인식은 사건진압 후 수습과정에서 민중의 자발적 동의를 획득해나가는 방향이 아닌 철저한 강경정책, 즉 철저한 부역자 색출 및 처벌정책을 실시하는 것으로 귀착되었다.

5. 탈환 후의 여순지역

여수가 탈환되었다고 해서 여순사건이 완전히 종결된 것은 아니었다. 진압부대에 의해 읍소재지 및 그 주변지역은 탈환되었지만, 폭동·반란군은 그 주력 및 중요간부들이 주변 산악지대로 도주해서 지속적인 '유격전'을 전개했던 것이다. 이러한 상황은 1949년 전반기까지 (길게 잡으면 6·25직전까지) 계속 진행되었으며, 이에 따라 전남지방은 경직된 '반공체제'로 구축되어갔다. 이 반공체제는 여순지역 탈환 직후의 철저한 폭동군 및 부역자 색출과 처벌, 국가통제 및 우익단체의 강화, 남로당을 위시한 좌익세력의 붕괴 등의 과정을 거쳐 완성되어간다고 볼 수 있다. 이 과정에서 민중들의 '민생고'는 더욱 악화일로를 걷고 있었다.

1) 폭동군 및 부역자 처벌

여순지역이 재탈환되자 군·경은 계엄령하에서 가장 먼저 폭동군 및 이에 가담한 '부역자'를 철저하게 색출하는 작업에 나섰다. 그러나 폭동군 및 좌익지도자는 대부분 산악지대로 도주했기 때문에 폭동지역 내에는 주로 소수의 폭동군 잔류자와 민간인협력자(소위 부역자)가 남아 있을 뿐이었다.

폭동군 치하의 '부역자'가 적지 않은 상황에서 제1공화국의 철저한 처벌정책은 민중을 '보호의 대상'이 아닌 '진압의 대상'으로 취급했다. 이것은 다음과 같은 기록에서 잘 나타나고 있다.

> 진압군이나 수도경찰대의 행동은 동족에 대한 아량이나 연민의 정은 고사하고 사랑과 인정을 찾아볼 수 없었으며, 마치 외국과의 전쟁에 있어서 점령국민에게 대하여 행하는 식의 범주를 벗어나지 못했다.……[183]

이와 더불어 중요한 문제점은 민간인 참여자가 적지 않은 상황에서 누가 부역자인가를 판단할 수 있는 객관적 기준이 없었을 뿐만 아니라,[184]

경찰, 우익요인, 청년단원 등 폭동군 치하에서 가장 피해를 많이 입은 집단들에 의해 색출 및 적발작업이 진행되었다는 점이다. 따라서 외모, 고발, 강요된 자백이 중요한 근거가 되었으며 여기에다 개인적 감정, 혹은 정치적 중상모략[185]까지 겹쳐 많은 사람이 고통을 받거나 목숨을 잃어야만 했다.

폭동군 및 부역자 색출작업은 2단계로 진행되었다. 제1단계로 시가지를 탈환하면서 거의 전읍민을 학교(또는 공공시설)에 집결시켜 주로 외모(머리가 짧은 자, 군용팬티를 입은 자)와 경찰관, 청년단원, 학련생, 우익요인 등의 적발을 통해 폭동군과 부역자를 색출해냈다. 폭동군의 즉결처분에 가담하거나 인민재판에서 처형에 앞장섰다고 적발된 자는 즉석에서 곤봉, 개머리판, 체인 등으로 무참하게 타살되거나 혹은 총살을 면치 못했으며, 나머지는 따로 수용되어 재심사를 받거나 계엄군이나 경찰에 넘겨져서 심문과[186] 재판을 받았다. 제2단계 작업은 제1단계에서 애매하다고 판단된 자, 그 후 고발된 혐의자를 대상으로 행해졌으며, 이들은 재심사 혹은 심사를 받아 즉석에서 총살되거나 군·경에 이첩되거나 아니면 석방되었다. 이 과정은 수개월 동안 계속되었다.[187]

순천의 경우 23일 오전 약 5만 명의 읍민이 순천북국민학교 교정에 집결되었다. 먼저 40세 이하의 남자 중 군용팬티를 입은 자, 머리가 짧은 자기 따로 분리되어 경찰, 대동청년단원, 학련생 등에 의해 폭동군 및 부역자가 적발되고, 그다음 동네별 지방유지·우익인사에 의해 부역자가 적발되었다. 부역자는 제1급(인민재판에 적극 참여자), 제2급(소극적 참여자), 제3급(애매한 자)으로 분류되어[188] 처벌 혹은 재심사를 받았다. 이 중 경찰은 '악질적'이라고 판단한 12명(박창길 검사 포함)을 10월 25일 순천농업중학교 교정에서 총살했다.[189]

여수의 경우 27일 오후 여수읍민 약 4만 명을 서국민학교에 수용하여 생존경관, 관공서원, 청년단원, 학생연맹원들에 의해 폭동군 및 부역자가 색출되어 일부는 교사 뒤편에서 즉결총살을 당하거나 '백두산 호랑이'로 소문났던 제5연대 김종원 대대장이 교정의 버드나무 밑에서 일본도를 휘

표 10 여순사건 민간인 혐의자에 대한 고등군법회의 재판결과

	제1차	제2차	제3차	제4차
사형	12	102	280	73
무기	9			
20년	11	79	118	48
5년	4	79	108	42
무죄석방	12	11	299	40
재판장소	광주	순천	여수	

자료: 김낙원, 앞의 책, pp. 82~83;『호남신문』, 1948년 11월 13일자;『동광신문』 1948년 11월 24일자.

둘러 즉결 참수처분(斬首處分)을 하기도 했다. 혐의자들은 다시 동국민학교, 종화국민학교, 진남관, 공설운동장, 오동도 등에 재분리되어 심사를 받았으며 그중 다수는 만성리로 가는 터널 뒤쪽에서 집단총살되어 그 수효를 헤아리기 힘들었다 한다.[190]

적발된 폭동군은 계엄군에 넘겨져서 주로 대전에서 재판을 받았으며, 민간혐의자는 경찰에 넘겨져서 심문을 받아 일부는 즉결사형[191]을 받기도 했다. 재판은 광주, 여수, 순천 등 현지에서 진행되었으며, 총살형은 공개로 진행되기도 했다.

육군사령부는 1949년 1월 10일 여순사건과 관련하여 군사재판에 회부된 반란군 혐의자의 재판결과를 발표했는데 총 2,817명이 재판을 받아서 410명 사형, 568명 종신형, 나머지는 유죄 혹은 석방되었다고 한다.[192] 또한 제8관구 경찰청에서는 11월 3일부터 11일 사이 전남 각지에서 3,539명을 검거했는데 그중 여순·순천 등지의 폭동관계자가 3,293명에 달했다.[193]

표 10은 11월 23일까지 체포된 혐의자에 대한 제1차에서 제4차에 이르는 고등군법회의의 재판결과다.

2) 국가통제 및 우익단체의 강화

폭동군이 산악지역으로 잠입하여 유격전을 전개하자 정부는 여순지역에 국한해서 선포했던 계엄령을 1948년 11월 1일 기해 전남북지역으로 확대선포했다. 또 여순지역에서는 폭동군 치하에서 해체되었던 정당·사회단체들이 재조직되기 시작했으며, 우익 청년·학생단체는 강화 혹은 신설되기까지 했으며 5·10선거를 전후해서 존속했던 향보단과 같은 경찰보조단체는 '민보단' 혹은 '의용단'이라는 명칭으로 재조직 강화되었다.

순천의 경우 '충무부대'가 신설되었다. 이 단체는 순천경찰서 사찰과 산하의 단체로서 '학생연맹'과 청년단 출신의 대원 총 79명으로 구성되었으며, 한민당·대한부인회 등의 지원과 협조하에 폭동군에 대한 정보입수, 척후탐지 등을 통해 군·경진압부대를 지원하는 등 활발한 활동을 전개했다.[194]

광주의 경우 '학련결사대'가 조직되었다. 이들은 군정보처와 밀접한 협조하에 광주시내 좌익학생들의 동향에 대한 정보보고, 광주에까지 잠입한 폭동군에 대한 색출작업을 전개했다. 이들은 또한 여순지구에 원정하여 좌익학생들에 의해 파괴된 '학련동지'를 재규합하고 군사령부 직속으로 정보교환, 민애청 등의 좌익학생색출, 진압군의 후원(의복, 음식, 침식제공 등) 등의 활발한 활동을 전개했다.[195]

여수의 경우 폐허화된 여수재건을 위해 10월 31일 '여수부흥기성회'(회장 문균, 부회장 정재완)가 조직되었다. 이 단체는 주로 군·관·민의 교량역할을 했으며『부흥보』라는 기관지를 발행하여 '시민사상선도'에 앞장섰으며, 부역자 색출과정에서 궁지에 빠져 있는 지방유지를 구출하기도 했는 데 그 대표적 사례는 다음과 같다.[196]

김○○: 반군에게 200만 원을 제공했다는 혐의와 그의 집에서 장총 3정이 발각되어 중앙교에서 29일 동안 구치되어 있는 것을 구출.

박○○: 당시 여수금융조합 이사였는데 인민위원회의 재정책을 맡았다는 혐의로 궁지에 처한 것을 구출.

김○○: 반군에게 서북청년단의 주거를 가르쳐준 혐의로 체포대상이 되어 있는 것을 구출.

　한편 제8관구 경찰청장 김병완은 11월 11일 시장·군수·중등교장 및 각 정당·사회단체장과의 합동회의 석상에서 여순사건의 사후대책을 논의했는데 그 주내용은 다음과 같다. 첫째, 경찰력을 대규모로 증원하여 각 경찰서에는 50명 내지 100명, 각 지서에는 20명 정도의 '결사기동대'를 설치하고, 둘째 군마다 '민보당'을 결성, 경찰력을 보조한다는 것이다.[197] 이에 따라 11월 23일 광주에서 1,635명의 단원으로 구성된 '의용단' 결성을 필두로 12월 중에 전남도 내 각 군에 의용단이 결성되었다.[198]

　이와 같은 우익단체 및 국가통제력의 강화는 전남도 내에서 '인민위원회' 간판이 가장 늦게까지 걸려 있었고, 게릴라들의 내습이 가장 빈번했던 지역 중 하나인 구례에서도 예외는 아니었다. 구례군에서는 1949년 1월 현재 대동청년단 산하에 18세 이상 45세 이하의 성인남자 1,600명의 읍민이 800명씩 격일제로 동원되어 죽창을 들고 군·경의 경비업무를 보조하고 있었으며, 구례읍 주변의 언덕과 동산에는 경비선이 내·외선으로 깔려 있어 그야말로 '완전전시태세'를 갖추고 있었다.[199] 또 구례군의 '모스크바'라 불리던 산동면의 경우 일반 부녀자들로 구성된 '부녀죽창부대'까지 등장하고 있었다.[200]

3) 좌익의 붕괴

　여순사건 직후 군·경의 철저한 폭동군 및 부역자 색출과 처벌작업으로 여순사건이 파급되었던 지역의 좌익분자만 뿌리뽑히는 것이 아니었다. 그 영향은 전남도 내의 남로당을 비롯한 주요 좌익지하단체의 조직까지도 치명적인 타격을 주었다.

　제8관구 경찰청은 11월 22일 남로당 전남도당 및 시당부를 급습하여 100여 명을 검거했다고 밝히고 있다. 사찰과에서는 11월 17일에서 19일 사이 광주부 내 모처에 있는 남로당 전남도당부를 습격하여 광주부 연락

과장 박창주 외 20명과 연루자 50명을 검거했으며, 이어서 남로당 광주시 당부를 습격하여 중요간부 22명 외 각 동 세포 책임자 19명을 검거했다는 것이다.[201] 또한 동사찰과에서는 12월 16일 전남도 민애청 위원장 양동호(24) 외 간부 9명을 일망타진했다고 밝히고 있다.[202]

여순사건으로 인한 피동적인 '유격투쟁'으로의 전환, 광주부 내에 있는 남로당 중추조직 및 주요 좌익조직의 막대한 타격 등으로 말미암아 남로당 전남도당부는 그 본부를 장흥군 유치면의 산악지대로 옮기지 않을 수 없게 되었다.[203] 그러나 미군철수를 전후한 1949년 4월부터 6월 사이에 남로당 전남도당부는 '특위'위원장 이성재를 비롯한 도(道) 및 군(郡) 간부 57명이 체포됨으로써[204] 거의 재기불능 상태에 빠지게 되었다고 볼 수 있다.

4) 악화된 민생

여순사건지구에서 폭동군 및 좌익에 의해 일시 동원되었던 민중들은 진압과정에서 나타난 파괴 및 실상, 그 직후 제1공화국의 철저한 폭동군 및 부역자 색출·처형에 따른 죽음과 고통, 군·경의 통제 및 우익단체의 강화, '유격대'의 내습, 이것들이 결과한 이웃과의 상호불신과 감시, 증가된 각종 잡부금의 강요 속에서 '반공'만이 유일한 삶의 길임을 재확인해야만 했다.

먼저 여순사건은 진압과정에서 엄청난 인명·재산피해를 가져다주었다. 진압과정에서 진압군과 폭동군 사이에 가장 장기적이고 치열한 접전이 벌어졌던 여수의 경우가 가장 심했는데 『동광신문』은 여수읍의 5분의 3이 폐허화되었고 피해가옥은 수천 호, 이재민은 수만 명으로 추산하고 있다.[205] 당시 여수지역 국회의원 황병규 의원은 "관공서를 포함한 시내중심가의 1,700여 호, 그외 2,600 내지 2,700여 호가 전소되었으며, 이재민은 무려 2만 수천 명"이라고 국회에 보고하고 있다.[206] 표 11은 11월 1일 전남도 보건후생국이 발표한 것으로 여순사건이 결과한 인적·물적 피해상황이다.[207]

표 11　　　　　　　여순사건 피해상황(1948년 11월 1일 현재)

	인명피해				가옥·재산피해			
	사망	중상	경상	행방불명	소실	전파	반파	피해 예상액
여수	1,300	900	350	3,500	1,538		198	37억 3천만 원
순천	1,135	103		818	13			1,350만 원
보성	80	31	30	7		3	2	200만 원
고흥	26	42	8					
광양	57							
구례	30	50	100			38		1,460만 원
곡성	6	2				4	6	450만 원

자료: 『호남신문』, 1948년 11월 5일자; 전국문화단체총연맹, 앞의 책, pp. 139~40.

　이와 같은 엄청난 인적·물적 피해에도 불구하고 당국의 구호대책은 1948년 말 여순사건 구호자금 1억 3,500만 원이 전남에 할당된 것이 고작이었다. 더구나 사건 직후 계엄령의 선포로 도내 교통이 두절되어 상인의 왕래가 자유롭지 못하자[208] 물가가 앙등함으로써 민생은 더욱 비참해졌다.[209] 더구나 광주, 각 군소재지, 군·경 주둔지 이외의 벽촌주민들의 경우 밤이면 '유격대'의 내습, 낮이면 군·경의 문책이 악순환되는 가운데 항상 불안한 나날을 보내야 했으며, 설상가상으로 유형·무형의 잡부금이 더욱 증가,[210] 주민들의 민생고를 가중했다.
　정부는 1949년 2월 5일로 전남북 일원에 선포되었던 계엄령을 일단 해제했다. 그러나 전남도 내 군·경토벌대의 주둔지역은 계엄기간 중과 거의 다름이 없었고, 단지 군사재판이 없어지고 주민의 이동이 어느 정도 허용되는 것뿐이었다.
　표 12에서 볼 수 있는 바와 같이 1949년 2월 계엄령체제 이후 광주시 인구는 매달 5천여 명 이상씩 증가하고 있는데 이것은 식량배급신청을 위해 기류계에 등록한 건수만을 집계한 것이었으며, 이들 유입인구의 대부분은 전남도 내 산간지역의 주민이었다고 볼 수 있다. 군·경의 통제강화,

표 12　　　　　　광주시 기류(寄留)계 등록 및 퇴거 추이

	등록 건수	인원	퇴거 건수
48년 8월	203	1,015	·
49년 4월	1,764	8,820	113
49년 5월	1,215	6,075	212

자료:『호남신문』, 1949년 6월 15일자.

유격대의 내습, 악화된 민생, 군·경의 소개명령 등에 의해 전남도 내 산간 지역의 주민들은 조상대대로 수백 년 정들었던 삶의 터전을 떠나 읍소재지 혹은 광주로 이주해야 했으며, 읍소재지나 광주의 부유한 주민들은 광주 혹은 서울 등지로 이주하는 현상이[211] 나타나고 있었다.

6. 맺음말

여순사건의 여파는 전남지방에만 국한된 것이 아니었다. 미군철수 연기 및 군원증강 등과 같은 한·미관계, 폭동·반란군의 지리산 게릴라기지의 구축 및 북한공산정권의 제1차 게릴라 남파, 이에 따른 국내치안의 불안 및 남북갈등관계의 첨예화, 숙군, 군대 및 경찰 증강, 국가보안법·국군조직법·임시우편단속법안의 통과, 청년단체 통폐합, 호국군 창설, 학도호국단 창설 등과 같은 국가기구 및 제도, 그리고 사회구조에 미친 영향 또한 엄청난 것이었다.

미군철수를 전후한 시기까지 진행된 이 과정에서 남로당을 위시한 좌익은 거의 붕괴상태에 이르게 되었으며, 국회 프락치사건, 김구 암살사건, 반민법의 폐기를 통해 중도·우익 세력 또한 정치적 영향력을 거의 상실해 갔다. 여순사건을 전후한 국가·사회구조·정치갈등구조의 변화는 물론 그 질과 성격에서 근본적인 변화를 의미하는 것은 아니었지만, 여순사건을 통해 반공국가의 구체적 내용들이 채워지기 시작했다. 제1공화국은 '여

순사건'을 계기로 명실상부한 반공국가로 존재할 수 있었으며, 그 자율성을 극도로 제고시킬 수 있게 되었다.

해방·건국·여순사건에 이르기까지 전남지방의 민중들은 좌절·가난·충격을 숨가쁘게 감내해야 했으며, 그 과정 속에서 그들의 '한의 모닥불'은 꺼질 줄 몰랐다. 1950년 2월 5일 정부의 제2차 계엄령해제로 '한의 모닥불'은 약해지는 듯했다. 그러나 그들은 보다 엄청난 충격, '6·25'를 맞이해야만 했다. 그들의 일상생활을 통해 전쟁은 이미 여순사건에서부터 시작되고 있었다.

주 _____

1) 해방 이후 80년대에 이르기까지 한국현대사에 대한 훌륭한 이론적 통사에 대해서는 최장집, 「해방 40년의 국가·계급구조·정치변화 시설」, 최장집 편, 『한국현대사 I』(열음사, 1985); 손영원, 「분단의 구조」, 김홍명 외, 『국가이론과 분단한국』(한울, 1985)을 참조할 것.
2) 이에 대해서는 주 103을 참조할 것.
3) 전사편찬위원회, 『한국전쟁사 제1권: 해방과 건군』(1967), pp. 451~52.
4) R.K. Sawyer, *Military Advisors In Korea: KMAG In Peace And War* (Washington, D.C., Office of The Chief of Military History, Department of The Army, 1962), p. 39; 김점곤, 『한국전쟁과 남로당 전략』(박영사, 1983), pp. 188~91; 김남식, 『남로당연구』(돌베개, 1984), pp. 387~89; J.R. Merrill, "Internal Warfare In Korea, 1948~1950: The Local Setting of The Korean War"(Uni. of Delaware, PH.D., 1982), pp. 208~10.
5) 최장집, 앞의 논문, pp. 32~37.
6) 김정원, 『분단한국사』(동녘, 1985), p. 143; 이기하, 『한국정당발달사』(서울: 의회정치사, 1962), pp. 54~80; G.H. Henderson, *Korea: The Politics of the Vortex*(Harvard Uni. Pressm, 1968), p. 196.
7) 국회사무처, 『제헌국회 제1회 국회속기록』(이하 『국회속기록』으로), 제59차, 제87차 참조; 「새한민보」, 1948년 11월 상순, p. 11.
8) 전사편찬위원회, 앞의 책, p. 264; B. Cumings, *The Origins of the Korean War*(Princeton Uni. Press, 1981), pp. 169~70, 312.
9) 보표 1에서 볼 수 있는 바와 같이 해방 직후 난립했던 사설군사단체는 일제의 전시동원정책에서 직접 유래한다는 것을 알 수 있다. 그리고 일제에 의해 동원된 병력뿐만 아니라 비록 소수이지만 중국대륙과 만주지방에서 활약하던 독립군과 게릴라부대까지 합쳐서 해방 후 남한에서 사설군사단체는 그 규모나 단체수에서 미군정의 점령정책에 커다란 부담이 되었다. 이들은 다른 정치·사회단체와 마찬가지로 좌우로 양극화되어가고 있었는데, 우익군사단체로는 '조선임시군사위원회'와 '치안대 총사령부'가 있었고, 좌익적 성향을 띠는 군사단체로는 '국군준비대'와 '조선학병동맹'이 있었다. 이 중 국군준비대는 1945년 말 총 8만여 명에 이르는 최대군사단체였다.(전사편찬위원회, 앞의 책, pp. 247~57; 김남식, 『실

록 남로당』, 실현실사, 1975, p. 116; 한용원, 『창군』, 박영사, 1984, pp. 26~29; 허장, 「초기 군사제도와 군부의 구조형성」, 최장집 편, 앞의 책, pp. 339~401.)

보표 1   전시동원 현황

구분	동원수(名)	비고
학도병	4,385	학도동원령(1943. 10. 12)
육군지원병	17,664	육군특별지원병령(1938. 2. 2)
해군지원병	3,000	해군특별지원병령(1943. 5. 11)
육군 징병	186,980	일반징병령(1943. 8. 1)
해군 징병	22,290	해군병징모검사(1944. 5. 10)
군무원	154,970	해군작업 애국단원 및 포로감시원
합계	389,289	15만여 명은 전사 또는 행방불명

자료: 『대한국사』, p. 10. 한용원, 『창군』(박영사, 1984), p. 37에서 재인용.

10) 전사편찬위원회, 앞의 책, p. 289; 한용원, 앞의 책, pp. 91~93.
11) 전사편찬위원회, 앞의 책, p. 297; 한용원, 앞의 책, p. 92.
12) 각 연대가 거의 충원을 완료할 수 있었던 시기는 3개 연대를 1개 여단으로 해서 3개 여단을 편성한 1947년 12월경으로 보아야 할 것이다. 이 당시의 총병력은 2만 명을 넘지 않았을 것이다.(한용원, 앞의 책, p. 96; R.K. Sawyer, 앞의 책, p. 104.)
13) 전사편찬위원회, 앞의 책, pp. 283~84; 김석학·임종명, 『광복 30년, 제2권: 여순반란편』(전남일보사, 1975), pp. 18~19; 고영환, 「여순 잡감」, 전국문화단체총동맹, 『반란과 우리의 각오』(문진문화사, 1949), p. 111.
14) 김남식, 『남로당연구』, p. 379.
15) 같은 책, p. 381.
16) 한용원, 앞의 책, p. 98.
17) 전사편찬위원회, 앞의 책, pp. 399~408. 그 대표적인 예로 '제1연대 하극상사건' '제3연대장 배척사건' 등을 들 수 있다.
18) 한용원, 앞의 책, p. 98. 경비대의 제복은 초기에 일본군의 복장을 개조해서 사용했으며 계급장 표지는 경찰간부급의 계급장을 장교의 계급장으로(경찰모자의 귀단취 무궁화표지의 개수로) 부착했다. 이러한 복장과 계급장제도는 군·경이

간질에 취약했으며 경비대는 경찰의 우롱의 대상이 되기도 했다.
19) 전사편찬위원회, 앞의 책, pp. 127~36.『동광신문』, 1947년 6월 6일자. 이 영암군·경충돌사건은 여순사건의 발발과 유사한 양상을 보인다. 즉 경찰에 대한 보복을 위해 사병들이 대부분 출동했다는 점, 그리고 주동자가 하사관이었다는 점에 주목해야 한다.
20) 김남식, 앞의 책, pp. 247~72; 하성수 엮음, 『남로당사』(세계, 1986), pp. 91~100.
21) 박일원, 『남로당의 조직과 전술』(세계 복간, 1984), p. 33.
22) 같은 책, p. 276.
23) 양한모, 「남로당」, 조선일보사 편, 『전환기의 내막』(1982), p. 195.
24) 김남식, 앞의 책, p. 276.
25) 양한모, 앞의 글, p. 209.
26) 김남식, 앞의 책, p. 290.
27) 공산주의자들의 프락치공작은 이미 1946년 초에도 진행되고 있었으며, 남로당은 이를 이어받아 창당 초부터 군사부와 특수부를 중앙당부에 두고, 군사부는 군부 내에 특수조직부는 우익·중간정당·사회단체에 침투시키고 있었다.(스칼라피노·이정식, 한홍구 역, 『한국공산주의 운동사』, 돌베개, 1986, pp. 383~85; 양한모, 앞의 글, p. 212.)
28) 양한모, 앞의 글, p. 213; 스칼라피노·이정식, 앞의 책, p.385.
29) 대검찰청 수사국, 『좌익사건실록』 제1권, pp. 323~53; 스칼라피노·이정식, 앞의 책, pp. 391~92.
30) USAFIK, "G-2, Periodic Report," 1948년 3월 3일, 4월 8일.
31) 김남식, 앞의 책, p. 380; 하성수, 앞의 책, pp. 207~08.
32) 김남식, 앞의 책, pp. 380~81에서 재인용.
33) 양한모, 앞의 글, p. 215; 하성수, 앞의 책, p. 191.
34) 박일원, 앞의 책, pp. 109~10; 김남식, 앞의 책, p. 326; 대검찰청 수사국, 앞의 책, pp. 395~96; 하성수, 앞의 책, pp. 191~92.
35) 박일원, 앞의 책, p. 111; 김남식, 앞의 책, p. 37; 하성수, 앞의 책, p. 223.
36) '연합중앙회'는 명분상 하나의 정권에 2개의 공산당이 있을 수 없는 원칙과 인공이 '전한반도에 걸쳐 인민의 의사를 대표한다'는 대외적인 선전, 그리고 통일적인 대남전략수립이라는 전략상의 요청에 의해 설립되었다고 볼 수 있다. 그러나

남북노동당이 분단 시점에서도 완전한 합당을 하지 못한 것으로부터, 첫째 남로당과 북로당 사이의 주도권 싸움이 치열하게 진행되고 있었고, 둘째 북쪽에 이른바 '민주혁명기지' 건설을 통해 정치적 역량을 키워낸 북로당이 지도그룹 내에서 아직까지 확고한 우위를 차지하지 못했음을 알 수 있다.(김남식, 앞의 책, pp. 359~61; 하성수, 앞의 책, p. 194; 스칼라피노·이정식, 앞의 책, pp. 397, 484.)

37) 홍한표, 앞의 논문, p. 29.
38) 같은 논문, p. 30.
39) 김인식,「화폐인플레 격화와 민생문제」,『민성』, 1948년 5월호, p. 42.
40) 김인식, 앞의 논문, p. 43.
41) 홍한표, 앞의 논문, p. 31.
42) 新納豊,「해방 후 한국경제의 구조」, 최장집 편, 앞의 책, pp. 462~63.
43) 조선통신사,『조선연감』(1949년판), p. 215; 조선은행 조사부,『조선경제연보』(1948년판), p. 215; B. Cumings, 앞의 책, pp. 371~79; 新納豊, 앞의 논문, pp. 463~64.
44) 新納豊, 앞의 논문, pp. 464~66.
45) 1949년도와 50년도에 미곡수집실적이 급격히 저하된 이유는 제1공화국 출범 후 1948년 10월 '양곡매입법' 제정과정에서 미군정하에서의 미곡공출제도에 대한 비판의 여론이 높자, 자가용 식량의 매매 및 운반을 허용하여 강제적 요건을 다소 완화했기 때문이다. 이에 따라 미곡수집 실적은 급격히 떨어지고 동법의 시행이 불가능해짐에 따라 1950년 2월 '양곡관리법'을 공포하여 양곡의 자유유통을 허용했다. 이를 통해서 미곡수집제도가 농민들에게 얼마나 가혹한 부담이었는가를 반증해볼 수 있다.
46) 배성룡,「농촌경제의 현황」,『민주조선』, 1948년 4월호, p. 10.
47) 김병태,「농지개혁의 평가와 반성」, 김병태 외『한국경제의 전개과정』(돌베개, 1981), p. 38.
48) 櫻井浩,「한국농지개혁의 재검토」,『아시아경제』(아시아경제연구소, 1976), p. 108.
49) 新納豊, 앞의 논문, p. 465; 배성룡, 앞의 논문, p. 9.
50)『서울신문』, 1948년 4월 21일자.
51)『서울신문』, 1948년 6월 24일자.
52) 櫻井浩, 앞의 논문, p. 429.

53) 『동아일보』, 1948년 6월 23일자. 지세의 경우 현행세율의 5배, 지방세의 경우 그 중 가옥세는 5배, 임야세는 10배가 인상되었다.
54) 櫻井浩, 앞의 논문, p. 419.
55) 『서울신문』, 1948년 6월 24일자; 新納豊, 앞의 논문, p. 457.
56) 『서울신문』, 1948년 7월 31일자.
57) 『동광신문』, 1948년 7월 20일자. 7월 초부터 16일까지 진남도 내 태풍·홍수 피해상황은 다음과 같다. ① 인명피해: 사망 52명, 행방불명 65명, 중상 39명. ② 가옥피해: 완파 47호, 침수 4,094호. ③ 농작지 및 농작물 피해: 유실 20,101정보 매몰 13,283정보, 침수 16,381정보.
58) 1946년 초까지 미군정에 의해 군수준에서 인민위원회가 실제적인 통치기능을 거부당하고, 혹은 파괴당할 때까지 인민위원회의 성격은 결코 급진적이지 않았다. 비록 미군정의 보수·우익화정책으로 급진적 성향이 표출되는 몇몇 군인민위원회가 있기는 했지만, 명백한 친일경력이 없으면 전통적인 지도력이 여전히 행사될 수 있었으며, 따라서 일제하의 관리, 지주들도 인민위원회의 주요 구성원이었다.(B. Cumings, 앞의 책, pp. 298~99; G. Meade, *American Military Government In Korea*, New York: King's Brown Press, 1951, p. 185.)
59) 9월 말의 시점에서 도중앙인 광주에 결성된 단체로는 '조선공산당'(8월 21일), 그리고 인민위원회 산하의 치안대 및 청년단의 '불법적' 행위를 저지하고 치안을 확보한다는 명분으로 미전술군 진주 직후 일제하의 경찰이 재결합한 '전남경찰재건위원회'(9월 25일 결성)밖에 없었다.(김창진, 「해방 직후 광주지방에서의 정치투쟁의 전개에 관한 연구」, 고려대 정외과 석사학위논문, 1986, pp. 37, 53~54; 김석학·임종명, 『광복 30년』 제1권, 전남일보사, 1975, p. 4; 전남도지편찬위원회, 『전남도지』 제1권, 1982, p. 991.)
60) 김창진, 같은 논문, pp. 47~49; B. Cumings, 앞의 책, p. 304.
61) G. Meade, 앞의 책, pp. 64, 72.
62) 같은 책, pp. 67~76.
63) 한민당 전남도지부는 10월 22일, 독촉중앙협의회는 11월 27일, 한독당의 경우 1946년 6월에야 결성된다.(『호남신문』, 1948년 10월 22일자; G. Meade, 앞의 책, pp. 162~63; 김창진, 앞의 논문, pp. 63~67.)
64) G. Meade, 앞의 책, pp. 121~28, 168~80.
65) 같은 책, pp. 160~89.

66) 같은 책, p. 161.
67) 전남가을항쟁에 대한 국내의 연구논문은 거의 없는 것 같다. 경북지방의 '10월항쟁'에 관한 탁월한 분석으로는 정해구, 「10월 인민항쟁의 전개과정과 성격에 관한 한 연구」(고려대 정외과 석사학위논문, 1987)를 참조할 것.
68) 인구변동률, 소작률 등은 '항쟁의 강도'와 '지속성', 그리고 '가을항쟁' 이후 격렬한 정치투쟁의 계속적 발생 등과 깊은 연관성이 있는 것 같다. 예를 들어 나주와 보성의 경우 '가을항쟁' 기간에 강도 높고 지속적인 폭력사건이 발생했으며, 1948년 전반기의 '5·10 단정단선반대투쟁' 과정에서도 강도 높은 폭력사건이 계속 발생했고, 5월과 6월경에는 무장단체까지 출현하고 있다.
69) 『여수·여천 황토지』, pp. 300~01; 안종철, 「조선건국준비위원회의 성격에 관한 연구」(서울대 정치학과 석사학위논문, 1985), pp. 64~66.
70) 『순천·승주 향토지』(순천문화원, 1975), pp. 78~79; G. Meade, 앞의 책, p. 183.
71) 『광양군지』(광양군지편찬위원회, 1983), pp. 336~37; G. Meade, 앞의 책, pp. 184~85.
72) 안종철, 앞의 논문, pp. 74~76; G. Meade, 앞의 책, p. 184.
73) G. Meade, 앞의 책, pp. 182~85.
74) 같은 책, p. 185.
75) 또한 여수에서는 해방 후 지방도시로서는 드물게 『여수일보』라는 신문까지도 발행되고 있었다.(『여수·여천 향도지』, pp. 437~529.)
76) 표 6에서 볼 수 있는 바와 같이 전남도 내에서 제101군정단의 통치방식은 세 가지 형태로 나타났다. 인원과 장비가 풍부한 중대는 직접통치방식(미군장교가 군수로 취임하여 직접 행정과 인사문제에 개입하는 형식, 주로 광주 주변 군과 인민위원회의 성격이 급진적이라고 평가한 곳)을, 부족한 중대는 간접·일괄 통치방식을 통해 초기 점령정책을 수행했다. 제69군정대는 원래 군별 직접통치방식을 택했으나 그 내부사정으로 거의 자유방임에 가까운 정책을 실시했다.
77) G. Meade, 앞의 책, pp. 97~98, 183.
78) 같은 책, p. 183.
79) 미국무성 편, 『한국의 정치·경제』(공보처 발행, 1949), p. 60.
80) 이들이 내세운 구호는 다음과 같다. 1. 조선의 분단과 침략계획을 실시하는 유엔 조선위원단을 반대한다. 2. 남조선단독정부 수립반대. 3. 압제적인 테러하의 반

동적인 총선 절대반대. 4. 양군 동시철수로 조선통일민주주의 정부수립을 우리 조선인에게 맡겨라. 5. 제국주의의 앞잡이 이승만, 김성수 등 친일·반동파를 타도하라. 6. 노동자와 사무원을 보호하는 노동법과 사회보험제를 즉각 실시하라. 7. 노동임금을 3배로 올려라. 8. 노동자에게는 1일 5홉. 그들의 가족과 일반인에게는 3홉 이상의 쌀을 분배하라. 9. 지주의 토지를 몰수하여 농민에게 무상으로 분배하라. 10. 정권을 인민위원회로 넘겨라. 11. 조선민주주의인민공화국만세.(USAFIK, "G-2, Periodic Report," 1948년 2월 7일; 대검찰청 수사국, 앞의 책, p. 371.) 위의 구호에서 볼 수 있는 바와 같이 이른바 '2·7구국투쟁'에서 시작되는 '단정단선반대투쟁'은 유엔한위와 단독선거를 반대하는 '저지투쟁'이었을 뿐만 아니라 이른바 '조선민주주의인민공화국' 수립을 선전하는 '적극투쟁'의 성격도 아울러 내포하고 있었다. 따라서 '2·7구국투쟁'으로부터 남북관계는 정통성을 둘러싼 치열한 '선전전'으로 말미암아 적대적인 양상을 나타내고 있었다.(김점곤, 『한국전쟁과 노동당전략』, p. 113.)

81) 대검찰청 수사국, 앞의 책, p. 370; 김남식, 앞의 책, p. 305; USAFIK, "G-2, P.R.," 1948년 2월 7일~2월 26일.

82) 대검찰청 수사국, 앞의 책, pp. 370~71.

83) 김남식, 앞의 책, pp. 305~06, 대검찰청 수사국, 앞의 책, p. 370.

84) USAFIK , "G-2, P.R.," 1948년 2월 28일.

85) 『동광신문』, 1948년 3월 5일자; USAFIK, "G-2, P.R.," 1948년 3월 17일, 3월 22일.

86) 김석학·임종면, 앞의 책, 제2권, pp. 20~21.

87) 대검찰청 수사국, 앞의 책, pp. 395~96.

88) 만 18세 이상 55세 이하의 남자는 거의 의무적으로 동단에 가입해야 하며, 동단은 경찰관구청장 혹은 경찰서장의 지휘와 명령에 의해 선거를 앞두고 경찰력을 보조했다. 380만 규모로 추산되는 향보단의 설치는 일제 시 '국민의용대'의 재판이라는 비판을 받았다. 동단은 선거가 끝난 직후 5월 22일 '딘' 군정장관의 해산명령을 받았으나 좌익의 활동이 치열했던 지역에서는 그 후 '의용단' 혹은 다른 명칭으로 계속 존재했다.(『서울신문』, 1948년 4월 16일자; 『경향신문』, 1948년 5월 26일자; 수도관구경찰청, 1969, 『5·10총선거경비록』, 1948. 9, pp. 27~32; 문창주, 『한국정치론』, 일조각, 1969, p. 257; 심지연, 「5·10선거와 제헌국회」, 『월간조선』, 1986년 8월호, p. 468.)

89) USAFIK, "G-2, P.R.," 1948년 4월 7일~4월 30일; 6Th. Division, "G-2, P.R.," 1948년 4월 5일~4월 29일.

90) USAFIK, 6Th. Division, "G-2, P.R.," 1948년 4월 29일; USAFIK, G-2, P.R., 1948년 4월 30일.

91) 김남식, 앞의 책, pp. 327~29.

92) USAFIK, "G-2, P.R.," 1948년 5월 8일~5월 27일; 6Th. Division, "G-2, P.R.," 1948년 5월 7일~5월 17일;『동광신문』, 1948년 5월 8일~5월 29일.

93) 『동광신문』, 1948년 5월 16일자, 25일자; USAFIK, "G-2, P.R.," 1948년 5월 27일, 6월 22일.

94) USAFIK, "G-2, P.R.," 1948년 5월 24일.

95) USAFIK, 6Th. Division, "G-2, P.R.," 1948년 5월 9일.

96) 『동광신문』, 1948년 5월 19일자.

97) 설국환,「반란지구답사기」,『신천지』, 1948년 11월, p. 150; 김석학·임종명, 앞의 책, 제2권, p. 25.

98) 국사편찬위,『자료 대한민국사』제7권, pp. 62~63.

99) 보성의 경우 6월에 4명의 우익인사가 피살된 사건이 발생했는데, 그 후 보성군내 우익청년단 대표 8명이 회합하여 공산주의자들의 테러로부터 마을을 보호할 수 있는 방법을 토의한 결과 30명의 청년으로 구성된 '평화유지단' 설치를 결정했다. 담양의 경우 경찰에 의해 '의용단'이 조직되었는데 경찰은 '의용단' 지원자 중 26명을 선발해서 야간경계임무를 맡겼다. 동단원들은 경찰서후원회 기금으로 매달 3천 원의 월급을 받았다.(USAFIK, "G-2, P.R.," 1948년 7월 8일, 7월 20일.)

100) 김석학·임종명, 앞의 책, pp. 17~20; 김남식, 앞의 책, 제2권, pp. 381~82; 김점곤, p. 176; 사사키 하루다카,『한국전비사』제1권(병학사, 1977), p. 296.

101) '구례사건'은 9월 24일 구례읍내 한 이발관에서 술에 만취한 구례경찰서 수사계 김모 경사가 인사가 불손하다는 이유로 이발관 주인을 마구 구타하자 휴가 중 이발관에서 휴식 중이던 제14연대 소속 사병이 이를 중재(?)했다. 이에 화가 난 김경사가 전서원을 비상소집하여 구례읍내에서 휴가 중인 제14연대 사병 9명을 모두 구금하여 구타한 사건이다.(육군본부,『6·25사변사』, 1959, p. 52.) 그러나 위 자료에는 제14연대 사병들이 그 후 어떻게 대응했는가를 밝히지 않고 있다.

102) 전사편찬위원회, 앞의 책, p. 495; 김석학·임종명, 앞의 책, 제2권, pp. 28~29.
103) '혁명의용군사건'은 여수사건 발발 직후인 10월 21일 국방장관 이범석, 22일 수도경찰청장 김태선에 의해 발표된 것으로 오동기 소령(한독당계 장교)은 이미 9월 28일 구금되어 있었다. 동사건은 "주모자 최능진, 오동기, 서세충, 김진섭 등이 남북노동당과 결탁하여 무력으로 대한민국정부를 전복, 쿠데타를 강행하려던 지전에 걸어 …… 하였는데 그 말단세포들이 금번 여수사건을 야기한 것이다"고 발표되었다. 이 발표는 남북협상에 참여했던 김구의 입장을 매우 난처하게 했는데 김구는 그 후 "…… 나는 극우분자가 금번 반란사건에 참여했다는 말을 이해할 수 없다"고 성명을 발표했다.(『동아일보』, 1948년 10월 22일자, 23일자; 유건호, 「여순반란사건」, 조선일보사 편, 앞의 책, pp. 161~63; 전사편찬위원회, 앞의 책, pp. 485~88; 사사키 하루다카, 앞의 책, pp. 296~97.) 실제 여순사건의 전개과정에서 한독당계 혹은 다른 우익세력이 모의하거나 주도한 흔적은 보이지 않는다.
104) 『여수·여천 향토지』, p. 307; 사사키, 앞의 책, p. 298. 따라서 군대 기밀이 외부로 누출되어 연대 내의 좌익과 여수읍내의 좌익이 사전에 '폭동'을 모의할 수 있는 여지가 많았다. 그 당시 왜 '일반전보'로 제주도 출동명령이 하달되었는지 그 이유는 분명치 않다.
105) J. Reed, "The Truth abut The Yosu Incident," p. 2. J.R. Merrill, "Internal Warfare in Korea: 1948~1950"(Uni. of Dlaware. Ph. D., 1982), p. 294에서 재인용.
106) 전사편찬위원회, 앞의 책, pp. 453~63.
107) 10월 19일 밤 제14연대 병원 내에서 폭동군(반란군)에 합류한 병력수에서는 기록마다 심한 차이를 보이고 있다. 여기서는 당시 국회에서 행한 내무부의 보고에 따랐다. 한편, 군자료의 경우 『한국전쟁사』 제1권은 3천 명이라고 기록하고 있으며, 육군본부, 『공비토벌사』에는 2천 명이라고 기록되어 있다. 또한 미군자료(미군정보보고서)에는 2,400명으로 기록되어 있다.(국회사무처, 『국회속기록』, p. 649; 육군본부, 『공비토벌사』, 1954, p. 14; 전사편찬위원회, 앞의 책, p. 455; USAFIK, "G-2. P.R.," 1948년 10월 21일.
108) 이 민간인 23명의 소속에 관한 해석도 기록마다 차이를 보이고 있다. 이 민간인이 인민위원회 및 민애청원 행동파라고 보는 견해(김석학·임종명)와 남로당원이라고 보는 견해(사사키)가 있다.(김석학·임종명, 앞의 책, 제2권, p. 46; 전사

편찬위원회, 앞의 책, p. 455; 사사키, 앞의 책, pp. 455, 305.)

109) 『국회속기록』, p. 649. 여수읍으로 향할 때 누가 지휘했는지는 확실치 않다. 반란군 지휘관으로 알려진 김지회 중위는 병사들을 직접 선동하지 않았다. 오히려 김지회는 반란을 제지하려 했으며, 이때 사병들이 그를 사살하려 하자 남로당원임을 실토했다 한다. 김지회가 언제부터 반란군을 지휘하기 시작했는지도 확실치는 않으나 순천에서 백마를 타고 지휘했다는 기록이 보인다. 또한 반란사건이 일어나자 남로당 전남도당에서는 긴급회의를 열고 이 사건을 어떻게 처리할 것인가에 대해 심각한 토의가 있었으며, 결국 당의 거사로 사후승인했다 한다. 이러한 사실로 미루어보아 '반란'이 당중앙은 물론 전남도당과 아무런 사전협의 없이 일어난 것으로 보인다.(김남식, 앞의 책, p. 388; 김점곤, 앞의 책, p. 191; 김석학·임종명, 앞의 책, 제2권, p. 92; 사사키, 앞의 책, pp. 307~09.) 그러나 남로당 여수지부당과의 관련 여부에 대해서는 논란의 여지가 있으나 직접적인 관련은 없는 것으로 보이며, 당시 인민위원회 혹은 민애청 등과의 관련 가능성이 있는 것 같다.

110) 사사키, 앞의 책, p. 455;『국회속기록』, p. 649; 박찬식,「7일간의 여수」,『새한민보』, 1948년 11월 하순, p. 12; 현윤삼,「전남반란사건의 전모」,『대호』, 1948년 12월호, p. 68;『여수·여천 향토지』, p. 309.

111) 오전 3시경에 여수읍내의 경찰서가 점거되고, 그 후 무려 7시간이 지난 10시경부터 남로당 간부가 전면에 나타나면서 '보안서'(대장 유목윤: 당시 남로당 간부) 및 인민위원회가 간판을 내걸고 경찰 등을 색출하기 시작하고 있다. 여순사건은 이때부터 남로당이 중심이 되어 전개되어갔던 것 같다.

112) USAFIK, "G-2, P.R.," 1948년 10월 20일; 유건호, 앞의 논문, pp. 152~53;『호남신문』, 1948년 10월 29일자.

113) 사사키, 앞의 책, p. 321. 김석학·임종명, 앞의 책, 제2권, pp. 287, 300, 306;『호남신문』, 1948년 10월 29일자; 전국문화단체총동맹, 앞의 책, p. 56.

114) 김석학·임종명, 앞의 책, 제2권, pp. 95~97; 사사키, 앞의 책, pp. 324~25; 전사편찬위원회, 앞의 책, pp. 456~57;『순천·승주 향토지』, p. 108.

115) 김석학·임종명, 앞의 책, 제2권, p. 101;『국회속기록』, p. 742.

116) 김석학·임종명, 앞의 책, 제2권, p. 95~97. 순천에서 사망한 경찰은 대부분 인접 군에서 응원 나온 경찰 혹은 신참경찰이었다. 또 폭동군은 순천경찰서 공격 중 제14연대 미군사고문관 2명을 포로로 잡았으나 이들을 살려보냈다. 이 미국

인 장교들은 석방되어 미국인 선교사 크레인 집에서 순천 탈환 시까지 피신해 있었으나 이들은 폭동군 혹은 좌익으로부터 어떠한 공격도 받지 않았다. 진압군이 순천을 탈환하자 이들은 진압부대에 합류했다.(김석학·임종명, 앞의 책, 제2권, pp. 96~97; J. Merrill, 앞의 책, pp. 221~22; R.K. Sawyer, 앞의 책, p. 39.)

117) 김석학·임종명, 앞의 책, 제2권, pp. 124~25; 유견호, 앞의 논문, p. 152.
118) USAFIK, "G-2, P.R.," 1948년 10월 21일; 사사키, 앞의 책, pp. 338~39.
119) 전사편찬위원회, 앞의 책, p. 459; 『국회속기록』, p. 742; 『보성군향토사』, p. 60; 김석학·임종명, 앞의 책, 제2권, pp. 151, 153.
120) 김석학·임종명, 앞의 책, 제2권, pp. 304~06.
121) J. Merrill, 앞의 책, p. 224. 여순사건 진압에서 당시 주한미군의 역할을 정확히 이해하는 것이 매우 중요하다. 왜냐하면 당시 국군은 아직 조직적·법적인 측면에서 정비 중에 있었기 때문이다. 기존의 9개 연대에 덧붙여 6개 연대를 신설한 것은 1948년 5월경이었으며, 국군조직법은 아직 국회에서 입안 중에 있었기 때문이다. 또한 같은 해 8월 24일 이승만 대통령과 하지 중장 사이에 체결된 '임시군사협정'에 의해 군사작전권은 미군철수 시까지 미군에 속해 있었고 미군은 여순사건 진압에서 직간접적으로 매우 큰 역할을 했다고 볼 수 있기 때문이다.(미국무성 편, 앞의 책, p. 86; R.K. Sawyer, 앞의 책, p. 34.)
122) 사사키, 앞의 책, p. 329. 당시 군수뇌부가 취한 임시조치의 내용은 구체적으로 확인되지는 않으나, 기본적으로 광주·남원·하동에 제4연대 2개 중대, 전주 주둔 제3연대 1개 대대, 마산 주둔 제15연대 2개 대대를 20일 오후에 집결시킨 것을 포함하고 있는 것 같다.
123) 전사편찬위원회, 앞의 책, p. 459.
124) 김점곤, 앞의 책, p. 199.
125) USAFIK, "G-2, P.R.," 1948년 10월 21일; 전사편찬위원회, 앞의 책, p. 459; 사사키, 앞의 책, p. 341.
126) 사사키, 앞의 책, p. 339; 전사편찬위원회, 앞의 책, p. 472.
127) 김점곤, 앞의 책, p. 199; 사사키, 앞의 책, p. 345.
128) 김점곤, 앞의 책, p. 199.
129) J. Merrill, 앞의 책, pp. 221~26. 21일 오후의 시점에서 전반적인 병력붕괴현상을 방지하고 진압작전을 신속히 진행하는 데 순천탈환이 제일의 선결문제로 등

장했다.(사사키, 앞의 책, p. 347.) 따라서 반군토벌사령부는 21일 오후 제4연대 1개 대대를 학구에 급파했는데 존 메릴은 그 상황을 "고문관들이 직면했던 첫 번째 문제는 제4연대 병력을 투입시키게끔 한국인 장교들을 설득하는 것이었다. 어제 저녁 순천에 파견한 1개 중대는 이미 폭동군과 합류했고, 동시에 수개월 전 제4연대 1개 대대를 중심으로 편성된 제14연대에는 (제4연대) 사병들의 동료들이 많았다"고 쓰고 있다.

130) 『공비토벌사』, pp. 15~16; J. Merrill, 앞의 책, pp. 225~26.
131) 미군사고문관은 반군토벌사령부에 처음에는 Hausman 대위를 포함한 3명의 대위가 배속되었다. 고문관들은 그 후 6명이 동사령부에 보강되었다. 거기에는 순천에서 반란군에 체포되었다가 풀려난 제14연대 미군사고문관이었던 2명의 중위, 그리고 진압작전이 교착상태에 빠졌을 때 H.E. Fuller 대령까지 파견되었다.(R.K. Sawyer, 앞의 책, pp. 39~40.) 한편 로버츠 준장은 하우스만 대위에게 다음과 같은 임무를 부여했다. ① 한국인 지휘관이 조처를 취하지 못하거나 부적절한 조처를 취할 경우 작전통제권을 취할 것. ② 진압군사령부를 설치하고 동사령부가 효율적이고 원활한 작전을 전개하는가를 감독할 것. ③ 주한미군 총사령관과 임시고문단장에게 현재 상황을 보고할 것. ④ 전반적인(작전) 계획을 수립하여 그 계획을 성공적으로 완수할 수 있도록 수행할 것.(J. Merrill, 앞의 책, p. 284.)
132) 『동광신문』, 1948년 10월 27일자.
133) 『동광신문』, 1948년 10월 27일자; 유건호, 앞의 글, pp. 146~47; 김석학·임종명, 앞의 책, 제2권, p. 159; 사사키, 앞의 책, pp. 343~49; J. Merrill, 앞의 책, pp. 227~28.
134) 구례와 곡성 탈환시각에 대한 자세한 기록은 보이지 않는다. 탈환시각은 필자의 추정에 의한 것인데 그것은 22일 10시에서 11시 30분 사이의 미군 공중정찰결과(USAFIK, "G-2, P.R.," 1948년 10월 23일)와 제3연대 병력이 남원 방면에서 순천에 도착한 오후 4시경(『동광신문』, 1948년 10월 27일자)을 근거로 했다.
135) 사사키, 앞의 책, pp. 355~56. 그러나 사사키는 벌교·고흥 방면을 22일 탈환했다고 쓰고 있으나 실제로는 24일 오후에야 재탈환되었다. 그리고 그가 남원·구례 방면으로 출동했다고 본 제3연대와 제6연대는 각기 여수 및 벌교·고흥 방면으로 투입되었다.(『고흥군향토사』, 고흥군 향토사편찬위원회, 1971, p. 142; 『호남신문』, 1948년 11월 10일자. 김석학·임종명, 앞의 책, 제2권, p. 302.)

136) USAFIK, "G-2, P.R.," 1948년 10월 23일, 10월 25일; J. Merrill, 앞의 책, p. 229.
137) 『여수·여천 향토지』, p. 311; 김석학·임종명, 앞의 책, 제2권, pp. 241~42; J. Merrill, 앞의 책, p. 231; 전사편찬위원회, 앞의 책, p. 469. 미평전투에서 실제 어느 정도의 사상자와 포로가 발생했는지에 대해서는 자세한 기록이 보이지 않는다. 당시 언론자료로는 『동광신문』, 1948년 10월 27일자(박찬식, 앞의 논문, p. 13)가 있고, 좌익 측 자료로는 김남식 편, 『남로당연구자료집』 제1권(아세아문제연구소, p. 452)을 참조할 것.
138) 미평전투에서 패배하기 바로 전날인 23일 대통령 이승만은 여순사건에 대한 담화를 발표했는데 그 내용은 "22일 1시 여수를 완전탈환하고 순천도 22일 내로 탈환할 것"이라는 허위발표였다.(『동광신문』, 1948년 10월 23일자.) 또한 당시 파리에서는 유엔총회가 개회 중이었으며, 여기에서 '대한민국'의 유엔승인문제가 정식으로 토의될 예정이었다. 이러한 상황에서 미평전투 패배는 취약한 정치적 기반을 지닌 제1공화국에 국내외적인 일대위기를 가져다주었다.
139) 당시 미군사고문단의 일원이었던 소이어는 "(진압)작전이 점차 확대되고 심각해지자 …… 콜터(주한미군사령관)와 로버츠는 고급장교인 풀러대령을 파견하여 책임을 부여했다"고 쓰고 있는데, 이것은 미평전투가 계기가 되었던 것 같다.(R.K. Sawyer, 앞의 책, p. 40.)
140) 전사편찬위원회, 앞의 책, p. 469; 『여수·여천 향토지』, pp. 311~12; J. Merrill, 앞의 책, pp. 231~32.
141) J. Merrill, 앞의 책, p. 232; 『호남신문』, 1948년 10월 30일자.
142) 『보성군향토사』, p. 60; 『국회속기록』, pp. 649~50 ; 『호남신문』, 1948년 11월 10일자.
143) J. Merrill, 앞의 책, pp. 233~34.
144) 당시 최정예부대인 제12연대 2개 대대가 광양에서 순천을 거쳐 여수로 전용되는 것은 26일이었다.(전사편찬위원회, 앞의 책, p. 269; 『여수·여천 향토지』, p. 312.)
145) 설국환, 앞의 글, p. 151. 앞에서 살펴본 바와 같이 해방 이후 여순사건에 이르기까지 여수에는 좌익세력이 광범하게 온존하고 있었고, 다른 지방보다 상대적으로 폭동군의 점령기간이 길었기 때문에 역시 동조세력이 많았다고 볼 수 있다.
146) 『호남신문』, 1948년 10월 30일자, 11월 10일자; 『동광신문』, 1948년 10월 27일

자; 김석학·임종명, 앞의 책, 제2권, p. 239; J. Merrill, 앞의 책, p. 234.
147) 『호남신문』, 1948년 10월 29일자.
148) 김석학·임종명, 앞의 책, 제2권, p. 247; 『여수·여천 향토지』, p. 312; 유건호, 앞의 글, p. 155; 전사편찬위원회, 앞의 책, p. 469.
149) 『여수·여천 향토지』, p. 312; 박찬식, 앞의 글, p. 13; 『호남신문』, 1948년 10월 30일자.
150) 『여수·여천 향토지』, p. 314; 『한국전쟁사』 제1권, p. 470.
151) 『호남신문』, 1948년 10월 30일자.
152) 『여수·여천 향토지』, p. 314; 『호남신문』, 1948년 10월 30일자.
153) 설국환, 앞의 글, p. 152.
154) 『국회속기록』, p. 743.
155) 『호남신문』, 1948년 11월 5일자.
156) USAFIK, "G-2, P.R.," 1948년 11월 16일.
157) 보성·벌교·순천 방면의 무장폭도들은 복내·겸백·율어·회천 등지의 산악지대에, 고흥 방면은 팔영산 부근에서 출몰하고 있었다.(김석학·임종명, 앞의 책, 제2권, pp. 303, 311, 313.) 한편 구례 방면에는 '범부대'라는 유격대가 있었는데 이들은 여·순무장폭동군과 합류해서 지리산 일대에서 유격전을 전개했다.(김석학·임종명, 앞의 책, 제2권, p. 366; 설국환, 「여순반란」, 오소백 편, 『해방 22년사』, 문학사, 1967), p. 255; 『호남신문』, 1949년 2월 8일자.)
158) R.K. Sawyer, 앞의 책, pp. 38~40.
159) '제6연대반란사건'의 발생에 관한 설명은 두 가지로 요약될 수 있다. 첫 번째 해석은 '여순사건' 후 지리산으로 입산한 반란군에 대한 '공비토벌대'의 압력을 분산시킬 목적으로 남로당 군사담당 총책인 이재복의 지시에 의해 발생했다는 것이며, 두 번째는 '여순사건' 직후 정부에 의해 단행된 숙군의 여파로 제6연대 내의 좌익세포에 의해 우발적으로 발발했다는 설명이다. 첫 번째 해석은 사사키, 앞의 책, p. 192, 두 번째 해석은 J. Merrill, 앞의 책, pp. 247~48을 참조할 것, 위의 해석에서 알 수 있는 바와 같이 '대구제 6연대반란사건'은 '여순사건'과 동시적으로 계획되어 발생한 것이 아니었다.
160) 전사편찬위원회, 앞의 책, pp. 452~53.
161) 박찬식, 앞의 글, p. 12; 김남식, 앞의 책, p. 383. 이른바 '제주도출동거부병사위원회'의 주장은 10월 24일(21일자로 발생) 발행된 이른바 『여수인민보』에서

도 성명서 형식으로 다음과 같이 나타나고 있다. "우리들은 조선 인민의 아들, 노동자, 농민의 아들이다. 우리는 우리들의 사명이 국토를 방위하고 인민의 권리와 복지를 위해서 생명을 바쳐야 한다는 것을 잘 안다. 우리는 제주도 인민을 무차별 학살하기 위하여 우리들을 출동시키려는 직전에 조선사람의 아들로서 조선동포를 학살하는 것을 거부하고 조선인민의 권리를 위하여 총궐기했다. 1. 동족상잔 결사반대. 2. 미군 즉시철퇴."(고영환, 「여순잡감」, 전국문화단체총연맹, 앞의 책, p. 107.)

162) 전산편찬위원회, 앞의 책, p. 456.
163) 김남식, 앞의 책, pp. 383~84. 여기서 나타난 주장은 해방 직후 '인민위원회'가 내건 정강정책과 현격한 차이점을 노정하고 있다. 1945년의 인민위원회(인공)의 경우 40여 개 정치단체의 의견을 수렴하여 온건·진보적인 정책들을 주장했다. 예를 들어 그 당시 가장 민감한 정치·경제적 쟁점이었던 토지개혁정책을 살펴보면 '친일파의 토지만을 제외하고는 3·7소작제를 제시하고 있다.'(G. Meade, 앞의 책, p. 54; 민주주의민족전선 편, 『조선해방 1년사』, 문우인서관, 1946, p. 88.) 그러나 여순사건에서는 '전면적인 무상몰수·무상분배'의 토지정책을 내걸고 있을 뿐만 아니라 '남한정부의 모든 법령의 무효'를 주장하고 나아가 '인민위원회' 행정을 선포함으로써 급진적인 정책뿐만 아니라, 제1공화국에 대한 전면적 부정과 도전으로까지 나아가고 있다. 이것은 사건의 파급과정에서 남로당이 개입하여 주도권을 장악, 사건의 성격에 반란적 요소가 첨가되고 있음을 의미한다.
164) 설국환, 「반란지구답사기」, p. 154.
165) 즉결처분은 대체로 반란사병은 경찰을, 민애청원은 우익청년단원을, 학통학생은 학련생을 살해하는 양상을 띠었다.(설국환, 앞의 글, p. 154.)
166) 홍한표, 「전남반란사건의 전모」, 『신천지』, 1948년 11월호, p. 163; 설국환, 앞의 글, p. 153.
167) 설국환, 앞의 글, p. 154.
168) 박찬식, 앞의 글, p. 12.
169) 같은 글, p. 12.
170) 김석학·임종명, 앞의 책, 제2권, p. 53.
171) 김석학·임종명, 같은 책, pp. 83~85; 박찬식, 앞의 글, p. 13.
172) 『국회속기록』, p. 741; 김석학·임종명, 앞의 책, 제2권, p. 59.

173) 전사편찬위원회, 앞의 책, p. 458;『국회속기록』, p. 650.
174) 김석학·임종명, 앞의 책, 제2권, p. 121; 설국환, 앞의 글, p. 156.
175) 『순천·승주 향토지』, p. 108.
176) 김석학·임종명, 앞의 책, 제2권, pp. 289~90, 301;『국회속기록』, p. 650.
177) 『국회속기록』, p. 650.
178) 홍한표, 앞의 글, p. 163; 설국환, 앞의 글, pp. 153~54.
179) 박찬식, 앞의 글, pp. 12~13; 김남식, 앞의 책, pp. 384~85;『국회속기록』, pp. 790~91, 811~12; 이재한, 앞의 글, pp. 52~53; 김석학·임종명, 앞의 책, 제2권, pp. 50~80으로부터 재구성했다.
180) 『국회속기록』, p. 790.
181) 이헌구,「반란지구답사기」, 전국문화단체총동맹, 앞의 책, pp. 74~75. 순천농중의 경우 11월 5일 현재 출석상황기록이 보이는데 그것은 다음과 같다. 전교생 848명 중 출석 289명. 결석생 중 신병자 28명, 가족 보호 중인 자 109명, 혐의피해자 25명, 행방불명자 3명, 반도에의 피살자 1명, 처형자 8명, 시가전 중 사망자 5명, 미조사자 72명, 반도 가담자 34명이 포함되어 있다.
182) 『호남신문』, 1948년 10월 29일자.
183) 김낙원, 앞의 책, pp. 74~75.
184) 이러한 상황은 다음의 기록에 잘 나타나 있다. "소위 인민위원회 치하 수일간 남한 전체가 인민공화국 수준에 휩쓸려들어갔다는 선전을 반신반의한 민중이 어느 정도까지 강제적이고 어느 정도까지 자발적으로 협력했던가를 판단하기는 매우 곤란한 일이었을 것이다."(설국환, 앞의 글, pp. 149~50.)
185) 이 당시의 부역자처벌과정에서 생긴 고발과 중상모략 등으로 말미암아 "여수와 순천 지방에는 아직까지 서로 결혼하지 않는 집안이 있다"고 한다.(김석학·임종명, 앞의 책, 제2권, p. 261.) 또한 정치적 중상모략은 여수보다 순천이 심했던 것 같다. 그 대표적 예로는 당시 순천지역 국회의원이었던 황우연 의원과 순천지청 소속 박창길 검사를 들 수 있다. 평소 경찰과 알력이 심했던 박창길 검사의 경우 경찰에 의해 즉결총살을 당했다. 이 사건은 그의 가족들의 항의로 재조사되었으며 그 과정에서 '부역' 혐의를 발견할 수 없었고, 이에 따라 경찰과 검찰의 갈등은 매우 심각했다. 결국 이 사건은 이승만의 지시로 재수사가 중단되고 말았다.(김석학·임종명, 앞의 책, 제2권, pp. 179~204.)
186) 경찰에 넘겨져서 심문을 받는 경우 적지 않은 혐의자들이 적법한 재판절차를

거치지 않고 경찰에 의해 처형당했다.(J. Merrill, 앞의 책, pp. 236~39.)

187) 김낙원, 앞의 책, p. 73.
188) 김석학·임종명, 앞의 책, 제2권, pp. 164~65.
189) 『순천·승주 향토지』, p. 109.
190) 『호남신문』, 1948년 10월 30일자; 김낙원, 앞의 책, pp. 71~72; 『여수·여천 향토지』, p. 314.
191) 당시 국회조사위원단에 따르면, 10월 31일 민간인 폭도에 대한 제2차 사형집행이 있었는데 순천에서는 반란군 폭도(특히 중학생) 76명, 여수에서는 13명에 대한 사형이 집행되었다고 한다.(『동광신문』, 1948년 11월 3일자.)
192) USAFIK, "G-2, P.R.," 1949년 1월 12일.
193) 김낙원, 앞의 책, p. 83.
194) 김석학·임종명, 앞의 책, 제2권, pp. 165~68.
195) 같은 책, pp. 169~75, 259~61.
196) 『동광신문』, 1948년 11월 9일; 『여수·여천 향토지』, p. 314. 순천의 경우 이와 유사한 단체로서 지방유지들로 구성된 '순천사변대책위원회'가 조직되었다.(설국환, 「여순반란」, 오소백 편, 앞의 책, p. 254.)
197) 『호남신문』, 1948년 11월 12일자.
198) 『동광신문』, 1948년 11월 25일자; 『호남신문』, 1948년 12월 12일자, 17일자, 22일자, 함평군은 12월 5일, 학교는 12월 11일, 화순군은 12월 12일 구성되었다.
199) 『호남신문』, 1949년 1월 26일자.
200) 『호남신문』, 1949년 7월 20일자.
201) 『동광신문』, 1948년 11월 24일자.
202) 『호남신문』, 1948년 12월 12일자.
203) 여순사건이 발생하자 남로당은 중앙당 군사 副責 이중업과 군프락치책 이재복을 현지에 파견하여 폭동병사와 무장군중을 전남도당과의 유대하에 '유격대'로 전환시켰다 한다. 그러나 본격적인 '유격투쟁'을 위한 남로당의 조직변화는 여순사건 이후인 1949년 1월경에야 나타난다. 즉, 남로당은 본격적인 '폭력혁명'을 위해 조직부와 군사부를 통할하는 '특별위원회'(특위)를 설치하는데, 이 특위는 중앙지도부 특위에 의해서만 명령을 받았다. 이에 따라 서울시당지도부 및 각도당부에도 특위가 설치되었다.(양한모, 앞의 글, pp. 197, 216.) 한편 장흥궁 유치면에는 정치지도기관(山城)과 인민군총사령부(總社)가 함께 있었

으며, 이를 중심으로 남로당은 전남도 내의 각 산악지대에 있는 유격대를 통할했다 한다.(김석학·임종명, 앞의 책, pp. 395~96.) 남로당 전남도당부의 경우 '특위'로의 전환은 이미 도당부 및 주요 외곽단체가 여순사건의 여파로 막대한 타격을 입은 후에 나타났기 때문에 그만큼 취약할 수밖에 없었다고 볼 수 있다.

204) 이들의 체포과정에서 전남도당으로부터 중앙에 보고하는 비밀문서도 함께 압수되었는데, 여기에서 당시 남로당의 조직체계를 볼 수 있다.(『호남신문』, 1949년 7월 7일자.)

보표 2 　　　남로당 조직체계표(1949년 전반기)

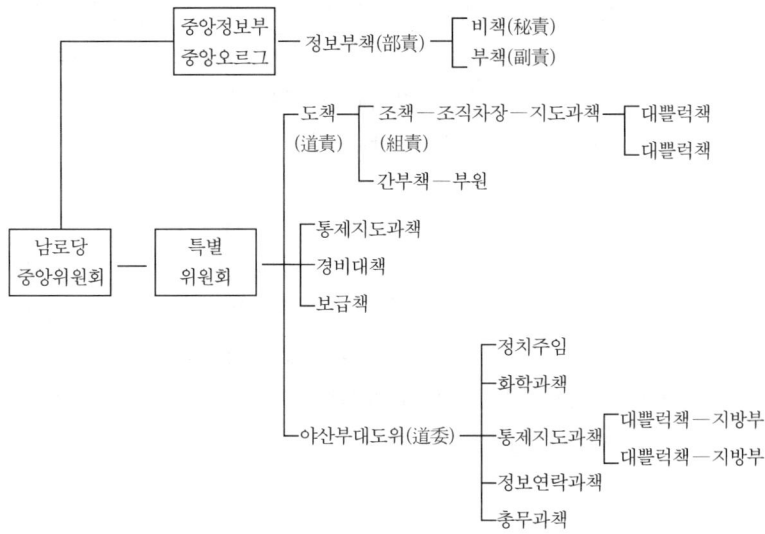

205) 『동광신문』, 1948년 10월 31일자, 11월 2일자, 11월 5일자.
206) 『국회속기록』, p. 812.
207) 『호남신문』은 1949년 1월 15일 현재 여순사건의 주택 및 기타 피해액을 99억 1,708만여 원에 달하는 것으로 집계했다.(『호남신문』, 1949년 2월 8일.)
208) 여순사건으로 인한 전남도 내의 교통두절 현상은 다음 보표 3을 통해 간접적으로 살펴볼 수 있다. 보표 3에서 알 수 있는 바와 같이 1948년 10월부터 이듬해 1월까지 승·강객이 모두 급격히 줄어들고 있다.

보표 3   계엄령과 광주역 승·강객 추이표   (단위: 명)

	48년 10월	48년 11월	48년 12월	49년 1월
승객	110,940	65,089	36,258	40,004
강객	97,236	68,380	34,606	30,429

자료: 『호남신문』, 1949년 2월 11일자.

209) 『호남신문』, 1949년 2월 8일자.
210) 『호남신문』, 1949년 2월 8일자. 여순사건 전 잡부금의 내용과 규모는 지방에 따라 각기 달랐기 때문에 정확하게 파악하기는 어렵지만, '미곡수집비' '지서증축비' '학교증축비' '경관조의금' 등 무려 30여 가지에 달하고 있었다.(인정식, 『조선농업경제론』, 박문출판사, 1949, pp. 66~70.) 그러나 여순사건 후 군·경, 우익단체, 의용단 등이 활발히 활동하던 지역에서는 '잡부금'(거둠돈)이 더욱 증가했다.(설국환, 「여순반란」, 오소백 편, 앞의 책, p. 255.) 좌익 측의 자료에 따르면 곡성군의 경우 1948년 11월에서 1949년 5월까지 7천만 원이 시국대책비 명목으로 징수되었으며, 그외에 매호당 국민회비로 200원, 의용단비로 매월 30원씩 징수되었다고 한다.(김남식 편, 앞의 책, p. 483.) 한편 주민들의 입장에서 거둠돈은 지방관청 및 군·경과 직접 관련되는 식량배급·여행증 발행 등과 결부되었기 때문에 거의 의무적으로 지불해야만 했다.
211) 『호남신문』, 1949년 2월 8일, 6월 15일자.

3

미군정기의 좌우익 문학논쟁 | 임헌영
미국의 문화침투와 한국교육 | 한준상

미군정기의 좌우익 문학논쟁

임헌영

1. 다루고자 하는 입장

　근대문학과 현대문학의 분기점이자 분단문학의 첫 갈림길인 동시에 올바른 민족문학 건설을 위한 가장 진솔한 고뇌의 순간이었던 미군정 3년의 우리 문학은 환희와 영광과 좌절의 정치적 기총소사가 남긴 상처가 아직도 아물지 않은 채 버려진 주검으로 남아 있다. 이를 민족문학사적 미학으로 승화시켜 평가하려면 먼저 원상복구 작업이 가장 앞서 이루어져야 하며 이는 우선 좌우익 문학논쟁이 그 중요 항목으로 등장한다. 이 논쟁을 역사적인 객관성을 지닌 관점에 따라 평가하기 위해서는 당대의 사회구성체론에 입각한 민족이론의 바탕에서 미학적 대응과 이에 상응하는 정치세력 간의 영향력이 전제되어야 한다. 그뿐만 아니라 당대의 민중 속으로의 확산력 점검 및 그 결과가 빚은 민족사적 현실의 갈등과 모순에 대한 가차 없는 대차대조표와 가장 중요한 미학적 결실로서의 민족문학적 성과(작품)에 대한 가치판단이 두루 이루어져야 한다.
　그러나 이 글은 이 많은 욕구를 억제한다. 아직 민족문학사적으로 바람직하게 장례조차 치르지 않은 이 미군정기의, 상처투성이로 역사적 황야에 내버려진 미학적 논쟁의 시체를 염습하는 정도에서 이 글은 만족하려

한다. 비평의 기능이 민족문학사적 가치평가를 함께 하는 역사적 기록자가 아니라 고작 장의사여서가 아니다. 분단 이후 미학적 현장검증도 없이 치러진 무책임한 민족사적 미학의 사형선고나 사망진단서에 따른 국제주의적 논리는 차라리 우리에게 성실한 장의사적 역할을 필요로 하게 만든다. 미학적 재판관도, 의사도, 호적리도 황야의 민족문학적 상처투성이 주검을 확인하려 하지 않았다.

대체 이 기간의 좌우익 문학논쟁은 어떤 모습인가. 무슨 명칭이었든 가장 정치성이 짙은 문학단체들이 대립한 점이 첫 쟁점으로 떠오른다. 따라서 이들은 운동성과 밀착한다. 그 운동성은 철저히 정치적이었기에 작품 창작까지도 이를 강요당해야만 했던 시기였다. 창작의 여유가 없었던 경우였기에 작가나 시인들조차도 한두 편의 시사적이고 정치성 짙은 잡문(혹은 평론 형식)을 썼던 때이기도 했다.

둘째, 이 시기의 정치성은 이념형이었다. 중도파가 겉으론 존재했으나 좌우익 어느 쪽도 이를 인정치 않았을 만큼 이념적 양극화는 철저했다. 그러나 이념형이란 표현은 당시 문학인들이 그만큼 이론에 숙달했다는 뜻과는 다르다. 상당수의 이론적 수준을 유지한 문학인이 있는 반면 정서적으로 이념의 세계로 밀착해간 문인 역시 상당수 있었다.

셋째, 모든 논쟁은 총력적이었다. 상대의 반박에서 자신의 이론을 충전할 줄 아는 관용이나 이해력 혹은 수렴력이 전연 없는, 이론적 공존을 배격하는 풍토가 강했다. 이와 같은 논리적 대립현상은 문학적 주장과 문학인끼리의 우정은 물론 언론매체나 정치집단에 이르기까지 지극히 도식적으로 양분화되어 있었다.

마지막으로 그럼에도 불구하고 이 시기의 문학논쟁은 근대문학사 이래 최고 수준의 한 봉우리를 형성할 만큼 이론적 깊이를 지녔다. 분단 이후 어느 문학쟁점도 아직까지 이 시기의 이론에 도전할 만한 논리적 성과에는 이르지 못하지 않았나 싶다.

이런 몇 가지 논쟁적 특성을 지닌 미군정기의 문학논쟁은 편의상 여기서는 크게 문학단체들에 의한 좌우익의 공방전과, 이념적 좌우익의 양분화에 따른 집단적 양상을 띤 개인적인 각종 논쟁으로 나눠 접근하고자 한다. 즉 단체와 개인의 논쟁으로 크게 나눌 수 있는데, 이는 어느 쪽이든 집단적 성격을 띠게 마련이었기 때문이다. 말하자면 사소한 개인적 논쟁도 집단적 논쟁으로 받아들여졌던 시기였다.

여기서는 이 두 가지 측면에서 다루되, 이념형 논쟁이 아닌 것은 제외했으며, 또한 반드시 논쟁을 유발하지는 않았더라도 좌우익의 대립상을 엿볼 수 있는 논리나 사건은 논쟁적 시각에서 논의대상으로 삼기로 한다. 다만 지면 관계상 좌우익의 큰 흐름에서 벗어난 쟁점은 일단 유보한다. 좌우익의 본질적인 대립양상을 재현해보려는 것이 이 글의 초점이기 때문이다.

2. 문학단체의 역사적 성격

분단 토대의 구축과 냉전 이념의 창출기구 마련으로 요약되는 미군정기의 남한 문학을 보다 정확히 객관적으로 바라보기 위해서는 평양예술문화협회(비좌파로 최명익, 김조규, 유항림, 황순원 등의 문인과 김동진 등의 작곡가, 오영진 등의 영화인 참여)와 평남지구 프롤레타리아예술동맹(한재덕 등)의 대결시대를 지나 북조선예술총연맹(1946. 3. 25)에서 북조선문학예술총연맹(문예총)으로 이어져온 북한의 문단상황을 함께 조명해야 할 것이다. 이는 소련파(조기천, 전동혁, 임하), 프롤레타리아문학동맹파(이기영, 한설야), 문학건설본부파(임화, 김남천, 이태준, 이원조), 연안파(김태준, 김사량, 김창만) 등으로 분류되는 북한문단이 남한의 좌익문학 전체에 직접·간접으로 영향을 미쳤을 것이기 때문이다.[1)]

형식적으로는 건준·인공—조선공산당(1945. 9. 11)·조공 북조선분국(1945. 10. 20)—남로당(1946. 11. 23)·북로당(1946. 8. 29) 등으로 이루어진 정당체계가 그 중심을 서울에 둔 것처럼 되어 있었으나 정치나 문화의 이론적 지침은 오히려 서울이 아니라 좌익의 모든 단체는 평양을 향하고 있었음을 부인할 수 없다.[2] 문학도 여기서 예외는 아니어서 특히 조선문학건설본부와 조선프롤레타리아문학동맹이 조선문학가동맹으로 합치는 과정에서 김태준이 연안에서 돌아와 두 쪽을 조정하는 역할을 했으며, 특히 홍구·권환이 널리 이해해주었다는 점[3] 등으로 볼 때 좌익문학단체에 대한 평양 혹은 북쪽의 영향력은 만만치 않았던 것 같다. 더구나 1946년 9월 박헌영의 월북 이후 해주에서 활동한 임화, 이원조, 이태준 등과 남한에서의 좌익활동의 저하현상은 북한 영향의 증대를 가져왔을 가능성이 높다. 그러나 아직도 이 분야에 대한 자료나 연구는 없다.[4] 그뿐만 아니라 이런 미묘한 문제는 자료만으로는 풀 수도 없을 것이다. 그래서 이 글에서는 일단 북한 문단의 움직임에 대해서는 논외로 할 수밖에 없겠다. 남한 문단 내부의 움직임을 통해서 북한 문단을 비춰보는 도리밖에 없는 셈이다.

8·15 직후 미군정이 채 실시되기도 전에 이룩된 건준과 비슷한 시기에 임화를 주축으로 한 카프문학 제2세대(방향전환론 주창자들)에 의하여 창설된 조선문학건설본부를 앞세워 각종 좌익 문학예술단체는 분리·통합의 역사적 단계를 밟았다.

첫 문학단체인 조선문학건설본부(약칭 문건, 1945. 8. 16)는 곧 미술, 음악, 연극, 영화 등 전예술분야에 걸쳐 대표를 선정하고 조선문화건설중앙협의회(1945. 8. 18)를 창설했다. 의장 임화, 서기장 김남천을 선출한 이 단체는 이후 미군정기 좌익 문학예술운동의 모든 이념적 핵심이 되는 동시에 각종 투쟁을 주도했다. 문건은 중앙위원장 이태준, 서기장 이원조, 소설부 위원장 이기영, 시 김기림, 평론 이원조, 외국문학 김진섭을 비롯하여 총 139명의 회원 명단을 공개했다.[5] 물론 이는 문화예술운동의 주도권 쟁탈의 하나로 충분한 사전 협의를 거치지 않은 조직적 미숙으로 이내 이기영 등에 의한 반발을 일으키는 소지가 되나, 문건은 미군정 아래서 조공과 남로당의 정치이념에 가장 밀착한 문화운동의 주축으로 부상했다. 임화는 「민주주의민족전선: 통일전선의 민주주의적 기초」(『인민평론』 창간호, 1946. 3)에서 민전(1946. 2. 15)의 이념을 적극 지지함은 물론, 그 이전에도 찬탁을 비롯하여 조공의 이념인 「8월테제」 정신을 가장 극명하게 문학으로 재현하는 작업에 열중했다. 「박헌영 선생이시어 『노력인민』이 나옵니다」(『노력인민』 창간호, 1947. 6)에서 그는 "실록 푸른/서울 거리에/우리는 바람결마다/당신의 모습을/느낍니다"고 쓸 만큼 조공-남로의 노선에 투철했으며, 당연히 그는 1946년 9월 7일 박헌영 체포령으로 박이 월북하자 이내(1947) 해주에서 남한 좌익문단에 영향력을 행사하게 된다. 김남천 역시 「백남운씨『조선민족의 진로』비판」(『조선인민보』, 1946. 5 연재)을 쓸 만큼 조공-남로의 정통이념을 고수하는 문학론을 주장했다.

문건의 민족문학론 주장은 널리 알려져 있다. 「8월테제」에 입각한 부르주아민주주의혁명 단계에 따른 미학적 대응으로서 문건파는 1920년대의 프로문학론을 비판적으로 평가하면서 8·15 직후 상황을 민족문학 건설기로 진단했다. 이들의 주장은 그 옳고 그름을 떠나 당시 정치세력과의 밀착 때문에 미군정기 좌익문학론의 대표로 부상했으며, 따라서 흔히들 8·15 직후의 좌익문학이라면 문건의 논리인 양 오해할 만큼 남한에서 위세를 떨쳤다.

이 문건과 정면으로 대립한 좌익문화예술단체는 카프 1세대로 비해소파였던 맹원들의 주축이 되어 결성한 조선프롤레타리아문학동맹(약칭 프로동맹, 1945. 9. 17)이다. 이 단체 역시 음악, 미술, 연극 등 다른 예술 분야를 망라하여 조선프롤레타리아예술연맹(1945. 9. 30)을 확대 결성하기에 이른다. 한설야(예술연맹 의장), 윤기정(예술연맹 서기장) 등이 주축이 된 프로동맹은 위원장 이기영, 서기장 박석정을 비롯하여 80여 명의 맹원 명단을 공개했다.[6]

프로동맹의 이념이나 주장은 문건 측의 활동에 묻혀 거의 묵살당해온 것으로 재조명할 필요가 있기에 여기 그 선언 전문을 옮긴다.

선언

노동자·농민 제군!
진보적 지식계급 제군!

아시아 10억만의 착취 압박 침략자로서 군림해오던 일본제국주의의 최후의 심판의 날은 왔다. 36년간 전세계에 가혹하기 그 예가 없었던 제국주의 일본의 강제적 지배와 노예적 압정에 신음하던 우리 조선 민중도 드디어 자유와 해방의 날은 왔다.

그러나 제군! 오늘 우리는 이 환희의 날을 맞이하면서 다시 우리 민족의 절대다수인 노동자·농민의 완전한 해방을 목표로 한 과감한 투쟁이 남아 있다는 것을 알아야 한다.

1935년 일본제국주의의 야만적인 탄압으로 조선프롤레타리아예술동맹이 해산되자 혹은 지하로 혹은 비협조적 태도로 우리들의 문학활동은 일시 정돈되고 오직 일부 개종한 반동분자만이 부르주아 문학자와 보조를 일치해왔다. 이리하여 과거 10년간 조선 프롤레타리아문학은 자연 침체의 자연 침체의 비경(悲境)에 있었던 것이다.

그러나 8월 15일을 계기로 일본제국주의의 살인적인 무거운 철쇄는 끊어졌다. 이에 조선프롤레타리아문학동맹은 다시 결성되었다.

우리는 일체 반동문학운동과의 투쟁을 전개하며 비민주주의·개량주의·봉건주의·국수주의·예술지상주의 문학을 배격하는 동시에 프롤레타리아문학 확립에 매진하려 한다.

강령

1. 우리는 프롤레타리아문학 건설을 기함.

1. 우리는 파시즘문학, 부르주아문학, 사회개량주의문학 등 일체 반동적 문학을 배격함.

1. 우리는 국제프롤레타리아문학운동의 촉진을 기함.

1945. 9. 17. 오후 2시 반 서린정 임시회관[7]

이로써 두 좌익문화단체는 대립상을 보인 채 문건 중앙협의회가 『문화전선』을 제2호까지 내는 한편 프로동맹은 『예술운동』을 1호 낸다. 두 단체의 차이점은 현단계 문학운동을 민족문학으로 설정하느냐, 프로문학으로 하느냐 하는 점과, 1920년대 이후의 프로문학을 어떻게 평가할 것인가란 두 가지 쟁점으로 요약된다. 문건 측이 민족문학과 식민지 시대의 프로문학에 대해 일부 긍정, 일부 비판적인 데 비하여 프로동맹은 시종 프로문학 건설과 20년대 문학의 정당성 및 그 계승을 주장하고 있다.

두 단체의 이론적 대립은 매우 날카로우면서도 표면적으로는 그리 심하게 드러나지 않았다. 이내 정치적 필요성에 따른 통합이 강제로 시도된다. 이태준·이원조·임화·김기림·김남천·안회남(이상 문건 측)과 윤기정, 권환, 한효, 박세영, 송완수(이상 프로동맹 측) 등 11명의 합동위원은 1945년 12월 6일 두 단체의 통합으로 문학가동맹을 창설한다는 성명을 발표했다. 그 일주일 후인 13일 조선문학가동맹(약칭 문맹)이 결성되고, 1946년 2월 8, 9 이틀간 열렸던 전국문학자대회[8]를 계기로 좌익 내부 문학단체의 갈등은 일단락되는 것으로 나타난다.

그러나 문건과 프로동맹의 통합과정에서 모든 문학이론적 기초를 문건 측에서 취했을 뿐만 아니라 운동 주체가 그쪽으로 넘어간 데 반발한 프로동맹 측 문학인 다수는 이내 월북하는 계기를 잡게 된다. 이후 프로동맹은 북한 문단의 주류세력으로 부상해버리며, 이들보다 뒤늦게 월북한 문건 측은 남로당 경성콤그룹(박헌영계)의 숙청과 몰락의 운명을 함께하게 된다. 1920년 프로문학 초기부터 밑바닥을 흘러온 두 파벌의 대립은 8·15를 거쳐 분단시대 남북한 문학형성에 씻을 수 없는 분파성의 흔적으로 남게 된다.

프로동맹의 일방적 월북과 문맹의 활동에 대한 냉담은 1946년 이후 문건 측의 주도에 따른 문맹의 운영과 이론적 전개 및 운동양상을 보여준다. 물론 통합 이후 일부 프로동맹 측 문인은 민족문학 제창으로 논리를 바꾼 예[9]도 없지 않으나, 어쨌건 1946년 이후 좌익 문학운동은 문건의 논리로 귀착되었다고 볼 수 있으며, 이는 여러 기록에서 프로동맹의 논리를 "극좌적 공식주의적 경향"으로 매도하면서 일제잔재 소탕, 봉건잔재 소탕, 국수주의 배격, 민족문학의 건설, 조선문학의 국제적 제휴 등을 당대 문학운동의 과제로 들고 있다.[10]

문맹으로 통합된 좌익 문화운동은 이어 조선문화단체총연맹(약칭 문련, 1946. 2. 24)을 결성하여 각 예술분야 단체는 물론이고 인문·사회·자연과학 등 학술단체까지를 망라하는 25개 단체연합체를 형성하여 조공-남로 및 그 통일전선논리로서의 민전이론에 입각한 문화예술의 통전론을 전개하기 시작한다. 이로써 조선문화건설중앙협의회나 조선프롤레타리아예술연맹까지 발전적 해소가 이루어지게 되며, 문련의 이름 아래 각 산하지부들에 대한 결성을 추진해나가게 되며, 문학운동은 문맹 산하에서 이루어지게 된다. 문맹은 기관지로 『문학』을 펴냈는데 이는 미군정기 좌익 문학운동의 중추적 이론 형성체로 부상한다.

이와 같은 좌익 문학단체와 대항하기 위한 우익 문학운동 역시 한독·한민당을 비롯한 보수정당 정강에 입각한 이념적 집단으로 출발한다. 양주동, 박종화, 김광섭, 김동인, 이하윤 등이 주동한 대한문예협회(1945. 9. 11)는 우선 명분만으로의 문화단체 결성의 첫발을 내딛게 된 모습인데, 당시 사회적 분위기로 봐서 비록 근본 의도야 어쨌건 좌우익을 망라한다는 취지를 살리고자 평론부문에 박치우 이름이 들어 있는 것이 이채롭다.

뚜렷한 활동을 하지 않은 이들 원로들은 중앙문화협회(9. 27)를 다시 발족시키나, 역시 활성화된 우익 문학단체는 전조선문필가협회(약칭 전문협, 1946. 3. 13)에서 비롯한다. 총추천회원 명단 약 437명에 이르는 문인만이 아닌 언론인, 국학자 등 각계인을 대상으로 좌우익을 망라한 이 우익 문화단체는 회장 정인보, 부회장 박종화·설의식·이병도·함상훈·이봉구, 사무국장 이헌구(이상은 당시 신문기록이고, 『해방문학 20년』은 부회장에 박종화·채동선·설의식, 총무부에 이헌구·김광섭·이하윤·오종식으로 되어 있음)로 출범한다.[11]

그러나 정작 결성된 협회 회원수는 문학부문에는 양주동 외 49명으로 나타났으며, 언론, 문교, 연예, 미술, 음악, 과학, 체련 등 전분야에 걸쳐서도 139명 정도였다. 이런 기성 우익 문학인의 소극적인 활동에 불만을 지닌 청년 문학인에 의한 조직인 조선청년문학가협회(약칭 청문, 1946. 4. 4)가 조소앙·엄항섭을 명예의장으로 추대하고 기독청년회관에서 결성되었다. 의장 김동리·최태웅, 대회 진행위원 임서하·조지훈·박용덕·곽종 원, 명예회장 최명익, 부회장 유치환·김달진 등으로 이루어진 청문은 60 여 회원으로 출발했으나 이후 미군정기에는 좌익 문학과 대항하는 논쟁의 제일선에 나서는 극우단체로 발돋움한다. 이해문 등 극소수를 빼면 아예 좌경 문학인을 전연 참가시키지 않았던 청문은 전문협이 지닌 민족의식에 서 훨씬 후퇴한 냉전체제의 극우이념을 강령으로 삼아 이후 분단시대 한 국문학의 주도세력으로 활동하게 된다.[12]

전문협, 청문 등으로 나뉜 우익 문학단체는 이념이나 문학운동에서 근 본적인 차이는 없고 다만 전문협이 근대 이후 우리 문학사에 등장했던 모 든 문학 및 문학인에 대하여 호의적 내지 긍정적 또는 민족화합적 입장이 약간은 있었다면, 청문은 그 타협의 여지를 배제한 것으로 나타난다. 이들 우익단체는 좌익의 문련과 맞설 수 있는 범문화예술조직으로 전국문화단 체총연합회(약칭 문총, 1947. 2. 12)를 결성하게 된다.

이로써 미군정기의 좌우 문화단체는 그 분리와 통합의 과정을 마친다. 물론 우파단체 중에는 이밖에도 위의 단체에서 소외당한 일부 청년 문인 모임인 토요구락부(1947. 8. 17, 이상로, 조연현, 표문태, 박목월 등 참가), 그리고 단정 수립 이후의 월남 문학인 모임인 대한문화인협회(1949. 8. 4) 발기 및 월남문학자클럽 결성(1949. 12. 3) 등이 있으나 운동 주류는 이미 미군정 아래서 정해진 대로였다.

이렇게 미군정기에 우리 문학인은 문건·프로동맹의 양립기를 거쳐 문 련을 만든 좌익단체와 전문협·청문의 혼립 속에서 문총을 만든 우익의 문 화운동단체로 집결, 대결하는 양상을 보이게 된다.

근대문학 이래 가장 이념성이 강한 문학집단으로서의 좌우익단체는 필 연적으로 서로가 상대 단체를 민족문화의 교란행위라고 공격하는 자세를 취한다. 예컨대 문련은 전문협 결성에 즈음하여 "해방 이후 우리 문화의 재건운동이 좌우의 편향을 경계하면서 일로 유린되었던 민족문화를 재건 하고 조국의 민주주의적 건설을 위하여 노력"하는 데 '분열주의자'적 행 위가 된다고 비난(「문화영역에 대두하는 분열주의자들에게 권고함」, 3월

9일 발표,『서울신문』, 1946년 3월 12일자)한다. 이에 전문협은 「문화단체총연맹에 보내는 성명서」(3월 10일 발표,『한성일보』, 1946년 3월 12일자)에서 "모스크바삼상회의를 맹목 지지하며 신탁통치를 원조니 후견이니 하는 괴해석을 하는 민족적 반역을 감행"한 것이라면서, "진정한 민주주의 문화를 건설"하는 데 "모략의 과오를 경계"할 것을 경고한다.

이 집단적 대결은 좌우의 문학 본질적 대결 이상으로 당대적 쟁점을 날카롭게 반영한다. 즉 문련은 전문협을 향하여 친일 문필가의 유혹을 뿌리칠 것을 권고하면서 아니면 부끄러운 운명이 내릴 것이라 경고하는데, 이런 반일의 논리는 당시 이광수의『꿈』과 박영희의『문학의 이론과 실제』가 발매되는 것에 대한 문맹의 항의로 이어진다.[13]

이에 대한 우익 측 반응은 '하지 중장 각하'에게 보낸 요청서에서 '매국지'『노력인민』(남로당기관지)이 이승만·김구를 모욕한 데 분개하여 폐간시켜줄 것을 탄원(1947. 7. 6)하거나, 조선통신사 발행『조선연감』(1948년판)을 판매중지시켜줄 것을 요청하는 성명을 내는 문총의 활동으로 나타난다(『동아일보』, 1948년 1월 8일자).

미군정기에 친일파에 대한 비판은 전혀 이루어지지 않았다. 문련의 주장은 그대로 주장이었을 뿐이었고 오히려 단정 수립 후인 1948년 10월에야 각 도 학무국장회의에서 최남선·이광수의 저서를 학원에서 추방할 것을 결의하게 되며, 이는 문교장관 안호상으로 하여금 각 시도 중등학교장회의에서 최·이의 교과서 일체를 쓰지 못하도록 지시케 만든다. (그 이후의 친일파 복권은 여기서 언급할 필요도 없다.)

이 좌우 두 단체의 집단활동으로 미군정기를 상징할 만한 사건은 전문협, 청문 등이 공동으로 제공한 1946년 12월 임영신·임병직의 유엔파견을 뜻하는 '민족대표 외교사절'에 대한 의연금 헌납이다. 삼상회담 결정을 파기하기 위한 이 외교적 시도는 우익 문학단체의 모든 활동을 상징한다. 탁치 지지와 저지의 예리한 쟁점은 좌우 문학단체의 성격을 극명하게 대결시켜주었고, 이는 미군정기에 우리 문학예술인들이 원고료 인상이라는 공통성말고는 어떤 일치점도 찾을 수 없었음을 느끼게 한다. 물론 단독정부 수립을 앞둔 남북협상 때 108인 남북협상 지지성명이나 문화언론인 330인의 「조국의 위기를 천명함」[14]에서 장렬하게 불꽃 튀기는 민족지성의 합일점을 볼 수 있으나 이미 분단을 낙태시키기에는 분만일이 너무 가까웠던 것 같다.

3. 좌익단체의 소멸과정

이런 미군정기 좌우익 단체의 소모적인 대결은 "남한에 있어서 좌파 세력의 앙양을 저지하고 친미적 정권을 육성하는"[15]작업으로서의 좌익 문화단체의 소멸과정이라고 말할 수 있다. 좌익 정치활동의 저지에 수반하는 언론·문화에 대한 미군정의 기본자세는 "총독부가 어떠한 일을 해왔다는 것을 잘 알지 못하고 졸지에 이용할 만한 기관이 없어 부득이 행정기관과 그곳에 있는 일본인을 이용하는 것"(하지 중장의 미군정 시정방침,『매일신보』, 1945년 9월 12일자)이나, "일본권력 밑에서 협력자가 안 되고 견딘 유능한 인사는 극히 희소하다는 이유"로 "우수한 자격자를 관직에서 제외하는 것은 부당"(군정청, 부일협력자급 민족반역자 간상배에 대한 특별조례안 인준 거부 회한을 김규식에게 전달,『조선일보』1947. 11. 27)하다는 친일파 기용정책이다. 또 "신생 조선의 중요한 형성기를 위해서 적절한 보도를 해야"(하지 중장 기자회견, 1945. 9. 18) 한다는 당위론과 "출판자유의 문제에 관하여 조선 사람 중에서 오해하는 분자가 있는 모양이다. …… 건전하고 국가적 이익이 될 자유로운 신문이 일찍이 그것이 없었던 이 땅에 완전히 발전시키는 데 있어서는 앞으로의 신문인 자체의 노력과 밖으로의 조력과 지도가 절대로 필요"(출판의 진실한 자유에 대하여 하지 중장의 공보를 통해 발표한 특별성명,『서울신문』, 1946년 10월 13일자)하다는 언론·출판 자유의 '지도'적 입장도 있었다.

이런 미군정 문화정책의 뼈대는 정치범 처벌법, 예비검속법, 치안유지법, 출판법, 정치범, 보호관찰령, 신사(神祀)법, 경찰의 사법권 등 일제의 악법들을 폐기시킨 재조선 미국육군사령부 군정청 법령 제11호(1945. 10. 9)가 던진 기대로부터 "신문 기타 출판물의 등기"를 의무화하는 군정법령 제19호(1945. 10. 30)로 무산된다. "언론의 자유급 출판의 자유를 불법 우(又)는 파괴적 목적에 악용하지 않고 유지 보호하기 위하여" 제정한다는 취지의 이 법은 제1차 미소공위(1946. 3. 20~5. 8)가 휴회된 직후에 선포된 법령 88호('신문급 기타 정기간행물 허가에 관한 건', 1946. 5. 29)로 강화된다.16)

맹렬한 반대 열기로 주춤할 수밖에 없었던 '신문 기타 정기간행물법'(1947. 9. 19)이 제2차 미소공위(1947. 5. 21~10. 21)결렬기간에 이미 제정되는 등의 분위기는 미군정이 의도하는 문화풍토 조성을 위한 기반을 다지는 계기가 되었다. 이런 현상은 문학계에서 "모든 문학적인 기관의 90퍼센트 이상을 문맹계에서 장악 지휘하고 있었던" 시기를 지나, "문총과 『민중일보』를 유일한 전투적 기지로 삼은 민족진영의 문화운동"은 "순수문학 진영 내지 민족문학 진영이 그 예리한 반격을 개시하기 시작한 것은 주로 1947년 후반기로부터 1948년에 접어드는 한 기간"17)이란 표현으로 집약할 수 있다.

이는 문맹 측이 제1차 미소공위 휴회 이후 심한 강화운동을 전개한 일이나, 2차공위 기간에 어느 정도 자유를 누리며 많은 활동을 했다는 자체평가18)로도 짐작이 가는 사실이다. 이미 정판사사건(1946. 5) 이후 박헌영의 신전술로의 전환(1946. 7) 등은 9월총파업 및 10월로 이어지는 계기가 마련되는데, 이 역사적 회오리 속에서 문학은 그 외압에 뒤흔들리게 됨을 부인할 수 없었다. 즉 공세라는 측면보다 오히려 수세라는 의미가 더 강하다는 해석이 가능한 활동이 문학에서는 나타나게 되었다. 1차공위 휴회 이후 시작된 문련활동 전반에 대한 저지공세는 수도관구 경찰청장 장택상의 각종 흥행단체의 공연물 중 정치색을 띤 것을 처벌한다는 고시(1947. 1. 30)로 그 절정을 이룬다. 이는 곧 '극장 흥행에 대한 고시' 취소를 요구하는 문맹을 비롯한 각 좌익단체의 항의를 야기했고, 이어 '문화옹호남조선문화인예술가총궐기대회'(1947. 2. 13)로 이어진다. 문화자유의 저해 요인은 국제반동의 지원을 받는 봉건잔재가 친파쇼와 연합한 지배로 본다는 이 궐기대회 결정서는 문화·예술의 독자적 투쟁 전개를 강력히 촉구하면서 각종 집단 폭력을 반대하고 있다. 사실 이 무렵 신문, 잡지, 예술공연 등에 대한 폭력사태는 너무나 빈번하여[19] 대처할 방도가 없었던 분위기였다. 이런 폭력사태는 1947년 6, 7월간의 문화공작단 지방순례에서 그 극을 이루어 예술행위는 정치적 폭력의 대상으로 오르게 된다. 이미 만성화된 예술에 대한 폭력을 간략히 정리하면 다음과 같은 사례들이 있다.

- 『조선문학』지 주간 지봉문의 피검 사건(1946. 6. 21).
- 시인 유진오의 국제 청년데이 회의(1946. 9. 1)에서의 낭독시「누구를 위한 벅찬 젊음이냐」가 말썽, 군재서 1년형 받아 청주서 복역 중 감형으로 9개월 만에 출옥(1947. 5. 26).
- 문맹 기관지 『문학』지가 10월항쟁 특집 임시증간호 발간(1947. 3) 했다가 판매금지 조처를 받음(5천 부를 종로경찰서에 압수당한 것으로 기록되어 있음).
- 임화 시집 『찬가』 중 「동포여 깃발을 내리자」 등 과격시가 문제되어 삭제 지시(1947. 5. 24). 백양당 책임자 배정국과 임화는 수도관구 경찰청에서 검찰로 불구속 송치(7. 18). 이후 『찬가』는 과격시 두 편을 삭제하고 출판 허용.
- 수배 중이었던 김태준 검거(1947. 10. 10). 김은 이후 다시 검거(1947. 7. 26)되었다가 군재에 회부, 9월 30일 사형이 선고된다. 그는 남로당 중앙선전부 소련정보부 책임자로 지목되었다.
- 좌익서적 몰수하다(1947. 11. 13). 이에 대해 공보부 공보국장 함대훈은 "공보부에 납본치 않고 비밀히 시판되는 서적으로 제일선 경관들이 잘못 알고 한 것 같다. 공보부에서는 덮어놓고 좌익서적이라 하여 납본된 서적임에도 불구하고 압수하는 것은 잘못이라고 수도청에 통지하는 동시에 금일 내로 각 서점에 몰수서적을 반환하도록 요청하였다"(『조선일보』, 1947년 11월 22일자)고 해명

함. 문련은 도서 몰수현상에 대하여 공보국장 김광섭에게 진정서 제출(1947. 12. 7)

이런 일련의 움직임은 점차 좌익문학 일체에 대한 봉쇄를 가중화해 결국 문총·청문 노선에 따른 미학관의 관제화를 성공적으로 이끄는 계기를 마련한다. 특히 바로 단정이 수립되자 이내 문화적 냉전체제는 한층 굳어져 엄항섭의 『김구 주석 최근 언론집』(1948년 10월) 간행을 "반국가적 반민족적 행동"으로 간주하고 서울시경국장 김태선이 압수 조치를 내리는 사태로까지 번진다. 미군정기의 좌익 문학단체 소멸과정을 보다 객관적으로 이해하기 위한 자료는 단정수립 이후의 제반조치에서 더욱 선명히 드러난다.

단정 후 문맹 맹원에 대한 체포령은 맹위를 떨친다. 안기성·김동희·우종령·백인숙·채성하·유순자(1949. 6. 20), 인천지구 소설부장 송종호(8. 8), 문맹 서울시 위원장 조익규, 부위원장 신용태, 조직부장 박유상 외 19명(9. 27) 등의 체포로 이어지는 지방분회까지의 소멸현상은 1949년 10월 18일 군정법령 55호에 의한 정당 사회단체 중 133개소에 대하여 등록취소령을 내리기에 이른다. 이로써 한국에는 명실상부하게 좌익 문화인은 사라지게 된다.

더구나 좌익 문인을 3등급하여 1급은 이미 월북한 자, 2급은 29명, 3급 22명으로 분류하여 자수를 권유하는 한편(1949. 11. 5), 저작활동과 저서 판매금지(11. 8), 보도연맹 가입 추진(정지용은 11월 4일 가입함), 전향작가 작품 사전심사(1949. 11. 29), 심사제 철폐(1950. 4. 7) 등의 우여곡절을 겪는다. 이 혼란 속에서 문학적 분단을 가장 첨예하게 추진한 사건은 문교부의 중등교과서에서 좌익작가 작품을 삭제한 일로 그 목록을 참고로 적으면 아래와 같다.

김기림:「금붕어」「별들을 잃어버린 사나이」「첫 기러기」, 김남천:「부덕이」, 김동석:「연」「잠자리」「나의 서재」「크레용」, 김용준:「대간디의

사저」, 김철수:「한의원」, 김태준:「조이십매」, 박노갑:「고양이」「삼월 일일」, 박아지:「가을밤」, 박찬모:「소」, 박태원:「춘보」, 박팔양:「봄」, 신석정:「초춘음」, 안회남:「전원」, 엄흥섭:「진달래」, 이근영:「궤 속에 들은 사람」, 이선희:「향토기」, 이용악:「오랑캐꽃」, 정지용:「고향」「옛글 새로운 정」「소곡」「시와 발표」「꾀꼬리와 국화」「노인과 꽃」「선천」「말 별똥」, 조운:「채송화」「선죽교」「송경」(松京), 조중용:「황성의 가을」, 현덕:「경칩」「꽃」등.[20]

이처럼 8·15 직후 3년간은 좌익 문학단체 및 활동에 대한 원천적인 봉쇄의 제도적 장치 마련이라는 입장에서 미군정의 문화정책을 이해하는 것이 현실적일 것이다. 이는 아널드 군정장관의 인공 부인 성명(1945. 10. 10)에 대한 조선문화건설중앙협의회의 반박성명(10. 16)에서 초기 조공의 대미 유연자세와는 대조적으로 처음부터 비판적인 입장을 취한 대결을 시발로 한 미군정과 좌익 문화단체의 대결 양상으로도 미뤄 짐작할 수 있다(성명 전문은『문화전선』창간호, 1945. 11. 15 게재).

미군정은 "조선 민족을 원조하는 미국의 노력에 부당한 공격을 가하며 미국 원조의 목적과 자기 민족을 원조하려는 그 노력에 협력하고 있는 성의 있는 조선 애국자의 목적에 대하여 전연 허위의 진술을 선전"(하지 중장,「조선 민중에게 보내는 말」, 1946. 8. 31 특별방송)하는 세력으로 좌익 문화 일체를 지목하여 이를 제도권 문화로부터 격리시키는 작업을 감행한다. 전반적인 좌익 세력에 대한 탄압국면은 이미 8·15 직후 시작되었으나 이것이 현시화된 계기는 아널드의 인공 부인성명, 사설군사단체 해산령(1946. 1. 15), 정당 등록법(1946. 2. 23),『인민보』『자유신문』『현대일보』폐간(1946. 4. 23), 정판사 위조지폐 사건 발표(1946. 5. 15),『해방일보』정간(1946. 5. 18), 공산당 간부 체포령(1946. 9)에 이어 1947년 8월 11일에서 14일까지의 민전 중앙위, 인공 중앙위, 전평 중앙위 등 좌익계열 단체 사무소 폐쇄 및 1천 명 검거로 그 고비를 삼는다.

"미군정 3년의 정책적 핵심은 기존의 사회경제적 관계를 유지하면서

'대중의 지지를 획득할 수 있는 우익인사를 발굴하여 그들이 재건해놓은 관료조직을 맡기는 것'이라고 이해할 수도 있을 것"[21]이라는 과점에서 좌익 문화단체 및 좌우익의 논쟁은 조명되어야 한다. 이런 과정에서 문맹은 이미 1946년 11월 8일 중앙집행위원회를 열고 「대중화의 창조적 활동에 관해」라는 탄압국면에 대처하는 중대한 방향전환론을 모색하게 된다. 제2회 전국문학가동맹회의를 무기연기하면서 이 중앙집행위원회는 부위원장으로 이병기, 중집위원으로 양주동, 염상섭, 조운, 채만식, 박아지, 박태원, 박노갑 등을 보선하게 된다. 이를 조연현은 프로동맹과의 마찰에서 문건 측이 패권을 장악하려는 것과 "객관적인 정세의 불리함을 구실"(즉 탄압국면) 삼았다고 풀이하는데,[22] 그 진위는 고사하고 문맹이 이를 방향전환의 계기로 삼은 것은 부인할 수 없을 것 같다. 문맹은 이 회의 결과 "9월 이후 남조선을 휩쓴 정치적 사회적 대혼란(9월총파업 및 대구 10·1사건 등)은 단기간 내에 정기대회를 개최할 가능성을 소멸시켰다"면서, "당면한 제정세를 신중히 토의한 다음 우리 문학운동의 새로운 전개를 위하여 중앙집행위원회 서기국이 제출한 이 결정을 채택하기에 이른 것이다"고 밝힌다.

1. 봉건제도에 대한 치열한 반항 가운데서 탄생하고 제국주의에 대한 일관적인 투쟁 가운데서 성장한 조선의 문학은 잔존한 봉건세력과 재생하는 제국주의급 그 조력자들과의 집요한 투쟁을 통하여서만 발전할 수 있는 것이다.

2. 동맹에 대한 정치적 압박은 급격히 증대하고 동맹의 활동은 온갖 영역에서 부당한 간섭과 가혹한 제한을 받게 되었다. 동맹 사무소급 중요한 활동가에 대한 테러단의 부단한 위협과 대중집회를 개최불가능케 하는 무모한 간섭, 출판활동에 가해지는 각종의 제한 등은 싹터나는 민족문화의 발전을 저지하고 있다.

3. 그리하여 조선의 민족문학은 다시금 중대한 위기에 봉착했으며 장구한 동안 조선문학의 수호를 위하여 고투한 노역자들이요, 신생하는

조국의 문학 건설을 위하여 참집한 열성가들인 전국 동맹원들은 새로운 각오와 용기가 필요하게 되었다. …… 동맹은 강화되어가는 반동과 증대하여가는 야만에 대하여 유효한 투쟁을 전개하지 않으면 안 될 때가 온 것이다.

 4. 여기에 대하여 승리하지 아니하면 …… 동포들의 행복의 증진을 위하여 문학을 부흥시켜보자는 우리들의 염원도 또한 실현될 길이 없는 것이다. 그러므로 동맹은 조국의 자유와 인민의 권리를 위한 공동한 제투쟁에 참가하여온 것이며 그 노선 위에서 자기의 문학운동을 전개하여 온 것이다.

 5. 이 투쟁 가운데서 …… 우리의 민족문학은 인민의 문학이며 인민의 문학은 인민의 자유를 위한 고매한 투쟁 가운데만 성장할 수 있다는 사실을 확인케 한 것이다.

 6. 우리는 동맹활동의 근본적 결함이 그 비대중성에 있었음을 깊이 인식하고 그것의 제거를 위하여 우리의 운동의 금후 노력을 집중하여야 할 것이다.

1946. 11. 8
조선문학가동맹중앙집행위원회

계속적인 탄압은 제2차 미소공위가 정둔상태인 1947년 8월 13일 문맹회관을 폐쇄하고 간부들을 검거토록 한 조처로 치닫는다. 한편 문맹과 문련은 이 강압 이후 대중화의 일환으로 지방별 분회조직에 박차를 가하나 이미 문화운동의 정책적 흐름은 결정된 후였다.

4. 초기 논쟁—정치와 문학

미군정의 문화정책에서 볼 수 있듯이 좌우익의 문학논쟁은 초기(1945년부터 1947년 8월 13일 문맹 폐쇄까지)와 그 이후(1947년 이후), 그리고 후기(1948년 단정수립 확정으로 남로당이 2·7구국투쟁을 전개한 이후)의 시기적 변모에 따라 모습을 약간 달리하고 있음을 느낄 수 있다. 물론 논쟁의 초점은 같았으나 좌우익의 대응방법은 약간씩 상황적 국면에 따라 전술적인 변모양상을 보여준다.

　이 시기 문학논쟁의 중심주제는 순수문학 논쟁으로, 여기에는 정치와 문학의 관계를 첫 쟁점으로 삼아 순수문학과 마르크스주의적 문학관, 민족문학과 민족주의 문학관, 정치주의와 문학주의 등의 문제들로 비화해나갔다. 이 모든 쟁점은 건국의 이념적 바탕으로서의 민주주의 해석과 이를 위한 문학자의 자세문제로 요약된다. 말하자면 미군정 아래서 민족 자주성에 바탕한 민족주의·민주주의의 올바른 실현을 위해서 어떤 정치노선이 정당한가를 문학적으로 판가름하기 위한 싸움이 바로 이때의 문학논쟁이었으며, 따라서 좌우파 모두 정치이념을 떠난 논리는 존재할 수 없었다.

　근대문학 이래 가장 정치와 밀착한 시기였던 미군정기의 문학논쟁은 이래서 한마디로 올바른 민족문학의 추구라는 입장에서 전개되는데, 이는 초기에 정치주의 문학을 주장하는 좌파가 순수문학에 대한 비판을 가함으로써 비롯한다. 여기서 정치주의란 모스크바삼상회의 결정 지지라는 건준-인공-조공-민전의 논리를 전폭 지지하는 이념을 뜻한다. 사실 이런 좌익의 입장은 거의 기계론적이라 할 만큼 초기의 논리를 시대의 변천에도 아랑곳없이 끝까지 유지하고 있었음을 볼 수 있다. 예컨대 해주로 간 임화가 안회남에게 보낸 편지에서 소설「폭풍의 역사」에 대하여 언급하면서 "주인공이 농민들한테 이야기하여주는 민족통일론은 약간 우리 '민전'을 지지하는 작가들 가운데 일반화되어 있는 견해를 모호하게 할 위험성"이 있다는 점을 지적한다. 아무리 통일도 좋지만 민족반역자는 제외시켜야 한다는 임화는 이어 "'신탁'에 관한 부분 역시 삼상결정의 진보적 의의를 불명확하게 할 우려가 있도록 서술"되어 있다고 경고한다.

　이에 대하여 안회남은 답장에서 "통일론에 있어서나 반탁문제에 있어서나 나는 진부한 중독된 재래의 부르주아 정치관념에서 그것을 해석"하려 했던 점을 반성하면서 "옳은 교시를 받았기 때문"[23)]에 다음 작품에서

고칠 것을 다짐한다. 실제로 안회남은 「농민의 비애」(『문학』, 1948. 4)에서 삼상회담, 신탁, 미소공위 결렬, 분단의 위험 등 제반 문제를 민전의 논리대로 삽입시키면서 "조선이 남쪽만 조그만하게 떨어지고 말면, 자연 그 약하고 부자연한 내 땅에 일본의 손이 다시 뻗칠 것이요 또 옛날처럼 국제정세는 그것을 묵인하고 말 것"이란 정치관을 불어넣는다. 이 예로도 알 수 있듯이 미군정이란 3년의 짧으면서도 변화 많았던 기간 중 좌익은 그 변화국면에 따른 새 논리를 창안하면서도 근본적으로는 전연 변하지 않았음을 부인할 수 없다.

물론 분단으로 치닫게 된 민족적 상황 그 자체가 근본적으로 새로운 국면은 있을 수 없도록 만들었다는 논리도 가능하지만 여기서 지나쳐서 안 될 것은 좌익 측 주장이 초기에는 공세적 입장이었다가 중반 이후, 후기로 가면서 점점 수세적 자세로 변모했다는 점이다. 흔히들 미군정기 문학논쟁의 대표로 꼽는 김동석·김동리, 김병규·김동리 등 논쟁사건은 이른바 후기 좌익 소멸기의 수세적 논쟁이었음을 기억할 필요가 있다. 따라서 이런 논쟁에 왜 좌익 거두들이 참여하지 않았나 하는 따위의 불필요한 반문이나 호기심은 올바른 문학 이해에 도움이 되지 않는다. 이미 좌익 중 문맹의 제1세대들은 월북 후였고 문맹은 정지용, 안회남, 김동석, 설정식, 박찬모 등이 남아 이름을 유지하기에 바쁠 때였다. 초기 우파로부터 간헐적인 공격에도 응대를 하지 않았던 임화나 김남천 세대에서 문맹은 후기의 수세적 입장에 섰으며 이때의 논쟁을 좌우의 대등한 입장에서 보는 편차로부터 벗어나야 할 것이다.

논쟁의 성격은 초기의 정치투쟁적 노선의 확산에서 중반기의 좌우합작론 시기(1946. 5. 25~10. 6)에는 중도파 문학론이 제기된다. 이는 좌우파로부터 맹비난을 받으며 사그라지고, 후기로 접어들자 유엔한국임시위원단 설치안 통화(1947. 11. 14)와 남조선 총선거 실시 후 남북통일을 기하자는 한국민주당의 담화(1948. 2. 6)에 대응하는 '구국문학'론이 제기된다. 이 전과성을 통하여 일관된 논쟁의 자세는 "과학적 이론을 전개하는 대신 상대방의 인신공격으로써 자파의 득세를 꾀하려는 발악"으로 "발견된 적을 타도"²⁴⁾하는 자세가 많다. 특히 좌우익 다 인신공격에서 친일행각을 파헤치는 점은 지식인이 역사적 삶을 어떻게 살아야 하느냐란 점을 새삼 깨닫게 해주는 대목들이다.

초기의 단체구성에 따른 집단적 이념대립은 차츰 개인적 논쟁으로 그 초점을 바꿔가는데 예컨대 이태준의 정치적 입장에 대한 초강경 비판도 그 한 본보기다. 이태준은 8·15 직후부터 지난날의 순수문학적 태도를 버린 채 정치노선에 깊숙이 몸을 던져 그 가장 앞자리에 선다. 그의 변신은 소설 「해방 전후」에서도 읽을 수 있는데 「문학과 정치: 우리는 왜 정치에 관여하는가?」에서 이렇게 말한다.

일전 모씨 한 분이 나를 찾아와 "그대의 태도가 이렇게 나갈 줄은 몰랐소. 지금이라도 고치시오" 하고 꾸짖었다. 나는 8.15 이전에 나와는 반대로 일본이 이길 것과 일본이 이겨야 할 것을 주장하던 그에게 이렇게 물었다. "8·15 이전의 현실이 당신 생각하던 대로 되었소, 내가 생각하던 대로 되었소?" 그는 한참 만에 "그건 내가 본 것이 틀렸었소" 했다. "그러면 8·15 이후면 당신 생각이나 안목이 갑자기 나보다 나아졌다는 것을 무엇으로 자신을 가지시오?" 이 말에는 그는 대답이 없이 돌아가고 만 것이다. 대답을 못 하고 간 이모씨는 그래도 양심이 있다. 이모씨의 몇 갑절 일제의 대변자 대행자 노릇을 하던 두목들이 오늘 이 새 현실에서도 또 의연히 "내가 지도자다" 하고 나서니, 그래 이러고도 3천만 대중의 평등한 발전과 이익이 보장될 것인가?²⁵⁾

이렇게 일제잔재에 대한 문제를 제기하는 이태준은 8·15 후를 "지금 조선에는 좌익이니 우익이니는 없다. 그러므로 중간도 없어졌다. 오직 비민주주의적 노선과 민주주의적 노선들만이 뚜렷이 드러나고 만 것이다"고 쓴다.

이태준의 이 발언은 극우파로부터 맹공의 대상이 된다. 신형식은 우선 이태준이 일본의 종군작가들이 귀환보고차 조선에 들렀을 때 환영만찬과 좌담의 앞장을 선 것이 그나 최재서 등이라고 밝히면서, 위에 이용한 모씨와 이태준은 조금도 다를 바 없다고 반격한다. 즉 모씨가 친일을 했듯이 이태준도 그랬으니 그 노예근성으로 "적색정권 수립 공작의 고등 선전부장(민선 문화부 책임)이 된 것도 요절할 일"이라고 신상공격을 가한다. "8월 15일 그날까지의 이태준은 근엄한 의미에 있어 사상적으로는 '무색투명' 그것이었다. 단도직입적으로 말하면 민족주의자도 아니요 공산주의자도 아니요 민주주의자도 아니었다. 주의자로서의 편린조차 찾아볼 수 없었다기보다 그저 일개 문인이었다"고 평가하는 신형식은 이태준을 "극단의 파괴주의자·염세주의자·허무주의자"[26)]라 극언한다. 이태준의 논리에 대한 응전이라기보다는 신변잡기적 공격의 성격을 띤 이 글은 초기 문학논쟁의 수준을 가늠할 수 있도록 한다.

논쟁 초기 좌파의 이론은 정치성 우위론과 순수문학에 대한 융단폭격이었다. 김남천은 근대문학사에서 순수문학이 등장한 기간을 세 시기로 나눠 그 첫째는, 신문학 도입기의 반봉건적 문화투쟁에서 상층계급의 독점적 애완물로서의 문화이념을 근대적으로 개방하기 위하여 순수문학이 주창되었다면서 이를 긍정적으로 평가한다. 이어 두 번째는 1920년대 카프 문학과의 대립 개념으로서 시민문학 주창자들이 정치와의 무관성을 내세운 것으로 그릇된 논리였다고 비판한다. 세 번째는 1937년 전후부터 8·15까지의 중일전쟁, 태평양전쟁 등 일제의 전쟁 동원체제에서 고수해온 순수문학으로 긍정적으로 평가하고 있다.

일제 식민지 아래서 일부 순수문학의 업적을 인정하는 김남천은 8·15 이후의 현단계를 "정치의 우위성의 인정"으로 보면서 이것이 결코 문화의 자율성과 모순되지 않는다고 못박는다.[27)]

김남천의 순수관은 그대로 좌익 이론가들에게 적용된다. 가히 순수공격의 선봉장격이었던 김동석의 순수문학관도 일제식민지 아래서의 유산으로 본다는 점에서는 일치한다.[28)] 그러나 김남천이 카프와 대립했던 순수문학말고는 모두 긍정적으로 본 데 비하여 김동석은 식민지 아래서의 순수문학의 상황을 수긍은 하면서도 "꿈속에서 춤이나 추던 그 타성"이라

하여 다분히 비판적이다. 이런 순수관에 대한 거부적 자세는 서구 부르주아 문화에의 경멸로 발전하여 여송연을 물고 그림을 그리는 처칠을 문화적이라고 표현하는 글을 신랄히 공격하게 된다. 김동석은 그림을 그린다고 다 문화인이 아니라면서 그가 "탱크와 대포를 더 소중히 여기는 사람"임을 들어 무솔리니의 바이올린 켜는 사진이나 히틀러의 화가연하는 기사 등처럼 문화의 참뜻은 이런 겉멋이 아닌 평화지향적 이념임을 강조한다.[29] 이래서 김동석은 문화예술의 무식장이라는 농민·노동자를 위한 진정한 문화의 개념을 정치와의 관련성으로 몰아가면서 현단계 문학인의 임무를 "대중의 피가 되고 살이 될 문화 건설"로 규정한다.

순수문학에 대한 비판적 관점은 김우석 역시 퇴폐주의가 순수를 외치며 둔갑했다든가,[30] 박찬모의 "인민적 토대를 갖는 민족문화수립이란 곧 정치성을 주장하는 논리"[31]라는 것 등으로 확대해나간다. 심지어는 백철, 홍효민 등까지도 순수에 대한 비판적 자세를 보이면서 정치문학에 접근해간 사실[32]은 이 무렵의 시대적 분위기를 읽을 수 있게 해준다.

초기 좌익 측의 순수 배격과 정치주의 문학관은 논리의 전개에서 우선 순수 비판에 이어 정치주의의 필요성 강조 및 이에 따른 당시 정치노선의 주입이라는 순서를 밟고 있다. 여기서 김남천의 순수 포용적 자세와 김동석의 순수 배격적 입장이 나뉘는데, 이내 김남천의 월북은 김동석식 순수 배격론으로 그 논리적 경직성을 나타내게 된다. 그러나 다른 한편 김남천의 순수 일부 옹호론이 지닌 모순은 어떻게 보완될 수 있을까? 김남천과 비슷한 논리선상에 선 이동규는 순수를 아예 "용감히 문화혁명의 전열에 참가"한 실례를 들면서 그 통일전선적 주장을 펴고 있으나[33] 이것 역시 이론적 완결성에 이르진 못한다.

좌익 문학이론에서 비전문인이 오히려 문제의 핵심에 들어간 예는 많은데, 순수문제 역시 마찬가지다. "문학을 용광로와 같은 것"으로 보면서 문학인의 사회적 존재에 따라 달리 반영되어 형상화하는 그 자체를 문학과 정치의 관계로 보는 신남철은 미학적 일원론을 주장한다. 문학은 "문학대로 그 영원한 본질을 가지고 있는 것이고 다만 시대에 따라 그 내용이 직접 정치의 선전수단으로 쓰여질 때도 있다"는 신남철은 정치와 문학은 하나로서 둘로 나눌 수 없다고 쓴다.

> 문학과 정치는 엄밀한 의미에 있어서 둘이 아니고 하나이며 따라서 정치의 수단으로서의 문학을 배척하는 것은 수긍이 되면서도 일면적인 단견이라고 하지 않을 수 없는 것이다. 정치와 문학의 긴밀성에서 보면 정치의 수단으로서의 문학도 가능하다 할 수 있다. 단지 문제되는 것은 미래의 이상도를 얼마만 한 규모로 현재의 정치적 이념과 통합시키고 있느냐 하는 점이다.[34]

이어 신남철은 문학인은 혁명가도 될 수 있으나 그 본령은 어디까지나 작품창작에 있다면서 예술성을 강조하길 잊지 않는다.

순수비판-정치성 강조-찬탁·통일 등 민전 논리의 적응이라는 초기 좌익문학론은 우파의 수세적인 대응을 맞는다. 당시 문학을 공산파괴의 문학과 민주건설의 문학으로 과감히 나눠 청년문학가협회의 이념을 고수했던 김동리는 좌익문학에 대하여 가장 원색적인 비판의 선봉에 선다.[35] 그는 현단계를 '혁명의 단계'로 풀이하면서, 그 혁명이 민족적 각도에서 이뤄져야 하느냐 계급적 입장에서 접근해야 하느냐고 물으면서 "현단계의 혁명적 현실을 민족적 각도에서 파악하는 것이 가장 주류적이며 정통이 아닐 수 없다"고 결론내린다. 이어 그 연장선에서 현단계 문학은 민족문학의 건설이 가장 중요하며 민족문학이란 "조선적 성격의 탐구와 민족정신의 발휘구현"이라 한다. 과거의 모든 것을 일제잔재 혹은 봉건잔재로 거부하는 좌익논리를 "'삐라' 논객"이라 비꼬는 김동리는 "나는 지금부터 제일선에 나서서 봉건적 폐습과 일제적 잔재를 소탕하려는 사람의 하나가 되겠다"면서 좌익 측의 친일행각을 공박한다.[36]

미군정 중반기 이후에야 논리적 칼날을 세우게 된 김동리의 초기 평론은 어떤 면에서는 기회주의적 요소도 보일 만큼 민족문학이나 반봉건·반일 의식이 드러나 있다. 이와는 대조적으로 조연현은 일관된 논리적 견고성을 보인다. "문학의 순수를 부르짖고 등장한 신인 김동석"을 오히려 비순수로 몰아붙이는 이유를 조연현은 이렇게 내세운다. "이태준씨의 비순수를 지적하고 임화의 불순을 폭로하고 심지어 정지용씨까지도 의심해보려는 누구보다도 순수에의 정열을 가진 이 유능한" 비평가 김동석은 임정요인들 앞에서 환영시 「그대들 돌아오시니」를 낭독한 정지용을 나무란다(김동석 「시를 위한 시: 정지용론」 참고). 이에 대하여 조연현은 임화의 시「굶주리던 인민의 머리 위에 대한 민주의원의 깃발이 나부낀다」는 작품을 비순수라면서 정지용의 것과 비교하여 이렇게 말한다.

…… 정지용씨가 순수하고 임화씨가 불순하다는 것은 정지용씨는 학교의 교원이요, 임화씨는 정치가라는 것에 원인함이 아니라 정지용씨는 자기의 감격을 문학 이외의 어느 것에도 예속시키지 않은 반면에 임화씨는 자기의 시를 자기의 당에 예속시키고 있기 때문인 것이다.[37]

순수란 "작가의 대자적인 성실과 진실의 문제이지 작가의 사회적인 혹은 정치적인 진출이라든지 요인들 앞에 시를 낭독했다고 반드시 부서지는 것은 아닌 것"이라는 조연현에게는 나중에 밝혀질 김동리의 순수관과는 또 다른 정치성이 가미되어 있다. 더구나 이내 정지용에 대해서도 수공예 이상의 시가 나오지 않는다는 비판적 자세로 돌아서는 조연현의 순수문학관은 명쾌성이 모자란다. 그는 정지용이 이내 임정요인 앞에서의 시낭독을 후회하며 좌경해버리자 그에 대한 옹호 논조를 바꿔 비난하는데 그 이유가 앞서 긍정적으로 평가했던 '순수적' 요소를 들어 오히려 기교의 예술뿐이라고 지적하고 있다.[38]

조연현은 고리키의 문학성을 인정하면서 그 이유를 "가장 자유로운 문학을 여하한 구속도 제약도 없는 가장 자유로운 위치에서 이루어왔기 때문"[39]이라고 말한다. 당의 문학에 대한 비판적 자세가 분명한 그는 당시 좌익문학만 아니면 관대히 봐주는 입장이었는지도 모른다.

당시 좌익문학의 유파에 대한 파벌의식이 강하게 작용한 것은 김동리도 마찬가지다. 김남천의 「순수문학 제태」를 비판하면서 김동리는 순수문학을 시대나 사회·정치와 무관한 또는 분리시키려는 논리를 반박한다. "순수문학의 소아병적 인식 착오"라는 반론을 펴면서 김동리는 "이 시대의 순수문학이란 그 실질에 있어 민족문학이란 사실을 엄폐 중상하고 있는 것"을 당의 문학이라 공격한다. 좌익 문학인의 친일행위를 비난하면서 자신은 일제 말기에 일체의 굴종과 타협을 버린 채 향촌에 내려가 순수문학을 비호했다는 논리를 전개하고 있다.[40]

초기 우익 측의 순수문학 옹호는 문학의 비정치성과 독자성의 강조에 초점이 있으나 위에서 본 것처럼 김동리·조연현이 조금씩 다른 견해를 보인다. 그뿐만 아니라 앞으로 보게 될 김동리의 순수문학론은 어느새 나름대로의 논리적 체계를 세워나가게 되어 분단시대 순수미학의 한 초석이 된다.

5. 민족문학론의 대립과 순수논쟁

소규모의 국지전적 논쟁이 전면전화하는 계기는 김동리의 「순수문학의 전의」(『서울신문』, 1946년 9월 15일자)에서부터다. 순수문학은 "문학정신의 본령정계(本領正系)의 문학"이라는 그는 그 "본질은 언제나 휴머니즘이 기조"라면서, 이를 고대 그리스나 헤브라이계 휴머니즘의 제1기와 신본주의를 깬 르네상스 휴머니즘의 제2기를 지나 오늘을 제3기 휴머니즘기로 풀이한다. 이를 민족문학론에 대입시켜 '민족단위의 휴머니즘'이 곧 민족정신을 본질로 삼는 민족문학이라는 김동리는 휴머니즘=순수문학=민족문학이라는 등식을 도출해낸다. 김동리 문학론의 원형인 이 글은 김병규로부터 도전을 받는다.[41]

김병규는 우선 순수문학이란 개념을 이제까지의 논자들처럼 한국 문학사에서 일제 압정 아래 서 있었던 것으로 보는 입장엔 동조한다. 따라서 "일제가 물러나갔다는 전환된 이 현실 아래서는 그대로 정당성을 요구할 수 없는 것"으로 평가한다. 김남천의 반복인 이 사실 외에 김병규는 순수문학을 서구 부르주아의 퇴폐한 문화가 아닌 발레리나 말라르메 같은 주지주의적 시에서 그 개념을 도출해낸다. 이 점은 순수논의에서 한 걸음 진전한 것이다. 그는 이런 순수문학을 "문학 가운데 한 개 문학관으로서의 자리를 가질 수는 있을지언정 결코 전체가 아니며 또한 전체가 될 수 없음을 알아야 할 것"이라 주장한다.

김동리의 휴머니즘을 일러 순수문학만이 휴머니즘을 옹호할 수 있다는 억지를 비판하면서 "인간성의 존엄성, 인간혼, 인간의 창조의욕 등등 어마어마한 문구를 나열했지만" 이는 도리어 인간을 추상화한 것이라고 반박한다. "인간을 말하는 자는 거개가 인간 일반에 떨어져 있으므로 그 의도는 계급성을 말살하려는 데 있다"는 레닌의 말을 인용하는 김병규는 인간을 일반화로부터 구체적인 역사성을 부여해야 할 것을 주장하면서 "인간성은 가능의 세계요 그 구체화는 현실에 의하여 규정된다"는 플레하노프의 말을 빌려 쓴다.

세 번째로 김병규는 마르크스주의적 세계관의 정당성을 말하면서 이것은 순수문학으로는 대신할 수 없는 진정한 휴머니즘임을 강조한다.

김동리는 즉각 김병규의 논리를 반박하여, 말라르메나 발레리만이 순수문학이라는 '문학상의 헌장'은 쓴 적이 없다고 한다. 여기서 김동리 특유의 순수문학관이 제기된다. 그는 "나의 순수문학론은 먼저 내 자신의 문학관에서 오는 것이요, 따라서 그 성격과 사명은 내 자신이 규정할 일이지 남의 주장에 뇌동하거나 누구의 명제를 맹목적으로 답습할 취의는 없는 것"이라고 단호히 말한다. '본령정계의 문학'인 순수문학은 오히려 괴테나 셰익스피어에서 볼 수 있다면서 김동리는 말라르메·발레리류 문학은 "발랄한 인생과 자연이 결여되어 있으며, 이것은 문학정신의 본령정계의 문학으로서 간주하기엔 너무나 조작적이요 기계적인 미의 세공에 흐르고 있다"고 평가한다. 그의 본령정계 문학은 "인간성에 관한 옹호, 탐구, 조화, 이상 등을 떠나서는 안 되는 것"으로 이것이 제일의적 문학이고 그외의 것은 제이의적·제삼의적이라고 쓰며 김병규의 정치주의문학이 바로 그렇다고 말한다.

휴머니즘 문제는 "자본주의사회의 모순과 결함을 근본적으로 시정하는 일방, 마르크스주의 체계의 획일적 공식적 메카니즘을 지양하는 데서 새로운 고차원의 제3세계관을 확립하려는 데에 그 지향이 있다"고 제3세계관·제3휴머니즘의 개념을 설정한다.

유물론에 대한 그 나름대로의 긴 해석과 비판은 차치하고 김동리가 규정한 순수문학론은 여기서 희미한 형체를 드러낸다.[42] 그러나 이론과 실천은 다를까? 자본주의와 사회주의 이론을 초극할 수 있는 노선이라면 왜 김동리는 극우적인 정치노선을 순수문학의 방패역으로 선택했을까. 더구나 그 이론으로는 가장 가까운 중도파까지를 배격하면서 말이다.

이후 김동리는 순수문학을 민족문학의 논리로 비약시켜 좌파의 민족문학론과 정면대결한다. 물론 조연현, 임긍재, 김광섭, 이헌구 등 범우파 연합세력의 지원이 있긴 했으나 김동리의 민족문학론과 문맹의 민족문학론은 미군정기의 가장 중요한 논쟁의 태풍의 눈이었다.[43]

김영석이 문학은 정치적일 수밖에 없다면서 조선인이라면 삼상회의를 지지해야 한다고 외쳐도[44] 정치에 대한 기피증은 되살아나 "순수한 시 정신을 지키는 이만이 시로서 설 것"[45]을 주장하는 메아리를 만나게 되며, 이는 조연현의 서투른 유물사관 비판으로까지 내닫는다.[46]

이런 미학적 혼전 속에서 미군정은 후반기로 접어들어 냉전체제가 고정화되어갔으며 이에 따라 좌익 문학인은 쇠미해져가게 된다. 이 좌익단체와 문학인활동의 퇴조기에 김동석의 반격이 시작된다. 김동리의 순수문학론만이 아니라 작품들까지를 싸잡아 공격한 김동석은 순수문학론의 정체를 이렇게 매도한다.

순수란 결코 조선문단에서만 문제되는 것이 아니라 특히 독일의 나치스 문학자, 일본, 이탈리아 등의 전범 문학자들이 전후에 자기들의 정체를 카무풀라쥐하기 위하여 이용하는 일견 아름다운 미색(迷色)인 것이다. 또 이것은 문학에만 있는 현상이 아니라 노동운동에 있어서 정치를 배제하고 순수한 노동운동으로 나아가자는 것이 노동귀족들의 반동적 슬로건인 것이며 미국에 있어서 노동운동이 통일되지 못하여 '타프트 하틀리 법안'을 통과시켜 미국 민주주의 세력에 협위를 가하게 된 것도 따지고 보면 '순수주의자'가 독점자본의 괴뢰 노릇을 하기 때문이다.[47]

그는 또 순수문학의 배경을 "김동리 등 순수문학파는 사상성을 가진 작가들이 탄압을 받아 글을 쓰지 못하게 되었을 때 무호동중이작호(無虎洞中狸作虎)라 문단은 그들의 독천장이었는데 8·15가 되자 문학의 비중이 별안간 딴 데로 옮겨간 사실을 그대로 수긍하기는 인정상 곤란하다. 그래서 일제의 암흑이 물러난 사실을 기뻐하기보다는 그들의 별빛을 흐리게 하는 사상의 태양이 솟아난 사실에 당황하고 있는 것이다. 또 박영희 등 일제의 선전도구가 되어 무문곡필(舞文曲筆)한 자들은 그들이 배반한 민족의 전위될 자격을 상실했으므로 그렇다고 조선이 반 해방된 오늘날 노골적으로 민족의 적으로 행세할 수도 없고 해서 궁여의 일책으로 순수를 표방하지만 '영혼이니 생명이니 하는 문구'를 가지고 죄를 씻을 수는 없다"고 쓴다.

김동리의 작품 「무녀도」 「혼구」 「다음 항구」 「동구 앞길」 「완미설」 등 이른바 동리식 순수소설을 일별하면서 그 비역사성을 통매하는 김동석은 "김동리 홀로 민족과 민족문학을 두고 어디로 가려는 것인가?"고 순수문학의 향방을 묻는다. 물론 3단계 휴머니즘의 공허성도 언급한 김동석은 다른 글[48]에서는 김동리의 정치적 성향을 비롯하여 청년문학가 측의 시국관을 독설적으로 공격한다. 현민과 동리가 서로 자신이 더 순수라고 싸우다 "절간으로 달아나 숨어버린 동리가 대동아문학자대회에 나간 현민보다 현명"했다고 치켜세우면서 그는 김동리를 비롯한 청문 전체의 논리들을 싸잡아 짓이긴다. 특히 문맹의 강령이념을 강조하면서 이와 대조적인 문필가협회 등의 활동을 이렇게 비판한다.

문필가협회는 국수주의 문학가들의 집단이요 따라서 정치적으로나 문화적으로나 조선의 자유발전을 방해하고 있다. 물론 그들은 석두의 완고파이기 때문에 자기네들의 역할을 자기 비판할 능력이 없다. '그들의 애국심만은 충분히 인정한다. 하지만 독일이나 일본의 지도자들은 애국심이 없어서 민족을 멸망으로 끌어넣었느냐, 두렵도다 눈먼 애국심이여!'

청년문학가협회는 문학만 위하려다 민족을 해칠 염려가 있다. 왜냐하면 그들은 단순하기 때문에 단순치 않은 사람들에게 이용당할 염려가 있는 것이기 때문이다.[49]

또 김동석은 "현대의 기독이라 할 수 있는 애국자들을 바리새가 로마의 대관 폰시오 필라투스한테 모함했듯이 미군정에다 중상하고 있다. 조선의 공산주의자들이 당한 일제 경찰의 악형은 결코 예수가 짊어진 십자가 못지않았다. 예수가 약소민족이요 피압박민족이던 유태민족을 위하여 형관을 쓰고 피를 흘린 혁명가이던 것과 진배없이 조선의 공산주의자들도 민족해방을 위하여 스스로 나서서 거꾸로 매달리고 물을 먹고 가죽 조끼를 입고 피를 흘린 혁명가들"이라면서 기독을 민족해방투사로 풀이하는 글을 쓴다. 김동석은 그리스도가 해외로 망명하지 않고 끝끝내 민중 속에 남아 핍박을 견딘 것은 그의 탁월한 지성 때문이라 했다. 성서의 '천당'이란 바로 만해의 「님의 침묵」처럼 피압박민족의 해방을 이상으로 설정한 상징으로 본 김동석은 '하느님의 나라'를 『자본론』의 '자유의 왕국'으로도 대입시키는 등 논리적 비약으로 치닫는다. 이런 성서의 문학적 해석은 빵 다섯 조각과 생선 두 마리로 5천 군중을 배불리 먹이고도 남았다는 마태(14: 19, 15: 35·36)·마가(6: 39·41)복음의 풀이에서 그 절정을 이룬다. 예수나 군중들은 각자 먹을 걸 갖고 있었으나 연이은 기적과 설교 또는 옆사람들 때문에 미처 먹을 기회가 없었다가 마침 예수가 함께 먹기를 권하자 질서 있게 각자 가졌던 걸 꺼내기에 그럴 수 있었다는 주장이다.[50]

김동리의 반박은 이미 김병규 때의 이론적 정립이 있었기에 김동석을 향해서는 "독조(毒爪)는 한 번이라도 더 그들의 얼굴을 할퀴어 피를 내어

줌으로써 석일의 숙원을 풀어보고자 하는 것"이라는 정도로 다분히 인신 공격적 자세로 나타난다. 김동석의 '생활문학론'[51]에 대하여 김동리는 "인류는 금수 이상의 '생활'을 가질 수 있다"든가, "문학은 인류가 가질 수 있는 금수 이상의 생활에서 창조된다", 그리고 "빵을 구하기 위하여 싸운다는 사실 그 자체만에서 인류와 금수의 우열은 규정되지 않으며 여기서 문학이 나올 수는 없다"고 반박한다.

그리스도를 볼셰비키로 본 김동석을 비판하면서 김동리는 "군의 생활의 핵심이 빵에 있고 군의 그 독 있는 손톱이 빵을 구하기 위해서(극복하기 위해서가 아니고)만 있는 동안 군은 '문학'과 '생활'이란 어휘의 참뜻을 체득할 수 없을 것이다"고 끝맺는다.[52]

조연현의 지원사격으로서의 김동석 공격 또한 순수의 해석문제를 맴돌고 있다. 그는 김동리의 「혼구」에서 "가야 된다"는 제3의 노선이라는 김동석의 논리에 대하여는 직접 반박을 않으면서 이미 레닌의 사상이 시대착오적인 낡은 것이란 점과 진정한 순수란 "강렬하게 현실을 긍정하는 의사이지 부정하는 의사가 아니"라고 주장한 후 "일제 때 아무것도 긍정할 현실이 없었던 곳에서 미의식을 통하여 긍정할 것만을 골라서 우리의 순수는 표현해온 것이다. 이것이 어떻게 일제에의 반항의 형식이 되었는지 우리는 모른다"고 쓴다. 플레하노프의 예술을 위한 예술을 순수와 일치시키고 있다고 김동석의 논리를 몰아치면서 조연현은 러시아로 망명한 포석은 오히려 김동리보다 더 순수했기에 그랬다는 동석의 논리에 대하여 "포석이 순수를 지키기에 피곤하고 약한 때문"이라고 응수한다. "순수를 그렇게 용이하게 버릴 수 있고 또한 정치나 기타 다른 물건과 바꿀 수 있었어도 시인 유치환씨는 북지에 가서도 순수를 버리지 않고 도리어 지녀왔으며 김동리씨는 해방이 되어도 다시 순수를 외쳤던 것"이라고 순수옹호론을 전개한다.[53]

김동석·김동리 논쟁은 이미 좌익 문학단체나 활동이 쇠미해진 이후의 사건임은 누누히 강조했는데 희귀하게도 분단이 고착화된 1949년 초에 둘은 한자리에서 대담을 하게 된다.[54] 미군정기 문학논쟁의 총결산이라

할 수 있는 이 대담은 순수·민족 문학관의 축약과 한국문학의 새 진로 모색에 초점이 주어져서 두 사람의 종래 의견이 보다 성숙되어 그 본질을 드러내게 만든다. 김동리는 앞으로의 문학적 과제인 민족문학이란 '민주주의민족문학'(이원조의 이름을 지칭하여 비판했으나 그 구호는 문맹 측 주장 바로 그것이었다)이 아니라 '고전으로서의 민족문학'이라 규정한다. 문학이 정치의 지배를 받는 것을 거부한 김동리는 "민족의 영원한 생명이 되고 정신적 원천이 될 하나의 고전"을 민족문학의 이상으로 설정한다. 오히려 미군정 때의 반봉건·일제잔재 청산에 앞장서려던 기세에서 후퇴한 이 김동리의 민족문학론은 김동석의 "형식으로는 민족적이고 내용에 있어서는 민주주의적이 되어야 하는 것"이 진정한 민족문학이라는 논리와 대립된다. 둘은 다 한국문학이 세계문학을 지향해야 한다는 점에선 일치하는데 그 방법론에서 김동리는 고전적 전통 중시를, 김동석은 리얼리즘을 들어 대립한다. 근대 식민지시대의 문학을 보잘것없는 것으로 평가하는 점에서도 둘은 일치하여 김동석은 8·15 이전엔 민족문학이 없었다고 하며, 김동리는 고전적 지위를 가질 만한 작품이 적다고 평가한다.

이 대담에서 중요한 사실은 김동석이 민족문학을 리얼리즘으로 그 방법론의 새 출구를 제시했다는 점이다. "꿈이 아니라 현실에서 광명과 희망을 구하고 발견하는 문학"으로서 리얼리즘론의 주창은 많은 암시를 얻을 수 있다. 말할 필요도 없이 김동리는 리얼리즘 문학론을 거부하면서 둘 사이엔 가벼운 리얼리즘 논쟁을 일으킨다. 실로 분단시대 문학논쟁의 축약이라 하겠다.

6. 구국문학론과 정치주의 비판

대중적 흥미의 대상으로서의 좌우익 논쟁은 김동석·김동리·김병규의 삼각으로 꼬리를 감춘다. 어느새 이 실세 만회를 위한 논쟁도 아랑곳없이 (엄밀히 따지면 이미 그 논쟁 자체가 좌익 최후의 기치였던 구국문학론 이후의 일이기도 했다) 문맹은 남로당의 실세와 운명을 함께하게 된다. 1947년 4월 『문학』 제3호는 권두언으로 '문학주의와의 투쟁'을 선언한다. 순수를 반박해온 문학론의 당연한 주장이면서도 "문학가가 정치와 관계하는 것은 인민의 일원으로서만 아니라 문학가로서도 불가피한 일이며 필요한 의무"라고 새삼 강조하는 것은 그만큼 "문학가가 정치에 관여하지 아니하여도 좋을 만치 훌륭한 정치를 실현하기 위한" 열망과 절실성이 객관적으로 나타났다는 반증이 된다. 이 말은 한편 이미 8·15의 민족해방적 이념이 분단으로 흘러버릴 위험성이 짙어지고 있었다는 논리이기도 한다.

물론 고민은 좌우 양쪽 다 있었다. 『백민』 1948년 4월호의 「조선문학 재건에 대한 제의」[55]에 나타난 중도 내지 우파 문학인의 고민들도 지나칠 수 없다. 그러나 좌파의 이론적 최후 보루인 「구국문학의 방향」[56]에 비하면 이미 우파는 자신감을 지녔음을 느낄 수 있다.

"8·15 이후 해방의 순간이 지나자 우리 앞에 새로이 등장한 제국주의 정책으로 말미암아 우리 조선문학은 또다시 형극의 길을 밟게 되었다"면서 "문학의 위기를 부르짖은 지 오래"인 이제 "구국문학의 소리를 울리게 되니 이것은 우리를 외부로부터 억누르고 있던 위기의 그 위기성의 증대" 탓이라고 근본원인을 설명한다.

그러면 구국문학의 정신적 요소는 무엇일까. 일언이폐지로 그것은 단정분쇄에 있다. 오늘날까지 형로(荊路)에서 가시덤불을 헤치고 전진해 온 우리의 문학은 그러한 의미로 언제나 싸우는 구국의 문학이었다. 나라를 세우고 나라를 구한다는 입장은 봉건과 일제의 잔재를 소탕하려 할 때나 공위 추진을 전취할 임시나 단선반대를 설명한 적이나 일반이었지만은 오늘날 건국과 애국을 훨씬 강조하여 구국과 구국문학과 구국문학운동을 절규 아니치 못하는 것은 그것의 현단계 의의가 비상하고 중대한 것이다. …… 구국문학 자체의 정신문제는 물론 문학의 창조적 사업에 대한 창작방법의 것일 것이며 구국문학운동의 방침은 종래의 문학 대중화 문제와 연결된 조직사업의 확대강화 및 투쟁의 방식을 말

함일 것인데 이 두 가지가 우리에게 다 같이 중대하여 서로 표리를 짓는 일 선 일 점임은 재언할 필요가 없다. 이 근본적인 데서 다시 떠나 문제를 제3차적으로 설정하는 예를 들면 도시 상대가 되지 않는 유치한 정치 부인의 문학주의나 그 반대로 문화말살의 정치주의는 여기서 다 함께 논외의 것으로 여겨진다.[57]

분단 고착화의 국제적 기운이 이미 무르익은 순간에서 문학은 오히려 창조력보다 운동 쪽에 더 심혈을 기울이는 방향으로 나갔으나 그 운동 또한 역사를 역전시키기엔 늦은 감이 도는 것이 이 무렵의 구국문학론이었다.
"우리의 민족문학을 파시스트의 잔당인 월가 주인공들의 팽창주의로부터 옹호하고 구출해내느냐 못하느냐의 문제"[58]로 구국문학의 임무를 요약하는 좌파들은 대중화론을 그 출구로 드는 데는 견해의 일치를 보이면서도 정작 '대중화'가 어떻게 이루어져야 하느냐는 쟁점에서는 엇갈린다. 과감한 문학인의 행동을 내세우는 경우나(김영석, 나한[59] 등), 자유로운 창작의 확보와 구호의 재검토를 제의하는 예,[60] 자신의 창작방법론의 심화를 시도하는 계기로 삼는 경우,[61] 시 창작에서의 혁신을 꾀하는 계기의 마련[62] 등등이 있다. 이 많은 주장 중 당시 돋보이는 것은 "구국의 기치 앞에서는 문학이면 작품이나 유파-순수 비순수의 여하를 불문하고 구국문학이요 연합하여야 한다는 것도 자명할 것이다. 이러한 근본 성격을 구체적으로 바로잡지 못한 데서 연합전선의 구호나 작품상의 기치냐는 모호한 경향"이 생긴다는 논리였다.[63]
논리적 전개의 무력함이 보편화해버린 계절에 구국문학을 비순수 민족문학적 입장에서 논리화한 정진석은 이 무렵의 문화적 상황을 '구국문학'과 '매국문학'으로 양극화한 후 순수문학으로 불러오던 우파에 대하여 신랄한 비난을 퍼붓는다. "순수문학파의 견해는 본질적으로 기만적인 것이요, 이것은 문학을 이데올로기라든지 오늘의 민족적 구국투쟁과는 아무 관련이 없는 것같이 가장하여 한 개의 상아탑 속으로 몰아넣으므로 문학의 구국적인 역할을 봉쇄하려는 것"으로 규정한다. "제국주의를 강화하며 유인하는 데 노력하며 민족의 미명하에 자계급 독재를 꿈꾸는 위선적 정치방법"으로 몰아세우는 정진석의 '반동민족주의문학'론은 "모든 친일파도 민족반역자도 다 같이 이 진영 속에서 민족주의자로 자처하고 있으며, 기회가 있는 대로 민족을 팔아 자기의 사복을 채우자는 무리가 도당을 지어가지고 있는 것"으로 비난한다. 이어 그는 "외군 주둔을 호소하고 일국 신탁을 감수하려고 하는 것"이나, "단선단정"의 결정적인 시기에 당도하여서는 노골적으로 순수의 가장을 벗어버리고 선거해설과 계몽을 위한 비순수한 소설 연극으로 전락되고 있는 사실은 그들의 과거가 가진 기만성을 그대로 폭로하는 것이란 독설을 쏟는다.

그러면 오늘의 구국문학이란 어떠한 것이어야 할 길인가? 그것은 조선의 민족분열과 외국 식민지화의 위기에 당면하여 민주주의적 통일·자주·독립의 주권을 회복하려는 민족해방운동에 봉사하는 문학이다.

그러므로 오늘날 작가가 구국투쟁을 체험하는 힘의 강도는 작품의 내용성의 기본 표준이 된다. 분명한 구국투쟁의 자각에서만 사회적 현실의 가장 명료하고 평이한 반영을 독자에게 줄 수 있는 것이요, 따라서 작가는 독자와 함께 구국의 힘이 될 수 있는 것이다.[64]

이런 생경한 논리는 그 문학론에서 투철한 반영론과 이를 바탕한 "형상적 사유"에 기초하고 있어 당시 이론 중 가장 앞선 모습을 느낄 수 있다. 정진석은 「예술과 세계관」[65]에서 과학과 예술의 차이를 설명하면서 역시 "형성적 사유"라는 술어를 쓰고 있는데 그 올바른 창작방법론으로는 김남천의 "혁명적 로맨티시즘을 내포한 진보적 리얼리즘"으로 귀착시킨다.

민족문학의 구호가 구국문학으로 대신하면서도 그 방법론에서는 '대중화' 문제를 떠날 수 없었던 시점에서 김명수는 「예술성의 문제와 문학대중화」[66]에서 문학과 정치의 일원화 및 진정한 대중화는 통속화가 아닌 "인민적 성격과 이념"을 "고도의 예술성"으로 전취해내는 작업으로 풀이한다. 그는 "인민대중으로 들어가라 하는 말은 단지 문학의 제재를 인민대중 속에서 끄집어내라는 말만이 아니라 즉 작가가 머리를 굽혀 내려다보라는 말이 아니라 <u>스스로</u> 대중 속으로 들어가 그 자신이 대중의 하나라는 철저한 대중성의 의식에서부터 출발하여 이들 대중의 의식과 정서를 끌어올리려는 상향의 정신이어야 하는 것"이라 규정한다.

민주주의적 민족문학론은 구국문학의 단계에 이르러 좌익이론의 대단원의 막을 내린다. 이에 대한 우익 측의 반박은 비교적 활발했을 뿐만 아니라 여유가 있었다. 이미 모든 제도권 문화기관은 정비되어 있었다. 문련의 남북협상 지지결의(1948. 4. 2)는 이미 문학이라는 화살이 활시위를 벗어나 정치의 허공을 맴돌기 시작한 이후의 외로운 절규였다.

조연현은 자신만만하게 『조선중앙일보』의 '구국문학' 특집을 공격한다.

> 그 하나는 구국이라는 민족적 국가적 대의를 내세워 문학의 독자적인 영역을 인멸시키자는 것이요 또 하나는 민족주권을 계급연방 속에 예속시키자는 그들의 본래의 노력을 구국정신처럼 신념하도록 일반에게 착각시키자는 것이 그것이다. 전자를 위해서 그들은 국가의 절망과 위기를 강조하고 이러한 국가적 민족적 위기와 절망에 임하여 문학인이 예술의 상아탑 속에 안주할 게 아니라 모름지기 가두에 나서서 구국의 붓을 들어야 한다는 것이요, 후자를 위해서는 유엔 결의에 의하여 성립되려는 중앙정부를 남한단정이라고 공격함으로써 그들의 연방 예속주의를 진정한 구국투쟁처럼 인식시키려는 것이다.[67]

그는 또 「산문정신의 모독: 정지용씨의 산문문학관에 대하여」[68]에서 "욕설과 중상과 인신공격과 자기 변명과 비굴과 정치적 도전의 기록"으로, "우리 문단의 선배의 한 사람이 진정한 시 정신의 고갈로 인하여 산문까지 다시 모독하려는 태도를 십분 경계하면서 시와 산문을 꼭같이 구출 옹호해나가야 할 것"이라고 매도한다. 김동리는 「문학주의와의 투쟁」에 반박하여 문학은 "한 가지는 본격문학에 통하는 길이요 다른 한 가지는 소위

'당의 문학'에 통하는 길"로 분류한다. 순수문학도 그에 따르면 "소극적인 것과 적극적인 것"이 있는데, "전자는 '예술지상주의 문학' 또는 '상아탑의 문학'이란 것에 통하는 길이요, 후자는 본격문학이란 것에 통하는 길"로 나눈다. 전자의 예로는 말라르메, 발레리, 플로베르, 조이스, 로렌스 등을 들 수 있고, 후자로는 제3의 휴머니즘을 주창하는 "오늘날 조선"의 경우를 들 수 있다고 했다.[69] 김남천의 '당의 문학'론을 정치주의 문학의 극치로 보고 말살하려는 논리로 대응한 김동리는 우파 문학론의 선봉장으로 이론과 작품의 일치를 보여주었다.[70]

조지훈은 문학의 독자성을 이렇게 요약한다.

…… 문학의 독자성과 종속성에 대한 결론을 내리기로 하자. 문학이 문학 아닌 것, 다시 말하면 문학 이외 일체의 것을 떠나서 고립하여 존재할 수 없다는 것은 문학 아닌 것은 문학의 소재일 뿐 그것이 문학으로 형성되는 데는 작가의 문학적 창조를 통한 문학적 생성이 요청된다는 것은 문학과 문학 아닌 것의 한계성이다. 그러므로 문학과 문학 아닌 것의 한계성은 바로 문학의 독자성을 내증(內證)하는 것이며 따라서 문학의 종속성이란 결국 관련성의 오인에 지나지 않음을 알 것이다.[71]

1949년으로 접어들면 더한층 과격해진다. 공산당 분쇄를 위한 "민족정신을 세계적 정신·의식과의 관련 위에서 새로이 구명 재건"하는 문학을 주창하는 것[72]이나, 북한문학 주도자에게 선택을 요구하면서 정치이념 맹종이냐 북한괴뢰의 맹종문학이냐고 다그치는 논리[73]로 전개되어간다.

이제 논쟁의 계절은 서서히 끝난다. 조지훈은 한국에서 정치주의 문학의 계보를 20년대의 "낭만주의로써 오히려 민족의식 신전기를 짓게" 한 프로문학과, "순수문학의 발달을 자극"시켜준 30년대의 카프 공식론으로 거슬러올라가 설명하곤 미군정기의 좌익문학을 3기로 나눠 설명한다.

제1기: "임화·김남천씨를 주로하는바 건국준비위원회와 함께 일본총독부 문인보국회의 바톤을 받아 비롯되었던 문화건설협의회가 양의 탈을 벗고 인민공화국 여당을 표방"하던 시기. 민주주의민족문학론으로 민족상잔(相殘)조장론을 내세우며 문맹 결정서를 주창하던 때로 극좌이론을 실천하려던 '합리적인 노호기(怒号期).'

제2기: 김동석·김병규를 주로하는 "약간의 교양과 지성을 예비한 보람으로 순정(純情)"한 독자를 유인코자 "수필적 이론으로써 기독과 공자를 유물론자로 만들어보기도 하고 동서고금"의 이론을 "왜곡활용하는 재사적 모략기" "인도주의자의 유괴와 이탈방지를 위한 궤변기"로 풀이.

제3기: 김영석·김상훈을 주로하는 "투쟁이라는 선전의 앞잡이격이 되어 누구에게 주고 무엇에서 잡은 것인지도 모를 소리를" "어둔 밤중에 이 자식 무어냐 하고 뒤통수를 치는 유(類)의 곤봉이론가"라 한다. "너 이래도 듣지 않을 테냐는 폭격기"가 이 시기를 풀이하는 술어다.[74]

문맹의 세대교체를 강경일변도로 풀이하는 조지훈 논리의 적부는 논외로 하더라도 좌익의 소멸기간에 본격화된 논쟁이 단정수립 확정이란 기간을 지나면서 '구국문학' 구호를 내세울 만큼 다급해진 양상을 볼 수 있는 것은 사실이다.

이래서 우익의 일방적 공세기인 1948년 이후 임긍재는 문맹의 대표인 임화에 대하여 복잡한 여성관계와 친일행각을 들춰 교묘하게 비난하면서 세월 따라 변신에 능통한 이 시인에게 프로동맹과의 불화나 과거의 행적 때문에 북한에도 갈 수 없으리라면서 어디로 갈 것인가 묻는다.

영원히 「네거리의 순이」를 부르며 북조선도 소련도 못 가는, '남조선 욕된 하늘' 아래에서 조선문학가동맹의 의장이라는 복건 쓴 시인으로, 분장한 보헤미안으로 나타날 것인가. '내일을 위하여' 어디로 갈 것인가 참말로 주목되는 것이라 아니할 수 없다.[75]

남한에서의 좌파 소멸 완료와 문맹파 문학인의 운명을 예시한 글이다.

7. 맺는 말

미군정기의 문학논쟁은 이 기간의 다른 학술·사회·정치 논쟁과 마찬가지로 궁극적으로는 "카이로선언에 규정된 대로 '자유스럽고 독립된' 통일국가가 건설되었는가 하는 점"과 "한국인에게 효율적인 자주정부가 주어졌는가", 그리고 "안정된 경제기반이 마련되었는가"란 점들을 그 절대적 가치평가기준으로 삼지 않을 수 없다.[76] 문학논쟁이라는 특수성에도 불구하고 좌우파 모두가 그 구호와는 관계없이 정치성에 함몰될 수밖에 없었던 역사적 격변기에서 민족사적 당위성과 결과론 및 원인론은 지나쳐버릴 수 없는 문학사적 평가 기술방법의 척도가 될 것이다. 굳이 추가한다면 과연 이 시기 좌우익 문학의 양극화 현상은 서로가 무슨 작품을 민족문학사에 남겼는가라는 당연한 질문이 있어야 한다. 이론과 작품의 성과로서 이 시기 문학논쟁은 두고두고 재검토되어야 할 것이지만 근대문학 이후 가장 짧은 기간에 가장 많은 쟁점을 축약적으로 제기했다는 점과, 그 쟁점들이 분단 이후는 물론이고 그 이전의 근대문학 평가에까지 중대한 가치평가의 기준으로 적용된다는 사실을 다시 인식할 필요가 있다. 사실 분단 이후 문학논쟁은 미군정기의 논쟁을 재연하는 느낌이 들 만큼 원론적인 수준임을 부인할 수 없다.

또 이 시기 논쟁의 특징은 이론적 독창성이 비교적 강했다는 점이다. 근대 이후 우리 문학논쟁은 거의 예외 없이 이론적 근거를 외국에서 빌려와서 앵무새 역할을 한 경우가 많음을 부인할 수 없다. 외국 서적을 얼마나 빨리 입수하느냐는 문제가 당대 문학운동의 전위성을 확보하느냐의 주요 열쇠였음을 우리는 수없이 보아왔다. 따라서 당대 현실에 대한 분석의 기본틀까지도 외국이론에 의존한 경우가 많았는 데 비하여 미군정기의 문학논쟁은 독창성이 강했다. 좌파든 우파든 외국이론 인용이 이렇게 자제된 예는 근대문학 이래 찾기 어렵다. 철저히 정치적 현실을 바탕 삼아야만 했기에 우리 상황 그대로의 분석과 그 문학적 대응이 가장 밀착된 형태로 이루어진 한 예다. 물론 만족할 만한 결론엔 이르지 못했을지 모르나 당대적 문학이 해야만 했던 작업을 소홀히 다루진 않았음을 느낀다. 이는 이론과 실천이 가장 밀착되었던 문학운동의 예이기도 하다.

  주요 논쟁은 이 기간의 좌우파 각자의 내부적 논쟁, 중도파에 대한 좌우파 양쪽으로부터의 공박으로서의 논쟁, 그리고 좌파와 우파의 정면충돌로서의 논쟁이란 세 부류가 설정될 수 있다. 이 중 이 글은 좌우파의 정면충돌적인 쟁점만을 중심으로 다뤘다.[77] 따라서 이 충돌은 좌파의 문학가동맹과 우파의 청년문학가협회의 대결로 집약된다. 프로예맹파나 전조선문필가협회의 문학인은 정면대결에서 한 걸음 물러선다. 프로예맹은 일찌감치 월북하여 북한 문단의 지배권을 잡았고, 해외문학파는 단정 수립의 관료층으로 직접 투신한다. 결국 비교적 강경한 논리적 견고성을 지닌 극우·극좌적 집단 사이에서 논쟁이 전개된 셈인데 이는 분단시대 문학의 앞날을 예견해주는 상징적 사건이기도 했다.

주 _____

1) 북한 문단을 알 수 있는 기록은 적다. 현수,『적치6년의 북한문단』(국민사상 지도원, 1952); 이철주,『북의 예술인』(계몽사, 1965); 이기봉,『북의 문학과 예술인』(사사연, 1986) 등이 고작이다.
2) 심지연은 남북의 역학관계를 이렇게 요약한다. "남북한 간의 공산당의 역학관계는 해방 후 두 번 바뀌었다. 해방 직후는 박헌영의 단일지도체제로 박헌영은 한반도 전체에 그 영향력을 미쳤다. …… 이러한 분위기는 공산당 북조선분국을 설치하면서 바뀌게 된다. 적어도 서울=중앙, 평양=지방이라는 등식이 깨지고 서울과 평양은 대등한 관계로서 남북한에 각각 별도의 공산당 지도체제가 성립한 것이다.…… 이러한 동등한 관계는 합당문제를 계기로 또 한 번 바뀌게 된다. 합당의 주도권이 북한 측에 의해 좌우되었기 때문이다."(심지연,『조선혁명론 연구』, 실천문학사, 1987, pp. 93~94; 스칼라피노·이정식, 한홍구 옮김,『한국공산주의운동사 2』, 돌베개, 1986, pp. 324~35도 참고됨.)
3) 안회남,「문학운동의 과거 1년」(『백제』, 1947. 2 게재) 참고. 안은 이 글에서 문건 측이 연맹 측에게 연락 소홀로 단체를 만들었으나 이후 단일조직으로 되었다면서도, 예맹 측 인사 다수가 바로 월북해버린 사실을 임무의 기피로 비난하고 있다. 이 사소한 지적에도 두 계파 간의 파벌의식이 엿보인다.
4) 북한의 문단상황은 당시 임화,「북조선의 민주 건설과 문화예술의 위대한 발전: 문화옹호 남조선문화예술가총궐기대회 특집」(『문학평론』, 1947. 4 게재)에서 보듯이 약간 소개되고 있다. 그러나 만족할 만한 자료는 아니다.
「북조선예술총연 결성」(『조선인민보』, 1946년 4월 15일자)이란 기사는 3월 25일 결성된 이 연맹의 강령을 이렇게 소개한다. "① 진보적 민주주의에 입각한 민족문화예술 수립, ② 조선예술운동의 전국적 통일 조직의 촉성, ③ 일제적 봉건적 민족반역적 파쇼적 모든 반민주주의적 반동적 예술의 세력과 관념의 소탕, ④ 인민대중의 문화적 창조적 예술적 계발을 위한 계몽운동 전개, ⑤ 민족문화와 유산의 정당한 비판과 계승, ⑥ 우리의 민족예술문화와 소비에트연방 예술문화를 비롯한 국제문화와의 교류," 이 연맹 상무위원은 명예위원장 이기영, 위원장 한설야, 부위원장 안막·박팔양, 제1서기장 안함광, 제2서기장 한재덕, 출판국장 박팔양, 경리국장 한재덕, 국제문화국장 김사량, 조직국장 안함광으로 나와 있다.
5) 桂鎔默 郭夏信 權 煥 金光均 金珖燮 金起林 金嵐人 金南天

金東里 金東鳴 金東仁 金斗鎔 金萬善 金玟鶴 金秉逵 金素雲
金三奎 金尙鎔 金相瑗 金沼葉 金 億 金永鍵 金永郞 金永錫
金永壽 金午星 金容浩 金廷漢 金朝奎 金晋燮 金鎭壽 金泰午
金台俊 金海剛 閔丙均 閔丙徽 朴啓周 朴魯春 朴木月 朴世永
朴勝極 朴泳鍾 朴榮濬 朴鍾鴻 朴鍾和 朴贊謨 朴致祐 朴泰遠
裵 澔 白 石 白 鐵 卞榮魯 徐恒錫 石仁海 薛貞植 申龜鉉
申南澈 辛夕汀 申石艸 安壽吉 安懷南 安含光 楊雲閒 梁柱東
嚴興燮 吳相淳 吳章煥 柳雲卿 柳致環 兪恒林 尹崑崗 尹圭涉
尹福鎭 尹世重 尹素雄 李甲燮 李谷土 李揆元 李根榮 李箕永
李東珪 李明善 李秉岐 李鳳九 李北鳴 李相祚 李善熙 李時雨
李敭河 李康岳 李源朝 李鍾洙 李周洪 李泰俊 異河潤 李漢稷
李軒求 李 洽 李弘鍾 李熙昇 任西河 林玉仁 林學洙 林 和
張德祚 張永淑 張瑞彥 張萬榮 丁來東 鄭飛石 鄭英澤 鄭芝溶
曹東鎭 趙碧岩 趙容萬 曹 雲 趙潤濟 趙芝薰 趙豐衍 趙虛林
曹哲淳 池河連 蔡萬植 崔明翊 崔相旭 崔仁俊 崔珽宇 崔泰應
皮千得 韓雪野 韓 植 韓 曉 許 俊 玄卿駿 玄東炎 玄 德
洪曉民 黃順元 徐寅植(참고: 당시 문인 주소록에 실린 숫자는 100명 정도였다).

6) 金台俊 金斗鎔 金午星 金昌述 金海岡 金兌鎭 金承久 金章煥
金嵐人 金炳昊 金友哲 金丹美 金性泰 金大均 具直會 權 煥
朴勝極 朴世永 朴芽枝 朴石丁 朴魯春 朴八陽 朴完植 朴榮濬
朴英鎬 金賢舟 金海岩 金容浩 朴魯洪 朴露兒 徐寅植 孫楓山
宋 影 宋完淳 宋鐘浩 申鼓頌 安東洙 安含光 安龍灣 嚴興燮
尹基鼎 尹崑崗 尹世重 尹圭涉 尹基洪 尹石重 李箕永 李東珪
李周洪 李北鳴 李根榮 李元壽 李洪鍾 李基榮 李載煥 李地用
李 燦 李葯瑟 李園友 鄭靑山 趙碧巖 趙重滾 丁民雨 趙靈出
趙虛林 池奉文 秦雨村 崔仁俊 韓雪野 韓 植 韓 曉 韓鳳植
韓載成 玄卿駿 玄東炎 洪曉民 洪亨義 洪 九.

7) 『예술운동』, 1945. 12. 최근 8·15 이후 문학관계 자료집으로는 거름, 『한국현대 문학자료총서, 1945. 8~1950. 6』이 있다.

8) 두 단체 통합 성명서는 『예술』 제2호(1945. 12), p. 11 참고(거름, 『한국현대문학 자료총서, 1945. 8~1950. 6』 12권, p. 609). 문학자대회에 관한 것은 『건설기의

조선문학』을 참고할 것, 다만 대회 초청자 명단(213명)은 『자유신문』, 1946년 2월 7일자에서 밝힌다.

姜小泉 金利錫 金午星 南宮南 朴世永 權　煥 金史良 金朝奎
毛允淑 朴芽枝 金大均 金　億 金泰午 金哲周 朴泰遠 徐明浩
姜亨求 金東吉 金尙鎔 金晋燮 閔泳珪 朴石丁 裵　澔 徐寅植
康鴻運 金東里 金聖道 金友哲 盧天命 朴泳鍾 薛貞植 徐廷柱
康承翰 金萬善 金永鍵 金台俊 閔丙均 朴花城 石仁海 桂鎔黙
金末峯 金永郞 金鎭壽 閔丙徽 朴贊謨 申東哲 安完淳 金光均
金三奎 金容浩 盧良根 朴魯甲 朴鍾和 申南澈 金珖燮 金致鶴
金　郁 金嵐人 朴魯春 白基萬 辛夕汀 郭夏信 金東鳴 金永錫
金章煥 金海剛 朴致祐 申岩章 金來成 金炳昊 金永壽 朴勝極
卞榮魯 安東洙 兪桓林 李秉哲 李泰俊 丁民雨 金光燮 金秉逵
金宇鍾 金次葉 朴山雲 白　石 具直會 金達鎭 金北原 金廷漢
朴完植 宋南憲 安懷南 尹世重 李時雨 李煕昇 鄭芝溶 金起林
金沼葉 金一出 金昌述 朴榮濬 孫楓山 金南天 金斗鎔 金素雲
金哲洙 朴太陽 林炳喆 廉根守 李根榮 李元壽 林學洙 趙碧岩
趙豊衍 韓百坤 安龍灣 尹崑崗 李鳳九 李漢稷 張德洙 趙容萬
崔珽宇 洪命熹 吳章煥 李東洪 李關洪 任西河 鄭飛石 趙潤濟
崔貞熙 蔡萬植 韓泰泉 楊美林 尹泰榮 李葯瑟 異河潤 丁友海
趙虛林 韓鳳植 安壽吉 尹圭涉 李北鳴 李海實 張萬榮 鄭英澤
池奉文 崔泰應 崔仁俊 洪　九 吳相淳 李箕永 李鍾洙 林　和
鄭靑山 崔鳳則 許　俊 楊雲閒 尹泰雄 李敦河 李軒求 張瑞彦
曹南嶺 崔明翊 韓雪野 許利福 安含光 尹基鼎 李石澄 李弘鍾
鄭烈模 池河連 崔華秀 黃順元 柳致環 李秉岐 李　燦 鄭來東
趙重滾 皮千得 李性枸 林春吉 玄卿駿 梁柱東 李揆元 李庸岳
任元鎬 曺　雲 崔秉和 韓　植 安俊植 尹福鎭 李善熙 李　洽
鄭元燮 秦雨村 韓　普 李載煥 睦信一 洪曉民 柳雲鄕 李明善
李地用 張永淑 趙芝薰 崔相旭 玄　德 嚴興燮 李谷土 李源朝
林玉仁 曹喜淳 崔暎海 玄東炎 李　哲.

9) 그 대표적인 예는 한효다. 그는 「예술운동의 전망」(『예술운동』, 1945. 12)에서는 프로동맹의 논리로 "어떠한 정치적 목표를 위하여 우리의 예술을 떳떳이 내세우

지 못하고 막연한 민족문화니 문화의 인민적 기초이니 하는 따위의 허식이 필요하다고 생각하는 것은 실로 프롤레타리아의 현실에 대한 태도를 비계급적인 것으로 또는 반프롤레타리아적인 것으로 변경해야 된다는 생각과 동일"하다고 문건 측 주장을 비판한다. 그러나 동맹창립 이후 그는 「문학운동의 새로운 방향」(『신세대』, 1946. 1), 「민족문학과 정치성」(『문학』 제1호, 1946. 7) 등에서는 문건의 논리로 돌아가 있음을 본다.

한편 권환은 「현정세와 예술운동」(『예술운동』, 1945. 12)에서 극좌를 배격하면서 부르주아혁명단계를 안 거친 프롤레타리아혁명 주장을 섹트주의적·독선적이라 경계한다. 따라서 프로동맹은 문학에선 프로문학을 주장하나, 정치에선 당의 노선이었던 부르주아민주주의혁명을 주장한 성싶다. 그러나 이런 현상은 장안파 해체(1945. 11. 24)에 따른 영향 등 여러 측면에서 면밀한 검토가 요구된다.

10) 민전 편, 『조선해방 1년사』의 제12장 「문화」나, 조선통신사, 『조선연감』(1947년판) 등 일반적인 기록에도 프로동맹의 논리는 가혹하게 비판당한 채 문건 측의 민족문학론의 정당성이 기록되어 있다.

11) 추천회원 명단.

崔寅奎 金正革 錢鎭漢 柳瀅基 文東彪 成百선 李聖鳳 金允基
孫貞圭 朴鍾鴻 金형喆 申鼎言 李建赫 朴承浩 高永煥 金晟鎭
李泰圭 趙炳熙 盧天命 趙虛林 李圭煥 鄭自山 薛義植 黃信德
韓普容 朴克采 李先根 文원柱 金鳴善 方信榮 金元福 尹白南
張道斌 任鳳淳 李勳求 白麟濟 李升基 李浩盛 尹永春 鄭飛石
朴勝善 李寬求 高在旭 成仁基 文章郁 金良瑕 李甲洙 崔奎東
金活蘭 黃錫禹 洪鳳珍 韓雪野 郭福山 尹行重 尹日善 金斗憲
朴在敏 金達鎭 趙潤濟 朴勝進 李貞淳 白南敎 李晶燮 卞東昱
崔奎南 趙東植 朴仁德 桂貞植 田榮澤 李炳彪 盧益煥 陳承錄
金翰容 柳漢相 崔凡述 金晋燮 李時雨 鄭烈模 李相南 南廷駿
玄희運 申敬淳 吳基永 安東赫 金思? 李炳奎 丁奎昶 蔡東鮮
吳天錫 張厚永 兪鎭午 李 仁 安自山 金相悅 金東華 康承翰
李熙昇 曺 雲 李炳逸 朴明煥 金炯元 洪鍾仁 李軒求 金鳳集
金法麟 朴術音 李升學 朴露兒 李鴻植 朴順天 張東明 沈亨弼
金 온 蔡官錫 金鎭壽 趙容萬 皮千得 張翼鳳 咸世德 金甲順
朴魯春 李順石 裵 緒 金永錫 楊美林 李敭河 柳致環 金沼葉

許永鎬 權憙奎 趙靈岩 朴花城 崔仁化 張貞心 高義東 李　一
玄濟明 盧良根 金素雲 崔斑宇 李　洽 金聲近 高在烋 文世烋
文世榮 趙敬姬 申南澈 金善琪 吳相淳 洪曉民 李秉岐 尹石重
吳宗植 呂尙鉉 咸亨洙 李圭喜 兪丁瀋 鄭弘巨 張　勃 金載勳
金永華 閔泳珪 金永壽 洪命憙 尹崑崗 蔡廷根 金廷漢 方仁熙
朴泰遠 桂鎔默 宋南憲 尹泰榮 張德祚 李善熙 張萬榮 宋錫夏
李亨雨 李悔文 李大容 宋敦植 鄭玄雄 崔載德 金世炯 李相薰
朴魯甲 崔永秀 許　保 張起悌 張道煥 金北原 崔根培 徐廷柱
郭夏信 林炳哲 許　俊 梁柱東 金末峯 趙南嶺 崔鉉培 金東仁
崔義順 李在郁 申龜鉉 尹喜淳 李景錫 李惠求 金泰午 朴泳鍾
林學洙 池奉文 全武吉 金河龜 李秉哲 都相鳳 金光均 金起林
安懷南 尹圭涉 李康岳 白基萬 金東林 張志暎 方仁根 朱壽元
李揆元 廉想涉 吉鎭燮 李舜宰 朴榮根 毛允淑 薛貞植 鄭芝溶
崔明翊 吳時泳 申辰淳 任西河 李馬銅 朴鍾和 金東鳴 蔡萬植
尹泰雄 嚴興燮 洪一吾 卞榮晩 黃義敦 黃順元 金午男 兪恒林
朴八陽 盧壽鉉 金文煕 李永世 朴啓周 辛夕汀 趙豊衍 崔貞熙
趙芝薰 李鳳九 李曙鄕 尹福鎭 石仁海 申石艸 李秉圭 安炳招
朴基采 裵成龍 閔泰원 李鍾模 鄭槿錫 明柱完 愼驥範 金炳昊
金容采 張鉉七 金聖泰 李正馥 金三奎 金來成 李漢稷 崔秉和
李雲谷 鄭寅承 崔禮順 金大均 韓黑鷗 金基昶 安基昶 洪露雀
李時穆 吳　億 禹昇圭 文仁柱 玄相允 安鎬三 金承久 河敬德
車相讚 金俗俊 趙錫鳳 金尙鎔 金光洲 異河潤 玄　德 崔鳳則
李克魯 崔以權 金史良 金奎澤 金相弼 朴泰俊 南宮薰 金成숙
梁在廈 鄭寅翼 金錫煥 白南薰 李寅基 柳子厚 李吉用 李昌洙
李慶熙 卞榮泰 金珖燮 崔暎海 李軒求 卞東炎 金永鎭 金桂淑
金朝奎 朴魯洪 具本雄 朴容九 安夕影 李甲燮 金正實 姜旭中
沈鶴鎭 鄭文基 高凰京 朴慶浩 權明秀 孫鳳祥 梁槿煥 崔三悅
李熙福 金東里 廉根守 張瑞彦 林春吉 徐恒錫 安浩相 李海剛
黃　澳 李衆範 咸和鎭 安鍾和 鄭鎭石 金武森 金鼎高 都逢涉
金容璿 高鳳京 李東珪 洪陽明 金炳魯 金河橙 李栢圭 金允經
金允植 李根榮 申百秀 金東錫 咸大勳 李崇寧 金慈惠 李昇圭

李承萬 任東赫 全昌根 李相昊 韓稚振 吳世基 姜珽澤 趙憲泳
　　　金起田 柳致眞 李선根 金光根 李容高 崔희영 金東吉 白　石
　　　李鍾洙 李弘鍾 任元鎬 李元壽 柳春燮 李無影 李性杓 趙寅鉉
　　　李鍾禹 張永淑 趙碧岩 朱耀燮 郭行瑞 方鍾鉉 崔泰應 金煥基
　　　丁來東 梁在應 徐元出 田淑嬉 白　鐵 孫宇聲 林學善 曹喜淳
　　　金炳濟 金痒基 林玉仁 崔仁俊 李應洙 洪得順 秦雨村 黃文哲
　　　李丙燾 朴魯慶 金廷漢 李孝祥 李快大 朴榮濬 孫晋泰 洪起文
　　　韓晶東 全洪俊 金晧俊 崔允植 金永義.

12) 우익 문학단체의 성격적 변모에 대해서는 임헌영, 「해방후 한국문학의 양상」, 평론집 『창조와 변혁』(형성사) 참조.
13) 『독립신보』, 1947년 7월 6일자에서 문맹은 민정장관 안재홍을 방문하고 이 저서의 판금, 출판사 엄벌을 요구하는 건의서 전달 및 성명서를 냈다.
14) 108인 성명(1948. 4. 18)에 이어 330명 선언(7. 26)은 108인 서명자들이 확대하여 분단 위기의 극복과 미군정의 만행을 규탄하는 내용을 담고 있다.(『서울신문』, 1948년 7월 28일자 및 『자료 대한민국사』 제7권, p. 467.)
15) 최상룡, 「분할점령과 신탁통치」, 한국정치학회 편, 『현대한국정치론』(법문사, 1986), p. 112.
16) 송건호, 「미군정시대의 언론과 그 이데올로기」, 『한국사회연구』 2(한길사, 1984)가 이 분야의 좋은 참고임.
17) 조연현, 「해방문단 5년의 회고」, 『신천지』, 1949. 9부터 연재 참고.
18) 조선통신사, 『조선연감』(1948년판) 중 「문학」란 참고.
19) 1946. 9~47. 8월까지만도 습격·파괴된 언론기관이 11개소, 피습당한 언론인은 55명, 검거된 언론인이 105명이라 한다.(정진석, 『한국 언론사 연구』, 일조각, 1983 참고.)
20) 『조선일보』, 1949년 10월 1일자 및 『서울신문』, 1949년 10월 5일자 등 참조.
21) 김광식, 「8·15 직후 한국사회의 미군정의 성격」, 역사문제연구소, 『역사비평』 1(1987) 참고, 인용은 p. 68. 그는 "1946년 중반 이후 미군정의 공세가 시작되면서 박헌영과 조선공산당은 신전술을 채택, 9월총파업과 대구를 중심으로 한 '10월항쟁'을 준비하게 된다. 그리고 단정론이 제기되면서부터 유격전으로 전환하여 한국전쟁에까지 이르고 있다"고 풀이한다(p. 70).
22) 조연현, 「해방문단 5년의 회고」 참조. 그는 문맹의 중집위 보강과 방향전환을

1947. 4~5월로 썼으나 잘못일 듯. 1946년 11월 8일의 결정 사항이 11월 10일자 『독립신보』에 게재되어 있다. 이하 인용은 이 신문임.
23) 『문학평론』, 1947. 4. 19. 임화·안회남 두 글이 실림.
24) 박조영, 「비평과 욕설」, 『새한민보』, 1948. 10.
25) 『한성일보』, 1946년 2월 26일자~3월 3일자 연재. 인용은 28일자.
26) 신형식, 「문화단체총연맹에 직언함」, 『대동신문』, 1946년 3월 15일자~4월 1일자.
27) 김남천, 「순수문학의 諸態」, 『서울신문』, 1946년 6월 30일자.
28) 김동석, 「조선문학의 주류」, 『경향신문』, 1946년 10월 21일자.
29) 김동석, 「조선문화의 현단계: 어떤 문화인에게 주는 글」, 『신천지』, 1946. 12.
30) 김우석, 「문화해방: 특히 소설문학을 중심으로」, 『민고』, 1946. 5.
31) 박찬모, 「문화운동의 1년」, 『독립신보』, 1946년 12월 27일자~31일자.
32) 백철, 「정치와 문학의 우정에 대하여」, 『대조』, 1946. 7; 「과도기와 문학건설의 방향」, 『개벽』, 1946. 1; 홍효민, 「민족해방과 예술해방」, 『예술운동』, 1945. 12 및 훨씬 뒤의 「순수문학비판」, 『백민』, 1948. 5 등.
33) 이동규, 「예술의 순수성」, 『인민』, 1946. 1.
34) 신남철, 「문학과 정치」, 『신문학』, 1946. 4.
35) 김동리, 「문학운동의 2대 방향: 그것의 파괴면과 건설면에 대하여」, 『대조』, 1946. 7.
36) 김동리, 「조선문학의 지표」, 『청년신문』, 1946년 4월 2일자.
37) 조연현, 「순수의 위치: 김동석론」, 『예술부락』, 1946. 6.
38) 조연현, 「수공예술의 운명: 정지용의 위기」, 『평화일보』, 1948년 2월 18일자. 이 글은 오히려 순수문학에 대한 비판처럼 보인다.
39) 조연현, 「문학의 위기」, 『청년신문』, 1946년 4월 2일자.
40) 김동리, 「순수문학의 정의」, 『민주일보』, 1946년 7월 11일자~12일자.
41) 김병규, 「'순수'문제와 휴머니즘」, 『신천지』, 1947. 1.
42) 김동리, 「순수문학과 제3세계관: 김병규씨에 답함」, 『대조』, 1947. 8. 이 글은 평론집 『문학과 인간』(청춘사, 1952)에 실리면서 「본격문학과 제3세계관의 전망: 특히 김병규씨의 항의에 관하여」로 제목을 바꾸었다. '순수문학'을 '본격문학'으로 개념을 보완한 김동리 나름대로의 변모 모습을 주시할 필요가 있다. 즉 초기의 이론적 결함이 보완되어 있는 셈이다.

43) 좌우파의 민족문학론은 임헌영, 『한국현대문학사상사』(한길사, 1987) 참고. 따라서 여기서는 민족문학론을 둘러싼 논쟁은 생략함.
44) 김영석, 「정치와 문학: 아직도 남은 문화인의 정치공포증」, 『독립신보』, 1947년 2월 5일자. 매우 강도 높은 정치주의적 문학론을 이 글은 보여준다.
45) 조지훈, 「순수시의 지향: 민족시를 위하여」, 『백민』, 1947. 3. 그러나 조지훈의 '순수시'관은 "무사상성, 무정치성이란 이름에도 떨어질 위험성"을 배격하는 현실의식이 엿보인다(「해방시단의 과제」 등 참고).
46) 조연현, 「논리와 생리: 유물사관의 생리적 부적응성」, 『백민』, 1947. 8·9 합병호. "논리적으로 가능한 것이 생리적으로 불가능한" 것을 들어 마르크스주의를 본능적으로 비판한다.
47) 김동석, 「순수의 정체: 김동리론」, 『신천지』, 1947. 12.
48) 김동석, 「비판의 비판」, 평론집, 『예술과 생활』(박문출판사, 1947).
49) 김동석, 같은 글.
50) 김동석, 「기독의 정신」, 위의 책.
51) 김동석, 「생활의 비평: 매슈 아널드 연구」, 평론집 『뿌르조아의 인간상』(탐구당서점, 1949) 참고.
52) 김동리, 「생활과 문학의 핵심: 김동석 군의 본질에 대하여」, 『신천지』, 1948. 1. 이 글은 『문학과 인간』에 실리면서 「독조문학의 본질」이란 제목으로 바꿔 내용을 간추려 고쳐 쓰고 있다.
53) 조연현, 「무식의 폭로: 김동석씨의 '김동리론'을 박함」, 『구국』, 1948. 1. 이 글은 평론집 『문학과 사상』에 실리면서 제목이 「문수의 본질: 김동석의 '순수의 정체'를 박함」으로 바뀐다. 조연현은 「개념과 공식: 백철과 김동석」(위의 평론집 게재)에서 김동석의 유물론을 공식으로 공격하면서, 그가 김광균·김동리를 제3의 노선으로 보는 데 대하여 "괴테나 셰익스피어는 좌익인가 우익인가 『파우스트』와 같은 것은 또한 어느 노선에 해당하는 작품인가"라고 따진다.
54) 「민족문학의 새 구상: 김동석·김동리 대담」, 『국제신문』, 1949년 1월 1일자. 이 대담내용은 이광현, 「민족문학의 재검토: 김동석·김동리 대담을 읽고」, 『자유신문』, 1949년 1월 25일자~28일자에서 자세히 소개된다.
55) 집필자: 염상섭, 「사회성과 시대성 중시」; 김동인, 「계란을 세우는 방법」; 김동리, 「정치적 감시를 소탕」; 백철, 「신윤리의 개척과 신인간의 창조」; 곽종원, 「신이상과 신인간형의 탐구」; 윤곤강, 「문학자의 사명」; 김광섭, 「민족문학을 위하여」; 김

광주, 「문학으로 돌아가서」; 박종화, 「민족적 긍지를 고양하자」.
56) 『문학』 제8호(1948. 7).
57) 위와 같음.
58) 『조선중앙일보』, 1948년 6월 18일자~7월 11일자까지 「구국문학의 이론과 실천」이란 제목의 특집기사가 연재된다. 이하는 이 특집에 실린 글들임. 인용은 김영석, 「문학 옹호를 위한 투쟁」, 6. 18~22.
59) 나한, 「문학이론과 문화운동이론의 통일」, 7. 7~11.
60) 이노부, 「구국문학과 국방문학」, 6. 26~28. 주로 중국 항전기의 국방문학 논쟁을 소개하고 있다.
61) 안회남, 「작가의식의 발전과 현실파악」, 6. 23~25. 자신의 작품 「농민의 비애」 등에 대하여 쓴다.
62) 설정식, 「'실사구시'의 시」, 6. 29~7. 1. 시의 대중화를 논한다.
63) 조허림, 「편향 운전은 금물」, 7. 2~6. 4년 전의 문맹 초기 논리와 같은 주장들을 비판하며 통전 논리를 편다.
64) 정진석, 「순수의 본질」, 『문학』 제8호(1948. 7).
65) 『개벽』, 1948. 12.
66) 김명수, 「예술성의 문제와 문학대중화」, 『신천지』, 1949. 2.
67) 조연현, 「구국문학론의 정체」, 『대조』, 1948. 8.
68) 『예술조선』, 1948. 9. 조연현이 비판대상으로 삼은 정지용의 글은 「산문」(『문학』 제7호)을 주로 함. 당시 정지용은 순수문학적 경향을 지녔던 자신의 과거를 자성하면서 정치적 산문을 많이 썼다(『산문』, 동지사, 1949 참고). 특히 순수문학 비판에 대해서는 p. 31, 78, 85의 글 참고.
69) 김동리, 「민족문학과 경향문학: 문학의 各態」, 『백민』, 1947. 8·9 합병호.
70) 이런 이론적 접적을 보여준 글로 김동리 자신은 위의 글에서 「문학과 자유의 옹호」「최근의 조선문학」이 당의 문학론을 비판한 것으로, 「순수문학과 제3휴머니즘」「문학과 자유의 옹호」 및 조지훈, 「민족문화의 당면문제」를 순수문학 개념정립의 글로 내세우고 있다.
71) 조지훈, 「문학의 근본과제: 문학의 독자성과 종속성에 대하여」, 『백민』, 1948. 10.
72) 이헌구, 「문화정책의 당면과제: 민족정신 앙양과 선전계몽의 시급성」, 『신천지』, 1949. 9.
73) 조연현, 「한설야씨에게 보내는 서한: 자기에게 돌아가라」, 『대조』, 1949. 1.

74) 조지훈, 「정치주의 문학의 정체: 그 허망에 항(抗)하여」, 『백민』, 1948. 5.
75) 임긍재, 「임화론: 분장한 幞巾의 시인」, 『백민』, 1948. 4·5 합병호.
76) 심지연, 『조선혁명론: 해방정국 논쟁사 2』, P. 38.
77) 중도파에 대한 논쟁은 임헌영, 『한국현대문학사상사』 참고.

미국의 문화침투와 한국교육
미군정기 교육적 모순 해체를 위한 연구과제

한준상

1. 군정교육과 문화적 제국주의 간의 상관성

이 글은 해방정국 당시 미군정이 주도한 문화침투적 정책과 이와 관련된 교육전략을 교육사회학적 인식론으로 가다듬어보기 위한 하나의 시도다. 이 글은 미군정의 교육활동을 기존의 시각들과는 다른 입장으로 이해하기 위하여 미군정 국가기구의 성격과 문화적 삼투, 국내 교육지도자들의 이해관계 중심의 권력집중화현상을 교육부문과 관련해 기존의 서술식 연구들과는 달리 논의하고, 미군정기의 한국교육관료들이 채택했던 교육전략이 오늘날까지 앙금으로 남겨놓은 교육적 모순을 구조적으로 해체하기 위한 하나의 교육사회학적 시론이다.

미국이 제3세계 문화뿐만 아니라 아시아 제국에 침투해 들어간 문화적 과정은 문화적 제국주의 과정, 바로 그것과 흡사하다. 문화적 제국주의는 제국주의의 한 유형으로서, 제국주의의 종식효과로 나타난 부수적인 제국주의의 한 형태다. 문화적 제국주의가 제국주의의 한 가지 부수적인 유형인 이상, 문화적 제국주의는 한 국가가 다른 나라를 문화적으로 종속시키고 그로부터 일정한 문화적 우월감을 유지하는 문화적 지배현상이다. 문화적 제국주의는 종속과 지배가 군대나 경제처럼 물리적인 힘의 우위를 겨냥하기보다는 태도나 정신적 지배를 겨냥한다. 문화적 종주국은 문화적 종속국의 문화적 전통이나 국민적 태도와는 문명사적 관계가 결여되어 있거나, 문화적 종속국의 대다수 국민의 긴급한 필요나 욕구와는 거리가 먼 가치나 영상을 담은 문화나 가치, 규범 등을 문화적 종속국에 제공함으로써 사회·정치·경제적 지배를 도모하는 특징을 갖고 있다.[1]

문화적 제국주의를 수행하는 것들로서 인쇄매체, 영상매체, 건축, 공학기술, 의상, 교육 등등 수많은 것을 지적해볼 수 있다. 이 중 본글에서 논의해야 할 미군정의 교육부분을 끄집어낸다면, 문화적·제국주의적 도구로서 미군정이 구사하던 교육적 지배 혹은 교육적 침투는 최소한 네 가지 가정을 요구하고 있다. 첫째, 문화적 종주국과 문화적 종속국 간에는 지식과 교육실천의 불평등한 전이현상, 즉 미국으로부터 해방 한국에로의 일방적 지식전이 현상이 있다는 전제가 있어야 한다.[2] 문화적 제국주의의 한 주요 영역으로서 교육적 종속을 설명하기 위해 수용되어야 할 두 번째 가정은 문화적 제국주의이론에서 빼놓을 수 없는 부분으로서, 문화적 종주국과 문화적 종속국 간에 거래되는 지식의 전이는 궁극적으로 문화적 종속국에는 별 이득이 없거나, 심지어는 해당종속국 민중에게는 해롭다는 점이다. 셋째, 전이되는 (선진국의) 지식에 대한 통제나 영향력은 문화적 종주국에 의해 행사된다는 점과, 설령 문화적 종속국에 의해 지식의 통제가 가능하다고 하더라도 그것은 문화적 종주국의 사전계획이나 원격조정에 의해 실시되는 형식적인 지식통제라는 점도 인지해야 된다. 마지막으로 문화적 종주국은 문화적 종속국에 필요한 '문화'가 무엇인가를 정의해 주거나 규정해줄 수 있는 절대적 권리를 행사한다는 점도 문화적 제국주의론에 내재되어 있게 된다. 미군정이 한국에 들어선 이후 1946년 말까지 국내 및 미국교육계에 회자된 군정관계 문헌들에 따르면,[3] 적어도 한국은 필리핀과 더불어 미국인들의 눈에는 미국식 사회제도, 문화의 국제적 이식 가능성을 시험해볼 수 있는 실험의 장소가 된 것만은 부인하기 어렵다. 따라서 미국이 미군정을 통해 한국을 시험삼아 전개했음 직한 몇 가지 문화삼투주의 기제는 무엇이었는가에 대한 이론적 논의는 매우 중요하다.

2. 문화적 제국주의의 전략과 기제

문화적 제국주의의 개념을 분명히 이해하기 위해서 제국주의의 개념에 붙박혀 있는 두 가지 구성요소, 즉 지배와 착취요소가 파악되어야 한다. 제국주의의 첫 번째 구성요소로서 논의될 '지배'의 개념은 피지배국을 어떤 형식으로 억압하고 있는가 하는 억압의 관계와 억압의 구조에 대한 이해를 통해 제국주의의 유형을 갈라내게 만든다. 제국주의에 붙박혀 있는 지배요소에 따르면, 제국주의는 형태상으로는 군사적 제국주의, 경제적 제국주의, 문화적 제국주의 등으로 분류된다. 바로 미국은 미군정을 통해 군사적 지배, 즉 '군정민주주의'를 구체화한 것이다.

제국주의를 구성케 만드는 두 번째 요소는 '착취'다. 착취는 제국주의 국가가 종속국가로부터 재화나 경제적 잉여를 뽑아내는 지배의 한 형태이지, 결코 종속국가와 지배국가 간에 벌어지는 경제적 잉여의 전이 형태가 아니다. 제국주의에서 착취 개념은 재화축적의 공정성·불공정성 여부를 구별하지 않는 개념이다. 착취 개념은 단순히 제국주의 국가가 다른 나라에 기반을 둔 자국의 경제적 기구나 기업의 영향을 통해 종속국의 재화, 경제적 잉여를 뽑아내가는 행위 그 자체만을 의미한다. 한국과 미국 간의 관계, 특히 미군정 실시기간 동안의 한미관계를 경제적인 착취의 시각으로 논의할 수 있는지 어떤지에 대한 논의는 또 다른 연구과제다. 이런 논의는 본글에서는 제외된다. 본글에서 강조한 점은 이런 일반적 제국주의가 모든 사회에 하나같이 적용된다는 점이다. 자본주의 국가이든 사회주의 국가이든[4] 관계없이 모두 적용된다는 점을 강조하고 싶다.

물론 레닌주의적 마르크스주의자들은 제국주의를 자본주의에 국한해서 논의한다. 즉 제국주의를 자본주의 발전단계상 후기자본주의, 세계자본주의체제, 국제자본주의, 국가독점자본주의, 선진자본주의라는 용어를 사용함으로써, 제국주의를 자본주의에 국한해 논의하고 있다. 그러나 마르크스주의적 관점에 입각해서 제국주의를 자본주의 국가체제에 국한시키거나, 마르크스주의적 관점만으로 제국주의를 논하는 것은 제국주의의 실체를 뚜렷하게 밝히는 데는 부족할 뿐이다. 지배국과 종속국 간의 관계를 경제적 결정론으로만 규정, 해석할 때는 착취와 지배의 기제가 제대로 규명되지 않게 된다.[5] 또한 국가 간의 제국주의적 관계와 제국주의 구조는 꼭 자본주의적 중심국가와 주변국가 간에만 국한되어 있는 것도 아니다. 선진 자본주의 국가 간에도 일어나고, 선진 사회주의 국가 간에도 제국주의적 관계와 구조가 형성된다. 예를 들어, 미국과 캐나다의 사회·정치·경제·군사적 관계는 제국주의적 지배와 식민지적·종속주의적 설명되며, 북경과 평양, 모스크바와 프라하의 관계 역시 제국주의적 지배구조를 반영하고 있다. 결국 미국식 문화침투 역시 미국이라는 문화구성체도 어떤 형식이든 다른 나라를 향한 문화적 지배와 착취를 정당화하는 구조적 폭력현상이었다는 것은 부인하기 어렵다.

구조적 폭력현상은 어떻게 정당화되는가? 구조적 폭력으로서의 제국주의가 정당화되는 과정과 현상을 이해하기 위해서는 제국주의의 기제가 논의되어야 한다. 제국주의는 네 가지 기제를 동원, 활용함으로써 제국주의라는 구조적 폭력의 정당성을 확보한다. 이 점은 미국도 예외가 아니다. 제국주의를 성립하기 위해서는 지배국은 네 가지의 기제를 단계별, 혹은 혼합 병용시킨 고차원의 폭력관계와 폭력유형이라는 폭력구조를 종속국 내에 구축해야만 한다. 제국주의가 성립하기 위한 네 가지 기제는, 첫째 불평등의 기제, 둘째 침투의 기제, 셋째 분할의 기제, 넷째 변방화의 기제로 분류된다.

불평등의 기제는 국가 간의 관계를 상호호혜라는 명목 아래, 비대칭적으로 만들어놓는 작업이다. 두 국가 간의 비대칭적 관계가 누적되어갈수록, 상호관계는 불평등관계로 변모된다. 즉, 어느 한 국가는 상호의존의 교환효과로부터 최대의 이익을 얻게 된다. 특히 경제적 불평등 관계를 구축하기 위한 착취는 세 단계를 거쳐 진행된다. 첫째, 지배국은 종속국으로부터 원자재를 아무런 보상도 제공해주지 않고 탈취한다. 이때 종속국은 노예상태로 전락한다. 그러나 이런 일이 언제나 가능할 수는 없다. 이때부터 지배국은 착취의 2단계로서 값싼 노동력을 최대한 활용한다. 즉 싼값으로 종속국의 노동력을 활용하거나, 값싼 물건을 종속국에 제공한다. 그러나 항상 염두에 두는 것은 값비싼 것을 종속국으로부터 취득해야 한다는 점이다. 지배국이 종속국에 제공하는 보상내용은 보잘것없거나 우스꽝스러운 것이다. 예를 들어 노동력을 최대한 활용하는 대신 피임도구를 무상으로 제공하는 식의 일을 전개한다. 마지막 단계는 짐짓 종속국과 지배국 간의 균형을 유지하는 척하는 단계다. 즉 상호호혜의 관계가 유지되는 식으로 나타나는 단계다. 그러나 상호호혜의 결과나 효과는 구조적으로 차별적이며, 상호작용의 부정적 차이가 구조화되는 단계다. 예를 들어 종속국에서 채취되는 원유라는 천연자원과 지배국의 트랙터가 서로 맞바꾸어지는 식의 상호호혜관계가 유지되나, 실상으로 그 상호호혜 속에는 종속국의 전반적 사회구조가 지배국에 예속되는 예속의 폭력구조가 내재되어 있게 된다. 종속국 민중이 원유를 지배자의 얼굴에 던져보았자 그것은 소용없는 일이다. 왜냐하면 자동차를 만들 수 있는 지배국은 이미 탱크를 만들어놓고 있기 때문이다. 종속국이 스스로 지배국과의 불평등 관계를 시정하거나 추월하고자 어느 특정분야에 역점을 두면 이미 지배국은 다른 신분야를 개척해내고 있게 된다. 즉 종속국이 비행기 부품을 만들 수 있는 단계에 들어오면, 이미 지배국은 로켓을 쏘아올려 우주경쟁을 하는 단계로 넘어가 있게 마련이다. 한마디로 불평등 착취기제는 종속국에게 지속적인 압박감을 주며, 반대로 지배국은 최대의 이득을 보장받는 제국주의 기제다. 미국과 한국 간의 관계를 미군정 실시 이전과 이후로 갈라본다면, 미군정 이후 벌어진 미국과 한국 간의 경제적 관계는 확실히 상호평등의 호혜관계보다는 구속력 있는 상호의존관계로 설명될 수 있을 것이다.

'침투'는 제국주의의 정당성을 확보하기 위한 제국주의 성립의 두 번째 기제다. 침투는 종속국으로 하여금 자율과 자존을 포기하게 만드는 제국주의의 기제다. 성공적인 침투는 종속국에게 복종·의존·공포의 세 요소를 가미시킨 예속을 정당화한다. 침투기제에 의해 복종과 종속의 의미가 보다 분명해진다. 성공적인 침투를 시도하기 위해서는 침투의 전진기지나 교두보를 확보해야 한다. 국제기구나 포교기관 등과 같은 것이 침투의 교두보 역할을 담당한다.

　침투를 위한 전진기지에는 두 가지 사회문화적 현상이 풍미되어야 한다. 첫째, 주변국과 중심국 간의 불평등 관계가 타당한 것으로 인식되어 있어야 한다. 이때 중심국의 대중과 주변국의 대중 간에는 그 어떤 유기적인 관계도 성립되지 않는다. 단지 두 계층 간에는 대립·불화 관계만이 존재하게 만들어야 한다. 불평등 관계의 확산은 두 국가 간의 생산관계가 수직적인 노동분화에 기초할 때 비로소 가능하다. 즉 생산양식에서부터 생산공급에 이르기까지 양 국가 간의 불평등한 상호작용과 교환현상이 상호호혜의 한 형식으로 이해되어야 한다. 둘째, 중심국의 지배집단과 지배집단 간의 의식구조적인 조화가 필요하다. 즉 지배집단 수준에 상응하는 자유의 개념, 평등의 개념을 일반 대중에게 내면화하며, 통신수단 확보 등을 통해 양 지배집단의 이해관계 유지가 최우선화되도록 만들어야 한다. 이해관계 유지 과정 동안 돈과 자본과 언론매체가 삼위일체가 되어 지배집단의 이해관계 유지에 공헌하게 된다. 이해관계 유지 기제는 양 지배집단에게 공생관계를 확인케 만든다. 즉 망하면 같이 몰락한다는 공생공사의 운명을 확인케 만든다.

　문화적 공생관계는 중심국의 기업가나 과학자가 주변국의 동료를 만나러 가서, 그가 비행기를 내리는 공항환경에서부터 분명해진다. 바로 그 순간부터 그는 마치 자기의 고국에 있는 것처럼, 고국과 똑같은 조건을 주변국으로부터도 즐길 수 있어야 한다. 칵테일 파티에서의 대화나 그들의 문화적 삶의 양식이 혼돈스러울만치 종속국과 중심국 간에 유사해야 한다. 그러나 도심지에서 몇 발자국만 더 내디디면, 곧 주변국의 빈민굴과 찌들린 가난의 형상이 즐비하게 깔려 있게 된다.

　공생관계 유지는 주변국에서, 지배집단과 일반 대중 간의 엄격한 사회·정치·경제적 차단을 요구한다. 왜냐하면 다수의 대중과 소수의 지배집단을 분리함으로써 중심국은 싼 노동력을 이용할 수 있으며, 소비재의 수출을 용이하게 만들 수 있기 때문이다. 이로써 중심국은 주변국의 사회·정치·경제·정치 구조를 원격적으로 조정 주도할 수 있는 기반을 조성할 수 있다.

　침투에 의한 교두보가 중심 및 주변국 양국 간 지배집단의 공생구조관계로 확보되었을 때, 복종의 의미와 종속의 의미는 정당화된다. 중심국의 제국주의적 지배와 착취의 정당성을 주변국이 내면화한 상태가 바로 복종의 상태다. 예를 들어 양국이 중심국의 언어를 국어로 쓴다든가, 양국이 공통의 지적 풍토와 지적 논리를 구사한다든가 하는 현상에 대해 아무런 문제를 제기하지 않는 상태가 복종의 상태다. 종속은 주변국의 지배집단의 욕구가 주변국의 욕구로 대변 변질됨으로써 끝내 주변국은 중심국의 욕구 만족을 위한 하부구조로서 중심국의 생산구조에 얽매여드는 상태다. 종속이 정당화되면 중심국은 주변국에 새로운 생산양식과 생산틀을 제공하는 중심제공처가 된다. 이런 종속현상은 약물중독처럼 고질화된다. 이때부터 종속국은 중심국을 경제적 피신처, 문화적 피신처, 군사적 피신처로 여기게 된다. 동구의 체코슬로바키아나 헝가리가 소련을 마치 모국으로 대접하는 것은, 소련이 체코나 헝가리의 군사적 피신처임을 예시하는 하나의 예에 지나지 않는다. 미군정 실시 이래 한국에서 양성된 한국의 지도자들은 대체로 미국식으로 편향된 미국 선호주의자들임을 부정하기는 어렵다는 것이 바로 이런 논의를 가능하게 만든다.

　제국주의의 정당성을 확보하기 위해 중심국은 '분할'의 기제를 동원한다. 분할은 한 국가를 착취할 수 있는 중심국은 다른 나라도 착취할 수 있다는 명제에서 비롯된다. 분할을 하기 위해서는 침투와 성공적인 전진기지 확보가 중요하다. 분할은 착취와는 그 속성이 다르다. 분할은 중심국과 주변국들 간의 관계가 위계적이면서 동시에 중심국과 위계적 질서를 맺고 있는 주변국들 간에는 아무런 상호작용도 일어날 수 없게 만드는 제국주의적 정당화기제다.

　주변국 간의 상호작용을 봉쇄하기 위해서, 중심국은 주변국 간의 지리적 거리를 이용하거나 사회정치적 거리를 이용하여 각국의 교제를 분리하기도 한다. 때에 따라서는 주변국들을 이간질해 상호반목하고 갈등하도록 만들기도 한다.

분할의 기제에 의해 주변국들은 중심국을 상대하기 위한 정책이나 장면에 동등한 자격으로 끼지 못한다. 각 주변국은 분할에 의해 서로 다른 삶의 방식을 택하게 됨으로써 서로는 아무런 문화적 관계를 갖지도 못한다. 때로는 각 주변국끼리 갈등을 일으키고 분화하게 된다. 주변국 간의 반목이나 불화는 궁극적으로 중심국의 지배집단에게 이득을 준다. 중심국과 주변국이 사회·정치·문화적으로 갈등하게 될 때, 분할의 기제는 중심국의 구지배집단과 중심의 민중집단 간의 화합을 촉진하는 부수효과도 갖고 온다. 왜냐하면 중심국에서 대중들이 자기들의 지배집단을 바꾸고 싶어도 새로 등장하는 신지배집단이 자기가 속한 중심국과 주변국들 간의 종속관계를 망치거나, 불이익을 줄 수 있다는 우려가 심정적으로 작용하기 때문이다. 결국 주변국들을 성공적으로 분할하고, 중심국의 지배집단은 영속적인 지배를 보장받을 수 있으며, 사회적 변혁이나 혁명은 중심국이 아니라 주변국에서만 폭발적으로 혹은 파괴적으로 야기된다.

제국주의의 정당성과 지배집단의 지배는 이중분할을 성공함으로써만이 가능하다. 즉 주변국가들 간의 분할과 국가 내 계층집단 간의 분할을 성공적으로 유도 유지할 때 제국주의적 정당성과 지배집단의 패권유지가 가능해진다. 후자, 즉 한 국가 내의 분할현상은 계급대립과 계급모순인 국내적 식민주의의 한 형식으로 이해되기도 한다. 이중분할은 중심국이 주변국의 지배체제를 이원화해, 즉 주변국의 지배집단과 주변국의 대중집단을 분할해 제국주의의 정당성을 확보하게 만든다. 즉 중심국은 주변국 지배집단의 이해관계를 보장해주는 척하면서, 이 지배집단을 불신하며 직접 주변국 대중집단을 주변국 지배집단과 분리해서 각기 동등하게 지배하게 만든다. 이리하여 주변국의 주변집단은 중심국의 지배집단, 중심국의 주변집단, 주변국의 지배집단으로부터 삼중적으로 착취당한다. 이때 교육은 알튀세르가 말하는 이데올로기적 국가기구로서 혹은 클라크와 디어가 말하는 하위 국가기구로서 문화적 재생산에 기여한다.

제국주의의 정당성을 확보하기 위해 중심국이 활용하는 마지막 제국주의적 기제는 변방화 기제다. 변방화는 개별적 제국주의를 예속중심 협력적 제국주의로 전환시키는 과정에서 나타난다. 즉 변방화는 특정 중심국과 특정 종속국의 일대일의 개별적·제국주의적 관계를 중심국들의 이해관계에 합당한 중심국끼리 결탁하여, 각 중심국에 예속된 종속국들을 한데 묶어 종속관계를 집단적으로 유지시키는 제국주의 유지 정책이다.

개별적 제국주의가 협력적 제국주의로 전환될 때의 징조로서 국제조직기구의 창출을 지적해볼 수 있다. 국제조직에는 중심국과 종속국이 동등한 자격으로 참여하지만, 실질적인 주도권 행사에서 두 국가 간의 서열과 경계는 철저히 구획된다. 국제기구에서의 중심역할은 일등국가인 발전국이 담당하고, 보조역할은 종속국이 전담한다.

중심국은 제국주의의 유지를 위해 국제사회에서 끊임없이 자기 패거리를 구축하며 자기 이해관계에 반하는 외부세력을 갈라낸다. 중심국은 변방화 기제에 의해 외부세력인 중심국과 이와 관련된 주변국을 고립시키면서, 문화·정치·군사·사회의 중심을 자기 패의 중심국에 고정한다. 예를 들어 유엔기구 같은 것은 중심국의 자기 패거리 형성을 위한 중심국의 전진기지 같은 역할을 수행한다. 제국주의적 패거리에 직접적으로 관여하지 않은 상태로 있는 독립 중심국도, 이데올로기가 같으면 같은 패거리의 기능을 공동으로 담당한다. 예를 들어 미국은 유럽경제공동체에 직접적으로 간여하지 않는 독립 중심국가다. 그러나 미국은 경제·군사·정치적으로는 주변국을 변방화하면서 유럽경제공동체의 이해관계에 동참하고 있는 코포라티즘적인 중심국가다.

제국주의는 단순한 착취와 지배만을 의미하지 않는다. 노상강도는 제국주의가 아니다. 그것이 단순한 착취로서 간주될 수 있을지 몰라도 제국주의는 아니다. 제국주의는 구조적 폭력을 정당화하는 고차원의 정치적·문화적 구조를 갖고 있어야 한다. 구조적 폭력의 정당성을 위한 고차원의 구조는 이미 지적했듯이 불평등·침투·분할·변방화의 기제를 통해 이뤄진다. 제국주의적 기제 간의 고리와 연접을 가능케 만들며, 고차원의 제국주의 구조를 구축하게 만드는 것이 바로 교육이다.

신식민지적·문화적 삼투나 문화적 종속은 외부의 물리적 힘에 의한 타생적 결과라기보다는 문화적 종속국의 지배세력이 그들 스스로의 문화적 이해관계를 위해 국가적 문화발전이라는 명목 아래 그들 스스로 외부의 문화적 힘에 종속자세를 보이거나 교두보적 역할을 선택한 결과다. 결국 문화적 제국주의는 거시적인 입장에서 보면, 제국주의의 일반적 침투과정과 분할과정이 어떻게 작용할 수 있는가를 예시해주는 제국주의의 한 유형으로 이해될 수 있다. 문화적 제국주의는 기본적으로 주변국을 영속적인 학습자 위치로 설정하는 특징이 있다. 즉 교사와 학생 간에 일어나는 수직적인 노동분화처럼 중심국과 주변국의 관계가 위계적인 노동분화로 확정된다. 중심국은 교사의 위치를 점유한다. 즉 무엇을 가르칠 수 있으며, 무엇을 배워야만 되는지를 결정하고 규정해준다. 종교의 교리에서부터 과학의 원리에 이르기까지 모든 것이 중심국의 입장으로 선별 결정된다.

주변국은 배우며 수용하는 학습자 위치를 그 스스로 인정하면서 중심국을 문화적으로 예우한다. 조선이 중국을 향해 보였던 사대주의가 바로 이런 예증의 하나이듯이, 주변국은 중심국에게 가르쳐달라는 일보다 더 중심국을 즐겁게 만드는 일이 없음을 스스로 깨달아 중심국에 문화적으로 조공한다. 중심국의 문화는 주변국에는 모형과 본보기로 수용된다. 만약 주변국이 중심국에 무엇인가를 가르쳐주려고 한다면, 그것은 갈등과 분화를 불러일으키는 일이 된다. 예를 들어 체코는 소련에 사회주의 이념의 실체를 가르쳐주려다가 소련에 무력적인 봉변을 당했다. 결국 주변국이 자국의 문화를 전수한다는 말은 함축적으로는 중심국의 문화를 주변국의 중심과 본보기 문화로 삼으며, 중심국의 문화적 지도자들의 권위를 수용하고 그에 뒤따르고 있다는 말을 의미하게 된다.

주변국과 중심국 간에는 문화적인 전이는 있지만, 이런 문화적 전이는 항상 시간적으로 지체화된 상황 속에서 전달된다. 문화적 지식과 이론에는 일정한 수명이 있다. 어떤 지식은 유행성적인 것이 있다. 주변국에서 수용하는 지식은 중심국에서는 유행의 말기나 이미 유행성이 가버린 것들이다.

문화적 제국주의는 기술분야에서도 노동의 불평등분화를 구조화한다.

중심국의 과학자들은 주변국에 들어가서 원자료를 수집, 사람들의 태도나 견해를 청취해서 새로운 이론을 구성한다. 연구과정에는 필요상 주변국의 과학자들이 참여하기도 한다. 이렇게 다듬어진 연구결과는 제품화되거나 이론화되어 다시 주변국으로 송출 판매된다. 한마디로 연구결과는 다시 중심국을 위한 제국주의의 수단으로 재활용되게 된다.

문화적 제국주의가 정착되어가는 동안 주변국에서는 '두뇌유출현상'(brain drain)과 '노동력유출현상'(body drain)이 끊임없이 상호연관적으로 야기된다. 이는 근본적으로 문화적 종속국에 교육적 저발전의 발전현상을 심화하는 요인으로 작용한다.

한·미 간의 역사적 관계를 미군정 실시 이전과 이후로 나누어 생각해본다면, 미군정 실시 이후 두 나라 간의 관계가 무조건적으로 상호호혜의 관계를 유지했다는 가설은 기각되어야 한다. 차라리 그 관계는 구속력을 부과받는 의존의 관계였다고 진술되어야 한다. 미군정 실시 이후 한국, 특히 남한을 향해 미국이 유지하려고 했던 문화정책과 문화적 관계는 때로는 시행착오적으로, 때로는 철저하게 불평등·침투·분할·변방화의 기제를 동원함으로써 이뤄진 구조적인 문화의존 관계였다. 즉 역사적으로 모화(慕華)와 친청(親淸)의 사대주의에 대한 여운이 가시지 않은 채 전개된 친일·내선동화주의를 성급하게 친미주의로 바꾸어놓으려고 시도한 문화적 폭력관계, 말하자면 문화적 가학과 문화적 자학의 구조관계 형성이었다고 볼 수 있다. 이런 문화적 폭력관계 설정에 조력했던 외부 토대세력이 바로 일본의 제국주의였고, 방조세력은 소련의 극동주의였다고 볼 수 있다. 이런 관계설정에 동조한 국내세력도 교육사적 논의에서 배제될 수 없다. 한마디로 미국과 한국 간의 문화적 자학과 가학의 관계는 미국이 일제의 식민지적 유산과 소련의 팽창주의에 대한 견제를 빌미로 삼아, 미군정이라는 미국식 군정민주주의가 미국의 세계제패적인 군사적 기제 속에서 한국적 권력동맹을 구축하려고 전개했던 문화적 전략의 결과였다는 서술적 가설이 생기게 되고, 이 가설을 논증해나가는 동안 한국과 미국 간의 문화적 관계 속에 내재된 불평등·침투·분할·변방화 기제의 속성이 다뤄지게 된다.

　미군정시기에 교육부문의 권력동맹, 말하자면 라카드와 유억겸 및 오천석을 중심으로 한 교육관리의 권력동맹을 사회심리적 측면에서 이해한다면, 그것은 집합행동의 한 형식으로 평가되고 논의되어야 한다. 즉 미군정 당시 교육은 교육부문에 관심을 가진 사람들이 미군정 당시 해방정국의 교육적 환경을 재구성해보려 했던 의도적이며 계획적인 사회정치적 운동으로 이해해야 한다. 미군정기의 교육을 사회정치적으로 주도한 교육주도세력의 권력동맹을 집합행동의 한 형식으로 이해한다면, 그들의 사회적 역기능 및 병리적 기능만을 중점적으로 논의해야 할 것이 아니라, 그들이 갖고 있는 교육적 기대치나 열망, 즉 새로운 교육질서에 대한 그들의 사회정치적 지향성과 동향마저도 분석해내야 한다.[6]

　교육주도세력이 갖고 있던 한국교육에 대한 열망은 내부적으로는 미군정청의 사회정치적 열망과 다를 수도 있으나, 궁극적으로 그들의 이해관계는 거시적으로 군정민주주의의 억압적 국가기구 속성과 군사적인 전략계획 속에 포섭되어 있을 수밖에 없다. 따라서 자연히 이들이 내심으로 숨겨놓고 있는 교육적 이해관계와 교육적 집합행동의 역기능적 측면이 주요 분석내용이 될 수밖에 없다.

　미군정 교육적 권력동맹의 실체를 파악하기 위해, 즉 미군정기 교육주도세력의 권력동맹과 이로부터 연유된 교육개혁적 집합행동을 이해하기 위해서, 이들이 갖고 있던 지성적이며 사회·심리적 특성은 어떠했으며, 이로부터 연유된 교육적 이해관계는 어떤 원인으로 인해 어떤 신념으로 굳어졌으며, 그것이 어떤 식으로 표출되었고, 그런 이해관계들을 미군정의 지원과 국내저항세력의 갈등국면에서 어떻게 전개되어나갔는가가 분석되어야 한다.

3. 교육패권세력의 사회·정치적 동맹관계

지식인을 그 무엇으로 정의해보든 간에, 지식인은 그들 내심의 공통적인 열망이 있게 된다. 그런 공통적인 열망은 사회정치적 지배질서에 대한 그들의 태도를 결정하게 만든다. 이 과정에서 지식인들은 그들의 열망을 인정받고 싶어하는 욕심이나 기대. 즉 그들의 지성적이며 사회적 지위는 보통 사람보다 우월하며, 그런 사회적 우월성을 인정받고 싶어 하는 소망으로 구체화된다.[7]

해방정국에서, 교육에 관계된 그들의 지도력을 인정받고 싶어 하거나 교육과 관련된 사회정치적 질서를 개편, 주도하기 원했던 사람들, 말하자면 유억겸이나 오천석 등과 같은 교육관리들은 개인적 자격으로 활동하기보다는 집단적인 사회정치적 배경을 활용하며 활동하기 시작했다. 해방정국 상황 속에서 미군정의 직접적인 정치적 지원을 받았거나 미군정으로부터 어느 정도의 간접적 지원을 받으며 교육계에 등장한 교육관계집단들로 꼽을 만한 단체들이 바로 조선교육연구회, 한국교육위원회, 조선교육심의회, 조선학술원, 조선교육자협회, 민주교육연구회, 한국교육문화협회 등이었다. 이들 단체에 소속된 사람들은 군정 초기 학무국에 어떠한 형식으로든 동원되어 한국교육의 개편작업에 참여했다.

이런 단체 결성과 활동에 앞서서 우리가 눈여겨보아야 할 교육자의 단체적 모임이 하나 있다. 그것이 바로 한국교육사와 미국 문화체계 간의 연접을 가능하게 만드는 천연동(天然洞) 모임이다. 1945년 8월 하순경부터 3, 4회에 걸쳐 김성수, 유억겸, 백남준, 김활란, 오천석 등이 김활란의 친구 집인 서울 서대문구 천연동에 모였다. 이들은 곧바로 미군의 진주를 놓고 나타날 한국교육계의 문제를 논의했다.

이들은 미군이 진주하더라도 한국교육만큼은 한국인의 자주역량으로 실시해야 되며 이를 위한 대안을 찾자고도 했다. 이 모임의 주도자는 바로 오천석이었다. 이 천연동 모임의 주선자인 오천석은 확실히 미군 진주와 자기 학문이나 교육배경 간에는 상당한 관계가 맺어질 것이라는 것을 모를 리 없었을 것이다. 이런 오천석의 제안에 대해 대주주였던 김성수는 국제시류에 맞게 '민주주의 교육'의 필요성을 내세웠고, 그것을 위한 학제를 6·3·3·4제로 채택, 개편할 것을 제안했다. 이런 학제주창은 그 당시 기상천외한 것이었다.

김성수의 제안에 오천석은 찬성했다. 1929년경 김성수를 미국의 컬럼비아 및 뉴욕 대학교에 관광차 안내해준 경험이 있는 오천석은 김성수가 제안한 6·3·3·4제의 교육제도적 묘미를 천연동회의에서 상당히 교육원리적으로 논증했다.

학제가 많기는 하지만 6·3·3·4제가 제일 새롭고 최근에 들어와 미국의 일부 주에서 신학제로 인기가 높습니다. 심리학 기초도 있고 3·3을 끊는 묘미도 있구요. 그리고 우리나라와 같이 가난한 형편에서는 중등교육과정을 6년 또는 5년으로 하게 되면 학부모들의 부담이 커서 중도에 학업을 그만두는 학생이 많을 걸로 생각됩니다.[8]

천연동의 모임이 어떻게 종결되었는지는 불확실하다. 그렇더라도 천연동 모임에 모였던 인사들이 주로 교육계 주도세력을 형성했다는 점에는 정치적인 분석의 초점을 맞출 필요가 있다. 왜냐하면 조선교육위원회, 조선교육심의회, 조선학술원에 소속한 사람 모두가 미군정의 사회정치적인 지원을 거의 같은 정도로 균등하게 받았던 것이 아니었기 때문이다. 또한 그런 단체에 가입했던 사람들 모두가 미군정의 교육정책에 찬성을 보냈던 것도 아니었기 때문이다. 개중에는 미군정에 반대했거나, 혹은 미군정 관계 한국 측 교육계 인사들과 사회정치적으로 갈등관계에 있던 사람들도 있었다. 이들 반대파들은 대체로 좌익계 교육정책을 지원한 조선교육심의회의 이극로, 조선학술원의 백남운, 김양하, 윤행중, 신남철, 도상록, 최용달, 김종원, 계응상, 박문규 등이었다. 또는 극우적 민족주의를 표방한 조선교육연구회의 안호상, 안재홍, 손진태, 최규동, 이호성, 윤태영, 이인영, 심태진, 이득봉, 심현구, 송홍국, 최병칙 등도 미군정의 교육정책, 말하자

표 1 군정 초기 교육주도세력 단체와 구성원

단체명	주요 인물명
조선교육위원회	유억겸, 김성수, 백낙준, 김활란, 김성달, 현상윤, 최규동, 윤일선, 조백현, 정인보, 백남훈
조선교육심의회	하경덕, 백낙준, 김활란, 홍정식, 정인보, 유억겸, 김준연, 김원규, 이훈구, 이인기, 오천석, 최규동, 최우선, 현상윤, 이묘묵, 사공환, 이호성, 이규백, 이승재, 정석윤, 조동식, 고황경, 송석하, 서원출, 이홍종, 정문기, 장면, 조백현, 장이욱, 장덕수, 김애마, 신기범, 손정규, 허현, 유진오, 김성수, 박종홍, 조병옥, 최현배, 장지영, 조진만, 조윤제, 피천득, 황신덕, 김성달, 심호섭, 이용설
조선학술원	박병래, 최상채, 고병간, 윤일선, 최동, 정구충, 정문기, 이양하, 이원철, 박동길, 최경열, 조백현, 이병도, 김준연, 최현배, 이태규, 김계숙
조선교육연구회	최현배, 조윤제, 사공환, 허현

면 천연동 주축의 교육정책에 반기를 들었었다. 이런 이유 때문만은 아니었지만 대체로 이들은 미군정의 학무행정권에서 배제되었을 뿐만 아니라, 교육주도세력의 일원으로서도 철저히 견제되었다.

미군정의 행정적 지원을 얻으며 한국교육정책에 관여할 수 있는 정치적 기반을 갖고 있었던 교육주도세력은 조선교육위원회 소속인 유억겸 외 11명 정도, 조선교육심의회 소속인 오천석 외 60여 명, 조선학술원 소속인 윤일선 외 20여 명 등이었다(표 1 참조).

이들 4개의 교육관련 단체에 의해 추천되었거나 미군정에 의해 산발적으로 선발된 인사들이 미군정 초기의 학무국에서 교육적 활동을 주도하게 되었다. 그러나 그 후부터 서서히 천연동 모임과 뜻을 달리하는 사람들은 탈락되기 시작했다.

1946년 2월 현재 미군정 측이 인정, 그들의 학무국에서 일할 수 있는 한국계 인사라고 간주받은 사람들은 대체로 유억겸, 오천석, 김현익, 길성운, 김명한, 한태수, 홍정식, 최현배, 장지영, 유진복, 이호성, 이승재, 김용하, 이홍종, 배희성, 함인섭, 정춘모, 김명선, 사공환, 송흥국, 황에스더(애덕), 최승만, 윤세구, 최종목, 이원철 등이었다. 한마디로 미군정학무국의 일반

행정을 위한 몇몇 기간요원 이외의 일반 학무관계 담당요원들은 조선교육위원회, 조선교육심의회, 조선학술원, 조선교육연구회와 밀접한 관계를 맺고 있는 사람들이었다. 이들은 한국교육의 문제를 자기들의 식견과 경험으로 요리할 주도권경쟁에서 유리한 고지를 점령했던 사람들이었다.

이미 여러 교육사적 연구로[9] 밝혀진 바와 같이, 이들 교육패권유지세력의 사회정치적 배경과 학문적 배경은 대체로 네 가지 공통점을 갖고 있었다. 첫째, 미군정 교육관계 주도세력들은 극우적인 민족주의 세력과 좌익세력을 정치적 배제과정에서 거의 같은 급으로 동일시하는 입장을 고수하며, 견제세력의 학문적·사회정치적 입장을 미군정 교육정책과 교육활동으로부터 철저히 소외시키는 선에서 미군정의 입장을 교육학적으로 옹호했다. 이 입장을 위해 문교교육세력들은 미군정에 도구적·보조적인 기능을 발휘해주었다. 미군정에 조력한 한국 측 교육주도세력은 한국에서 미군정이 갖는 점령군적인 군사적·정치적 지배권을 강화해주거나, 혹은 미군정을 향한 국민의 비판적 여론을 중화하는 완충세력의 기능을 발휘했다. 미군정 실시지침에 나타나 있는 것처럼, 미군정 지역에서 미군정이 취해야 될 것은 점령 지역민의 후생복지를 위한 것이 아니었고, 점령지 주둔군, 즉 미군의 군사적 우위성과 그들의 후생복지였다. 따라서 미군정에 관계하는 한국 측 인사들은 미군정에서는 정치적 도구이거나 전술적 소모품으로 간주될 수밖에 없었다.

제한된 기능과 업무의 범위 속에서 한국 측 교육주도세력은 그들 나름대로 최대한의 사회정치적 기득권 확보와 교육적 패권쟁취에 기선을 제압하려 했던 정치적 움직임도 있었다. 그것은 바로 누가 어느 계열이 미군정 학무국 교육정책에 깊이 간여하는가로 측정되었다. 결과론적이기는 하지만, 미국의 냉전논리를 체계화해주고 미군정의 총독부적 지배권을 확대해줄 수 있는 세력으로서 한민당 지원세력이 미군정에 의해 채용되었다는 것은 그 당시 당연했다. 한민당은 그들의 중도적 민족주의에 정치기득권을 사실화해줄 수 있는 복고주의적 보수주의를 접목해 미군정의 정책에 무국적주의와 추종주의로 봉사했다는 여러 연구결과가 바로 그것의 사실성을 입증해준다. 이 결과 1945년 12월 말경 한민당은 미군정 학무국의 한국 측 기간요원으로 9명을 확보하고 미군정민주주의 교육활동에 깊이 간여하게 만드는 데 성공했다.

둘째, 미군정관계 교육패권세력은 해방정국의 상황을 최대한 자기편으로 끌어들여 사회정치적으로 생존해야만 될 역사적이고 필요충분한 조건을 갖고 있었던 사람들이다. 이들은 미군정을 생명의 구원세력으로 활용할 수밖에 없었다. 미군정 당시 교육주도세력은 대체로 일제강점기에 관료·양반·지주 출신들로서 고학력 소지자였다. 일제 당시 고등교육을 받을 수 있었거나 유학을 갈 수 있었던 조건은, 선교사의 배려를 받은 특수인이거나 대체로 그 당시 지배자적 신분을 가진 사람일 수밖에 없었다. 게다가 이들은 일제통치 말기에 일제의 통치적 합법성을 위해 노력했거나 소극적 저항의 친일적 태도를 보여줌으로써 친일 내지는 부일의 노력과 무관하지 않은 가문의 전력을 갖고 있었다. 미군정은 이 점을 전술적으로 충분히 이용했다. 즉 한국에 대한 미군정민주주의 통치기술상 이들의 자구적 충성심을 최대한 활용하여 그들의 군사적 목적을 달성해갔다.

셋째, 미군정의 한국 측 교육관계 교육주도세력이 갖고 있는 또 다른 특징 중 하나는 이들이 대체로 교직경험이 있는 관료주의적 교직자라는 특징을 들 수 있다. 즉 학교 경영주였거나 학교행정 책임자, 아니면 일제강점기의 교육계 관계 종사자로서 일본군국주의 교육행정과 교육제도의 우수성을 그 나름대로 체득한 관료주의 추종자들이었다. 바로 이 점은 자유주의적 교육행정을 내세우는 미군정 미국 측 요원들과 행정적 갈등을 일으키는 요소로 작용하기도 했다. 때에 따라서는 이런 갈등이 그들의 의지대로 한국의 교육제도를 중앙집권화하는 결과를 얻어내는 힘이 되기도 했다. 예를 들어 국대안은 미국식 고등교육제도가 아니라 이들 한국 교육주도세력이 경성제대와 동경제대의 본을 그대로 이어받아 국립서울대로 환원해본 하나의 정치적 작품이라는 판단도 가능하다.[10] 주지하다시피 미국은 국립대학교를 허용하지 않은 대표적인 국가이기 때문에 한국에서의 국립대학 설치를 생각해볼 수가 없었다.

넷째, 미군정 한국 측 교육주도세력은 발전의 개념을 단일 직선상의 차용으로 해석하고, 외국문화를 손쉽게 한국교육계에 적용해보려는 정신구조를 갖고 있었다. 학문자적 노력보다는 현장유람식의 식견과 견문을 치세의 술로 삼은 유학(遊學)자들이 교육정책 입안에 참여했다. 이 당시 상황을 고려하면 그것도 그럴 수밖에 없었지만, 이들은 고등교육의 문제를 학문적인 입장보다는 지위집단의 구성요건[11]으로 삼는 속성을 갖고 있었다. 실제로 미군정 교육관계 주도세력 중 상당수가 그들 스스로 미국의 컬럼비아, 영국의 몇몇 대학, 일본의 동경제대, 와세다, 경도제대 등에 유학했던 경험이 있기 때문에 외국의 문물을 보다 적극적으로 수용할 수 있는 정신적 자세를 갖춘 사람들이었다. 따라서 일본식 교육제도가 퇴조되었을 경우 미국식 교육제도를 일단은 손쉽게 참고 수용할 수도 있는 정신구조를 갖고 있었다. 또한 그런 문물의 소개 자체가 하나의 지위상징이나 그들의 식견을 돋보이게 만드는 상징적 대체물로 작용했던 것도 사실이다.

앞에서 논의한 네 가지 주장은 교육학계에 의해 부분적으로 타당한 것으로 규명되고 있다. 이들 네 가지 주장은 미군정 교육주도세력에 의해 창출된 교육개혁안이나 교육정책이 한국교육에 실제적으로는 무의미했거나, 미국 측 입장을 보완하거나 자기들의 사회정치적 입장을 강화하기 위한 것으로 일관되어 있었다는 점을 내세우기 위해 다시 한번 더 논의될 것이다.

4. 미군정 학무국의 교육활동과 관련된 정치적 일정

미군정의 학무국이 군정 중앙행정기구의 개편과 더불어 1946년 4월부터 1부장, 1비서실, 1차장, 7국(총무, 보통교육, 고등교육, 편수, 성인교육, 교화, 관상), 1국사관의 직제를 갖춘 문교부로 바뀌기 전까지 어떠한 활동을 전개했는가를 간략하게나마 이해하기 위해 미군정 요원이 인천에 상륙해서부터 미군정 학무국의 제1차 보고서가[12] 쓰이기 직전인 1946년 2월

표 2   미군정실시 8개월간의 교육활동사(1945. 9~46. 2)

1945. 9. 9.	미군정 요원 인천상륙.
9. 10.	미군정 요원 서울도착
9. 11.	교육담당장교 중앙청에서 업무 개시.
9. 14.	학무국 담당장교를 학무국장으로 임명(일반명령 제2호).
9. 16.	조선교육위원회 구성 인선작업회의 개최.
9. 17.	공립초등학교 재개(일반명령 제4호). 학교에서 한글을 사용하여 교수할 것 등도 명시.
9. 18.	조선교육위원회 첫 번째 회의 개최.
9. 22.	학무국장 고문에 김성수 임명(일반명령 제26호).
9. 24.	공립초등학교 개교.
10. 1.	중등학교 이상의 관공립학교 재개.
10. 2.	관상대 복구결정.
10. 12.	학무국을 1국 6과로 개편.
10. 15.	한글 교과서 발행용 원고 승인.
10. 15	기상대 실습학교 개설(중학졸업자 35명 등록, 훈련).
10. 21.	학교교육에 관한 훈령시달(학교행정체계, 교육과정, 교육정책 등에 관한 훈령).
10. 31.	한국교육원조추진심의회 제1차 회의 개최.
11. 15.	조선교육심의회 제1차 회의 개최.
11. 16.	학무국 각 과에 한국 측 책임자 선임, 재개편.
11. 19.	학무국 각급학교 담당자 각 도 교육담당관 방문, 시찰.
11. 20.	『한글 첫걸음』과 『국어독본』을 미군정장관에게 증정.
12. 4.	국립박물관 재개.
12. 19.	학무국 한국 측 국장에 유억겸 임명(군정장관 임명 제54호).
12. 19.	학무국이 9과로 기구개편.
12. 22.	초등학교 교사강습회 서울에서 개최(46년 1월 19일까지).
1946. 1. 7~9.	서울에서 각 도 학무담당 군정장교 및 한국 관계자 연석회의 개최.
1. 9~18.	중등학교 교사강습회 개최.

1. 12.	학무국 훈령 제1호 발부(모든 교육관계 증서나 문서는 국어, 혹은 국·영문이어야 한다).
1. 14.	각 도 성인교육관계관 회의, 서울에서 개최.
1. 21.	학무국 직제의 현재적 유효성 확인.
1. 22.	학무국 훈령 제2호 발부(각 도별 중등학교 교사 배출 사범학교 설치 권한 이양).
1. 28.	한국관현악회 조직.
2. 8.	과학관 재개.
2. 12.	미군정 민정관 명령에 따라 7개 사범학교 설치. 운영에 관한 학무국 업무를 각 도로 이관.
2. 16.	초등학교 음악교사 재교육 강습회 개최.

말까지의 활동사를 편년체적으로 살펴보면, 표 2와 같다.

교육담당 군정요원으로 발령받은 라카드(Earl N. Lockard) 대위가 미군정 학무국장으로서 8개월을 소모하면서 전개시킨 교육활동 업무의 내용은 몇 가지로 요약될 수 있다.

첫째, 그는 한국교육뿐만 아니라 한국 자체에 대해 무지했기 때문에 일차적으로는 한국 상황을 이해하려고 노력했다고 볼 수 있다. 특별히 군정관계 요원 중 교육담당 군정장교들은 한국을 이해하기 위해 한국 측 교육계 인사들의 식견을 경청하는 태도를 전략적으로 유지했다. 미군정 장교 측의 이런 학습자적 태도를 한국 측 교육계 인사들은 최대한 이용했다. 사실 그런 기회를 그들의 이해관계 확장 조건으로 간주했다. 조선교육위원회 인선작업이나 조선교육심의회 인선작업 등이 바로 그들의 교육적 패권 유지를 위한 고지와 발판을 만들어주었다. 이와 아울러 라카드 역시 학무국의 기구개편을 통해 자파 세력의 영입을 적극적으로 추진해나갔다.

둘째, 미군정 문교관계 장교요원 스스로, 한국교육의 성패를 좌우하거나 기본이 되는 교육적 관건에 깊이 관여하는 것을 피했다. 그 대신 전문적 식견상의 마찰이 적다고 판단되는 것들을 전술적으로 처리했다. 즉 국립박물관, 관현악학회, 기상대 개설 등과 같은 일들을 군사적 목적으로 처리해나갔다.

셋째, 미군정 측은 한국교육의 방향을 미군정의 군사적 목적에 부합시키는 노력을 게을리하지 않았다. 그것은 미군정 측이 한국의 지리적 조건이나 군사적 조건을 우선적으로 고려하기 위해 다른 시급한 업무를 제쳐놓고 한국 진주 1개월 만에 관상대를 복구시키고 관상대 측의 요원을 양성하는 계획을 구체화했다든가, 한국교육원조위원회를 개최한 일 등에서 역력히 나타나고 있다.

다음 장에서는 미군정 학무국이 문교부로 개편되기 전까지 전개한 교육활동을 논의함으로써 미군정과 한국 측 교육주도세력 간의 공생관계와 그들이 만들어낸 교육정책의 문화사회적 속성을 규명해보려 한다.

5. 라카드와 그의 지지세력—교육주도세력의 형성과정

라카드는 1945년 9월 11일부터 군정요원으로서 한국 교육관계 업무를 관장하기 시작했다. 9월 14일 일반명령 제2호에 의거 그는 미군정 학무담당자로 선발 임명되었다. 라카드는 원래 일본 군정요원으로 선발되어 1945년 1월 미국 시카고대학교 민사훈련학교(Civil Affairs Training School)에서 단기훈련을 받았다. 이때 라카드는 미해군 예비군 소속 에레트 중위(Paul D. Ehret)와 함께 한 조가 되어 일본제국의 교육문제에 관해 34페이지짜리 연구보고서를 써냈다. 연구 제목은 『제국주의의 교육칙서와 수신 교과서에 대한 분석』으로서, 제국주의 수신 교과서의 내용을 분석한 것이었다. 라카드와 함께 훈련받았던 에레트는 10월 7일자로 미군정 학무차장으로 임명되었다.

라카드는 그가 집무를 개시한 1945년 9월 11일의 상황을 『교육국사』(History of Bureau of Education, 1945. p. 42) 보고서에서 이렇게 진술하고 있었다.

1945년 9월 11일 아침 군정장교들은 사무를 시작하기 위하여 중앙청 2층 동편 1실로 출근하여 사무에 관한 지시를 받았다. 오직 한 사람인 교육담당자는 공보관계 담당 5, 6인의 군정장교들과 더불어 한 방에서 일을 하게 되었는데, 그 까닭은 누군가가 이 두 기관은 서로 관련이 있다고 생각했기 때문이다. 이것으로 말미암아 며칠 동안 공보담당관은 교육담당자가 그에게 예속되어 있는 것으로 믿었던 것이다. 교육담당관은 당황했다. 그는 어찌할 바를 몰랐다. 그래서 그날 하루 종일을 한국에 관한 육·해군합동 정보조사보고서(JANIS)를 다시 들춰보는 일로 끝내버렸다. 그날 저녁 때 가진 군정요원들과의 회의나 민사행정 관계자들과 나눈 대화는 어렴풋이나마 한국의 이 시점에서 무엇을 해야 되는지를 일깨워주었다. 다음 날 학무국 한인국장을 만나 교육제도에 관한 보고서를 제출할 것을 지시하고, 몇몇 한국인을 만나보았다. 첫째주일의 주요 사무는 한인 학무국장 및 한국인들과 회담하는 일이었다. 교육담당관으로서, 그는 찾아오는 한국인을 누구나 만나보고 그들에게 교육에 관심을 가진 한국인이면 그 누구나를 가리지 않고 추천해줄 것을 요청했으며, 다른 군정관들에게도 같은 요청을 했다.

　여기에서 지칭된 학무국 한인국장은 일제총독부 학무국장으로 있던 엄상섭을 지칭한다. 또한 이 당시 한인으로서 교육계에서 고위직을 차지하고 있던 사람들은, 경기고녀 교장인 박관수, 경북중학교 교장인 조재호였다. 라카드가 점령지 한국에서 제일 먼저 만나본 사람은 오천석이 아니라 도망가지 못하고 억류되었던 일본총독부의 한인 학무국장과 몇몇 직원이었다. 미군이 서울에 진주하고 중앙청에서 군정업무를 개시하던 1945년 9월 11일 현재 총독부 학무국 직원 104명 중 도망 못 간 56명의 일본인은 미군정에 억류되어 근무할 수밖에 없었다. 이 중에는 조선총독부 고위직에 오른 한국인이 2, 3명 있었는데, 미군정팀에게는 그들이 친일파였기 때문에 그 자리에 있었다는 인상마저 주지 못할 정도로 비쳐지고 있었다. 라카드는 그들이 능력이나 재주가 별반 출중치도 못하고, 모가 나지도 못해서 그 자리에 있게 된 사람이라고 판단했다. 따라서 라카드는 그들로부터 별반 특별한 정보와 식견을 얻어낼 수가 없다고 판단했다. 일본교육, 특히 수신교육의 장단점을 잘 알고 있었으며, 어느 정도 그런 것이 한국에도 적용될 수 있다고 판단했던 라카드로서도 한국교육에 대해서는 속수무책이었다. 그 때문에 그는 미군정 사무실을 방문하는 사람을 닥치는 대로 붙잡고 한국 교육문제에 관한 식견을 청취하기에 이르렀다.

9월 12일부터 21일 사이에 만났던 한국 측 교육인사들 중 라카드에게 교육적으로 결정적인 영향력을 발휘한 사람들로는 오천석, 최현배, 최승만, 유억겸, 김성수를 꼽을 수 있다. 특별히 오천석은 라카드가 9월 12일 만난 사람 중에서 가장 활용의 가치가 있는 교육자로 판단되었다. 라카드는 9월 14일 오천석과 더불어 중앙청 본관 2층에서 별관으로 옮겨가 총독부 학무국을 정식으로 접수하고 재조직에 착수했다.

오천석은 미군정 측의 그 당시 정보분석에 따르면, 미국 코넬대학교, 노스웨스턴대학교, 컬럼비아대학교에서 각기 교육학으로 학사, 석사, 철학박사학위를 취득한 지식인이었으나, 그 당시 일제가 사회적으로 그의 학문적 업적을 냉대했으며, 그 결과 사립학교에서 교편을 잡을 수밖에 없었다. 그런 조건을 갖고 있었기에 그는 라카드와 만난 그다음 날부터 말하자면 라카드의 한국조수로서 교육에 관한 군정업무 개시 일주일간을 무보수로 봉사했다. 그 후 오천석은 학교담당 책임자로 발탁되었으며, 이때부터 그는 조선교육위원회 인선작업에 깊이 간여하기 시작했다. 그리고 그는 1946년 1월 현재 학무국 차장으로 승진되었다. 50대 라카드는 이 당시 한국 사람들에게는 고집불통의 군인으로 비쳐지고 있었다. 이는 라카드가 한인교육계 인사들에게 만만치 않았던 전투병과 장교였음을 간접적으로 시사한다. 라카드에게 깊은 영향을 준 두 번째 사람이 바로 최현배다. 최현배는 일본 경도제대에서 교육받았으며 조선어학회에 관계했고 조선어 관계로 일제치하에서 옥살이까지 했던 사람이다. 라카드와 면접한 후 최현배는 편수과장으로 발탁되었다. 최승만은 라카드에게 깊은 인상을 준 세 번째 사람이다. 그는 일본과 미국 스프링필드대학 출신으로서 10년간을 일본 동경에서 한국 YMCA 총무를 지냈던 사람이다. 미군정의 문화과장으로 발탁되기 전에는 한국에서 생존상 사업을 했던 불운한 사람이었다.

오천석, 최현배, 최승만처럼 라카드와 직접적으로 연결된 사람 이외에도 미군정 학무국에 결정적으로 영향력을 발휘한 교육계 인사들은 유억겸과 김성수였다. 미군정 정보판단에 따르면 유억겸은 동경제대 법과 출신으로, 미국·영국을 여행한 바 있고 그 당시 조선기독교대학(연세대 전신) 교수로 있었다. 그는 미군정 초기부터 미군정 학무국 활동에 깊이 관여했고, 조선교육위원회 위원으로 활동하다가 학무국 한국 측 국장으로 취임하기 위해 조선기독교대학장직을 사임해버렸다. 김성수는 대지주로서 와세다대학 출신으로 영국에 유학한 적이 있고, 한민당 책임자이며, 보성전문대학 창설자이기도 했다. 그는 미군정장관 고문으로 활약했으며 조선교육위원회 위원으로서 미군정 학무국 활동에 깊이 관여했다. 라카드에게 깊은 감명을 준 다섯 사람 중에서 두 사람은 라카드와 의사소통이 가능했으나 나머지 세 사람은 거의 영어로 의사소통이 불가능했다. 단지 피차 감정만을 어렴풋이 느낄 정도였다.

라카드는 한국교육의 실정을 위 5인으로부터 청취해가며, 그 나름대로 식견을 넓히기 위해 한국에 관한 참고문헌을 뒤지기 시작했다. 그 결과 한국에 관한 도서목록을 만들어 미군정 장교에게 배부했고 가능한 조속한 시일 내에 일독해볼 것을 권했다. 이 중에서 교육에 관계된 자료로 연희전문대학에서 강의하던 언더우드와 피셔 교수가 쓴 두 권의 책이 선정되었다. 또한 미군정 요원들은 군정요원 중 현지 필요성 때문에 미군정 장교 그 누군가에 의해 만들어진 소략한 서울지도 한 장씩을 건네받았다.[13) 그러나 어느 누구도 독서가 권고된 책에 감동되었거나, 한국의 교육에 깊은 지식을 얻었다는 사람은 없었다. 사실, 이들 책에 지적인 호기심을 기울일 만한 지력과 정력이 이들 미군정 학무국장교에게는 결여되어 있었다. 단지 한국을 종전 후 휴식처로 간주하고 싶어 한 전투병과 군인들에겐 한 장의 지도가 보다 커다란 위안이 되었다. 이 지도에 미군장교들은 그들이 필요로 하는 유흥가(예: 국일관) 지역을 개인적으로 그려놓고 생활권의 지도로 삼았다.

6. 학무국 기구개편과 교육주도세력들의 패권경쟁

　미군정 학무국의 본격적인 활동은 1945년 9월 11일 미군정 교육담당관으로 배속된 라카드 대위(1946년 1월에는 소령으로 진급)가 중앙청에서 그의 사무실을 개설함으로써 개시되었다. 라카드는 오천석의 개인적인 도움과는 별도로, 9월 24일 그와 군정교육을 맡았던 해군 중위 1명, 육군 중위 1명, 사병 3명을 그의 행동통제 아래 두고 그의 학무국 활동을 본격화하기 시작했다. 다른 군정 장교들은 10월에 가서야 비로소 학무국의 각 부서로 배속되기 시작했다. 기간요원 수의 증가는 라카드에게 학무담당 행정장교가 절실히 요청됨을 입증하는 것이었다.

　1945년 10월 6일에는 여러 부서가 더 생겨났다. 그 결과 7개 부서, 즉 학교담당, 편수담당, 기획담당, 문화 및 후생복지담당, 관상담당, 법령정비국, 사업국 등으로 갈라지게 되었다. 그러나 학무국의 직제나 조직은 계속 문젯거리로 남게 되었다. 그것은 미군정관에 의한 충원계획이 불확실했으며, 조직의 활동도 상당히 군대식으로 짜여 민사를 처리하기에는 비효율적이었기 때문이었다.

　이런 부작용을 최소화하기 위해, 10월 12일 다시 학무국의 조직이 1국 6과로 개편되었다. 즉 편수과, 학교과, 예술 및 종교과, 복지과, 기상과, 관리과 등으로 개편되었다. 이어 1945년 11월 16일에는 다시 학무국이 개편되었는데, 이때 학무국은 학무부서, 행정부서 등에 한국 자문과 한인 보좌관이 행정업무처리상 새로 첨가되었다. 학무국 국장은 편수과, 학교과, 예술 및 종교과, 기상과를 통솔하며 각 과에는 한인 과장과 미군정요원 과장을 두게 되었다. 이때부터 학무국에는 조선교육위원회와 조선교육심의회가 상설기구로 등장되었다.

　1945년 12월 19일에는 학무국의 조직이 세 번째로 재개편되었다. 이때

표 3　　　　미군정 학무국 기구표(1945. 12. 19 현재)

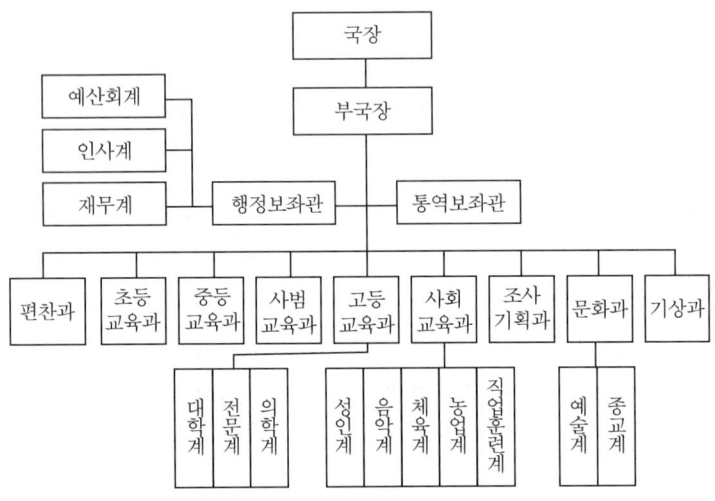

학무국은 한·미군 행정으로 통합된 상태에서 직능상 서로 갈라져 있는 이원조직을 갖게 되었다. 즉, 한인 학무국장과 미군정 학무국장 밑에 각기의 한인과장과 미군정 장교 출신 학무담당 과장들이 서로 분리되어 교육관계 행정을 통괄하게 되었다. 따라서 학무국은 1국장 1부국장 2보좌관 9과 13계로 확대되었다(표 3 참조).

　이 당시 미군정이 사회교육, 성인교육에 주력했다는 점이 미군정이 문화적 지배의 정당성을 받아내기에 큰 힘을 썼다는 증거를 마련해주고 있다. 이런 사회교육활동에 의해, 한국인과는 별다른 감정적 유대관계가 없었던 미국의 양키문화가 한국인에게도 의미 있고 관계 있는 문화로 수용되게 되었다는 점이 체계적으로 분석될 필요가 있다.

　라카드는 12월 19일 한국 측 교육계 인사들의 의견을 받아들여 학무국을 9과로 개편했다. 이때 유억겸은 한국 측 학무국장으로, 오천석은 학무국 부국장으로 발탁, 임명되었다. 유억겸은 학무국 한국대표로서 대외적인 일만 전담했다. 교육에 관한 모든 내부적인 일과 전문적인 정책결정은 오천석이 도맡아서 처리했다. 미군정 학무국의 교육정책은 오천석이 독자적

표 4   미군정 학무국 미군장교 측 책임자 명단

이름	계급	배속일	직위해제일	담당부서
앤더슨	중위(육군)	1945. 11. 23		교과서
엔젤	중위(육군)	1945. 11. 23		기상대
앤스테드	중위(육군)	1946. 2(날짜불명)		대학
벵스톤	중위(육군)	1945. 9. 30		회계 및 한국인 관계 인사행정
비스코	중위(육군)	1945. 9. 25		중등학교
챔벌린	소령(육군)	1945. 10(날짜불명)	1945. 12. 16	의학교(전문학교)
크로프스	소령(해군)	1945. 9. 24	1945. 12. 7	고등학교, 대학교
크로스	중위(육군)	1945. 12. 16		학무국장 보좌관
카운츠	소령(육군)	1945. 10. 19	1946. 2. 9	행정
딘	소위(해군)	1945. 11. 23		기상대
돈댄빌	대위(육군)	1945. 12. 17		의학교(전문학교)
에레트	소령(해군)	1945. 10. 7	1946. 2. 21	학무국차장
펄리	대위(육군)	1945. 10. 10		교사훈련
포크너	소위(육군)	1945. 11. 23		음악, 대학교
페처	소령(해군)	1945. 11. 16	1946. 2. 27	고등학교, 부장
기파드	대위(육군)	1946. 1. 21		문화
그람	대위(육군)	1945. 10. 2		기상대
그란트	대위(육군)	1945. 11. 7	1945. 12. 10	문화
홀	중위(육군)	1946. 2. 27		초등학교
커퍼	대위(육군)	1945. 9. 30		고등학교, 부장
크네즈비츠	대위(육군)	1945. 11. 20		문화
로리드슨	중위(육군)	1945. 11. 14		직업학교, 고등학교
라카드	소령(육군)	1945. 9. 11		학무국장
리온	소령(해군)	1945. 12. 13		문화
밀람	대위(육군)	1945. 11. 2		농업학교, 고등학교
미첼	중위(육군)	1945. 10. 1	1945. 12. 28	문화
올리버	대위(육군)	1945. 10. 7	1945. 12. 6	초등학교
포터	소령(육군)	1945. 10. 27		예산, 회계, 행정
로즈	대위(육군)	1945. 9. 30		복지, 연구
스미스	대위(육군)	1945. 10. 7	1945. 12. 9	재산, 용도(행정)
스틸	대위(육군)	1945. 11. 12	1945. 12. 1	문화
웰치	중위(육군)	1945. 10. 18		교과서, 문화

표 5   미군정 학무국 한국계 주요 인사들의 보직(1946. 2. 현재)

성명	보직일자	보직처	담당부서
유억겸	1945. 12. 19	학무국	학무국장
오천석	9. 12	학무국	부국장
김현익	11. 1	행정	검사관
길성운	10. 17	행정	인사
김명한	10. 17	행정	재산·용도
한태수	12. 26	행정	서무
홍정식	11. 1	연구	조사기획과장
최현배	9. 18	교과서	편수과장
장지영	10. 1	교과서	차장
유진복	10. 8	교과서	사업
이호성	1946. 2. 14	초등교육	
이승재	1945. 10. 15	초등교육	과장
김용하	12. 2	초등교육	장학관
이홍종	12. 26	중등교육	과장
배희성	11. 10	중등교육	기술학교
함인섭	1946. 1. 14	중등교육	농업학교
정준문	1945. 11. 16	고등교육	전문
김명선	11. 17	고등교육	의과
사공환	9. 27	사범교육과	과장
송흥국	1946. 2. 5	성인교육	과장
황애덕	1945. 12. 3	성인교육	차장
최승만	9. 18	문화	과장
윤세구	11. 6	문화	박물관 및 도서관담당
최종목	11. 9	문화	종교
이원철	9. 22	기상과	과장

으로 입안하고 후속 결정은 라카드가 내리는 식으로 처리되고 있었다.[14]

　1946년 1월 21일에는 학무국이 미군정 설치 이래 네 번째로 개편된다. 이때 학무국은 4실 7과, 즉 국장실(국장, 차장, 국장 보좌관, 자문위원회: 조선교육위원회, 조선교육심의회), 총무실(서무, 예산·경리·인사, 재산·용도), 조사실, 특수학과실(음악), 편수과, 초등교육과, 중등교육과, 고등교육과(전문, 의학, 대학, 사범), 성인교육과, 문화과(박물관, 도서관, 예술, 체육, 종교), 관상과로 개편되며, 각 과의 한인 및 미군정 책임자는 표 4와 표 5처럼 임명되었다.[15] 짧은 기간 4차례에 걸쳐 학무국의 조직이 개편되었다는 점은 아직 구체적인 증거가 확보되지는 않았지만, 학무국 내에서 한국 측 인사들이 내부갈등을 빚어내고 있으며 그들에 의한 패권경쟁이 강화된 결과라고 볼 수도 있다.

이때부터 교육국의 일반 행정업무는 활기를 띠기 시작했지만 교육국의 주요 활동은 한국교육에 관한 세부적인 것이라기보다는, 그저 일반행정 그 자체에 관한 것들이었다.

업무개시 첫달 동안 보았던 엄청난 군정관계 서류작업과 더불어 행정장교들이 행정활동을 개시할 수 있도록 사무실을 청소한다든가, 전화도청을 방지한다든가, 일상계획을 세운다든가, 방 배치번호를 단다든가, 교육국에 배정된 비품·재산 목록을 만든다든가, 늘어나는 학무행정을 효율적으로 처리하기 위해 기구조직의 수정을 가한다든가 하는 일이었다. 이때 미군정은 학무국에 잔존하던 일본인 직원으로부터 학무국 기능을 청취해서 감을 잡는 일과 기존 자료를 번역해놓는 일에 상당한 노력을 기울였다.

위의 인용에서 보는 것처럼 1945년 9월부터 6개월이 지나는 동안 미군정이 한국교육을 위해 해놓은 일은 행정적 편의를 위해 학무국 행정기구를 개편하는 일이 주종을 이뤘다.[16] 미군정세력과 밀접한 관계를 맺고 있던 한국 측 인사, 즉 천연동 모임 주동세력이 학무국의 문교행정을 장악해가는 6개월 동안 라카드가 기껏 해놓은 행정적 과업은 다섯가지 정도로 간추려질 수 있다.

첫째 조선교육위원회 설치, 둘째 한국교육에 관한 훈련 시달, 셋째 미국교육원조추진심의회 구성, 넷째 조선교육심의회 설치, 다섯째 각종 교육자문기구 설치 등이었다. 미군정 요원들이 시급히 설치한 자문기구로서 성인교육 자문위, 음악교육 자문위, 보이스카웃 자문위, 여가선용 자문위, 예술 및 고적보존 자문위, 국립극장 추진 자문위 등을 들 수 있으며, 이런 기구들은 근본적으로 미국문화의 보급을 위한 보조기구들이었다. 문맹률 수준이 극심했던 한국 실정에서 영어고전 읽기를 권장하는 그런 식의 문화교육활동이었다.

라카드에 의해 입안되어 내려진 훈령은 한국교육에 관한 최초의 구상이었다. 1945년 10월 21일 학무국이 각 학교에 시달한 학교행정체계, 교육과정, 교육정책에 관한 훈령은 군정장관인 아널드가 미군정 학무국 관계자들에게 학무국의 임무와 책임범위를 명시하면서, 한국교육의 직제, 사립학교, 초·중등학교 교육과정, 보고서 양식, 학교교육 재정에 관한 미군정의 입장을 밝힌 것이어서, 한국교육에 대한 초기 미군정 문교정책의 특성을 이해하는 데 결정적인 단서가 된다. 물론 이 훈령은 9월 16일 결성된 조선교육위원회가 조력해준 몇 가지 안을 토대로 한 것이기 때문에 더욱 더 이 당시 한국교육 패권 경쟁자집단의 교육학적 소양의 폭이나 교육에 대한 식견을 평가하게 만들어주는 지침서가 된다.

7. 학교교육에 관한 미군정 훈령의 내용

학교교육에 관한 훈령은 1945년 10월 21일 아널드 군정장관이 24군단 예하부대인 40사단과 6사단 학무담당 군정 장교들에게 보낸 명령이다. 훈령의 주요 골자는 다음과 같이 정리될 수 있다.

첫째, 미군정은 변혁보다는 유지, 한국민의 교육적 욕구보다는 미군정 기관요원들의 행정적 이해관계를 최우선화했다. 왜냐하면 미군정은 38선 이남의 학교교육에 관한 미군정의 일반적 정책은 변경이 필요하다고 판단될 때까지 기존의 틀, 즉 일제의 교육제도 속에서 학교교육을 운영하겠다고 천명했기 때문이다. 기존의 교육체제는 상당히 중앙집권화되어 있었기 때문에 개혁이 되기 위해서는 전반적인 개혁이 요청되었다. 그런 개혁은 군정관의 명에 의해서만 가능하기 때문에, 군정 장교들은 '기존의 체제에 의거해서 그들의 업무를 집행해야 된다.' 군정장교들의 임무는 교육체제를 1945년 9월 29일 명한 군정장관의 명령과 1945년 10월 5일 명한 민정관의 인사행정지침, 즉 한국의 특수한 조건을 고려하는 각기의 훈령에 따라 업무를 집행해야 된다. 군정 학무담당관들은 모름지기 지역사회의 정보를 통해 기존 교육체제에 친숙해져야 한다. 또한 차상급의 군정장교나 민정관계자들과 친숙한 관계를 수립해야 하며 이런 관계 형성을 통해 교육의 문제를 척결해나가야 한다.

둘째, 미군정은 교육행정 공무원의 직위를 일제가 쓰던 식 그대로 칙임관(勅任官), 주임관(奏任官), 판임관(判任官)으로 3등급화했다. 칙임관과 주임관 같은 고등관리는 학무국의 동의에 의해 군정장관이 재가, 임명하고, 판임관은 군정장관의 재가를 받지 않고 학무국장이나 각 도 교육 전담 장교가 임명할 수 있도록 규정했다.

미군정에 의한 교육행정 직위의 3등급화 현상은 미군정이 일제 통치하에서 통용되던 관리제도, 즉 1909년에 내린 칙령 제144호 고등관관등봉급령(高等官官等俸給令)을 수정 없이 수용, 한국현장에 적용했음을 의미한다. 미군정은 일제가 쓰던 직위제도, 즉 친임관(親任官), 칙임관, 주임관, 판임관 4직급을 미군정 실시 8개월 동안 있는 그대로 활용했다.

셋째, 미군정 학무국은 모든 초등학교를 위한 교육과정을 준비해야 하며, 학교교육담당 군정장교는 2부제 수업을 되도록 전일제 수업으로 바꾸도록 최선을 다해야 한다. 2부제 수업학교와 전일제 수업학교의 교육과정은 표 6과 표 7처럼 편성해 실시 운영되어야 한다고 명시함으로써 일제식 초등교육과정보다는 약간 구체적인 교육과정을 제시했다. 그러나 시간수가 왜 이렇게 각 과목에 따라 분할되어야 하는지에 대한 타당한 이유를 제시해놓지는 않았다. 이 결과 1980년대의 학교교육과정 시간배정수 역시 이때의 시간배정을 시간편성 기준으로 참고하는 우를 역사적으로 번갈아가며 범하게 만들어놓았다. 이런 시간배정은 1980년대 교육과정의 시간배정에서까지 암암리에 그들의 역사적 근거를 마련해주는 자료로 활용되고

표 6　　　　　　　초등학교 교육과정(2부제 수업 실시*)　　(단위: 1주일당 시간)

과목＼학년	1~3	4	5~6	고등과	교과서 유무
공민	2	2	2	2	편찬준비 중
국어	8	7	6	6	편찬준비 중
지리·역사	-	-	2	2	편찬준비 중
산술	5	4	3	3	구교과서(교사전용)
자연	-	2	2	2	구교과서(교사전용)
음악·체육	3	3	3	3	없음
전체시간	18	18	18	18	

* 오전수업: 9시부터 12시까지. 오후수업: 1시부터 4시까지.
  시간배정근거가 설명되어 있지 않다.

표 7　　　　　　　초등학교 교육과정(전일제 수업)　　(단위: 1주일당 시간)

과목＼학년	1	2	3	4	5	6	교과서
공민	2	2	2	2	2	2	편찬준비 중
국어	8	8	8	7	6	6	편찬준비 중
역사	-	-	-	-	2	2	편찬준비 중
지리	-	-	-	1	2	2	없음
산술 ┐ 이과 ┘	6	6	7	5 3	5 3	5 3	구교과서 (교사전용)
체육 ┐ 음악 ┘	4	4	5	3 2	3 2	3 2	없음
습자	-	-	1	1	1	1	없음
재봉·가사	-	-	-	3(여)	3(여)	3(여)	없음
도화 ┐ 공작 ┘	2	2	2	3(남) 2(여)	4(남) 3(여)	4(남) 3(여)	없음
실과(직업훈련)	-	-	-	1(여)	1(여)	1(여)	없음
총시간	22	22	25	30 남(27)	33	33	

표 8　　　　　　　　남자 중학교 교육과정 배당 시간　　(단위: 1주일당 시간)

과목 \ 학년	1	2	3	4	교과서 유무
공민	2	2	2	2	편찬준비 중
국어	7	7	6	5	편찬준비 중
역사·지리	3	3	4	4	편찬준비 중
수학	4	4	4	4	구교과서(교사전용)
화학·생물	4	4	5	5	구교과서(교사전용)
영어	5	5	5	5	구교과서(교사전용)
체육	3	3	3	3	없음
음악	1	1	2	2	없음
습자	1	1	-	-	없음
도화	1	1	1	1	없음
실업	1	1	2	3	없음
총계	32	32	34	34	

있는 실정이다.

　넷째, 미군정은 공립 중학교 중학생이 배워야 될 교육과정으로 표 8과 표 9처럼 각 과목 및 수업시간을 결정했다. 실업학교 교육과정 역시 공립 중학교 교육과정처럼 운영 실시된다. 사범학교 역시 공립 중학교 교육과정을 고려하여 사범학교 교육과정을 새로 편성 운영하기로 되어 있으나, 이때부터 눈에 두드러지게 나타나는 것이 영어시간에 대한 대폭적인 증가 배정현상이었다. 영어교과서나 영어교사 하나 변변히 마련되어 있지 않은 상황에서 영어시간 배정을 확대한 것은 미군정민주주의의 문화적 우위주의 입장이 정책적으로 강요된 것임을 알 수 있다.

　다섯째, 각 도 학무국 및 학교담당 관계자들은 매월 15일과 말일자로 다음과 같은 항목에 유념하여 보고서를 제출해야 한다고 명시함으로써 교육행정의 관료화를 체계화했다. 즉 미군정 미군장교는 물론 한인관리들마저도 ① 초등학교 총개교수(사립·공립 분리), ② 초등학교 총재학생수(사

표 9　　　　　　　　여자 중학교 교육과정 배당시간　　(단위: 1주일당 시간)

과목 \ 학년	1	2	3	4	교과서 유무
공민	2	2	2	2	편찬준비 중
국어	7	7	6	5	편찬준비 중
역사·지리	3	3	3	3	편찬준비 중
수학	3	3	2	2	구교과서(교사전용)
화학·생물	3	3	4	4	구교과서(교사전용)
가사	2	2	4	4	없음
재봉	3	3	3	4	없음
영어	4	4	4	4	구교과서(교사전용)
체육	2	2	2	2	없음
음악	2	2	2	2	없음
습자	1	1	-	-	없음
도화	1	1	1	1	없음
수예	1	1	1	1	없음
실과	-	-	1	1	없음
총계	34	34	35	35	

립·공립 분리), ③ 초등학교 총교사수(교장 포함, 사립·공립 분리), ④ 중학교와 고등학교 역시 ① ② ③ 항에 따라 각기 분리 보고한다. ⑤ 학생들의 동향 보고(휴업동맹 및 기타 주요 사항), ⑥ 그외의 질문, 문제, 제안사항 등을 가능한 한 영어로 문서화해야 되었다.

여섯째, 미군정 학무국은 학교운영 재원확보를 학생 개인이 부담하는 수업료와 지방 재원으로 충당하려고 시도했다. 즉 공립 고등중학교의 재정적 지원은 국세로, 공립 중학교 재원은 지방세, 혹은 국가 보조로 충당하고, 공립 초등학교의 재원은 국세 지원 아래 시, 군, 지방세로서 충당하기로 했다. 동시에 각급 학교는 종전대로 학생들에게 수업료를 징수할 수 있도록 규정했다. 이것은 그 당시 상황으로 보아 현실성과 실효성이 철저히 결여된 미국식 교육재정지원책이었다. 그러나 사실, 월사금제도는 일제가 요구했던 수익자부담원칙을 미군정민주주의로 각색해놓은 것에 지나지 않았다.

일곱째, 공립 초등학교와 중등학교용 교과서는 준비 중에 있거나 인쇄 중에 있으며, 국어 교과서 제작은 상당한 시일을 요하기 때문에 각급학교 교사들은, 옛날 일제강점기의 교과서를 사용하더라도 실정에 맞게 최선을 다해 가르쳐야 한다고 강조함으로써 미군정은 시대적 상황논리로써 교육의 위기를 관리하려고 시도했다.

훈령 말미에 군정장관 스스로 비판과 협조를 기대한다고 명시해놓고 발표한 1945년 10월 21일자 '학교교육에 관한 훈령'을 통해 교육과정 및 교육재원에 관한 미군정의 문교정책적 입장은 다분히 미국식 교육제도에 기초한 교육위기관리책이었다고 볼 수 있다. 왜냐하면 일제 교과서를 폐지한다고 선언했으면서도 다시 일제의 교과서를 참조하게 만들었으며 학교재원을 지방자치제에 빗대어 확보한다고 하면서 수익자부담을 현실화한 생각이나, 교육과정 편성에 일본어 대신 한글시간과 비등하거나 더 많은 시간수의 영어과목을 강조하고, 이어 그 당시 한국상황에서는 뚱딴지같이 직업훈련교육을 강화한 것은 다 위기관리책이었다. 또한 1940년대 당시 미국교육이 직업훈련을 강조했던 것을 있는 그대로 모방 복사한 결과다.

이때부터 영어가 외국어로서 높은 대접을 받았다는 점은 한국 중·고등학교 교육과정에서 주목해볼 만하다. 또한 일제강점기의 수신·지리·역사 과목을 한데 묶어 공민교과로 만든 것도 특이할 만하다. 이 과목이 바로 친미교과를 상징하며 이것이 바로 미군정민주주의를 위한 정치사회화를 의미한다. 한마디로 조선교육위원회가 일본어 대신 국어, 수신 대신 친미교육교과인 공민생활을 교과과정에 새로 집어넣은 것과 영어를 유일의 제1외국어로 대접한 것 이외에 만들어놓은 모든 교육 결정은 한국 측 교육주도세력이 별다른 교육학적 소양이나 전문성을 결여한 채, 미군정 학무국장 라카드와 한때 미군정 학무국 차장으로 배속받은 에레트의 교육적 소양과 그들의 이해관계를 건드리지 않는 선에서 합법화 추인했다고 볼 수 있다.

8. 조선교육위원회의 활동과 사회·정치적 성격

　조선교육위원회(KCE, The Korean Committee on Education)는 미군정이 최대한 전략적으로 활용했던 문교관계 여러 위원회 중 하나였다. 미군정 학무국이 각종 위원회를 최대한 활용할 수밖에 없었던 이유는 여러 가지가 있다. 첫째, 미군정 측이 고백하는 대로, 한국교육을 이해하는 장교는 한 사람도 없었다. 게다가 학무담당 장교를 처음부터 중요한 위치에 둔 것도 아니었다. 한국 진주 후 남아돌던 병력인 포병장교 라카드를 단지 그가 일본 수신교과서를 연구했다는 이유 때문에 학무국에 배속했을 뿐이다. 이런 상황에서 라카드는 직책상 한국교육문제에 관한 한 그 어느 누구의 도움이라도 경청할 수밖에 없었다. 둘째, 미군의 한국 진주 후, 라카드가 만나본 조선총독부 학무국 소속 한인 교육담당 관리들은 대체로 낮은 직급에 있었기 때문에 한국교육문제를 논의해볼 가치조차 없었던 인물들이었다. 고등직급에 있었던 한인들은 전부가 다 친일파였기 때문에 그들 스스로 몸을 사렸을 뿐만 아니라, 그들의 조력을 얻는 그 자체가 한국민의 비난거리였다. 이런 장애물의 돌파구로 라카드는 제3의 조력자인 친미주의자들이 필요했다. 셋째, 미군정에서 제대로 부릴 만한 교육전문가들이 너무 적었을 뿐만 아니라, 그들을 제대로 소집하는 일 자체가 하나의 커다란 행정적 과업이었기 때문이다. 또한 자원인사들의 출신성분을 면밀히 분석 검토하는 그 자체도 엄청난 일이었기 때문에, 이런 일을 소화해내거나 조력해줄 수 있는 행정적인 보조세력이 절대적으로 필요했다. 넷째, 한국의 교육체제를 어떤 식으로든 미국의 문화적 이익에 맞도록 재개편하는 일뿐만 아니라, 미군정의 문교정책에 대한 교육세력의 여론을 전략적으로 청취해볼 필요가 있었기 때문이었다. 다섯째, 미군정은 현실적으로 경비를 줄여가며 문교정책을 효율적으로 입안하고 싶었기 때문이었다. 미군정은 각종 위원회의 위원이 무보수로 일하도록 된다는 점을 강력하게 활용했다. 이 당시 천연동 회의 주선자인 오천석만이 미군정 개시 처음으로 미군정 학무국에 정식 직원으로 채용되어 봉급을 타고 있었을 뿐이다.

미군정은 한인 교육계 인사들의 한맺혔던 개인의 명예욕을 최대한 활용했고, 한인 교육계 인사들은 이런 기회를 통해 그들의 주도권을 장악하려 했다. 이런 교육주도권을 장악하는 데 성공하게 만들어준 기회가 바로 조선교육위원회 설치였다.

9월 16일 구성된 조선교육위원회는 9월 16일 현재 7명으로 구성되었다가, 11월에는 다시 10명으로 확대 개편되었다. 무보수로 일하게 된 조선교육위원회는 오천석의 의도대로 구성되었다. 왜냐하면 오천석이 주선해준 한국교육계 인사들을 만나본 라카드는 그들을 다 함께 초치한 자리에서 일곱 부문의 교육활동 분야에서 미군정에 가장 효과적으로 조언해줄 교육계 인사들을 선택해주기를 부탁했고, 그리하여 그 자리에서 사람들이 발탁되었기 때문이다. 이때 초등교육에 김성달, 중등교육에 현상윤, 전문교육에 유억겸, 교육 전반에 백낙준, 여자교육에 김활란, 고등교육에 김성수, 일반교육에 최규동 등 일곱 사람이 각기 선발되었다.

이 당시 조선교육위원회에서 맡겨진 주요 임무는 라카드에게 자문역할을 수행하는 것이었고, 그 자문역의 내용은 네 가지였다. 첫째 라카드에게 각급학교의 개교시기를 언제로 잡을 것인지를 결정, 조력해주는 일, 둘째 일본인 교사나 친일파 교사들을 축출해야 되는지 어떤지를 결정해주는 일, 셋째 학무국 요원으로 누구를 추천해주며 어떻게 학무국기구를 구성해야 되겠는지를 조력해주는 일, 넷째 교과서와 교육과정을 어떻게 구성해야 되는지 등을 결정해주는 일이었다.

주로 이런 일을 하는 도중 조선교육위원회는 9월 22일 고등교육 담당자인 김성수가 하지 중장의 정치고문으로 발탁되자, 그 자리에 백남훈이 기용되었다. 이어 유억겸이 학무국 한인국장으로 기용되고, 김성수는 다시 교육위원회로 돌아오게 되었다. 11월에는 7인의 조선교육위원회가 10인의 조선교육위원회로 확대개편되어 의학교육에 윤일선, 농업교육에 조백현, 학계대표에 정인보가 새로 추가 보강되었다.

조선교육위원회는 9월 16일 이래, 일주일에 평균 2번씩 만나 무려 3시간 내지 5시간 동안의 회의를 하곤 했다. 조선교육위원회가 친일파로 구성되었다는 비판이 일자 미군정은 당황했다. 그러나 미군정은 이들에 대한 신분조사를 완벽하게 했으며, 조선교육위원회에는 친일분자가 없다고 공언함으로써 조선교육위원회의 친일파 시비에 대한 또 다른 교육패권경쟁자들의 비판을 묵살하려 시도했다.

이 당시 조선교육위원회 구성원의 친일파적·사상성 논쟁은 표 10에 지적된 근거에 따라 비롯되었다. 그러나 그 비판에 대한 단죄 및 친일파 여부는 더욱더 체계적으로 논의될 필요가 있다. 왜냐하면 친일파단체 일원들과 직책상 한두 번 이야기했다든가, 그런 단체에 이름만 걸어놓았다고 친일파로 단죄할 수는 없을 뿐만 아니라, 친일파에 대한 단죄 여부는 보는 시각에 따라 서로 다르기 때문이다. 예를 들어 직책유지상 친일단체에 명목적으로 관계했다고 전해지는 조선교육위원회의 유억겸은 누구보다도 강력하게 친일파 교사와 교육자에 대한 경계론을 제기한 사람 중 하나였다고 전해지고 있다. 이런 예는 역사상으로 개인에 대한 단죄문제는 시각에 따라 서로 모순되고 있음을 역설해주고 있다.

조선교육위원회는 주로 각 도 학무국장, 공립중등학교 교장, 대학장을 선발 인선하는 일들을 전담했다. 그러나 조선교육위원회의 정치적 성격은 미군정 학무국의 정보와 판단대로 보수주의적이었으며, 소수의 인사에 의해 좌우되고 있었다. 학무국장인 라카드는 다음과 같이 증언했다.

조선교육위원회 위원들은, 그들의 정치적 입장에 있어서 급진적(좌경)이었다기보다는 차라리 보수적(극우)이었다는 것을 부인하기 어렵다. 그러나 여론조사에 의해서 나타난 결과나 신문기사의 보도에 의한다면, 조선교육위원회는 상당한 신임과 존경을 받고 있었다. 조선교육위원회가 위원의 개인적 배경이나 개인적 이해관계에 의해 크게 영향을 받고 있다는 점은 두말할 나위도 없다. 그럼에도 불구하고 한국은 이만한 위원회를 갖기도 어려우며, 한국의 교육을 위해 이 정도로 봉사하는 위원회도 드물었다.[17]

표 10   조선교육위원회 위원의 친일파 논쟁 근거

성명	전문담당	경력
김성달	초등교육	한성사범학교 출신, 상왕십리 교두(교감), 휘문의숙 교장
현상윤	중등교육	와세다대 졸, 중앙학교 학감, 중앙보통학교 교장, 경성대학 예과부장
유억겸	전문교육	동경대 졸, 연희전문학교 부교장, 조선임전보국단*
백낙준	교육전반	프린스턴대 졸, 예일대학원 졸, 연희전문 교수
김활란	여자교육	웨슬리안대 졸, 보스턴대학원 졸, 이화여전 교수, 국민총력조선연맹*, 조선임전보국단 부인대*
김성수	고등교육	와세다대 졸, 중앙보통학교 교장, 보성전문학교 교장, 국민정신총동원조선연맹*, 국민총력조선연맹*
최규동	일반교육	광신상업학교 졸, 대성학교 교사, 휘문의숙 교사, 중동학교 교장
백남훈	고등교육 (김성수 후임)	와세다대 졸, 일신고교 교장, 광신상업학교 교장, 일신여보 교장
윤일선	의학교육	경도제대 졸, 세브란스의전 교수
조백현	농업교육	구주제대 졸, 수원고등농림학교 교수 및 교장
정인보	학계대표	연희전문 교수, 이화여전 교수, 동아일보 논설위원

* 는 친일 여부의 논쟁을 일으키는 단체로서 조선임전보국단은 황국신민으로서 황도정신을 앙양하는 친일세력 단체였으며, 국민총력조선연맹은 내선일체를 강조하면서 멸사봉공과 동아신질서를 주장한 친일단체였다(심지연, 『한국민주당연구 II』, 창작과비평사, 1984; 임종국, 『일제침략과 친일파』, 청사, 1982를 참조).
이런 주장에 대해 민족문화연구소는 사업유지상 친일대열에 선 사람이 바로 유억겸이나 김성수이고, 공포에 의해 맹종적인 부일태도를 보인 사람 중 하나가 김활란이라고 지적하고 있으나 더욱더 연구검토되어야 할 내용들일 뿐이다.

9. 조선교육심의회의 패권투쟁활동

조선교육심의회(NCEP, The National Committee on Educational Planning)는 미국 교육원조추진심의회(Korean Council on Educational Aid from America)가 설치된 지 15일 뒤인 1945년 11월 15일 발족했다. 이 심의회는 제20차 회의를 끝으로 1946년 3월 7일 해산된 미군정 학무국

자문기구였다.

105차에 걸친 분과회의와 20차의 전체회의를 거치는 동안 심의회 의원들에 의해 중구난방식으로 제시된 교육안들은 이론과 실천에서 각양각색이었고, 보기에 따라서는 실현이 불가능한 것들이 대종을 이뤘다. 인기영합의 안들이 없지 않았다. 그럼에도 불구하고 조선교육심의회가 19차 회의를 계기로 그들의 논의를 최종 결정하여 군정 학무국으로 이관했던 사항 중 주요 사항은 신교육제도 도입문제, 의무교육 실시문제, 교육행정기구 개편문제, 학교설립 기준문제, 초등학교 교과과정에서 한자(漢字) 폐지문제 등과 같이 교육이념과 제도의 골격을 논의하는 것들이었다. 각 안들은 다음과 같이 간략히 제시될 수도 있다. 대체로 이 안들은 조선교육위원회의 결정을 일단은 정당화해주는 것들이었다.

1. 신교육제도: 신교육제도는 오는 9월 1일부터 실시하며 현재의 학년은 8월 말일까지 연장한다. 학년은 9월 1일부터 익년 8월 말까지이며 제1학기는 익년 2월까지이고 2학기는 3월부터 8월까지 하여 2학기로 나눈다. 초등교육부터 대학까지 18년간의 수업연한을 둔다. 특히 중등학교에는 초급중등과 고급중등과의 둘로 나누어 6년간에 마치며 대학은 4년간이고 의과만은 6년으로 한다.

2. 의무교육: 금년 9월부터 1951년까지 6년간에 66억 원의 예산으로 전학령아동을 수용한다. 이를 위해 금년 안에 3만 학급을 신설하되 금년은 2부제 교수로 현존학교를 이용한다. 예산은 매년 10억 원씩을 추상하여 교육채권, 적산재산, 세금, 국고보조 등으로 충당하며 국가 총예산의 4할을 교육비로 한다. 그리고 이를 실시 촉진키 위해서 위원회를 중앙과 지방에 설치한다.

3. 교육행정기구: 교육행정기구를 일층 확대, 지방에 있어서 내무부에 속해 있는 학무과를 부로 독립 승격시키고 군에는 과를 둔다. 또 민의를 존중하기 위해서 중앙과 지방에 교육위원회를 둔다. 교원은 사범학교 졸업자라고 해도 전부 검정제로 한다.

4. 학교설립 기준: 조선의 당면 교육은 어느 방면보다도 과학과 실업 방면의 교육을 중점적으로 실시하며 그런 학교를 설립한다. 의무교육 실시와 발맞추어 초등학교 설립을 우선적으로 하고 최고학부는 되도록 각 과를 둔 종합대학을 늘리도록 한다.

5. 한자폐지: 초등학교에서 한자를 전폐하여 점진적으로 한자를 완전히 폐지한다. 중학에는 한문과를 두어 후일의 문헌을 연구하는 데 필요한 지식을 넣어준다.[18]

이상은 조선교육심의회에서 의결, 학무국으로 넘긴 주요 사항들이지만 '과학성 설립안'만은 당시 여러 가지 사정을 감안하여 건의안으로서 제출되었다.

그러나 이런 결정들은 원래 11개 부분에 걸쳐 분과별로 토의하려고 상정했던 안건에 비하면 상당히 축소되었거나 미약한 것일 수도 있다. 왜냐하면 라카드는 처음에 조선교육심의회 토의안건으로 11개 부문 65개 과제를 상정했기 때문이다. 즉, 교육이념 1과제, 교육제도부문 8과제, 교육행정부문 13과제, 초등교육부문 6과제, 중등교육부문 4과제, 직업교육부문 6과제, 고등교육부문 13과제, 교사훈련부문 8과제, 교과서부문 6과제였다. 여기에서 과제수가 제일 많았던 고등교육부문에서 국대안 사건의 진원인 국립 서울대학교 설치에 관한 과제는 처음부터 상정된 것이 아니었음에 주목해둘 필요가 있다.

조선교육심의회는 해방 전 총독부 학무국 시학관들이 행하던 교육계획의 성안 및 실시기능을 형식만 다르게 확대실시하도록 구상된 협의체였다. 미군정이 1945년 9월 학무국을 개편할 때 미군정 학무국 요원들은 학무국 안에 조사기획과를 설치했다. 조사기획과는 한국교육에 대해 연구와 개혁을 염두에 둔 작업을 전담하도록 되어 있었다. 그러나 조사기획과의 기능은 학무국 기간요원의 절대 부족과 산적된 교육관계 업무처리로 인해 거의 사장되었다. 다시 말해서 조사기획을 전담할 전문요원 확보의 어려움, 연구기획 업무의 방대함 등은 학무국으로 하여금 조사기획과의 작업을 유명무실하게 만들어놓았다. 이 문제는 타개하기 위해, 미군정 학무국장 라카드는 미군정 학무국 요원을 포함한 외부교육계 인사들로 구성되는 조선교육심의회를 발족시키게 되었다. 결국 조선교육심의회 역시 하나의 군정 보조기구였으며, 군정 문교정책 추인도구로 창출된 갈등해소용 준국가기구였다.

조선교육심의회의 성격은 미군정 학무국이 요청하는 교육 현안문제와 혹은 필요하다고 인정되는 교육 현안에 대한 자문을 전담하도록 규정되어 있었다. 그러나 실상은 교육계 주도세력들의 패권을 서로 저울질해보는 시험대로 등장해버렸다. 이러한 과정 중에서도 조선교육심의회의 회의는 형식만큼은 미군정민주주의의 원리에 따라 각 분과회의를 먼저 개최하고, 그 후에 전체회의를 여는 식의 형식을 취했다.

조선교육심의회는 10개의 분과로 설립되었고, 각 분과는 7 내지 10명의 위원으로 구성되었다. 각 분과위원 인선에는 조선교육위원회의 자문을 필요에 따라 경청하는 학무국 한인직원, 특히 오천석의 입김이 강하게 작용했다. 따라서 보수주의 정치노선과 미국식 민주주의, 미국식 교육에 대한 선호도가 있는 인사들이 대거 조선교육심의회에 발탁될 수 있었다. 학무국 직원, 즉 미군정 장교와 한국인 직원이 각기 1명씩 같은 수로 배정되었으며, 나머지 위원들 중 두 사람은 최소한 공립학교와 사립학교를 각각 대표하는 사람이어야만 했다. 형식적으로는 조선교육심의회에는 혁신세력이 참여할 기회가 열려 있었다. 물론 우익과 보수정당 대표자들의 참여가 훨씬 많음에도 불구하고, 간혹 그 당시 명망이 있었던 급진주의 세력인사들이 조선교육심의회에 참여할 수도 있었다. 물론 이들의 참여는 안배의 원칙에 따른 것이었으나, 좌익계의 교육계 인사들은 이것을 패권경쟁의 기회로 삼았다. 그 결과 그들은 철저하게 패권경쟁에서 탈락되었다. 조선교육심의회 각 분과위원회의 위원은 다음과 같다.

- 제1분과위원회(교육이념): 안재홍, 하경덕, 백낙준, 김활란, 홍정식, 키퍼 대위.

- 제2분과위원회(교육제도): 김준연, 김원규, 이훈구, 이인기, 유억겸, 오천석, 에레트 해군소령.
- 제3분과위원회(교육행정): 최두선, 최규동, 현상윤, 이묘묵, 백남훈, 사공환, 글렌 대위.
- 제4분과위원회(초등교육): 이호성, 이규백, 이강원, 이극로, 이승재, 정석윤, 휀터 해군중위.
- 제5분과위원회(중등교육): 조동식, 고황경, 이병규. 송석하, 서원출, 이흥종, 비스코 중위.
- 제6분과위원회(직업교육): 장면, 조백현, 이규재, 정문기, 박장렬, 이교선, 로렌스 대위, 로리드슨 중위.
- 제7분과위원회(사범교육): 장덕수, 장이욱, 이애마(女), 신기범, 손정규(女), 허현, 팔리 대위.
- 제8분과위원회(고등교육): 김성수, 유진오, 윤일선, 백남운, 조명욱, 박종홍, 크로프트 소령, 고든 소령.
- 제9분과위원회(교과서): 최현배, 장지영, 조진만, 조윤제, 피천득, 황신덕, 김성달, 웰치.
- 제10분과위원회(의학교육): 이용설, 유억겸, 박병래, 심호섭, 최상채, 고병간, 최동, 정구충.[19]

1945년 9월 15일, 라카드는 조선교육심의회 전체회의 자리에서 조선교육심의회의 설치취지와 목적을 설명하고 10개 분과와 위원명단을 발표했다. 각 분과에는 사전에 작성된 연구과제가 하달되었고, 이를 위해 각 분과는 각기 위원장을 뽑았다. 회의소집은 분과위원장이 하되, 최소 일주일에 한 번 내지 최고 5회를 소집할 수 있도록 규정했고, 위원회 위원수는 학무국의 승인만 받으면 늘어날 수가 있도록 조정되었다.

분과가 회의를 끝내고 연구보고서를 만들어 학무국 조사실로 보내면 조사실은 그 보고를 등사본으로 만들게 되어 있었다. 이어 학무국은 전체회의를 소집하고 해당 보고서를 각 위원에 배부, 검토 논의했다. 겉으로는 전체회의가 각 분과회의보고를 채택하면, 그것은 학무국으로 이관되어 교육정책에 반영되도록 되었다. 전체회의에서 부결되면, 그 보고안은 개정작업을 위해 다시 해당 분과위원회로 송부되었다.

각 위원회와 전체회의에는 한국인 위원과 학무국 군정장교가 토의될 영어사본이나 영어통역관을 대동하고 참여했다. 미군정 학무국요원들은 조선교육심의회의 결정이나 계획에 대체로 이의를 제기하지 않았다. 단지 미군정 학무국은 이 조선교육심의회가 한국에서는 역사 이래 처음으로 미국에 의해 진행된 대규모 교육계 지도자회의였다고 자부하면서, 미국문화와 미국교육의 저력을 한국교육계 인사들이 체험하는 민주주의적 토론의 장과 문화적 여건을 조성해나갔다.

이 당시 조선교육심의회가 성공적으로 결정해놓은 일들이 50년이 지난 지금에 와서까지 한국교육의 화근덩어리로 부각되고 있다는 점은 조선교육심의회의 활동사항에 대한 체계적인 논의가 심화될 필요가 있음을 함의해주고 있다. 즉 6·3·3·4학제, 홍익인간 이념, 국민학교 학급편성원칙(6학급 이상 24학급 이하)과, 한 학급당 학생수를 60명 이하로 규정한 일, 학생에게 제복을 입히는 일, 한국의 대학제도에 관한 규정을 미국의 대학제도와 체제에 기초해서 작성했던 일 등은 아직까지도 그 교육적 공과에 대한 찬반론적인 논의와 연구를 요하는 1946년도 문교교육정책들이다.

10. 미국교육원조추진심의회의 활동과 문화적 성격

조선교육위원회를 설치하고, 각급학교에 교육과정 및 직제에 관한 훈령을 보낸 라카드는 1945년 10월 31일 미국교육원조추진심의회마저 구성했다. 미국교육원조추진심의회는 조선교육심의회가 개최되기 보름 전에 전격적으로 결성되었다. 미국교육원조추진심의회는 19개 분야, 즉 농업, 화학, 기독교, 경제학, 교육(2명), 미술, 역사, 법률, 문학, 수학, 의학, 철학, 물리학, 생리학, 정치학, 행정학(민사관계), 사회학, 여성 등의 분야를 각기

대표하는 19명의 교육계 인사들로 구성되었다.

19명으로 구성된 미국교육원조추진심의회에는 학무국 직원도 있었다. 미국무성 파견인으로서 해외주둔군 정치고문과 미군정 정치고문은 당연직으로 미국교육원조추진위원으로 참여했다.

교육원조를 미국에 요청하는 계획은 미국교육원조추진심의회가 결성되기 수주일 전부터 논의되었다. 말하자면 미군정 실시와 궤를 같이하고 있다. 즉 미군정이 실시될 때 이미 미군정 장교들은 한국의 교육자와 학생들에게 미국유학 내지는 미국시찰의 기회를 확대할 필요성이 있다고 느꼈고, 그때 라카드는 미국교육원조위원회 설치의 필요성을 절감했다. 미국교육원조위원회의 설치 목적은 한국사람들이 일본교육 방법과 일본교육에 이해가 안 될 만큼 이중성격적으로 굳어져 있는 나머지, 미국문화의 수용에 대해 너무 무지하다고 판단되었기 때문이다.

라카드는 미국교육원조위원단 설치문제를 일차적으로 한국교육위원회와 협의했고 그 협의내용을 다시 미국무성 파견 정치고문과 상의했다. 마지막으로 학무국 내의 미군정 관련 장교와 한국인 직원과 상의하면서 미국교육원조추진심의회를 결성하기에 이르렀다.

미국교육원조추진심의회 인선작업은 라카드가 맡았으나, 인물추천은 조선교육위원회와 군정 정치고문, 말하자면 유억겸·오천석·김성수가 전담했다. 이렇게 결성된 미국교육원조한국위원단은 1945년 10월 31일 처음 만나 일차 회합을 한 후부터 연속적으로 4차례 회의를 했다. 즉 1945년 11월 22일, 조선교육심의회가 발족, 가동한 지 일주일이 지난 그날 마지막 회의를 개최하고 조선인도미교육사절단 결성을 위해 발전적으로 해체해 버렸다.

미국교육원조추진심의회가 구체적으로 결정한 안들은 조선인도미교육사절단(Korean Educational Commission) 소관사항으로 이관되었다. 조선인도미교육사절단은 조선교육위원회와는 질적으로 달리, 미국교육 원조추진심의회의 후신으로서, 미군정의 몇몇 주요 정책을 대표하는 6명의 인사들로 구성되었고, 이 위원단은 1946년 봄 미국에 건너가 방대한 교육원조를 요청할 태세를 갖추고 있었다.

　조선인도미교육사절단의 미국 파견을 용의주도하게 진전시키기 위해 라카드는 미국방문 및 원조계획을 두 통으로 만들어, 한 통은 서울주재 국무성파견 정치고문 편으로 국무성에, 다른 한 통은 직접 군정장관 이름으로 국방성에 보냈다.

　미국의 교육원조계획은 5가지 사항에 걸친 것이었다. 각 계획을 위한 재정적 지원은 미국 측에서 완전부담하는 것을 주요 골자로 삼고 있다. 즉 라카드의 계획에 따르면 첫째, 교육심리학과 철학, 학교행정, 교과서 편찬, 체육, 유아교육과 초등교육, 중등교육, 중·고등학교 교사양성, 시청각 교육, 도서관 교육, 과외활동 분야 등 10분야에서 최소한 1명 이상의 전문가가 미국으로부터 내한하여 약 1년간 한국에 머물면서 한국교육계에, 즉 라카드에게 자문역할을 담당한다. 이것은 이미 라카드가 한국교육계 인사들의 주도권쟁탈 싸움을 다른 식의 전략으로 대응하며 미국의 이익을 도모하기 위한 의도에서 구성한 것이다. 둘째, 한국교육 제도에 관한 조사연구를 위해 미국 측 전문조사위원단을 7명 정도로 구성한 후 그들이 곧 내한하여 9개월간 연구한 후 그 연구결과를 토대로 라카드에게 정책적 제안을 하도록 한다. 셋째, 미국에서 104명 정도의 교사가 내한하여 약 1년 동안 체류하면서 영어·체육·수학·물리학·화학·음악을 가르치면서, 동시에 한국인 교사들에게도 그들의 교수법을 가르친다. 넷째, 100명 정도의 교사로 구성되는 미국방문단을 구성하고, 이들에게 최소 3개월에서 9개월에 걸치는 미국 방문기간 동안 미국 학교교육제도나 교수방법을 관찰 혹은 공부하여 미국문화를 이해하게 만든다. 다섯째, 28 내지 29명의 한국학생에게 미국유학의 기회를 주어 미국 대학의 학부나 대학원에서 공부하게 하고 귀국하게 만들어 한국교육의 쇄신을 꾀하게 한다는 것이 미국교육원조요청계획의 주요 골자였다.

　1946년 4월 11일 미국 워싱턴에 도착한 조선교육문화사절단 6명은 한국문제전문가인 샌즈(W.F. Sands)의 영접 아래 미국무성, 미교육국의 관리들과 개별적으로 면담하기 시작했다. 미군정 장교인 허즈 대위의 인솔

표 11   조선교육문화사절단의 약력

성명	소속	동양에서의 교육경력	외국에서의 최종 교육경력
장이욱	서울사범학교 교장	숭실학교(조선)	미국 컬럼비아대 석사
김훈(링컨)	농산국 행정관	동흥고등(만주)	미국 노스웨스턴대 석사
라기호	광공국 화학기사	경인중동(서울)	미국 컬럼비아대 학사
문창욱	외무처장	조선기독교대(서울)	미국 남가주대 철학박사
고황경	경기고녀 교장	경기고녀(서울)	미국 미시간대 철학박사
구영숙(바이론)	세브란스전문 교수 역임	평양신학교(평양)	미국 에모리대 의학박사

자료: *Voice of Korea*, 1946년 4월 18일자에서 발췌했음.

아래 도미한 조선교육문화사절단 일행인 장이욱, 김훈, 고황경, 나기호, 구영숙, 문창욱 등 6명은 모두가 외국에서 공부했기 때문에(표 11 참조) 미국교육과 미국문화에 익숙한 사람들이었다.

이들 6명으로 구성된 조선인도미교육사절단은 미국으로 건너가 워싱턴에서 4개월 동안 머물면서 국무성의 주선으로 미교육국(Office of Education) 관계자들을 만나서 여러 차례 교육관계 회합을 했다. 이때 장이욱·고황경이 만난 미교육학자들 중 그 당시 유명한 사람들은 캔델(Kandel), 울리히(Ulich), 벤자민(Benjamin) 등이었다. 여러 차례 만나 회합한 끝에 미교육국 관계자들은 1946년 6월 17일, 한국교육 재건에 관한 미교육국의 의견서를 작성했다.

이 의견서는 새로운 것이 아니었다. 단지 라카드가 구상했던 미국교육원조계획을 행정적으로 추인하는 것에 지나지 않았다. 물론 미교육국은 한국교육 재건을 위한 의결서에 한 가지 점을 강하게 강조하는 것을 잊지 않았다. 즉 미국 측 교육학자를 한국에 보내 한국교육을 약 2개월 동안에 걸쳐 체계적으로 조사한 후 그 연구결과를 토대로 한국교육 개선에 관한 단기정책과 장기정책을 구안해야 한다는 것을 강조했다. 이 점은 미국에 한국교육을 어떻게 정리해야 되는가를 구체화하기 위한 체계적 연구조사

의 근거를 마련해주고 있다. 한마디로 조선교육문화사절단은 미국에 건너가 4개월 동안 견학하면서 라카드의 미국교육원조안의 정당성이나 추인해주었던 셈이었다.

미국 학교를 방문하고, 미국학자들과 논의하면서 4개월을 소비한 이들 문화사절단은 마침내 라카드가 제시했던 9개월간의 한국교육조사연구 계획이 미국 국방성과 교육국에 의해 약 2개월로 단축 수정된 한국교육조사연구계획 추인서를 얻어가지고 돌아왔다. 귀국한 조선교육문화사절단 일행은 미국무성, 미교육국의 의도와는 동떨어진 개인적 견문에 기초한 다양한 사회개혁안을 연일 대서특필시키는 일들을 전개했다.[20] 즉 새로운 이앙법, 과일병충해 예방법, 조선유학생 선발이나 걸스카웃 운동 필요성 제고 등등 잡다한 것들을 통해 미국문화의 도구성과 미국교육의 우수성을 한국민에게 전달했다.

11. 미군정민주주의 교육정책의 문화침투주의적 지향성

한국교육 지건에 관한 미교육국의 건의서를 검토한 미국무성은 한국교육정책에 직접적으로 간여하기 시작했다. 즉 미국무성은 미국방성과 더불어 조선교육문화사절단이 귀국한 후, 곧 한국교육조사단의 외교·군사적 파급효과를 검토하면서 교육조사단을 구성하기 시작했다.

교육조사단을 구성 완료하고 한국 파견을 결행할 때쯤, 미교육조사단 한국파견안은 미육군 태평양주둔군 사령관인 맥아더의 요청에 의해 보류되게 되었다. 그는 미국교육조사단 한국파견을 정치적·군사적 이유로 거부했다. 그가 6월 26일 급하게 미국무성으로 보낸 전문은 소련을 향한 미국교육조사단 파견의 외교적 위험성을 경고하는 것이었다.

이런 시기에 한국교육조사파견단을 보내는 일은 시기상조인 것 같으며, 남북통일이라는 기본과제가 풀릴 그때까지는 늦추어야 한다는 것이

귀관의 신조입니다. 한국교육조사파견 계획을 지난 2월 세웠던 이래 상황이 너무나도 바뀌었습니다. 한국통일이 이루어진 그때 가서, 한국이 요청하기만 한다면, 한국교육조사파견단을 보내도 늦지는 않을 것이며, 그때 가서도 지금과 같이 똑같은 혜택이 있을 것으로 사려됩니다.

맥아더가 미국무성에 보낸 이 전문은 5월에 개최된 제1차 미소공동위원회 결렬의 정치적 책임을 외교적으로 소련 측에 전가하겠다는 의도에서 비롯되었다. 즉 남한에서의 미국교육정책화가 소련에는 미국을 비난할 수 있는 이유가 될 수도 있음을 사전에 막아보겠다는, 군사적이며 외교적인 의도에서 비롯된 것이었다. 사실 미국은 근본적으로 신탁통치를 반대했거나 모스크바 외상회담의 정통성을 거부한 적은 한번도 없었다. 오히려 미국은 모스크바 외상회담에서 한국에 대한 신탁통치안을 제출한 장본인이었다. 한국인은 정치적으로 미숙하기에 10년 정도의 신탁통치가 필요하다고 역설한 것이 미국이었다. 한마디로, 처음부터 의도된 남한에서의 군사적·외교적 우위정책과 세계적으로 대치된 냉전체제에서의 승리, 남한에서의 미국교육정책화의 의도가 한국교육조사단 파견 지연책이라는 각본에 의해 감추어질 수는 없었다.

그러나 미국무성은 맥아더의 군사적 입장을 고려하여 미군정 학무국으로 하여금 현지실정에 맞게 적당히 임시변통적인 교육정책을 입안하도록 허용했다. 이때부터 미군정 학무국 한국인 관료들은 제 세상을 만난 것 같았다. 왜냐하면 미국무성, 미교육국, 미국방성의 미국적인 교육지침을 제 나름대로 해석해서 결정해야 되는 미군정 학무국장인 라카드의 교육학적 무능함을 최대한 이용할 수 있는 계기가 바로 미국무성이 맥아더의 전문을 수용하고, 현지 실정에 맞는 교육정책을 입안 실시하라는 지시를 하달한 일로부터 얻어질 수 있었기 때문이다. 현지실정에 맞는 교육정책 입안이라는 명령은 한국에 관한 한 그 무엇이든 미군정이 자신있게 처리할 수 있다는 것을 의미해준다.

미군정이 갖고 있었던 기본적인 미국식 교육정책의 틀 속에서, 혹은 그

틀을 최대한 방어벽으로 삼으면서 미군정 학무국의 소수 한국인 관리는 마음놓고 한국교육계의 주도세력을 형성, 교육적 패권을 유지할 수 있었다. 한반도에서 벌어진 미·소 간의 냉전기류와 미소공동위원회의 결렬, 이를 둘러싼 국내정치의 혼란, 그리고 한국에서 전개된 미국교육계 정보조사단의 미비한 연구활동으로부터 이들의 패권 각축은 더욱더 구체화되었다.

라카드는 한국의 교육체제를 미국교육체제적 기반 위에서 완전히 개편해야 한다는 명제를 갖고 있으면서, 당장은 1945년 12월부터 전개된 반탁운동에서의 적극적인 학생개입과 이로 인한 동맹휴학, 교사파업 등에 정치적인 위기관리책을 써야 되는 일에 골몰할 수밖에 없었다. 학생 소요에 대한 미군정 학무국의 최초 입장을 라카드는 1946년 3월 19일 서울중앙방송국을 통해 다음과 같이 밝혔다.

일본이 항복한 이래 한국에서는 자유와 민주주의에 대한 오해가 있어 왔다. 어떤 학생들은 민주주의가 마치 교사나 교장을 마음대로 선발하고, 교육과정과 교수방법도 마음대로 정하면서 학교를 그런 식으로 만드는 권리라고 이해하기도 한다. 또 어떤 경우에는 교사만이 학교를 운영할 권리가 있다고 믿는 교사도 있다. 두말할 나위 없이, 자유와 민주주의는 그런 것이 아니다. 어떤 사람도 자기 스스로를 완전히 지배하지는 못한다. 우리 모두는 우리가 모여 구성하는 사회·정부에 속할 뿐이다. 군정은 교육에 관계된 한국인의 열기에 유념하며, 교육계획에 한국인의 참여를 증가시키고 있다. 그러나 미군정만이 학무국이나 각 도 교육관의 주청으로 교사와 교장을 임명하고 교육과정을 결정한다. 과연 이런 일들이 학생과 교사들에게 자유와 표현의 수단을 빼앗는 일이란 말인가? 물론 아니다. 적법행정절차와 행정구조에 의해 세워진 범위 속에서 취해지는 행동만이 권장될 것이다. 민주시민으로서의 교사와 학생들은 적법행정절차에 의해 세워진 기준과 절차 속에서 저항할 권리가 있을 뿐이다. 교사와 학생들은 시민자격으로서만이 정치와 정치적 정당

활동에 참여할 수 있다. 그러나 그런 행동은 학교에서는 금지된다.[21]

이런 언어수준적 경고조치와 더불어 라카드는 경찰로 하여금 불법교습, 불법적인 교육적 집회를 해산 철폐시켰다. 또한 이런 단체에서 쓰는 교과서 및 자료들을 몰수하여 의법 조치하는[22] 억압적 대응기제를 만들어나갔다. 그러나 끝내 라카드는 자기의 뜻도 관철해보지 못한 채 귀국하는 영광을 갖게 되었다. 더 이상 한국인 교육계 지도자와 신경전을 벌이지 않아도 될 라카드 후임으로 피텐저(A.O. Pittenger) 중령이 발탁되었다. 그러나 신임 문교부장인 피텐저 중령은 한국인 교육주도세력의 권력동맹을 꺾을 인물이 되지 못했다.

이런 정치적 소요, 학원의 소요가 끊임없이 벌어지던 1946년 6월부터 1947년 6월, 즉 미국무성과 미교육국에 정치적 복안을 마련해줄 수도 있었던 미국교육계 정보조사단이 내한하는 1947년 6월까지 전개되었던 교육정책 중(표 12 참조) 특기할 만한 것은 국대안 발표, 신교육연구협회 창설, 8개의 사범학교를 신설하는 결정이었다.[23] 세 가지 내용은 상호관련이 없는 개별적인 교육정책으로 간주될 수도 있다. 그러나 세 가지 결정은 미국교육체제에 기초한 남한교육의 재정립이라는 미군정민주주의의 정치적 틀이 미군정 문교부장의 개인적 이해관계와는 무관했지만, 한국 측에게는 그들 스스로 최대한 유리한 교육패권적 고지를 장악하기 위해 활용할 수 있는 기회의 전략적 틀로 전환되게 만들어주었다. 곧 교육주도세력의 패권경쟁에는 결정적인, 즉 구조적으로 연결된, 마땅히 주도권 쟁탈을 위해서는 심각하게 자기의 편에서 용의주도하게 그러나 일방적으로 결정해야 될 그런 사건들이었다. 이를 뒷받침해주는 여러 증거나 이유가 있다.

첫째, 미군정 학무국 한국인 관료 나름대로 미국무성이나 미교육국의 교육적 지시가 결여된 상황을 최대한 이용해서 내린 결정 중 하나가 바로 국립서울대설립안이었다. 국립서울대설립안을 한국교육조사단 파견의 중지가 결정된 후, 한 달이 채 안 된 1946년 7월 13일 전격적으로 결정 발표되었다. 이 결정의 성격을 이해하기 위해서는 몇 가지 짚고 넘어가야 할

표 12   1946년 6월부터 1947년 6월까지 발표된 주요 문교정책

날짜	내용
1946. 6. 6	성인교육지도자강습회 종료, 수료자(제1차 남 150명, 제2차 여 113명)를 '성인교육사'로 각 도에 파유(派遺).
6. 17	미국무성 국제교육과장인 벤자민, 도미교육사절단에게 권고서 (Recommendations of United States Office of Education Regarding Educational Reconstruction in Korea)를 수교(手交).
6. 19	문교부, 서울국립종합대학안(국대안)을 발표.
6. 24	신학제에 따른 조치로서 중학교 4년 졸업생을 고등중학교 2년으로 편입시킴.
7. 5	경성대학의학부 학생, 합동안 반대, 그 후 전국에 '국대안' 반대운동이 확대.
8. 11	'민주교육연구회' 결성.
8. 16	도미 교육사절단 귀국.
8. 22	국립서울대학교 설립에 관한 법령(법령 제102호) 공포.
9. 1	6·6(3·3)·4제실시, 각급학교 신교육과정 제정.
9. 12	문교부, 한국의 교육자를 망라한 신교육연구협의회 창설을 결정.
10. 25	한국교육문화협회 창립(회장에 백낙준 추대).
10. 28	영어연수소(English Language Institute)를 외부처에서 문교부로 이관 (47년 1월 American Language Institute로 개칭).
11. 7	문교부, 8개 사범학교(서울·개성·강릉·부산·목포·군산·충주·순천) 신설을 발표.
11. 20	문교부, 교과서에서 '왜색용어' 삭제를 위하여 '학술용어제정위원회'를 조직.
11. 3	'민주교육연구회'를 '조선교육연구회'로 개편.
1947. 1. 21	'국어정화위원회' 제1회 회의 개최.
2. 3	국대안문제 재연, 중학교에도 파급.
2. 15	과도정부 각 부장 및 각 도지사 임명(임명사령 제118호). 문교부장 유억겸.
3. 18	군정장관 고문 언더우드 문교부장 고문에 취임.
3. 20	입법위원 제34차 본회의, 국대안수정안을 가결(총장을 한국인으로 교체).
6. 3	'대한 미국교육정보조사단'(Educational and Informational Survey Mission to Korea, 통칭 Arndt Mission) 도착(18일간 체재).
6. 20	교육정보조사단, 주한미군사령관에 보고서를 제출.
6. 28	공용어를 한국어로 지정(행정명령 제4호).

부분이 있다. 라카드는 고등교육제도를 본격적으로 미국교육제도에 기초해서 결정하기로 한 사람이었으며,[24] 신임 피텐저 문교부장 역시 같은 생각을 하고 있었으며, 미국에는 국립대학제도가 없다는 점과[25] 조선교육위원회나 조선교육심의회가 국대안을 구체적으로 발의한 적도 없었다는 점에 주목해야 한다. 게다가 민족적 정통성을 고려한다면 대의명분으로도 해방 한국에서 설립될 국립대학으로 논의되거나 제안될 수 있는 것은 경성제대가 아니라 성균관이어야만 했다는 점이다. 또한 그 당시 교육패권동맹세력이 주로 사립학교 관계자들이었다는 점에 관심의 초점을 맞춘다면 국립서울대학교안은 미군정 학무국의 한국인 고위관리인 오천석이 갖고 있던 개인적인 이해관계에 결부되어 나타난 복안이라고 보아야 한다. 이 당시 문교부장이었던 유억겸은 건강상 행정일에 깊이 관여할 수 없었음에 반해 오천석은 서울대학교 40년사 편찬위원회가 지적하고 있는 것처럼, 서울대 설립에 겉으로 말할 수 없었던 그 무슨 강력한 이유가 있었다. 그 이유는 오천석 스스로 『교원복지신보』(1987년 9월 28일자)에 밝힌 것처럼, "…… 무능력하거나 좌경 쪽의 교수를 축출해내고자 ……"했던 오천석 개인의 의지였다. 그러나 이 증언에서 무능력한 교수를 몰아내기 위한 것이었다는 것은 아무래도 지나친 감이 있다. 왜냐하면 그 당시 교수인원은 절대부족이었으며, 그 당시 대학교수였다면, 그들은 대체로 형식적이나마 식자층에 속했기 때문이다. 오천석의 증언대로, 라카드와 러취 소장의 전폭적인 지지를 얻었다는 이 국대안은 한마디로 그 당시 문교관계 권력 장악집단에 대한 정치적 반대세력을 제압하기 위한 교수축출운동의 서곡이었으며, 교수재임용제도의 선례였다. 서울대학교 설치에 대한 전면적인 정치적 구상은 그 발의자인 문교부차장 오천석에게 극비밀사항으로 맡겨졌다.

오천석에게는 이미 복안이 있던 터라, 서울시내와 그 근교에 있던 관·공립 고등교육기관을 통합하여 8개 대학을 만들고, 새로 음악과 미술 전공을 위한 예술대학을 신설키로 하는 동시에, 그 위에 대학원을 두는 대규모의 종합대학을 세우고자 계획했다. 그리고 대학의 자주성과 학문의 자유를 보장하기 위하여 최후의 정책결정기관으로서 민간인으로 구성되는 이사회를 두기로 하였다(군정기간 동안은 공무원 6인으로 구성되는 임시이사회를 두기로 함). 이것이 이른바 '국립서울대학안' 약칭 국대안이라는 것이었다.[26]

1946년 7월 13일 군정청 한국인 문교부장 유억겸과 미국인 제2대 문교부장 피텐저 중령은 출입기자단과의 회견석상에서 국대안 추진계획을 전격적으로 발표했다. 교수축출을 겨냥한 이 국대안에서는 서울시내에 있던 경성제대 후신인 경성대학과 일제강점기 설립된 각 전문학교를 통합하고 그 통괄기관으로 하나의 이사회를 두고, 그 아래에 총장과 부총장을 한 사람씩 두어 학교를 통괄키로 했다. 단과대학으로는 문리과대학, 사범대학, 법과대학, 상과대학, 공과대학, 예술대학, 의과대학, 치과대학, 농과대학, 그리고 그 위에 대학원을 둔다는 것이었다. 이 안, 즉 종합대학이 아니라 연합대학으로서의 국대안은 한국 문교관리 손으로 한국의 고등교육적 모순을 정치적으로 창출해낸 최초의 타율적 고등교육정책의 본보기였다고 볼 수 있다.

이 국대안이 발표되던 날 각 일간신문은 일제히 유문교장관의 회견기사를 크게 실었다. 1946년 7월 14일 『대동신문』(大東新聞)에 실린 그 회견의 내용을 보면 다음과 같다.

    현하 조선에서 가장 긴급한 것이 교육의 건설이다. 이번에 국립서울대학교의 설치는 신국가건설에 요청되는 대량의 인물을 양성하는 데 의미가 있는 것이다. 부족한 설비와 일교(一校)에만 보존된 설비품을 여러 학교의 학생이 서로 교류하여 연구하여야 될 것이다. 현하 가장 부족을 느끼고 있는 교수문제에 있어서도 유능한 교수로 하여금 최대한도의 능력을 발휘할 수 있도록 함과 아울러 단과목 일괄 교수방법을 취하여 합리적으로 운영되어야 할 것이다. 이 국립서울대학교는 9개의 단과대학과 1개의 대학원으로 구성되는데 관립 전문학교는 대다수가 이에 포함되게 된다. 그러나 우리는 과거 일제의 교육잔재와 배타적인 전통을 찾아서는 아니 될 것이다. 완전한 종합대학의 설치는 학생으로 하여금 다방면으로 학구의 여지가 있게 되는 것이다. 우리는 사립대학의 운영도 무시치 않을 것이며 사립은 사립대로 완전한 운영이 있어야 할 것이다.

국대안에 대한 강력한 반발이 사회 각계각층에서 드세지자 교육권력동맹의 대부격이었던 김성수가 운영하는『동아일보』는 국대안의 필요성과 의의를 열거하며 국대안을 지지하기 시작했다. 미군정 문교부는 국립서울대학교 운영을 위한 이사회를 문교관리, 즉 미군정 문교부장, 문교차장, 고등교육국장을 맡고 있는 미군정 측 장교와 한국 측 관리 6명만으로 제한해 구성했다. 미국 측은 자기들의 국익과 군정이해관계에 직접적인 손해를 끼치지 않는다면 항상 긍정적 입장을 취했다는 점을 고려해야 한다. 그렇다면 국대안은 미국 측의 자발적 의사에서 나온 것이 아니라 한국 측 3인의 발상이었으며 그들의 지위집단 형성을 위한 의지의 총체적 발로였다고 볼 수 있다. 이것은 한국인의 민족주의적 결정과 한국인의 의사존중을 내세웠던 미국식 민주주의와 이를 실천하겠다던 미군정 학무국의 교육적 무지와 정치적 이중성을 보이는 한 증표다.

사실 미군정청은 경성제국대학을 접수, 경성대학으로 개명할 그때부터, 경성대학 및 한국의 고등교육인의 문제에 대해 이질감을 갖고 있었다. 1945년 10월 17일 해군중위 크로프트를 경성대학 총장으로 임명하고, 백낙준, 윤일선, 최남규, 현상윤을 각각 법문학부, 의과대학, 이공학부, 예과 부장으로 임명발령해놓았을 때부터 이미 미군정청은 조선에서의 고등교육철학이 갖는 의미에 대해 부정적이고 회의적이었다. 한국 측 교육계 인사들은 소수정예를 위한 고등교육기관을 원했으나, 미군정 측은 미국 대학제도에서 보는 것처럼 고등교육의 기회확대를 강력하게 주장했다. 양측의 대립결과 입학시험에 합격한 자만을 수용하는 절충안을 채택했다. 결국 경성대학의 조직과 체제는 미국대학체제를 겉으로 모방한 채, 경성대학 운영 및 고등교육에 대한 철학으로부터 행정체계에 이르기까지 그 당시 한국교육계 인사들의 전형적인 권력장악적 사고, 즉 소수의 권력유지를 위한 관리양성과 지배를 근간으로 삼는 일제식 고등교육적 사고가 깊숙이 삼투되었다. 바로 이런 갈등을 최대한 활용하여 정치적 어부지리를 취하려 했던 집단이 바로 미군정 문교부를 장악했던 한국 고위관리층이었다고 볼 수 있다. 즉 이들은 국립대 설치 사후의 행정관리책임자인 총장 인선문제까지를 염두에 두었을 가능성도 높다. 왜냐하면 이 당시 교육고위관리 그 자신이 교직단체결성에까지 정치적·행정적 힘을 행사함으로써 교직계를 얽어매어 놓았었기 때문이다.

둘째, 신교육연구협회는 한국의 교육자를 총망라하여 문교부의 적극적 개입과 지원으로 발족했다. 이 준국가기구는 1947년 11월 23일 발족되는 조선교육연합회의 전신역할을 담당했다고 볼 수 있다. 신교육연구협회가 미군정 문교부의 지원으로 설립된 것은 세 가지 사회·정치적 목적을 달성하기 위해서라는 추측을 가능하게 만든다.

즉 미군정 문교부는 좌익정당의 교육학적 논리를 수용하고 있는 이만규, 김택관, 이성근 등이 참여한 조선교육자협회와의 대외적 갈등을 사회정치적으로 억압 견제할 목적으로 신교육연구협회를 급하게 만들었다. 오천석, 정건영, 최병칠 등이 중심세력으로 활동한 신교육연구협회의 등장은 조선교육자협회를 전문성 발휘 그 자체로 억누르기에는 역부족이었다. 정치적 역량발휘의 한계를 느끼던 신교육연구협회 관계자들은 세력팽창의 목적으로 그 스스로 신교육연구협회를 발전적으로 해체했다. 신교육연구협회는 교육자 자신들의 노력에 의해 새롭게 운영되어야 한다는 명분과는 다르게 해체되었고, 이어 그 스스로의 조직과 운영체와는 조금 다르게 편성된 조선교육연합회로 탈바꿈하여 1947년 11월 23일 정식으로 창립되었다. 그러나 조선교육연합회의 창립은 그 당시 문교부장이었던 오천석에 의해 추진되었다는 점, 이를 위해 오천석은 미국교육연합회(NEA)의 회칙을 그 당시 조선의 정치·사회적 조건에 맞도록 수정, 번역해 조선교육연합회 창립을 강행했다는 점, 이 단체를 문교부의 정책적 그물망에서 벗어나지 못하게 만들었다는 점, 그리고 문교부장 시절에는 오천석 스스로 그 단체의 명예회장에, 문교부장직을 사임한 후에는 회장으로 취임했다는 점은 권력집중과 권력동맹, 그리고 지위집단 형성의 관점에서 새롭게 조명되어야 한다.[27]

미군정 한국 측 고위 문교관리가 창립시킨 신교육연구협회가 갖는 또 다른 사회정치적 목적은 신교육연구협회보다 한 달 앞서서 설립되어 연구활동을 전개한 민주교육연구회를 교육패권경쟁에서 철저히 견제하기 위한 것이었다고 볼 수 있다. 민주교육연구회는 문교부의 지원을 받는 신교육연구협회 및 문교부장 오천석과 교육적 패권을 같이하고 있는 것 같았으나 근본적으로는 미군정의 대한(對韓)교육정책에 부합하는 백낙준과 박기서 중심으로 1946년 10월 25일 창립한 한국교육문화협회와 오천석의 신교육협회에 의해 철저히 양면적으로 견제를 받을 수밖에 없었다. 이런 패권경쟁적 견제에 대해 민주교육연구회는 몸부림치는 경쟁을 시도한다.

1946년 12월에는 조선교육연구회로 개명하게 되는 민주교육연구회는 독일 예나대학에서 공부한 안호상과 한국 잔류세력인 심태진 중심으로 전개된 유럽식 민주주의교육 지향적인 교육단체였다. 조선교육연구회에 참여하고 있는 사람들은(표 13 참조) 대체로 조선에서의 토착적인 교육경력과 사회적 이력을 바탕으로 한 낭만주의적이며 민족주의적 성향이 강한 사람들이었다. 즉 조선어학회나 진단학회에서 활동하다가 일제의 감시와 구금을 당한 경험이 있는 역사학자, 국어학자, 정치가들이 회원의 대종을 이루고 있었다. 또한 이들은 서구의 문물 중에서도 유럽계통의 교육사상적 조류에 동감하는 비미국유학파였다.[28]

따라서 미국교육의 경험을 기반으로 미군정민주주의의 지원을 받는 유억겸, 오천석, 백낙준 등은 안호상 주도의 조선교육연구회와 패권다툼을 전개한다. 그들은 안호상을 견제하면서 그들의 교육사상에 대한 이론적 지원뿐만 아니라 그들의 교육정책적 지원 세력을 확보하기 위한 수단으로 신교육연구협회를 적극적으로 지원했다. 미군정 시절 주요 교육정책 결정에서 배제되었던 안호상은 미군정 한국문교관리들의 교육사상적 기저, 즉

표 13   조선교육연구회 핵심요원의 학문적 배경

주요 구성원	최종학력	소속단체
안호상	독일 애나대학	족청계, 조선어학회
손진태	와세다대학	진단학회
사공환	광도고등사범	교육심의회
최현배	경도제국대학	교육심의회, 조선어학회
안재홍	와세다대학	교육심의회, 조선어학회
최규동	광신상업학교	교육심의회
조윤제	경성제국대학	교육심의회, 조선어학회
허현	동경고등사범	
이인영	경성제국대학	진단학회
심태진		
심형구	동경미술학교	
최병철	경성사범학교	
윤태영		
이득봉		
이호성		교육심의회
송홍국		

자료: 이광호, 「미군정기 한국교육의 체제형성에 대한 고찰」(연세대학교 교육학과 석사학위논문, 1983), pp. 69~70.

미국식 진보주의 교육사상에의 학문적 견제책으로서 유럽식의 교육사상을 소개했다. 끝내 안호상의 민족교육 강조는 정치적 효력을 얻어냈다. 즉 미군정 문교부의 세력이 종식당한 후, 안호상은 민족교육 강조 덕분으로 김성수의 견제세력이었던 이승만 대통령에 의해 문교부장관으로 발탁될 수 있었다.

그러나 안호상의 민족교육도 끝내는 반신불수적이었다. 왜냐하면 안호상이 주도해서 만들어놓은 교육법 중 93, 91, 100, 101, 104, 105, 106조 등은 일본의 학교교육법 중 17, 18, 19, 22, 23, 25, 35, 36, 37, 41, 42, 46

조 등과 거의 일치함으로써 그것을 모방했거나 아니면 복고주의적으로 일제의 문화적 그늘을 벗어나지 못했음을 입증해놓고 있었기 때문이었다.[29]

미군정민주주의의 통치력 누수과정을 한국 측 문교주도세력이 최대한 이용했다는 마지막 증거로서 사범학교의 신설과 사범교육의 강조를 들 수 있는데, 이것은 일단 그 당시 교사부족을 해결하기 위한 자구책이었다. 사범학교제도는 한편으로는 미군정의 대한교육정책을 광범위하게 수용하게 만들어주는 하위 국가기능을 발휘해주며, 다른 한편으로는 미군정 고위 한국인 문교관리집단의 교육정책적 이해관계를 강화해주는 교육적 기구나 마찬가지였다. 왜냐하면 사범학교의 교육과정은 본질적으로 미국의 교사교육 경향을 벗어나지도 못했고, 교사의 재교육 역시 미군정 초기부터 1948년 8월 1일 활동을 개시한 중앙교원연구소 훈련에 이르기까지 그 모두가 미국식 교원 교육정책을 벗어나고 있지 못했기 때문이다. 가리오(Gario) 원조 보조금 34만 달러와 미군정의 시설보조지원금으로 설립된 중앙교육훈련소의 소장·부소장은 모두 미국인으로 충당되었다. 즉 조지아주 사대 학장이었던 피트맨(M.S. Pittman)이 소장에, 부소장에는 쉴링(J.T. Schuiling)이 각각 임명되었다. 통역행정 편의상 또 다른 부소장에는 한국인인 박경준이 발탁되었다. 강사들은 미국에서 선발된 33명으로서 각 분야의 미국인으로 충원되었다. 이들의 경력은 대학교수로부터 퇴역행정관리에 이르기까지 다양했으나, 이들이 교사로서 적합한지 어떤지는 의문시될 지경이었다. 이 당시 어떤 내용이 어떻게 가르쳐졌는지는 아직 구체적인 연구결과가 나와 있지 않으나, 주요 교과목은 미국 진보주의에 입각한 아동중심 교수방법과 관련 내용임에는 거의 틀림이 없는 것 같다.

결국 해방 이후 처음 세워진 한국중앙교원훈련소의 재교육 활동은 미국 문화에 대한 교사 차원의 인식제고와 미국교육의 세계사적 정당성을 심어놓는 그 이상의 것은 아니었다고 볼 수 있다. 교사양성의 계급성과 교사의 지식인적인 사회적 위치의 중요성을 고려한다면, 교사양성정책 그것은 곧바로 정치적 패권주도세력 양성과도 무관하지 않다. 특정 사회정치 집단의 이해관계 유지의 재생산과 체제유지를 위해 교사집단의[30] 양성은 필연적이다. 물론 이 부문에 대한 연구는 역사적으로 보다 더 충실히 심화되어야 함에도 불구하고, 교사양성정책과 교사재교육에 대한 미국교육식 훈련은, 미군정 한국인 문교관리집단의 세력확장 내지는 교육패권유지를 위해 상당히 용의주도하게 계획되었을 가능성도 배제하기 어렵다.

미국무성, 국방성 그리고 미교육국에 의한 구체적이며 세부적인 대한교육정책이 하달되지 않아 방황하는 미군정 문교부장 라카드와 새로 부임해서 업무파악도 안 되어 있는 신임 문교부장 피텐저의 직무유기적 업무태세를 최대한 활용하여 서울대학교 설립, 준국가기구인 교직단체 창설, 사범교육에 대한 주도권을 장악한 미군정 한국인 문교 최고관리가 그의 '파워 블록'을 더욱더 공고히 할 때인 1947년 6월, 미국은 1년 전에 유보했던 대한교육조사단 파견문제는 거론하고, 일방적으로 미국 교육정보조사단을 구성하여 한국으로 파견했다. 사실 이때 교육원조조사단을 무엇 때문에 파견해야만 되었는지는 불분명했으나, 이들의 파견에는 연례적인 행사 그 이상의 의도가 있었음이 분명했다. 이 파견단은 소위 안트(Arndt) 미션이라 불리었다.

미국 교육정보조사단은 한때 미교육국 국제교육과 극동담당관리였으며 1947년 당시 뉴욕시립대학 교수인 안트(C.O. Arndt), 미국교육협의회 부회장 브룸바그(A.J. Brumbaugh), 텍사스대학 섭외부 기획훈련국장인 에디(J.F. Eddy), 한때 운크라 극동지구 책임자였던 레이(J.F. Ray), 육군성 민사국 소속 배트슨(D.N. Batson) 대위로 구성되었다.[31] 사실 이들이 한국에 18일간 머무르면서 한국교육을 위해 그 무슨 결정적인 새로운 일을 할 수 있는 처지는 아니었다. 그들에겐 그럴 능력도 결여되어 있었다. 구성원들의 전문성이나 한국인에 대한 이들의 교육적 식견으로 보아서, 미국무성과 국방성의 교육정책이 갖고 있는 공개될 수 없는 기본적인 대한교육정책이 이 안트미션의 배경 속에 내장되어 있었음을 감지케 만들 뿐이었다. 미국의 문화정책, 세계체제 구축적인 문화정책을 무시하거나 넘어설 수 있는 한국민 복지지향적인 세부적인 교육계획은 아예 제공할 수 없음을 뻔히 알면서도 이들을 파견할 수밖에 없는 미국방성·미교육국의 정치·군사적 계산이 안트미션의 정치적 한계였다. 이 당시 미·소 간의 냉전은 악화될 대로 악화되어 있었다. 미국은 냉전체제 구축을 위해 트루먼 독트린, 즉 대소봉쇄정책을 더욱더 구체화했고 이것을 한국에 표본적으로 적용했다. 따라서 한국의 정치 및 군사적 조건은 자구 하나하나까지 미국 무성에 의해 철저히 점검 보안처치될 수밖에 없었다.[31]

트루먼 독트린이라는 절대적인 정치기류의 정당성을 확보키 위해 내한한 안트 일행의 미국 교육정보조사단은 18일간 한국에 머문 후 6월 20일, 마침내「대한교육정보조사단 보고서」를 작성, 이를 미군정 문교부에 전달하고 귀국해버렸다. 행정, 학교교육, 교원양성, 교과서 등에 관한 미국 교육정보조사단의 보고서는 대단히 피상적이었다. 게다가 교육적으로 상식선을 넘어서지도 못했다. 오히려 한국인 문교관리인 오천석에게는 짐만 되었다. 왜냐하면 1948 회계연도에 투입될 한국교육원조 사용계획에 대한 구체적 지적과 효과적 활동지침을 마련하라는 행정적 권고나 해놓았기 때문이었다.

안트 일행이 미국으로 떠나버린 지 한 달이 지난 1947년 7월 22일, 외무부 관리이며 대미교육원조 때문에 1946년경 미국에 건너가본 적이 있었던 문창욱은 보다 구체적인 미국교육원조를 요청하러 미국으로 건너갔다. 그의 주요 임무는 한국 측 미국 유학생 파견을 위해 미국 측으로부터 재정 확보를 얻어내는 일이었다. 농업, 공학, 의학, 언론, 행정, 법률, 외교 부문 등에서 필요로 하는 약 50명의 전문관리를 미국 대학으로 유학시켜 양성해내기 위해, 문창욱과 미군정 문교부 관리들은 일단 20명의 유학 적격자를[32] 선발해냈다. 이 당시 주요 원조계획 중 하나가 유학생 파견이었다는 점은 왜 한국교육이 미국식 일변도였는지를 반성케 만드는 역사적인 사건이 된다. 또한 이 당시 국비유학으로 미국 교육정책을 배우고 돌아온 인사들이 이 땅 위에 전개해놓았던 마구잡이 교육개혁들이 지금은 조속히 해결되어야 할 문제가 되고 있다는 점도 심각히 반성되어야 할 주제들이다. 이 당시 후진국 유학생을 받은 미국의 대학은 대체로 중류급들이었다.

유학생 선발과정에서뿐만 아니라, 일반 교육원조 및 한국교육에 대한 실정보고에 이르기까지 미군정 문교관리집단이 취하는 도식적인 태도가 하나 있었다. 그 태도는 그 당시 미국 측으로서는 당연한 것으로 간주되었으며, 한국인 관리들은 그들의 태도에 철저히 길들여지고 있었다. 그 태도는 다름 아닌 미국을 교육적 구세주로 수용하는 심리적 자세였다. 즉 한국에 들어와서 한국교육을 진단하고, 교육정책적 전환을 위해 일정한 제언을 해주는 미국인 학자 및 교육자, 미군정 문교부 소속 장교들은 마치 교육적 구세주(educational Messiah) 같은 입장을 견지하면서 미국식 민주주의의 절대성과 보편성을 한국교육계에 이식했다.[33] 교사 훈련을 위해 내한했던 미국교사들 역시, 미국이 한국의 교육계에 수출해야 될 정치적·교육적 이념으로 미국식 민주주의를[34] 꼽았다. 한마디로 미국무성, 미교육국 등은 미국의 정치·사회·문화·교육적 목적으로서 민주주의에 기초한 개인주의, 사회적 평등주의, 근로주의, 사회적 비판력 등을 한국교육계에 수출했다. 그러나 이것을 받아들이는 한국교육 패권주도세력은 자기들의 세력유지에 방해가 될 수 있는 가치관, 말하자면 사회적 비판력이나 사회적 평등주의 등을 배제한 편의주의적 민주주의를 보편화했고, 그런 민주주의는 근로주의 및 개혁주의와 연루되어 경제적 생산력 제고, 근대화논리로 변형될 수밖에 없었다.[35]

　이런 문화적 삼투가 어느 정도 확산되어 그들의 문화적 매개체의 권력동맹이 성공하자, 미국은 1947년부터 한국교육에서 비난의 온상인 직접통치적 간섭을 자제하기 시작했다. 이러는 과정에서 미국의 대한정책, 미군정 장교의 군사적 승리를 위한 도구적인 미군정민주주의와 속으로는 한국교육주도세력의 사회정치적 이해관계에 기초한 가부장제도적인 권위주의에 의해 연접 합성된 한국의 관료주의 국가유지적인 교육제도는 한국의 정치·경제적 요구에 부응하기 위한 경제 우선주의를 위한 전략과 이에 대한 편법 정책적 고려를 1948년의 신정부에 강요할 수밖에 없었다.

　결국 미군정 3년은 문교부분에 관한 한 미군정 문교담당 장교라는 산파들이 한국 문교주도세력이라는 특정 산모로부터 교육적 괴물, 즉 한국교육의 저발전적 발전이라는 프랑켄슈타인을 받아내는 고통의 산실과도 흡사했다. 이때부터 전개된 한국의 교육은 실질적인 성장이 결여된 교육의 인플레이션 과정 속으로 빠져들어갈 수밖에 없었다.

12. 해방정국 교육에 대한 신교육사적 연구전망

교육의 인플레이션 현상은 거시적 안목으로 이야기한다면, 1950, 60년대, 70년대의 유신시대를 거치면서 각기의 정치권력적 상황과 교육학자들의 학문적 이해관계 속에서 양적 성장이라든가, 근대화라든가, 교육발전이라는 용어나 개념으로 미화되곤 했다. 반면 교실 속에서는 미국과 한국 간의 무연고적인 문화관계가 의미가 있어야만 되는 인위적 연고관계로 인식되게 만드는 정치사회화로 일관되었다고 볼 수 있다. 미국에 의해 성공적인 교육이라고 평가되는 교육적 수식어의 의미와 허구는 앞으로도 사회과학 지향적인 교육학 연구들에 의해 하나둘 심층적으로 규명되어야 할 것이다. 교육의 저발전적 발전토대를 한국에 구축해놓은 미군정 3년은 한국교육의 인플레이션 현상과 그 여건의 필요조건이었다는 점에 주목할 필요가 있다. 또한 이것은 미국문화에 대한 한국 학생과 한국 민중들의 숙취시기였다는 점에도 주목할 필요가 있다.

미군정 3년의 교육정책적 내용을 점검하면서, 비판의 대상에서 빼놓을 수 없는 것은 미군정과 공생의 입장을 취한 지식인들의 교육인플레이션 가속화촉진작용이다. 1960년대 이후 악화되기 시작한 한국교육의 인플레이션 현상은 미국식 자본주의적 현상이나 소련식 공산주의 현상으로 이해될 성질은 아니다. 이것은 한국의 교육문제에 대한 해결을 1945년 초반부터 미군정민주주의 문교관리로 등장했던 한국 지식인들이 자기들의 정치권력적 혹은 문화자본적 이해관계로 미군정이라는 국가기구를 통해 전략적으로 시도한 데에서 기인된다. 그들이 제시했던 갖가지 마구잡이 해결책의 양산은 교육의 인플레이션 제 1기에 속한다고 보아야 한다. 입시문제 하나만 지적해보더라도, 양적 성장으로 강요된 교육인플레이션 현상이 한국교육계에 얼마나 무서운 문화적 독소로 작용했는가를 새삼 일깨워준다.

교육사적 증거가 사회과학적으로 보다 용이하게 포착되거나 재해석 되고 있지 않다는 점을 이용하여 교육계 지식인집단들은 자기들의 과오를 숨기거나, 그것의 규명에 대한 신진 교육사학자들의 노력에 신경질적인 거부감을 보여주는 태도는 지양되어야 한다. 왜냐하면 교육인플레이션 현상을 그대로 놔두는 편이 오히려 그들의 교육 연구지원뿐만 아니라, 정치권력 연결에서의 흥청망청대는 분위기를 조성할 수 있으며, 시의적절한 준국가기구적인 지식생산기관들을 창출할 수도 있다는 생각은 끝내 그들의 지적 묘혈을 파는 것과 흡사하기 때문이다. 또한 그런 현상은 과거의 책임이 자기들의 지식생산 현장에 전이되는 것을 의도적으로 모면해줄 묘책이 될 수가 없기 때문이다.

지금까지 단편적인 교육사적 자료의 재해석에 관계된 이 글의 내용을 정리하면, 미군정기부터 맺어진 미국과 한국 간의 문화적 관계에 관해 다음과 같은 네 가지의 거시적인 연구결과로 요약할 수 있다.

첫째, 미국은 한국과 역사적으로 아무런 끈끈한 문화적 유대의식이 없는 상황을 염려한 나머지, 그러한 문화적 끈을 만들어줄 수 있는 노력으로서 일제의 식민지 유산을 최대한 활용했다. 그것으로서 문화적 유대감각은 결여되었지만, 어느 정도의 문화적 결합은 가능할 것이라고 자만했다. 이것은 한국에겐 또 하나의 문화적 비극을 자아내게 만든 요소였다. 미국은 미군정의 한반도 점령을 빌미로 삼아 일본적인 제국주의를 있는 그대로 한국 통치적 전략으로 인수인계했다. 냉전의 전개와 더불어, 한반도에는 일본제국주의 대신 북쪽에는 소련식 공산주의와 남쪽에는 미국식 민주주의의 문화삼투 현상에 관계된 정치적 정당성이 군사적으로 수용되게 되었다. 따라서 미국교육은 일제교육의 반대가 아니라, 연장의 새로운 시작이라는 의미를 갖게 되었다.

둘째, 미군정은 미군정 초기부터 군정이 끝날 때까지 일관되게 세계체제 구축이라는 시각의 테두리 안에서 점령지 군사지침서(FM 27-5)에 의거 한반도를 군사적 목적대로 통치해나갔다. 즉 미군이 한반도에서 행하고 있는 모든 일은 한국인을 위한 궁극적인 이익보다는 미국, 미군의 군사적 목표달성을 위한 전술적 목표와 정치적 전략, 문화적 삼투주의에서 비롯된 것이었다. 미군정은 점령지, 즉 한반도의 국민을 일정하게 군사적으로 억류하는 후방전투의 한 방법으로 실시된 도구적인 민주주의였다. 미군정이 한국민을 위해 베풀었던 후생복지책은, 한반도에서 야기될 수 있는 미군의 군사적 패배나 피해를 극소화하기 위한 하나의 전략적 전술의 부수물이었다. 따라서 한반도를 위해 전개된 후생복지책으로서의 교육정책을 미군과 미국의 호혜적 정책의 결과라고 판단하는 것은 잘못이다. 이 잘못을 교육사연구에서까지 저지르지 말아야 한다. 왜냐하면 미군정 장교들은 한반도에서의 군정계획을 입안할 때 원리대로 군정기본지침 (FM 27-5)과 한반도의 군사적·전술적 자료를 담은 해군정보조사보고서 (JANIS 75)를 기본지침서로 삼았기 때문이다. 이 지침서는 군사적 공격과 방어기지로서의 한반도가 갖는 군사 고지적인 중요성에 관한 미군의 극비정보자료였다. 결국 한국은 미국에게 문화적 의미만을 갖는 것이 아니라 군사적 의미도 매우 컸었다. 한국이 미국에 군사적인 중요성이 컸었다는 점과 이미 논의한 바 있는 국내적인 계급모순, 미국과 한국민이라는 인종적 모순과 대립을 완화하기 위한 패권세력 지원은 미군정 3년을 한국전쟁 종결시점에까지 이어지는 실질적인 8년간의 미군정으로 연장시킨 전략이었다는 이해도 가능하게 만든다.

셋째, 미군정이 전술적 차원에서 베푼 후생복지책 중 하나가 바로 교육이었다. 이런 상황에서 교육에 관계한 초기 한국 측 교육계 인사들은, 말하자면 천연동 교육자 및 미국유학파 집단은 미군정 미군 측 장교들에겐 그들의 군사적 이해관계 유지를 위해 축복과 같은 존재였다. 즉, 그들의 군사적·전술적 작전을 최대한 기동화하고 권력화하는 데 없어서는 안 되는 문화적 매개체들이었다. 바로 이런 점 때문에, 미군정 장교들은 친일파 중에서도 이용도가 높은 군부와 교육계 인사들은 축출대상에서 제외해 교육현장에서 활동케 했다.[36] 이들은 미국의 세계체제 구축이라는 큰 테두리에 얽매인 채 정치권력적 패권유지라는 작은 테두리를 설정하기 위해, 정서적 유대감정이 원천적으로 결여된 한국과 미국 간의 문화적 절연관계를 문화적 결합관계로 전환해줄 수 있는 각양각색의 지식을 생산해내는 지식기사 역할을 담당했다. 이들은 미군정에는 마치 유기적 지식인과 같았다. 이들은 패권유지를 위한 정치적 연결, 때로는 다른 교육패권 경쟁집단과의 의도적인 반목과 철저한 괴멸과 배제를 시도하면서 한국교육의 인플레이션이라는 자승자박적인 하나의 교육적 해프닝을 성숙시켜나갔다. 이 해프닝 속에서 피상적인 사해동포와 민족국가자결을 주창한 국제연합기구,[37] 미국 혹은 서구의 사상사적 기반의 본을 따라 홍익인간 이념이나 이에 대한 정치대결적 반동으로 일민주의 같은 것도 태어났다. 그러나 각기의 미사여구들은 실천이 결여된 채 지식생산기사들의 패권투쟁을 위해 지성적 공격무기로 활용되었다. 또한 이것들은 학생들을 자기들의 정치권력적 이해관계에 동조케 만드는 정치사회화의 한 이데올로기로 작용했다.

넷째, 결국 현재의 한국교육은 교육의 양태나 형식으로 보아 40년 전의 그것과 엄청나게 다른 형식을 취하고 있지만, 본질적으로 동시에 구조적으로 변화된 것이 있다고 보기는 어렵다. 즉 앞으로 더욱더 많은 연구가 나오겠지만, 교육발전이라고 불리는 이 교육적 현실은 1950, 60, 70년대를 거치면서 정치권력의 변화에 따라 성숙되었거나 마치 발전된 것처럼 보이기는 하지만, 궁극적으로는 시대지체적인 저발전의 발전현상, 즉 세계질서 구축의 큰 테두리 속에서 교육패권 유지자들에 의해 나타난 부분적인 과도성장의 결과라고 생각된다.

위에서 밝힌 네 가지 연구결과를 바탕으로 해방 후 한국교육의 제문제를 보다 깊이 있게 연구해나가기 위해서는 미군정과 한국교육 간의 관계를 논하는 기존의 편년체적 교육사 관계 연구물이나 텍스트는 자생적인 교육사회학적 연구를 위해 새롭게 읽혀야만 될 것이다.

한국의 교육사적 텍스트가 새롭게 읽혀야 된다는 말은 다음과 같은 의미를 갖는다. 즉, 미군정민주주의 보호 속에서 전개된 한국의 교육을 미국의 세계체제구축론에 기초한 채 일제적 잔재를 있는 그대로 받아들여 전개된, 따라서 실질적인 성장이 배제된 교육적 인플레이션 과정이라 본다면, 미국의 문화정책과 한국교육 간의 관계를 대등한 상호호혜의 관계로 파악하는 것은 천진난만한 생각에 속하게 된다. 결국 문화삼투화 논리에 서서 한국교육이 미국문화에 대한 단순한 보충이라고 보는 그 시각 자체도 문제시된다. 왜냐하면 한국교육을 미국문화적 세계질서 구축에 대한 단순한 보충이라고 보는 것은, 보충을 단순한 첨가물로만 간주함으로써 한국적 보충작업을 무의미한 것으로 폐기해버리기 때문이다. 한국교육이 미국문화에의 보충이란 것은, 한국교육이 한국교육에 대해 외부적인 위치에 놓여 있는 완전한 현존현상으로서의 미국교육에 대해 단순히 덧붙여진 것에 지나지 않기 때문에 실지로 덧붙여진 것은 아무것도 없다는 결과에 이르게 된다. 결국 한국교육이 단순히 특정국인 미국문화와 미국교육의 한 가지 재현이라면, 한국교육의 발전은 구조적으로 외국문화라는 교육적 완전성에 덧붙여지는 잉여적 의미를 가질 뿐이다. 그러나 문제는, 바로 이 재현행위 자체의 이중구조와 잉여적 의미를 찾아내는 것이 한국교육의 세계사적 좌표를 찾는 길이라는 새로운 인식이 필요하다.

해방 이래의 한국교육이 외국문화의 보조적인 재현도구로, 현존하는 외국 교육, 즉 미국교육의 현실적 의미에 대한 무의미한 보충이라고 했을 때, 그런 식으로 미국교육의 보존에 필요한 것 이상으로 덧붙여진 한국교육적 의미는 변질된다. 즉 1945년 이래 한국땅에서 반복적으로 계속적으로 복제되어오는 과정 속에서 미군정의 군사적 정책이 갖고 있었던 잠재적이며 의도적인 최초의 교육적 의미는 변질되어버릴 수밖에 없다. 이런 변질을 우리는 발전이라 간주하기를 좋아했다.

미군정 실시 이래 한국사회에서의 교육은 본질적으로 미국문화 중심의 교육이라는 규정이 가장 타당성 있게 수용되고 있는 현실이다. 미국교육이라는 교육학적 언어 이외에는 한국교육학계에서 달리 사용해야 될 언어도 없었고 그것을 극복하기 위해 미국의 교육학적 문화권 밖으로 걸어 나간다는 것도 교육학자들에겐 대단히 어려운 일이었음도 이해될 성싶다. 모든 것을 다 인정한다 해도 한 가지는 사실이다. 즉 미국문화의 삼투현상으로서의 미국교육 영향과 그 구조성을 해체하기 위해서는 다시 미국문화의 틀 속에 있는 교육학적 언어를 빌려다 써야 되는 모순이 한국교육학계에 남게 된다. 즉 유일한 해결책은 불가피하게 외국의 교육학적 의미, 혹은 미국교육학 이론의 의미를 빌려다가 그 의미를 지워버린 후, 옛날에 쓰이던 뜻과 전혀 의미가 다르거나, 때로는 빌려온 교육학적 언어가 갖는 기존의 의미체계를 총체적으로 뒤흔들어놓는 방식으로서의 총체적 전망성과 교육학적 전략을 갖추어야 한다는 것이다. 즉 미군정의 유산을 해체하는 데 필요한 지적 자원을 유산의 근원지 그 자체로부터 빌려오는 이론적인 짜맞추기 작업이 필요하다. 짜맞추기 작업을 위해서는 경제성과 전략적 가치를 고려해야 한다. 즉 이미 있는 원재료를 사용해서 새로운 제품을 만들어내는 경제활동처럼, 이미 외국교육의 틀 속에 들어 있는 언어·개념을 사용하여 외국 교육학 속에 포함되지 않는 변형된 새로운 의미로서의 새로운 한국교육이론이라는 총체적 전망을 생산해내는 경제성의 문제가 민족교육에 대한 논의와는 다른 방향에서 문제시된다. 또한 탈외국교육식 의미를 만들어내는 지성적 작업은 외국 교육학의 이론적 텍스트 속에 내재된 모든 특권적 지시체·개념들을 해산해야 되며, 동시에 한국교육 자신은 새롭게 만들어진 새로운 의미 그 자체로 경색되어서는 안 되기 때문에 새로운 민족교육 지향적인 동시에 자생적인 학문연구 전략이 필요하다. 여기에서, 해체는 파괴와 동일시될 필요가 없다. 해체의 반대용어는 파괴의 반대어인 건설이 아니라, 구축 혹은 구안(具案, Construction)으로 이해되어야 하기 때문이다. 현존의 한국교육을 반영해주는 외국 교육학체계를 해체하기 위해서는 외국 교육학의 텍스트를 그 내부에서 특정한 방식으로 읽어야만 한다는 것이 현재 한국교육사학계와 교육사회학계의 학문적 과제다. 바로 이 점 때문에 미군정기의 교육정책이 주는 유산들이 1950, 60, 70, 80년대별로 정치권력과 미국 간의 관계망 속에서 어떻게 구축되고 변형되었는지를 밝히는 일이 신교육사, 신교육사회학적으로 중요하다.

주

1) E.Dagnino, "Cultural and Ideological Dependence," *Structures of Dependency*, in F. Bonilla and R. Girling eds.(Stanford, CA: no publisher, 1973); M.I. Schiller, *Communication and Cultural Domination*(New York: International Arts and Science, 1976).
2) M. Carnoy, *Education as Cultural Imperialism*(New York: Mckay, 1974); P.G. Altbach and K. Kelley eds,. *Education and Colonialism*(London: Longman, 1976); I.J. Spitzberg, ed,. *Universities and the International Distribution of Knowledge*(New York: Praeger, 1980); A. Wells, *Picture-tube Imperialism*(New York: Orbis Books, 1972); S. Goonatilka, "Development Thinking as Cultural Neo-colonialism," IDS Bulletin, 7(1975), 4~10.
3) G.M. McCune, *Korea Today*(Cambridge: Harvard University Press, 1950); S.S. Cho, *Korea in World Politics*(Berkeley: University of California Press, 1967); D.C. Cole and P.N. Lyman, *Korean Development*(Cambridge: Harvard University Press, 1971); G. Kolko, *The Limits of Power*(New York: Harper & Row, 1972); C. Dobbs, "American Foreign Policy of the Cold War and Korea: 1945~50," Unpublished Doctoral Dissertation, Indiana University(1978); K.R. Mauck, *The Formation of American Foreign Policy in Korea, 1945~1953*(The University of Oklahoma, 1979); H.M. Kang, "The United States Military Government in Korea 1945~1948," Unpublished Doctoral Dissertation(University of Cincinnati, 1970); B. Cumings, *The Origins of the Korean War*(Princeton: Princeton Univercity Press).
4) I.L. Horowitz, "Capitalism, Communism and Multinationalism," *Society*, 11(1974), pp. 32~34; P. Marer, "The Political Economy of Soviet Relations with Eastern Europe," *Testing Theories of Economic Imperialism*, in S.J. Rosen and J.R. Kurth, eds.(Lexington, MA: Lexington Books, 1974); J. Galtung, *The True Worlds*(New York: Free Press, 1980); R.F. Grow, "Soviet Economic Penetration of China," Rosen & Kurth, eds,. 앞의 책.

정신문화연구원에서 펴낸 『분단사회의 평가적 인식』(1987)이라는 책에서는 놀랍게도 1945년 이후 전개된 미군정의 정치를 "배 타고 들어온, 주어진 민주주의

이며 한국민주주의의 뿌리를 말할 수 있는 조건 이전의 민주주의로서 군정민주주의라고 지적하고"(p. 75) 미국의 민주주의 이식의 문제점을 비판하고 있다.
5) Carnoy, 앞의 책: Altbach & Kelley, 앞의 책; Galtung, 앞의 책; 염홍철, 『종속이론』(범문사, 1981); Dobbs, 앞의 논문; Mauck, 앞의 논문.
6) N.J. Smelser, 박영신 역, 『사회변동과 사회운동』(경문사, 1983); 김영정 편, 『집합행동론』(진흥문화사, 1984).
7) E. Hoffer, 장연호 역, 『대중운동』(태학당, 1982).
8) 『교원복지신보』, 1985년 4월 8일자.
9) 유희원, 「미군정기 교육주도세력의 정치사회적 성격과 교육개혁시도의 한계」(연세대 교육대학원 석사학위청구논문, 1986); 한성진, 「미군정기 한국교육엘리트에 관한 연구」(연세대 교육학과 석사학위청구논문, 1986); 이광호, 「미군정기 한국교육의 체제형성에 관한 고찰」(연세대 교육학과 석사학위청구논문, 1983); 이숙경, 「미군정기 민주화의 성격과 민주주의 교육이념의 한계」(이화여대 교육학과 석사학위청구논문, 1983).
10) 한준상, 『한국 대학교육의 희생』(문음사, 1983); 이희수, 「미군정기의 국립서울대학교 설립과정에 관한 교육사회학적 분석」(중앙대 교육학과 석사학위청구논문, 1986); 최혜월, 「국대안 반대운동의 이념적 성격에 관한 교육사회학적 접근」(연세대 교육학과 석사학위청구논문, 1986).
11) R. Collins, "Functional and Conflict Theories of Educational Stratification," *American Sociological Review*, 36(1971), pp. 1002~1019; 한준상, 앞의 책.
12) 이 부분의 글을 쓰기 위해 도움을 준 사람은 미군정기 한국에 24사단 군정장교로서 학무국에 배속받아 직업교육과 성인교육을 직접 담당했던 Lauridsen(그 당시 중위)씨였다. 그는 미국 로스앤젤레스에서 노구의 몸으로도 늘 한국에 관심을 가지고 있었다. 작고하기 전, 한국교육에 관한 몇몇 가지 자료를 University of Southern California의 동양학 전공연구원에게 전달했다. 본글은 로리드슨씨와의 면담과 관련, 그가 넘겨준 군정의 교육관계 자료를 부분적으로 활용했다. 그가 넘겨준 *History of Bureau of Education*에는 미군정에 관계했던 한인 고위 문교관리들이 공개하기를 꺼리는 부분들이 있었고, 때에 따라 자기들이 불리한 부분은 생략했던 부분들도 그대로 있었다.
13) 한국에 관한 책명과 지도를 건네받은 각각의 미군장교들은 16절지도 위에다 그들 나름대로 편리하게 국일관이나 유곽, 홍등가 등을 표시해놓고 있었다. 이 지

도는 그 당시 미군장교가 서울에서 사회생활을 하는 데 생명줄과 같은 역할을 담당했다.

다음은 미군장교들에게 배부된 한국에 관한 책 목록이다. 이 자료는 미군정 당시 사회교육 담당자였던 로리드슨씨가 제공해준 것이다.

① General Descriptions: Lowell, *Chosun the Land of the Morning Calm*; Carles, *Life in Corea*; Bishop, *Korea and Her Neighbors*; Underwood, *Fifteen Years Among the Top-knots*; Wagner, *Korea the Old and the New*; Grajdanzev, *Modern Korea*.

② History: Hulbert, *History of Korea*; Longford, *The Story of Korea*; Griffis, *Chosun the Hermit Kingdom*; Dallet, *L'Eglise de Coree*; Cynn, *The Rebirth of Korea*; Chung, *The Case of Korea*; Oliver, *Korea the Forgotten Land*; Nelson, *Korea and the Old Order in East Asia*; Hulbert, *The Passing of Korea*.

③ Life and Customs: Allen, *Things Korean*; Moose, *Village Life in Korea*; Wagner, *Children of Korea*; New, *When I was a Boy in Korea*; Kang, *Grass Roof*; Culin, *Korean Games*.

④ Fairy Tales, Legends etc: Allen, *Korea Fact and Fancy*; Griffis, *Korean Fairytales*; Hulbert, *Omjee the Wizard*; Taylor, *Winning Buddha's Smile*; Gale, *Korean Folk Tales*.

⑤ Art: Eckardt, *History of Korean Art*.

⑥ Religions: Underwood, *Religions of Eastern Asia*; Clark, *Religions of Old Korea*; Starr, *Korean Buddhism*; Trollope, *Introduction to Study of Korean Buddhism Korea Branch R.A.S.*

⑦ Missions: *The Catholic Church in Korea*; *For the Faith, Just de Bretenniers*; Paik, *History of Protestant Missions in Korea*; Trollope, *The Church in Korea*; Van Buskirk, *Korea the Land of the Dawn*; Nisbet, *Day in and Day out in Korea*; Ryang, *Southern Methodism in Korea*; Rhodes, *Presbyterian Church in Korea(?)*; Griffis, *Modern Pioneer in Korea*; McCully, *A Corn of Wheat*; R.S. Hall, *William James Hall*; Underwood, *Underwood of Korea*.

⑧ Education: Underwood, *Modern Education in Korea*; Fisher, *Democracy and Mission Education in Korea.*

14) 한국교육문제연구소,『문교사』(중앙대학교 출판부, 1974).
15) Headquarters, "United States Army Military Government in Korea," *History of Bureau of Education*(Mimeograph, 1946). 미군정 학무국 미군장교 측 책임자 명단의 영문표기는 다음과 같다. P.S. Anderson, E.P. Angel, M.B. Ansted, K.J. Benston, W.S. Biscoe, J.M. Chamberlain, A. Crofts, E. Cross, R.E.L. Counts, T.W. Dean, J.M. Dondanville, P.D. Ehret, L.E. Farley, M.E. Faulkner, G.J. Fechter, W.D. Giffard, G.R. Grahm. R.G. Grant, W.G. Hohl, G.S. Kieffer, E.I. Knezerich, F.P. Lauridsen, E.N. Lockard, G.R. Lyon, F.M. Milarm, P.G. Mitchell, R.A. Oliver, E.W. Potter, K.L. Rhoads, L.E. Smith J.N. Steele, J.C. Welch.
16) B.H. Nam "Educational Reorganization in South Korea under the United States Army Military Government, 1945~1948," Unpublished Doctoral Dissertation(1962); H.M. Kang, "The United States Military Government in Korea: 1945~1948," Unpublished Doctoral Dissertation(University of Cincinnati, 1970); 돌베개 편,『한국현대사의 재조명』(돌베개, 1982); W.H. Choi, "Curricular Reform in Korea during the American Military Government, 1945~1948," Unpublished Doctoral Dissertation(Wisconsin University, 1986).
17) *History of Bureau of Education*, p. 8.
18) 『교원복지신보』, 1987년 3월 20일자.
19) 조선교육심의회의 위원수와 위원명은 오천석의 글이나, J. Trainor의 *Educational Reform in Occupied Jopan*(1983), 그리고 한국문제연구소의 글에서 서로 다르게 나타나고 있다. Lauridsen씨로부터 넘겨받은 최초의 조선교육심의회 위원명단 역시 오천석의 주장과 다른 점이 나타나 보인다. 이 문제에 대한 논의가 교육사적 가치가 있는 것이라면, 조선교육심의회 명단에 관한 논의는 보다 체계적으로 연구되어야 할 것이다. 단 본글에서는 Lauridsen씨가 준 명단과『교원복지신보』의 조선교육심의회 명단을 상호 점검 보완하는 식으로 정리 했다.
20) 『동아일보』1946년 8월 18일자; 한준상, 앞의 책.
21) 이 글은 Lauridsen씨가 제공한 것으로서 라카드가 방송한 내용을 업무참고용으

로 미군정 문교부 미군장교에게 배부한 원고임.
22) *South Korean Interim Government Activities*, 6(March, 1946), p. 19.
23) *East West Education*, 1985년 봄호에 실린 히로시 아베, 에이코 세키, 쓰기도 이나바의 글을 참조하시오. 이들의 글들은 대체로 J. Trainor(1983)의 글을 재인용했음.
24) *History of Bureau of Education* 참고.
25) 한준상, 앞의 책.
26) 서울대학교 40년사 편찬위원회, 『서울대학교 40년사』(1986), p. 13; 이희수, 앞의 논문; 최혜월, 앞의 논문; 『교원복지신보』, 1987. 9. 28일자에 실린 「해방교육 40년」 81회분.
27) 대한교육연합회, 『대한교육연합회 30년사』(대한교육연합회, 1977).
28) 이숙경, 앞의 논문; 유희원, 앞의 논문.
29) 정진곤, 「학교교육제도로서의 교육과정령 변천과정에 관한 연구」, 『제3세계 문화』 87-2 E(한신대학, 1987).
30) M. Sarup. *Education, State and Crisis*(London: Routledge & Kegan Paul, 1982); B. Enrenreich and J. Enrenreich, "The Professional Managerial Class," *Between Labour and Capital*, P. Walker, ed.(Hassocks: Harverster Press, 1979); M.W. Apple, *Teachers and Texst*(New York: Routledge & Kegan Paul, 1986); C.J. Hurn, *The Limits and Possibilities of Schooling*(Boston: Allyn and Bacon, 1978); I. Shor and P. Freire, *A Pedagogy for Liberation* (South Hadley, MA: Bergin and Garvey, 1987).
31) *East West Education*, 특집에 실린 Choi의 같은 논문.
32) *South Korean Interim Government Activities*(July, 1947).
33) C.L. Jacobs, "The Messiahnic Complex of American Educators," *Schools and Society*, 59(No. 1516), pp. 45~47.
34) D. McCuskey, "What Shall We Export," *Education*, 70(3)(1949), pp. 166~69.
35) C.R. Harold, "The Koreanization of Elementary Citizenship Education in South Korea," Unpublished Doctoral Dissertation(Arizona State University, 1975).
36) 성내운, 『분단시대의 민족교육』(학민사, 1985), p. 274.

37) 국제연합헌장은 1945년 6월 26일 미국 샌프란시스코에서 국가 간의 전쟁종식과 국제간의 평화유지에 입각한 사해동포성 발휘를 강조하고 있다.(*Charter of the United Nations*, United Nations 참고.)

해방전후사의 인식 3

지은이 박현채 외
펴낸이 김언호

펴낸곳 (주)도서출판 한길사
등록 1976년 12월 24일 제74호
주소 10881 경기도 파주시 광인사길 37
홈페이지 www.hangilsa.co.kr
전자우편 hangilsa@hangilsa.co.kr
전화 031-955-2000~3 팩스 031-955-2005

인쇄 예림 제본 예림바인딩

제1판 제 1 쇄 1987년 12월 15일
제1판 제20쇄 2022년 9월 15일

값 20,000원
ISBN 978-89-356-0002-1 34910

• 잘못 만들어진 책은 구입하신 서점에서 바꿔드립니다.